Le Québec
cuisine le monde
1000
recettes des
5 continents

Dépôt légal : 3e trimestre 2011
Bibliothèque et Archives nationales du Québec
Bibliothèque nationale du Canada

Rédaction : Catherine Girard-Audet
Correction : Pierre-Yves Villeneuve et Sophie Ginoux
Photographies : Les Photographistes
Prêt de la vaisselle : magasin 3 Femmes et 1 coussin, www.3f1c.ca
Conception graphique : Katia Senay
Montage : Energik Communications

Imprimé au Chine

ISBN : 978-2-89638-857-8

Le *Québec*

cuisine le monde

1000
recettes des
5 continents

Les Éditions
Coup d'œil

Légende

Les ingrédients ont été modifiés selon leur disponibilité au Québec afin que toutes les recettes soient réalisables.

Pictogrammes

 Entrée

 Plat principal

 Dessert

Abréviations

T = Temps de préparation

R = Temps de repos
et/ou réfrigération

M = Temps de marinade

C = Temps de cuisson

P = Nombre de portions

c. = cuillère

Conversion

1 tasse = 250 ml

2/3 de tasse = 170 ml

1/2 tasse = 125 ml

1/3 de tasse = 85 ml

1/4 de tasse = 60 ml

1 c. à soupe = 15 ml

1 c. à thé = 5 ml

Table des matières

AFRIQUE

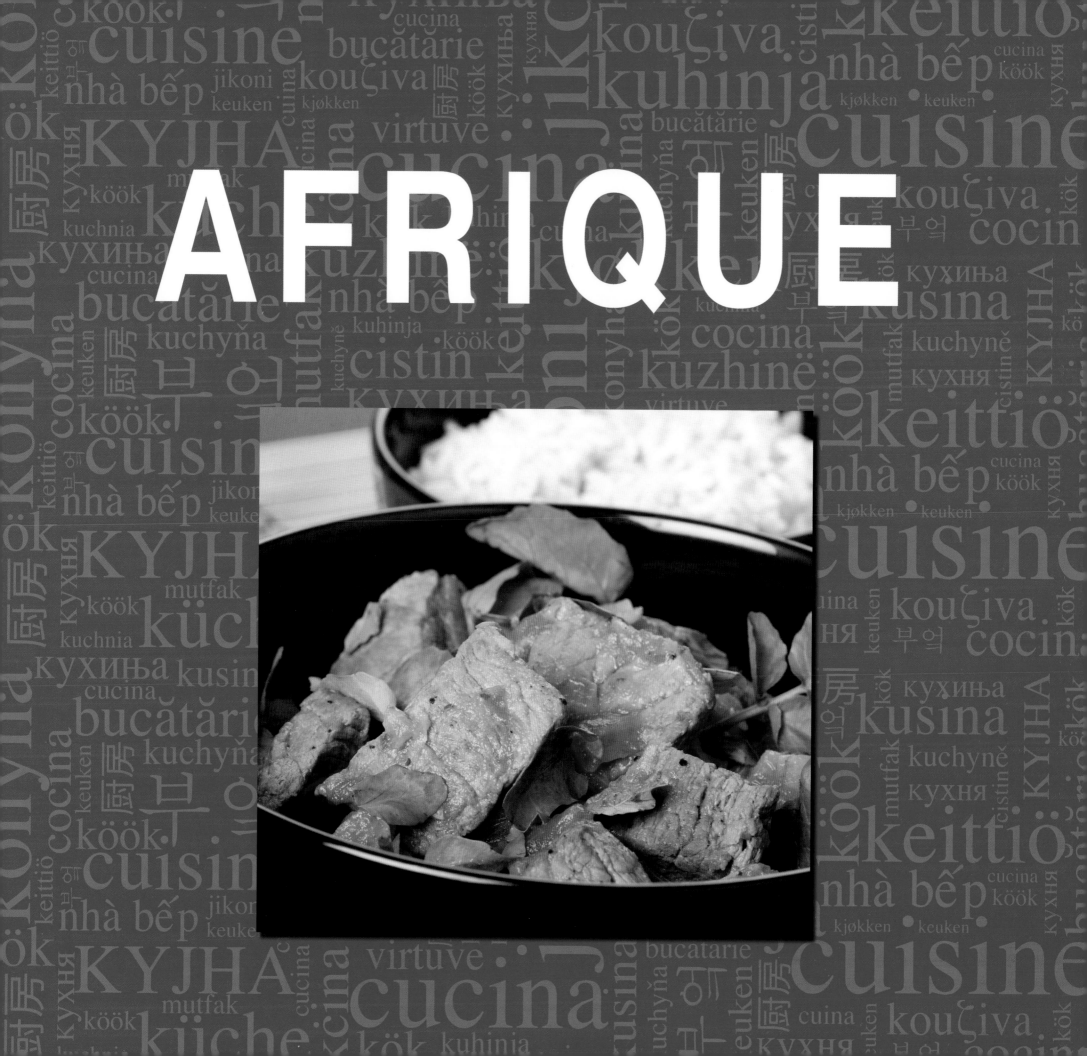

Bobotie

Afrique du Sud

T 25 minutes   C 45 minutes   P 4

Ingrédients
- 1/2 tasse de mie de pain
- 1 tasse de lait
- 2 c. à soupe de beurre
- 1 oignon haché
- 1 gousse d'ail hachée
- 400 g de bœuf haché maigre
- 1 c. à soupe de cari
- 1/2 c. à thé de muscade
- Le jus de 1/2 citron
- 1 tasse d'amandes effilées
- 1/2 tasse de raisins secs
- 1/4 de tasse de confiture d'abricots
- 2 œufs
- Sel et poivre

Préparation
1. Faire tremper la mie de pain dans le lait et égoutter.

2. Faire fondre le beurre, et faire revenir l'oignon et l'ail pendant 5 minutes. Ajouter la viande, le cari, la mie de pain, la muscade, le jus de citron, puis remuer. Saler et poivrer au goût.

3. Incorporer les amandes, les raisins et la confiture d'abricots, et mélanger le tout. Laisser mijoter à feu doux pendant une dizaine de minutes en remuant.

4. Préchauffer le four à 355 °F (180 °C).

5. Verser la préparation dans un plat en vitre graissé allant au four. Battre le lait et les œufs et verser sur les ingrédients, puis faire cuire au four pendant environ 40 minutes.

Crème de coco et de bananes

Afrique du Sud

T 15 minutes   C 10 minutes   R 3 heures   P 4

Ingrédients
- 1 tasse de lait
- 1 c. à soupe d'essence de vanille
- 3 jaunes d'œufs
- 1/2 tasse de sucre
- 1 tasse de lait de coco
- 3 bananes
- Le jus de 1 lime
- 2 c. à soupe de noix de coco râpée

Préparation
1. Dans une petite casserole, faire bouillir le lait et la vanille.

2. Battre les jaunes d'œufs avec le sucre dans un bol, jusqu'à l'obtention d'une texture mousseuse. Verser graduellement le lait dans le bol avec les œufs, en remuant sans cesse le mélange jusqu'à ce qu'il épaississe.

3. Verser le mélange dans la casserole et faire chauffer à feu doux avec le lait de coco, en continuant à remuer sans faire bouillir.

4. Peler les bananes et les réduire en purée, arrosée par la suite de jus de lime.

5. Verser cette purée dans la casserole contenant la préparation et remuer le tout. Verser la crème obtenue dans des petits bols, saupoudrer de noix de coco et réfrigérer 3 heures avant de servir.

Flan à la semoule

Afrique du Sud

T 15 minutes   C 10 minutes   R 2 heures   P 4

Ingrédients
- 2 tasses de lait
- 1 c. à soupe d'essence de vanille
- 1/4 de tasse de sucre
- 3/4 de tasse de semoule
- 3 œufs battus
- 1 c. à thé de cannelle

Préparation
1. Dans une petite casserole, porter le lait, la vanille et le sucre à ébullition. Ajouter la semoule et laisser mijoter à feu doux pendant 10 minutes.

2. Incorporer les œufs et la cannelle dans la casserole et remuer quelques instants. Verser dans des ramequins et réfrigérer au moins 2 heures avant de servir.

Poulet à la sauce aux arachides

Afrique du Sud

T 15 minutes   C 40 minutes   P 4

Ingrédients
- 1 oignon haché
- 1 carotte pelée et coupée en petits dés
- 2 c. à soupe d'huile d'olive
- 1 poulet coupé en morceaux
- 1 conserve de tomates en dés
- 1 feuille de laurier
- 4 c. à soupe de beurre d'arachides
- 2 tasses d'eau
- Sel et poivre

Préparation
1. Dans une poêle, faire revenir l'oignon et la carotte dans l'huile d'olive pendant environ 5 minutes. Ajouter le poulet et le faire dorer de tous les côtés. Saler et poivrer au goût. Retirer le poulet de la cocotte et réserver.

2. Baisser à feu doux et incorporer les tomates et la feuille de laurier. Assaisonner et laisser mijoter environ 5 minutes. Ajouter le beurre d'arachides, le poulet et l'eau et remuer le tout à l'aide d'une spatule.

3. Couvrir et laisser mijoter à feu doux pendant 30 minutes en remuant souvent. Servir chaud.

Poulet à la sauce aux tomates et à l'ail

Afrique du Sud

T 15 minutes   C 20 minutes   P 4

Ingrédients
- 2 oignons hachés
- 2 gousses d'ail hachées
- 2 c. à soupe d'huile d'olive
- 1 poulet coupé en morceaux
- 5 tomates épépinées et coupées en dés
- 1 c. à thé de piment fort concassé
- 1 c. à soupe de pâte de tomate
- 2 tasses de bouillon de poulet
- Sel et poivre

Préparation
1. Dans une poêle, faire revenir les oignons et l'ail dans l'huile d'olive pendant environ 5 minutes. Ajouter le poulet et le faire dorer de tous les côtés. Saler et poivrer au goût. Retirer le poulet de la cocotte et réserver.

2. Baisser à feu doux et incorporer les tomates en dés et le piment. Assaisonner et laisser mijoter environ 5 minutes. Ajouter la pâte de tomate et le bouillon de poulet, remuer et porter à ébullition.

3. Remettre le poulet, couvrir et laisser mijoter à feu doux pendant 30 minutes en remuant souvent. Servir chaud avec du riz.

Afrique

Purée de maïs
(mieliepap)

Afrique du Sud

T 15 minutes   C 45 minutes   P 4

Ingrédients
- 5 tasses d'eau
- 1/2 c. à thé de sel
- 1 tasse de fécule de maïs
- 1 c. à soupe de beurre
- 1 conserve de maïs en grains

Préparation
1. Faire bouillir l'eau avec le sel dans une casserole. Incorporer petit à petit la fécule en fouettant et réduire à feu moyen. Laisser cuire ainsi jusqu'à l'obtention d'une pâte lisse, sans grumeaux.

2. Lorsque le mélange se met à bouillonner, incorporer le beurre, couvrir et laisser mijoter à feu doux pendant 30 minutes. Égrener avec une fourchette, ajouter la conserve de maïs, remuer et servir.

Ratatouille sud-africaine

Afrique du Sud

T 25 minutes   C 40 minutes   P 4

Ingrédients
- 1 oignon tranché finement
- 1 poivron rouge tranché
- 2 gousses d'ail hachées
- 2 c. à soupe d'huile d'olive
- 1 c. à thé de curcuma
- 1/2 c. à thé de muscade
- 1 c. à soupe de cassonade
- 1/2 c. à soupe de poivre de Cayenne
- 1/2 c. à thé de cannelle
- 1 grosse courge *butternut* pelée et coupée en dés
- 3 carottes pelées et tranchées
- 1/2 tasse de raisins secs
- 3 patates douces pelées et coupées en dés
- 2 tasses de bouillon de légumes
- Sel et poivre

Préparation
1. Dans une poêle, faire revenir l'oignon, le poivron et l'ail dans l'huile d'olive pendant environ 3 minutes. Ajouter le curcuma, la muscade, la cassonade, le poivre de Cayenne, la cannelle, le sel et le poivre et remuer pendant 1 minute.

2. Incorporer la courge, les carottes, les raisins et les patates douces et remuer. Verser le bouillon et porter à ébullition, puis réduire à feu doux et laisser mijoter pendant 30 minutes jusqu'à ce que les légumes soient tendres.

Riz jaune

Afrique du Sud

T 10 minutes   C 20 minutes   P 4

Ingrédients
- 1 c. à soupe de beurre
- 2 c. à thé de curcuma
- 1/2 c. à thé de girofle
- 1/2 c. à thé de cannelle
- 1/2 tasse de raisins secs
- 1 tasse de riz
- 2 tasses d'eau
- Sel et poivre

Préparation
1. Faire fondre le beurre dans une casserole. Incorporer le curcuma, le girofle, la cannelle et les raisins et faire revenir à feu doux pendant 3 minutes. Ajouter le riz et faire cuire pendant 3 ou 4 minutes en remuant jusqu'à ce qu'il soit jaune.

2. Verser l'eau, porter à ébullition, puis baisser à feu doux, couvrir et laisser mijoter environ 20 minutes jusqu'à ce que le riz soit tendre et que l'eau soit absorbée. Égrener et servir chaud.

Betteraves au yogourt

Algérie

T 20 minutes   C 1 heure   R 2 heures   P 4

Ingrédients

- 3 betteraves pelées
- 3 tasses de yogourt nature
- 2 c. à soupe d'huile d'olive
- 1 c. à soupe de vinaigre de vin
- 1 c. à thé de fines herbes
- 1 c. à soupe de ciboulette ciselée
- 1 c. à thé de poudre d'ail
- Sel et poivre

Préparation

1. Porter un chaudron rempli d'eau à ébullition et faire cuire les betteraves dans l'eau bouillante pendant environ 1 heure, jusqu'à ce qu'elles soient tendres. Les couper en dés et réserver.

2. Dans un bol, mélanger le yogourt, l'huile, le vinaigre, les fines herbes, la ciboulette, la poudre d'ail. Saler et poivrer au goût.

3. Verser la préparation à base de yogourt sur les betteraves, réfrigérer au moins 2 heures avant de servir.

Chorba

Algérie

T 25 minutes   C 1 h 15   P 4

Ingrédients

- 4 c. à soupe d'huile d'olive
- 1 oignon haché
- 1 gousse d'ail hachée
- 4 poitrines de poulet désossées, sans la peau et coupées en dés
- 2 branches de céleri hachées
- 2 carottes pelées et coupées en dés
- 2 courgettes pelées et coupées en dés
- 2 pommes de terre pelées et coupées en dés
- 1 c. à thé de curcuma
- 1 c. à thé de paprika
- 1 conserve de tomates en dés
- 1/4 de tasse de coriandre hachée
- 10 tasses de bouillon de poulet
- 1 tasse de boulgour
- 1 tasse de pois chiches
- Sel et poivre

Préparation

1. Dans une casserole, faire chauffer l'huile d'olive et faire revenir l'oignon, l'ail et le poulet pendant 5 minutes à feu moyen. Extraire le poulet et réserver.

2. Incorporer le céleri, les carottes, les courgettes, les pommes de terre, le curcuma, le paprika, le sel et le poivre et faire revenir 5 minutes. Ajouter les tomates, la coriandre et le poulet et poursuivre la cuisson pendant 10 minutes.

3. Verser le bouillon de façon à couvrir les ingrédients et laisser mijoter pendant 1 heure.

4. Environ 20 minutes avant la fin de la cuisson, ajouter le boulgour et les pois chiches et remuer. Rectifier l'assaisonnement et servir.

Afrique

cuisine

Courgettes farcies à l'agneau

Algérie

T 25 minutes   C 40 minutes   P 4

Ingrédients

- 4 courgettes moyennes
- 1/4 de tasse de beurre
- 1 oignon haché
- 1 gousse d'ail hachée
- 500 g d'agneau haché
- 2 tasses de tomates en dés
- 1 tasse de riz cuit
- 1 tasse de pois chiches
- 1/2 c. à thé de thym
- 1/2 c. à thé de cannelle
- 1 œuf battu
- 1/2 tasse de persil ciselé
- Le jus de 1 citron
- 1/2 tasse de chapelure
- Sel et poivre

Préparation

1. Préchauffer le four à 355 °F (180 °C).

2. Couper les courgettes en deux dans le sens de la longueur et vider l'intérieur.

3. Dans une grande poêle, faire fondre le beurre à feu moyen et faire revenir l'oignon et l'ail pendant 3 minutes. Ajouter l'agneau et le faire dorer pendant 7 minutes, puis ajouter les tomates, le riz cuit, les pois chiches, le thym, la cannelle et laisser mijoter 7 minutes en remuant. Saler et poivrer au goût.

4. Dans un bol, mélanger l'œuf, le persil, le citron et la chapelure. Farcir les courgettes du mélange d'agneau, puis couvrir de la préparation aux œufs.

5. Faire cuire au four sur une plaque de cuisson graissée pendant environ 30 minutes et servir chaud.

Couscous aux légumes

Algérie

T 25 minutes   C 1 h 15   P 4

Ingrédients

- 4 c. à soupe d'huile d'olive
- 1 oignon haché
- 1 gousse d'ail hachée
- 1 c. à thé de safran
- 4 carottes pelées et tranchées
- 3 pommes de terre pelées et coupées en dés
- 1 navet coupé en dés
- 1/2 c. à thé de piment de Cayenne
- 1/4 de tasse de persil frais haché
- 6 tasses de bouillon de poulet
- 2 courgettes pelées et tranchées
- 1/2 courge *butternut* pelée et coupée en dés
- 2 tasses de pois chiches
- 2 tasses d'eau
- 2 tasses de couscous
- 1 c. à soupe de beurre
- Sel et poivre

Préparation

1. Dans une casserole, faire chauffer l'huile d'olive et faire revenir l'oignon, l'ail et le safran pendant 5 minutes. Ajouter les carottes, les pommes de terre, le navet, le piment de Cayenne et le persil. Saler et poivrer au goût. Incorporer le bouillon de poulet, couvrir et laisser mijoter à feu doux pendant 20 minutes.

2. Ajouter les courgettes, la courge, les pois chiches et rectifier l'assaisonnement, puis poursuivre la cuisson pendant 10 minutes.

3. Pendant ce temps, porter 2 tasses d'eau à ébullition. Retirer du feu et incorporer le couscous et le beurre. Couvrir pendant 5 minutes et égrener avec une fourchette.

4. Servir les légumes et le jus de cuisson sur le couscous.

Crêpes algériennes

Algérie

T 15 minutes   R 20 minutes   C 5 minutes   P 6

Ingrédients

- 1 c. à thé de levure
- 3 tasses d'eau
- 1/2 c. à thé de sel
- 1 œuf
- 2 tasses de semoule très fine
- 2 tasses de farine
- 1 c. à soupe d'huile

Préparation

1. Diluer la levure dans l'eau avec le sel. Verser le tout dans un bol avec l'œuf, la semoule et la farine.

2. Remuer jusqu'à l'obtention d'une texture lisse et homogène. Couvrir d'un linge et laisser reposer la pâte une vingtaine de minutes.

3. Faire chauffer un peu d'huile dans une poêle et verser 1 louche de pâte au centre de la poêle. Faire tourner la poêle pour étaler la pâte sur toute la surface et obtenir une crêpe très mince. Lorsque des bulles se forment à la surface, retourner pour faire cuire l'autre côté pendant environ 1 minute. Faire de même pour le reste de la pâte. Servir avec du miel ou de la harissa et de la viande d'agneau.

Feuilletés aux épinards et à la viande

Algérie

T 25 minutes   C 15 minutes   P 4

Ingrédients
- 1 c. à soupe d'huile d'olive
- 1 oignon haché finement
- 300 g de bœuf haché maigre
- 4 tasses d'épinards frais
- 1 c. à thé de cumin
- 2 c. à soupe de crème épaisse
- 12 feuilles brick coupées en deux
- 1 bûche de fromage de chèvre
- Sel et poivre
- Huile pour la friture

Préparation
1. Dans une poêle, faire chauffer l'huile d'olive à feu moyen et faire revenir l'oignon. Ajouter la viande et faire dorer 5 minutes. Ajouter les épinards et le cumin et remuer le tout à feu doux pendant 5 minutes. Saler et poivrer au goût.

2. Ajouter la crème, retirer du feu, remuer et laisser reposer.

3. Poser les feuilles de brick sur une surface de travail et les plier en deux pour former des triangles de pâte. Verser 1 c. à soupe de farce au centre de chaque triangle et garnir de fromage de chèvre. Replier pour former un triangle et emprisonner la farce à l'intérieur.

4. Faire chauffer l'huile d'olive et faire frire à feu moyen pendant 4 à 5 minutes jusqu'à ce que les feuilletés soient dorés et croustillants. Servir chaud avec du citron.

Harissa

Algérie

T 15 minutes   C 15 minutes   P 6

Ingrédients
- 6 piments rouges séchés et épépinés
- 1 tasse d'huile d'olive
- 1 c. à soupe de coriandre moulue
- 1 c. à soupe de graines de carvi
- 1 c. à thé de sel
- 1 c. à thé de cumin
- 1 tête d'ail

Préparation
1. Faire tremper les piments dans l'eau tiède pendant environ 20 minutes.

2. Verser les piments, l'huile, la coriandre, les graines de carvi, le sel, le cumin et les gousses d'ail dans un mélangeur ou un robot culinaire et réduire en purée.

3. Verser dans un pot hermétique et réfrigérer avant de servir.

Omelette aux oignons

Algérie

T 15 minutes   C 50 minutes   P 4

Ingrédients
- 1/2 tasse d'huile d'olive
- 4 oignons émincés
- 2 c. à thé d'aneth frais haché
- 6 œufs
- 1 c. à soupe de parmesan
- 2 c. à soupe de menthe émincée
- Sel et poivre

Préparation
1. Dans une casserole, faire chauffer l'huile d'olive et faire revenir les oignons avec l'aneth à feu doux pendant 30 minutes. Saler et poivrer au goût.

2. Battre les œufs avec le parmesan et la menthe dans un grand bol. Ajouter une pincée de sel et de poivre et incorporer les oignons. Remuer le tout pour incorporer tous les ingrédients.

3. Graisser légèrement une poêle et verser la préparation aux œufs. Faire cuire à feu moyen sans remuer pendant plusieurs minutes. Lorsque la surface est cuite, retourner et faire cuire l'autre côté pendant encore quelques minutes. Servir chaud.

Poulet aux olives

Algérie

T 20 minutes   C 30 minutes   P 4

Ingrédients
- 3 tasses d'olives vertes dénoyautées
- 1 oignon haché
- 2 gousses d'ail hachées
- 2 c. à soupe d'huile d'olive
- 1 poulet coupé en morceaux
- 1 feuille de laurier
- 1 c. à thé de safran
- 1/2 c. à thé de piment fort concassé
- 1 tasse de persil frais ciselé
- 1 tasse d'eau
- Sel et poivre

Préparation
1. Faire bouillir les olives et changer deux fois l'eau pour enlever l'aigreur.

2. Dans une poêle, faire revenir l'oignon et l'ail dans l'huile d'olive pendant environ 5 minutes. Ajouter le poulet et la feuille de laurier et le faire dorer de tous les côtés. Ajouter le safran et le piment fort. Saler et poivrer au goût.

3. Incorporer les olives, le persil et l'eau et laisser mijoter une vingtaine de minutes à feu doux.

Samsas au miel

Algérie

T 20 minutes   C 15 minutes   P 4

Ingrédients
- 2 tasses d'amandes moulues
- 1/2 c. à thé de cannelle
- 1/2 c. à thé de muscade
- 1/4 de tasse de sucre
- 1/2 tasse d'eau de fleur d'oranger
- 3 tasses de farine
- 1 tasse d'huile d'olive
- 1 tasse d'eau
- 1 pincée de sel
- 1 tasse de miel
- Huile pour la friture

Préparation
1. Dans un bol, mélanger les amandes, la cannelle, la muscade, le sucre et l'eau de fleur d'oranger.

2. Dans un bol, mélanger la farine et l'huile d'olive jusqu'à l'obtention d'une texture souple. Incorporer l'eau et le sel et pétrir jusqu'à ce que la préparation soit lisse.

3. Étaler la pâte sur une surface farinée et aplatir à l'aide d'un rouleau jusqu'à une épaisseur de 0,5 cm. Découper des carrés d'environ 2 po (5 cm) de largeur. Verser 1 c. à soupe de farce aux amandes au centre. Refermer pour former des triangles.

4. Faire chauffer l'huile et faire frire les triangles pendant 3 à 4 minutes jusqu'à ce qu'ils soient dorés et croustillants. Tremper dans le miel et servir.

Crevettes grillées au cumin

Angola

T 20 minutes   M 3 heures   C 10 minutes   P 4

Ingrédients
- 1 oignon haché
- 2 gousses d'ail écrasées
- 4 c. à soupe d'huile d'olive
- 3 c. à soupe de vinaigre de vin
- 1 c. à thé de cumin
- 600 g de crevettes
- Sel et poivre

Préparation
1. Dans un bol, mélanger l'oignon, l'ail, l'huile, le vinaigre, le cumin et incorporer les crevettes. Saler et poivrer au goût.

2. Laisser mariner au frais pendant 3 heures en remuant de temps à autre.

3. Faire revenir les crevettes et la marinade dans la poêle pendant environ 2 à 3 minutes de chaque côté et servir, ou alors faire cuire en brochettes sur le barbecue pendant 5 minutes de chaque côté et servir avec la marinade.

Ragoût aux crevettes

Angola

T 20 minutes   C 15 minutes   P 4

Ingrédients
- 4 c. à soupe d'huile d'olive
- 1 oignon haché
- 2 gousses d'ail écrasées
- 600 g de crevettes
- 1 tasse de tomates en dés
- 1/2 tasse de lait de coco
- Le jus de 1 citron
- 1 tasse de coriandre fraîche hachée
- Sel et poivre

Préparation
1. Dans une casserole, faire chauffer l'huile d'olive et faire revenir l'oignon, l'ail et les crevettes pendant 5 minutes.

2. Ajouter les tomates, le lait de coco, le jus de citron. Saler et poivrer au goût et laisser mijoter pendant 10 minutes à feu doux.

3. Saupoudrer de coriandre et servir.

Riz piquant à la coriandre

Angola

T 10 minutes   C 25 minutes   P 4

Ingrédients
- 2 c. à soupe d'huile d'olive
- 1 oignon haché
- 1 piment vert épépiné et finement haché
- 2 tasses de riz
- 2 gousses d'ail hachées
- 2 tasses de coriandre ciselée
- 1 pincée de poivre de Cayenne
- 4 tasses de bouillon de légumes
- Sel et poivre

Préparation
1. Dans une casserole, faire chauffer l'huile d'olive et faire revenir l'oignon et le piment pendant 5 minutes à feu moyen. Ajouter le riz et l'ail et remuer pour faire revenir les grains.

2. Ajouter la coriandre et le poivre de Cayenne. Saler et poivrer au goût et remuer pendant 1 minute. Puis, ajouter le bouillon de légumes et porter à ébullition.

3. Aux premiers bouillons, couvrir, réduire à feu doux et laisser mijoter pendant environ 20 minutes jusqu'à ce que le riz soit tendre et le liquide absorbé. Rectifier l'assaisonnement et servir.

Calalou

Bénin

T 25 minutes   C 2 h 30   P 4

Ingrédients
- 2 c. à soupe d'huile d'olive
- 2 oignons hachés
- 2 gousses d'ail hachées
- 2 tasses de feuille de manioc
- 2 tasses d'épinards
- 4 tasses de bouillon de bœuf
- 400 g de poitrine de poulet désossée, sans la peau et coupée en dés
- 400 g de filet de bœuf coupé en cubes
- 400 g de viande d'agneau désossée et coupée en morceaux
- 1 tasse de crevettes
- 12 gombos tranchés
- 2 piments verts épépinés et hachés
- Sel et poivre

Préparation
1. Faire chauffer l'huile dans un faitout et faire revenir les oignons pendant 3 minutes. Ajouter l'ail, les feuilles de manioc et les épinards. Remuer quelques secondes, puis verser le bouillon de bœuf.

2. Porter à ébullition et ajouter le poulet, le bœuf, l'agneau et les crevettes. Couvrir et laisser mijoter à feu doux pendant environ 2 heures.

3. Ajouter ensuite les gombos et les piments. Saler et poivrer au goût, puis poursuivre la cuisson pendant 30 minutes à feu très doux. Ajouter du bouillon au besoin si le calalou est trop épais.

Afrique

Dorades grillées au four

Bénin

T 20 minutes   C 20 minutes   P 4

Ingrédients

- 1 oignon coupé en rondelles
- 2 tomates tranchées finement
- 4 filets de dorade
- Le jus de 1 citron
- 3 c. à soupe d'huile d'olive
- 1/2 c. à thé de thym
- 1/2 c. à thé d'herbes de Provence
- 1 tasse de persil haché
- 2 carottes râpées
- 1 poivron rouge tranché
- 1 tasse d'olives dénoyautées
- Sel et poivre

Préparation

1. Préchauffer le four à 355 °F (180 °C).

2. Poser une feuille d'aluminium au fond d'un plat allant au four. Déposer la moitié des rondelles d'oignon et des tranches de tomates sur le papier aluminium, puis couvrir avec les filets de dorade.

3. Arroser les filets de jus de citron et d'un filet d'huile d'olive et saupoudrer de thym, d'herbes de Provence et de persil. Ajouter le reste des tomates et de l'oignon et garnir de tranches de carottes et de poivron rouge et d'olives. Verser un filet d'huile sur l'ensemble des ingrédients et saler et poivrer au goût.

4. Couvrir le tout de papier d'aluminium et fermer entièrement la papillote. Faire cuire au four pendant une vingtaine de minutes et servir aussitôt.

Soupe de gombos

Bénin

T 25 minutes   C 40 minutes   P 4

Ingrédients

- 900 g de gombos lavés et tranchés
- 2 gousses d'ail hachées
- 8 tasses de bouillon de poisson
- 1 tasse de tomates en dés
- 2 gros filets de tilapia
- 1 morceau de poisson séché
- 1 oignon tranché finement
- 1 piment vert haché
- 3 c. à soupe d'huile d'olive
- Sel et poivre

Préparation

1. Broyer les gombos et l'ail dans un robot culinaire.

2. Verser le bouillon dans un gros chaudron et porter à ébullition. Incorporer les tomates, le tilapia, le poisson séché, la purée d'ail et de gombos, l'oignon, le piment, le sel et le poivre. Remuer, réduire à feu doux et laisser mijoter une vingtaine de minutes.

3. Extraire le tilapia et le poisson séché et réduire en purée dans un mélangeur ou un robot culinaire. Remettre la purée dans la casserole avec l'huile d'olive, et poursuivre la cuisson pendant encore 15 minutes à feu doux. Laisser reposer quelques minutes, remuer et servir.

Chou épicé

Botswana

T 10 minutes   C 15 minutes   P 4

Ingrédients

- 2 c. à soupe d'huile d'olive
- 1 tasse de tomates broyées
- 1 oignon haché
- 1 c. à soupe d'origan
- 1 c. à thé de gingembre moulu
- 1 chou vert émincé
- Sel et poivre

Préparation

1. Dans une casserole, faire chauffer l'huile et faire frire les tomates et l'oignon pendant 5 minutes à feu moyen.

2. Ajouter l'origan et le gingembre et remuer quelques instants, puis ajouter le chou et faire cuire à feu doux pendant 7 à 10 minutes en remuant jusqu'à ce que le tout soit bien tendre. Assaisonner et servir.

Pain frit *(vtekoek)*

Botswana

T 1 heure   R 45 minutes   C 10 minutes   P 4 à 6

Ingrédients

- 6 tasses de farine
- 2 c. à thé de sel
- 2 c. à soupe de sucre
- 1 c. à thé de poudre à pâte
- 4 tasses d'eau tiède
- Huile pour la friture

Préparation

1. Dans un bol, tamiser la farine, le sel, le sucre et la poudre à pâte. Verser petit à petit l'eau tiède en pétrissant bien jusqu'à l'obtention d'une pâte lisse et homogène.

2. Couvrir la pâte d'un linge et laisser reposer pendant au moins 45 minutes pour que la pâte double de volume.

3. Former des boules de pâte de la grosseur d'une balle de tennis et aplatir pour obtenir une épaisseur de 1 à 1 1/2 po (3 ou 4 cm).

4. Verser de l'huile jusqu'à environ 2 cm de profondeur et faire chauffer à feu moyen-vif. Faire frire les pains de 3 à 5 minutes de chaque côté jusqu'à ce qu'ils soient dorés et croustillants. Servir avec du beurre et de la confiture.

Boulettes d'agneau épicées

Burkina Faso

T 15 minutes   C 10 minutes   P 4

Ingrédients

- 1/4 de tasse d'huile d'olive
- 1 oignon haché finement
- 2 gousses d'ail hachées
- 1 c. à thé de gingembre moulu
- 1 c. à thé de poudre de chili
- 1/4 de tasse de coriandre hachée
- 1/4 de tasse de persil haché
- 1/2 c. à thé de cannelle
- 600 g d'agneau haché
- 3 œufs battus
- 1/2 tasse de chapelure
- Sel et poivre

Préparation

1. Dans une poêle, faire chauffer l'huile d'olive et faire revenir l'oignon pendant 3 minutes à feu moyen. Ajouter l'ail, le gingembre, la poudre de chili, la coriandre, le persil et la cannelle. Saler et poivrer au goût et remuer jusqu'à ce que l'oignon soit tendre.

2. Laisser refroidir et verser le tout dans un grand bol, puis ajouter l'agneau et bien mélanger tous les ingrédients.

3. Ajouter les œufs et la chapelure, mélanger et former de petites boulettes d'environ 1 po (3 cm) de diamètre.

4. Dans une poêle, faire chauffer l'huile d'olive et faire frire les boulettes pendant 4 à 5 minutes jusqu'à ce qu'elles soient dorées. Éponger sur du papier absorbant et servir.

Galettes aux légumes

Burkina Faso

T 15 minutes   C 10 minutes   P 4

Ingrédients

- 1 tasse de flocons d'avoine
- 2 tasses de fonio
- 2 tasses d'eau
- 2 carottes pelées et râpées
- 1 tasse de mozzarella râpée
- 1 oignon haché
- 2 c. à soupe de coriandre ciselée
- 2 œufs battus
- 1 tasse de persil ciselé
- 1 c. à thé de poivre de Cayenne
- 2 c. à soupe d'huile d'olive
- 1 c. à soupe de beurre
- Sel et poivre

Préparation

1. Verser les flocons et le fonio dans un grand bol. Porter l'eau à ébullition dans une casserole et verser sur les céréales. Remuer jusqu'à ce qu'elles soient tendres.

2. Incorporer les carottes, le fromage, l'oignon, la coriandre, les œufs, le persil et le poivre de Cayenne. Saler et poivrer au goût et mélanger le tout.

3. Former des galettes en utilisant environ 3 c. à soupe du mélange pour chacune.

4. Dans une grande poêle, faire chauffer le beurre et l'huile. Faire cuire les galettes en les aplatissant pendant environ 2 à 3 minutes de chaque côté, jusqu'à ce qu'elles soient dorées et croustillantes.

Ragoût d'ignames aux tomates

Burkina Faso

T 15 minutes   C 10 minutes   P 4

Ingrédients

- 6 grosses ignames pelées en coupées en tranches
- 2 c. à soupe de beurre
- 1 tasse de persil ciselé
- 2 c. à soupe d'huile d'olive
- 1 oignon haché
- 1 piment vert épépiné et haché
- 400 g de bœuf haché
- 1 grosse conserve de tomates en dés
- Sel et poivre

Préparation

1. Porter un grand chaudron d'eau salée à ébullition et faire cuire les ignames pendant environ 15 minutes jusqu'à ce qu'elles soient tendres.

2. Égoutter, incorporer le beurre et réduire en purée. Ajouter le persil et assaisonner.

3. Faire chauffer l'huile d'olive et faire revenir l'oignon et le piment pendant 5 minutes. Ajouter la viande et la faire dorer pendant environ 7 minutes. Ajouter les tomates et assaisonner au goût, puis laisser mijoter pendant 5 minutes.

4. Incorporer la purée d'ignames et mélanger tous les ingrédients. Ajouter un peu d'eau si le ragoût est trop épais. Laisser mijoter une dizaine de minutes en remuant et servir.

Riz à la sauce aux arachides

Burkina Faso

T 15 minutes   C 40 minutes   P 4

Ingrédients

- 4 tasses de bouillon de poulet
- 2 tasses de riz
- 1 oignon haché
- 1 piment vert épépiné et haché
- 2 c. à soupe d'huile d'olive
- 1 conserve de tomates en dés
- Le jus de 1 lime
- 5 c. à soupe de beurre d'arachides
- 1 tasse d'eau
- Sel et poivre

Préparation

1. Porter le bouillon à ébullition, ajouter le riz, réduire à feu doux, couvrir et laisser mijoter une vingtaine de minutes jusqu'à ce que le riz soit tendre et que le liquide soit absorbé.

2. Dans une poêle, faire revenir l'oignon et le piment dans l'huile d'olive pendant environ 5 minutes.

3. Baisser à feu doux et incorporer les tomates, le jus de lime, saler et poivrer au goût et laisser mijoter environ 5 minutes. Ajouter le beurre d'arachides et l'eau, puis remuer le tout à l'aide d'une spatule. Couvrir et laisser mijoter à feu doux pendant 10 minutes en remuant.

4. Incorporer le riz cuit dans la poêle et remuer le tout pour bien enrober les grains avec la sauce. Rectifier l'assaisonnement et servir.

Riz gras au poulet

Burkina Faso

T 15 minutes   C 25 minutes   P 4

Ingrédients

- 4 c. à soupe d'huile d'olive
- 2 grosses poitrines de poulet désossées, sans la peau et coupées en dés
- 1 oignon haché finement
- 2 gousses d'ail hachées
- 2 piments forts épépinés et hachés
- 2 tasses de tomates en dés
- 2 tasses de riz
- 3 tasses de bouillon de poulet
- 1 tasse de jus de tomates
- Sel et poivre

Préparation

1. Faire chauffer l'huile d'olive et faire revenir les dés de poulet et l'oignon pendant une dizaine de minutes à feu doux jusqu'à ce qu'ils soient dorés. Ajouter l'ail, les piments forts, les tomates en dés et le riz.

2. Remuer le tout pendant 3 à 5 minutes pour donner du goût aux grains.

3. Verser le bouillon de poulet et le jus de tomates et saler et poivrer au goût. Laisser cuire à feu doux pendant 20 à 25 minutes jusqu'à ce que le riz soit tendre et jusqu'à l'obtention de la consistance désirée.

Bananes plantains et haricots rouges

Burundi

T 20 minutes   C 20 minutes   P 2

Ingrédients

- 2 c. à soupe d'huile d'olive
- 1/2 oignon haché
- 1 piment *Jalapeño* épépiné et haché
- 1 conserve de haricots rouges rincés et égouttés
- 2 bananes plantains pelées et coupées en dés
- 2 tasses de bouillon de légumes
- Le jus de 1/2 lime
- Sel et poivre

Préparation

1. Dans une casserole, faire chauffer l'huile et faire cuire l'oignon et le piment pendant 5 minutes. Ajouter les haricots, les bananes, saler et poivrer au goût et poursuivre la cuisson à feu moyen pendant 5 minutes.

2. Verser le bouillon, porter à ébullition et réduire à feu doux. Laisser mijoter environ 15 minutes jusqu'à ce que les bananes soient tendres. Rectifier l'assaisonnement, arroser de jus de lime et servir.

Poulet au boulgour

Burundi

T 30 minutes   C 30 minutes   P 4

Ingrédients

- 2 c. à soupe d'huile d'olive
- 1 oignon haché
- 2 poitrines de poulet désossées, sans la peau et coupées en dés
- 1 conserve de tomates broyées
- 2 c. à soupe de pâte de tomate
- 1 pincée de sucre
- 2 c. à thé de curcuma
- 4 tasses de bouillon de poulet
- 2 tasses de boulgour rincé et égoutté
- Sel et poivre

Préparation

1. Dans une poêle, faire chauffer l'huile et faire cuire l'oignon pendant 3 minutes. Ajouter le poulet et faire revenir à feu moyen pendant 5 minutes. Ajouter les tomates broyées, la pâte de tomate, le sucre, le curcuma, saler et poivrer au goût et remuer le tout.

2. Verser le bouillon de poulet, porter à ébullition, réduire le feu et laisser cuire pendant 5 minutes.

3. Incorporer le boulgour, porter à ébullition, réduire à feu doux, couvrir et laisser mijoter le tout pendant 10 à 15 minutes jusqu'à ce qu'il soit tendre. Remuer, rectifier l'assaisonnement et servir.

Afrique

Soupe aux lentilles et aux légumes

Burundi

T 20 minutes   C 25 minutes   P 4

Ingrédients
- 2 c. à soupe d'huile d'olive
- 1 oignon haché
- 1 gousse d'ail émincée
- 2 tasses de lentilles sèches rincées et égouttées
- 2 patates douces pelées et coupées en dés
- 1 carotte pelée et coupée en petits dés
- 1 tomate coupée grossièrement
- 4 tasses de bouillon de légumes
- Sel et poivre

Préparation
1. Dans une poêle, faire chauffer l'huile et faire cuire l'oignon pendant 5 minutes. Ajouter l'ail et les lentilles et remuer pour bien les enrober.

2. Ajouter les patates douces, la carotte et la tomate. Saler et poivrer au goût et remuer pendant quelques minutes.

3. Verser le bouillon de légumes, porter à ébullition, puis réduire à feu doux et laisser mijoter pendant environ 25 minutes jusqu'à ce que les lentilles et les légumes soient tendres. Rectifier l'assaisonnement et servir.

Tarte aux bananes et aux dattes

Burundi

T 30 minutes   C 30 minutes   P 4

Ingrédients
Pâte à tarte
- 1/2 tasse de farine
- 1/3 de tasse de sucre
- 1/2 c. à thé de sel
- 1/2 tasse de beurre non salé
- 1 œuf
- 1 jaune d'œuf

Garniture
- 4 bananes pelées et réduites en purée
- Le jus de 1 lime
- 2 tasses de dattes dénoyautées et hachées
- 1 c. à thé de cannelle
- 1/4 de tasse de cassonade

Préparation
1. Dans un bol, mélanger la farine, le sucre et le sel. À l'aide d'un coupe-pâte ou de deux couteaux, découper le beurre dans le mélange jusqu'à ce que la texture ait la consistance d'une semoule grossière et que les morceaux de beurre ne soient pas plus gros que des petits pois. Incorporer l'œuf et mélanger avec une fourchette jusqu'à ce que la préparation soit homogène.

2. Transférer la pâte sur une surface de travail, former une boule et aplatir pour former un grand disque. Abaisser la pâte à l'aide d'un rouleau et diviser en deux.

3. Préchauffer le four à 355 °F (180 °C).

4. Dans un bol, mélanger la purée de bananes, le jus de lime, les dattes, la cannelle et la cassonade.

5. Dérouler une moitié de la pâte dans un plat à tarte profond de 9 po (23 cm). Verser la garniture aux bananes et aux dattes, puis badigeonner les rebords de la croûte avec du jaune d'œuf. Dérouler la croûte du dessus et déposer sur la garniture. Faire une incision au centre et badigeonner avec de l'œuf.

6. Faire cuire au four pendant 30 minutes jusqu'à ce que la pâte soit bien dorée.

Beignets de maïs

Cameroun

T 20 minutes   R 45 minutes   C 5 minutes   P 4

Ingrédients
- 5 bananes bien mûres
- 2 c. à soupe de sucre
- 2 tasses de farine de maïs
- 3 œufs
- 1 pincée de sel
- 1 c. à thé de poudre à pâte
- Huile pour la friture

Préparation
1. Réduire les bananes en purée à l'aide d'une fourchette et incorporer le sucre.

2. Ajouter la farine, les œufs, le sel et la poudre à pâte et pétrir jusqu'à l'obtention d'une pâte souple et homogène.

3. Couvrir d'un linge et laisser reposer pendant 45 minutes.

4. Former de petites boulettes de la grosseur d'une balle de golf et aplatir légèrement.

5. Faire chauffer l'huile d'olive et faire frire les beignets pendant quelques minutes de chaque côté jusqu'à ce qu'ils soient dorés et croustillants. Éponger sur du papier absorbant et servir.

Beignets sucrés

Cameroun

T 15 minutes   C 10 minutes   P 4

Ingrédients

- 3 tasses de farine
- 1 tasse de sucre
- 1 c. à thé de poudre à pâte
- 1 c. à thé de sel
- 4 c. à soupe de beurre mou
- 1 c. à thé de cannelle
- 1 c. à thé de muscade
- Le zeste de 1 citron
- Le zeste et le jus de 1 orange
- 3 œufs battus
- 1/2 tasse d'eau
- Huile pour la friture

Préparation

1. Dans un bol, tamiser la farine, le sucre, la poudre à pâte et le sel. Former un puits au centre et incorporer le beurre mou, la cannelle, la muscade, les zestes, le jus d'orange et les œufs.

2. Pétrir la pâte en ajoutant un peu d'eau jusqu'à l'obtention d'une pâte lisse et homogène. Couvrir et laisser gonfler pendant 45 minutes.

3. Pétrir à nouveau la pâte et former des boules de 1 po (3 cm) d'épaisseur et aplatir.

4. Faire chauffer l'huile et faire frire les beignets pendant 5 minutes de chaque côté jusqu'à ce qu'ils soient bien dorés.

Bœuf au chou

Cameroun

T 35 minutes   C 45 minutes   P 4

Ingrédients

- 4 c. à soupe d'huile d'olive
- 1 oignon tranché
- 2 gousses d'ail hachées
- 1 poireau ciselé
- 600 g de bœuf en cubes
- 1/2 c. à thé de piment rouge concassé
- 1 c. à thé de poivre de Cayenne
- 2 tasses de tomates en dés
- 2 tasses de bouillon de bœuf
- 1 tête de chou
- Sel et poivre

Préparation

1. Faire chauffer l'huile dans un faitout et faire revenir l'oignon pendant 3 minutes. Ajouter l'ail, le poireau et la viande et faire dorer le tout. Incorporer le piment rouge, le poivre de Cayenne et les tomates et faire revenir pendant 5 minutes.

2. Verser le bouillon de bœuf, remuer et laisser mijoter à feu doux pendant 15 minutes, puis ajouter le chou, rectifier l'assaisonnement et laisser cuire pendant encore 15 minutes jusqu'à ce que la viande soit tendre et que le chou soit cuit. Servir chaud.

Dorades braisées

Cameroun

T 20 minutes   C 20 minutes   P 4

Ingrédients

- 4 dorades en filet
- 2 oignons coupés en rondelles
- 2 gousses d'ail écrasées
- 4 c. à soupe d'huile d'olive
- 2 tasses de tomates en dés
- 1 c. à thé de gingembre moulu
- 1 piment fort haché
- Sel et poivre

Préparation

1. Nettoyer les filets de dorades.

2. Verser 1 oignon, l'ail, 2 c. à soupe d'huile, les tomates, le gingembre, le piment et un peu de sel et de poivre dans un mélangeur ou un robot culinaire et réduire en purée.

3. Faire chauffer le reste de l'huile dans une poêle et faire revenir l'autre oignon et le poivron à feu moyen pendant 5 minutes. Ajouter la purée, remuer et poivrer.

4. Badigeonner l'intérieur et l'extérieur des filets avec la moitié de la purée obtenue.

5. Faire cuire les dorades sur le barbecue pendant 5 minutes de chaque côté ou au four à 355 °F (180 °C) pendant 20 minutes en badigeonnant de purée au cours de la cuisson.

Foufou

Cameroun

T 45 minutes   C 50 minutes   P 4

Ingrédients

- 3 tasses de farine de manioc
- 2 tasses d'eau tiède
- 1/3 de tasse d'huile d'olive
- 1 oignon tranché
- 2 gousses d'ail hachées
- 600 g de bœuf en cubes
- 1 c. à thé de gingembre moulu
- 1 c. à thé de poivre de Cayenne
- 2 tasses de tomates en dés
- 3 c. à soupe de beurre d'arachides
- 1 tasse de bouillon de bœuf
- 12 gombos tranchés
- Sel et poivre

Préparation

1. Verser la farine de manioc et 1 c. à thé de sel dans un bol et incorporer l'eau petit à petit en pétrissant la pâte. Ajouter de l'eau si la pâte est trop épaisse. Pétrir jusqu'à l'obtention d'une pâte homogène, puis former des boulettes d'environ 1 po (3 cm) de diamètre. Les faire cuire dans 4 c. à soupe d'huile d'olive jusqu'à ce qu'elles soient bien dorées. Réserver sur du papier absorbant.

2. Faire chauffer l'huile dans un faitout et faire revenir l'oignon pendant 3 minutes. Ajouter l'ail et la viande et faire dorer le tout. Incorporer le gingembre, le poivre de Cayenne et les tomates et faire revenir pendant 5 minutes.

3. Ajouter le beurre d'arachides, le faire fondre doucement, puis verser le bouillon de bœuf. Remuer le tout et laisser mijoter à feu doux pendant au moins 30 minutes jusqu'à ce que la viande soit tendre.

4. Ajouter les gombos, remuer le tout et servir avec des boulettes de manioc.

Poulet directeur général

Cameroun

T 25 minutes   C 30 minutes   P 4

Ingrédients

- 1 oignon haché
- 1 piment vert épépiné et haché
- 2 gousses d'ail hachées
- 2 c. à soupe d'huile d'olive
- 1 poulet coupé en morceaux
- 1 feuille de laurier
- 1/2 c. à thé de thym
- 1/2 c. à thé d'herbes de Provence
- 1 c. à thé de gingembre moulu
- 1 tasse de persil frais ciselé
- 1 tasse de bouillon de poulet
- 2 c. à soupe d'huile d'olive
- 4 bananes plantains pelées et tranchées
- 4 carottes pelées et tranchées
- 1 poivron vert tranché
- 2 tasses de tomates broyées
- Le jus de 1 citron
- Sel et poivre

Préparation

1. Dans une casserole, faire revenir l'oignon, le piment vert et l'ail dans l'huile d'olive pendant environ 5 minutes. Ajouter le poulet et la feuille de laurier et le faire dorer de tous les côtés. Saler et poivrer au goût. Ajouter le thym, les herbes de Provence, le gingembre et le persil. Remuer.

2. Verser le bouillon, porter à ébullition, réduire le feu et laisser mijoter une dizaine de minutes.

3. Pendant ce temps, faire chauffer 1 c. à soupe d'huile d'olive dans une poêle et faire dorer les bananes plantains, les carottes et le poivron pendant 5 à 7 minutes. Ajouter les tomates et le jus de citron, saler et poivrer au goût et remuer pendant 5 minutes à feu moyen-doux.

4. Verser le mélange de légumes dans la casserole et laisser mijoter pendant encore 10 minutes. Ajouter du bouillon au besoin si la sauce est trop épaisse.

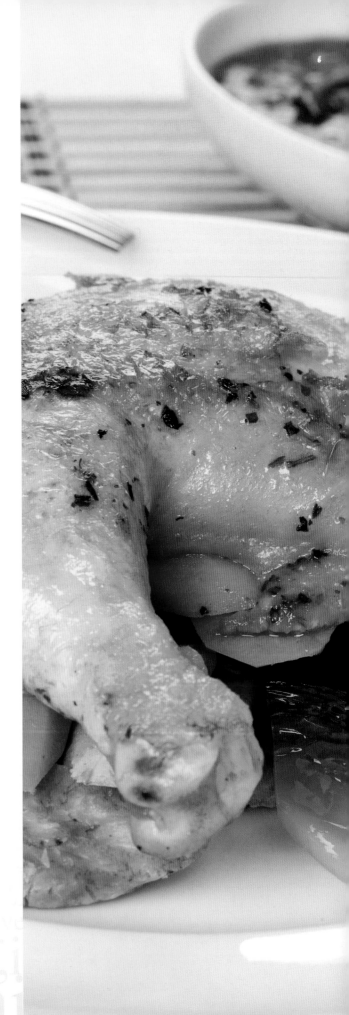

Bouillon de poisson

Cap-Vert

T 10 minutes   C 20 minutes   P 4

Ingrédients
- 1 c. à soupe de cari en poudre
- 3 c. à soupe de vinaigre de cidre
- 2 gousses d'ail hachées
- 2 feuilles de laurier concassées
- 200 g de filet de sole
- 200 g de tilapia
- 200 g de filet de thon
- 2 c. à soupe d'huile d'olive
- 1 petit oignon haché
- 1 tasse de tomates concassées
- 1 c. à thé de pâte de tomate
- 8 tasses de bouillon de poisson
- 2 pommes de terre pelées et coupées en dés
- 1 banane plantain tranchée
- 1/4 de tasse de coriandre fraîche ciselée
- Sel et poivre

Préparation
1. Dans un bol, mélanger le cari, le vinaigre, l'ail et les feuilles de laurier et incorporer les filets de poisson. Enrober les filets d'épices, remuer et laisser reposer.

2. Pendant ce temps, faire chauffer l'huile d'olive à feu moyen dans une casserole puis faire sauter l'oignon, les tomates et la pâte de tomate pendant 5 à 7 minutes. Saler et poivrer au goût puis incorporer les filets de poisson marinés. Faire revenir pendant 5 minutes, retirer le poisson de la casserole et défaire en morceaux. Réserver.

3. Verser le bouillon de poisson, incorporer les patates et la banane et porter à ébullition. Baisser à feu moyen-doux et laisser mijoter pendant 25 minutes.

4. Remettre le poisson et la marinade dans le bouillon, assaisonner au goût et laisser mijoter encore 10 minutes. Servir chaud et garnir de coriandre.

Ragoût aux haricots et au maïs *(cachupa)*

Cap-Vert

T 45 minutes   R 1 nuit   C 1 h 45   P 4

Ingrédients
- 300 g de porc salé (queue, pied, oreille)
- 200 g de lard salé coupé en dés
- 1 oignon haché finement
- 1 piment *Jalapeño* épépiné et haché
- 2 gousses d'ail écrasées
- 5 c. à soupe d'huile d'olive
- 300 g de bœuf en cubes
- 200 g de saucisse
- 1 feuille de laurier
- 1 c. à thé d'herbes de Provence
- 1 c. à soupe de pâte de tomate
- 1/2 c. à thé de thym
- 6 tasses de bouillon de poulet
- 3 patates douces pelées et coupées en dés
- 1 chou émincé
- 1 banane plantain tranchée
- 1 grosse conserve de grains de maïs rincés et égouttés
- 2 conserves de fèves mélangées, rincées et égouttées
- Sel et poivre

Préparation
1. Faire tremper les viandes salées pendant toute une nuit.

2. Le lendemain, faire revenir l'oignon et le piment à feu moyen avec le lard. Ajouter l'ail et 2 c. à soupe d'huile d'olive et faire cuire pendant encore 3 minutes. Incorporer le reste des viandes, la feuille de laurier, les herbes de Provence, la pâte de tomate, le thym et saler et poivrer au goût. Recouvrir de bouillon et porter à ébullition. Faire bouillir les viandes à feu moyen pendant 1 heure, puis réduire le feu et dégraisser le bouillon.

3. Ajouter les patates douces, le chou et la banane, ajouter 2 tasses de bouillon, porter à ébullition et laisser mijoter à feu doux pendant 15 minutes.

4. Incorporer le maïs et les haricots, rectifier l'assaisonnement et laisser cuire encore 20 minutes jusqu'à ce que les légumes soient tendres et que les haricots soient mous. Servir chaud avec du riz et du manioc.

Bananes plantains au lait de coco

Comores

T 30 minutes   C 25 minutes   P 4

Ingrédients
- 4 filets de tilapia
- Le jus de 1 citron
- 2 c. à soupe d'huile d'olive
- 1 oignon haché
- 1 gousse d'ail râpée
- 2 tasses de tomates en dés
- 2 tasses de lait de coco
- 1/3 de tasse d'eau
- 6 bananes plantains pelées et tranchées
- 1 tasse de noix de coco râpée
- Sel et poivre

Préparation
1. Émietter le poisson, verser le jus de citron et saler et poivrer au goût.

2. Faire chauffer l'huile d'olive et faire revenir l'oignon pendant 5 minutes. Ajouter l'ail, les tomates et le poisson et poursuivre la cuisson pendant 4 minutes en remuant à feu doux.

3. Faire chauffer le lait de coco et l'eau à feu moyen-doux dans une casserole. Ajouter les bananes vertes et laisser mijoter à feu moyen pendant une quinzaine de minutes. Ajouter le mélange de poisson et de tomates, assaisonner et laisser mijoter pendant encore 5 minutes. Servir chaud et saupoudrer de noix de coco râpée.

Beignets au coco et au sésame

Comores

T 10 minutes   R 45 minutes   C 5 minutes   P 4

Ingrédients
- 2 tasses de farine
- 1 c. à thé de poudre à pâte
- 1 pincée de sel
- 3 œufs
- 4 tasses de lait de coco
- 1/2 tasse de graines de sésame
- Huile pour la friture

Préparation
1. Dans un bol, mélanger la farine, la poudre à pâte et le sel.

2. Dans un grand bol, battre les œufs et le lait de coco, puis incorporer la préparation de farine. Pétrir jusqu'à l'obtention d'une pâte lisse et homogène, couvrir et laisser gonfler 45 minutes.

3. Former des boules d'environ 1 po (3 cm) de diamètre. Aplatir légèrement, puis enrober les boules de graines de sésame.

4. Faire chauffer de l'huile à feu vif dans une poêle épaisse ou dans une friteuse.

5. Faire frire les beignets pendant environ 5 minutes en les plongeant dans l'huile chaude jusqu'à ce que la pâte soit dorée. Servir chaud.

Afrique

Potage aux bananes plantains

Comores

T 20 minutes   C 30 minutes   P 4

Ingrédients
- 6 tasses de bouillon de légumes
- 4 bananes plantains coupées en dés
- 1 tasse de lait
- 3 c. à soupe d'huile d'olive
- 1 oignon haché
- 2 gousses d'ail hachées
- 1 tasse de mozzarella râpée
- Sel et poivre

Préparation
1. Porter le bouillon à ébullition et faire cuire les bananes pendant une quinzaine de minutes jusqu'à ce qu'elles soient assez tendres.

2. Réduire les bananes en purée dans un mélangeur ou dans un robot avec le lait.

3. Pendant ce temps, faire revenir l'oignon et l'ail avec un peu d'huile dans une petite poêle. Incorporer dans le mélangeur et réduire en purée.

4. Verser le tout dans une casserole et faire cuire à feu moyen en remuant. Ajouter le fromage, assaisonner, remuer et servir chaud.

Potage aux tomates et aux gombos

Comores

T 20 minutes   C 30 minutes   P 4

Ingrédients
- 900 g de gombos lavés et tranchés
- 2 gousses d'ail hachées
- 8 tasses de bouillon de légumes
- 2 tasses de tomates en dés
- 1 oignon haché
- 1 piment vert haché
- 1 tasse de lait
- La chair de 1 avocat
- Sel et poivre

Préparation
1. Broyer les gombos et l'ail dans un robot culinaire.

2. Verser le bouillon dans un gros chaudron et porter à ébullition. Incorporer les tomates, la purée d'ail et de gombos, l'oignon et le piment. Saler et poivrer au goût. Remuer, réduire à feu doux et laisser mijoter une quinzaine de minutes.

3. Verser le tout dans un mélangeur ou un robot culinaire avec le lait et la chair d'avocat et réduire en purée. Remettre dans la casserole, assaisonner et poursuivre la cuisson pendant encore 10 minutes à feu doux. Laisser reposer quelques minutes, remuer et servir.

Ragoût de poulet
(moambe)

Comores

T 25 minutes   C 40 minutes   P 4

Ingrédients
- 2 tasses de bouillon de poulet
- 1 conserve de sauce de palme (*moambe*)
- 1/4 de tasse d'huile de palme
- 1 c. à thé de piment fort concassé
- 1 poulet coupé en morceaux
- 2 tasses de tomates en dés
- 1 oignon tranché finement
- 1 poivron vert tranché
- 1 gousse d'ail hachée
- 2 tasses de feuilles de manioc
- 3 tasses d'épinards frais ciselés
- 1 petite aubergine tranchée
- 1 tasse d'arachides hachées
- Sel et poivre

Préparation
1. Faire chauffer le bouillon à feu doux dans une casserole et incorporer la sauce de palme et 3 c. à soupe d'huile de palme. Remuer et ajouter le sel, le poivre et le piment fort au goût.

2. Faire chauffer 2 c. à soupe d'huile de palme, faire revenir le poulet et le faire dorer de tous les côtés. Ajouter les tomates, assaisonner et verser le tout dans la casserole avec la sauce. Faire cuire à feu doux pendant au moins 30 minutes jusqu'à ce que le poulet soit tendre.

3. Pendant ce temps, faire chauffer 2 c. à soupe d'huile de palme et faire revenir l'oignon, le poivron et l'ail pendant 5 minutes à feu moyen. Incorporer le manioc, les épinards, l'aubergine et poursuivre la cuisson pendant 3 minutes. Verser le tout dans la casserole avec le poulet.

4. Servir le tout bien chaud sur du riz blanc et saupoudrer d'arachides.

Riz au *saka-saka*

Comores

T 10 minutes   C 30 minutes   P 4

Ingrédients
- 4 tasses de bouillon de légumes
- 2 tasses de riz
- 2 c. à soupe d'huile de palme
- 2 gousses d'ail hachées
- 1 poireau émincé
- 1 piment fort épépiné et haché
- 2 tasses d'eau
- 1 c. à thé de cumin
- 2 tasses de feuilles de manioc écrasées
- 2 c. à soupe de beurre d'arachides
- Sel et poivre

Préparation

1. Porter le bouillon de légumes à ébullition, ajouter le riz, couvrir et laisser mijoter à feu moyen pendant une vingtaine de minutes jusqu'à ce que le riz soit tendre et que le liquide soit absorbé.

2. Pendant ce temps, faire chauffer l'huile de palme dans une casserole et faire revenir l'ail, le poireau, le piment et le cumin pendant 4 minutes à feu moyen-doux. Saler et poivrer au goût, ajouter l'eau et les feuilles de manioc et remuer.

3. Incorporer le beurre d'arachides, remuer et faire cuire le tout à feu moyen pendant 20 minutes. Ajouter un peu d'eau au besoin.

4. Servir le riz et napper de sauce.

Tarte aux bananes

Comores

T 30 minutes   C 30 minutes   P 4

Ingrédients
- 1 tasse de farine
- 3/4 de tasse de sucre
- 1 c. à thé de poudre à pâte
- 1/2 c. à thé de sel
- 1/4 de tasse de beurre mou
- 2 œufs
- 1 tasse de crème fraîche
- 4 bananes coupées en tranches
- 1 c. à thé d'extrait de vanille
- 1/2 tasse de noix de coco râpé
- 1 jaune d'œuf battu

Préparation

1. Dans un bol, mélanger la farine, le sucre, la poudre à pâte et le sel. Incorporer le beurre mou, les œufs et la crème et mélanger jusqu'à ce que la préparation soit lisse et homogène.

2. Transférer la pâte sur une surface de travail, former une boule et aplatir pour former un grand disque. Étaler la pâte à l'aide d'un rouleau et diviser en deux.

3. Préchauffer le four à 355 °F (180 °C).

4. Dans un bol, mélanger les tranches de bananes, la vanille et la noix de coco.

5. Dérouler une moitié de la pâte dans un plat à tarte profond de 9 po (23 cm). Verser la garniture aux bananes, puis badigeonner les rebords de la croûte avec du jaune d'œuf. Dérouler la croûte du dessus et déposer sur la garniture. Faire une incision au centre et badigeonner avec le jaune d'œuf.

6. Faire cuire au four pendant 30 minutes jusqu'à ce que la pâte soit bien dorée.

Beignets au sucre et à la vanille

Côte d'Ivoire

T 15 minutes   R 1 heure   C 10 minutes   P 4

Ingrédients
- 4 tasses de farine
- 1 tasse de sucre
- 1 c. à thé de poudre à pâte
- 1/2 c. à thé de sel
- 2 tasses de lait
- 2 c. à thé d'extrait de vanille
- 1 œuf battu
- Huile pour la friture

Préparation
1. Dans un bol, tamiser la farine, le sucre, la poudre à pâte et le sel. Former un puits au centre et incorporer le lait, la vanille et l'œuf battu.

2. Pétrir la pâte en ajoutant un peu d'eau, au besoin, jusqu'à l'obtention d'une pâte lisse et homogène. Couvrir et laisser gonfler pendant au moins 1 heure.

3. Pétrir à nouveau la pâte et former des boules de 1 po (3 cm) d'épaisseur et aplatir.

4. Faire chauffer l'huile et faire frire les beignets pendant 5 minutes de chaque côté jusqu'à ce qu'ils soient gonflés et dorés. Éponger sur du papier absorbant et servir.

Couscous de manioc au thon *(garba)*

Côte d'Ivoire

T 15 minutes   C 15 minutes   P 4

Ingrédients
- 2 tasses d'eau
- 2 tasses d'*attiéké* (couscous de manioc)
- 1 c. à thé de beurre
- 5 c. à soupe d'huile végétale
- 1 oignon haché
- 1 piment fort épépiné et haché
- 2 gros filets de thon frais
- 1/4 de tasse de farine
- Sel et poivre

Préparation
1. Porter 2 tasses d'eau à ébullition. Retirer du feu et incorporer l'*attiéké* et le beurre. Couvrir pendant 5 minutes et égrener avec une fourchette.

2. Faire chauffer 2 c. à soupe d'huile et faire frire l'oignon et le piment à feu vif pendant 4 minutes. Réserver.

3. Ajouter le reste de l'huile et faire chauffer.

4. Enrober les filets de thon de farine, assaisonner et faire frire pendant 3 à 5 minutes de chaque côté jusqu'à ce qu'ils soient bien dorés. Trancher.

5. Étaler le couscous de manioc sur une grande assiette de service et garnir d'oignons frits, de piment et de thon.

Plantains frits au gingembre et aux tomates

Côte d'Ivoire

T 10 minutes   C 10 minutes   P 4

Ingrédients
- 1 tasse de tomates en dés
- 3 bananes plantains pelées et coupées en dés
- 1/2 tasse d'huile de palme
- 1 c. à thé de gingembre moulu
- Sel et poivre

Préparation
1. Dans un bol, mélanger les tomates et les dés de bananes. Saler et poivrer au goût.

2. Dans une poêle, faire chauffer l'huile de palme à feu moyen-vif et y déposer les morceaux de bananes plantains. Faire cuire pendant 5 à 6 minutes de chaque côté jusqu'à ce qu'ils soient dorés et saupoudrer de gingembre. Servir chaud.

Poulet *kedjenou*

Côte d'Ivoire

T 20 minutes   C 50 minutes   P 4

Ingrédients

- 1 oignon haché
- 1 piment vert épépiné et haché
- 1 gousse d'ail écrasée
- 3 c. à soupe d'huile d'olive
- 3 poitrines de poulet coupées en morceaux
- 1 feuille de laurier
- 1/2 c. à thé de thym
- 1/2 c. à thé de gingembre moulu
- 1 aubergine coupée en dés
- 2 tasses de tomates en dés
- Sel et poivre

Préparation

1. Dans une cocotte, faire revenir l'oignon, le piment vert et l'ail dans l'huile d'olive pendant environ 5 minutes. Ajouter le poulet et la feuille de laurier et le faire dorer de tous les côtés. Ajouter le thym, le gingembre, saler et poivrer au goût.

2. Incorporer l'aubergine et les tomates et remuer le tout.

3. Couvrir et laisser mijoter pendant encore 40 minutes en remuant souvent. Servir chaud sur du riz.

Afrique

Tartinade d'avocat, de thon et de tomates

Côte d'Ivoire

T 15 minutes   P 4

Ingrédients

- 2 avocats mûrs
- 2 tomates pelées et coupées en dés
- 1 gousse d'ail hachée
- 1/2 oignon haché
- Le jus et le zeste de 1 citron
- 2 c. à soupe d'huile végétale
- 2 conserves de thon émietté dans l'eau
- 1/2 c. à thé de cumin
- 1 c. à soupe de noix de coco râpée
- Sel et poivre

Préparation

1. Déposer la chair des avocats, les tomates, l'ail, l'oignon, le zeste et le jus de citron et l'huile dans un mélangeur ou un robot culinaire et réduire le tout en purée grossière. Saler et poivrer au goût.

2. Verser la purée dans un grand bol et incorporer le thon émietté. Ajouter le cumin et la noix de coco et remuer le tout. Servir avec des craquelins ou sur du pain grillé.

Bœuf épicé aux tomates

Djibouti

T 20 minutes   C 20 minutes   P 4

Ingrédients

- 2 c. à soupe d'huile d'olive
- 1 oignon tranché
- 1 piment vert épépiné et tranché
- 1 gousse d'ail râpée
- 2 tasses de tomates en dés
- 600 g de filet de bœuf coupé en lamelles
- 1 c. à thé de cumin
- Sel et poivre

Préparation

1. Dans une cocotte, faire chauffer l'huile d'olive et faire revenir l'oignon pendant 3 minutes. Ajouter le piment, l'ail et les tomates, assaisonner et faire revenir pendant encore 3 minutes.

2. Incorporer le bœuf, remuer et faire revenir à feu moyen-doux pendant 5 à 7 minutes. Ajouter le cumin, saler et poivrer au goût et servir avec du pain.

Riz à l'agneau et aux tomates

Djibouti

T 10 minutes   C 25 minutes   P 4

Ingrédients

- 2 c. à soupe d'huile d'olive
- 2 oignons hachés
- 2 gousses d'ail hachées
- 800 g d'épaule d'agneau coupée en morceaux
- 4 tasses de tomates en dés
- 1/2 c. à thé de cumin
- 1/2 c. à thé de girofle moulu
- 1/2 c. à thé de cardamome
- 2 tasses de riz
- 4 tasses de bouillon de légumes
- Sel et poivre

Préparation

1. Dans une cocotte, faire chauffer l'huile d'olive et faire revenir les oignons pendant 3 minutes. Ajouter l'ail et la viande et faire dorer le tout pendant 5 minutes. Incorporer les tomates, le cumin, le girofle, la cardamome, saler et poivrer au goût et remuer le tout.

2. Incorporer le riz et remuer pour bien mélanger, puis couvrir le tout de bouillon. Porter à ébullition et réduire à feu doux. Laisser mijoter ainsi pendant 20 à 25 minutes jusqu'à ce que le riz soit tendre et goûteux.

Afrique

Soupe djiboutienne

Djibouti

T 20 minutes   C 20 minutes   P 4

Ingrédients

- 8 tasses de bouillon de légumes
- 600 g de viande d'agneau coupée en morceaux
- 4 pommes de terre pelées et coupées en dés
- 1 poireau émincé
- 1 oignon tranché
- 2 tasses de tomates en dés
- 1 tête de chou émincée
- 1 piment vert épépiné et tranché
- 2 gousses d'ail hachées
- 1/2 tasse de coriandre fraîche hachée
- Sel et poivre

Préparation

1. Porter le bouillon à ébullition dans une casserole, incorporer l'agneau et faire cuire à feu moyen pendant 15 minutes en écumant de temps à autre.

2. Ajouter les pommes de terre, le poireau, l'oignon, les tomates, le chou, le piment vert, l'ail et saler et poivrer au goût. Couvrir et laisser mijoter le tout à feu doux pendant 1 heure. Servir chaud et saupoudrer de coriandre.

Boulettes de riz au bœuf

Égypte

T 15 minutes   C 20 minutes   P 4

Ingrédients

- 2 tasses de bouillon de poulet
- 1 tasse de riz
- 2 tasses de tomates en dés
- 1/2 c. à thé de thym
- 1/2 c. à thé d'herbes de Provence
- 1/4 de tasse d'huile d'olive
- 1 oignon haché finement
- 2 gousses d'ail hachées
- 1 c. à thé de cumin
- 1/2 tasse de coriandre ciselée
- 1/2 tasse de persil haché
- 500 g de bœuf haché maigre
- 1/2 tasse de chapelure
- Sel et poivre

Préparation

1. Porter le bouillon de poulet à ébullition, verser le riz, réduire à feu doux et laisser mijoter 15 à 20 minutes jusqu'à ce que le riz soit tendre et que le liquide soit absorbé.

2. Pendant ce temps, faire chauffer les tomates, le thym et les herbes de Provence dans une poêle à feu doux. Saler et poivrer au goût et réserver.

3. Dans une poêle, faire chauffer l'huile d'olive et faire revenir l'oignon pendant 3 minutes à feu moyen. Ajouter l'ail, le cumin, la coriandre, le persil, saler et poivrer au goût et remuer jusqu'à ce que l'oignon soit tendre.

4. Laisser refroidir et verser le tout dans un grand bol, puis ajouter le bœuf haché et le riz et bien mélanger tous les ingrédients.

5. Incorporer la chapelure, mélanger et former de petites boulettes d'environ 1 po (3 cm) de diamètre.

6. Faire chauffer l'huile d'olive et faire frire les boulettes pendant 4 à 5 minutes jusqu'à ce qu'elles soient dorées. Éponger sur du papier absorbant et déposer les boulettes dans la sauce tomate. Faire chauffer à feu doux pendant 5 minutes en remuant et servir.

Chili à l'égyptienne

Égypte

T 25 minutes   C 20 minutes   P 4

Ingrédients

- 5 tasses d'eau
- 2 tasses de lentilles
- 1 tasse de riz
- 1/2 c. à thé de cumin
- 3 gousses d'ail écrasées
- Le jus de 1 citron
- 1 c. à soupe de vinaigre de vin
- 1 paquet de macaronis
- 2 c. à soupe d'huile d'olive
- 1 oignon haché
- 2 tasses de tomates en dés
- 1 conserve de pois chiches rincés et égouttés
- 1/2 c. à thé de flocons de piment fort
- Sel et poivre

Préparation

1. Faire bouillir 5 tasses d'eau et faire cuire les lentilles pendant environ 20 minutes jusqu'à ce qu'elles soient tendres. Incorporer le riz et le cumin et faire cuire à feux doux pendant encore 20 minutes jusqu'à ce que l'eau soit absorbée et le riz cuit. Incorporer 1 gousse d'ail, le jus de citron et le vinaigre et remuer le tout.

2. Pendant ce temps, faire bouillir une casserole d'eau et faire cuire les macaronis pendant 10 à 15 minutes jusqu'à ce qu'ils soient al dente. Rincer et égoutter.

3. Dans une cocotte, faire chauffer l'huile d'olive et faire revenir l'oignon pendant 3 minutes. Ajouter le reste de l'ail, les tomates, les pois chiches, les flocons de piment fort, saler et poivrer au goût et remuer pendant 3 minutes. Incorporer les macaronis et remuer, puis verser le mélange de lentilles et de riz et rectifier l'assaisonnement. Servir chaud.

Falafels égyptiens aux fèves

Égypte

T 25 minutes   R 1 nuit   C 5 minutes   P 4

Ingrédients

- 300 g de fèves sèches concassées
- 1 tasse de ciboulette ciselée
- 1 tasse de persil frais ciselé
- 1 tasse de coriandre fraîche ciselée
- 1 gousse d'ail écrasée
- 1 gros oignon rouge haché
- 1 piment fort épépiné et haché
- Le jus de 1/2 citron
- 1/2 c. à thé de cumin
- Sel et poivre
- Huile pour la friture

Préparation

1. Faire bouillir une casserole d'eau et faire tremper les fèves pendant toute une nuit.

2. Égoutter les fèves et les déposer dans un bol. Incorporer la ciboulette, le persil, la coriandre, l'ail, l'oignon, le piment fort, le jus de citron, le cumin, saler et poivrer au goût et mélanger tous les ingrédients.

3. Former des boulettes d'environ 3/4 de po (2 cm) de diamètre et les aplatir légèrement.

4. Verser de l'huile végétale dans une poêle jusqu'à 3/4 de po (2 cm) de profondeur et faire chauffer. Faire frire les falafels égyptiens pendant environ 5 minutes jusqu'à ce qu'ils soient dorés et croustillants. Servir chaud avec du citron.

Feuilles de vigne farcies au bœuf

Égypte

T 25 minutes   C 40 minutes   P 4 à 6

Ingrédients

- 1/4 de tasse d'huile d'olive
- 1 oignon haché
- 500 g de bœuf haché maigre
- 1 gousse d'ail hachée
- 1 tasse de persil frais haché
- 1/2 c. à thé de muscade
- 1/2 c. à thé de girofle
- 1 tasse de riz cuit
- Le jus de 1 citron
- 20 feuilles de vigne
- 2 tasses d'eau
- Sel et poivre

Préparation

1. Préchauffer le four à 400 °F (205 °C).

2. Dans une cocotte, faire chauffer 2 c. à soupe d'huile d'olive, puis faire revenir l'oignon pendant 5 minutes. Ajouter la viande, l'ail, le persil, la muscade, le girofle, saler et poivrer au goût et poursuivre la cuisson pendant 5 minutes.

3. Incorporer le riz et le jus de citron et bien remuer le tout.

4. Étaler les feuilles de vigne en prenant soin de mettre la surface luisante vers le bas. Verser 1 ou 2 c. à soupe de préparation au bœuf au centre de chaque feuille et étaler. Replier les extrémités vers l'intérieur et rouler.

5. Déposer les feuilles de vigne farcies dans un plat allant au four et verser l'eau sur les feuilles. Verser le reste de l'huile d'olive et faire cuire au four pendant environ 30 minutes. Laisser tiédir et servir.

Konafa

Égypte

T 20 minutes   C 40 minutes   P 4

Ingrédients

- 1 tasse de lait
- 2 c. à soupe de crème à 35 %
- 3 c. à soupe de sucre en poudre
- 1 paquet d'environ 450 g de cheveux d'ange
- 1/4 de tasse de raisins secs
- 1/4 de tasse de noix de coco
- 1/2 tasse de beurre mou
- 1 tasse d'eau
- 2 tasses de sucre
- Le jus de 1 citron

Préparation

1. Préchauffer le four à 355 °F (180 °C).

2. Dans une casserole, faire chauffer le lait et la crème et y dissoudre le sucre en poudre.

3. Étaler la moitié des cheveux d'ange au fond d'un plat en verre graissé allant au four et couvrir de raisins, de noix de coco et de 1/4 de tasse de beurre. Garnir avec la préparation au lait, puis étaler le reste des cheveux d'ange et couvrir le tout avec le reste du beurre.

4. Faire cuire au four pendant 30 minutes.

5. Pendant ce temps, faire bouillir l'eau dans une casserole. Dissoudre le sucre avec le jus de citron, puis remuer jusqu'à l'obtention d'un sirop. Verser le sirop sur le konafa à sa sortie du four.

Afrique

Om Ali

Égypte

T 15 minutes   C 25 minutes   P 4

Ingrédients

- 1 paquet d'environ 300 g de pâte phyllo
- 1 tasse de noix hachées
- 1/4 de tasse de raisins secs
- 1/4 de tasse de pistaches
- 5 c. à soupe de noix de coco râpée
- 2 c. à soupe de beurre mou
- 1/2 tasse de crème fraîche
- 4 tasses de lait
- 1 c. à thé d'extrait de vanille.
- 1/2 tasse de sucre

Préparation

1. Préchauffer le four à 355 °F (180 °C).

2. Faire dorer les feuilles de pâte phyllo et les émietter au fond d'un plat en verre graissé allant au four. Garnir de noix hachées, de raisins secs, de pistaches, de noix de coco, de beurre fondu et arroser de 1/4 de tasse de crème fraîche.

3. Dans une casserole, faire bouillir le lait avec la vanille et le sucre et verser le tout sur la préparation dans le plat en verre.

4. Faire cuire au four pendant 15 minutes. Saupoudrer la surface de 2 c. à soupe de sucre et de 1/4 de tasse de crème et faire gratiner pendant 5 minutes.

Riz à l'égyptienne

Égypte

T 20 minutes   C 25 minutes   P 4

Ingrédients
- 3 c. à soupe d'huile d'olive
- 2 grosses poitrines de poulet désossées, sans la peau et coupées en morceaux
- 4 tranches de jambon coupées en lamelles
- 1 oignon tranché
- 1 tasse de champignons tranchés
- 2 tasses de riz
- 2 c. à soupe de raisins secs
- 1/2 c. à thé de cannelle
- 1/2 c. à thé de girofle moulu
- 4 tasses de bouillon de volaille
- Sel et poivre

Préparation

1. Dans une cocotte, faire chauffer 1 c. à soupe d'huile et faire dorer les morceaux de poulet pendant 2 minutes. Ajouter le jambon et poursuivre la cuisson pendant 4 minutes. Réserver.

2. Faire chauffer le reste de l'huile d'olive et faire revenir l'oignon et les champignons pendant 5 minutes. Incorporer le riz, les raisins, la cannelle, le girofle, une pincée de sel et du poivre et remuer pour enrober tous les grains.

3. Verser le bouillon, porter à ébullition en remuant, puis couvrir. Réduire à feu doux et laisser mijoter pendant environ 20 minutes, en remuant de temps à autre, jusqu'à ce que le riz soit tendre et que le liquide soit absorbé.

Riz aux vermicelles

Égypte

T 10 minutes   C 25 minutes   P 4

Ingrédients
- 1 c. à soupe d'huile d'olive
- 1 c. à soupe de beurre
- 1 poignée de vermicelles
- 1 tasse de riz
- 1/2 c. à thé de cumin
- 2 tasses de bouillon de poulet
- 1/2 tasse de raisins secs
- Sel et poivre

Préparation

1. Faire chauffer l'huile d'olive et le beurre dans une poêle, puis verser les vermicelles et les faire dorer pendant 3 ou 4 minutes. Ajouter le riz et remuer pour enrober tous les grains. Ajouter le cumin, saler et poivrer au goût.

2. Verser le bouillon et les raisins secs, porter à ébullition, puis réduire à feu doux et laisser mijoter environ 15 minutes, le temps que le riz soit cuit et que le liquide soit absorbé. Laisser reposer 2 minutes, remuer et servir.

Agneau à la sauce aux poivrons et au gingembre

Érythrée

T 20 minutes   C 25 minutes   P 4

Ingrédients
- 3 c. à soupe d'huile d'olive
- 1 gros oignon haché
- 2 gousses d'ail émincées
- 2 poivrons rouges hachés
- 1 c. à thé de cardamome
- 2 c. à thé de gingembre moulu
- 1 pincée de piment fort en flocons
- 750 g de selle d'agneau coupée en cubes
- 2 tasses de bouillon de bœuf
- Le jus de 2 citrons
- Sel et poivre

Préparation

1. Dans une cocotte, faire chauffer l'huile d'olive et faire revenir l'oignon, l'ail et les poivrons pendant 3 minutes à feu moyen. Ajouter la cardamome, le gingembre, le piment fort, saler et poivrer au goût et remuer pendant 1 minute.

2. Incorporer la viande et faire dorer la surface. Saler et poivrer.

3. Verser le bouillon et le jus de citron, porter à ébullition, puis réduire à feu doux et laisser mijoter pendant 20 minutes jusqu'à ce que la viande soit tendre. Servir avec du riz.

Afrique

Poulet aux tomates et aux œufs

Érythrée

T 20 minutes   C 20 minutes   P 4

Ingrédients
- 2 c. à soupe d'huile d'olive
- 2 oignons hachés
- 2 gousses d'ail hachées
- 1 c. à thé de cardamome
- 1 c. à thé de paprika
- 1/2 c. à thé de muscade
- 1/2 c. à thé de gingembre moulu
- 1/2 c. à thé de girofle moulu
- 1/2 tasse de coriandre ciselée
- 4 poitrines de poulet désossées, sans la peau et coupées en morceaux
- 2 tasses de tomates en dés
- Le jus de 1 citron
- 2 tasses de bouillon de poulet
- 4 œufs
- Sel et poivre

Préparation
1. Dans une cocotte, faire chauffer l'huile à feu moyen et faire revenir les oignons et l'ail pendant quelques minutes. Ajouter la cardamome, le paprika, la muscade, le gingembre, le girofle, la coriandre, saler et poivrer au goût et remuer pendant 1 minute.

2. Ajouter le poulet et faire dorer toute la surface. Verser les tomates en dés et le jus de citron, remuer, puis incorporer le bouillon de poulet. Porter à ébullition, réduire à feu doux et laisser mijoter pendant 25 minutes.

3. Pendant ce temps, déposer les œufs dans une casserole. Couvrir d'eau froide et porter à ébullition. Lorsque l'eau se met à bouillir, couvrir et retirer du feu, puis laisser reposer les œufs dans l'eau chaude pendant 10 minutes. Retirer les œufs de l'eau, laisser refroidir et les écaler.

4. Piquer les œufs à l'aide d'une fourchette et incorporer dans la poêle avec le poulet. Remuer, rectifier l'assaisonnement et servir.

Ragoût de pois chiches

Érythrée

T 10 minutes   C 15 minutes   P 4

Ingrédients
- 1 tasse d'huile d'olive
- 2 échalotes hachées
- 4 gousses d'ail écrasées
- 1 c. à soupe d'épices berbères
- 1 c. à thé de paprika
- 4 tasses d'eau
- 2 tasses de farine de pois chiche
- 2 c. à soupe de beurre
- Sel et poivre

Préparation
1. Dans une cocotte, faire chauffer l'huile à feu moyen et faire revenir les échalotes et l'ail pendant 5 minutes. Incorporer les épices, le paprika, saler et poivrer au goût et mélanger.

2. Verser l'eau et faire chauffer à feu moyen, puis incorporer la farine et faire dissoudre pendant quelques minutes jusqu'à ce que le mélange épaississe.

3. Ajouter le beurre et remuer à l'aide d'une spatule, puis rectifier l'assaisonnement. Laisser mijoter encore 2 minutes en remuant et servir chaud.

Beurre épicé

Éthiopie

T 20 minutes   C 50 minutes   P 4

Ingrédients

- 900 g de beurre
- 1 c. à thé de curcuma
- 1/2 c. à thé de paprika
- 1 c. à thé de cardamome
- 1 bâton de cannelle
- 1/2 c. à thé de muscade
- 1 c. à thé de girofle moulu
- 1 oignon haché finement
- 2 gousses d'ail écrasées

Préparation

1. Faire fondre le beurre à feu moyen dans une casserole jusqu'à ce que de l'écume se forme, puis incorporer le curcuma, le paprika, la cardamome, le bâton de cannelle, la muscade, le girofle, l'oignon et l'ail.

2. Réduire à feu doux et laisser mijoter pendant 40 minutes jusqu'à ce que le beurre soit clair et lisse. Égoutter dans un tamis pour extraire les grumeaux, verser dans un contenant hermétique et servir avec du pain ou des craquelins.

Boulettes de pain épicées

Éthiopie

T 20 minutes   C 10 minutes   P 6

Ingrédients

- 2 tasses de farine de blé
- 2 c. à soupe d'épices berbères
- 1 c. à thé de sel
- 2 c. à soupe de miel
- 1/4 de tasse de beurre mou
- 1/2 tasse d'eau

Préparation

1. Dans un bol, mélanger la farine, les épices et le sel. Ajouter le miel et le beurre mou.

2. Verser l'eau petit à petit et mélanger jusqu'à la formation d'une pâte assez épaisse. Déposer la pâte sur une surface farinée et pétrir pendant 5 à 10 minutes jusqu'à l'obtention d'une texture homogène. Laisser reposer pendant 5 minutes.

3. Former des boulettes d'environ 3/4 de po (2 cm) de diamètre et les aplatir légèrement.

4. Faire chauffer une poêle légèrement graissée et faire dorer les boulettes pendant 5 à 7 minutes jusqu'à ce qu'elles soient dorées et croustillantes.

Fricassée de légumes

Éthiopie

T 20 minutes   C 30 minutes   P 4

Ingrédients

- 3 c. à soupe d'huile d'olive
- 1 oignon haché finement
- 2 gousses d'ail émincées
- 1 c. à thé de paprika
- 1 c. à thé de cumin
- 1 c. à thé d'épices berbères
- 1 tasse de haricots verts coupés en deux
- 2 carottes pelées et coupées en petits dés
- 2 pommes de terre pelées et coupées en dés
- 2 tasses de tomates en dés
- 1/2 tasse de persil frais ciselé
- 2 tasses de bouillon de légumes
- Sel et poivre au goût

Préparation

1. Faire chauffer l'huile d'olive et faire revenir l'oignon et l'ail à feu moyen pendant 5 minutes. Ajouter le paprika, le cumin, les épices berbères, saler et poivrer au goût et remuer.

2. Ajouter les haricots, les carottes et les pommes de terre et faire revenir pendant 5 minutes en remuant. Ajouter les tomates et le persil et brasser le tout.

3. Verser le bouillon de légumes, porter à ébullition, réduire à feu doux et laisser mijoter pendant une vingtaine de minutes jusqu'à ce que les légumes soient tendres. Servir chaud avec du pain.

Tartinade au fromage et au persil

Éthiopie

T 20 minutes   C 50 minutes   R 12 heures   P 4

Ingrédients
- 450 g de fromage cottage
- 1/2 tasse de yogourt nature de type grec
- Le jus et le zeste de 1 citron
- 1 pincée de muscade
- 1/4 de tasse de persil ciselé
- Sel et poivre

Préparation
1. Dans un bol, mélanger le fromage, le yogourt, le zeste et le jus de citron, la muscade, le persil et une pincée de sel et de poivre.

2. Verser le tout dans une passoire tapissée d'un linge de vaisselle propre pour extraire le liquide.

3. Réfrigérer pendant 12 heures et servir avec des craquelins ou du pain.

Pains éthiopiens

Éthiopie

T 10 minutes   R 48 heures   C 10 minutes   P 6

Ingrédients
- 1 tasse de farine de teff
- 1 tasse de farine de blé entier
- 2 c. à thé de poudre à pâte
- 1/2 c. à thé de bicarbonate de soude
- 1/2 c. à thé de sel
- 2 tasses d'eau chaude

Préparation
1. Dans un bol, tamiser les farines, la poudre à pâte, le bicarbonate et le sel.

2. Incorporer l'eau chaude et mélanger jusqu'à l'obtention d'une texture lisse et homogène. Couvrir et laisser reposer pendant 2 jours à température ambiante.

3. Faire chauffer une poêle légèrement huilée et verser environ 1/3 de tasse de pâte dans la poêle. Faire tourner pour étaler la pâte sur toute la surface de la poêle. Laisser cuire jusqu'à ce que des bulles se forment à la surface du pain. Retirer de la poêle et poursuivre l'opération avec le reste de la pâte.

Ragoût de lentilles

Éthiopie

T 20 minutes   C 30 minutes   P 4

Ingrédients
- 3 tasses d'eau
- 1 tasse de lentilles brunes
- 1 c. à soupe d'huile d'olive
- 1 oignon haché finement
- 2 gousses d'ail émincées
- 1 c. à thé d'épices berbères
- 1 c. à thé de cumin
- 1 c. à thé de paprika
- 2 tasses de tomates en dés
- 1 tasse de bouillon de légumes
- 1 c. à soupe de pâte de tomate
- Sel et poivre

Préparation
1. Faire bouillir l'eau et incorporer les lentilles. Laisser cuire pendant 20 à 25 minutes jusqu'à ce qu'elles soient tendres. Égoutter.

2. Pendant ce temps, dans une cocotte, faire chauffer l'huile d'olive et faire revenir l'oignon et l'ail pendant 5 minutes. Ajouter les épices, le cumin et le paprika et remuer, puis verser les tomates et faire cuire pendant encore 5 minutes.

3. Verser le bouillon de légumes et la pâte de tomate et remuer le tout, puis laisser mijoter pendant 7 à 10 minutes. Saler et poivrer au goût.

4. Incorporer les lentilles cuites dans la sauce, rectifier l'assaisonnement, remuer et servir.

Salade d'aubergines et de haricots noirs

Éthiopie

T 20 minutes   R 30 minutes   P 4

Ingrédients

- 2 grosses aubergines pelées et coupées en dés
- Le jus et le zeste de 1 citron
- 1 conserve de haricots noirs rincés et égouttés
- 2 gousses d'ail écrasées
- 1/4 de tasse d'huile d'olive
- 2 c. à soupe de vinaigre de cidre
- Sel et poivre

Préparation

1. Déposer les dés d'aubergine dans un bol et saupoudrer de gros sel pour les faire dégorger. Laisser reposer pendant 30 minutes. Égoutter.

2. Incorporer le jus et le zeste de citron et remuer, puis incorporer les haricots, l'ail, l'huile, le vinaigre et le poivre.

3. Remuer tous les ingrédients, réfrigérer pendant au moins 30 minutes et servir.

Tartare épicé *(kifto)*

Éthiopie

T 20 minutes   R 1 heure   P 4

Ingrédients

- 3 c. à soupe de beurre épicé
- 1 oignon rouge haché finement
- 1 piment vert épépiné et haché
- 1 c. à soupe de poudre de chili
- 1/2 c. à thé de gingembre moulu
- 1 gousse d'ail écrasée
- 1/2 c. à thé de cardamome
- 1 c. à soupe d'épices berbères
- Le zeste et le jus de 1 citron
- 600 g de bœuf haché maigre
- Sel et poivre

Préparation

1. Dans une poêle, faire fondre le beurre épicé et ajouter l'oignon, le piment vert, la poudre de chili, le gingembre, l'ail, la cardamome et les épices berbères.

2. Faire cuire pendant 2 minutes, puis réserver dans un bol et laisser refroidir 10 minutes.

3. Incorporer le zeste et le jus de citron, saler et poivrer au goût et remuer. Ajouter le bœuf haché et mélanger pour bien enrober la viande.

4. Réfrigérer 1 heure et servir.

Friandises à la noix de coco et à la vanille

Gabon

T 20 minutes   C 20 minutes   P 4

Ingrédients

- 2 tasses de noix de coco râpée
- 1 blanc d'œuf
- 1 c. à thé d'extrait de vanille
- 1/2 c. à thé de muscade
- 1/2 c. à thé de cannelle
- 3/4 de tasse de sucre

Préparation

1. Préchauffer le four à 355 °F (180 °C).

2. Dans un bol, mélanger la noix de coco, le blanc d'œuf, la vanille, la muscade et la cannelle, puis incorporer le sucre en remuant jusqu'à l'obtention d'une pâte assez épaisse.

3. Former de petites boules de pâte d'environ 3/4 de po (2 cm) de diamètre et les déposer sur une plaque à pâtisserie graissée.

4. Faire cuire au four pendant une vingtaine de minutes jusqu'à ce que les friandises soient dorées.

Poisson à la sauce de palme et aux feuilles de manioc

Gabon

T 25 minutes C 1 heure P 4

Ingrédients

- 3 tasses de feuilles de manioc hachées
- 6 tasses de bouillon de poisson
- 4 filets de dorades vidés, sans la peau et sans arêtes
- 2 c. à soupe d'huile d'olive
- 1 oignon tranché finement
- 1 gousse d'ail hachée
- 1 piment fort épépiné et haché
- 1 conserve de sauce de palme
- Sel et poivre

Préparation

1. Déposer les feuilles de manioc hachées dans une casserole et couvrir de bouillon de poisson.

2. Incorporer les filets de dorade, saler et poivrer au goût, porter à ébullition et laisser cuire à feu moyen pendant 45 minutes.

3. Extraire le poisson et les feuilles et égoutter. Émietter les filets de dorade.

4. Dans une casserole, faire chauffer l'huile d'olive et faire revenir l'oignon et l'ail pendant 5 minutes à feu moyen. Ajouter les feuilles hachées et le piment et remuer pendant 2 minutes, puis verser la sauce de palme. Incorporer le poisson émietté, rectifier l'assaisonnement, remuer et servir avec du riz.

Poulet à la sauce de noix de palme

Gabon

T 25 minutes C 40 minutes P 4

Ingrédients

- 1 conserve de sauce de palme
- 2 c. à soupe d'huile de palme
- 2 gousses d'ail hachées
- 1 oignon tranché finement
- 2 tasses de bouillon de poulet
- 1 poulet coupé en morceaux
- 1 piment gabonais
- Sel et poivre

Préparation

1. Dans une cocotte, faire chauffer la sauce de palme avec l'huile de palme pendant 5 minutes. Ajouter l'ail et l'oignon et laisser mijoter 5 minutes.

2. Ajouter le bouillon de poulet et saler et poivrer au goût. Incorporer les morceaux de poulet et laisser mijoter à feu doux pendant au moins 25 minutes.

3. Ajouter le piment gabonais sans le couper et laisser mijoter pendant encore 10 minutes. Retirer le piment et servir le poulet et la sauce avec du riz.

Poulet yassa

Gambie

T 25 minutes M 1 heure C 50 minutes P 4

Ingrédients

- 1/4 de tasse d'huile d'olive
- 2 gousses d'ail hachées
- 1 c. à soupe de moutarde de Dijon
- Le jus et le zeste de 1 citron
- 2 piments forts hachés
- 1 poulet défait en morceaux
- 1 gros oignon haché
- 1/2 c. à thé de poivre de Cayenne
- 3 tasses de bouillon de poulet
- Sel et poivre

Préparation

1. Dans un bol, verser la moitié de l'huile d'olive, 1 gousse d'ail, la moutarde de Dijon, le zeste et le jus de citron, les piments forts hachés, le sel et le poivre selon le goût, puis incorporer le poulet. Remuer pour enrober tous les morceaux et laisser mariner 1 heure au réfrigérateur.

2. Préchauffer le four à 355 °F (180 °C).

3. Déposer le poulet sur une plaque graissée allant au four. Faire cuire pendant 25 à 30 minutes et laisser reposer.

4. Dans une cocotte, faire chauffer le reste de l'huile d'olive et faire revenir l'oignon et l'ail à feu moyen pendant 5 minutes. Ajouter les morceaux de poulet grillés, le poivre de Cayenne et remuer. Incorporer le reste de la marinade et mélanger le tout.

5. Verser le bouillon de poulet, porter à ébullition, réduire à feu doux et laisser mijoter pendant 15 à 20 minutes. Rectifier l'assaisonnement et servir avec du riz.

Afrique

Ragoût au beurre d'arachide

Gambie

T 20 minutes   C 50 minutes   P 4

Ingrédients
- 3 c. à soupe d'huile d'olive
- 1 gros oignon haché
- 1 gousse d'ail hachée
- 2 poitrines de poulet désossées et coupées en gros dés
- 500 g de bœuf en cubes
- 2 tasses de tomates en dés
- Le jus de 2 citrons
- 1/2 tasse de beurre d'arachide
- 4 tasses de bouillon de poulet
- Sel et poivre

Préparation
1. Dans une cocotte, faire chauffer l'huile d'olive et faire revenir l'oignon et l'ail pendant 3 minutes. Ajouter la viande et faire dorer la surface pendant 5 minutes.

2. Ajouter les tomates et le jus de citron, saler et poivrer au goût et remuer. Incorporer le beurre d'arachide et mélanger tous les ingrédients à l'aide d'une spatule.

3. Verser le bouillon, porter à ébullition, puis réduire à feu doux et laisser mijoter pendant 30 à 40 minutes jusqu'à ce que la viande soit tendre. Servir sur du riz blanc.

Riz aux légumes et au poisson

Gambie

T 20 minutes   C 25 minutes   P 4

Ingrédients
- 1/4 de tasse d'huile d'olive
- 1 oignon haché
- 1 gousse d'ail émincée
- 4 filets de tilapia frais sans arêtes
- 1 piment *Jalapeño* épépiné et haché
- 1 tête de chou émincé
- 3 carottes pelées et coupées en dés
- 1 feuille de laurier
- 1 c. à thé d'herbes de Provence
- 1 tasse de tomates en dés
- 200 g de poisson séché émietté
- 1 c. à soupe de pâte de tomate
- 4 tasses de bouillon de poisson
- 2 tasses de riz
- Sel et poivre

Préparation
1. Dans une poêle, faire chauffer l'huile d'olive et faire revenir l'oignon et l'ail à feu moyen pendant 3 minutes. Incorporer les filets de poisson et les faire revenir de chaque côté pendant 2 minutes. Retirer les filets de poisson et réserver.

2. Ajouter le piment, le chou, les carottes et la feuille de laurier et remuer à feu moyen pendant 3 minutes. Saler et poivrer au goût, puis ajouter les herbes de Provence.

3. Incorporer les tomates, le poisson séché, la pâte de tomate ainsi que le bouillon de poisson et remuer le tout. Porter à ébullition et incorporer le riz, puis réduire à feu doux, couvrir et laisser mijoter pendant une vingtaine de minutes jusqu'à ce que le riz soit tendre. Ajouter les filets de poisson et remuer en les émiettant pour les incorporer au mélange. Rectifier l'assaisonnement et servir.

Soupe au poulet épicée

Gambie

T 20 minutes   C 20 minutes   P 4

Ingrédients

- 8 tasses de bouillon de poulet
- 4 poitrines de poulet désossées, sans la peau, coupées en morceaux
- 4 c. à soupe de pâte de tomate
- 1 c. à soupe de poivre de Cayenne
- 1/2 c. à thé de sel d'ail
- 1/2 c. à thé de poudre d'oignon
- Poivre

Préparation

1. Dans une casserole, porter le bouillon à ébullition et incorporer les poitrines de poulet. Faire cuire pendant environ 10 minutes, puis extraire le poulet et le défaire en filaments.

2. Incorporer la pâte de tomate et remuer jusqu'à ce qu'elle se dilue et que le bouillon épaississe. Incorporer le poivre de Cayenne, le sel d'ail, la poudre d'oignon et le poivre et laisser mijoter 5 minutes.

3. Remettre les filaments de poulet, remuer, rectifier l'assaisonnement et servir.

Bœuf aux épinards

Ghana

T 20 minutes   C 1 heure   P 4

Ingrédients

- 2 c. à soupe d'huile d'olive
- 2 gros oignons hachés
- 1 piment fort haché
- 1 gousse d'ail hachée
- 450 g de bœuf en cubes
- 3 tasses de tomates en dés
- 1 c. à thé de gingembre moulu
- 2 tasses de bouillon de bœuf
- 4 tasses d'épinards frais
- Sel et poivre

Préparation

1. Dans une cocotte, faire chauffer l'huile d'olive et faire revenir les oignons, le piment et l'ail pendant 3 minutes. Ajouter la viande et faire dorer la surface pendant 5 minutes.

2. Ajouter les tomates et le gingembre, saler et poivrer au goût et remuer.

3. Verser le bouillon, porter à ébullition, puis réduire à feu doux et laisser mijoter pendant 45 minutes jusqu'à ce que la viande soit tendre. Incorporer les épinards, rectifier l'assaisonnement, remuer et laisser mijoter encore 10 minutes avant de servir.

Foufou aux tomates épicées

Ghana

T 20 minutes   C 30 minutes

Ingrédients

- 2 ignames pelées et tranchées
- 3 bananes plantains pelées et tranchées
- 1 c. à soupe d'huile d'olive
- 1 oignon haché finement
- 1 petit piment *Jalapeño* épépiné et haché
- 1 gousse d'ail
- 1 conserve de tomates en dés
- 1 feuille de laurier
- 1/2 c. à thé de poivre de Cayenne
- 1/2 tasse de beurre mou
- Le jus de 1 lime
- Sel et poivre

Préparation

1. Déposer les tranches d'ignames et de bananes plantains dans une casserole et couvrir d'eau. Porter à ébullition et faire cuire pendant environ 30 minutes jusqu'à ce qu'elles soient tendres. Égoutter.

2. Pendant ce temps, faire chauffer l'huile dans une casserole et faire revenir l'oignon, le piment et l'ail pendant 5 minutes. Incorporer les tomates, la feuille de laurier, le poivre de Cayenne, saler et poivrer au goût. Laisser mijoter à feu doux.

3. Verser le beurre sur les ignames et les bananes plantains et réduire le tout en purée à l'aide d'un pilon ou d'un batteur électrique. Ajouter le jus de lime et remuer jusqu'à l'obtention d'une texture lisse. Former des boules et servir avec de la sauce aux tomates épicées.

Papaye au rhum

Ghana

T 10 minutes · R 20 minutes · P 4

Ingrédients

- 1 grosse papaye
- 1/4 de tasse de rhum
- 1/2 c. à thé d'extrait de vanille
- Le jus et le zeste de 1 citron
- 3 c. à soupe de cassonade
- 1/4 de tasse de menthe ciselée

Préparation

1. Peler la papaye et extraire les graines.
Couper la chair en dés et les déposer dans un bol.

2. Arroser de rhum, de vanille et de jus de citron,
puis saupoudrer de cassonade, de zestes de citron
et de menthe. Bien remuer le tout et répartir dans
4 petites coupes à dessert.

3. Réfrigérer une vingtaine de minutes et servir.

Poisson frit au gingembre

Ghana

T 10 minutes · C 10 minutes · P 4

Ingrédients

- 1/4 de tasse d'huile d'olive
- 3 c. à soupe de gingembre râpé
- 1 c. à soupe de flocons de piment fort
- Le jus et le zeste de 2 citrons
- 4 filets de dorades nettoyés, sans la peau
  et sans arêtes
- Sel et poivre

Préparation

1. Dans un bol, mélanger l'huile, le gingembre,
le piment fort, le jus et le zeste de citron.

2. Étaler les filets sur une surface de travail, saler
et poivrer au goût. Badigeonner généreusement
les filets de marinade en utilisant un petit pinceau.

3. Faire frire les poissons dans une poêle pendant
environ 4 à 5 minutes de chaque côté et servir
bien chaud.

Croquettes au chou et aux ignames

Guinée

T 15 minutes · C 35 minutes · P 4

Ingrédients

- 3 ignames pelées et coupées en tranches
- 1 tête de chou ciselée
- 1 tasse de tomates en dés
- 2 tasses de farine
- 2 œufs
- 1/4 de tasse de persil frais ciselé
- Huile pour la friture
- Sel et poivre

Préparation

1. Déposer les tranches d'ignames dans une
casserole et couvrir d'eau. Porter à ébullition et faire
cuire pendant environ 30 minutes jusqu'à ce qu'elles
soient tendres. Égoutter et réduire en purée.

2. Pendant ce temps, faire bouillir le chou dans l'eau
pendant une vingtaine de minutes jusqu'à ce qu'il
soit tendre.

3. Dans un bol, mélanger le chou, la purée
d'ignames, les tomates, la farine, les œufs, le persil,
le sel et le poivre selon le goût. Former de petites
boulettes de la grosseur d'une balle de golf et les
aplatir légèrement.

4. Verser de l'huile végétale dans une poêle jusqu'à
1 cm de profondeur. Faire frire les croquettes
pendant quelques minutes de chaque côté jusqu'à
ce qu'elles soient dorées et croustillantes.
Éponger sur du papier absorbant et servir.

Plantains frits dans une sauce aux tomates

Guinée

T 15 minutes   C 30 minutes

Ingrédients

- 1/2 tasse d'huile de palme
- 2 oignons hachés finement
- 1 petit piment *Jalapeño* épépiné et haché
- 1 gousse d'ail
- 1 conserve de tomates en dés ou broyées
- 1/2 tasse de feuilles de basilic hachées
- 2 tasses de bouillon de poulet
- 5 bananes plantains pelées et tranchées
- Sel et poivre

Préparation

1. Dans une cocotte, faire chauffer 2 c. à soupe d'huile de palme et faire revenir l'oignon, le piment et l'ail pendant 5 minutes. Incorporer les tomates, le basilic, le sel et le poivre au goût, puis laisser mijoter à feu doux pendant 5 minutes.

2. Verser le bouillon de poulet, remuer, rectifier l'assaisonnement et laisser mijoter à feu doux pendant 15 minutes.

3. Pendant ce temps, faire chauffer le reste de l'huile dans une autre poêle et faire frire les tranches de bananes pendant 3 à 5 minutes de chaque côté jusqu'à ce qu'elles soient dorées et croustillantes. Éponger sur du papier absorbant et incorporer dans la sauce aux tomates.

Poulet guinéen

Guinée

T 15 minutes   C 25 minutes   P 4

Ingrédients

- 1/4 de tasse d'huile de palme
- 3 oignons hachés
- 2 gousses d'ail hachées
- 1 poulet défait en morceaux
- 1/2 c. à thé de poivre de Cayenne
- 1 conserve de tomates en dés
- 1 c. à soupe de pâte de tomate
- 3 tasses de bouillon de poulet
- Sel et poivre

Préparation

1. Dans une poêle, faire chauffer l'huile de palme et faire revenir les oignons et l'ail pendant 5 minutes. Ajouter le poulet et le faire dorer pendant encore 5 minutes. Ajouter le poivre de Cayenne, saler et poivrer au goût.

2. Verser les tomates et remuer le tout. Laisser mijoter 3 minutes, puis verser la pâte de tomate et le bouillon de poulet. Porter à ébullition, réduire à feu doux et laisser mijoter pendant 20 minutes jusqu'à ce que le poulet soit tendre.

Salade de fruits au sirop de canne

Guinée

T 15 minutes   C 5 minutes   R 2 heures   P 4

Ingrédients

- 2 mangues pelées et coupées en dés
- 1 ananas pelé et coupé en dés
- 2 fruits de la passion pelés et coupés en dés
- 2 bananes pelées et tranchées
- 1 papaye pelée et coupée en dés
- 3 nectarines coupées en dés
- Le jus de 2 limes
- 1 tasse d'eau
- 1/2 tasse de jus d'orange
- 1 c. à thé d'extrait de vanille
- 1 tasse de sucre de canne

Préparation

1. Déposer tous les fruits dans un grand saladier et arroser de jus de lime.

2. Faire bouillir l'eau et le jus d'orange dans une casserole avec la vanille et incorporer le sucre de canne. Faire cuire en remuant jusqu'à ce que le sucre soit dissous. Remuer pour obtenir un sirop.

3. Verser le sirop de canne sur les fruits, remuer et réfrigérer au moins 2 heures avant de servir, en remuant les ingrédients de temps à autre.

Bifteck avec purée de maïs et de petits pois

Kenya

T 20 minutes C 30 minutes P 4

Ingrédients
- 4 pommes de terre pelées et coupées en dés
- 3 c. à soupe de beurre
- 2 tasses de petits pois cuits
- 1 c. à thé de paprika
- 2 tasses de maïs en grains
- 1/4 de tasse d'huile d'olive
- 450 g de bifteck coupé en tranches minces
- 1 oignon haché
- 1/4 de tasse de farine
- 3 c. à soupe d'eau
- 1/2 c. à soupe de Tabasco
- Sel et poivre

Préparation
1. Faire cuire les pommes de terre dans une casserole remplie d'eau bouillante pendant une vingtaine de minutes jusqu'à ce qu'elles soient tendres. Égoutter. Incorporer le beurre et les petits pois et réduire en purée à l'aide d'un pilon ou d'un batteur électrique. Saler et poivrer au goût. Ajouter le paprika et le maïs en grains et remuer le tout. Réserver à feu doux.

2. Dans une poêle, faire chauffer l'huile d'olive à feu moyen-vif et faire frire les tranches de bifteck pendant 1 minute de chaque côté. Extraire la viande de la poêle et réserver. Incorporer l'oignon et la farine ainsi que 3 c. à soupe d'eau et remuer pour faire un roux. Ajouter la sauce Tabasco et remuer, puis remettre la viande dans la poêle et enrober de sauce.

3. Servir une portion de purée et creuser un puits au centre avant d'y déposer une portion de viande et de sauce.

Chou-fleur frit au cari

Kenya

T 10 minutes C 25 minutes P 4

Ingrédients
- 1/4 de tasse d'huile d'olive
- 1/2 oignon haché finement
- 2 tasses de tomates en dés
- 1 gros chou-fleur coupé en petits bouquets
- 1 c. à soupe de cari
- 1/2 c. à thé de curcuma
- 1/2 tasse de bouillon de légumes
- Poivre

Préparation
1. Dans une cocotte, faire chauffer l'huile d'olive à feu moyen-vif et faire revenir l'oignon pendant 3 minutes. Ajouter les tomates, le chou-fleur, le cari, le curcuma et le poivre et faire cuire pendant encore 3 minutes.

2. Verser le bouillon de légumes, couvrir et laisser mijoter à feu doux pendant une vingtaine de minutes jusqu'à ce que le bouillon soit évaporé.

Huîtres fraîches à l'ail et au vin

Kenya

T 20 minutes C 10 minutes P 4

Ingrédients
- 20 huîtres fraîches
- 2 c. à soupe de beurre mou
- 4 gousses d'ail écrasées
- 1/4 de tasse de persil ciselé
- 1 tasse de vin blanc sec
- 1/2 c. à thé de sauce piquante
- 2 c. à soupe de parmesan
- Le jus de 1/2 citron
- Sel et poivre

Préparation
1. Préchauffer le four à 355 °F (180 °C).

2. Ouvrir les huîtres, les égoutter, puis les déposer sur une plaque de cuisson.

3. Dans un bol, mélanger le beurre, l'ail, le persil, le vin blanc, la sauce piquante, le parmesan et le jus de citron, puis saler et poivrer au goût.

4. Verser uniformément la moitié de la sauce sur chaque huître, puis faire cuire au four pendant 7 à 10 minutes.

5. Sortir du four, napper les huîtres du reste de la sauce et servir.

Haricots au lait de coco

Kenya

T 20 minutes   C 1 h 20   P 4

Ingrédients
- 250 g de haricots blancs secs
- 2 c. à soupe d'huile d'olive
- 1 oignon haché
- 1 poivron vert tranché
- 1/2 c. à thé de flocons de piment fort
- 1 tasse de lait de coco
- 1/4 de tasse de persil ciselé
- 4 c. à soupe de noix de coco râpée

Préparation
1. Rincer et égoutter les haricots, puis les faire cuire pendant 1 heure dans 4 tasses d'eau bouillante jusqu'à ce qu'ils soient tendres. Égoutter.

2. Dans une poêle, faire chauffer l'huile d'olive et faire revenir l'oignon et le poivron pendant 3 minutes à feu moyen. Ajouter le piment fort et remuer, puis ajouter les haricots cuits. Faire revenir pendant 5 minutes.

3. Ajouter le lait de coco et le persil et remuer jusqu'à ce que le mélange épaississe. Servir et saupoudrer de noix de coco râpée.

Poisson grillé aux épices

Kenya

T 15 minutes   C 35 minutes   P 2

Ingrédients
- 3 c. à soupe d'huile d'olive
- 2 oignons tranchés en rondelles
- 2 gousses d'ail écrasées
- 1 c. à soupe de pâte de piment fort
- 2 grands filets de tilapia sans arêtes
- 2 tomates coupées en rondelles
- 1/2 tasse de vinaigre de vin blanc
- Le jus de 1/2 citron
- 1/2 c. à thé de gingembre moulu
- 1/2 c. à thé de cumin
- 1/2 c. à thé de sel d'ail
- Poivre

Préparation
1. Préchauffer le four à 355 °F (180 °C).

2. Dans une poêle, faire chauffer 1 c. à soupe d'huile d'olive et faire revenir les oignons et l'ail pendant 3 minutes. Déposer le tout dans un bol et incorporer la pâte de piment.

3. Déposer les filets de tilapia sur du papier d'aluminium et garnir de la préparation aux oignons et de tranches de tomates.

4. Dans un bol, mélanger le vinaigre, le reste de l'huile, le jus de citron, le gingembre, le cumin, le sel d'ail et le poivre et remuer.

5. Verser uniformément le mélange sur les filets de tilapia, refermer la papillote et faire cuire pendant 20 à 25 minutes. Retirer la feuille d'aluminium du dessus et laisser griller pendant 5 minutes.

Pudding aux patates douces et à la noix de coco

Kenya

T 30 minutes   C 1 heure   P 4

Ingrédients

- 3 patates douces pelées et coupées en dés
- 1 tasse de lait de coco
- 3/4 de tasse de sucre
- 1 tasse de noix de coco râpée
- 4 c. à soupe de beurre mou
- 1 tasse de lait
- 2 œufs
- 1/2 c. à thé de cannelle
- 1/2 c. à thé de muscade

Préparation

1. Faire cuire les patates douces dans une casserole remplie d'eau bouillante pendant environ 20 minutes jusqu'à ce qu'elles soient tendres, puis les réduire en purée avec le lait de coco, le sucre et la noix de coco râpée.

2. Préchauffer le four à 355 °F (180 °C).

3. Incorporer le beurre et le lait dans la casserole et fouetter le tout.

4. Battre les œufs et les incorporer dans le mélange en remuant. Ajouter la cannelle et la muscade et continuer de remuer jusqu'à l'obtention d'une texture crémeuse et lisse. Verser le mélange dans un plat allant au four et faire cuire pendant environ 30 minutes jusqu'à ce que la surface soit bien dorée.

Afrique

Rôti de bœuf épicé

T 20 minutes   C 10 minutes   P 4

Ingrédients
- 2 c. à soupe d'huile d'olive
- Le jus de 2 citrons
- 2 gousses d'ail hachées
- 1 c. à thé de gingembre moulu
- 1 c. à thé de curcuma
- 1 c. à thé de cari
- 1 c. à thé de paprika
- 1 c. à thé de sel d'ail
- Poivre
- 450 g de bifteck coupé en tranches minces

Préparation

1. Dans un petit bol, mélanger l'huile, le jus de citron, l'ail, le gingembre, le curcuma, le cari, le paprika, le sel d'ail et le poivre et badigeonner la viande de marinade épicée.

2. Faire cuire les tranches de bifteck sur le barbecue à feu moyen-vif pendant une dizaine de minutes, en retournant souvent la viande. Servir chaud.

Salade de tomates

Kenya

T 10 minutes   R 1 heure   P 2

Ingrédients
- 3 tomates mûres et fermes en fines tranches
- 1/4 de tasse de coriandre
- 1 oignon haché finement
- 2 c. à soupe d'huile d'olive
- 1 gousse d'ail écrasée
- Le jus de 2 limes
- Sel et poivre

Préparation

1. Disposer les tranches de tomates sur une assiette de service et saupoudrer de coriandre.

2. Dans un petit bol, mélanger l'oignon, l'huile, l'ail et le jus de lime et verser sur les tomates. Saler et poivrer au goût. Réfrigérer au moins 1 heure et servir.

Ragoût végétarien

Lesotho

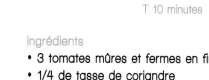

T 15 minutes   C 20 minutes   P 4

Ingrédients
- 2 c. à soupe d'huile d'olive
- 1 oignon haché finement
- 1 poivron rouge haché finement
- 1 poivron vert haché finement
- 1 gousse d'ail écrasée
- 2 piments forts épépinés et hachés
- 3 carottes pelées et râpées
- 2 tasses de tomates en dés
- 2 c. à soupe de cari
- 1 c. à thé de curcuma
- 1 conserve de haricots rouges rincés et égouttés
- Sel et poivre

Préparation

1. Dans une cocotte, faire chauffer l'huile et faire revenir l'oignon, les poivrons et l'ail pendant 5 minutes à feu moyen. Incorporer les piments, les carottes et les tomates, ajouter le cari et le curcuma. Saler et poivrer au goût.

2. Verser les haricots rouges et remuer le tout, puis laisser mijoter pendant une vingtaine de minutes jusqu'à l'obtention d'une sorte de purée. Rectifier l'assaisonnement et servir avec du riz.

Soupe aux épinards, aux pois et à la mandarine

Lesotho

T 20 minutes   R 1 nuit   C 30 minutes   P 4

Ingrédients

- 1/2 tasse de pois secs
- 8 tasses de bouillon de légumes
- 2 c. à soupe de beurre
- 4 oignons verts hachés
- 1 gousse d'ail écrasée
- 1 pincée de cari
- 1 c. à thé de curcuma
- 1/4 de tasse de coriandre fraîche hachée
- Le jus et le zeste de 3 mandarines
- 3 tasses d'épinards frais hachés
- 1/2 tasse de yogourt grec nature
- Sel et poivre

Préparation

1. Faire tremper les pois secs dans l'eau froide pendant toute une nuit. Égoutter. Porter le bouillon de légumes à ébullition et y incorporer les pois. Réduire à feu doux et laisser mijoter pendant une dizaine de minutes jusqu'à ce qu'ils soient tendres. Saler et poivrer au goût et remuer.

2. Faire fondre le beurre dans une poêle et faire revenir les oignons verts et l'ail pendant 3 minutes. Incorporer le cari, le curcuma et la coriandre, puis saler et poivrer légèrement.

3. Transférer le mélange d'épices et d'oignons dans la casserole avec le bouillon, puis ajouter le jus et le zeste des mandarines et les épinards. Verser le tout dans un mélangeur ou un robot culinaire et réduire en purée grossière. Remettre dans la casserole, laisser mijoter 5 minutes, rectifier l'assaisonnement au goût et servir en garnissant de yogourt.

Bœuf à la sauce *palava*

Libéria

T 35 minutes   C 30 minutes   P 4

Ingrédients

- 6 tasses de bouillon de bœuf
- 450 g de bœuf en cubes
- 1 oignon tranché
- 1 gousse d'ail hachée
- 2 piments forts épépinés et hachés
- 3 c. à soupe de gingembre frais râpé
- 2 tasses de tomates en dés
- 1/4 de tasse d'huile d'arachide
- 6 tasses d'épinards frais
- Sel et poivre

Préparation

1. Porter le bouillon à ébullition et faire cuire la viande pendant environ 40 minutes jusqu'à ce qu'elle soit tendre. Extraire la viande et réserver. Gardez le bouillon de côté.

2. Verser la moitié de l'oignon, l'ail, les piments forts, le gingembre et les tomates dans le robot culinaire et réduire en purée grossière.

3. Dans une cocotte, faire chauffer l'huile d'arachide et faire revenir le reste de l'oignon, puis la purée de tomates et de piment fort pendant 5 minutes à feu moyen. Incorporer la viande, les épinards et 2 tasses de bouillon. Porter à ébullition, réduire le feu et laisser mijoter pendant 15 minutes jusqu'à ce que la sauce épaississe. Servir sur du riz blanc.

Soupe piquante à l'agneau

Libéria

T 20 minutes   M 1 heure   C 1 h 15   P 6

Ingrédients

- 450 g d'épaule d'agneau coupée en cubes
- 3 piments forts épépinés et hachés
- 1 oignon haché
- 2 gousses d'ail hachées
- 2 c. à soupe d'huile d'olive
- 1 conserve de tomates en dés
- 2 c. à soupe de pâte de tomate
- 8 tasses de bouillon de poulet
- Sel et poivre

Préparation

1. Dans un bol, mélanger la viande, les piments forts, la moitié de l'oignon et l'ail. Saler et poivrer au goût et remuer pour bien enrober la viande. Laisser mariner pendant 1 heure.

2. Dans une cocotte, faire chauffer l'huile à feu moyen et faire revenir le reste de l'oignon pendant 3 minutes. Ajouter la viande et la marinade et faire dorer pendant 5 minutes. Incorporer les tomates et la pâte de tomate et remuer. Assaisonner selon le goût.

3. Verser le bouillon et porter à ébullition, puis réduire à feu doux et laisser mijoter pendant 50 minutes, jusqu'à ce que la viande soit tendre. Rectifier l'assaisonnement et servir.

Afrique

Fricassée d'agneau dans une sauce aux tomates

Libye

T 20 minutes   C 30 minutes   P 4

Ingrédients

- 3 c. à soupe d'huile d'olive
- 1 oignon haché
- 1 piment fort haché
- 800 g d'épaule d'agneau coupée en morceaux
- 1/2 c. à thé de cumin
- 1/2 c. à thé de curcuma
- 1/2 c. à thé de gingembre moulu
- 1/2 c. à thé de poivre de Cayenne
- 2 c. à soupe de pâte de tomate
- 4 tasses de bouillon de légumes
- 2 pommes de terre pelées et coupées en dés
- 1 aubergine pelée et coupée en dés
- 1 conserve de pois chiches
- Sel et poivre

Préparation

1. Dans une casserole, faire chauffer 2 c. à soupe d'huile d'olive et faire revenir l'oignon et le piment fort à feu moyen pendant 3 minutes. Ajouter l'agneau et le faire dorer.

2. Incorporer le cumin, le curcuma, le gingembre, le poivre de Cayenne, saler et poivrer au goût et remuer. Ajouter la pâte de tomate et remuer.

3. Verser le bouillon de légumes, porter à ébullition, puis réduire à feu doux et laisser mijoter pendant 15 minutes. Ajouter les pommes de terre et poursuivre la cuisson pendant 30 minutes.

4. Vers la fin de la cuisson, faire chauffer 1 c. à soupe d'huile et faire dorer les aubergines pendant 5 à 7 minutes avant de les ajouter dans la fricassée avec les pois chiches. Remuer le tout et laisser mijoter encore 5 minutes. Rectifier l'assaisonnement et servir.

Poulet et pois chiches au cumin

Libye

T 20 minutes   C 30 minutes   P 4

Ingrédients

- 2 c. à soupe d'huile d'olive
- 1 oignon haché
- 1 poulet coupé en morceaux
- 1 conserve de pois chiches
- 1/2 c. à thé de cumin
- 6 tasses de bouillon de poulet
- 1 c. à soupe de pâte de tomate
- 4 pommes de terre pelées et coupées en dés
- Sel et poivre

Préparation

1. Dans une casserole, faire chauffer l'huile d'olive et faire revenir l'oignon à feu moyen pendant 3 minutes. Ajouter le poulet et le faire dorer. Ajouter les pois chiches, le cumin, saler et poivrer au goût. Remuer le tout pendant 2 minutes.

2. Verser le bouillon et la pâte de tomate ainsi que les pommes de terre. Porter à ébullition, puis réduire à feu doux et laisser mijoter pendant environ 40 minutes jusqu'à ce que les pommes de terre et le poulet soient tendres. Ajouter de l'eau au besoin et assaisonner au goût.

Tomates farcies au citron et aux œufs

Libye

T 15 minutes   C 20 minutes   P 4

Ingrédients
- 4 tomates
- 2 c. à soupe de beurre
- Le zeste et le jus de 2 citrons
- 4 œufs
- 1/2 tasse de persil frais haché
- 1 c. à thé de poivre de Cayenne
- 1/2 tasse de mozzarella râpée
- Sel et poivre

Préparation
1. Préchauffer le four à 355 °F (180 °C).

2. Couper la partie supérieure des tomates et extraire la chair et les graines. Déposer 1/2 c. à soupe de beurre au fond de chaque tomate et garnir de zestes et d'un filet de jus de citron. Faire cuire au four pendant 10 minutes et sortir du four.

3. Verser un œuf au fond de chaque tomate et saupoudrer de persil, d'une pincée de poivre de Cayenne, de sel, de poivre et de fromage, puis remettre au four pendant 10 minutes. Servir chaud.

Biscuits à la vanille

Madagascar

T 25 minutes   R 1 heure   C 15 minutes   P 6

Ingrédients
- 1/2 tasse de beurre
- 1 tasse de sucre en poudre
- 1/2 c. à thé d'extrait de vanille
- 1/2 c. à thé d'extrait d'amande
- 1 œuf
- 2 tasses de farine
- 2 gousses de vanille

Préparation
1. Verser le beurre, le sucre, l'extrait de vanille et l'extrait d'amande dans un mélangeur ou un robot culinaire et mélanger jusqu'à l'obtention d'une pâte lisse. Verser dans un bol graissé.

2. Incorporer l'œuf, la farine et les graines de vanille et mélanger le tout pour obtenir une pâte homogène. Couvrir d'une pellicule plastique et laisser reposer pendant 1 heure.

3. Préchauffer le four à 355 °F (180 °C).

4. Étaler la pâte sur une surface de travail farinée à l'aide d'un rouleau à pâte. Couper des cercles d'environ 2 po (5 cm) de diamètre à l'aide d'un verre ou d'un emporte-pièce. Déposer les cercles de pâte sur une plaque de cuisson graissée et faire cuire au four pendant environ 15 minutes jusqu'à ce que les biscuits soient tendres et dorés.

Bœuf *romazava*

Madagascar

T 20 minutes   C 1 h 20   P 4

Ingrédients
- 2 c. à soupe d'huile d'olive
- 1 oignon haché
- 3 gousses d'ail hachées
- 2 c. à soupe de gingembre frais râpé
- 450 g de bœuf en cubes
- 1 tasse de tomates concassées
- 2 tasses de cresson
- Sel et poivre

Préparation
1. Dans une cocotte, faire chauffer l'huile d'olive et faire revenir l'oignon, l'ail et le gingembre pendant 3 minutes. Ajouter la viande, faire revenir, puis incorporer les tomates et remuer.

2. Couvrir le tout d'eau, saler et poivrer au goût. Porter à ébullition et faire bouillir pendant 7 à 10 minutes en écumant la surface. Réduire à feu doux et laisser mijoter encore 45 minutes.

3. Ajouter le cresson et laisser cuire encore 20 minutes. Rectifier l'assaisonnement et servir sur du riz blanc.

Afrique

Poulet malgache

Madagascar

T 20 minutes   C 45 minutes   P 4

Ingrédients

• 2 c. à soupe d'huile d'olive
• 2 oignons hachés
• 3 gousses d'ail hachées
• 1 c. à soupe de gingembre frais râpé
• 3 grosses poitrines de poulet désossées, sans la peau
• 1 c. à thé de cumin
• 1 c. à thé de curcuma
• 1 c. à thé de paprika
• 2 tasses de tomates concassées
• 1 tasse de coriandre hachée
• Le jus de 2 limes
• 3 tasses de bouillon de poulet
• Sel et poivre

Préparation

1. Dans une cocotte, faire chauffer l'huile d'olive et faire revenir les oignons, l'ail et le gingembre pendant 3 minutes. Ajouter le poulet, le cumin, le curcuma, le paprika, saler et poivrer au goût et faire revenir 3 minutes en remuant pour enrober le poulet d'épices.

2. Ajouter les tomates, la coriandre et le jus de lime et verser le bouillon de poulet. Porter à ébullition, puis réduire à feu doux et laisser mijoter environ 30 minutes. Rectifier l'assaisonnement et servir sur du riz blanc.

Soupe malgache aux légumes

Madagascar

T 20 minutes   C 1 h 15   P 6

Ingrédients

• 8 tasses de bouillon de légumes
• 450 g d'os de veau
• 3 c. à soupe d'huile d'olive
• 2 échalotes hachées
• 1 gousse d'ail hachée
• 3 carottes pelées et coupées en dés
• 1 navet pelé et coupé en dés
• 2 tasses de haricots verts
• 1/2 c. à thé de gingembre moulu
• 2 tasses de tomates en dés
• 1/4 de tasse de persil haché
• Sel et poivre

Préparation

1. Dans une grande casserole, porter le bouillon à ébullition et incorporer les os de veau. Laisser mijoter pendant 45 minutes à feu doux.

2. Faire ensuite chauffer l'huile d'olive dans une poêle et faire revenir les échalotes et l'ail pendant 5 minutes. Incorporer les carottes, le navet et les haricots. Ajouter le gingembre, saler et poivrer au goût et faire revenir pendant 5 minutes.

3. Verser le contenu de la poêle dans la casserole avec le bouillon. Ajouter les tomates et laisser mijoter pendant encore 45 minutes à feu doux jusqu'à ce que les légumes soient tendres.

4. Extraire les os de veau du bouillon, puis verser les légumes dans un robot culinaire ou un mélangeur et réduire en purée grossière avec 1 tasse de bouillon. Remettre dans la casserole avec le bouillon, remuer, rectifier l'assaisonnement et servir avec du persil.

Chou frit aux tomates

Malawi

T 10 minutes   C 15 minutes   P 4

Ingrédients

• 2 c. à soupe d'huile d'olive
• 1 oignon haché
• 1 chou vert émincé
• 1 gousse d'ail
• 1/2 c. à thé de paprika
• 2 tasses de tomates en dés
• Sel et poivre

Préparation

1. Dans une poêle, faire chauffer l'huile d'olive et faire frire l'oignon et le chou à feu moyen-vif pendant 5 minutes. Ajouter l'ail, le paprika, le sel et le poivre et poursuivre pendant 2 minutes.

2. Ajouter les tomates et réduire à feu doux. Couvrir et laisser mijoter pendant 5 minutes. Rectifier l'assaisonnement et servir.

Gâteau aux bananes et au beurre d'arachide

Malawi

T 25 minutes   C 1 h 30   P 6

Ingrédients

- 1/4 de tasse de beurre mou
- 1/2 tasse de sucre
- 1 œuf battu
- 3 bananes mûres
- Le jus de 1 citron
- 1/2 tasse de beurre d'arachide mou et onctueux
- 1/4 de tasse de lait
- 2 tasses de farine à levure

Préparation

1. Mélanger le beurre et le sucre dans un bol jusqu'à l'obtention d'une texture légère et onctueuse, puis incorporer l'œuf battu et remuer le tout.

2. Dans un petit bol, réduire les bananes en purée et ajouter le jus de citron et le beurre d'arachides. Verser le tout dans le bol avec le beurre et le sucre et remuer jusqu'à l'obtention d'une texture homogène. Incorporer petit à petit, en alternant, le lait et la farine. Remuer la pâte jusqu'à ce qu'elle soit lisse.

3. Préchauffer le four à 355 °F (180 °C).

4. Verser le mélanger dans un moule à gâteau graissé de 9 po (23 cm) et faire cuire le gâteau pendant environ 1 h 30 jusqu'à ce qu'un cure-dent inséré au centre en ressorte bien propre. Laisser reposer quelques minutes dans le moule avant de trancher.

Bœuf *Borokhé*

Mali

T 25 minutes   C 1 h 20   P 4

Ingrédients

- 6 tasses d'eau
- 600 g de filet de bœuf coupé en cubes
- 2 tasses de feuilles de manioc hachées
- 1/2 tasse de pâte d'arachide
- 1 piment fort épépiné et haché
- 2 oignons tranchés
- 4 c. à soupe d'huile de palme
- 400 g de filet de dorade lavé et sans arêtes
- Sel et poivre

Préparation

1. Dans une casserole, porter l'eau à ébullition et incorporer le bœuf et les feuilles de manioc. Laisser mijoter pendant 30 minutes à feu doux.

2. Remuer et ajouter la pâte d'arachide. Saler et poivrer selon le goût et laisser mijoter pendant 20 minutes.

3. Réduire le piment et les oignons en purée grossière avec 2 c. à soupe d'huile de palme, incorporer dans la casserole et laisser mijoter 15 minutes.

4. Ajouter le poisson et le reste de l'huile de palme, remuer et laisser mijoter encore 10 à 15 minutes avant de servir.

Couscous au bœuf et aux dattes

Mali

T 25 minutes   C 1 h 30   P 4

Ingrédients

- 2 c. à soupe d'huile d'olive
- 1 oignon haché
- 1 gousse d'ail hachée
- 800 g de bœuf en cubes
- 1 c. à thé de muscade
- 1/2 c. à thé de gingembre moulu
- 1/2 c. à thé de poivre de Cayenne
- 1/4 de tasse de persil frais haché
- 1 conserve de tomates en dés
- 6 tasses de bouillon de poulet
- 1 tasse de dattes dénoyautées et tranchées
- 2 tasses de couscous
- 1 c. à soupe de beurre
- Sel et poivre

Préparation

1. Dans une casserole, faire chauffer l'huile d'olive et faire revenir l'oignon et l'ail pendant 5 minutes. Ajouter la viande et la faire dorer pendant 5 minutes. Ajouter la muscade, le gingembre, le poivre de Cayenne, le persil, le sel et le poivre et remuer pendant 2 minutes.

2. Ajouter les tomates et brasser le tout, puis verser 4 tasses de bouillon dans la casserole. Porter à ébullition, puis réduire à feu doux et laisser mijoter pendant 1 heure. Ajouter ensuite les dattes et remuer le tout.

3. Vers la fin de la cuisson, porter 2 tasses de bouillon à ébullition. Retirer du feu et incorporer le couscous et le beurre. Couvrir pendant 5 minutes et égrener avec une fourchette.

4. Servir la préparation au bœuf sur le couscous.

Mafé de bœuf

Mali

T 25 minutes   C 1 heure   P 4

Ingrédients

- 2 c. à soupe d'huile d'arachide
- 600 g de filet de bœuf coupé en cubes
- 1 oignon haché
- 1 piment fort épépiné et haché
- 1 gousse d'ail
- 3 carottes pelées et coupées en dés
- 2 patates douces pelées et coupées en dés
- 2 tasses de tomates en dés
- 2 c. à soupe de pâte de tomate
- 4 tasses de bouillon de bœuf
- 1/2 tasse de pâte d'arachide
- Sel et poivre

Préparation

1. Dans une cocotte, faire chauffer l'huile d'arachide et faire dorer le bœuf pendant 5 minutes.

2. Incorporer l'oignon, le piment et l'ail et faire revenir 3 minutes. Ajouter les carottes, les patates douces et les tomates et saler et poivrer au goût. Incorporer la pâte de tomate et remuer.

3. Verser le bouillon de bœuf et faire cuire pendant 30 minutes.

4. Diluer la pâte d'arachide dans 1/2 tasse de bouillon et incorporer dans la casserole. Faire cuire encore 30 minutes à feu doux. Servir sur du riz.

Pudding au lait et à la noix de coco

Mali

T 15 minutes   C 15 minutes   R 3 heures   P 4

Ingrédients
- 2 œufs
- 1/2 tasse de sucre
- 1 tasse de lait
- 1 tasse de lait de coco
- 1/2 c. à thé de cannelle
- 6 c. à soupe de noix de coco râpée

Préparation
1. Préchauffer le four à 355 °F (180 °C).

2. Dans un bol, fouetter les œufs avec le sucre et le lait.

3. Incorporer le lait de coco, la cannelle et la noix de coco râpée et continuer de fouetter le tout.

4. Verser le mélange dans les 4 ramequins. Déposer les ramequins dans un bain-marie et faire cuire pendant 10 à 15 minutes. Réfrigérer 3 heures et servir.

Ragoût de poisson séché et de gombos

Mali

T 25 minutes   C 45 minutes   P 4

Ingrédients
- 2 tasses de gombos lavés et tranchés
- 2 gousses d'ail hachées
- 4 tasses de bouillon de poisson
- 500 g de poisson séché
- 1 c. à soupe de pâte de piment
- 4 c. à soupe d'huile d'olive
- 2 oignons hachés
- 2 tomates coupées en dés
- Sel et poivre

Préparation
1. Broyer les gombos et l'ail dans un robot culinaire.

2. Verser le bouillon dans un gros chaudron et porter à ébullition. Incorporer le poisson séché et la pâte de piment, réduire à feu doux et laisser mijoter 10 minutes.

3. Pendant ce temps, dans une casserole, faire chauffer l'huile et faire dorer les oignons et le mélange de gombos et d'ail pendant 5 minutes. Ajouter les tomates et poursuivre la cuisson pendant 3 minutes. Saler et poivrer au goût et verser dans la casserole contenant le bouillon. Remuer et laisser mijoter le tout à feu doux pendant 10 minutes. Servir chaud.

Soupe *kandia*

Mali

T 20 minutes   C 1 h 15   P 6

Ingrédients
- 8 tasses de bouillon de bœuf
- 400 g de bœuf en cubes
- 1 tasse de tomates concassées
- 2 tasses de gombos
- 1 piment fort haché
- 2 échalotes hachées
- 3 carottes pelées et coupées en dés
- 4 c. à soupe d'huile de palme
- 2 c. à soupe de pâte de tomate
- Poivre

Préparation
1. Porter le bouillon à ébullition et incorporer la viande et les tomates. Réduire à feu doux et laisser cuire pendant 20 minutes.

2. Pendant ce temps, réduire les gombos, le piment et les échalotes en purée grossière à l'aide d'un robot culinaire ou d'un mortier. Incorporer dans la soupe avec les carottes et laisser mijoter à feu doux pendant 30 minutes.

3. Incorporer l'huile de palme et la pâte de tomate et remuer le tout, puis laisser mijoter encore 10 minutes. Poivrer et servir seul ou sur du riz.

cuisine kuhinja

Couscous marocain

Maroc

T 25 minutes   C 1 h 15   P 4

Ingrédients

- 1/4 de tasse d'huile d'olive
- 800 g de bœuf en cubes
- 1 oignon haché
- 1 gousse d'ail hachée
- 1 c. à thé de safran
- 4 carottes pelées et tranchées
- 1 navet coupé en dés
- 1/2 c. à thé de gingembre moulu
- 1/4 de tasse de persil frais haché
- 8 tasses de bouillon de poulet
- 2 courgettes pelées et tranchées
- 1/2 courge *butternut* pelée et coupée en dés
- 1/2 chou vert émincé
- 1/4 de tasse de coriandre ciselée
- 2 tasses de pois chiches
- 2 tasses d'eau
- 2 tasses de couscous
- 1 c. à soupe de beurre
- Sel et poivre

Préparation

1. Dans une casserole, faire chauffer l'huile d'olive et faire revenir la viande pendant 5 minutes. Ajouter l'oignon, l'ail et le safran et faire revenir pendant 5 minutes. Ajouter les carottes, le navet, le gingembre et le persil. Saler et poivrer au goût. Incorporer 6 tasses de bouillon, couvrir et laisser mijoter à feu doux pendant 20 minutes.

2. Ajouter les courgettes, la courge, le chou, la coriandre et les pois chiches et rectifier l'assaisonnement. Poursuivre la cuisson pendant 15 minutes.

3. Pendant ce temps, porter 2 tasses d'eau à ébullition. Retirer du feu et incorporer le couscous et le beurre. Couvrir pendant 5 minutes et égrener avec une fourchette.

4. Servir la viande et les légumes sur le couscous.

Afrique

Feuilletés à la viande

Maroc

T 30 minutes   C 10 minutes   P 4

Ingrédients

- 2 pommes de terre pelées et coupées en dés
- 1 c. à soupe d'huile d'olive
- 1 oignon haché finement
- 300 g de bœuf haché maigre
- 1 gousse d'ail hachée
- 1/2 c. à thé de cannelle
- 1 c. à thé de cumin
- 1/4 de tasse de menthe ciselée
- 1 œuf
- 12 feuilles de brick coupées en deux
- Huile pour la friture
- Sel et poivre

Préparation

1. Faire cuire les pommes de terre dans une casserole d'eau bouillante pendant 15 minutes jusqu'à ce qu'elles soient tendres et les réduire en purée.

2. Dans une cocotte, faire chauffer l'huile d'olive à feu moyen et faire revenir l'oignon. Ajouter la viande et l'ail et faire dorer le tout pendant 5 minutes. Ajouter le sel et le poivre selon le goût, la cannelle et le cumin et remuer le tout à feu doux pendant 5 minutes.

3. Verser la purée de pommes de terre, la viande et la menthe ciselée dans un saladier et ajouter l'œuf, puis remuer le mélange.

4. Poser les feuilles de brick sur une surface de travail et les plier en deux pour former des triangles de pâte. Verser 1 c. à soupe de farce au centre de chaque triangle et replier pour emprisonner la farce à l'intérieur.

5. Faire chauffer l'huile d'olive et faire frire à feu moyen pendant 4 à 5 minutes jusqu'à ce que les feuilletés soient dorés et croustillants. Servir chaud avec de la sauce piquante.

Harira

Maroc

T 20 minutes   C 50 minutes   P 4

Ingrédients

- 2 c. à soupe d'huile d'olive
- 1 oignon haché
- 1 gousse d'ail écrasée
- 1 piment fort haché
- 400 g d'épaule d'agneau coupée en cubes
- 1 conserve de pois chiches rincés et égouttés
- 1 c. à soupe de gingembre moulu
- 1/2 c. à thé de paprika
- 8 tasses de bouillon de légumes
- 1 conserve de tomates concassées
- 2 c. à soupe de pâte de tomate
- 1 poivron rouge haché
- 1 tasse de lentilles
- 1 poignée de vermicelles
- 1/2 tasse de coriandre hachée
- Sel et poivre

Préparation

1. Dans une casserole, faire chauffer l'huile à feu moyen et faire revenir l'oignon, l'ail et le piment fort. Ajouter l'agneau et le faire dorer.

2. Ajouter les pois chiches, le gingembre, le paprika, le sel et le poivre selon le goût et remuer le tout pendant 2 minutes.

3. Verser le bouillon, porter à ébullition et laisser mijoter pendant 20 minutes.

4. Ajouter les tomates, la pâte de tomate, le poivron et les lentilles, puis laisser cuire encore 20 minutes à feu doux.

5. Ajouter les vermicelles, saupoudrer de coriandre et poursuivre la cuisson pendant une dizaine de minutes. Rectifier l'assaisonnement et servir.

Kefta

Maroc

T 25 minutes   C 40 minutes   P 4

Ingrédients

- 500 g d'agneau haché
- 1 oignon haché
- 1 gousse d'ail hachée
- 1/4 de tasse de menthe ciselée
- 1/4 de tasse de persil ciselé
- Le jus et le zeste de 1 citron
- 1/2 c. à thé de paprika
- 1/2 c. à thé de cumin
- 1 œuf battu
- 1/4 de tasse d'huile végétale
- Sel et poivre

Préparation

1. Mélanger la viande, l'oignon, l'ail, la menthe, le persil, le zeste et le jus de citron dans un grand bol.

2. Ajouter le paprika, le cumin, le sel et le poivre selon le goût, verser l'œuf battu et remuer le tout.

3. Former des boulettes d'environ 2 po (5 cm) de diamètre. Faire chauffer l'huile et faire frire les boulettes pendant 5 minutes de chaque côté jusqu'à ce qu'elles soient dorées et croustillantes.

Lentilles à la marocaine

Maroc

T 20 minutes   C 15 minutes   P 4

Ingrédients

- 1 c. à soupe d'huile d'olive
- 1 oignon haché finement
- 2 gousses d'ail émincées
- 1/2 c. à thé de cumin
- 1/2 c. à thé de safran
- 1/4 de tasse de persil ciselé
- 1 c. à soupe de pâte de tomate
- 1/2 tasse de tomates concassées
- 6 tasses de bouillon de poulet
- 2 tasses de lentilles vertes
- Sel et poivre

Préparation

1. Dans une casserole, faire chauffer l'huile d'olive et faire revenir l'oignon et l'ail pendant 5 minutes. Ajouter le cumin, le safran, le persil et la pâte de tomate et remuer, puis verser les tomates et faire cuire pendant encore 5 minutes.

2. Verser le bouillon de poulet, saler et poivrer au goût et porter à ébullition.

3. Rincer et égoutter les lentilles, puis incorporer dans la casserole et laisser mijoter à feu moyen pendant 20 à 25 minutes jusqu'à ce qu'elles soient tendres. Rectifier l'assaisonnement, remuer et servir.

Poulet à la marocaine

Maroc

T 20 minutes   C 30 minutes   P 4

Ingrédients

- 2 c. à soupe d'huile d'olive
- 1 oignon haché
- 1 gousse d'ail hachée
- 1 poulet coupé en morceaux
- 1/2 c. à thé de cumin
- 1 c. à thé de harissa
- 1/2 c. à thé de muscade
- Le jus et le zeste de 2 citrons
- 1 tasse de pruneaux dénoyautés et tranchés
- 1/2 tasse d'olives vertes dénoyautées et tranchées
- 2 tasses de bouillon de légumes
- 1/4 de tasse de coriandre ciselée
- Sel et poivre

Préparation

1. Dans une casserole, faire chauffer l'huile d'olive, et faire revenir l'oignon et l'ail pendant 5 minutes. Ajouter le poulet et faire revenir pendant 5 minutes. Ajouter le cumin, la harissa, la muscade, le sel et le poivre selon le goût et remuer pendant 2 minutes.

2. Ajouter le jus et le zeste de citron, les pruneaux et les olives et mélanger le tout. Verser le bouillon dans la casserole, porter à ébullition, puis réduire à feu doux et laisser mijoter pendant 20 minutes.

3. Rectifier l'assaisonnement et saupoudrer de coriandre. Servir seul ou avec du couscous.

Purée d'aubergines

Maroc

T 10 minutes   C 15 minutes   P 4

Ingrédients
- 3 aubergines pelées et coupées en dés
- 2 c. à soupe d'huile d'olive
- 2 gousses d'ail écrasées
- 1 c. à thé de cumin
- 1 c. à thé de paprika
- 1/2 c. à thé de muscade
- 1/2 tasse de tomates en dés
- Le jus et le zeste de 1 citron
- 1/4 de tasse de coriandre hachée
- Sel et poivre

Préparation
1. Faire bouillir les aubergines dans une casserole d'eau salée pendant 12 à 15 minutes.

2. Dans une poêle, faire chauffer l'huile d'olive à feu moyen et faire revenir l'aubergine, l'ail, le cumin, le paprika, la muscade, le sel et le poivre selon le goût pendant 2 minutes. Réduire les aubergines en purée à l'aide d'une fourchette.

3. Ajouter les tomates, le zeste et le jus de citron, la coriandre hachée et faire revenir pendant encore 3 minutes. Assaisonner, remuer la purée et servir.

Salade marocaine

Maroc

T 15 minutes   R 1 heure   P 4

Ingrédients
- 3 tasses de pois chiches rincés et égouttés
- 16 tomates cerises coupées en deux
- 1 oignon rouge haché
- 1 gousse d'ail écrasée
- 1 poivron rouge haché
- 1 tasse d'olives farcies aux anchois
- 1 tasse d'olives noires dénoyautées
- 3 c. à soupe d'huile d'olive
- Le jus de 1 citron
- 1/2 c. à thé de poivre de Cayenne
- 1 pincée de cumin
- 1/2 tasse de menthe hachée finement
- Sel et poivre

Préparation
1. Verser les pois chiches dans un saladier et incorporer les tomates, l'oignon, l'ail écrasé, le poivron et les olives. Remuer le tout.

2. Dans un petit bol, mélanger l'huile, le jus de citron, le poivre de Cayenne, le cumin, le sel et le poivre et verser sur la salade.

3. Ajouter la menthe et remuer tous les ingrédients. Réfrigérer pendant 1 heure avant de servir et rectifier l'assaisonnement au besoin.

Tagine d'agneau

Maroc

T 25 minutes   C 50 minutes   P 4

Ingrédients
- 2 c. à soupe d'huile d'olive
- 1 oignon haché
- 1 gousse d'ail hachée
- 800 g d'épaule d'agneau coupée en cubes
- 1/2 c. à thé de cumin
- 1/2 c. à thé de gingembre moulu
- 1/2 c. à thé de poivre de Cayenne
- 1/2 c. à thé de curcuma
- 1/4 de tasse de persil frais haché
- 1 conserve de tomates en dés
- 1 tasse de pruneaux dénoyautés
- 1/2 tasse de canneberges séchées
- 3 tasses de bouillon de poulet
- 2 tasses d'eau
- 1 c. à soupe de beurre
- 2 tasses de couscous
- Sel et poivre

Préparation
1. Dans une casserole, faire chauffer l'huile d'olive et faire revenir l'oignon et l'ail pendant 5 minutes. Ajouter l'agneau et le faire dorer pendant 5 minutes. Ajouter le cumin, le gingembre, le poivre de Cayenne, le curcuma, le persil, saler et poivrer selon le goût et remuer pendant 2 minutes.

2. Ajouter les tomates, les pruneaux, les canneberges et brasser le tout. Verser 3 tasses de bouillon dans la casserole. Porter à ébullition, puis réduire à feu doux et laisser mijoter pendant 40 minutes.

3. Vers la fin de la cuisson, porter 2 tasses d'eau à ébullition. Retirer du feu et incorporer le couscous et le beurre. Couvrir pendant 5 minutes et égrener avec une fourchette.

4. Servir la préparation sur du couscous.

Tagine de poulet

Maroc

T 25 minutes   C 40 minutes   P 4

Ingrédients
- 2 c. à soupe d'huile d'olive
- 1 oignon haché
- 1 gousse d'ail hachée
- 1 poulet coupé en morceaux
- 1/2 c. à thé de paprika
- 1/2 c. à thé de gingembre moulu
- 1/2 c. à thé de curcuma
- 1/4 de tasse de persil frais haché
- 1 tasse de tomates concassées
- 1/4 de tasse d'amandes effilées
- Le jus et le zeste de 1 citron
- 1/2 tasse d'olives vertes dénoyautées
- 2 tasses de bouillon de légumes
- 2 tasses d'eau
- 2 tasses de couscous
- 1 c. à soupe de beurre
- Sel et poivre

Préparation
1. Dans une casserole, faire chauffer l'huile d'olive et faire revenir l'oignon et l'ail pendant 5 minutes. Ajouter le poulet et le faire revenir pendant 5 minutes. Ajouter le paprika, le gingembre, le curcuma, le persil, saler et poivrer selon le goût et remuer pendant 2 minutes.

2. Ajouter les tomates, le jus et le zeste de citron, les amandes et les olives et mélanger le tout. Verser le bouillon dans la casserole, porter à ébullition, puis réduire à feu doux et laisser mijoter pendant 30 minutes.

3. Vers la fin de la cuisson, porter 2 tasses d'eau à ébullition. Retirer du feu et incorporer le couscous et le beurre. Couvrir pendant 5 minutes et égrener avec une fourchette.

4. Servir la préparation sur du couscous.

Crêpes mauriciennes
(faratas)

Maurice

T 30 minutes   R 40 minutes   C 15 minutes   P 4

Ingrédients
- 4 tasses de farine
- 1/2 c. à thé de sel
- 2 tasses d'eau chaude
- 1/2 tasse d'huile végétale

Préparation
1. Dans un bol, tamiser la farine et le sel. Former un puits au centre et verser l'eau petit à petit. Ajouter 1 c. à soupe d'huile et pétrir la pâte jusqu'à l'obtention d'une pâte lisse et homogène.

2. Couvrir la pâte d'un linge et laisser reposer pendant 30 à 40 minutes.

3. Former des boules d'environ 2 3/4 po (7 cm) de diamètre et les aplatir à l'aide d'un rouleau à pâte. Badigeonner la surface avec de l'huile. Faire cuire pendant 15 secondes de chaque côté. Fariner légèrement les deux surfaces et badigeonner avec un peu d'huile, puis refaire dorer pendant 30 secondes de chaque côté. Servir chaud.

Poulet mauricien épicé

Maurice

T 20 minutes   C 30 minutes   P 4

Ingrédients
- 2 c. à soupe d'huile d'olive
- 1 oignon haché
- 2 gousses d'ail hachées
- 1 poulet coupé en morceaux
- 1/2 c. à thé de cumin
- 1/2 c. à thé de safran
- 1/2 c. à thé de muscade
- 1/4 de tasse de coriandre ciselée
- 1 feuille de laurier
- 1/2 c. à thé de girofle moulu
- 1/2 c. à thé de gingembre moulu
- 2 tasses de tomates en dés
- 2 tasses de bouillon de poulet
- Sel et poivre

Préparation
1. Dans une casserole, faire chauffer l'huile d'olive et faire revenir l'oignon et l'ail pendant 5 minutes. Ajouter le poulet et le faire revenir pendant 5 minutes. Ajouter le cumin, le safran, la muscade, la coriandre, saler et poivrer au goût et remuer pendant 2 minutes.

2. Ajouter la feuille de laurier, le girofle, le gingembre et les tomates et remuer le tout.

3. Verser le bouillon de poulet, porter à ébullition, puis laisser mijoter pendant 15 à 20 minutes à feu doux. Servir sur du riz blanc.

Riz mauricien

Maurice

T 20 minutes   C 25 minutes   P 4

Ingrédients

- 4 tasses d'eau
- 2 tasses de riz
- 2 c. à soupe d'huile d'olive
- 1 oignon haché
- 1 gousse d'ail écrasée
- 1 c. à thé de cari
- 1/2 tasse de coriandre ciselée
- 2 tasses de petits pois
- 1 tasse de maïs en grains
- Sel et poivre

Préparation

1. Porter l'eau à ébullition et incorporer le riz, puis faire cuire pendant une vingtaine de minutes jusqu'à ce que le liquide soit évaporé et le riz soit tendre.

2. Dans une casserole, faire chauffer l'huile d'olive et faire revenir l'oignon et l'ail pendant 5 minutes. Ajouter le cari, la coriandre, saler et poivrer selon le goût et remuer pendant 1 minute. Incorporer le riz et faire revenir pendant 7 à 10 minutes à feu moyen-doux. Ajouter les petits pois et le maïs, bien remuer le riz et servir chaud.

Tortillas au poisson

Maurice

T 15 minutes   C 10 minutes   P 4

Ingrédients

- 2 tasses de yogourt nature 2 %
- 1 concombre pelé, épépiné et coupé en dés
- 1 c. à soupe d'huile d'olive.
- Le jus de 3 limes
- 1 gousse d'ail hachée
- 3 c. à soupe de coriandre ciselée
- 2 c. à soupe de menthe fraîche hachée
- 2 c. à soupe d'huile d'olive
- 4 filets de tilapia
- 1 oignon rouge haché
- 8 *faratas*
- 1/2 c. à thé de Tabasco
- Sel et poivre

Préparation

1. Mélanger le yogourt, le concombre, 1 c. à soupe d'huile d'olive, le jus de 2 limes, l'ail, la coriandre et la menthe dans un grand bol.

2. Faire chauffer l'huile dans une poêle antiadhésive. Faire frire les filets de poisson et l'oignon pendant environ 5 minutes. Saler et poivrer au goût et défaire le poisson en morceaux.

3. Garnir le centre de chaque *farata* de 2 c. à soupe de sauce au concombre et couvrir de morceaux de poisson. Verser quelques gouttes de Tabasco et de jus lime et refermer. Servir chaud.

Couscous aux légumes et à l'agneau

Mauritanie

T 25 minutes   C 50 minutes   P 4

Ingrédients

- 2 c. à soupe d'huile d'olive
- 800 g d'épaule d'agneau coupée en cubes
- 1 oignon haché
- 1 gousse d'ail hachée
- 2 carottes
- 2 pommes de terre pelées et coupées en dés
- 1 navet pelé et coupé en dés
- 1 c. à thé de paprika
- 1 c. à thé de curcuma
- 1/4 de tasse de persil frais haché
- 3 tasses de bouillon de légumes
- 1 tasse de pois chiches
- 1/2 chou ciselé
- 1 conserve de tomates en dés
- 2 tasses d'eau
- 2 tasses de couscous
- 1 c. à soupe de beurre
- Sel et poivre

Préparation

1. Dans une casserole, faire chauffer l'huile d'olive et faire dorer la viande pendant 5 minutes. Ajouter l'oignon et l'ail et faire revenir pendant 5 minutes. Ajouter les carottes, les pommes de terre, le navet, le paprika, le curcuma et le persil. Saler et poivrer au goût. Faire revenir pendant 2 minutes. Incorporer 2 tasses de bouillon, couvrir et laisser mijoter à feu doux pendant 20 minutes jusqu'à ce que les légumes soient tendres.

2. Ajouter les pois chiches, le chou et les tomates, verser 1 tasse de bouillon, rectifier l'assaisonnement, puis poursuivre la cuisson pendant 10 minutes.

3. Pendant ce temps, porter 2 tasses d'eau à ébullition. Retirer du feu et incorporer le couscous et le beurre. Couvrir pendant 5 minutes et égrener avec une fourchette.

4. Servir le couscous et garnir d'agneau et de légumes.

Gâteau rapide aux noix et aux dattes

Mauritanie

T 15 minutes   C 30 minutes   P 4

Ingrédients

- 2 tasses de dattes dénoyautées et hachées
- 1 tasse d'amandes effilées
- 1 tasse de pistaches
- 1/2 tasse de sucre
- 4 blancs d'œufs
- 1 c. à thé d'extrait de vanille

Préparation

1. Préchauffer le four à 355 °F (180 °C).

2. Dans un bol, mélanger les dattes, les amandes et les pistaches. Incorporer le sucre et remuer.

3. Battre les blancs d'œufs en neige et les incorporer dans le bol avec la vanille. Remuer le tout. Verser le mélange dans un petit moule à gâteau graissé et faire cuire au four de 25 à 30 minutes. Laisser reposer quelques instants avant de trancher.

Riz au poisson
(tiéboudienne)

Mauritanie

T 25 minutes   C 35 minutes   P 4

Ingrédients

- 1/4 de tasse d'huile de palme
- 4 filets de dorade
- 2 oignons hachés
- 1 gousse d'ail émincée
- 150 g de crevettes séchées
- 1 poivron rouge tranché
- 2 patates douces pelées et coupées en dés
- 1 tête de chou émincé
- 3 carottes pelées et coupées en dés
- 1 c. à thé de poivre de Cayenne
- 5 tasses de bouillon de poisson
- 2 tasses de riz
- 1/2 tasse de persil ciselé
- Poivre

Préparation

1. Dans une poêle, faire chauffer l'huile de palme et faire revenir le poisson pendant 5 à 7 minutes. Réserver. Ajouter un peu d'huile au besoin, puis faire cuire les oignons et l'ail à feu moyen pendant 3 minutes.

2. Ajouter les crevettes séchées, le poivron, les patates douces, le chou et les carottes et bien remuer le tout. Ajouter le poivre de Cayenne et le poivre. Verser 1 tasse de bouillon et laisser cuire pendant 10 minutes.

3. Verser le reste du bouillon de poisson et remuer le tout. Porter à ébullition et incorporer le riz, puis réduire à feu doux, couvrir et laisser mijoter pendant une vingtaine de minutes jusqu'à ce que le riz soit tendre. Ajouter le poisson et remuer en émiettant pour les incorporer au mélange. Rectifier l'assaisonnement et saupoudrer de persil. Servir chaud.

Cari au poulet, aux tomates et aux champignons

Mozambique

T 20 minutes   C 20 minutes   P 4

Ingrédients

- 3 c. à soupe d'huile d'olive
- 2 gousses d'ail émincées
- 2 tasses de champignons
- 1 oignon haché
- 2 tasses de tomates en dés
- 2 c. à soupe de cari en poudre
- 1 c. à thé de curcuma
- Le jus de 1 citron
- 3 poitrines de poulet désossées, sans la peau et coupées en lamelles
- 1/2 c. à thé de piment fort concassé
- 1 tasse de lait de coco
- Sel et poivre

Préparation

1. Dans une poêle, faire chauffer l'huile d'olive à feu moyen et faire revenir l'ail, les champignons et l'oignon pendant environ 5 minutes.

2. Ajouter les tomates, le cari, le curcuma et le jus de citron et faire revenir pendant 5 minutes. Ajouter le poulet, le piment fort, une pincée de sel et le poivre et laisser mijoter encore 15 minutes.

3. Incorporer petit à petit le lait de coco en remuant et laisser mijoter 5 minutes à feu doux. Servir sur du riz blanc.

Afrique

Crevettes grillées au vin et à l'ail

Mozambique

T 15 minutes   M 3 heures   C 10 minutes   P 4

Ingrédients
- 3 gousses d'ail écrasées
- 1/4 de tasse de beurre
- 1 tasse de vin blanc
- Le jus de 1 citron
- 800 g de grosses crevettes
- 1/2 c. à thé de paprika
- 1 c. à soupe de piment fort concassé
- Sel et poivre

Préparation
1. Dans un bol, mélanger l'ail, le beurre, le vin et le citron et incorporer les crevettes.

2. Laisser mariner au frais pendant 3 heures, en remuant de temps à autre.

3. Faire revenir les crevettes avec la marinade dans la poêle pendant environ 2 à 3 minutes de chaque côté. Ajouter le paprika, le piment fort, saler et poivrer au goût et servir chaud avec du citron.

Mousse à la mangue

Mozambique

T 10 minutes   R 4 heures   P 4

Ingrédients
- 3 tasses de mangue fraîche coupée en dés
- 1/2 c. à thé d'extrait de vanille
- Le jus de 1 lime
- 1 tasse de yogourt grec nature
- 1/2 tasse de crème à 35 %
- 1/4 de tasse de sucre

Préparation
1. Réduire la chair de mangue, la vanille, le jus de lime et le yogourt en purée dans un mélangeur. Déposer dans un bol.

2. Battre la crème et le sucre jusqu'à la formation de pics fermes et verser dans le bol avec la chair de mangue. Remuer le tout jusqu'à la formation d'une mousse épaisse et crémeuse. Verser dans des petites coupes individuelles et réfrigérer pendant 4 heures avant de servir.

Soupe aux pommes de terre et aux haricots verts

Mozambique

T 20 minutes   C 20 minutes   P 4

Ingrédients
- 6 tasses de bouillon de légumes
- 3 pommes de terre pelées et coupées en dés
- 2 oignons hachés
- 4 tasses de haricots verts
- 1 tasse de lait
- 2 c. à soupe de beurre
- 1 gousse d'ail écrasée
- 1 c. à thé de poivre de Cayenne
- 1 tasse de tomates en dés
- Sel et poivre

Préparation
1. Dans une casserole, porter le bouillon à ébullition et incorporer les pommes de terre, les oignons et les haricots. Faire cuire pendant 20 minutes jusqu'à ce qu'ils soient très tendres.

2. Verser le tout dans un mélangeur ou un robot culinaire avec le lait, le beurre, l'ail et le poivre de Cayenne et réduire en purée. Remettre dans la casserole, ajouter les tomates et laisser mijoter 10 minutes. Saler et poivrer généreusement et servir chaud.

Carrés à la goyave

Namibie

T 20 minutes   C 30 minutes   P 4

Ingrédients
- 2 tasses de farine
- 1 c. à thé de poudre à pâte
- 1 pincée de sel
- 1/2 tasse de sucre
- 1/4 de tasse de beurre mou
- 1 œuf battu
- 2 tasses de goyave coupée en dés
- 1/4 de tasse de cassonade
- 1/2 tasse de noix de coco râpée

Préparation

1. Préchauffer le four à 355 °F (180 °C).

2. Dans un bol, tamiser la farine, la poudre à pâte et le sel.

3. Mélanger le sucre et le beurre mou en fouettant bien. Ajouter l'œuf battu et mélanger le tout. Verser ce mélange dans le bol contenant les ingrédients secs. Ajouter la goyave et la cassonade et remuer le tout.

4. Verser le mélange dans un moule à gâteau de 9 x 9 po (23 x 23 cm) et saupoudrer de noix de coco.

5. Faire cuire au four pendant 25 à 30 minutes jusqu'à ce que le centre soit cuit et que la surface soit dorée. Laisser reposer 5 minutes dans le moule et couper en carrés.

Afrique

Haricots piquants

Namibie

T 20 minutes   C 10 minutes   P 4

Ingrédients
- 1 conserve de haricots à œil noir
- 1 c. à soupe d'huile d'olive
- 1 gousse d'ail
- 1/2 tasse de tomates en dés
- 1/2 c. à thé de paprika
- 1/2 c. à thé de poivre de Cayenne
- 1 tasse d'épinards
- Sel et poivre

Préparation
1. Rincer et égoutter les haricots.

2. Dans une grande poêle, faire chauffer l'huile d'olive et faire revenir l'ail pendant 3 minutes. Ajouter les tomates, le paprika, le poivre de Cayenne, saler et poivrer au goût et laisser mijoter à feu doux pendant 5 minutes. Ajouter les fèves et poursuivre la cuisson pendant 5 minutes.

3. Pendant ce temps, faire cuire les épinards à la vapeur pendant 5 minutes, ou simplement les ajouter dans la poêle avec le reste des ingrédients et remuer pendant 2 ou 3 minutes.

4. Servir chaud avec du gruau de maïs, si désiré.

Pâte de gruau au maïs

Namibie

T 20 minutes   C 10 minutes   P 4

Ingrédients
- 1 tasse d'eau
- 1 tasse de lait
- 1 tasse de semoule de maïs blanche

Préparation
1. Faire bouillir l'eau dans une casserole.

2. Pendant ce temps, mélanger le lait et la moitié de la semoule dans un bol jusqu'à l'obtention d'une pâte lisse.

3. Verser ce mélange dans la casserole d'eau chaude en remuant. Faire cuire à feu moyen pendant environ 3 minutes, puis incorporer petit à petit le reste de la semoule en remuant, jusqu'à ce que la pâte devienne assez ferme.

4. Verser le gruau dans un bol graissé et séparer en morceaux. Servir seul ou avec de la sauce ou des haricots piquants.

Beignets à la muscade

Niger

T 20 minutes   C 10 minutes   P 4

Ingrédients
- 2 tasses de farine
- 1 tasse de farine de blé
- 1/2 c. à thé de cannelle
- 2 c. à soupe de muscade
- 3 c. à soupe de beurre mou
- 3 œufs
- 1/2 tasse de sucre
- 1/4 de tasse de lait
- 1/4 de tasse d'huile végétale pour la friture

Préparation
1. Tamiser les farines, la cannelle et la muscade dans un bol, puis ajouter le beurre et remuer jusqu'à l'obtention d'une texture ressemblant à de la chapelure grossière.

2. Ajouter un œuf à la fois dans le mélange en fouettant pour bien les incorporer, puis ajouter le sucre et remuer. Verser petit à petit le lait en mélangeant jusqu'à l'obtention d'une pâte assez ferme.

3. Former une boule de pâte sur une surface farinée, puis l'étaler à l'aide d'un rouleau. Former de petits beignets d'environ 2 à 2 3/4 po (5 à 7 cm) de diamètre.

4. Faire chauffer l'huile dans une grande poêle et faire frire les beignets pendant 3 à 5 minutes de chaque côté jusqu'à ce qu'ils soient dorés et croustillants.

Croquettes aux crevettes et aux haricots

Niger

T 20 minutes   C 5 minutes   P 4

Ingrédients

- 2 tasses de crevettes cuites
- 2 tomates coupées en petits dés
- 1 oignon pelé et haché
- Le jus de 1 lime
- 1 c. à thé de poivre de Cayenne
- 2 c. à soupe de persil haché
- 1 pincée de sel
- 1 conserve de haricots blancs rincés et égouttés
- 3 œufs
- 1/4 de tasse d'huile végétale pour la friture

Préparation

1. Couper les crevettes en petits morceaux et les déposer dans un grand bol. Incorporer les tomates, l'oignon, le jus de lime, le poivre de Cayenne, le persil et le sel et mélanger le tout.

2. Réduire les haricots en purée à l'aide d'une fourchette et incorporer au mélange de crevettes.

3. Battre les œufs et verser petit à petit dans le mélange en remuant constamment, jusqu'à l'obtention d'une texture homogène. Former des croquettes d'environ 2 po (5 cm) de diamètre.

4. Faire chauffer l'huile dans une poêle à feu moyen-vif et faire frire les croquettes pendant 2 à 3 minutes de chaque côté jusqu'à ce qu'elles soient dorées et croustillantes. Éponger sur du papier absorbant et servir avec du citron.

Chili de haricots et de bananes plantains

Niger

T 20 minutes   C 30 minutes   P 4

Ingrédients

- 1/4 de tasse d'huile d'olive
- 1 oignon haché
- 2 gousses d'ail écrasées
- 2 tasses de tomates en dés
- 1 c. à soupe de pâte de chili
- 1 conserve de haricots à œil noir rincés et égouttés
- 1/2 c. à thé de paprika
- 1/2 c. à thé de curcuma
- 1 tasse de petites crevettes décortiquées
- 2 grandes bananes plantains tranchées finement
- Sel et poivre

Préparation

1. Faire chauffer 2 c. à soupe d'huile d'olive dans une poêle profonde et faire revenir l'oignon et l'ail à feu moyen pendant 5 minutes. Ajouter les tomates et la pâte de chili et remuer le tout.

2. Verser les haricots et ajouter le paprika, le curcuma, saler et poivrer au goût et laisser mijoter à feu doux pendant 15 minutes.

3. Ajouter les crevettes et remuer pour bien les incorporer dans la sauce et laisser mijoter pendant 10 minutes.

4. Vers la fin de la cuisson, faire chauffer le reste de l'huile dans une autre poêle et faire frire les tranches de bananes plantains pendant 2 à 4 minutes de chaque côté jusqu'à ce qu'elles soient dorées et croustillantes. Éponger sur du papier absorbant et incorporer dans la poêle avec les haricots. Servir le tout bien chaud.

Crème d'arachides

Niger

T 20 minutes   C 15 minutes   R 3 heures   P 4

Ingrédients
- 2 tasses de lait
- 1 tasse de pâte d'arachide
- 1/2 tasse de sucre
- 4 œufs
- 1 tasse de crème à 35 %
- 2 tasses d'arachides grillées, décortiquées et non salées

Préparation

1. Verser le lait dans une casserole et faire chauffer à feu doux. Incorporer la pâte d'arachide et le sucre et remuer jusqu'à l'obtention d'une texture lisse et homogène.

2. Ajouter petit à petit les œufs en fouettant le tout, puis verser la crème et remuer en laissant mijoter à feu doux jusqu'à ce que la préparation épaississe.

3. Verser la crème d'arachides dans des bols et saupoudrer d'arachides grillées, puis réfrigérer 3 heures avant de servir.

Galettes de pâte frites
(Fari masa)

Niger

T 30 minutes   R 40 minutes   C 10 minutes   P 4

Ingrédients
- 3 tasses de farine
- 1 c. à thé de sel
- 1 c. à thé de poudre à pâte
- 1 œuf battu
- 2 c. à soupe de miel
- 3 c. à soupe de sucre
- 1/2 tasse d'eau chaude
- 1/4 de tasse d'huile végétale pour la friture

Préparation

1. Tamiser la farine, le sel et la poudre à pâte dans un saladier. Former un puits au centre et ajouter l'œuf et le miel.

2. Incorporer le sucre et remuer, puis verser l'eau chaude et pétrir jusqu'à la formation d'une pâte lisse. Couvrir et laisser reposer pendant environ 40 minutes. Former ensuite des boules d'environ 1 ou 1 1/2 po (3 ou 4 cm) de diamètre et les aplatir pour former des galettes.

3. Faire chauffer l'huile dans une grande poêle et faire frire les galettes pendant 3 à 5 minutes de chaque côté jusqu'à ce qu'elles soient dorées et croustillantes. Éponger sur du papier absorbant et servir.

Riz aux arachides et aux haricots

Niger

T 20 minutes   C 25 minutes   P 4

Ingrédients
- 1/4 de tasse d'huile d'olive
- 1 oignon haché
- 1 gousse d'ail émincée
- 1 conserve de haricots à œil noir rincés et égouttés
- 1 feuille de laurier
- 1 c. à soupe de pâte de chili
- 3 c. à soupe de persil haché
- 4 tasses de bouillon de légumes
- 2 tasses de riz
- 1/2 tasse d'arachides non salées et hachées
- Sel et poivre

Préparation

1. Dans une cocotte, faire chauffer l'huile d'olive et faire revenir l'oignon et l'ail à feu moyen pendant 3 minutes. Incorporer les haricots, la feuille de laurier et la pâte de chili et remuer à feu doux pendant 3 minutes. Ajouter le persil, saler et poivrer selon le goût.

2. Verser le bouillon de légumes et porter à ébullition. Incorporer le riz, puis réduire à feu doux, couvrir et laisser mijoter pendant une vingtaine de minutes jusqu'à ce qu'il soit tendre. Ajouter les arachides et remuer. Rectifier l'assaisonnement et servir.

Salade de mangues

Niger

T 10 minutes   R 2 heures   P 4

Ingrédients

- 1/2 ananas pelé et coupé en dés
- 2 mangues pelées et coupées en dés
- Le jus de 2 limes
- 1 c. à thé d'extrait de vanille
- 1 tasse de jus d'orange
- 1/2 tasse de nectar de mangue

Préparation

1. Déposer l'ananas et les mangues dans un grand saladier, puis verser le jus de lime, la vanille, le jus d'orange et le nectar de mangue et remuer le tout.

2. Réfrigérer pendant au moins 2 heures et servir dans des coupes individuelles.

Sandwich à l'omelette

Niger

T 15 minutes   C 15 minutes   P 2

Ingrédients

- 1 c. à soupe de beurre
- 1 oignon haché finement
- 1 poivron vert haché
- 1 tasse de jambon coupé en dés
- 1 c. à soupe de persil
- 1 c. à thé de poivre de Cayenne
- 4 œufs battus
- 1/2 tasse de mozzarella râpée
- 1 baguette coupée en deux dans le sens de la longueur
- Sel et poivre

Préparation

1. Dans une poêle, faire fondre le beurre et faire revenir l'oignon et le poivron pendant 5 minutes. Ajouter le jambon, le persil, le poivre de Cayenne, saler et poivrer selon le goût et remuer.

2. Battre les œufs avec le fromage dans un bol et verser le tout dans la poêle. Laisser cuire l'omelette à feu moyen-doux jusqu'à ce que les côtés décollent de la poêle et que le dessous soit légèrement doré. Retourner et laisser cuire 3 minutes.

3. Couper l'omelette en deux et verser au centre de chaque moitié de baguette. Servir aussitôt.

Carrés à la noix de coco

Nigéria

T 15 minutes   C 20 minutes   P 4

Ingrédients

- 1/2 tasse de farine
- 1/2 tasse de sucre
- 1 tasse de noix de coco râpée
- 2 œufs
- 1/4 de tasse de lait de coco

Préparation

1. Préchauffer le four à 355 °F (180 °C).

2. Dans un bol, mélanger la farine, le sucre, la noix de coco, les œufs et le lait de coco et remuer jusqu'à l'obtention d'une pâte épaisse.

3. Verser le tout sur une plaque à pâtisserie profonde et faire cuire au four pendant 20 minutes jusqu'à ce que la surface soit dorée. Laisser reposer et couper en carrés.

Afrique

Galettes épicées aux haricots

Nigéria

T 20 minutes   C 5 minutes   P 4

Ingrédients
- 1 conserve de haricots rouges rincés et égouttés
- 2 œufs
- Le jus de 1 lime
- 1 oignon pelé et haché finement
- 1 piment fort haché finement
- 1 c. à thé de paprika
- 1/4 de tasse d'huile végétale pour la friture
- Sel et poivre

Préparation
1. Réduire les haricots en purée à l'aide d'une fourchette et verser dans un grand bol.

2. Battre les œufs et verser sur les haricots. Ajouter le jus de lime, l'oignon, le piment fort, le paprika, le sel et le poivre selon le goût et battre le tout pour obtenir une texture légère.

3. Former des boules d'environ 1 po (3 cm) de diamètre et les aplatir pour former des galettes.

4. Dans une poêle, faire chauffer l'huile à feu moyen-vif et faire frire les galettes pendant environ 3 minutes de chaque côté jusqu'à ce qu'elles soient dorées et croustillantes. Éponger sur du papier absorbant et servir.

Œufs brouillés aux tomates

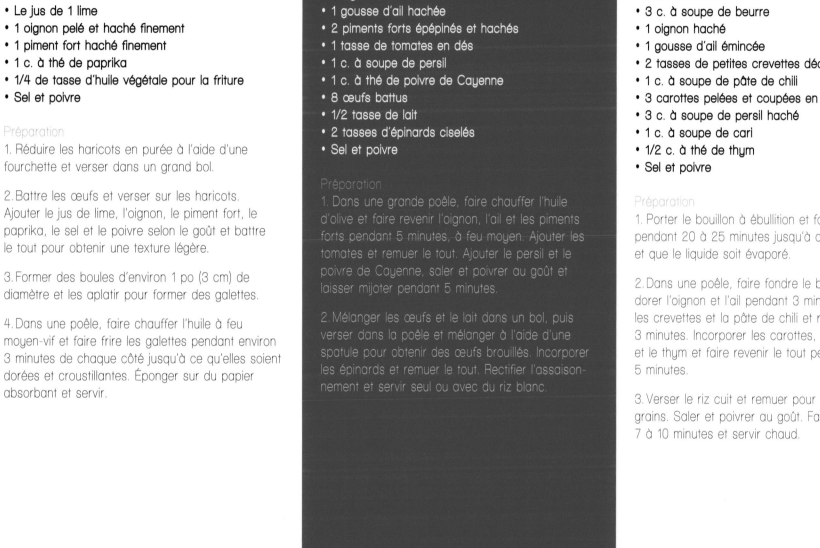

Nigéria

T 15 minutes   C 15 minutes   P 4

Ingrédients
- 1/4 de tasse d'huile d'olive
- 1 oignon haché finement
- 1 gousse d'ail hachée
- 2 piments forts épépinés et hachés
- 1 tasse de tomates en dés
- 1 c. à soupe de persil
- 1 c. à thé de poivre de Cayenne
- 8 œufs battus
- 1/2 tasse de lait
- 2 tasses d'épinards ciselés
- Sel et poivre

Préparation
1. Dans une grande poêle, faire chauffer l'huile d'olive et faire revenir l'oignon, l'ail et les piments forts pendant 5 minutes, à feu moyen. Ajouter les tomates et remuer le tout. Ajouter le persil et le poivre de Cayenne, saler et poivrer au goût et laisser mijoter pendant 5 minutes.

2. Mélanger les œufs et le lait dans un bol, puis verser dans la poêle et mélanger à l'aide d'une spatule pour obtenir des œufs brouillés. Incorporer les épinards et remuer le tout. Rectifier l'assaisonnement et servir seul ou avec du riz blanc.

Riz frit aux crevettes et aux carottes

Nigéria

T 20 minutes   C 35 minutes   P 4

Ingrédients
- 4 tasses de bouillon de poisson
- 2 tasses de riz
- 3 c. à soupe de beurre
- 1 oignon haché
- 1 gousse d'ail émincée
- 2 tasses de petites crevettes décortiquées
- 1 c. à soupe de pâte de chili
- 3 carottes pelées et coupées en petits dés
- 3 c. à soupe de persil haché
- 1 c. à soupe de cari
- 1/2 c. à thé de thym
- Sel et poivre

Préparation
1. Porter le bouillon à ébullition et faire cuire le riz pendant 20 à 25 minutes jusqu'à ce qu'il soit tendre et que le liquide soit évaporé.

2. Dans une poêle, faire fondre le beurre et faire dorer l'oignon et l'ail pendant 3 minutes. Ajouter les crevettes et la pâte de chili et remuer pendant 3 minutes. Incorporer les carottes, le persil, le cari et le thym et faire revenir le tout pendant encore 5 minutes.

3. Verser le riz cuit et remuer pour enrober tous les grains. Saler et poivrer au goût. Faire frire pendant 7 à 10 minutes et servir chaud.

Rouleaux aux saucisses

Nigéria

T 30 minutes   R 1 heure   C 10 minutes   P 4

Ingrédients

- 3 tasses de farine
- 1 c. à thé de sel
- 1 tasse de beurre mou
- 2 œufs
- 1 oignon haché
- 1 piment fort haché
- 2 tasses de chair à saucisse
- 1 c. à thé de cumin
- Poivre
- 1/4 de tasse de persil ciselé
- 1 jaune d'œuf
- 1/4 de tasse d'huile végétale pour la friture

Préparation

1. Dans un saladier, tamiser la farine et le sel, puis former un puits au centre et ajouter le beurre mou et les œufs. Remuer le tout pour former une pâte et pétrir jusqu'à l'obtention d'une texture lisse et élastique. Couvrir et laisser reposer pendant au moins 1 heure.

2. Dans une poêle, faire fondre 1 c. à soupe de beurre et faire dorer l'oignon et le piment fort pendant 3 minutes. Ajouter la chair à saucisse, le cumin, le poivre et le persil et faire dorer le tout pendant quelques minutes.

3. Préchauffer le four à 355 °F (180 °C).

4. Étaler la pâte sur une surface farinée à l'aide d'un rouleau. Plier en deux, puis aplatir à nouveau pour obtenir 0,5 cm d'épaisseur. Couper des rectangles de pâte de 2 x 4 po (5 x 10 cm) et verser 1 c. à soupe de préparation à la saucisse à l'une des extrémités, puis faire rouler la pâte pour emprisonner la farce et former des rouleaux. Poursuivre l'opération avec le reste de la pâte et de la farce à la saucisse.

5. Badigeonner les rouleaux avec du jaune d'œuf et les déposer sur une plaque de cuisson graissée. Faire cuire au four pendant 15 à 20 minutes jusqu'à ce que les rouleaux soient dorés.

Beignets aux bananes

République centrafricaine

T 15 minutes   C 10 minutes   P 4

Ingrédients

- 1/4 de tasse de farine
- 1/4 de tasse de sucre
- 1/2 c. à thé de sel
- 2 c. à thé d'extrait de vanille
- 1/2 tasse de lait
- 1 œuf, séparé
- Le jus et le zeste de 1 citron
- 3 bananes mûres coupées en rondelles
- Huile pour la friture

Préparation

1. Dans un bol, tamiser la farine, le sucre et le sel. Former un puits au centre et incorporer le lait, la vanille et le jaune d'œuf.

2. Battre le blanc d'œuf en neige et verser dans le bol avec la pâte. Ajouter le jus et le zeste de citron et remuer.

3. Pétrir la pâte en ajoutant un peu d'eau au besoin jusqu'à l'obtention d'une pâte lisse et homogène.

4. Tremper les rondelles de bananes dans la pâte de façon à les enrober complètement.

5. Faire chauffer l'huile et faire frire les beignets pendant 5 minutes de chaque côté jusqu'à ce qu'ils soient gonflés et dorés. Éponger sur du papier absorbant et servir.

Bœuf aux champignons et aux arachides

République centrafricaine

T 20 minutes   C 45 minutes   P 4

Ingrédients

- 3 c. à soupe d'huile d'olive
- 1 oignon haché
- 2 gousses d'ail écrasées
- 500 g de filet de bœuf tranché en lamelles
- 1 tasse de tomates en dés
- 2 tasses de champignons tranchés
- 1/2 c. à thé de poivre de Cayenne
- 1/2 c. à thé de paprika
- 2 tasses de bouillon de bœuf
- 1 tasse de beurre d'arachide crémeux
- Sel et poivre

Préparation

1. Dans une casserole, faire chauffer l'huile d'olive et faire revenir l'oignon et l'ail à feu moyen pendant 5 minutes. Ajouter la viande et la faire dorer pendant 3 à 5 minutes.

2. Ajouter les tomates et les champignons et remuer. Ajouter le poivre de Cayenne, le paprika, saler et poivrer selon le goût et mélanger les ingrédients.

3. Verser le bouillon, porter à ébullition, puis réduire à feu doux et laisser mijoter pendant encore 20 minutes.

4. Utiliser 1/4 de tasse de bouillon et verser dans un bol avec le beurre d'arachide pour diluer, puis remettre le tout dans la poêle. Laisser mijoter encore 15 minutes et servir sur du riz blanc.

Boulettes de bœuf et de courge

République centrafricaine

T 15 minutes   C 10 minutes   P 4

Ingrédients
- 1 grosse courge *butternut*
- 600 g de bœuf haché maigre
- 1 tasse de tomates en dés
- 1 oignon haché finement
- 3 gousses d'ail hachées
- 1/4 de tasse de persil haché
- 1 c. à thé de poudre de chili
- 1 œuf
- 1/2 tasse de chapelure
- 1/4 de tasse d'huile d'olive
- Sel et poivre

Préparation
1. Extraire la chair de la courge, la déposer dans un mélangeur ou un robot culinaire et réduire en purée grossière.

2. Dans un bol, mélanger la purée de courge et le bœuf haché, puis incorporer les tomates, l'oignon, l'ail, le persil et la poudre de chili et mélanger tous les ingrédients.

3. Ajouter l'œuf et la chapelure, mélanger et former de petites boulettes d'environ 1 po (3 cm) de diamètre.

4. Dans une grande poêle, faire chauffer l'huile d'olive et faire frire les boulettes pendant 4 à 5 minutes jusqu'à ce qu'elles soient dorées. Éponger sur du papier absorbant et servir.

Ragoût de sardines et d'épinards

République centrafricaine

T 20 minutes   C 25 minutes   P 4

Ingrédients
- 3 c. à soupe d'huile d'olive
- 1 oignon haché
- 2 gousses d'ail écrasées
- 3 tasses d'épinards frais et ciselés
- 1 tasse de tomate en dés
- Le jus et le zeste de 1 citron
- 3 conserves de sardines égouttées et tranchées
- 1/2 c. à thé de poivre de Cayenne
- 1/2 c. à thé de paprika
- 1 tasse de bouillon de poisson
- Sel et poivre

Préparation
1. Dans une casserole, faire chauffer l'huile d'olive et faire revenir l'oignon et l'ail à feu moyen pendant 5 minutes. Ajouter les épinards et poursuivre la cuisson pendant 3 minutes.

2. Ajouter les tomates, le zeste et le jus de citron, les sardines et remuer le tout pendant 3 minutes. Ajouter le poivre de Cayenne, le paprika, saler et poivrer selon le goût.

3. Verser le bouillon, porter à ébullition, puis réduire à feu doux et laisser mijoter pendant encore 15 à 20 minutes. Servir chaud avec du riz, si désiré.

Tilapia grillé à l'oignon

République centrafricaine

T 10 minutes   M 1 heure   C 10 minutes   P 4

Ingrédients
- 1 tasse d'huile d'olive
- 2 oignons hachés finement
- 1 gousse d'ail écrasée
- 1 poivron rouge tranché finement
- Le jus de 2 citrons
- 1/4 de tasse de vinaigre balsamique
- 1/2 c. à thé de piment fort concassé
- 1/2 c. à thé de paprika
- 4 filets de tilapia sans arêtes
- Sel et poivre

Préparation
1. Dans un grand plat, mélanger l'huile, les oignons, l'ail, le poivron, le jus de citron et le vinaigre balsamique, puis ajouter le piment fort, le paprika, le sel et le poivre, selon le goût.

2. Badigeonner généreusement les filets de poisson de marinade, puis laisser reposer au frais pendant 1 heure. Réserver le reste de la marinade.

3. Faire chauffer le barbecue ou la poêle à feu moyen-vif et faire revenir les filets pendant 5 minutes de chaque côté jusqu'à ce qu'ils soient dorés et très tendres, en les badigeonnant de marinade à la mi-cuisson.

Afrique

Avocats farcis au riz et au crabe

Réunion

T 15 minutes   P 4

Ingrédients
- 2 avocats
- Le jus de 1 citron
- 4 c. à soupe de mayonnaise
- Le jus de 1 lime
- 1 c. à soupe de ketchup
- 1 c. à soupe de persil frais haché
- 1/2 c. à thé de sauce piquante
- 1 tasse de riz cuit
- 1 grande conserve de chair de crabe égouttée
- Sel et poivre

Préparation
1. Couper les avocats en deux dans le sens de la longueur, dénoyauter et extraire la chair. Réduire la chair en purée avec le jus de citron et 1 c. à soupe de mayonnaise à l'aide d'une fourchette.

2. Dans un grand bol, mélanger le jus de lime, le ketchup, le reste de la mayonnaise, le persil, la sauce piquante, saler et poivrer au goût.

3. Dans un grand bol, mélanger la purée d'avocat, le riz, la chair de crabe et la sauce et remuer pour bien enrober les grains de riz.

4. Farcir les moitiés d'avocat de préparation au riz et servir.

Cari de bœuf

Réunion

T 20 minutes   C 25 minutes   P 4

Ingrédients
- 3 c. à soupe d'huile d'olive
- 3 gousses d'ail hachées
- 2 c. à thé de gingembre râpé
- 2 échalotes hachées
- 700 g de bœuf en cubes
- 1 poivron rouge coupé en dés
- 2 c. à soupe de cari en poudre
- Le jus de 1 lime
- 1/2 c. à thé de thym
- 2 tasses de tomates en dés
- 1 tasse de bouillon de bœuf
- 2 c. à soupe de coriandre fraîche hachée
- Sel et poivre

Préparation
1. Faire chauffer l'huile d'olive dans une poêle à feu moyen et faire revenir l'ail, le gingembre et les échalotes pendant environ 5 minutes à feu moyen. Faire revenir la viande pendant encore 5 minutes de façon à dorer la surface.

2. Ajouter le poivron, le cari, le jus de lime et le thym et faire cuire pendant encore 5 minutes.

3. Incorporer les tomates en dés et remuer, puis verser le bouillon, saler et poivrer au goût et porter à ébullition. Baisser le feu et laisser cuire pendant encore une dizaine de minutes en remuant de temps à autre jusqu'à ce que la sauce épaississe. Servir chaud avec de la coriandre.

Poulet à la vanille

Réunion

T 20 minutes   C 30 minutes   P 4

Ingrédients
- 4 poitrines de poulet désossées, sans la peau et coupées en morceaux
- 5 gousses de vanille
- 2 gousses d'ail hachées
- 2 c. à soupe d'huile d'olive
- 3 échalotes hachées
- 1 c. à thé de thym
- 1 c. à thé de curcuma
- 1/2 c. à thé de muscade
- 2 tasses de bouillon de poulet
- 1 tasse de crème
- 1 tasse de persil frais ciselé
- Sel et poivre

Préparation
1. Dans une casserole d'eau, faire bouillir le poulet jusqu'à ce qu'il soit cuit à l'intérieur. Égoutter et défaire en filaments.

2. Couper les gousses de vanille et extraire les graines, puis les écraser avec l'ail à l'aide d'un mortier.

3. Dans une poêle, faire chauffer l'huile à feu moyen et faire revenir les échalotes pendant environ 5 minutes. Ajouter le poulet et le faire dorer, puis incorporer la pâte d'ail et de vanille et remuer le tout. Ajouter le thym, le curcuma et la muscade, saler et poivrer selon le goût et mélanger.

4. Verser le bouillon, porter à ébullition, puis réduire à feu doux et laisser mijoter pendant 25 à 30 minutes jusqu'à ce que le liquide soit presque complètement évaporé. Ajouter la crème et remuer le tout, puis saupoudrer de persil et servir.

 Afrique

84

Rougail de hareng fumé

T 20 minutes   C 10 minutes   P 4

Ingrédients
- 800 g de hareng fumé
- 3 c. à soupe d'huile d'olive
- 1 échalote hachée finement
- 2 piments forts hachés
- 4 tomates épépinées et coupées en petits morceaux
- 1 poivron vert haché finement
- 1 bouquet d'oignon vert haché finement
- Le jus de 1 lime
- 2 c. à soupe de ciboulette ciselée
- Sel et poivre

Préparation
1. Porter une casserole remplie d'eau à ébullition et faire cuire le hareng pendant 10 minutes. Égoutter et émietter le poisson.

2. Dans une poêle, faire chauffer l'huile et faire revenir l'échalote et les piments pendant 3 minutes à feu moyen-doux. Ajouter le poisson et remuer pendant 3 minutes. Ajouter les tomates et le poivron et faire cuire le tout pendant encore 3 à 5 minutes jusqu'à ce que le liquide soit presque complètement évaporé. Incorporer les oignons verts, le jus de lime, la ciboulette, le sel et le poivre et laisser mijoter en remuant pendant 2 ou 3 minutes. Servir avec du riz, si désiré.

Rougail de tomates

T 15 minutes   P 4

Ingrédients
- 3 piments forts hachés
- 3 c. à soupe d'huile d'olive
- 1 tige de gingembre râpée
- Le jus de 1/2 lime
- 3 tomates épépinées et coupées en petits morceaux
- 2 c. à soupe de ciboulette ciselée
- 2 échalotes hachées finement
- 2 c. à soupe de coriandre fraîche hachée
- Sel et poivre

Préparation
1. Verser les piments, l'huile, le gingembre et le jus de lime dans un mélangeur ou un robot culinaire et réduire en purée grossière.

2. Verser les morceaux de tomates dans un bol et ajouter la purée de piments. Incorporer la ciboulette, les échalotes, la coriandre, saler et poivrer selon le goût et remuer pendant quelques instants. Écraser légèrement avec un pilon pour réduire le tout en purée grossière, réfrigérer et servir avec du pain ou avec de la viande.

Bananes et petits pois

T 15 minutes   C 15 minutes   P 4

Ingrédients
- 4 bananes plantain coupées en deux
- 2 c. à soupe d'huile d'olive
- 1 oignon haché finement
- 3 tasses de petits pois
- 1/2 c. à thé de paprika
- Sel et poivre

Préparation
1. Porter une casserole d'eau à ébullition et faire bouillir les bananes pendant 5 à 7 minutes. Extraire, égoutter et trancher.

2. Dans une poêle, faire chauffer l'huile d'olive et faire revenir l'oignon pendant 5 minutes. Ajouter les petits pois et faire revenir 5 minutes, puis incorporer les tranches de bananes et les faire dorer 5 minutes. Ajouter le paprika, saler et poivrer au goût et servir chaud.

Brochettes de bœuf

Rwanda

T 20 minutes   M 12 heures   C 10 minutes   P 4

Ingrédients

- 4 c. à soupe d'huile d'olive
- 2 gousses d'ail écrasées
- 1 tasse de persil ciselé
- 1 piment haché finement
- 1 c. à thé de sauce Worcestershire
- 1/2 c. à thé de Tabasco
- 2 c. à thé de paprika
- 1 c. à thé de cumin
- 1/2 c. à thé de thym
- 2 c. à soupe de vinaigre de vin
- 800 g de bœuf en cubes
- 1 oignon coupé en morceaux
- 2 poivrons rouges coupés en morceaux
- Sel et poivre

Préparation

1. Dans un grand bol, mélanger l'huile d'olive, l'ail, le persil, le piment, la sauce Worcestershire, le Tabasco, le paprika, le cumin, le thym, le vinaigre, le sel et le poivre.

2. Déposer les cubes de bœuf et les morceaux d'oignon et de poivrons dans le bol et remuer pour enrober tous les ingrédients. Couvrir et réfrigérer. Laisser mariner pendant 12 heures.

3. Embrocher la viande et les légumes et faire cuire sur le barbecue pendant 7 à 10 minutes jusqu'à l'obtention de la cuisson désirée.

Nougat aux arachides

Rwanda

T 15 minutes   C 10 minutes   P 4

Ingrédients

- 3 tasses d'arachides hachées
- 3/4 de tasse de sucre en poudre
- 2 c. à soupe de miel
- Le jus de 1/2 citron

Préparation

1. Concasser les arachides avec un mortier.

2. Verser le sucre dans une casserole et faire chauffer en remuant avec une spatule jusqu'à ce qu'il se transforme en sirop. Incorporer le miel et poursuivre la cuisson en remuant.

3. Verser le jus de citron et les arachides concassées et remuer le tout à feu doux pendant 5 minutes.

4. Retirer du feu et verser 1 grosse cuillérée du mélange aux arachides dans des moules à muffins. Appuyer avec une cuillère pour tasser le mélange, puis laisser refroidir et durcir avant de servir.

Poulet rwandais

Rwanda

T 15 minutes   C 20 minutes   P 4

Ingrédients

- 3 c. à soupe d'huile d'olive
- 1 poulet coupé en morceaux
- 2 oignons hachés
- 4 branches de céleri tranchées
- 1 poivron haché
- 2 gousses d'ail écrasées
- 1 grosse conserve de tomates en dés
- 1 c. à soupe de pâte de tomate
- 1 c. à thé de piment fort concassé
- 1 c. à thé de paprika
- 1 tasse de bouillon de poulet
- 1/2 tasse de persil ciselé
- Sel et poivre

Préparation

1. Dans une cocotte, faire chauffer 2 c. à soupe d'huile et faire dorer le poulet pendant 5 à 7 minutes. Ajouter le reste de l'huile et faire revenir les oignons, le céleri, le poivron et l'ail pendant environ 5 minutes.

2. Baisser à feu doux et incorporer les tomates en dés, la pâte de tomate, le piment fort, le paprika, saler et poivrer au goût et remuer le tout.

3. Verser le bouillon, porter à ébullition, réduire à feu doux et laisser mijoter pendant 20 minutes en remuant souvent. Servir chaud avec du persil et du riz.

Afrique

Purée de tomates et d'aubergines

Rwanda

T 10 minutes   C 30 minutes   P 4

Ingrédients
- 3 aubergines pelées et coupées en dés
- 2 c. à soupe de beurre
- 2 échalotes hachées finement
- 2 tasses de tomates en dés
- 1/2 c. à thé de thym
- 1 c. à thé de paprika
- 1/4 de tasse de persil ciselé
- 2 c. à soupe d'huile d'olive
- Le jus et le zeste de 1 citron
- Sel et poivre

Préparation
1. Faire bouillir les aubergines dans une casserole d'eau salée pendant 12 à 15 minutes. Extraire la chair et la réduire en purée.

2. Faire chauffer le beurre à feu moyen et faire revenir les échalotes pendant 5 minutes. Ajouter les tomates, le thym, le paprika, le persil, le sel et le poivre. Ajouter la chair des aubergines et remuer pendant 5 minutes.

3. Verser le mélange de tomates et d'aubergines dans un grand bol et incorporer l'huile, le jus et le zeste de citron, puis mélanger à l'aide d'une fourchette. Réfrigérer et servir frais.

Ratatouille rwandaise

Rwanda

T 15 minutes   C 25 minutes   P 4

Ingrédients
- 2 c. à soupe d'huile d'olive
- 1 oignon haché finement
- 2 gousses d'ail hachées
- 3 tasses de tomates broyées
- 1/4 de tasse de persil ciselé
- 1/4 de tasse de basilic ciselé
- 1 conserve de haricots rouges rincés et égouttés
- 1 c. à thé de paprika
- 1/2 c. à thé d'origan
- 1/2 c. à thé de piment fort concassé
- 1/2 tasse de graines de tournesol pelées et non salées
- Sel et poivre

Préparation
1. Dans une grande poêle, faire chauffer l'huile à feu moyen et faire revenir l'oignon et l'ail pendant 5 minutes. Ajouter les tomates, le persil, le basilic, saler et poivrer au goût et laisser mijoter 5 minutes.

2. Incorporer les haricots et remuer le tout, puis ajouter le paprika, l'origan et le piment fort. Réduire à feu doux et laisser mijoter pendant 7 minutes. Ajouter les graines de tournesol, faire cuire pendant encore 3 minutes et servir chaud avec un accompagnement, si désiré.

Agneau à l'ail

Sahara occidental

T 15 minutes   C 50 minutes   P 4

Ingrédients
- 4 c. à soupe d'huile d'olive
- 2 oignons hachés finement
- 550 g d'épaule d'agneau coupée en morceaux
- 2 c. à soupe de beurre
- 1 tasse de chapelure
- 1/2 tasse de persil ciselé
- 1 tête d'ail écrasée
- 2 tasses de bouillon de légumes
- Sel et poivre

Préparation
1. Dans une poêle, faire chauffer l'huile d'olive et faire revenir les oignons. Puis, ajouter la viande et la faire dorer sur toutes les surfaces. Extraire de la poêle et réserver.

2. Faire fondre le beurre dans la même poêle et verser la chapelure, puis remettre la viande et les oignons et remuer pour bien enrober l'agneau de la préparation. Ajouter le persil et l'ail et remuer le tout pendant 5 minutes.

3. Verser le bouillon de légumes, porter à ébullition et laisser mijoter pendant 30 minutes. Servir avec du riz.

Chili du Sahara

Sahara occidental

T 20 minutes   C 50 minutes   P 4

Ingrédients
- 2 c. à soupe d'huile d'olive
- 1 oignon haché
- 800 g de bœuf haché maigre
- 1 tasse de sauce aux tomates
- 2 c. à soupe de poudre de chili
- 1 c. à thé de poudre d'ail
- 2 tasses de bouillon de bœuf
- 1 c. à thé de cumin
- 1 c. à thé de poivre de Cayenne
- 1 c. à soupe de paprika
- Sel et poivre

Préparation
1. Dans une cocotte, faire chauffer l'huile d'olive et faire revenir l'oignon pendant 3 minutes, puis incorporer la viande et la faire dorer pendant 5 minutes.

2. Ajouter la sauce aux tomates, la poudre de chili, la poudre d'ail, saler et poivrer selon le goût et laisser mijoter à feu doux pendant 15 minutes.

3. Incorporer le bouillon de bœuf, le cumin, le poivre de Cayenne et le paprika, remuer et laisser mijoter à feu doux pendant 25 minutes. Rectifier l'assaisonnement et servir avec du riz ou des pommes de terre bouillies.

Croquettes piquantes au thon

Sainte-Hélène

T 15 minutes   C 10 minutes   P 4

Ingrédients
- 3 œufs battus
- 1 tasse de chapelure
- 3 oignons verts hachés
- 1 échalote hachée
- 1 conserve de thon dans l'eau
- Le jus de 3 limes
- 1/2 tasse de persil ciselé
- 1/2 c. à thé de piment fort concassé
- 1 c. à thé de paprika
- 1/4 de tasse d'huile d'olive
- Sel et poivre

Préparation
1. Verser les œufs dans un bol et étaler la chapelure sur du papier ciré.

2. Dans un autre bol, mélanger les oignons verts, l'échalote, le thon, le jus de lime, le persil, le piment fort, le paprika, saler et poivrer selon le goût.

3. Former des boules d'environ 1 po (3 cm) de diamètre et les aplatir légèrement pour former des croquettes. Les tremper dans le bol d'œufs et les enrober de chapelure.

4. Dans une poêle, faire chauffer l'huile d'olive et faire frire les croquettes pendant 5 à 7 minutes jusqu'à ce qu'elles soient dorées et croustillantes. Servir avec de la sauce tartare et du citron.

Fricassée de fruits de mer

Sainte-Hélène

T 20 minutes   C 30 minutes   P 4

Ingrédients
- 3 c. à soupe d'huile d'olive
- 1 oignon haché finement
- 2 gousses d'ail émincées
- 2 filets de tilapia sans arêtes
- 1 conserve de chair de crabe
- 2 tasses de crevettes décortiquées
- 2 tasses de pétoncles
- 1/2 tasse de persil frais ciselé
- Le jus et le zeste de 1 citron
- 1/4 de tasse de beurre
- 1/4 de tasse de farine
- 1 tasse de lait
- 3/4 de tasse de parmesan râpé
- 1 c. à thé de paprika
- Sel et poivre

Préparation
1. Dans une casserole, faire chauffer l'huile d'olive à feu moyen et faire revenir l'oignon et l'ail pendant 5 minutes. Ajouter les filets de poisson et les faire revenir pendant 5 minutes. Extraire le poisson et l'émietter.

2. Incorporer le crabe, les crevettes et les pétoncles dans la poêle et ajouter le persil, le sel et le poivre et remuer. Ajouter le jus et le zeste de citron et laisser mijoter à feu doux.

3. Dans une autre poêle, faire chauffer le beurre à feu moyen-doux et faire dorer la farine. Verser petit à petit le lait en remuant pour former une crème. Ajouter le parmesan râpé et ajouter le paprika et le poivre, puis verser le tout dans la casserole avec les fruits de mer. Ajouter le poisson émietté, remuer et laisser mijoter 7 minutes. Servir chaud avec du citron.

Galettes de pommes de terre et de thon

Sainte-Hélène

T 15 minutes   C 25 minutes   P 4

Ingrédients

- 5 grosses pommes de terre pelées et coupées en dés
- 1 oignon haché
- 1/2 tasse de persil ciselé
- 1 conserve de thon dans l'eau
- 1 œuf battu
- 3 c. à soupe de beurre mou
- 1 tasse de chapelure
- Huile pour la friture
- Sel et poivre

Préparation

1. Faire bouillir les pommes de terre et l'oignon pendant 20 minutes jusqu'à ce qu'ils soient tendres. Réduire en purée, ajouter le persil, saler et poivrer selon le goût.

2. Dans un bol, mélanger la purée, le thon, l'œuf battu, le beurre et la chapelure et former des boules d'environ 1 1/2 po (4 cm) de diamètre. Les aplatir pour former des galettes.

3. Faire chauffer l'huile dans une poêle et faire frire les galettes pendant 3 à 5 minutes de chaque côté jusqu'à ce qu'elles soient dorées et croustillantes. Éponger sur du papier absorbant, puis servir avec de la sauce piquante et du citron.

Porc à l'ananas

São Tomé

T 15 minutes   C 25 minutes   P 4

Ingrédients

- 2 c. à soupe d'huile d'olive
- 2 échalotes hachées
- 3 gousses d'ail écrasées
- 700 g de filet de porc coupé en cubes
- 1 tasse de lardons
- 1 poivron rouge coupé en petits morceaux
- 1 navet coupé en dés
- 1 tasse de tomates en dés
- 1 tasse de bière blonde
- 1 c. à thé d'herbes de Provence
- 1/2 tasse de persil ciselé
- 2 tasses d'ananas frais coupé en dés
- Sel et poivre

Préparation

1. Dans une poêle, faire chauffer l'huile à feu moyen et faire revenir les échalotes et l'ail pendant environ 5 minutes. Ajouter les dés de viande et les faire cuire jusqu'à ce qu'ils soient dorés sur toutes les faces. Saler selon le goût.

2. Ajouter les lardons, les morceaux de poivron et les dés de navet. Mélanger et cuire à feu doux pendant 5 à 7 minutes.

3. Incorporer la tomate et mélanger jusqu'à ce que tous les ingrédients prennent bien la couleur de la tomate. Cuire à feu doux pendant 4 à 5 minutes. Arrosez avec les 2/3 de la bière et ajouter les herbes de Provence. Couvrir et cuire à feu doux pendant 1 heure. Ajouter la bière restante en cours de cuisson.

4. En fin de cuisson, ajouter les dés d'ananas. Saupoudrer de persil plat.

Poulet à la crème et au café

São Tomé

T 15 minutes   C 25 minutes   P 4

Ingrédients

- 4 poitrines de poulet désossées, sans la peau et coupées en morceaux
- 3 c. à soupe de beurre
- 1 échalote hachée
- 3 gousses d'ail hachées
- 1 tasse de ciboulette ciselée
- 1 c. à thé de thym
- 1 c. à thé de sauce chili à l'ail
- 1/2 tasse de crème
- 1/2 tasse de café
- Sel et poivre

Préparation

1. Faire bouillir une casserole d'eau et y plonger le poulet jusqu'à ce qu'il soit cuit à l'intérieur. Égoutter et le défaire en filaments.

2. Faire fondre le beurre dans une poêle à feu moyen et faire revenir l'échalote et l'ail pendant environ 5 minutes. Ajouter le poulet et le faire dorer, puis incorporer la ciboulette, le thym, la sauce chili, saler et poivrer selon le goût. Remuer pendant 3 minutes.

3. Faire chauffer la crème et le café dans une petite casserole et verser sur le poulet. Remuer tous les ingrédients et laisser mijoter 5 minutes. Servir sur du riz blanc.

Riz frit à l'ananas

São Tomé

T 20 minutes   C 25 minutes   P 4

Ingrédients

• 4 tasses de bouillon de poulet
• 2 tasses de riz
• 2 c. à soupe d'huile d'olive
• 1 échalote hachée
• 1 gousse d'ail émincée
• 1/2 tasse de persil ciselé
• 2 tasses d'ananas frais coupé en dés
• 1/2 c. à thé de muscade
• 1/2 c. à thé d'herbes de Provence
• 1/4 de tasse de persil ciselé
• Poivre

Préparation

1. Porter le bouillon à ébullition et faire cuire le riz pendant 20 à 25 minutes jusqu'à ce qu'il soit tendre et que le liquide soit évaporé. Poivrer.

2. Dans une cocotte, faire chauffer l'huile d'olive et faire dorer l'échalote et l'ail pendant 3 minutes. Ajouter le persil, les ananas, la muscade et les herbes de Provence et faire revenir le tout pendant encore 5 minutes.

3. Verser le riz cuit et faire cuire pendant 5 à 7 minutes en remuant sans cesse. Garnir de persil et servir.

Bananes glacées à la vanille

Sénégal

T 20 minutes   R 2 heures   P 4

Ingrédients

• 4 bananes mûres pelées
• 2 tasses de crème à 35 %
• 2 c. à soupe de miel
• 2 c. à soupe de sucre
• 1 c. à thé d'extrait de vanille
• 1/2 tasse d'arachides concassées

Préparation

1. Réduire les bananes en purée à l'aide d'une fourchette, puis les verser dans un bol et incorporer la crème, le miel, le sucre et la vanille.

2. Battre le tout à l'aide d'un fouet ou d'un batteur électrique jusqu'à ce que le mélange soit onctueux.

3. Verser le tout dans un contenant et faire congeler pendant 2 heures. Saupoudrer d'arachides et servir.

Cari au poulet et aux légumes

Sénégal

T 20 minutes   C 20 minutes   P 4

Ingrédients

- 3 c. à soupe d'huile d'olive
- 4 poitrines de poulet désossées, sans la peau et coupées en lamelles
- 1/2 c. à thé de thym
- 2 gousses d'ail émincées
- 1 oignon haché
- 1 poivron rouge tranché
- 2 carottes pelées et coupées en dés
- 1 chou-fleur coupé en petits bouquets
- 2 patates douces pelées et coupées en dés
- 3 tasses de tomates en dés
- 2 c. à soupe de cari en poudre
- 1/2 c. à thé de poivre de Cayenne
- 1/2 c. à thé de piment fort concassé
- 1/2 c. à thé de curcuma
- 1 tasse de bouillon de poulet
- 2 c. à soupe de vinaigre balsamique
- Sel et poivre

Préparation

1. Dans une poêle, faire chauffer l'huile d'olive à feu moyen et faire dorer le poulet pendant 5 minutes. Ajouter le thym, saler et poivrer au goût. Extraire de la poêle et réserver, puis déposer l'ail et l'oignon dans la poêle et les faire frire pendant 5 minutes.

2. Incorporer le poivron, les carottes, le chou-fleur et les patates douces et faire revenir pendant 5 à 7 minutes. Ajouter les tomates, le cari, le poivre de Cayenne, le piment fort et le curcuma et faire revenir à feu moyen pendant 5 minutes.

3. Remettre le poulet dans la poêle et verser le bouillon. Remuer et laisser mijoter à feu doux pendant 30 minutes. Ajouter le vinaigre, rectifier l'assaisonnement et remuer. Servir sur du riz, si désiré.

Crevettes sur un lit d'avocat et de pois chiches

Sénégal

T 15 minutes   P 4

Ingrédients

- 2 avocats mûrs
- Le jus de 2 citrons
- 1 tasse de yogourt nature de type grec
- 1 c. à thé de cumin
- 1 c. à thé de paprika
- 1 conserve de pois chiches rincés et égouttés
- Feuilles de laitue
- 2 tomates tranchées
- 1/2 oignon rouge coupé en rondelles
- 2 tasses de crevettes cuites décortiquées
- Sel et poivre

Préparation

1. Dans un bol, mélanger la chair d'avocat, le jus de 1 citron et le yogourt et réduire en purée.

2. Dans un autre bol, mélanger le cumin, le paprika, les pois chiches et le jus de 1 citron.

3. Déposer des feuilles de laitue au fond de petites assiettes de service et garnir de tranches de tomates et d'oignon. Verser une portion de pois chiche sur la laitue et couvrir d'une grosse cuillérée de tartinade à l'avocat. Garnir de quelques crevettes, saler et poivrer selon le goût et servir.

Fricassée de bœuf à la sénégalaise

Sénégal

T 20 minutes C 50 minutes P 4

Ingrédients

- 5 c. à soupe d'huile d'olive
- 2 oignons hachés
- 5 gousses d'ail écrasées
- 800 g de bœuf en cubes
- 2 patates douces pelées et coupées en petits dés
- 2 pommes de terre pelées et coupées en dés
- 3 carottes pelées et coupées en dés
- 3 tasses de tomates en dés
- 1/2 c. à thé de thym
- 3 tasses de bouillon de légumes
- Sel et poivre

Préparation

1. Dans une casserole, faire chauffer 2 c. à soupe d'huile et faire revenir les oignons et l'ail à feu moyen pendant 5 minutes. Ajouter le bœuf et remuer pour bien enrober d'ail. Réserver.

2. Faire chauffer le reste de l'huile et faire revenir les patates, les pommes de terre et les carottes à feu vif pendant 5 à 7 minutes. Ajouter les tomates et poursuivre pendant 5 minutes. Incorporer la viande, les oignons et l'ail et poursuivre la cuisson à feu moyen-vif pendant 5 minutes. Ajouter le thym, saler et poivrer selon le goût.

3. Verser le bouillon de légumes, porter à ébullition, puis réduire à feu doux, couvrir et laisser mijoter pendant 50 à 60 minutes. Rectifier l'assaisonnement et servir avec du riz, si désiré.

Mafé au poulet

Sénégal

T 25 minutes C 40 minutes P 4

Ingrédients

- 2 c. à soupe d'huile d'arachide
- 1 poulet coupé en morceaux
- 1 oignon haché
- 1 piment fort épépiné et haché
- 1 gousse d'ail
- 1/2 tasse de pâte d'arachide
- 2 tasses de tomates en dés
- 2 c. à soupe de pâte de tomate
- 4 tasses de bouillon de poulet
- 1/4 de tasse de beurre d'arachide crémeux
- Poivre

Préparation

1. Dans une cocotte, faire chauffer l'huile d'arachide et faire dorer le poulet pendant 5 minutes.

2. Incorporer l'oignon, le piment et l'ail et faire revenir 3 minutes. Ajouter la pâte d'arachide et faire fondre à feu doux dans la poêle, puis incorporer les tomates et la pâte de tomate et remuer le tout encore 3 minutes.

3. Verser le bouillon de poulet, porter à ébullition, puis réduire à feu doux et faire cuire pendant 20 minutes.

4. Ajouter le beurre d'arachide dans la casserole en ajoutant un peu d'eau au besoin et faire fondre en remuant. Poivrer selon le goût et laisser mijoter à feu doux encore 5 minutes et servir sur du riz.

Afrique

Poulet à la sénégalaise

T 20 minutes   M 1 heure   C 1 heure   P 4

Ingrédients
- 1/4 de tasse d'huile d'arachide
- 3 gousses d'ail hachées
- 4 tasses de bouillon de poulet
- 3 c. à soupe de moutarde de Dijon
- 1/2 tasse de vinaigre de vin
- 1 poulet défait en morceaux
- 2 gros oignons hachés
- 1 tasse d'olives vertes dénoyautées
- 1/2 c. à thé de poivre de Cayenne
- 1/2 c. à thé de piment fort concassé
- Sel et poivre

Préparation
1. Dans un bol, verser la moitié de l'huile, l'ail, 1 tasse de bouillon, la moutarde de Dijon, le vinaigre, le sel et le poivre, puis incorporer le poulet. Remuer pour enrober tous les morceaux et laisser mariner 1 heure au réfrigérateur.

2. Préchauffer le four à 355 °F (180 °C).

3. Déposer le poulet sur une plaque graissée allant au four. Faire cuire pendant 35 minutes et laisser reposer.

4. Faire chauffer le reste de l'huile et faire revenir les oignons à feu moyen pendant 5 minutes. Ajouter les morceaux de poulet grillés, les olives, le poivre de Cayenne et le piment fort et remuer. Verser le reste de la marinade et mélanger le tout.

5. Verser le reste du bouillon de poulet et laisser mijoter à feu doux pendant 25 minutes. Rectifier l'assaisonnement et servir avec du riz.

Poulet *primavera*

T 20 minutes   C 35 minutes   P 4

Ingrédients
- 4 poitrines de poulet désossées, sans la peau et coupées en morceaux
- 4 c. à soupe de beurre
- 1 oignon haché
- 2 gousses d'ail hachées
- 1 tasse de champignons tranchés
- 4 c. à soupe de farine
- 1 tasse de lait
- 1/2 c. à thé de thym
- 1 c. à thé de paprika
- 1/2 c. à thé d'origan
- 1 c. à soupe d'huile d'olive
- 1 poivron rouge tranché
- 1 petit brocoli coupé en bouquets
- 1 tasse de bouillon de poulet
- 1 tasse de persil frais ciselé
- Sel et poivre

Préparation
1. Faire bouillir une casserole d'eau et y plonger le poulet pendant 15 minutes jusqu'à ce qu'il soit cuit à l'intérieur. Égoutter et le défaire en filaments.

2. Dans une poêle, faire chauffer le beurre à feu moyen et faire revenir l'oignon, l'ail et les champignons pendant 5 à 7 minutes. Verser la farine et faire dorer pour former un roux, puis verser le lait en remuant sans cesse pour former une sauce. Ajouter le thym, le paprika, l'origan et le sel. Remuer et laisser mijoter à feu très doux.

3. Pendant ce temps, dans une cocotte, faire chauffer l'huile et faire revenir le poulet, le poivron et le brocoli pendant 5 à 7 minutes. Saler et poivrer selon le goût et verser le mélange dans la poêle avec les autres légumes. Ajouter 1 tasse de bouillon de poulet et laisser mijoter 20 minutes. Servir et saupoudrer de persil.

Purée de plantains épicée à la lime et à la noix de coco

T 15 minutes   C 40 minutes   P 4

Ingrédients
- 6 bananes plantains pelées et tranchées
- 1/2 tasse de lait de coco
- Le jus de 2 limes
- 1/2 tasse de noix de coco râpée
- 2 piments verts épépinés et hachés
- 1/2 c. à thé de paprika
- 1/2 c. à thé de sel

Préparation
1. Porter une casserole remplie d'eau à ébullition et faire bouillir les bananes plantains pendant 35 à 40 minutes jusqu'à ce qu'elles soient très tendres. Égoutter et les déposer dans un bol.

2. Réduire les bananes plantains en purée en incorporant le lait de coco et le jus de lime. Ajouter la noix de coco râpée et les piments verts et remuer la purée pour incorporer les ingrédients. Ajouter le paprika, saler au goût et servir.

Soupe au poulet et au citron

Sénégal

T 20 minutes   C 35 minutes   P 4

Ingrédients

- 4 tasses de bouillon de poulet
- 2 poitrines de poulet désossées, sans la peau et coupées en morceaux
- 2 c. à soupe de beurre
- 1 c. à soupe de cari
- 1 c. à thé de paprika
- 1 c. à soupe de persil
- 1/2 c. à thé d'origan
- 1 tasse de yogourt nature
- 2 tasses de jus de citron
- Sel et poivre

Préparation

1. Porter le bouillon à ébullition et faire cuire le poulet pendant 15 minutes jusqu'à ce qu'il soit cuit à l'intérieur. Égoutter et le défaire en filaments. Réserver le bouillon.

2. Dans une casserole, faire chauffer le beurre à feu moyen et faire revenir le poulet pendant 5 minutes. Ajouter le cari, le paprika, le persil et l'origan, puis verser 3 tasses de bouillon et remuer.

3. Retirer la casserole du feu et verser le yogourt en remuant jusqu'à la formation d'une texture homogène. Remettre à feu doux et incorporer le jus de citron. Remuer et faire chauffer doucement, puis servir en saupoudrant de persil.

Tiéboudienne du Sénégal

Sénégal

T 35 minutes   C 1 h 20   P 4

Ingrédients

- 1/4 de tasse d'huile d'arachide
- 2 piments forts épépinés et hachés
- 1 gousse d'ail émincée
- 2 oignons hachés
- 2 filets de tilapia sans arêtes
- 3 filets de dorade sans arêtes
- 2 tasses de tomates en dés
- 1 poivron vert tranché
- 2 patates douces pelées et coupées en dés
- 1 tête de chou émincé
- 3 carottes pelées et coupées en dés
- 1 petit navet pelé et coupé en dés
- 2 tasses d'eau
- 4 tasses de bouillon de poulet
- 2 tasses de riz
- Poivre

Préparation

1. Dans une poêle, faire chauffer l'huile et faire revenir les piments, l'ail et les oignons pendant 5 minutes à feu moyen. Ajouter les filets de tilapia et de dorade et faire revenir pendant 5 à 7 minutes en les défaisant en morceaux. Extraire le poisson et réserver.

2. Ajouter les tomates, le poivron, les patates douces, le chou, les carottes et le navet et bien remuer le tout. Saler et poivrer selon le goût, verser 2 tasses d'eau et laisser mijoter pendant 30 minutes.

3. Remettre le poisson dans la poêle et laisser mijoter pendant encore 20 minutes à feu très doux.

4. Pendant ce temps, porter le bouillon de poulet à ébullition et incorporer le riz. Faire cuire pendant environ 20 à 25 minutes jusqu'à ce qu'il soit tendre et que le liquide soit absorbé. Verser le riz dans la poêle et bien mélanger le tout. Servir chaud.

Bananes plantains au sucre et à la cannelle

Seychelles

T 20 minutes   C 25 minutes   P 4

Ingrédients

- 4 bananes plantains mûres pelées
- 4 tasses de lait de coco
- 1/4 de tasse de cassonade
- 1 c. à thé d'extrait de vanille
- 1/2 c. à thé de cannelle
- 1/2 c. à thé de muscade
- 2 bâtons de cannelle
- 1/2 tasse de noix de coco râpée

Préparation

1. Couper les bananes en deux dans le sens de la longueur et de la largeur pour les séparer en quatre sections.

2. Porter le lait de coco à ébullition et incorporer la cassonade, la vanille, la cannelle, la muscade et les bâtons de cannelle, puis plonger les morceaux de bananes plantains dans le lait de coco et faire cuire pendant 15 minutes.

3. Réduire à feu moyen-doux et poursuivre la cuisson pendant 15 minutes jusqu'à ce que la sauce soit plus onctueuse.

4. Saupoudrer de noix de coco râpée et servir.

 Afrique

Cari de calmars

Seychelles

T 20 minutes   C 30 minutes   P 4

Ingrédients
- 2 c. à soupe d'huile d'olive
- 2 gousses d'ail émincées
- 1 poivron rouge tranché
- 700 g de calmars en rondelles
- 2 c. à soupe de cari en poudre
- 1 c. à thé de safran
- 1/2 c. à thé de gingembre moulu
- 1/2 c. à thé de piment fort concassé
- 1/2 c. à thé de curcuma
- 2 tasses de tomates en dés
- 4 tasses de lait de coco
- Sel et poivre

Préparation
1. Dans une poêle, faire chauffer l'huile d'olive à feu moyen et faire revenir l'ail et le poivron pendant 5 minutes.

2. Ajouter les calmars et faire revenir pendant 5 à 7 minutes. Ajouter le cari, le safran, le gingembre, le piment fort, le curcuma, saler et poivrer selon le goût et remuer. Incorporer les tomates et poursuivre la cuisson pendant 3 minutes.

3. Verser le lait de coco et laisser mijoter à feu doux pendant une vingtaine de minutes en remuant. Servir sur du riz, si désiré.

Filets de thon épicés au lait de coco

Seychelles

T 15 minutes   C 20 minutes   P 2

Ingrédients

- 2 c. à soupe d'huile d'olive
- 2 gros filets de thon frais de qualité sushi
- 1 oignon haché
- 2 gousses d'ail émincées
- 1 piment fort haché
- 1 c. à thé de gingembre moulu
- 2 tasses de lait de coco
- 1 c. à thé de cari en poudre
- 1 c. à soupe de safran
- 1 c. à thé de curcuma
- 1/2 tasse de coriandre ciselée
- Sel et poivre

Préparation

1. Dans une poêle, faire chauffer l'huile d'olive à feu moyen et faire dorer le thon pendant 3 minutes de chaque côté. Extraire le poisson de la poêle, puis faire revenir l'oignon, l'ail et le piment pendant 5 minutes. Ajouter le gingembre, le sel et le poivre au goût et remuer.

2. Verser le lait de coco en remuant sans cesse, puis ajouter le cari, le safran et le curcuma et laisser mijoter pendant 5 minutes.

3. Ajouter le thon, couvrir et laisser mijoter à feu doux pendant une dizaine de minutes. Servir avec du riz blanc et saupoudrer de coriandre.

Bouchées aux arachides et à la farine de riz

Sierra Leone

T 20 minutes   C 25 minutes   P 4

Ingrédients

- 2 tasses d'arachides pelées
- 2 tasses de farine de riz
- Le jus de 1 lime
- 1/2 tasse de sucre

Préparation

1. Préchauffer le four à 215 °F (100 °C).

2. Faire dorer les arachides et la farine de riz dans une poêle pendant 5 à 7 minutes à feu doux, en remuant constamment et ajouter le jus de lime.

3. Verser la farine dorée, les arachides concassées et le sucre dans un bol et moudre le tout à l'aide d'un mortier.

4. Verser dans un petit moule allant au four et cuire la préparation pendant une dizaine de minutes. Couper en carrés et servir.

Crêpes aux bananes

Sierra Leone

T 20 minutes   C 25 minutes   P 4

Ingrédients
- 3 bananes mûres pelées
- 1/2 c. à thé de cannelle
- 1/2 c. à thé de muscade
- 2 c. à soupe de sucre
- 2 tasses de farine de blé
- 1 c. à thé de poudre à pâte
- 1 pincée de sel
- 1 tasse d'eau
- 2 œufs battus

Préparation
1. Réduire les bananes en purée avec la muscade et la cannelle et verser dans un bol.

2. Ajouter le sucre, la farine, la poudre à pâte et le sel et remuer le tout, puis verser l'eau et pétrir jusqu'à la formation d'une pâte épaisse. Ajouter les œufs et fouetter la pâte.

3. Faire chauffer une poêle légèrement graissée et verser une louche de pâte au centre. Faire tourner pour étaler la pâte et faire cuire pendant quelques minutes. Retourner la crêpe lorsque le dessous est doré et poursuivre l'opération avec le reste de la pâte. Servir avec du miel et de la confiture.

Boules sucrées de pâte frite

Somalie

T 15 minutes   C 10 minutes   P 4

Ingrédients
- 2 tasses de farine
- 1 c. à thé de poudre à pâte
- 1 tasse de sucre
- 1/2 c. à thé de sel
- 1 tasse de lait
- 1 tasse d'eau
- Huile pour la friture

Préparation
1. Dans un bol, tamiser la farine, la poudre à pâte, 1 c. à soupe de sucre et le sel et former un puits au centre, puis incorporer le lait. Mélanger le tout jusqu'à la formation d'une pâte homogène.

2. Couvrir la pâte d'un linge et laisser gonfler pendant 30 minutes.

3. Faire bouillir la tasse d'eau dans une casserole et incorporer le reste du sucre. Faire dissoudre en remuant jusqu'à la formation d'un sirop. Réserver.

4. Former des boules de pâte d'environ 1 po (3 cm) de diamètre. Faire chauffer l'huile à feu moyen-vif et faire frire les boules jusqu'à ce qu'elles soient dorées et croustillantes. Éponger sur du papier absorbant avant de tremper les boules dans le sirop pendant 1 minute. Laisser durcir et servir.

Gâteau à la vanille et à la semoule de maïs

Somalie

T 20 minutes   C 40 minutes   P 6

Ingrédients
- 1 1/2 tasse de semoule de maïs
- 2 c. à thé d'extrait de vanille
- 2 c. à thé de poudre à pâte
- 1 c. à thé de muscade
- 1 c. à thé de bicarbonate de soude
- 1/2 tasse de beurre mou
- 2 tasses de lait
- 1 tasse de sucre
- 2 tasses d'eau
- Le jus de 1 citron

Préparation
1. Préchauffer le four à 355 °F (180 °C).

2. Dans un bol, mélanger la semoule, la vanille, la poudre à pâte, la muscade, le bicarbonate de soude et le beurre mou.

3. Dans une casserole, faire chauffer le lait et faire dissoudre la moitié du sucre. Verser ce mélange dans le bol avec la semoule et battre le tout, puis verser dans un moule à gâteau graissé de 9 po (23 cm). Faire cuire au four pendant 20 minutes.

4. Pendant ce temps, faire bouillir l'eau dans une casserole et faire dissoudre le reste du sucre pour former un sirop. Ajouter le jus de citron et laisser mijoter à feu doux jusqu'à ce que le gâteau soit prêt.

5. Verser le sirop sur le gâteau et remettre au four pendant 15 à 20 minutes. Laisser reposer et servir.

Houmous somalien

Somalie

T 15 minutes   P 4

Ingrédients

- 1 grosse conserve de pois chiches rincés et égouttés
- 2 c. à soupe de beurre de sésame
- 2 c. à soupe d'huile d'olive
- 2 gousses d'ail hachées
- 1/4 de tasse d'olives tranchées
- 1/2 tasse de yogourt nature
- Le jus de 1 citron
- 1/2 c. à thé de poivre de Cayenne
- 1/2 c. à thé de cumin
- Sel et poivre

Préparation

1. Déposer les pois chiches, le beurre de sésame, l'huile d'olive, l'ail et les olives dans un mélangeur ou un robot culinaire et réduire le tout en purée onctueuse.

2. Verser dans un grand bol et incorporer le yogourt, le jus de citron, le poivre de Cayenne, le cumin, le sel et le poivre selon le goût et mélanger le tout jusqu'à l'obtention d'un houmous crémeux et onctueux. Servir avec du pain pita ou des crudités.

Maïs au cari et au lait de coco

Somalie

T 20 minutes   C 15 minutes   P 2

Ingrédients

- 1 c. à soupe d'huile d'olive
- 3 oignons verts hachés
- 1 gousse d'ail hachée
- 1 c. à thé de cari
- 1 grosse conserve de maïs en grains égouttés
- 1/2 c. à thé de paprika
- 1 tasse de lait de coco
- Sel et poivre

Préparation

1. Dans une petite casserole, faire chauffer l'huile d'olive et faire revenir les oignons verts et l'ail pendant 5 minutes à feu moyen.

2. Ajouter le cari et remuer le tout, puis incorporer le maïs, le paprika, le sel et le poivre selon le goût et faire chauffer pendant 5 minutes. Verser le lait de coco dans la casserole en remuant continuellement pour éviter la formation de grumeaux et laisser mijoter pendant 5 à 7 minutes.
Servir immédiatement.

Ragoût de crabe

Somalie

T 20 minutes   C 15 minutes   P 4

Ingrédients

- 2 c. à soupe d'huile d'olive
- 1 oignon haché
- 2 gousses d'ail écrasées
- 1/2 c. à thé de flocons de piment fort
- 1 c. à thé de gingembre
- 1 c. à thé de cari
- 1 conserve de tomates en dés
- Le jus de 1 lime
- 900 g de chair de crabe
- Sel et poivre

Préparation

1. Dans une casserole, faire chauffer l'huile d'olive et faire revenir l'oignon et l'ail pendant 5 minutes. Ajouter les flocons de piment fort, le gingembre et le cari et remuer.

2. Ajouter les tomates, le jus de lime, le sel et le poivre et laisser mijoter pendant 10 minutes à feu doux, puis incorporer la chair de crabe et poursuivre la cuisson pendant encore 7 à 10 minutes à feu doux. Servir chaud avec du riz blanc.

Afrique

Soupe au poulet et aux amandes

Somalie

T 20 minutes   C 20 minutes   P 4

Ingrédients

- 8 tasses de bouillon de poulet
- 4 poitrines de poulet désossées, sans la peau et coupées en morceaux
- 1 c. à soupe d'huile d'olive
- 1 oignon haché
- 1 gousse d'ail écrasée
- 1/4 de tasse de persil haché
- 1 c. à thé de thym
- 2 pommes de terre pelées et coupées en dés
- 1 tasse de tomates en dés
- 2 tasses d'amandes effilées
- Sel et poivre

Préparation

1. Dans une casserole, porter le bouillon à ébullition et incorporer les poitrines de poulet. Faire cuire pendant 10 à 15 minutes, puis extraire le poulet et le défaire en filaments. Réserver le bouillon et laisser mijoter à feu doux.

2. Dans une autre casserole, faire chauffer l'huile et faire revenir l'oignon et l'ail, ajouter le persil et le thym. Incorporer les pommes de terre et les tomates et faire cuire pendant 7 minutes, puis ajouter le poulet et remuer.

3. Incorporer le bouillon de poulet et porter à ébullition, puis réduire à feu doux, couvrir et laisser mijoter pendant 25 à 30 minutes.

4. Pendant ce temps, faire griller légèrement les amandes et les incorporer dans la soupe. Servir chaud.

Bouchées aux arachides

Soudan

T 15 minutes   C 15 minutes   P 4

Ingrédients

- 1 tasse d'arachides rôties et non salées
- 1 blanc d'œuf
- 1/2 c. à thé de sel
- 1 tasse de sucre en poudre
- 1/2 c. à thé d'extrait de vanille
- 1 c. à thé d'extrait d'amande

Préparation

1. Dans un bol, écraser grossièrement les arachides à l'aide d'un mortier.

2. Battre le blanc d'œuf en neige et incorporer le sel. Ajouter le sucre petit à petit en continuant de fouetter le mélange. Incorporer l'extrait de vanille et l'extrait d'amande, puis verser les arachides et fouetter le tout.

3. Préchauffer le four à 355 °F (180 °C).

4. Verser de petites portions d'environ 1 1/2 po (4 cm) de large sur une plaque à pâtisserie graissée en les espaçant pour éviter la fusion au cours de la cuisson.

5. Faire cuire au four pendant 15 à 20 minutes jusqu'à ce que les bouchées soient dorées et croustillantes.

Crème caramel

Soudan

T 20 minutes   C 40 minutes   P 6

Ingrédients

- 8 œufs
- 3 tasses de lait
- 2 c. à soupe de beurre mou
- 2 c. à thé d'extrait de vanille
- 1/2 tasse d'eau
- 1 tasse de sucre

Préparation

1. Préchauffer le four à 320 °F (160 °C).

2. Dans un bol, fouetter les œufs avec le lait jusqu'à l'obtention d'une texture onctueuse. Ajouter le beurre mou et l'extrait de vanille et fouetter davantage.

3. Dans une casserole, porter l'eau à ébullition et dissoudre le sucre en remuant jusqu'à la formation d'un sirop. Verser dans 4 ramequins de façon à ce que le sucre caramélisé enrobe le fond des coupes.

4. Répartir le mélange de lait et d'œufs dans chaque ramequin enrobé de caramel et les déposer dans un plat allant au four en les espaçant également. Verser de l'eau bouillante dans le plat jusqu'aux 2/3 de la hauteur des ramequins. Recouvrir le tout de papier d'aluminium et faire cuire pendant 35 minutes jusqu'à ce que la crème soit presque complètement cuite.

5. Retirer du four et sortir les ramequins du bain-marie à l'aide de pinces. Laisser reposer à température ambiante pendant 5 minutes, puis réfrigérer jusqu'à ce qu'elles soient bien froides.

6. Pour servir, faire passer la lame d'un couteau tranchant le long du contour de chaque ramequin, puis tourner les ramequins à l'envers dans des assiettes. Le caramel s'étendra alors autour de la crème caramel posée à l'envers. Servir immédiatement.

Ragoût de bœuf, d'oignons et de pommes de terre

Soudan

T 20 minutes   C 40 minutes   P 4

Ingrédients

• 3 c. à soupe d'huile d'olive
• 3 oignons hachés
• 4 gousses d'ail écrasées
• 4 pommes de terre pelées et coupées en dés
• 2 tasses de tomates en dés
• 800 g de bœuf en cubes
• 3 c. à soupe de pâte de tomate
• 1 tasse d'eau
• 1/2 c. à thé de cardamome
• 1/2 c. à thé de cannelle
• 1/2 c. à thé de muscade
• 3 tasses de bouillon de bœuf
• Sel et poivre

Préparation

1. Dans une casserole, faire chauffer l'huile et faire revenir les oignons et l'ail à feu moyen pendant 7 minutes.

2. Ajouter les pommes de terre et faire revenir jusqu'à ce qu'elles soient dorées, puis ajouter les tomates et saler et poivrer au goût.

3. Ajouter la viande et la faire dorer, puis incorporer la pâte de tomate, 1 tasse d'eau, la cardamome, la cannelle et la muscade, couvrir et laisser mijoter pendant 7 minutes.

4. Verser le bouillon de bœuf, porter à ébullition, puis réduire à feu doux, couvrir et laisser mijoter pendant 20 minutes. Rectifier l'assaisonnement et servir.

Salade de betteraves

Soudan

T 20 minutes   C 1 heure   P 4

Ingrédients

• 2 betteraves pelées
• 3 carottes pelées et coupées en dés
• 3 tomates coupées en dés
• 1 poivron rouge tranché
• 1 bouquet d'oignons verts hachés
• 1 c. à soupe de graines de sésame
• Le jus de 1 citron
• 2 c. à soupe d'huile d'olive
• 1 c. à soupe de vinaigre de vin
• Sel et poivre

Préparation

1. Porter un chaudron rempli d'eau à ébullition et faire cuire les betteraves dans l'eau bouillante pendant environ 1 heure jusqu'à ce qu'elles soient tendres. Les couper en dés et verser le tout dans un bol.

2. Incorporer les carottes, les tomates, le poivron, les oignons verts et les graines de sésame dans le bol et remuer le tout. Saler et poivrer selon le goût.

3. Mélanger le jus de citron, l'huile et le vinaigre et verser sur la salade. Remuer, réfrigérer et servir.

Soupe à l'agneau et à la pâte d'arachide

Soudan

T 25 minutes   C 1 h 15   P 4

Ingrédients

• 1 oignon pelé et haché
• 2 gousses d'ail écrasées
• 3 c. à soupe d'huile d'olive
• 1 tasse de champignons tranchés
• 2 tasses de haricots verts
• 3 carottes pelées et coupées en dés
• 450 g de viande d'agneau coupée en morceaux
• 1/2 c. à thé de piment fort concassé
• 8 tasses de bouillon de légumes
• 1 tasse de riz
• 3 c. à soupe de pâte d'arachide
• Le jus et le zeste de 1 citron
• Sel et poivre

Préparation

1. Dans une cocotte, faire revenir l'oignon et l'ail dans l'huile d'olive pendant 5 minutes. Ajouter les champignons, les haricots et les carottes et faire cuire pendant environ 5 minutes. Ajouter l'agneau et le dorer de tous les côtés. Ajouter le piment fort, saler et poivrer selon le goût.

2. Verser le bouillon et laisser mijoter à feu doux pendant 30 minutes. Ajouter le riz, porter à ébullition et laisser cuire à feu moyen-doux pendant encore 25 minutes.

3. Diluer la pâte d'arachide avec le jus de citron et verser dans la soupe. Remuer le tout et ajouter le zeste de citron. Laisser mijoter 5 à 7 minutes, rectifier l'assaisonnement et servir.

Chutney de mangues

Swaziland

T 10 minutes   C 1 heure   P 6

Ingrédients

- 3 mangues pelées et tranchées finement
- 1 oignon jaune haché
- 1/2 tasse de jus de citron
- 1 piment fort épépiné et haché
- 2 c. à soupe de vinaigre balsamique
- 1 c. à thé de gingembre moulu
- 1/2 tasse de sucre
- 1 c. à thé de sel

Préparation

1. Mélanger tous les ingrédients dans un chaudron et laisser épaissir pendant 1 heure à feu doux en remuant souvent.

2. Verser dans des pots hermétiques et servir avec du pain ou en accompagnement avec de la viande ou du poisson.

Porc rôti au chou et aux bananes

Swaziland

T 20 minutes   C 20 minutes   P 4

Ingrédients

- 3 c. à soupe d'huile d'olive
- 1 gros oignon haché
- 3 gousses d'ail écrasées
- 800 g de filet de porc coupé en petits morceaux
- 1 c. à thé de piment fort concassé
- 1 tête de chou blanc ou vert ciselé
- 1 tasse de vin blanc
- 3 bananes pelées et coupées en rondelles
- 1/2 tasse de bouillon de bœuf
- Sel et poivre

Préparation

1. Dans une cocotte, faire chauffer 2 c. à soupe d'huile d'olive et faire revenir l'oignon et l'ail pendant 5 minutes. Ajouter la viande et la faire dorer pendant quelques minutes. Ajouter le piment fort, saler et poivrer selon le goût.

2. Ajouter le chou et le faire revenir pendant 3 minutes. Verser le vin blanc, porter à ébullition et laisser mijoter à feu doux pendant 7 à 10 minutes.

3. Pendant ce temps, faire chauffer le reste de l'huile et faire dorer les bananes à feu moyen-vif pendant 5 minutes, puis transférer les bananes dans la poêle avec le porc et le chou.

4. Verser le bouillon, remuer, couvrir et laisser mijoter encore 7 à 10 minutes.
Rectifier l'assaisonnement et servir.

Salade d'avocat et d'arachides

Swaziland

T 15 minutes   P 4

Ingrédients

- 1 tasse d'arachides pelées et rôties
- 2 avocats mûrs coupés en petits dés
- 1 c. à thé de gingembre moulu
- 1/2 tasse de coriandre fraîche ciselée
- 1 c. à soupe d'huile d'arachide
- Le jus de 1 citron
- 1 c. à thé de paprika
- Sel et poivre

Préparation

1. Verser les arachides dans un bol et les concasser grossièrement à l'aide d'un mortier. Ajouter les avocats, le gingembre et la coriandre et remuer le tout.

2. Dans un petit bol, mélanger l'huile et le jus de citron et verser sur la salade. Saupoudrer de paprika, saler et poivrer au goût. Remuer et servir.

Cari de crevettes aux légumes

Tanzanie

T 20 minutes   C 25 minutes   P 4

Ingrédients

- 2 c. à soupe d'huile d'olive
- 2 gousses d'ail émincées
- 1 oignon haché
- 1 c. à thé de gingembre moulu
- 1 c. à thé de cannelle
- 1/2 c. à thé de girofle moulu
- 1 c. à thé de cari en poudre
- 600 g de crevettes décortiquées
- 2 tasses de tomates en dés
- 1 poivron rouge tranché
- 2 c. à soupe de *garam masala*
- 1/2 c. à thé de poivre de Cayenne
- 1 tasse de bouillon de poisson
- 2 tasses de yogourt nature
- Sel et poivre

Préparation

1. Faire chauffer l'huile d'olive dans une poêle à feu moyen et faire revenir l'ail et l'oignon pendant 5 minutes. Ajouter le gingembre, la cannelle, le girofle et le cari et remuer.

2. Ajouter les crevettes et les faire revenir pendant 5 à 7 minutes. Ajouter les tomates et le poivron, le *garam masala*, le poivre de Cayenne, saler et poivrer au goût et faire revenir pendant 5 minutes.

3. Verser le bouillon de poisson et laisser mijoter pendant 10 minutes en remuant. Retirer du feu, ajouter le yogourt et remuer le tout avant de servir.

Afrique

Chou au lait de coco

T 10 minutes   C 10 minutes   P 2

Ingrédients
- 2 c. à soupe d'huile d'olive
- 1 oignon haché
- 1 chou vert émincé
- 1 c. à thé de paprika
- 1 tasse de lait de coco
- 1/2 tasse de noix de coco râpée
- Sel et poivre

Préparation
1. Dans une poêle, faire chauffer l'huile et faire revenir l'oignon pendant 5 minutes à feu moyen.

2. Ajouter le chou, saler et poivrer au goût, puis faire revenir 5 minutes en remuant. Saupoudrer de paprika.

3. Verser le lait de coco, porter à ébullition et laisser mijoter pendant 7 minutes. Servir comme entrée et saupoudrer de noix de coco râpée.

Chou braisé

Tanzanie

T 15 minutes   C 25 minutes   P 4

Ingrédients
- 2 c. à soupe d'huile d'olive
- 2 échalotes hachées
- 2 gousses d'ail émincées
- 1/2 c. à thé de cari
- 1/2 c. à thé de gingembre
- 1 c. à thé de paprika
- 1 chou vert ou blanc émincé
- 1 tasse de bouillon de poulet
- 1 c. à soupe de vinaigre balsamique
- Sel et poivre

Préparation
1. Faire chauffer l'huile dans une grande poêle profonde et faire revenir les échalotes avec l'ail, le cari, le gingembre et le paprika jusqu'à ce qu'elles soient tendres. Saler et poivrer au goût.

2. Incorporer le chou et faire revenir pendant 5 à 7 minutes jusqu'à ce qu'il soit tendre.

3. Verser le bouillon de poulet et le vinaigre, porter à ébullition, puis réduire à feu doux et laisser mijoter pendant 10 minutes. Servir chaud.

Potage de patates douces et de courges au lait de coco

Tanzanie

T 20 minutes   C 30 minutes   P 4

Ingrédients
- 1 c. à soupe d'huile d'olive
- 1 oignon haché
- 1 gousse d'ail émincée
- 2 conserves de citrouille
- Le jus de 1 lime
- 4 patates douces pelées et coupées en dés
- 1 c. à thé de girofle moulu
- 3 tasses de bouillon de légumes
- 2 tasses de lait de coco
- 1 c. à thé de cannelle
- 1/2 c. à thé de muscade
- Sel et poivre

Préparation
1. Dans une cocotte, faire chauffer l'huile et faire revenir l'oignon et l'ail pendant 5 minutes. Ajouter la citrouille, le jus de lime, les patates douces et remuer, puis ajouter le girofle, saler et poivrer au goût et mélanger le tout.

2. Verser le bouillon de légumes, porter à ébullition, puis réduire le feu et laisser mijoter une vingtaine de minutes jusqu'à ce que les patates soient tendres. Verser les patates et le bouillon dans un mélangeur ou un robot culinaire, ajouter un peu de lait de coco et réduire en purée.

3. Remettre dans la poêle avec le reste du lait de coco et mélanger. Ajouter la cannelle et la muscade et laisser mijoter à feu doux pendant 15 minutes. Rectifier l'assaisonnement et servir.

Soupe au poulet et au chou

Tanzanie

T 20 minutes   C 20 minutes   P 4

Ingrédients

- 8 tasses de bouillon de poulet
- 4 poitrines de poulet désossées, sans la peau et coupées en morceaux
- 1 c. à soupe d'huile d'olive
- 1 oignon haché
- 1 gousse d'ail écrasée
- 2 branches de céleri tranchées finement
- 2 carottes pelées et tranchées
- 1 tasse de tomates en dés
- 2 c. à thé de cari
- 1 c. à thé de curcuma
- 2 tasses de chou vert ou blanc émincé
- Sel et poivre

Préparation

1. Porter le bouillon à ébullition dans une casserole et incorporer les poitrines de poulet. Faire cuire pendant 10 à 15 minutes, puis extraire le poulet et le défaire en filaments. Réserver le bouillon et laisser mijoter à feu doux.

2. Dans une autre casserole, faire chauffer l'huile et faire revenir l'oignon, l'ail, le céleri, les carottes, saler et poivrer selon le goût.

3. Ajouter les tomates et le poulet et ajouter le cari et le curcuma. Remuer en laissant mijoter à feu doux, puis incorporer le chou.

4. Verser le bouillon de poulet et porter à ébullition, puis réduire à feu doux et laisser mijoter pendant 30 minutes. Rectifier l'assaisonnement et servir.

Tarte aux fruits

Tanzanie

T 15 minutes   C 20 minutes   R 3 heures   P 4 à 6

Ingrédients

- 1/2 tasse de nectar de papaye
- 1/2 tasse de jus de fruits exotiques
- 4 c. à soupe de miel
- 4 c. à soupe de fécule de maïs
- Le jus et le zeste de 1 citron
- 4 c. à soupe de sucre
- 1 pincée de sel
- 1 mangue pelée et coupée en dés
- 1 tasse de morceaux d'ananas
- 1 papaye pelée et coupée en dés
- 1 c. à thé d'extrait de vanille
- 1 pâte à tarte précuite
- 1/4 de tasse de noix de coco râpée
- 1/4 de tasse de noix hachées

Préparation

1. Verser le nectar de papaye, le jus et le miel dans une casserole et porter à ébullition.

2. Mélanger la fécule de maïs et le jus de citron pour la dissoudre et verser dans la casserole avec le sucre et une pincée de sel. Remuer le tout et laisser mijoter jusqu'à ce que le nectar épaississe. Ajouter la mangue, l'ananas, la papaye et la vanille et mélanger tous les ingrédients.

3. Retirer du feu et laisser refroidir, puis verser sur la pâte à tarte. Saupoudrer la surface de noix de coco et de noix hachées et réfrigérer 3 heures avant de servir.

Agneau aux tomates et au gingembre

Tchad

T 20 minutes   C 45 minutes   P 2

Ingrédients

- 2 c. à soupe d'huile d'olive
- 2 oignons hachés
- 3 gousses d'ail émincées
- 1 c. à soupe de gingembre moulu
- 350 g d'épaule d'agneau coupée en morceaux
- 2 tasses de tomates en dés
- 1 poivron rouge tranché
- 1/2 c. à thé de poivre de Cayenne
- 2 tasses de bouillon de légumes
- 2 patates douces pelées et coupées en dés
- Sel et poivre

Préparation

1. Faire chauffer l'huile d'olive dans une poêle à feu moyen et faire revenir les oignons et l'ail pendant 5 minutes. Ajouter le gingembre et l'agneau et faire dorer la viande pendant encore 5 minutes.

2. Ajouter les tomates, le poivron et le poivre de Cayenne, saler et poivrer au goût et mélanger le tout.

3. Verser le bouillon et ajouter les patates douces. Porter à ébullition, puis réduire à feu très doux et laisser mijoter pendant 35 minutes. Rectifier l'assaisonnement et servir.

Afrique

Poisson frit à l'ail et aux tomates

Tchad

| T 20 minutes | C 15 minutes | P 4 |

Ingrédients

- 1/4 de tasse de farine
- 4 filets de tilapia nettoyés et sans arêtes
- 1/4 de tasse d'huile d'olive
- 3 gousses d'ail émincées
- 1/4 de tasse de persil ciselé
- 2 tasses de tomates en dés
- 1 c. à thé de poivre de Cayenne
- Le jus de 1 citron
- Sel et poivre

Préparation

1. Étaler la farine sur du papier ciré et enrober les poissons. Dans une poêle, faire chauffer l'huile d'olive et faire frire les filets de poisson à feu vif pendant 2 minutes de chaque côté.

2. Incorporer l'ail et le persil et faire revenir avec le poisson pendant 4 minutes. Ajouter les tomates, le poivre de Cayenne et le jus de citron, saler et poivrer au goût et réduire à feu doux.

3. Laisser mijoter pendant 10 minutes et servir chaud.

Purée de courgettes aux arachides

Tchad

T 10 minutes   C 20 minutes   P 2

Ingrédients
• 1 tasse d'arachides pelées non salées
• 3 grosses courgettes coupées en rondelles
• 2 c. à soupe de beurre
• 1 gousse d'ail écrasée
• 1/2 c. à thé de muscade
• Sel et poivre

Préparation
1. Réduire les arachides en une purée grossière à l'aide d'un moulin à épices ou d'un mortier.

2. Porter une casserole d'eau à ébullition et faire bouillir les courgettes pendant 10 minutes jusqu'à ce qu'elles soient très tendres. Égoutter. Réduire en purée.

3. Incorporer le beurre, l'ail et la muscade et réduire en purée. Saupoudrer d'arachides, mélanger et servir aussitôt.

Bananes sucrées à la muscade

Togo

T 10 minutes   C 30 minutes   P 4

Ingrédients
• 3 c. à soupe de beurre
• 2 c. à soupe de cassonade
• 1 c. à thé de muscade
• 1/2 c. à thé de cannelle
• Le jus de 1 citron
• 4 bananes pelées et coupées en morceaux

Préparation
1. Préchauffer le four à 355 °F (180 °C).

2. Dans une casserole, faire fondre le beurre à feu moyen et ajouter la cassonade, la muscade, la cannelle et le jus de citron. Déposer les morceaux de bananes et remuer pour enrober les fruits du mélange.

3. Verser les bananes dans un plat allant au four et faire cuire pendant 25 à 30 minutes jusqu'à ce qu'elles soient bien chaudes et dorées.

Crevettes aux poivrons

Togo

T 20 minutes   C 15 minutes   P 4

Ingrédients
• 4 c. à soupe d'huile d'olive
• 2 gousses d'ail écrasées
• 2 échalotes émincées
• 1 c. à thé de gingembre
• 20 crevettes fraîches décortiquées
• 1/4 de tasse de persil
• Le jus de 1 citron
• 1/2 c. à thé de poivre de Cayenne
• 1 tasse de bouillon de légumes
• 1 poivron rouge coupé en dés
• 1 poivron jaune coupé en dés
• 1 poivron orange coupé en dés
• Sel et poivre

Préparation
1. Dans une cocotte, faire chauffer 2 c. à soupe d'huile d'olive et faire revenir l'ail, les échalotes et le gingembre pendant 5 minutes. Ajouter les crevettes et faire revenir 5 minutes. Ajouter le persil, le jus de citron, le sel et le poivre de Cayenne et remuer.

2. Verser le bouillon de légumes, porter à ébullition, réduire à feu doux et laisser mijoter pendant 10 minutes.

3. Pendant ce temps, faire chauffer le reste de l'huile dans une autre poêle et faire cuire les poivrons à feu moyen pendant 10 minutes en remuant. Incorporer les poivrons dans la poêle avec les crevettes et poursuivre la cuisson pendant 5 minutes. Rectifier l'assaisonnement et servir avec des pommes de terre frites ou bouillies.

Afrique

Dorade aux tomates

Togo

T 20 minutes   C 15 minutes   P 4

Ingrédients
- 3 filets de dorade nettoyés et sans arêtes
- 3 c. à soupe d'huile d'olive
- 2 échalotes hachées
- 2 gousses d'ail émincées
- 2 tasses de tomates en dés
- 1/2 c. à thé de poivre de Cayenne
- Sel et poivre

Préparation
1. Couper les filets en morceaux.

2. Dans une poêle, faire chauffer l'huile et faire frire le poisson jusqu'à ce qu'il soit doré. Réserver.

3. Faire revenir les échalotes et l'ail dans la même poêle pendant 5 minutes. Ajouter les tomates, le poivre de Cayenne, le sel, le poivre et laisser mijoter 5 minutes. Ajouter le poisson, remuer tous les ingrédients et servir avec du riz blanc.

Beignets de courgettes

Tunisie

T 20 minutes   C 5 minutes   P 4

Ingrédients
- 1/2 tasse de farine
- 1 œuf
- 1 tasse de parmesan râpé
- 1 c. à thé de paprika
- 1/2 tasse de lait
- 3 gousses d'ail écrasées
- 1 tasse de basilic ciselé
- 5 courgettes râpées
- Le jus et le zeste de 1 citron
- Huile pour la friture

Préparation
1. Dans un bol, mélanger la farine, l'œuf, le parmesan, le paprika et le lait et pétrir jusqu'à l'obtention d'une pâte souple et homogène.

2. Couvrir d'un linge et laisser reposer.

3. Pendant ce temps, faire chauffer 2 c. à soupe d'huile et faire revenir l'ail, le basilic et les courgettes pendant 5 minutes. Ajouter à la pâte avec le zeste et le jus de citron et remuer le tout.

4. Former de petites boulettes de la grosseur d'une balle de golf et les aplatir légèrement.

5. Faire chauffer l'huile et faire frire les beignets pendant quelques minutes de chaque côté jusqu'à ce qu'ils soient dorés et croustillants. Éponger sur du papier absorbant et servir.

Bœuf aux tomates et au cumin

Tunisie

T 15 minutes   C 20 minutes   P 4

Ingrédients
- 3 c. à soupe d'huile d'olive
- 700 g de bœuf en cubes
- 1 c. à soupe de pâte de tomate
- 2 tasses de bouillon de bœuf
- 1 oignon haché
- 2 gousses d'ail hachées
- 1 tasse de tomates en dés
- 2 c. à thé de cumin
- 1 c. à thé de paprika
- 1/2 tasse de persil ciselé
- Sel et poivre

Préparation
1. Faire chauffer 1 c. à soupe d'huile et faire dorer la viande pendant 5 minutes. Ajouter la pâte de tomate, poivrer, puis verser le bouillon et laisser mijoter pendant 10 minutes.

2. Faire chauffer le reste de l'huile dans une autre poêle et faire revenir l'oignon et l'ail à feu moyen pendant 5 minutes. Ajouter les tomates, le cumin, le paprika, le persil, le sel et le poivre selon le goût, puis incorporer la viande et laisser mijoter pendant encore 10 minutes. Rectifier l'assaisonnement et servir.

Bouchées aux dattes

Tunisie

T 25 minutes   R 15 minutes   C 10 minutes   P 4

Ingrédients

- 1/2 c. à thé de sel
- 2 tasses de semoule
- 1/4 de tasse d'huile d'arachide
- 1 tasse d'eau
- 2 tasses de pâte de dattes
- Le jus de 1 lime
- 1/2 c. à thé de girofle
- 1 tasse de miel
- 1/2 tasse d'amandes effilées
- Huile d'arachide pour la friture

Préparation

1. Dans un bol, tamiser le sel et la semoule et verser l'huile. Mélanger et laisser reposer 15 minutes. Ajouter l'eau jusqu'à l'obtention d'une pâte et étaler à l'aide d'un rouleau pour obtenir un grand rectangle d'une épaisseur de 1/2 po (2 cm).

2. Dans un petit bol, mélanger la pâte de dattes, le jus de lime et le girofle et étaler le tout sur la pâte. Rouler la pâte de façon à former un rouleau et emprisonner les dattes à l'intérieur, puis couper en tranches de 1/2 po (2 cm) d'épaisseur.

3. Faire chauffer le miel à feu doux et réserver.

4. Faire chauffer l'huile d'arachide et faire frire les bouchées aux dattes pendant environ 2 minutes de chaque côté. Éponger sur du papier absorbant, tremper dans le miel et saupoudrer d'amandes. Laisser reposer quelques instants et servir.

Chakchouka aux tomates et aux poivrons

Tunisie

T 25 minutes   C 40 minutes   P 4

Ingrédients

- 2 c. à soupe d'huile d'olive
- 1 oignon rouge haché
- 2 gousses d'ail hachées
- 1 grande conserve de tomates en dés
- 1 poivron rouge tranché finement
- 1 poivron orange tranché finement
- 1 poivron jaune tranché finement
- 1/2 c. à thé de gingembre moulu
- 1/2 tasse de bouillon de légumes
- 1/2 tasse d'olives vertes dénoyautées
- 4 œufs
- Sel et poivre

Préparation

1. Dans une casserole, faire chauffer l'huile d'olive et faire revenir l'oignon et l'ail pendant 5 minutes. Ajouter les tomates en dés et les poivrons et faire revenir 5 minutes. Ajouter le gingembre, saler et poivrer selon le goût.

2. Verser le bouillon de légumes et laisser mijoter pendant 20 minutes.

3. Ajouter les olives et mélanger, puis casser les œufs sur les légumes et remuer en laissant cuire encore 5 minutes.

 Afrique

Couscous au poulet

Tunisie

T 25 minutes   C 1 h 15   P 4

Ingrédients

- 3 c. à soupe d'huile d'olive
- 2 oignons hachés
- 3 gousses d'ail hachées
- 1 c. à soupe de pâte de tomate
- 1 poulet coupé en morceaux
- 2 poivrons rouges tranchés finement
- 4 carottes pelées et tranchées
- 1 navet coupé en dés
- 1/2 courge *butternut* pelée et coupée en dés
- 2 c. à thé de paprika
- 2 tasses de pois chiches
- 1/4 de tasse de persil frais haché
- 4 tasses de bouillon de poulet
- 2 tasses d'eau
- 2 tasses de couscous
- 1 c. à soupe de beurre
- Sel et poivre

Préparation

1. Dans une casserole, faire chauffer l'huile d'olive et faire revenir l'oignon et l'ail pendant 5 minutes.

2. Ajouter la pâte de tomate et le poulet et remuer les ingrédients. Ajouter les poivrons, les carottes, le navet, la courge et le paprika, saler et poivrer au goût et laisser mijoter quelques minutes.

3. Incorporer les pois chiches et le persil, puis verser le bouillon et laisser cuire à feu moyen-doux pendant 25 à 30 minutes.

4. Pendant ce temps, porter 2 tasses d'eau à ébullition. Retirer du feu et incorporer le couscous et le beurre. Couvrir pendant 5 minutes et égrener avec une fourchette.

5. Servir les légumes et le jus de cuisson sur le couscous.

Poulet tunisien

Tunisie

T 20 minutes   C 35 minutes   P 4

Ingrédients

- 4 poitrines de poulet désossées, sans la peau et coupées en morceaux
- 4 c. à soupe de beurre
- 1 oignon haché
- 2 gousses d'ail hachées
- 1/2 c. à thé de cumin
- 1 c. à thé de paprika
- 1/2 c. à thé d'assaisonnement au chile
- 2 c. à soupe de farine
- 1 tasse de lait
- 1 tasse de persil frais ciselé
- Le zeste et le jus de 1 citron
- 2 tasses d'olives vertes et noires dénoyautées et coupées en deux
- Sel et poivre

Préparation

1. Faire bouillir une casserole d'eau et y plonger le poulet pendant 15 minutes jusqu'à ce qu'il soit cuit à l'intérieur. Égoutter et le défaire en filaments.

2. Faire chauffer le beurre dans une poêle à feu moyen et faire revenir l'oignon et l'ail pendant 5 minutes. Ajouter le cumin, le paprika, l'assaisonnement au chile, le sel et le poivre et remuer le tout pendant 2 minutes. Verser la farine et faire dorer pour former un roux, puis verser le lait en remuant sans cesse pour former une sauce.

3. Ajouter le poulet, le persil, le zeste et le jus de citron et poursuivre la cuisson pendant 5 minutes à feu moyen doux. Incorporer les olives et remuer le tout pendant 5 minutes. Servir chaud sur du riz.

Ratatouille aux merguez

Tunisie

T 20 minutes   C 30 minutes   P 4

Ingrédients

- 1 oignon tranché finement
- 1 poivron rouge tranché
- 2 courgettes tranchées finement
- 2 gousses d'ail hachées
- 3 c. à soupe d'huile d'olive
- 1 conserve de tomates en dés
- 4 saucisses merguez coupées en morceaux
- 1/2 c. à soupe de poivre de Cayenne
- 1/2 c. à thé de purée de piments forts
- 1 c. à soupe de pâte de tomate
- 2 tasses de bouillon de légumes
- 4 œufs
- Sel et poivre

Préparation

1. Dans une poêle, faire revenir l'oignon, le poivron, les courgettes et l'ail dans l'huile d'olive pendant environ 3 minutes. Saler et poivrer au goût.

2. Ajouter les tomates, les saucisses, le poivre de Cayenne et la purée de piments forts et laisser mijoter à feu doux pendant 7 minutes.

3. Ajouter la pâte de tomate et le bouillon de légumes. Porter à ébullition, puis réduire à feu doux et laisser mijoter 10 minutes.

4. Casser les œufs sur le reste des ingrédients et laisser mijoter jusqu'à ce que les blancs soient cuits. Servir aussitôt.

Salade de poivrons et de tomates

Tunisie

T 15 minutes   P 4

Ingrédients

• 2 c. à soupe d'huile d'olive
• 3 gousses d'ail écrasées
• 2 poivrons rouges tranchés finement
• 1 poivron orange tranché finement
• 1 poivron jaune tranché finement
• 1 poivron vert tranché finement
• 4 tomates coupées en dés
• 1/4 de tasse de basilic haché
• 1/4 de tasse de menthe ciselée
• Le jus de 1 citron
• Sel et poivre

Préparation

1. Dans une poêle, faire chauffer l'huile d'olive et faire griller l'ail pendant 3 minutes. Ajouter les poivrons et faire revenir pendant 5 minutes à feu doux.

2. Ajouter les tomates, le basilic et la menthe. Saler et poivrer au goût.

3. Verser le tout dans un saladier et arroser de jus de citron. Réfrigérer, rectifier l'assaisonnement et servir avec un filet d'huile d'olive.

Salade de Tunis

Tunisie

T 15 minutes   P 4

Ingrédients

• 2 poivrons rouges tranchés finement
• 3 tomates coupées en dés
• 1 oignon rouge coupé en rondelles
• 2 tasses d'olives noires et vertes dénoyautées
• 1 tasse de feta émietté
• 1 conserve de thon émietté
• 1 c. à thé de cumin
• 1/2 tasse de menthe ciselée
• 2 c. à soupe d'huile d'olive
• 2 c. à soupe de vinaigre balsamique
• Le jus de 1 citron
• Sel et poivre

Préparation

1. Verser le poivron et les tomates dans un bol. Ajouter l'oignon, les olives, le feta et remuer le tout.

2. Incorporer le thon et mélanger les ingrédients. Ajouter le cumin, saler et poivrer au goût et saupoudrer de menthe.

3. Dans un bol, mélanger l'huile, le vinaigre et le jus de citron et verser le tout sur la salade. Remuer et servir.

Tagine tunisien

Tunisie

T 25 minutes   C 40 minutes   P 4

Ingrédients

• 2 c. à soupe d'huile d'olive
• 1 oignon haché
• 1 gousse d'ail hachée
• 1 poulet coupé en morceaux
• 1/2 c. à thé de gingembre moulu
• 1/2 c. à thé de curcuma
• 1 conserve de tomates en dés
• Le jus et le zeste de 1 citron
• 1/2 tasse d'olives vertes dénoyautées
• 2 tasses de bouillon de légumes
• 4 œufs
• 1 tasse de gruyère râpé
• 1/4 de tasse de persil frais haché
• 2 tasses d'eau
• 2 tasses de couscous
• 1 c. à soupe de beurre
• Sel et poivre

Préparation

1. Dans une casserole, faire chauffer l'huile d'olive et faire revenir l'oignon et l'ail pendant 5 minutes. Ajouter le poulet et le faire revenir pendant 5 minutes. Ajouter le gingembre, le curcuma, du sel et du poivre selon le goût et remuer pendant 2 minutes.

2. Ajouter les tomates, le jus et le zeste de citron et les olives et brasser le tout. Verser le bouillon dans la casserole, porter à ébullition, puis réduire à feu doux et laisser mijoter pendant 15 minutes.

3. Mélanger les œufs et le gruyère dans un bol et incorporer le persil, du sel et du poivre. Verser ce mélange dans la casserole avec le poulet et laisser mijoter à feu doux pendant 10 minutes.

4. Pendant ce temps, porter 2 tasses d'eau à ébullition. Retirer du feu et incorporer le couscous et le beurre. Couvrir pendant 5 minutes et égrener avec une fourchette.

5. Servir la préparation sur du couscous.

Afrique

Bouchées de haricots frites

Zambie

T 10 minutes   C 10 minutes   P 4

Ingrédients

- 1/4 de tasse d'huile d'olive
- 1 gousse d'ail écrasée
- 1 bouquet d'oignons verts hachés finement
- 1 conserve de haricots à œil noir rincés et égouttés
- 1 c. à thé de paprika
- Sel et poivre

Préparation

1. Dans une cocotte, faire chauffer 1 c. à soupe d'huile d'olive et faire revenir l'ail et les oignons verts pendant 3 minutes à feu moyen.

2. Dans un bol, réduire les haricots en purée à l'aide d'un pilon ou d'une fourchette. Incorporer l'ail et les oignons, saler et poivrer au goût et ajouter le paprika.

3. Faire chauffer l'huile d'olive et déposer de grosses cuillérées du mélange de haricots. Faire frire jusqu'à ce que les bouchées soient dorées et croustillantes. Éponger sur du papier absorbant et servir avec de la sauce chili.

Chutney d'ananas

Zambie

T 10 minutes   C 40 minutes   P 6

Ingrédients

- 2 tasses d'ananas frais coupé en dés
- 1 oignon jaune haché
- 1 poivron vert tranché finement
- 1 conserve de tomates broyées
- Le jus et le zeste de 2 citrons
- Le jus et le zeste de 1 orange
- 1/2 tasse de jus d'ananas
- 2 c. à soupe de vinaigre balsamique
- 1 c. à thé de gingembre moulu
- 1/2 tasse de sucre
- 1 c. à thé de sel

Préparation

1. Déposer tous les ingrédients dans un chaudron et laisser épaissir pendant 40 minutes à feu doux en remuant souvent.

2. Verser dans des pots hermétiques et servir avec du pain ou en accompagnement avec de la viande ou du poisson.

Poisson frit dans une sauce aux tomates et à l'ail

Zambie

T 20 minutes   C 25 minutes   P 4

Ingrédients

- 5 c. à soupe de beurre
- 1 tête d'ail émincée
- 1 oignon haché
- 1 conserve de tomates italiennes en dés
- 1/2 c. à thé de poivre de Cayenne
- 1/2 c. à thé de paprika
- 2 tasses d'épinards ciselés
- 1/4 de tasse de farine
- 4 filets de tilapia sans arêtes
- Le jus de 2 citrons
- 1/4 de tasse d'amandes tranchées
- Sel et poivre

Préparation

1. Faire fondre 2 c. à soupe de beurre dans une poêle et faire dorer l'ail et l'oignon pendant 5 minutes. Ajouter les tomates, le poivre de Cayenne et le paprika et laisser mijoter à feu doux pendant 5 minutes. Ajouter les épinards et laisser cuire 3 minutes en remuant.

2. Étaler la farine sur du papier ciré et enrober les filets de poisson. Faire chauffer le reste du beurre dans une grande poêle et faire frire les filets de poisson pendant 3 minutes de chaque côté. Arroser de jus de citron, saler et poivrer au goût.

3. Servir le poisson et saupoudrer d'amandes, puis napper de sauce aux tomates et à l'ail.

Riz aux arachides et aux tomates

Zambie

T 20 minutes   C 25 minutes   P 4

Ingrédients

- 4 tasses de bouillon de légumes
- 2 tasses de riz
- 2 c. à soupe d'huile d'olive
- 1 oignon haché
- 1 gousse d'ail émincée
- 1 conserve de tomates en dés
- 1 feuille de laurier
- 2 tasses d'arachides non salées hachées
- 1/2 c. à thé de poudre de chili
- 1 c. à soupe de tamari
- Sel et poivre

Préparation

1. Verser le bouillon de légumes dans une casserole et porter à ébullition. Incorporer le riz, puis réduire à feu doux, couvrir et laisser mijoter pendant une vingtaine de minutes jusqu'à ce qu'il soit tendre.

2. Faire chauffer l'huile dans une poêle et faire revenir l'oignon et l'ail à feu moyen pendant 3 minutes. Incorporer les tomates, la feuille de laurier, le sel et le poivre et poursuivre la cuisson pendant 5 minutes.

3. Ajouter les arachides et laisser mijoter jusqu'à l'obtention d'une sauce plus homogène. Ajouter la poudre de chili et le tamari et laisser mijoter 10 minutes. Servir la sauce sur le riz.

Dovi du Zimbabwe

Zimbabwe

T 20 minutes   C 30 minutes   P 4

Ingrédients

- 3 c. à soupe de beurre
- 1 gros oignon haché
- 1 gousse d'ail hachée
- 2 poivrons verts hachés
- 4 poitrines de poulet désossées et coupées en gros dés
- 1 tasse de tomates en dés
- 1 c. à thé de poivre de Cayenne
- 4 tasses de bouillon de poulet
- 1/2 tasse de beurre d'arachide crémeux
- 1 tasse d'épinards ciselés
- Sel et poivre

Préparation

1. Faire chauffer 2 c. à soupe de beurre dans une casserole et faire revenir l'oignon et l'ail pendant 3 minutes. Ajouter les poivrons et le poulet et faire dorer la surface pendant 5 minutes.

2. Ajouter les tomates, le poivre de Cayenne, saler et poivrer au goût et remuer.

3. Verser le bouillon et la moitié du beurre d'arachide, porter à ébullition, puis réduire à feu doux et laisser mijoter pendant 10 minutes.

4. Faire chauffer 1 c. à soupe de beurre dans une poêle et faire revenir les épinards pendant 3 minutes. Ajouter le reste du beurre d'arachide et remuer le tout, puis verser le mélange dans la casserole avec le poulet. Remuer et servir.

Friandises à la papaye

Zimbabwe

T 15 minutes   C 30 minutes   P 4

Ingrédients

- 1 grosse papaye pelée et coupée en dés
- Le jus et le zeste de 2 limes
- 1/2 c. à thé de cannelle
- 2 c. à soupe de menthe ciselée
- 2 tasses de sucre

Préparation

1. Réduire la chair de papaye en purée à l'aide d'une fourchette, d'un pilon ou d'un robot culinaire. Ajouter le jus et le zeste de lime, la cannelle et la menthe.

2. Faire fondre le sucre dans une casserole à feu doux et ajouter la purée de papaye. Poursuivre la cuisson pendant 10 minutes à feu doux en remuant doucement.

3. Déposer de petites cuillérées sur une plaque et laisser refroidir et durcir avant de servir.

Légumes aux arachides

Zimbabwe

T 10 minutes   C 10 minutes   P 4

Ingrédients

- 1 tasse d'épinards
- 1 c. à soupe de beurre
- 3 échalotes hachées finement
- 2 gousses d'ail écrasées
- 1 tasse de champignons tranchés
- 1 tasse de tomates en dés
- 2 tasses de haricots verts équeutés
- 4 c. à soupe de beurre d'arachide crémeux
- 1 tasse de bouillon de légumes
- Sel et poivre

Préparation

1. Faire cuire les épinards et les haricots à la vapeur pendant 5 minutes.

2. Pendant ce temps, dans une casserole, faire fondre le beurre et faire revenir les échalotes, l'ail et les champignons pendant 5 minutes. Ajouter les tomates, les épinards et les haricots, saler et poivrer selon le goût et poursuivre la cuisson à feu moyen pendant 5 minutes. Ajouter le beurre d'arachide et remuer, puis verser le bouillon de légumes et laisser mijoter pendant 5 à 10 minutes jusqu'à l'obtention d'une texture crémeuse et onctueuse. Servir en entrée.

Jambon fumé à l'avocat

Zimbabwe

T 20 minutes   C 25 minutes   P 4

Ingrédients

- 1/2 tasse de cassonade
- 1/2 tasse de jus d'ananas
- 2 c. à soupe de moutarde de Dijon
- 1 c. à thé de girofle moulu
- 1 jambon fumé coupé en tranches épaisses
- 1/2 tasse d'ananas coupé en dés
- 4 avocats mûrs
- Le jus de 2 limes
- 1/4 de tasse de coriandre ciselée
- 1 c. à thé de poivre de Cayenne
- Sel et poivre

Préparation

1. Préchauffer le four à 355 °F (180 °C).

2. Dans un bol, mélanger la cassonade, le jus d'ananas, la moutarde de Dijon et le girofle. Badigeonner les tranches de jambon de sauce à la moutarde et déposer sur une plaque de cuisson tapissée de papier aluminium. Saupoudrer le tout de morceaux d'ananas et faire cuire au four pendant 15 minutes.

3. Pendant ce temps, réduire la chair d'avocats en purée et incorporer la lime, la coriandre, le poivre de Cayenne, le sel et le poivre selon le goût.

4. Servir les tranches de jambon et napper de la tartinade à l'avocat.

Pudding à l'abricot

Zimbabwe

T 15 minutes   C 45 minutes   P 4

Ingrédients

- 1/2 tasse de farine
- 1 c. à thé de bicarbonate de soude
- 1/2 c. à thé de sel
- 2 œufs
- 1 tasse de sucre
- 1 c. à thé d'extrait de vanille
- 3 c. à soupe de confiture d'abricots
- 1 c. à soupe de beurre mou
- 1 tasse de miel

Préparation

1. Préchauffer le four à 355 °F (180 °C).

2. Dans un bol, tamiser la farine, le bicarbonate de soude et le sel.

3. Battre les œufs et le sucre ensemble, puis incorporer la vanille et la confiture d'abricots. Verser le beurre dans le mélange et fouetter les ingrédients ensemble. Incorporer les ingrédients secs et battre jusqu'à l'obtention d'une pâte homogène.

4. Verser le tout dans un moule à gâteau graissé et faire cuire au four pendant 35 à 40 minutes jusqu'à ce que le centre soit cuit.

5. Faire chauffer le miel et en napper la surface du pouding avant de servir.

AMÉRIQUE

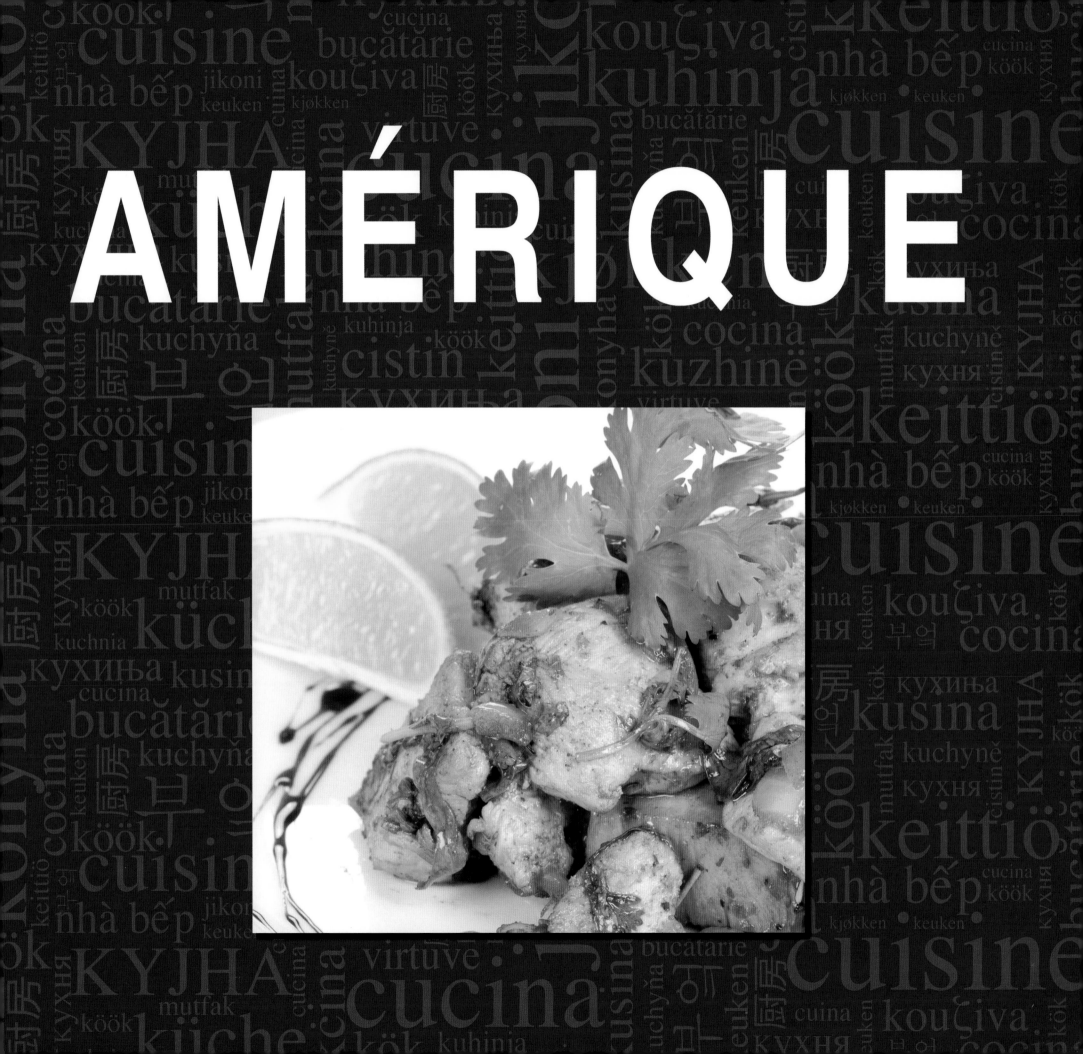

Acras de homard

Anguilla

T 15 minutes   C 10 minutes   P 4

Ingrédients

- 3 c. à soupe de beurre non salé
- 3/4 de tasse de farine
- 2 tasses de lait
- 450 g de chair de homard cuit
- 1 tasse de poivron rouge haché finement
- 1/2 tasse d'oignons verts hachés
- 1 c. à thé de poivre de Cayenne
- 1 c. à soupe de jus de citron
- 1 1/2 tasse de chapelure
- Huile d'olive pour la friture
- Sel et poivre

Préparation

1. Faire chauffer le beurre dans une poêle à frire à feu doux jusqu'à ce qu'il cesse de mousser. Ajouter graduellement la farine en fouettant continuellement pendant 2 minutes, puis ajouter une tasse de lait à la fois en fouettant pour éliminer les grumeaux. Laisser mijoter pendant 5 minutes en continuant de fouetter jusqu'à l'obtention d'une texture lisse et épaisse. Laisser reposer.

2. Dans un grand bol, mélanger la chair de homard, le poivron, les oignons verts, le poivre de Cayenne, le jus de citron et saler et poivrer au goût. Incorporer le mélange de lait et 1 tasse de chapelure, puis mélanger pour bien incorporer tous les ingrédients. Former des petites boulettes d'environ 4 cm de large et 2 cm d'épaisseur, puis enrober chaque boulette de chapelure.

3. Faire chauffer l'huile (et un peu de beurre au besoin) dans une poêle à frire à feu moyen jusqu'à ce qu'elle soit chaude, puis faire frire les acras jusqu'à ce qu'ils soient bien dorés. Égoutter sur du papier absorbant et servir chaud avec de la sauce tartare et des quartiers de citron.

Beurre au citron et aux herbes

Anguilla

T 5 minutes   P 4

Ingrédients

- 450 g de beurre demi-sel
- 2 c. à soupe de jus de citron
- 1 c. à thé d'aneth moulu
- 1 c. à thé de poudre d'ail
- Poivre

Préparation

1. Faire ramollir le beurre en le laissant reposer à température ambiante, puis déposer dans un grand bol. Incorporer le jus de citron, l'aneth et la poudre d'ail, poivrer légèrement, puis réfrigérer.

Poitrines de poulet farcies aux tomates et aux champignons

Anguilla

T 25 minutes   C 20 minutes   P 4

Ingrédients

- 2 c. à soupe de beurre
- 4 tasses de tomates en dés
- 1 tasse d'oignons verts hachés finement
- 1 tasse de champignons hachés finement
- 1 œuf
- 1 c. à soupe d'herbes de Provence
- 4 poitrines de poulet désossées, sans la peau
- 4 c. à soupe d'amandes tranchées
- 4 c. à soupe de farine
- Sel et poivre

Préparation

1. Préchauffer le four à 355 °F (180 °C).

2. Faire chauffer le beurre à feu moyen-vif et faire revenir les tomates, les oignons et les champignons. Saler et poivrer au goût et retirer du feu. Ajouter l'œuf et les herbes de Provence et bien mélanger.

3. À l'aide d'un couteau tranchant, faire une incision sur le dessus des poitrines en visant le centre de celles-ci et farcir les poitrines en utilisant la moitié de la garniture aux tomates et aux champignons. Saupoudrer chaque poitrine avec 1 c. à soupe de farine et garnir d'amandes, puis faire cuire au four pendant environ 15 minutes.

4. Pendant ce temps, faire chauffer le reste de la sauce aux tomates et aux champignons. Servir avec les poitrines.

Poulet rôti d'Anguilla

Anguilla

T 20 minutes   C 1 heure   P 4

Ingrédients

- 4 oignons verts hachés finement
- 2 gousses d'ail hachées grossièrement
- 1 petit oignon haché grossièrement
- 1/2 piment fort haché finement
- 3 c. à thé de thym séché
- 2 feuilles de laurier
- 1/2 tasse d'huile d'olive
- 1 poulet
- 1 tasse de bouillon de poulet
- Sel et poivre

Sauce

- 2 c. à soupe de ketchup
- 2 c. à soupe de cassonade
- 1 c. à soupe de vinaigre blanc
- 1 c. à soupe de sauce Worcestershire
- 1 c. à soupe de jus de citron
- 1 c. à thé de poudre de chili
- 1 c. à thé de paprika
- Sel et poivre

Préparation

1. Préchauffer le four à 355 °F (180 °C).

2. Déposer les oignons verts, l'ail, l'oignon, le piment, le thym, les feuilles de laurier et l'huile d'olive dans un robot culinaire et mélanger jusqu'à l'obtention d'une texture grossière.

3. Déposer le poulet dans un plat allant au four, farcir et garnir de sauce à l'ail et aux oignons. Faire cuire le poulet au four pendant environ 60 minutes en le retournant toutes les 15 minutes en l'arrosant de bouillon de poulet jusqu'à ce que l'intérieur soit cuit et l'extérieur soit rôti.

4. Dans un bol, mélanger tous les ingrédients de la sauce jusqu'à l'obtention d'une texture lisse. Saler et poivrer au goût.

5. Servir le poulet avec la sauce barbecue.

Saucisses au poulet

Anguilla

T 20 minutes   C 10 minutes   P 4

Ingrédients

- 1 petit oignon haché
- 1/2 tasse de carottes coupées en julienne
- 1 c. à thé de gingembre moulu
- 2 c. à soupe d'huile de sésame
- 100 g de chair de crabe
- 300 g de chorizo haché
- 2 poitrines de poulet désossées, sans la peau et coupées en dés
- 2 c. à soupe de crème à 35 %
- 1 c. à soupe de coriandre hachée
- Sel et poivre

Préparation

1. Faire revenir l'oignon et les carottes avec le gingembre dans l'huile de sésame à feu moyen-vif pendant 3 ou 4 minutes, puis ajouter la chair de crabe et le chorizo. Saler et poivrer au goût et réserver.

2. Mélanger les dés de poulet avec la crème dans un robot jusqu'à l'obtention d'une pâte lisse. Verser dans un bol, ajouter la coriandre et le mélange au chorizo, puis former des boulettes d'environ 2 cm d'épaisseur. Faire revenir les boulettes dans une poêle avec un peu d'huile ou du beurre jusqu'à ce qu'elles soient dorées.

Bagatelle à l'ananas

Antigua-et-Barbuda

T 20 minutes   P 8

Ingrédients

- 2 tasses de beurre en crème
- 2 tasses de sucre
- 4 tasses d'ananas broyés
- 2 tasses de cerises au marasquin coupées en dés
- 6 œufs, séparés
- Quelques gouttes d'extrait de vanille
- 1 gâteau des anges coupé en dés

Préparation

1. Battre les deux tasses de beurre dans un grand bol, puis incorporer graduellement 1 tasse de sucre en continuant de fouetter.

2. Incorporer les ananas, les morceaux de cerises et les jaunes d'œufs dans le mélange de beurre et de sucre.

3. Battre les blancs d'œuf avec l'autre tasse de sucre jusqu'à ce qu'ils forment des pics fermes avant de les incorporer au mélange. Ajouter la vanille et mélanger.

4. Déposer 1 tasse de cubes de gâteau au fond d'un grand bol, puis garnir du 1/3 du mélange aux ananas. Continuer ainsi en alternant entre les morceaux de gâteau et le mélange, et garnir le tout d'ananas et de cerise.

Amérique

Côtelettes de porc aux bananes

Antigua-et-Barbuda

T 20 minutes   C 50 minutes   P 4

Ingrédients

- 2 c. à soupe de cumin
- 6 c. à soupe de beurre mou
- Le jus de 1 citron
- 4 côtelettes de porc de taille moyenne
- 6 tranches de bacon
- 2 bananes
- Sel et poivre

Préparation

1. Préchauffer le four à 355 °F (180 °C).

2. Mélanger le cumin, 3 c. à soupe de beurre, le jus de citron, le sel et le poivre au goût et badigeonner les deux côtés des côtelettes à l'aide d'un petit pinceau.

3. Faire cuire le bacon au micro-onde pendant 2 minutes en le déposant dans une assiette entre deux feuilles de papier absorbant.

4. Peler les bananes et couper en tranches d'environ 2 cm d'épaisseur.

5. Faire revenir les côtelettes dans une poêle pendant 2 minutes avec un peu de beurre jusqu'à ce que les deux côtés soient dorés, puis déposer la viande dans un plat en pyrex. Garnir de bacon et de tranches de bananes, napper de beurre et ajouter un peu plus de cumin, saler et poivrer au goût. Faire cuire au four pendant environ 45 minutes.

Pâtes au crabe et à la conque

Antigua-et-Barbuda

T 15 minutes   C 15 minutes   P 4

Ingrédients

- 1 tasse de champignons tranchés
- 2 tasses de tomates en dés
- 1/4 de tasse de lait de coco
- 2 c. à soupe de cari
- 2 c. à soupe de curcuma
- 1 c. à soupe de thym
- 100 g de chair de crabe
- 100 g de chair de conque
- 250 g de cheveux d'ange
- 1/4 de tasse de persil haché
- Sel et poivre

Préparation

1. Faire revenir les champignons dans une casserole avec un peu de beurre, puis incorporer les tomates en dés, le lait de coco, le cari, le curcuma et le thym. Saler et poivrer au goût et laisser mijoter à feu doux pendant 10 minutes.

2. Incorporer le crabe et la conque dans la sauce et bien mélanger. Laisser mijoter encore 5 minutes.

3. Faire cuire les pâtes pendant 5 minutes jusqu'à ce qu'elles soient *al dente*. Égoutter. Servir avec la sauce et garnir de persil.

Note

La conque est difficile à trouver au Québec à cause de la pêche très surveillée et limitée de ce coquillage qui est souvent interdit à l'exportation. Dans cette recette, vous pouvez doubler la quantité de chair de crabe si vous n'avez pas de conque.

Tarte à la papaye

Antigua-et-Barbuda

T 15 minutes   C 25 minutes   P 4 à 6

Ingrédients
- 2 papayes mûres de taille moyenne
- Le jus et le zeste de 1 lime
- 1 c. à thé d'extrait d'orange
- 1 c. à thé d'extrait de vanille
- 1 c. à thé de cannelle
- 3 c. à soupe de beurre
- 3 c. à soupe de sucre
- 1 pâte à tarte précuite

Préparation
1. Préchauffer le four à 355 °F (180 °C).

2. Éplucher les papayes et enlever toutes les graines avant de les réduire en purée grossière dans un grand bol. Ajouter le jus et le zeste de lime, l'extrait d'orange, l'extrait de vanille et la cannelle et bien mélanger.

3. Faire fondre le beurre à feu doux et ajouter le sucre pour le caraméliser légèrement pendant 2 ou 3 minutes. Verser la sauce sur le mélange de papaye, puis incorporer le tout sur la pâte à tarte. Faire de petits trous avec une fourchette pour aérer, puis déposer au four et faire cuire pendant environ 20 minutes, ou jusqu'à ce que la pâte soit dorée. Servir chaude ou froide.

Filets de poisson au cari et lait de coco

Antilles néerlandaises

T 15 minutes   C 15 minutes   P 2

Ingrédients
- 3 c. à soupe d'huile d'olive
- 1/4 de tasse d'oignons verts
- 1 gousse d'ail hachée
- 2 c. à soupe de poudre de cari
- 1 c. à thé de curcuma
- 1 tasse de lait de coco
- Le jus de 1/2 lime
- 1 mangue bien mûre, pelée et coupée en dés
- 2 filets de sole
- Sel et poivre

Préparation
1. Faire chauffer l'huile d'olive à feu moyen dans une grande poêle et faire revenir les oignons et l'ail pendant 2 à 3 minutes. Ajouter la poudre de cari, le curcuma, le lait de coco, le jus de lime et les morceaux de mangues et faire cuire le tout pendant quelques minutes jusqu'à ce que le mélange épaississe.

2. Incorporer les filets de sole et faire cuire pendant environ 5 minutes jusqu'à ce qu'il soit tendre. Saler et poivrer au goût et servir avec un peu de sauce.

Gâteau aux pommes
(appelkoek)

Antilles néerlandaises

T 20 minutes   C 25 minutes   P 6

Ingrédients
- 2 pommes rouges pelées
- 1 1/2 tasse de farine
- 1 1/2 c. à soupe de poudre à pâte
- 1 c. à thé de sel
- 1/2 tasse de sucre
- 1/4 de tasse de beurre en crème
- 3/4 de tasse de lait
- 1/2 tasse de fromage cottage
- 1 œuf battu
- 1 c. à thé d'extrait de vanille
- 1/2 c. à thé de cannelle

Préparation
1. Préchauffer le four à 375 °F (190 °C).

2. Couper les pommes en quartiers assez minces.

3. Tamiser ensemble la farine, la poudre à pâte, le sel et la moitié du sucre.

4. Dans un autre bol, fouetter le beurre avec le reste du sucre au batteur électrique. Ajouter le lait, le fromage, l'œuf, l'extrait de vanille, la cannelle et bien mélanger.

5. Verser le mélange dans un moule à gâteau de 9 po (23 cm) de diamètre et presser légèrement. Saupoudrer de cannelle et faire cuire au four pendant environ 25 minutes jusqu'à ce que le gâteau soit doré.

Alfajores

Argentine

T 20 minutes   C 10 minutes   P 4

Ingrédients

- 1 tasse de beurre
- 3/4 de tasse de sucre en poudre
- 3 jaunes d'œufs
- 1 1/4 tasse de fécule de maïs
- 3/4 de tasse de farine
- 2 c. à thé de poudre à pâte
- 2 c. à thé de bicarbonate de soude
- 1 c. à thé d'extrait de vanille
- 1 c. à thé de muscade
- Le zeste d'un citron
- *Dulce de leche* (voir la recette)
- Noix de coco râpée

Préparation

1. Battre le beurre en crème avec le sucre en incorporant 1 jaune d'œuf à la fois.

2. Tamiser la fécule de maïs, la farine, la poudre à pâte, le bicarbonate de soude et incorporer dans le mélange de beurre et de sucre. Ajouter l'extrait de vanille, la muscade et le zeste de citron et bien mélanger.

3. Préchauffer le four à 350 °F (175 °C).

4. Étaler la pâte sur une surface plane et couper des rondelles d'environ 5 cm de diamètre. Déposer dans le four et faire cuire pendant environ 10 minutes jusqu'à ce qu'elles deviennent légèrement dorées.

5. Étaler du *dulce de leche* sur la surface d'une rondelle et refermer avec une autre rondelle. Rouler dans la noix de coco et servir.

Courge farcie
(carbonada en zapallo)

Argentine

T 30 minutes   C 1 h 10   P 6

Ingrédients

- 6 petites courges calebasses
- 1/4 de tasse d'huile d'olive
- 1/2 tasse de beurre
- 1 oignon haché finement
- 900 g de cubes de filet ou de contre-filet de bœuf
- 2 carottes pelées et coupées en cubes
- 3 pommes de terre pelées et coupées en dés
- 5 tomates blanchies, pelées et épépinées
- 2 tasses de bouillon de légumes
- 1 c. à thé de thym
- 1 c. à thé de paprika
- 1 c. à thé d'herbes de Provence
- 1 feuille de laurier
- 3 épis de maïs épluchés et coupés en rondelles d'environ 2 cm d'épaisseur.
- 5 pêches tranchées
- 1 potiron coupé en dés
- Sel et poivre

Préparation

1. Préchauffer le four à 375 °F (190 °C).

2. Extraire la calotte des courges calebasses et évider l'intérieur avec une cuillère. Badigeonner l'intérieur avec de l'huile d'olive, remettre la calotte et faire cuire au four pendant une dizaine de minutes.

3. Faire chauffer le beurre dans une grande marmite et faire cuire l'oignon jusqu'à ce qu'il soit transparent. Incorporer les cubes de bœuf et faire brunir.

4. Ajouter les carottes, les pommes de terre, les tomates, le bouillon de légumes, le thym, le paprika, les herbes de Provence et la feuille de laurier et laisser mijoter à feu doux pendant environ 25 minutes. Saler et poivrer au goût.

5. Ajouter le maïs, les pêches et les morceaux de potiron et laisser mijoter pendant encore 10 minutes.

6. Farcir les calebasses et faire cuire au four pendant 10 minutes. Servir chaud.

Dulce de leche

Argentine

T 10 minutes   C environ 2 heures   P 6

Ingrédients

- 1 litre de lait
- 400 g de sucre
- 1 gousse de vanille
- 1 c. à thé de cannelle

Préparation

1. Verser le lait, le sucre, la vanille et la cannelle dans une casserole et porter à ébullition.

2. Lorsque le mélange commence à bouillir, baisser le feu et laisser mijoter à feu doux pendant 2 heures en remuant souvent pour éviter la formation d'une peau.

3. Lorsque le mélange épaissit et fonce légèrement, vérifier la consistance avec une cuillère en bois. La confiture est prête lorsqu'elle nappe la cuillère et se fige sur son dos. Verser la confiture dans un pot en verre hermétique et réfrigérer.

Empañadas de carne

Argentine

T 35 minutes   R 45 minutes   C 35 minutes   P 6

Ingrédients

Pâte
- 4 tasses de farine de maïs
- 1 tasse d'eau
- 3 c. à soupe d'huile d'olive
- 1 c. à thé de sel

Farce
- 2 c. à soupe d'huile d'olive
- 1 oignon haché finement
- 450 g de bœuf haché maigre
- 3 tomates pelées et hachées
- 1/4 de tasse d'olives vertes ou noires dénoyautées
- 3 c. à soupe de raisins secs
- 1 c. à thé de paprika
- 1 c. à thé de cumin
- 1 c. à thé d'origan
- 1 c. à thé de poivre de Cayenne
- 1 jaune d'œuf
- Sel et poivre

Préparation

1. Pour faire la pâte, creuser un puits dans la farine avant d'y incorporer l'eau, l'huile d'olive et le sel. Pétrir jusqu'à l'obtention d'une pâte lisse et homogène et laisser reposer pendant 45 minutes sous un linge humide.

2. Préchauffer le four à 355 °F (180 °C).

3. Faire revenir l'oignon dans une poêle à feu moyen avec un peu d'huile d'olive. Ajouter la viande et faire cuire pendant 5 minutes avant d'incorporer les morceaux de tomates, les olives, les raisins, le paprika, le cumin, l'origan et le poivre de Cayenne. Saler et poivrer au goût et laisser mijoter pendant encore 5 minutes.

4. Étaler la pâte et couper des carrés de 10 cm. Verser une cuillérée de la farce au centre de chaque carré et replier la pâte pour former des triangles. Humidifier les bordures de la pâte au besoin. Badigeonner les empañadas avec du jaune d'œuf avant de les déposer sur une plaque à biscuits couverte de papier ciré.

5. Faire cuire au four pendant environ 30 minutes jusqu'à ce que les empañadas soient bien dorées. Servir avec de la sauce piquante.

Entrecôte grillée
(parilla)

Argentine

T 15 minutes   C 10 minutes   P 4

Ingrédients

- 3 c. à soupe de vinaigre de vin
- 1 gousse d'ail hachée
- 1/2 tasse d'oignons tranchés finement
- 1/4 de tasse de persil haché
- Le jus de 1/2 citron
- 2 c. à thé de poivre de Cayenne
- 450 g d'entrecôte de bœuf
- 200 g de lardons fumés
- 1 c. à soupe de beurre
- Sel et poivre

Préparation

1. Dans un grand bol, mélanger le vinaigre, l'ail, les oignons, le persil, le jus de citron et le poivre de Cayenne.

2. Faire cuire l'entrecôte sur le gril. Saler et poivrer au goût et retourner jusqu'à l'obtention de la cuisson désirée.

3. Faire cuire les lardons dans une poêle avec du beurre.

4. Servir l'entrecôte, napper de sauce et de lardons, couper et servir.

Potage épicé à la courge

Argentine

T 15 minutes   C 30 minutes   P 4

Ingrédients

- 1/2 courge *butternut*
- 3 tasses de bouillon de poulet
- 3 piments de la Jamaïque
- 1 c. à soupe de gingembre moulu
- 1/2 c. à thé de coriandre moulue
- 1/2 c. à thé d'anis moulu
- 1/2 c. à thé d'extrait de vanille
- 2 gousses d'ail
- 1/4 de tasse de crème fraîche
- Sel et poivre

Préparation

1. Couper la courge en dés et retirer les graines. Réserver.

2. Verser le bouillon dans une casserole et faire cuire les morceaux de courge jusqu'à ce qu'ils soient tendres. Égoutter et réserver le bouillon. Réduire les morceaux de courge en purée dans un mélangeur ou un robot culinaire en incorporant les piments de la Jamaïque, le gingembre, la coriandre, l'anis, la vanille et l'ail.

3. Verser la purée dans la casserole avec le bouillon. Saler et poivrer au goût et mélanger.

4. Servir dans de grands bols et garnir d'une cuillérée de crème fraîche.

Roulade de bœuf farcie aux œufs durs et aux épinards
(mata hambre)

Argentine

T 20 minutes   R 12 heures   C 2 heures   P 6

Ingrédients

- 1 oignon haché grossièrement
- 1/4 de tasse de vinaigre de vin
- 1 c. à thé de thym
- 1 c. à soupe de persil haché
- 1 c. à thé d'herbes de Provence
- 1,4 kg de flanchet de bœuf
- 4 carottes
- 6 tranches de bacon
- 5 œufs
- 500 g d'épinards frais
- 2 tasses de chapelure fine
- 3 c. à soupe de lait
- 2/3 de tasse de pois verts
- 2 tasses de bouillon de bœuf
- 1 tasse d'eau
- Sel et poivre

Préparation

1. Dans un grand contenant hermétique, mélanger l'oignon, le vinaigre de vin, le thym, le persil et les herbes de Provence. Saler et poivrer au goût, déposer le flanchet de bœuf et mélanger pour bien enrober la viande de marinade. Laisser mariner pendant 12 heures au réfrigérateur.

2. Couper les carottes en julienne et faire bouillir jusqu'à ce qu'elles soient tendres.

3. Pendant ce temps, faire cuire le bacon au micro-onde pendant 2 minutes en le déposant dans une assiette entre deux feuilles de papier absorbant. Couper en petits dés.

4. Préchauffer le four à 375 °F (190 °C).

5. Déposer les œufs dans une casserole avant de les couvrir d'eau froide et porter à ébullition. Lorsque l'eau se met à bouillir, couvrir et retirer du feu, puis laisser reposer les œufs dans l'eau chaude pendant 10 minutes. Retirer les œufs de l'eau chaude, laisser refroidir, écaler et couper les œufs durs en deux.

6. Étendre le flanchet de bœuf sur une surface plate et recouvrir d'épinards frais.

7. Dans un grand bol, mélanger ensemble la chapelure, le lait, les morceaux de bacon et les pois, saler et poivrer au goût puis étaler uniformément le mélange sur les épinards. Ajouter les carottes et déposer les moitiés d'œufs durs en enfilade au centre du flanchet.

8. Rouler fermement le flanchet et faire tenir à l'aide d'une ficelle. Déposer dans un plat allant au four et verser le bouillon et l'eau au fond du plat pour éviter que la viande ne colle ou ne soit trop sèche.

9. Cuire au four pendant environ 1 h 30 ou jusqu'à ce que le bœuf soit bien tendre.

Salade de poulet sur quinoa

Argentine

T 20 minutes   C 30 minutes   P 2

Ingrédients

- 1 tasse de quinoa
- 10 pois mange-tout
- Le jus de 1 lime
- 2 poitrines de poulet désossées, sans la peau et coupées en dés
- 1 c. à thé de paprika
- 1 c. à thé de cari en poudre
- 1 oignon vert haché.
- 1 pincée de thym
- 3 c. à soupe de lait de coco
- 2 c. à soupe d'huile d'olive
- Sel et poivre

Préparation

1. Rincer le quinoa à l'eau froide.

2. Porter deux tasses d'eau salée à ébullition et incorporer le quinoa. Faire cuire pendant 10 minutes et laisser tiédir.

3. Pendant ce temps, faire cuire les pois mange-tout à la vapeur pendant 5 minutes avant de les incorporer au quinoa. Verser un filet d'huile d'olive et le jus de lime, saler et poivrer au goût et réserver.

4. Dans un grand bol, mélanger les dés de poulet, le paprika, le cari, saler et poivrer au goût.

5. Faire revenir l'oignon vert dans l'huile d'olive à feu doux. Ajouter le thym et le poulet et faire revenir à feu vif pendant 4 minutes. Baisser le feu et incorporer le lait de coco et un filet de jus de lime. Laisser mijoter 5 minutes et servir sur un lit de quinoa encore tiède.

Amérique

Sauce *chimichurri*

Argentine

T 15 minutes   P 8

Ingrédients

- 1 tasse de persil frais
- 1 tasse de coriandre fraîche
- 4 gousses d'ail
- 2 c. à soupe d'oignon vert haché
- 1 c. à thé de thym séché
- 1 c. à thé de romarin séché
- 1 c. à thé de piment fort
- 1/2 tasse d'huile d'olive
- 2 c. à soupe de vinaigre de vin
- Le jus de 1/2 lime
- Sel et poivre

Préparation

1. Mélanger le persil, la coriandre, l'ail et l'oignon vert dans un robot culinaire ou un mélangeur jusqu'à ce que le tout soit bien haché finement, sans être réduit en purée. Verser dans un bol et ajouter le thym, le romarin et le piment fort. Saler et poivrer au goût et mélanger.

2. Dans un autre bol, mélanger l'huile, le vinaigre et le jus de lime et verser dans le bol d'épices. Réfrigérer jusqu'à utilisation.

Bananes au four

Aruba

T 10 minutes   C 10 minutes   P 4

Ingrédients

- 4 bananes bien mûres
- 3 c. à soupe de cannelle
- 2 c. à soupe d'extrait de vanille
- 1 c. à thé de muscade
- 1 tasse de sucre brun
- 3 tasses d'eau

Préparation

1. Préchauffer le four à 300 °F (150 °C).

2. Peler les bananes, les couper en tranches épaisses de 3 cm et les faire bouillir dans l'eau pendant 20 minutes avec la cannelle, l'extrait de vanille, la muscade et le sucre.

3. Déposer sur une tôle couverte de papier ciré et faire cuire au four pendant une dizaine de minutes jusqu'à ce que les bananes soient bien dorées.

Crevettes à la noix de coco

Aruba

T 10 minutes   C 5 minutes   P 2

Ingrédients

- 20 grosses crevettes fraîches
- Le jus de 1 lime
- 1 gousse d'ail écrasée
- 1/2 tasse de noix de coco râpée
- 1 œuf légèrement battu
- 1/2 tasse de farine
- 1 citron coupé en quartiers
- Huile végétale pour la friture
- Sel et poivre

Préparation

1. Peler et nettoyer les crevettes. Déposer dans un grand bol.

2. Mélanger le jus de lime, l'ail, le sel et le poivre au goût et verser sur les crevettes.

3. Verser la noix de coco dans une assiette et l'œuf battu dans un bol.

4. Verser la farine dans un sac hermétique et incorporer les crevettes. Brasser pour bien enrober les crevettes de farine. Tremper ensuite les crevettes dans l'œuf battu, puis dans la noix de coco.

5. Faire frire les crevettes dans l'huile pendant environ 2 minutes jusqu'à ce qu'elles soient bien dorées. Servir avec des quartiers de citron.

Fricassée de conque

Aruba

T 20 minutes   C 45 minutes   P 2

Ingrédients

- 450 g de chair de conque
- 1 c. à soupe d'huile d'olive
- 1 tasse de tomates en dés
- 1 gousse d'ail hachée
- 1 oignon haché
- 1 piment vert haché
- 1 c. à thé de thym
- Eau de coco
- 1/2 tasse de lait de coco
- Le jus de 1 lime
- 2 tranches de bacon cuites et hachées
- Sel et poivre

Préparation

1. Faire revenir la chair de conque à feu moyen-vif dans une poêle avec de l'huile d'olive jusqu'à ce que l'eau s'évapore.

2. Ajouter les tomates en dés, l'ail, l'oignon, le piment vert et le thym et saler et poivrer au goût. Recouvrir le tout d'eau de coco, porter à ébullition, puis baisser le feu et laisser mijoter une vingtaine de minutes.

3. Ajouter le lait de coco, le jus de lime et le bacon et faire cuire pendant encore 20 minutes. Servir chaud.

Note

La conque est difficile à trouver au Québec à cause de la pêche très surveillée et limitée de ce coquillage qui est souvent interdit à l'exportation. Dans cette recette, remplacer la conque par des pétoncles géants comme suggéré sur la photo.

Gâteau aux noix de cajou

Aruba

T 20 minutes   C 25 minutes   P 6

Ingrédients

- 1/2 tasse de beurre en crème
- 1 tasse de sucre
- 3 blancs d'œuf
- 1 1/2 tasse de farine
- 1/4 de c. à thé de sel
- 1 pincée de muscade
- 1 1/2 c. à thé de poudre à pâte
- 1 tasse de lait
- 1/2 c. à thé d'extrait d'amande
- 1/2 c. à thé d'extrait de vanille
- 2 tasses de noix de cajou hachées
- Cannelle moulue

Glaçage

- 2 blancs d'œuf
- 1 tasse de sucre glace
- 1/3 de tasse de beurre
- 1 c. à thé d'extrait de vanille
- 1/2 c. à thé de sel
- Noix de cajou

Préparation

1. Préchauffer le four à 350 °F (175 °C).

2. Battre le beurre avec le sucre jusqu'à l'obtention d'une substance lisse. Ajouter les blancs d'œufs et mélanger. Incorporer la farine, le sel, la muscade, la poudre à pâte, le lait, les extraits d'amande et de vanille et les noix de cajou. Mélanger et verser la préparation dans un moule à gâteau de 9 po (23 cm) de diamètre et presser légèrement. Saupoudrer de cannelle et faire cuire au four pendant environ 25 minutes jusqu'à ce que le gâteau soit doré.

3. Pendant ce temps, battre les blancs d'œufs avec le sucre jusqu'à la formation de pics fermes. Ajouter le beurre, l'extrait de vanille et le sel, mélanger et étaler sur le dessus du gâteau. Saupoudrer de noix de cajou et servir.

Ragoût au poulet d'Aruba

Aruba

T 20 minutes   C 1 heure   P 6

Ingrédients

- 1 oignon haché
- 3 c. à soupe d'huile d'olive
- 1 poulet d'environ 1,4 kg coupé en morceaux
- 2 tasses de tomates en dés
- 6 tasses de bouillon de poulet
- 1 c. à thé de piment fort moulu ou concassé
- 1 c. à thé de thym
- 1 c. à thé d'origan
- 2 c. à soupe de noix de coco râpée
- 1 feuille de laurier
- 3 patates douces pelées et coupées en dés
- 2 carottes pelées et coupées en dés
- 2 épis de maïs épluchés et coupés en rondelles d'environ 2 cm
- 2 tasses de petits pois
- Sel et poivre

Préparation

1. Faire revenir l'oignon dans l'huile d'olive dans une grande marmite pendant environ 5 minutes. Ajouter le poulet et brunir tous les côtés.

2. Incorporer les tomates, le bouillon de poulet, le piment fort, le thym, l'origan, la noix de coco et la feuille de laurier, saler et poivrer au goût et porter le tout à ébullition. Au premier bouillon, baisser le feu et laisser mijoter pendant 15 minutes.

3. Ajouter les patates douces, les carottes, le maïs et les petits pois, couvrir et laisser mijoter pendant encore 40 minutes à feu doux jusqu'à ce que les patates soient tendres.

Riz au poulet

Aruba

T 20 minutes   C 25 minutes   P 2

Ingrédients

- 1 tasse de riz
- 2 tasses d'eau
- 1 cube de bouillon de volaille
- 1 grosse poitrine de poulet
- 3 c. à soupe d'huile d'olive
- 1 petit oignon haché
- 1 tasse de tomates en dés
- 1 poivron rouge coupé en dés
- 1 c. à thé de piment fort moulu ou concassé
- 1 tasse de petits pois
- Sel et poivre

Préparation

1. Porter le riz et l'eau à ébullition avec le cube de bouillon de poulet, couvrir, baisser le feu et laisser mijoter 15 minutes jusqu'à ce qu'il soit tendre.

2. Pendant ce temps, faire bouillir la poitrine de poulet et défaire en filaments.

3. Dans une grande poêle, faire chauffer l'huile d'olive et faire revenir l'oignon, les tomates et le poivron. Ajouter le poulet, ajouter le piment fort, saler et poivrer au goût.

4. Incorporer le riz et les pois dans la poêle, mélanger et assaisonner davantage.

Salsa épicée

Aruba

T 10 minutes   R 45 minutes   P 2 à 4

Ingrédients

- 2 tasses de tomates en dés
- 1/4 de tasse d'oignons verts hachés
- 1/4 de tasse de coriandre hachée
- 1 piment vert haché finement
- 1 c. à soupe de persil haché
- 1/2 c. à soupe de sucre
- Le jus de 2 limes
- 1 pincée de poudre de chili
- Sel et poivre

Préparation

1. Dans un grand bol, mélanger les tomates, les oignons, la coriandre, le piment, le persil, le sucre, le jus de lime et la poudre de chili et assaisonner au goût.

2. Réfrigérer pendant au moins 45 minutes avant de servir.

Soupe froide
à la noix de coco

Aruba

T 10 minutes   R 4 heures   P 4

Ingrédients

- 2 avocats bien mûrs
- 2 tasses de bouillon de poulet
- 2 tasses de lait de coco
- 1 c. à soupe de cari
- 1/4 de tasse de coriandre fraîche
- 1/2 tasse de yogourt nature
- 2 c. à soupe de noix de coco râpée
- Sel et poivre

Préparation

1. Extraire la pulpe d'avocat et la réduire en purée avec le bouillon de poulet et le lait de coco à l'aide d'un robot culinaire ou d'un mélangeur.

2. Ajouter le cari, la coriandre et le yogourt et assaisonner au goût.

3. Verser dans un grand bol hermétique et réfrigérer pendant au moins 4 heures avant de servir.

4. Servir en décorant chaque bol d'un peu de noix de coco râpée.

Yuccas épicés

Aruba

T 10 minutes   C 2 minutes   P 4

Ingrédients

- 2 c. à soupe de poudre de chili
- 1 c. à thé de paprika
- 1 pincée de sel
- 2 yuccas coupés en deux dans le sens de la largeur, puis en tranches minces de 0,5 cm dans le sens de la longueur
- Huile végétale pour la friture

Préparation

1. Mélanger la poudre de chili, le paprika et le sel et verser dans un grand sac hermétique.

2. Faire frire les tranches de yucca dans l'huile à feu vif pendant environ 1 minute de chaque côté jusqu'à ce qu'elles soient dorées. Éponger avec du papier absorbant.

3. Incorporer les croustilles de yucca dans le sac contenant les épices et bien brasser pour enrober les croustilles. Servir avec la garniture désirée.

Acras de conque

Bahamas

T 10 minutes   C 10 minutes   P 4

Ingrédients

- 800 g de chair de conque
- 1 oignon
- 3/4 de tasse de farine
- 2 tasses de lait
- 1 c. à thé de poivre de Cayenne
- 1 c. à soupe de jus de citron
- 1 tasse de chapelure
- Huile d'olive pour la friture
- Sel et poivre

Préparation

1. Hacher grossièrement la chair de conque et l'oignon dans un robot culinaire et verser le tout dans un grand bol.

2. Incorporer la farine, le lait, le poivre de Cayenne, le jus de citron et la chapelure, puis saler et poivrer selon le goût.

3. Verser des cuillérées de pâte dans l'huile pour faire frire les beignets. Éponger avec du papier absorbant et servir avec du citron et de la sauce tartare.

Note

La conque est difficile à trouver au Québec à cause de la pêche très surveillée et limitée de ce coquillage qui est souvent interdit à l'exportation. Dans cette recette, remplacer la conque par du crabe.

Filets de vivaneau grillé

Bahamas

T 15 minutes   C 10 minutes   P 2

Ingrédients

- 4 c. à soupe de beurre
- 2 oignons verts hachés
- 1 gousse d'ail hachée finement
- Le jus de 1 citron
- 2 c. à soupe de moutarde de Dijon
- 1 c. à thé de thym
- 2 grands filets de vivaneau frais
- Sel et poivre

Préparation

1. Faire revenir les oignons pendant 4 minutes dans une poêle avec 1 c. à soupe de beurre. Ajouter le reste du beurre, l'ail, le jus de citron, la moutarde, le thym, le sel et le poivre au goût et faire chauffer à feu doux pendant 2 minutes.

2. Déposer les filets de poisson dans la poêle et en prenant soin de les enrober de sauce. Faire revenir les filets pendant 2 minutes de chaque côté jusqu'à ce qu'ils soient grillés et bien tendres. Servir avec le reste de la sauce.

Amérique

Gâteau au maïs
(Johnny cake)

Bahamas

T 10 minutes   C 30 minutes   P 4 à 6

Ingrédients
- 1 tasse de farine
- 3/4 de tasse de semoule de maïs
- 1 c. à thé de sel
- 4 c. à thé de poudre à pâte
- 1 pincée de muscade
- 1/2 tasse de sucre
- 2 œufs battus
- 2 c. à soupe d'huile d'olive
- 1 tasse de lait

Préparation
1. Préchauffer le four à 350 °F (175 °C).

2. Tamiser la farine, la semoule, le sel, la poudre à pâte, la muscade et le sucre. Creuser un puits au centre des ingrédients et incorporer les œufs, l'huile et le lait, et pétrir la pâte jusqu'à l'obtention d'une substance lisse.

3. Verser la préparation dans un moule à gâteau carré de 9 po (23 cm) et faire cuire au four pendant environ 30 minutes jusqu'à ce que le gâteau soit doré.

Purée de patates douces à la noix de coco

Bahamas

T 10 minutes   C 25 minutes   P 4

Ingrédients
- 6 patates douces pelées et coupées en dés
- 1/2 tasse de lait de coco
- 1 c. à thé de cannelle
- 1 c. à thé de muscade
- Sel et poivre

Préparation
1. Faire bouillir les patates douces dans une casserole pendant environ 25 minutes jusqu'à ce qu'elles soient tendres.

2. Incorporer le lait de coco, la cannelle et la muscade et réduire en purée à l'aide d'un pilon. Saler et poivrer au goût.

Riz au bacon et aux pois cajan

Bahamas

T 20 minutes   C 25 minutes   P 2

Ingrédients
- 3 tranches de bacon
- 1 petit oignon haché
- 1 gousse d'ail hachée
- 1 tasse de riz
- 1 tasse de pois cajan
- 1/4 de tasse de pâte de tomate
- 1 c. à thé de thym
- 1 c. à thé de paprika
- 1 c. à thé d'origan
- 2 tasses d'eau
- 1 cube de bouillon de volaille
- Sel et poivre

Préparation
1. Faire revenir le bacon dans une poêle jusqu'à ce qu'il soit croustillant. Défaire en petits morceaux et réserver. Faire revenir l'oignon et l'ail dans le gras du bacon jusqu'à ce qu'ils deviennent translucides. Ajouter le riz, le bacon, les pois, la pâte de tomate, le thym, le paprika et l'origan et faire cuire pendant environ 2 minutes. Saler et poivrer au goût.

2. Incorporer l'eau et le cube de bouillon de volaille, couvrir et laisser mijoter pendant 15 à 20 minutes jusqu'à ce que l'eau soit complètement absorbée et que le riz soit tendre. Servir chaud.

Steaks de thon aux tomates et au fromage

Bahamas

T 15 minutes   C 10 minutes   P 2

Ingrédients

- 2 c. à soupe d'huile d'olive
- 1/2 c. à soupe de tamari
- 2 steaks de thon
- 1 petit oignon haché finement
- 1 tasse de tomates en dés
- 1/2 c. à thé de piment fort concassé
- Le jus de 1 lime
- 1/2 tasse de mozzarella râpée
- Sel et poivre

Préparation

1. Préchauffer le four à « broil ».

2. Dans un petit bol, mélanger l'huile et le tamari et badigeonner les filets de thon avant de les déposer sur une feuille de papier aluminium.

3. Dans une casserole, faire revenir l'oignon pendant 3 minutes et ajouter les tomates, le piment fort et le jus de lime. Saler et poivrer au goût et baisser le feu.

4. Faire griller les steaks de thon au four pendant 2 à 3 minutes de chaque côté et sortir du four. Napper les filets de sauce tomate et saupoudrer de fromage, puis remettre au four pendant 3 minutes jusqu'à ce que le fromage soit fondu. Servir chaud avec des quartiers de citron.

Beignets de morue

Barbade

T 10 minutes   C 5 minutes   P 4

Ingrédients

- 2 tasses de farine
- 1 c. à thé de poudre à pâte
- 1/2 c. à thé de bicarbonate de soude
- 2 c. à soupe de fécule de maïs
- 3 œufs
- 2 tasses de lait
- 800 g de filets de morue émiettés
- 1 c. à thé de poivre de Cayenne
- Huile d'olive pour la friture
- Sel et poivre

Préparation

1. Dans un bol, mélanger la farine, la poudre à pâte, le bicarbonate de soude et la fécule de maïs.

2. Dans un grand bol, battre les œufs et le lait, puis incorporer la préparation de farine. Ajouter le poisson, ajouter le poivre de Cayenne, saler et poivrer au goût.

3. Faire chauffer de l'huile à feu vif dans une poêle épaisse ou une friteuse.

4. Faire frire les beignets de poisson pendant environ 5 minutes en les plongeant dans l'huile chaude jusqu'à ce que la pâte soit dorée. Servir chaud.

Crème glacée à la banane

Barbade

T 10 minutes   R 4 heures   P 4

Ingrédients

- 3 tasses de lait
- 1 tasse de sucre
- 1 tasse de crème à 35 %
- 4 œufs battus
- 5 bananes
- Le jus de 1 lime
- 1 c. à thé d'extrait de vanille

Préparation

1. Faire chauffer le lait, le sucre, la crème et les œufs dans un bain-marie en fouettant continuellement jusqu'à l'obtention d'une texture épaisse. Laisser tiédir.

2. Réduire les bananes en purée dans un robot culinaire ou un mélangeur. Ajouter le jus de lime et l'extrait de vanille, mélanger et incorporer dans le bain-marie.

3. Verser le mélange dans une sorbetière et faire congeler en suivant les instructions du fabricant, ou alors verser dans un contenant hermétique et mettre au congélateur pendant 2 heures. Sortir du congélateur, fouetter le mélange et remettre au congélateur pendant 2 heures.

Pain sucré de la Barbade

Barbade

T 25 minutes   C 1 heure   P 6

Ingrédients

- 3 tasses de farine
- 1 c. à soupe de poudre à pâte
- 1 c. à soupe de bicarbonate de soude
- 1 tasse de sucre
- 1 c. à thé de sel
- 1 pincée de cannelle
- 2 tasses de noix de coco râpée
- 1 tasse de raisins secs
- 1 œuf battu
- 1 tasse de lait
- 1/2 tasse de beurre mou
- 1/2 c. à thé d'extrait d'amande
- 1/2 c. à thé d'extrait de vanille
- 1 jaune d'œuf

Préparation

1. Préchauffer le four à 350 °F (175 °C) et graisser un moule à pain avec du beurre.

2. Dans un bol, mélanger la farine, la poudre à pâte, le bicarbonate de soude, le sucre, le sel, la cannelle, la noix de coco et les raisins secs. Incorporer ensuite l'œuf, le lait, le beurre et les extraits dans la préparation de farine et pétrir la pâte jusqu'à l'obtention d'une texture lisse et ferme. Verser le mélange dans le moule à pain (utiliser deux moules au besoin) et badigeonner la surface avec le jaune d'œuf.

3. Faire cuire au four pendant environ 1 heure jusqu'à ce qu'un cure-dent inséré au centre du pain en ressorte propre. Laisser le pain reposer dans le moule pendant 10 minutes avant de le démouler.

Salade fraîcheur

Barbade

T 15 minutes   R 1 heure   P 4

Ingrédients

- 1 tasse de pomme rouge coupée en tranches
- 1 tasse de melon miel coupé en dés
- 1 tasse de quartiers de pamplemousse
- 1 tasse de concombre pelé et coupé en dés
- 1 tasse de goyave pelée et coupée en dés
- 1 tasse de mangue sucrée coupée en dés
- 1 tasse de papaye coupée en dés
- 2 avocats coupés en dés
- 2 oignons verts tranchés finement
- Le jus de 1 lime
- 1/4 de tasse de vinaigre de vin
- 1/4 de tasse de miel
- 1 carambole tranchée

Préparation

1. Déposer les morceaux de pomme, de melon miel, de pamplemousse, de concombre, de goyave, de mangue, de papaye et d'avocat dans un grand bol. Saupoudrer d'oignons verts.

2. Dans un petit bol, mélanger le jus de lime, le vinaigre et le miel. Verser le tout sur la salade et bien mélanger. Réfrigérer au moins 1 heure, servir et garnir de tranches de carambole.

Soupe de *calalou*

Barbade

T 10 minutes   C 40 minutes   P 4

Ingrédients

- 6 tasses de bouillon de poulet
- 25 feuilles de calalou hachées grossièrement
- 10 gombos tranchés
- 1 oignon tranché finement
- 1 c. à thé de thym
- 1 poivron vert haché
- 250 g de chair de crabe
- Le jus de 2 limes
- 500 g de jambon cuit coupé en dés
- 2 gousses d'ail hachées
- Sel et poivre

Préparation

1. Verser le bouillon dans une grande marmite et incorporer les feuilles de calalou, les gombos, l'oignon, le thym, le poivron, le sel et le poivre au goût. Porter à ébullition, puis réduire le feu, couvrir et laisser mijoter à feu moyen-doux pendant environ 30 minutes.

2. Retirer le feu et réduire le mélange en purée dans un robot culinaire ou un mélangeur. Remettre la purée dans la marmite et ajouter la chair de crabe, le jus de lime, le jambon cuit et l'ail, puis laisser mijoter à feu doux encore 10 minutes. Servir chaud.

Filets de bœuf au paprika et aux oignons

Belize

T 20 minutes   C 10 minutes   P 2

Ingrédients

- 3 c. à soupe d'huile d'olive
- 1 gousse d'ail hachée finement
- 1 c. à soupe de vinaigre blanc
- 1 c. à soupe de citron
- 1 c. à thé de poudre de chili
- 2 c. à thé de paprika
- 2 contre-filets
- 2 oignons hachés grossièrement
- Sel et poivre

Préparation

1. Dans un bol, mélanger 1 c. à soupe d'huile, l'ail, le vinaigre, le citron, la poudre de chili et le paprika et badigeonner les contre-filets de sauce. Saler et poivrer au goût.

2. Faire chauffer le beurre dans une poêle à feu moyen et faire revenir les oignons jusqu'à ce qu'ils soient croustillants. Ajouter les deux contre-filets et saisir 2 minutes de chaque côté. Servir la viande avec les oignons.

Fricassée de vivaneau, au lait de coco et aux bananes *(Bundiga)*

Belize

T 30 minutes   C 25 minutes   P 4

Ingrédients

- 6 bananes vertes
- 1 c. à thé de curcuma
- 2 grands filets de vivaneau frais
- Le jus de 1/2 citron
- 2 tasses de lait de coco
- 2 tasses d'eau
- 1 gousse d'ail hachée finement
- 1 c. à thé de thym
- Sel et poivre

Préparation

1. Peler et râper les bananes vertes, ajouter le curcuma, saler et poivrer au goût.

2. Émietter le poisson, verser le jus de citron, saler et poivrer au goût.

3. Faire chauffer le lait de coco et l'eau à feu moyen-doux dans une casserole. Ajouter l'ail et les bananes vertes et laisser mijoter à feu moyen pendant une quinzaine de minutes. Ajouter le poisson, mélanger, ajouter le thym et laisser mijoter pendant encore 5 minutes. Servir chaud.

Poulet au cari et au lait de coco

Belize

T 20 minutes   C 20 minutes   P 2

Ingrédients

- 3 c. à soupe d'huile d'olive
- 2 gousses d'ail hachées
- 1 oignon haché
- 2 poitrines de poulet désossées, sans la peau et coupées en lamelles
- 2 c. à soupe de curcuma
- 2 c. à soupe de cari en poudre
- 1/2 c. à thé de cumin
- Le jus de 1/2 lime
- 1/2 c. à thé de piment fort concassé
- 1/2 tasse de bouillon de poulet
- 2 tasses de tomates en dés
- 1/2 tasse de lait de coco
- Sel et poivre

Préparation

1. Faire chauffer l'huile d'olive dans une poêle à feu moyen et faire revenir l'ail et l'oignon pendant environ 5 minutes. Ajouter le poulet, le curcuma, le cari, le cumin, le jus de lime et le piment fort et faire cuire pendant encore 5 à 7 minutes.

2. Incorporer le bouillon, les tomates en dés et le lait de coco, saler et poivrer au goût et porter à ébullition. Baisser le feu et laisser cuire pendant encore une dizaine de minutes en remuant de temps à autre jusqu'à ce que la sauce épaississe. Servir chaud.

Poulet rôti à l'orange et à la papaye

Belize

T 20 minutes   C 1 heure   P 4

Ingrédients

- 1 c. à soupe d'herbes de Provence
- 1/4 de tasse de miel
- 1/2 tasse d'huile d'olive
- 1 grande papaye mûre, pelée, épépinée et coupée en dés
- 1 c. à soupe de thym
- 1 poulet
- 3 gousses d'ail
- 3 grosses oranges coupées en quartiers
- 2 tasses de jus d'orange
- Sel et poivre
- 1/2 tasse d'huile d'olive
- 1 c. à soupe de vinaigre
- 1 c. à soupe de miel
- 1 c. à soupe de moutarde de Dijon

Préparation

1. Préchauffer le four à 355 °F (180 °C).

2. Déposer les herbes de Provence, le miel, l'huile d'olive, la papaye et le thym dans un robot culinaire et mélanger jusqu'à l'obtention d'une texture grossière.

3. Graisser un plat allant au four et y déposer le poulet. Saler et poivrer au goût. Insérer les gousses d'ail et les quartiers d'orange à l'intérieur du poulet avant de le badigeonner de sauce à la papaye. Faire cuire le poulet au four pendant environ 1 heure en le retournant toutes les 15 minutes et en l'arrosant de jus d'orange jusqu'à ce que l'intérieur soit cuit et l'extérieur, rôti.

4. Dans un petit bol, mélanger l'huile, le vinaigre, le miel et la moutarde.

5. Servir le poulet avec le jus de la cuisson et la sauce au miel et à la moutarde de Dijon.

Amérique

Pudding de patates douces

Belize

T 15 minutes   C 1 heure   P 6 à 8

Ingrédients
- 2 œufs
- 1/4 de tasse de beurre fondu
- 1/4 de tasse de lait de coco
- 1/2 tasse de cassonade
- 1/2 c. à thé de cannelle
- 1/2 c. à thé de sel
- 1/2 c. à thé de muscade
- 1/2 c. à thé de gingembre moulu
- 1 c. à thé d'extrait de vanille
- 1 tasse de lait
- 2 patates douces pelées et râpées

Préparation
1. Préchauffer le four à 350 °F (175 °C).

2. Dans un grand bol, mélanger les œufs, le beurre, le lait de coco, la cassonade, la cannelle, le sel, la muscade, le gingembre et la vanille jusqu'à l'obtention d'une texture lisse. Incorporer le lait et les patates douces râpées et bien mélanger.

3. Graisser un moule à gâteau d'environ 9 po (23 cm) et verser le mélange à l'intérieur en lissant la surface.

4. Faire cuire au four pendant environ 1 heure jusqu'à ce qu'un cure-dent inséré au centre du pain en ressorte propre. Laisser le pudding dans le moule pendant 10 minutes avant de servir.

Riz aux fèves

Belize

T 10 minutes   C 25 minutes   P 4

Ingrédients
- 2 conserves de haricots rouges
- 1 oignon tranché finement
- 1 gousse d'ail hachée
- 1 pincée de safran
- 1 poivron rouge haché
- 1/2 c. à thé de thym
- 2 c. à soupe de coriandre hachée
- 1 c. à soupe de persil haché
- 2 tasses de riz
- 4 tasses d'eau
- 1 tasse de lait de coco
- Sel et poivre

Préparation
1. Rincer les haricots rouges et égoutter.

2. Verser les haricots, l'oignon, l'ail, le safran et le poivron dans une casserole et couvrir d'eau. Porter à ébullition jusqu'à ce que les haricots soient bien tendres.

3. Ajouter le thym, la coriandre, le persil, le riz, l'eau et le lait de coco, puis laisser mijoter à feu doux jusqu'à ce que le riz soit tendre. Saler et poivrer au goût. Ajouter un peu d'eau au besoin. Garnir de persil et servir.

Chaudrée de poisson

Bermudes

T 30 minutes   C 50 minutes   P 4

Ingrédients
- 2 c. à soupe d'huile d'olive
- 2 gousses d'ail hachées finement
- 2 oignons verts hachés
- 2 carottes hachées
- 2 branches de céleri hachées
- 1 poivron vert haché
- 3 c. à soupe de pâte de tomate
- 4 tasses de jus de myes
- 2 conserves de petites palourdes
- 2 pommes de terre pelées et coupées en dés
- 1 conserve de tomates en dés
- 2 c. à soupe de sauce Worcestershire
- 1 c. à soupe d'herbes de Provence
- 1 c. à thé de poivre de Cayenne
- 800 g de filet de morue ou de vivaneau frais coupé en morceaux
- Sel et poivre

Préparation
1. Faire chauffer l'huile d'olive dans une grande casserole à feu moyen et faire sauter l'ail, les oignons verts, les carottes, le céleri et le poivron vert pendant environ 7 minutes.

2. Incorporer la pâte de tomate et faire cuire pendant 1 minute. Ajouter le jus de myes, les palourdes et leur jus, les pommes de terre, les tomates en dés, la sauce Worcestershire, les herbes de Provence et le poivre de Cayenne, saler et poivrer au goût. Laisser mijoter le tout pendant environ 30 minutes jusqu'à ce que les pommes de terre soient tendres en remuant le tout de temps à autre.

3. Incorporer ensuite le poisson et laisser mijoter pendant 7 à 10 minutes en mélangeant bien le tout. Servir chaud.

Amérique

Poulet des Bermudes

Bermudes

T 15 minutes   C 15 minutes   P 2

Ingrédients

- 2 c. à soupe d'huile d'olive
- 1 gousse d'ail hachée finement
- 2 oignons verts hachés
- 1 tasse de chapelure
- 1/4 de tasse de persil haché
- 1 tasse de thym frais haché
- 1 c. à thé de romarin
- 1 jaune d'œuf
- 2 escalopes de poulet désossées, sans la peau
- Sel et poivre

Préparation

1. Faire chauffer l'huile d'olive à feu moyen et faire sauter l'ail et les oignons verts avant de les transférer dans un grand bol. Incorporer la chapelure, le persil, le thym et le romarin et bien mélanger.

2. Incorporer un filet d'huile et mélanger à nouveau. Verser le jaune d'œuf dans un bol et étaler le mélange de chapelure sur du papier ciré.

3. Faire chauffer de l'huile d'olive et saisir les escalopes de poulet pendant environ 2 minutes de chaque côté.

4. Tremper les escalopes dans le jaune d'œuf, puis dans le mélange de chapelure de façon à bien enrober toute la surface du poulet.

5. Saisir à nouveau dans la poêle à feu moyen-vif pendant 1 minute jusqu'à ce que les escalopes soient dorées et servir chaud.

Salade d'épinards, d'œufs et de lardons

Bermudes

T 20 minutes   C 15 minutes   P 4

Ingrédients

- 3 œufs
- 8 tranches de bacon
- 1/2 c. à soupe de beurre
- 1 tasse de champignons lavés et tranchés
- 1 c. à thé d'aneth
- 1/2 tasse d'huile d'olive
- 3 c. à soupe de vinaigre balsamique
- 1 c. à soupe de moutarde de Dijon
- 8 tasses d'épinards rincés et tranchés
- 1 oignon rouge haché
- 2 tasses de croûtons
- Sel et poivre

Préparation

1. Déposer les œufs dans une casserole avant de les couvrir d'eau froide et porter à ébullition. Lorsque l'eau se met à bouillir, couvrir et retirer du feu, puis laisser reposer les œufs dans l'eau chaude pendant 10 minutes. Retirer les œufs de l'eau chaude, laisser refroidir, écaler et couper les œufs durs en deux.

2. Faire cuire les tranches de bacon dans une poêle jusqu'à ce qu'elles soient dorées et croustillantes, puis défaire en petits morceaux et mettre de côté.

3. Faire chauffer le beurre à feu moyen et faire revenir les champignons pendant 5 à 7 minutes jusqu'à ce qu'ils soient dorés. Saupoudrer d'aneth et mettre de côté.

4. Dans un petit bol, mélanger l'huile d'olive, le vinaigre et la moutarde, saler et poivrer au goût.

5. Déposer les épinards dans un saladier. Incorporer l'oignon rouge, les œufs, les lardons, les croûtons et les champignons, puis verser la vinaigrette sur la salade. Remuer et servir.

Délices à la noix de coco

Bolivie

T 10 minutes   C 20 minutes   P 6 à 8

Ingrédients

- 3 tasses de noix de coco râpée
- 3/4 de tasse de lait condensé
- 1 œuf
- 1/4 de c. à thé d'extrait de vanille
- 1/4 de c. à thé d'extrait d'amande

Préparation

1. Préchauffer le four à 350 °F (175 °C).

2. Dans un bol, mélanger la noix de coco, le lait condensé, l'œuf et les extraits jusqu'à l'obtention d'une texture homogène.

3. Graisser une plaque à biscuits, verser des cuillérées de préparation à la noix de coco dessus et faire cuire au four pendant 20 minutes ou jusqu'à ce que les délices soient dorés.

Empañadas épicées au fromage

Bolivie

T 45 minutes   R 30 minutes   C 30 minutes   P 6

Ingrédients

Pâte
- 4 tasses de farine
- 2 c. à thé de bicarbonate de soude
- 1 c. à thé de sel
- 1 tasse d'eau
- 3 jaunes d'œufs
- 3 c. à soupe d'huile d'olive

Farce
- 1 oignon vert haché finement
- 2 piments forts hachés finement
- 2 tomates hachées finement
- 4 tasses de mozzarella fraîche émiettée
- 12 olives noires dénoyautées et coupées en deux
- 2 c. à soupe de persil frais haché finement
- 1/3 de tasse de beurre mou

Préparation

1. Pour faire la pâte, tamiser la farine, le bicarbonate de soude et le sel, puis creuser un puits au centre des ingrédients secs pour y verser l'eau, l'huile d'olive et 2 jaunes d'œufs. Pétrir jusqu'à l'obtention d'une pâte lisse et homogène et laisser reposer pendant 30 minutes sous un linge humide.

2. Préchauffer le four à 450 °F (230 °C).

3. Dans un bol, mélanger tous les ingrédients de la farce.

4. Étaler la pâte et couper des carrés de 10 cm. Verser une cuillérée de la farce au centre de chaque carré et replier la pâte pour former des triangles. Humidifier les bordures de la pâte au besoin. Badigeonner les *empañadas* avec le jaune d'œuf restant avant de les déposer sur une plaque à biscuits couverte de papier ciré.

5. Faire cuire au four pendant environ 30 minutes jusqu'à ce que les *empañadas* soient bien dorées. Servir avec de la sauce piquante.

Plat de La Paz
(plato placeño)

Bolivie

T 20 minutes   C 50 minutes   P 4

Ingrédients

- 8 pommes de terre lavées et coupées en deux
- 1 conserve de haricots de Lima
- 4 c. à soupe de beurre mou
- Le jus de 1/2 citron
- 3 c. à thé de paprika
- 4 épis de maïs frais coupés en deux
- 250 g de mozzarella fraîche coupée en tranches de 1 cm
- 2 c. à soupe d'huile d'olive
- Sel et poivre

Préparation

1. Dans une casserole d'eau salée, déposer les pommes de terre. Porter à ébullition, couvrir et faire cuire les pommes de terre pendant 25 à 30 minutes jusqu'à ce qu'elles soient tendres.

2. Pendant ce temps, faire cuire les haricots à la vapeur pendant 10 à 15 minutes jusqu'à ce qu'ils soient tendres.

3. Mélanger le beurre, le jus de citron et le paprika et mettre de côté.

4. Environ 5 minutes avant la fin de la cuisson des pommes de terre, porter une autre grande casserole d'eau à ébullition et faire cuire les épis de maïs pendant 5 à 7 minutes.

5. Faire chauffer de l'huile à feu moyen-vif et faire frire les tranches de fromage pendant 2 minutes de chaque côté jusqu'à ce qu'elles soient bien dorées.

6. Servir quelques morceaux de pommes de terre, deux moitiés d'épis de maïs, 2 tranches de fromage et une portion de haricots dans chaque assiette. Saler et poivrer au goût. Servir avec la sauce au beurre et au paprika et une sauce piquante.

Poulet épicé

Bolivie

T 15 minutes   C 50 minutes   P 2

Ingrédients

- 2 poitrines de poulet désossées, sans la peau et coupées en morceaux
- 2 c. à soupe de poivre de Cayenne
- 1 tasse de tomates en dés
- 1/2 tasse de pois verts pelés
- 1/2 c. à thé de cumin
- 1/2 c. à thé d'origan
- 1/2 c. à thé de piment fort concassé
- 2 c. à soupe d'huile d'olive
- 1 oignon tranché finement
- 1 gousse d'ail hachée finement
- 3 tasses de bouillon de poulet
- 1/2 tasse de persil haché finement
- Sel et poivre

Préparation

1. Déposer les morceaux de poulet dans un bol et incorporer le poivre de Cayenne, les tomates, les pois verts, le cumin, l'origan, le piment fort, le sel et le poivre au goût. Mélanger tous les ingrédients.

2. Faire chauffer l'huile d'olive dans une grande casserole et faire sauter l'oignon et l'ail pendant 5 minutes. Incorporer les ingrédients dans le bol et brasser le tout pendant 2 minutes. Couvrir les ingrédients de bouillon de poulet, porter à ébullition et baisser le feu. Laisser mijoter à feu doux pendant 45 minutes jusqu'à ce que le poulet et les légumes soient tendres en remuant de temps à autre et en ajoutant de l'eau au besoin.

3. Servir le poulet et les légumes épicés et garnir de persil frais.

Ragoût de bœuf et de légumes *(chairo paceño)*

Bolivie

T 30 minutes   C 1 h 45   P 4

Ingrédients

- 250 g de cubes de bœuf
- 250 g de côtelettes de filet d'agneau coupées en 4 morceaux
- 1/2 tasse de pois verts
- 1/2 tasse de haricots de Lima pelés
- 2 carottes pelées et tranchées
- 2 pommes de terre pelées et coupées en dés
- 1 tasse d'orge
- 1 tasse de maïs en grains
- 3 c. à soupe d'huile d'olive
- 1 oignon haché
- 1 c. à thé de poivre de Cayenne
- 1/2 c. à thé de cumin
- 1/2 c. à thé d'origan
- 1/2 c. à thé de thym
- 1/2 tasse de persil frais haché
- Sel et poivre

Préparation

1. Faire chauffer 8 tasses d'eau à feu moyen et ajouter le bœuf et l'agneau. Saler et laisser cuire pendant près d'une heure.

2. Incorporer les pois verts, les haricots de Lima, les carottes, les pommes de terre et l'orge et porter le tout à ébullition pendant 20 minutes. Ajouter le maïs et laisser bouillir jusqu'à ce que les pommes de terre et l'orge soient tendres.

3. Faire chauffer l'huile d'olive dans une poêle et faire sauter l'oignon pendant 5 minutes. Ajouter le poivre de Cayenne, le cumin, l'origan, le thym, le sel et le poivre au goût et faire cuire pendant encore 5 minutes. Verser l'oignon épicé dans le ragoût, brasser et laisser mijoter encore une dizaine de minutes.

4. Servir et garnir de persil frais.

Sauce piquante *(salsa cruda)*

Bolivie

T 5 minutes   P 8

Ingrédients

- 1 oignon haché finement
- 1/2 tasse de tomates en dés
- 1 piment fort haché finement
- 1 c. à soupe de persil frais haché finement
- 1 c. à soupe de coriandre fraîche hachée finement
- 1 c. à soupe d'huile d'olive
- Le jus de 1/2 lime
- Sel et poivre

Préparation

1. Mélanger l'oignon, les tomates, le piment fort, le persil, la coriandre, l'huile d'olive, le jus de lime, le sel et le poivre au goût dans un grand bol.

2. Verser dans un contenant hermétique et réfrigérer jusqu'à utilisation.

Cassoulet
(Feijoada compléta)

Brésil

T 45 minutes   R 1 nuit   C 2 h   P 6

Ingrédients
- 600 g de porc salé (queue, pied, oreille)
- 200 g de lard salé
- 2 oignons hachés finement
- 2 gousses d'ail écrasées
- 300 g de cubes de bœuf
- 400 g de saucisse
- 1 feuille de laurier
- 1 c. à thé d'herbes de Provence
- 1/2 c. à thé d'origan
- 1/2 c. à thé de thym
- 500 g de haricots noirs
- 2 tasses de tomates en dés
- Sel et poivre

Préparation
1. Faire tremper les viandes salées (le porc et le lard) pendant toute une nuit.

2. Le lendemain, faire revenir les oignons à feu moyen avec le lard. Ajouter l'ail et faire cuire pendant encore 3 minutes. Incorporer le reste des viandes, la feuille de laurier, les herbes de Provence, l'origan, le thym, saler et poivrer au goût, puis couvrir d'eau et porter à ébullition. Faire bouillir les viandes à feu moyen pendant 1 heure, puis réduire le feu et dégraisser le bouillon.

3. Ajouter les haricots et les tomates et laisser mijoter encore une heure.

4. Retirer les viandes de la marmite à mesure qu'elles sont cuites. Servir avec du riz, du manioc et de la sauce carioca.

Cari de crevettes au lait de coco

Brésil

T 20 minutes   C 25 minutes   P 2

Ingrédients
- 3 c. à soupe d'huile d'olive
- 2 gousses d'ail hachées
- 1 c. à thé de gingembre râpé
- 1 oignon haché
- 1 poivron rouge coupé en dés
- 2 c. à soupe de cari en poudre
- Le jus de 1/2 lime
- 1/2 c. à thé de piment fort concassé
- 2 tasses de tomates en dés
- 1/2 tasse de bouillon de poisson
- 1/2 tasse de lait de coco
- 2 c. à soupe de coriandre fraîche hachée
- 400 g de grosses crevettes cuites et décortiquées
- Sel et poivre

Préparation
1. Faire chauffer l'huile d'olive dans une poêle à feu moyen et faire revenir l'ail, le gingembre et l'oignon pendant environ 5 minutes. Ajouter le poivron, le cari, le jus de lime et le piment fort et faire cuire pendant encore 5 à 7 minutes.

2. Incorporer les tomates en dés et poursuivre la cuisson jusqu'à ce qu'elles se réduisent en purée. Ajouter le bouillon et le lait de coco, saler et poivrer au goût et porter à ébullition. Baisser le feu et laisser cuire pendant encore une dizaine de minutes en remuant de temps à autre jusqu'à ce que la sauce épaississe.

3. Ajouter les crevettes, mélanger et laisser mijoter 5 minutes. Servir chaud et garnir de coriandre.

Compote de courge

Brésil

T 20 minutes   C 30 minutes   P 4

Ingrédients
- 1 petite courge musquée
- 1 1/2 tasse de lait de coco
- 1/4 de tasse de sucre en poudre
- 1/4 de tasse de cassonade
- 2 clous de girofle
- 1 c. à thé d'extrait de vanille
- 1 c. à thé de cannelle

Préparation
1. Peler, évider et couper la courge en dés.

2. Porter une casserole remplie d'eau à ébullition, incorporer la courge et faire bouillir pendant une vingtaine de minutes jusqu'à ce qu'elle soit tendre.

3. Réduire la courge en purée avec le lait de coco dans un robot culinaire ou un mélangeur et verser à nouveau dans la casserole.

4. Incorporer le sucre en poudre, la cassonade, les clous de girofle, la vanille et la cannelle et faire chauffer à feu doux jusqu'à l'obtention d'une pâte épaisse. Laisser refroidir et servir.

Manioc frit

Brésil

T 10 minutes   C 15 minutes   P 4

Ingrédients

- 4 tasses de manioc coupé en rondelles
- Huile canola pour la friture
- 1 c. à thé de sel d'ail
- 1 c. à thé de paprika
- Le jus de 1/2 lime
- Poivre

Préparation

1. Faire cuire les rondelles de manioc à la vapeur pendant environ 10 minutes jusqu'à ce qu'elles soient assez tendres.

2. Faire chauffer l'huile à feu vif dans une poêle et faire frire les rondelles de manioc jusqu'à ce qu'elles soient dorées et croustillantes.

3. Égoutter sur du papier absorbant et déposer dans un grand bol.

4. Dans un petit bol, mélanger le sel d'ail, le paprika, le jus de lime et le poivre, et verser le tout sur les rondelles.

Moqueca de crevettes

Brésil

T 15 minutes   M 45 minutes   C 15 minutes   P 4

Ingrédients

- Le jus de 3 citrons
- 1 gousse d'ail hachée finement
- 1/2 tasse de coriandre fraîche hachée
- 1 c. à thé de gingembre moulu
- 1/2 c. à thé de piment rouge moulu
- 1 kg de crevettes décortiquées, fraîches ou décongelées
- 1/4 de tasse d'huile de palme
- 1 oignon tranché finement
- 1 conserve de tomates en dés
- 1 tasse de lait de coco
- Sel et poivre

Préparation

1. Dans un grand bol, mélanger le jus de 1 citron, l'ail, la coriandre, le gingembre et le piment rouge. Saler et poivrer au goût et incorporer les crevettes. Laisser mariner 45 à 60 minutes au réfrigérateur.

2. Dans une poêle profonde, faire revenir l'oignon et les tomates dans l'huile de palme pendant environ 5 à 7 minutes à feu moyen-vif, puis baisser à feu doux. Incorporer les crevettes, la marinade, le jus de 2 citrons, le lait de coco et faire chauffer en remuant pendant environ 5 à 7 minutes. Servir seul ou avec du riz blanc.

Amérique

Moqueca de poisson

T 10 minutes   M 30 minutes   C 15 minutes   P 4

Ingrédients
- Le jus de 3 limes
- 1 gousse d'ail hachée finement
- 1/2 tasse de coriandre fraîche hachée
- 1 kg de filets de dorade ou de sole frais, sans arêtes
- 1/4 de tasse d'huile d'olive
- 1 oignon tranché finement
- 1 conserve de tomates en dés
- 1 tasse de lait de coco
- Sel et poivre

Préparation

1. Dans un grand bol, mélanger le jus de 1 lime, l'ail et la coriandre. Saler et poivrer au goût et incorporer les filets de poisson. Laisser mariner 30 minutes dans le réfrigérateur.

2. Dans une poêle profonde, faire revenir l'oignon et les tomates dans l'huile d'olive pendant environ 7 minutes à feu moyen-vif, puis baisser à feu doux. Incorporer le poisson, la marinade, le jus de 2 limes, le lait de coco et faire chauffer en remuant pendant environ 5 à 7 minutes. Servir seul ou avec du riz blanc.

Ragoût de haricots et de chorizo

T 20 minutes   C 20 minutes   P 4

Ingrédients
- 400 g de haricots noirs
- 2 gousses d'ail écrasées
- 1 oignon haché finement
- 1 c. à soupe d'huile d'olive
- 1 chorizo coupé en rondelles
- 8 à 10 tranches de bacon coupées en morceaux
- 400 g de saucisse
- 1/2 c. à thé d'origan
- 1/2 c. à thé de thym
- 1/4 de tasse de persil frais haché
- Citron
- Sel et poivre

Préparation

1. Rincer et bien égoutter les haricots. Mettre de côté.

2. Faire revenir l'oignon et l'ail dans l'huile d'olive pendant 3 à 5 minutes à feu moyen dans une poêle profonde et antiadhésive. Ajouter le chorizo et le bacon et saisir pendant quelques minutes. Ajouter les haricots et environ 1/4 de tasse d'eau pour éviter que les haricots ne collent. Incorporer l'origan, le thym, le sel, le poivre au goût ainsi que la moitié du persil et faire cuire le tout pendant une dizaine de minutes.

3. Servir avec le reste du persil et des tranches de citron, si désiré.

Riz à la noix de coco

T 5 minutes   C 20 minutes   P 2

Ingrédients
- 1 petit oignon haché
- 1 c. à soupe d'huile d'olive
- 2 tasses de riz
- 1 tasse de lait de coco
- 1 tasse d'eau
- 1 c. à soupe de noix de coco râpée
- Sel et poivre

Préparation

1. Faire revenir l'oignon dans l'huile d'olive dans une casserole pendant 5 minutes.

2. Ajouter le riz, remuer et verser le lait de coco. Ajouter l'eau, assaisonner, couvrir et laisser mijoter à feu moyen-doux pendant 15 à 20 minutes jusqu'à ce que le liquide soit absorbé et que le riz soit tendre.

3. Saupoudrer le riz de noix de coco râpée et servir chaud.

Amérique

Sauce piquante brésilienne *(salsa cruda)*

Brésil

T 10 minutes   R 2 à 3 heures   P 4

Ingrédients

- 2 c. à soupe de piment fort concassé ou haché
- Le jus de 2 citrons
- 1/2 tasse de rhum blanc
- 1 c. à thé de persil séché
- Sel et poivre

Préparation

1. Dans un bol, mélanger le piment fort, le citron et le rhum et laisser macérer pendant 2 à 3 heures.

2. Écraser les grains dans le jus, ajouter le persil, saler et poivrer au goût.

3. Verser dans un contenant hermétique et réfrigérer.

Soupe aux crevettes et au lait de coco

Brésil

T 25 minutes   C 50 minutes   P 4

Ingrédients

- 2 maniocs (ou yuccas) pelés et coupés en rondelles
- 1 c. à soupe de beurre
- 1 oignon tranché finement
- 1/4 de tasse d'huile végétale
- 1 conserve de tomates en dés
- 1/4 de tasse de coriandre fraîche hachée
- 1 kg de crevettes décortiquées, fraîches ou décongelées
- 1 1/2 tasse de lait de coco
- 1 c. à thé de curcuma
- Sel et poivre

Préparation

1. Faire bouillir une casserole remplie d'eau salée et incorporer les rondelles de manioc. Faire cuire pendant 25 à 30 minutes jusqu'à ce que le manioc soit tendre. Égoutter et verser un peu de lait de coco et 1 c. à soupe de beurre, puis réduire le manioc en purée à l'aide d'un pilon ou d'un mélangeur électrique. Assaisonner au goût.

2. Faire revenir l'oignon dans l'huile végétale pendant 5 minutes à feu moyen dans une casserole. Ajouter les tomates, la coriandre, les crevettes, le sel et le poivre au goût et laisser mijoter à feu doux jusqu'à ce que les crevettes soient tendres.

3. Incorporer la purée de manioc, le lait de coco et le curcuma, mélanger et porter le tout à ébullition. Ajouter de l'eau si la soupe est trop épaisse et servir dès les premiers bouillons.

Tapioca aux raisins secs

Brésil

T 30 minutes   C 1 heure   R 3 heures   P 4

Ingrédients

- 2 tasses de tapioca
- 2 tasses d'eau
- 3 tasses de jus de raisin
- 1/2 tasse de sucre
- 1 c. à thé d'extrait de vanille
- 1 pincée de cannelle
- 1/2 tasse de raisins de Corinthe

Préparation

1. Faire tremper le tapioca pendant 30 minutes, puis transférer dans une casserole.

2. Verser le jus de raisin dans la casserole pour couvrir le tapioca et incorporer le sucre, l'extrait de vanille et la cannelle. Porter à ébullition et baisser à feu doux en brassant continuellement. Laisser mijoter ainsi pendant 30 minutes jusqu'à ce que le tapioca devienne clair. Incorporer les raisins de Corinthe et bien mélanger.

3. Verser le tapioca dans des coupes individuelles et réfrigérer 3 heures.

Vatapa

Brésil

T 25 minutes   C 20 minutes   P 4

Ingrédients
- 2 c. à soupe d'huile d'olive
- 1 oignon tranché finement
- 2 gousses d'ail hachées
- 2 c. à thé de gingembre râpé
- 1 c. à thé de piment rouge moulu
- 1 conserve de tomates en dés
- Le jus de 2 limes
- 1/4 de tasse d'arachides grillées et pelées
- 2 c. à soupe de noix de coco râpée
- 1 tasse de lait de coco
- 1 c. à thé de paprika
- 1/4 de tasse de coriandre fraîche hachée
- 1 cube de bouillon de poisson
- 1 tasse d'eau
- 250 g de filet de morue
- 500 g de crevettes cuites, pelées et décortiquées
- Sel et poivre

Préparation

1. Faire revenir l'oignon, l'ail, le gingembre et le piment rouge avec un filet d'huile d'olive à feu moyen dans une grande poêle jusqu'à ce que l'oignon soit transparent. Ajouter les tomates et le jus des limes et faire cuire pendant 5 minutes à feu moyen.

2. Pendant ce temps, broyer les arachides et incorporer dans la poêle. Ajouter la noix de coco, le lait de coco, le paprika et la coriandre et faire cuire pendant 2 à 3 minutes. Saler et poivrer au goût. Ajouter le bouillon de poisson et 1 tasse d'eau pour que le mélange demeure bien lisse.

3. Lorsque la sauce est presque prête, faire revenir les filets de morue avec un peu d'huile d'olive dans une poêle antiadhésive pendant 5 minutes en les retournant à la mi-cuisson. Ajouter les crevettes, faire cuire encore 2 minutes, incorporer le tout dans la sauce et laisser mijoter 2 à 3 minutes. Servir seul ou avec du riz et garnir de coriandre et d'arachides.

Bouchées de saumon fumé

Canada

T 10 minutes   P 4

Ingrédients
- 1 tasse de yogourt nature
- 1/2 concombre râpé
- 1 gousse d'ail hachée
- 1 c. à soupe d'aneth frais
- Le jus de 1/2 citron
- 20 petits pains pita
- 1 paquet de 130 g de saumon fumé
- Câpres
- Sel et poivre

Préparation

1. Dans un grand bol, mélanger le yogourt, le concombre, l'ail, l'aneth, le citron, saler et poivrer au goût.

2. Faire une incision dans chaque petit pain pita et farcir l'intérieur avec la préparation. Garnir le tout de saumon fumé et de câpres et servir.

Chaudrée de palourdes

Canada

T 10 minutes   C 30 minutes   P 4

Ingrédients
- 3 c. à soupe de beurre
- 1 petit oignon haché
- 2 branches de céleri hachées
- 3 c. à soupe de farine
- 2 conserves de petites palourdes dans leur jus
- 4 tasses de bouillon de poisson
- 2 tasses de lait entier
- 2 pommes de terre pelées et coupées en dés
- 1 c. à thé de thym
- 1 feuille de laurier
- 1/4 de tasse de persil haché
- Sel et poivre

Préparation

1. Faire chauffer le beurre à feu moyen-vif dans une grande casserole, puis incorporer l'oignon et le céleri et faire revenir jusqu'à ce qu'ils soient tendres. Incorporer la farine et remuer pour faire un roux. Ajouter le jus de palourdes et le bouillon et remuer.

2. Verser le lait, les pommes de terre, le thym et la feuille de laurier, saler et poivrer au goût.

3. Baisser à feu doux et laisser mijoter pendant une vingtaine de minutes jusqu'à ce que les pommes de terre soient tendres. Ajouter les palourdes et faire cuire pendant encore 2 à 3 minutes.

4. Garnir de persil et servir chaud.

Cretons

Canada

T 15 minutes   C 1 heure   R 1 nuit   P 6

Ingrédients
- 1/2 tasse de lait
- 1 tasse d'eau
- 450 g de porc haché maigre
- 1 oignon haché
- 1 gousse d'ail hachée
- 1 c. à thé de girofle moulu
- 1 c. à thé de cannelle
- 1/2 c. à thé de muscade
- 1 pincée d'origan
- Sel et poivre

Préparation
1. Porter le lait et l'eau à ébullition dans une casserole.

2. Incorporer la viande en l'émiettant, puis ajouter l'oignon, l'ail, le girofle, la cannelle, la muscade, l'origan, le sel et le poivre au goût et faire mijoter le tout à feu doux pendant une heure en remuant souvent.

3. Verser dans deux petits bols et laisser tiédir, puis couvrir et réfrigérer toute une nuit.

Croquettes de saumon

Canada

T 10 minutes   C 5 minutes   P 2

Ingrédients
- 1 conserve de saumon égoutté et émietté
- 1 œuf battu
- 1/2 tasse de parmesan râpé
- 2 oignons verts hachés
- 1/4 de tasse de persil haché
- 1/4 de tasse d'huile d'olive
- Sel et poivre

Préparation
1. Dans un grand bol, bien mélanger le saumon, l'œuf, le parmesan, les oignons verts, le persil, le sel et le poivre au goût et former 4 à 6 croquettes.

2. Faire chauffer l'huile d'olive à feu moyen-vif dans une poêle antiadhésive et faire cuire les croquettes 2 à 3 minutes de chaque côté jusqu'à ce qu'elles soient bien croustillantes. Égoutter et servir.

Fèves au lard

Canada

T 25 minutes   C 1 h 15   P 6

Ingrédients
- 4 tranches de bacon
- 1 oignon haché
- 3 tasses de haricots blancs rincés et égouttés
- 1/4 de tasse de mélasse
- 1/4 de tasse de cassonade
- 1 c. à soupe de moutarde
- 1 c. à soupe de ketchup
- 1 c. à soupe de sauce barbecue
- Poivre

Préparation
1. Faire cuire le bacon et l'oignon dans une poêle pendant environ 5 à 7 minutes jusqu'à ce que le bacon soit doré et que l'oignon soit tendre. Égoutter pour retirer l'excédent de graisse.

2. Préchauffer le four à 350 °F (175 °C).

3. Dans un bol, mélanger la mélasse, la cassonade, la moutarde, le ketchup, la sauce barbecue et le poivre et verser le tout dans la poêle sur le bacon et l'oignon. Remuer et incorporer les haricots blancs.

4. Verser le tout dans un grand plat graissé et faire cuire au four pendant environ 1 heure jusqu'à ce que les fèves au lard soient tendres et chaudes.

Amérique

Jambon à l'érable

Canada

T 10 minutes   C 2 heures   P 6 à 8

Ingrédients
- 1 jambon avec l'os de 2,5 kg
- 2 c. à thé de thym
- 2 c. à thé de persil séché
- 1 c. à thé de girofle moulu
- 3 clous de girofle
- 2 tasses de sirop d'érable
- 1 tasse de mélasse
- 1/2 tasse de bière
- Sel et poivre

Préparation
1. Déposer le jambon dans une grande casserole et couvrir d'eau. Ajouter le thym, le persil, le girofle moulu, le sel et le poivre au goût et porter à ébullition. Réduire à feu moyen-doux et laisser mijoter environ 1 heure.

2. Préchauffer le four à 350 °F (175 °C).

3. Extraire le jambon du bouillon et déposer dans une rôtissoire. Faire des incisions et insérer les clous de girofle.

4. Mélanger le sirop, la mélasse et la bière dans un grand bol et verser le tout sur le jambon.

5. Faire cuire le jambon au four pendant encore au moins 1 heure jusqu'à ce que le jambon soit tendre. Arroser de bouillon et de sirop d'érable à la mi-cuisson et servir chaud en découpant des tranches épaisses.

Lapin aux fines herbes et à la moutarde

Canada

T 30 minutes   C 45 minutes   P 4

Ingrédients
- 1 tasse de vin blanc
- 1/4 de tasse de moutarde de Dijon
- 1 échalote hachée
- 1 lapin entier
- 1 c. à soupe de fines herbes
- 1 c. à thé d'herbes de Provence
- 6 gousses d'ail
- 1/4 de tasse d'huile d'olive
- Sel et poivre

Préparation
1. Préchauffer le four à 380 °F (195 °C).

2. Dans un petit bol, mélanger le vin blanc, la moutarde et les échalotes.

3. Dans un grand bol, badigeonner le lapin avec la moitié de la sauce à la moutarde à l'aide d'un petit pinceau, puis saupoudrer de fines herbes, d'herbes de Provence, saler et poivrer au goût. Insérer les gousses d'ail dans le lapin.

4. Verser l'huile au fond d'une cocotte et déposer le lapin.

5. Faire cuire le lapin au four pendant 40 à 45 minutes jusqu'à ce qu'il soit tendre et servir avec le reste de la sauce.

Macaroni au fromage

Canada

T 10 minutes   C 1 h 10   P 6

Ingrédients
- 1 paquet de macaroni
- 3 tasses de cheddar râpé
- 1 tasse de mozzarella râpée
- 1 c. à soupe de beurre
- 2 tasses de lait
- 1 tasse de persil frais haché
- Sel et poivre

Préparation
1. Préchauffer le four à 350 °F (175 °C).

2. Porter un grand chaudron d'eau légèrement salée à ébullition. Ajouter les pâtes et faire cuire de 8 à 10 minutes jusqu'à ce qu'elles soient al dente. Égoutter.

3. Graisser un grand plat allant au four avec du beurre. Déposer 1/4 des macaronis au fond, suivi d'un 1/4 du fromage râpé. Verser 1/4 du lait, saler et poivrer au goût. Étaler trois fois les mêmes couches et verser uniformément le reste du lait sur le dessus.

4. Faire cuire sans couvercle pendant 1 heure ou jusqu'à ce que la surface soit dorée. Servir avec du persil.

Pain de viande

Canada

T 10 minutes   C 1 heure   P 4

Ingrédients
- 1/2 tasse de ketchup
- 1/3 de tasse de cassonade
- 1 c. à soupe de moutarde
- 1/4 de tasse de jus de citron
- Environ 700 g de bœuf haché maigre
- 1 œuf
- 1 tasse de lait
- 1 tasse de chapelure
- 1 petit oignon haché
- Sel et poivre

Préparation
1. Préchauffer le four à 350 °F (175 °C).

2. Graisser un moule à pain de 5 x 9 po (13 x 23 cm) avec du beurre.

3. Mélanger le ketchup, la cassonade, la moutarde et le jus de citron dans un bol, puis étendre 1/3 de la préparation au fond du moule de façon à couvrir la surface.

4. Mélanger le bœuf haché, l'œuf, le lait, la chapelure, l'oignon, le sel et le poivre au goût dans un grand bol. Incorporer le mélange dans le moule à pain, puis couvrir avec le reste du mélange au ketchup.

5. Faire cuire au four pendant 1 heure jusqu'à ce que les jus soient clairs.

Pâté à la viande

Canada

T 45 minutes   C 1 h 20   P 4

Ingrédients
Pâte à tarte
- 1 1/2 tasse de farine
- 1/3 de tasse de sucre
- 1/2 c. à thé de sel
- 1/2 tasse de beurre non salé
- 1 jaune d'œuf
- 1 c. à soupe d'eau

Garniture
- 2 gousses d'ail hachées
- 1 oignon haché
- 1 kg de bœuf haché maigre
- 1 pomme de terre pelée et coupée en dés
- 1 tasse de bouillon de bœuf
- 1/2 c. à thé de girofle
- 1/2 c. à thé de cannelle
- 1 jaune d'œuf
- Sel et poivre

Préparation
1. Pour faire la pâte à la main, mélanger la farine, le sucre et le sel dans un grand bol. À l'aide d'un coupe-pâte ou de deux couteaux, découper le beurre dans le mélange jusqu'à ce que la texture ait la consistance de semoule grossière et que les morceaux de beurre ne soient pas plus gros que de petits pois. Incorporer l'œuf et l'eau et mélanger avec une fourchette jusqu'à ce que la préparation soit homogène.

2. Transférer la pâte sur une surface de travail, former une boule et aplatir pour former une galette. Étaler la pâte à l'aide d'un rouleau et diviser en deux.

3. Dans une grande poêle, faire revenir l'ail et l'oignon avec le bœuf haché. Retirer l'excès de gras. Incorporer les morceaux de pommes de terre, le bouillon de bœuf, le girofle, la cannelle, le sel et le poivre au goût et laisser mijoter à feu moyen-doux pendant une vingtaine de minutes.

4. Retirer les pommes de terre du mélange et écraser avec une fourchette. Remettre dans la poêle, assaisonner et laisser reposer quelques instants.

5. Préchauffer le four à 355 °F (180 °C).

6. Dérouler une moitié de la pâte dans une assiette à tarte profonde de 9 po (23 cm). Verser la garniture, puis badigeonner les rebords de la croûte avec du jaune d'œuf. Dérouler la croûte du dessus et déposer sur la garniture. Faire une incision au centre et badigeonner avec de l'œuf.

7. Faire cuire au four pendant 45 minutes jusqu'à ce que la pâte soit bien dorée.

Amérique

Pâté chinois

Canada

T 20 minutes   C 1 heure   P 4

Ingrédients

- 3 patates douces
- 1 c. à thé d'huile d'olive
- 1 oignon haché
- 1 gousse d'ail écrasée
- 250 g de bœuf haché maigre
- 2 tasses de maïs en crème
- 1/4 de tasse de lait
- 1 c. à thé de paprika
- 1 c. à soupe de beurre mou
- Sel et poivre

Préparation

1. Préchauffer le four à 375 °F (190 °C).

2. Faire bouillir une casserole d'eau salée.

3. Peler les patates douces et couper en dés, puis faire bouillir dans une casserole d'eau pendant environ 20 minutes jusqu'à ce qu'elles soient tendres.

4. Faire chauffer l'huile dans une poêle, puis faire revenir l'oignon et l'ail jusqu'à ce qu'ils soient tendres. Incorporer le bœuf haché et faire revenir jusqu'à ce qu'il n'y ait plus de chair rose.

5. Jeter l'excédent de gras, puis verser la viande dans un plat allant au four. Étendre le maïs en crème sur la viande.

6. Égoutter les pommes de terre et réduire en purée avec du lait. Saler et poivrer au goût.

7. Couvrir la viande et le maïs de purée de pommes de terre et saupoudrer le pâté chinois de paprika. Badigeonner la surface de beurre mou et faire cuire au four pendant environ 30 minutes jusqu'à ce que la surface du pâté chinois soit dorée.

Pâté de saumon

Canada

T 15 minutes   C 1 heure   P 4

Ingrédients

Pâte à tarte
- 1 1/2 tasse de farine
- 1/3 de tasse de sucre
- 1/2 c. à thé de sel
- 1/2 tasse de beurre non salé
- 1 jaune d'œuf
- 1 c. à soupe d'eau

Garniture
- 3 pommes de terre pelées et coupées en dés
- 1/2 tasse de lait
- 3 c. à soupe de persil frais haché
- 1 conserve de saumon du pacifique égoutté (réserver le jus)
- 1 oignon haché
- 2 branches de céleri hachées
- 1 c. à soupe de beurre
- 1 œuf
- 1 jaune d'œuf
- Sel et poivre

Préparation

1. Pour faire la pâte à la main, mélanger la farine, le sucre et le sel dans un grand bol. À l'aide d'un coupe-pâte ou de deux couteaux, découper le beurre dans le mélange jusqu'à ce que la texture ait la consistance de semoule grossière et que les morceaux de beurre ne soient pas plus gros que de petits pois. Incorporer l'œuf et l'eau et mélanger avec une fourchette jusqu'à ce que la préparation soit homogène.

2. Transférer la pâte sur une surface de travail, former une boule et aplatir pour former une galette. Étaler la pâte à l'aide d'un rouleau et diviser en deux.

3. Faire bouillir les pommes de terre dans une casserole remplie d'eau salée. Réduire en purée en versant un peu de lait et incorporer le persil. Réserver.

4. Dans une grande poêle, faire revenir l'oignon et le céleri dans le beurre pendant 5 minutes. Ajouter le jus de saumon, le reste du lait, saler et poivrer au goût. Porter à ébullition et retirer du feu.

5. Incorporer la chair de saumon, la purée de pommes de terre et l'œuf et mélanger à l'aide d'une spatule.

6. Préchauffer le four à 425 °F (220 °C).

7. Dérouler une moitié de la pâte dans une assiette à tarte profonde de 9 po (23 cm). Verser la garniture, puis badigeonner les rebords de la croûte avec du jaune d'œuf. Dérouler la croûte du dessus et déposer sur la garniture. Faire une incision au centre et badigeonner avec de l'œuf.

8. Faire cuire au four pendant 10 minutes, puis diminuer la température à 355 °F (180 °C) et faire cuire pendant encore 30 minutes.

Pudding chômeur

T 30 minutes   C 45 minutes   P 6

Ingrédients
- 1 1/2 tasse de farine
- 1 c. à thé de poudre à pâte
- 1/4 de tasse de beurre
- 1 tasse de sucre
- 1 œuf
- 1/2 c. à thé d'extrait de vanille
- 1 tasse de lait
- 1 tasse de sirop d'érable
- 1/2 tasse de cassonade
- 1/2 tasse d'eau
- 2 c. à soupe de beurre

Préparation

1. Préchauffer le four à 350 °F (175 °C).

2. Tamiser la farine et la poudre à pâte.

3. Dans un autre bol, battre le beurre en crème avec le sucre au batteur électrique. Ajouter l'œuf et l'extrait de vanille et bien mélanger.

4. Incorporer en alternance le lait et le mélange de farine en mélangeant bien.

5. Graisser un moule à gâteau de 23 cm avec du beurre et verser la pâte à l'intérieur.

6. Faire chauffer le sirop d'érable, la cassonade, l'eau et le beurre dans une casserole jusqu'à ébullition, puis verser la sauce sur la pâte.

7. Faire cuire au four pendant 40 à 45 minutes. Laisser reposer quelques instants et servir.

Poutine

Canada

T 15 minutes   C 10 minutes   P 2

Ingrédients
- 5 pommes de terre pelées et coupées en bâtonnets de 1 cm de largeur
- 1 conserve de sauce brune à poutine
- 2 tasses de fromage en grains

Préparation
1. Remplir la moitié d'une friteuse avec de l'huile végétale, puis faire chauffer l'huile à 325 °F (165 °C).

2. Lorsque l'huile est chaude, faire frire 1 tasse de bâtonnets de pommes de terre à la fois pendant 4 ou 5 minutes jusqu'à ce qu'ils soient légèrement dorés. Soulever le panier-égouttoir pour extraire les frites ou soulever les frites à l'aide d'une écumoire à long manche en s'assurant de réajuster la température de l'huile à 325 °F (165 °C) entre chaque lot.

3. Faire frire les pommes de terre une seconde fois en ajustant la température de l'huile à 325 °F (165 °C). Faire frire 1 tasse à la fois pendant 1 ou 2 minutes jusqu'à ce que les frites soient bien dorées et croustillantes. Éponger les frites sur du papier absorbant et verser dans deux grands bols.

4. Faire chauffer la sauce pendant 5 minutes jusqu'à ce qu'elle soit bien chaude.

5. Verser 1 tasse de fromage sur chaque portion de frites et napper de sauce à poutine. Servir chaud.

Ragoût de bœuf haché

Canada

T 30 minutes   C 1 h 20   P 4

Ingrédients
- 450 g de bœuf haché maigre
- 1 oignon tranché finement
- 5 pommes de terre pelées et coupées en dés
- 5 carottes pelées et coupées en rondelles
- 1 conserve de tomates en dés
- 1 c. à thé de sucre
- 1/2 c. à thé de thym séché
- 1/2 c. à thé de romarin séché
- 1 c. à thé de persil séché
- 1/2 c. à thé d'herbes de Provence
- 1 ou 2 tasses de bouillon de bœuf
- Sel et poivre

Préparation
1. Faire revenir le bœuf haché avec l'oignon en ajoutant un peu d'huile au besoin. Émietter la viande et faire cuire jusqu'à ce qu'elle commence à brunir. Saler et poivrer au goût.

2. Incorporer les morceaux de pommes de terre, les carottes, les tomates et le sucre et remuer pendant 2 minutes. Ajouter le thym, le romarin, le persil et les herbes de Provence.

3. Verser le bouillon de bœuf de façon à recouvrir les ingrédients. Porter à ébullition, puis baisser à feu moyen-doux et laisser mijoter pendant environ 1 heure jusqu'à ce que le bouillon épaississe et que le ragoût soit très goûteux.

Ragoût de boulettes

Canada

T 30 minutes   C 2 heures   P 4

Ingrédients
- 4 pattes de porc
- 1 oignon haché
- 2 gousses d'ail hachées
- 2 clous de girofle
- 1 feuille de laurier
- 1 tasse de bouillon de poulet
- 1/2 tasse de farine
- 2 c. à thé de beurre
- 450 g de porc haché
- 1 œuf battu
- 1/2 c. à thé de girofle moulu
- 1/2 c. à thé de cannelle
- 1 1/2 tasse de pommes de terre pelées et coupées en dés
- Sel et poivre

Préparation
1. Déposer les pattes de porc dans une grande casserole avec la moitié de l'oignon, l'ail, les clous de girofle, la feuille de laurier le sel et le poivre au goût et couvrir d'eau. Porter à ébullition, puis laisser mijoter à feu moyen pendant environ 1 h 30 jusqu'à ce que la viande soit tendre. Ajouter le bouillon de poulet, remuer et laisser tiédir.

2. Pendant la cuisson des pattes, faire griller la farine avec du beurre à feu moyen jusqu'à ce qu'elle soit dorée. Passer au tamis, verser dans un bol et réserver.

3. Dans un grand bol, mélanger le porc haché, la moitié de la farine, l'œuf, le girofle moulu et la cannelle et former des boulettes d'environ 2 à 3 cm. Réserver.

4. Retirer les pattes de porc du bouillon. Porter le bouillon à ébullition et ajouter les boulettes et les pommes de terre. Laisser mijoter à feu moyen pendant 10 à 15 minutes.

5. Incorporer le reste de la farine grillée, remuer et laisser mijoter encore 20 minutes à feu doux. Ajouter les pattes de porc, remuer et servir chaud.

Saucisses à cocktail

Canada

T 10 minutes   C 10 minutes   P 4

Ingrédients
- 1 tasse de ketchup
- 1/2 tasse de cassonade
- 1/4 de tasse de liqueur de cerise
- 12 saucisses à hot-dog coupées en trois

Préparation
1. Dans une casserole, faire chauffer le ketchup, la cassonade et la liqueur de cerise jusqu'à ébullition.

2. Incorporer les saucisses, baisser le feu et laisser mijoter pendant une quinzaine de minutes.

3. Déposer dans un plat et servir avec des cure-dents.

Soupe aux pois

Canada

T 20 minutes   C 1 h 15   P 8

Ingrédients
- 3 tranches de bacon hachées
- 1 oignon haché finement
- 5 tasses d'eau
- 2 tasses de pois cassés
- 1/2 c. à thé de thym
- Sel et poivre

Préparation
1. Faire revenir le bacon dans une casserole à feu moyen pendant environ 5 minutes. Ajouter l'oignon et faire revenir pendant 5 minutes jusqu'à ce qu'il soit tendre. Ajouter les 5 tasses d'eau, puis incorporer les pois, le thym, le sel et le poivre au goût et porter le tout à ébullition.

2. Couvrir et laisser mijoter à feu moyen doux pendant environ 1 heure jusqu'à ce que les pois soient tendres. Piler les pois à l'aide d'un pilon à pommes de terre jusqu'à l'obtention d'une texture onctueuse. Assaisonner au goût et servir.

Tarte au sucre

Canada

T 20 minutes   C 25 minutes   P 6

Ingrédients
- 1 tasse de sucre d'érable
- 1 tasse de cassonade pâle
- 1/4 de tasse de crème à 35 %
- 1 œuf
- 1 c. à soupe de farine
- 2 c. à soupe de beurre fondu
- 1 croûte à tarte de 9 po (23 cm) non cuite

Préparation
1. Préchauffer le four à 400 °F (205 °C).

2. Mélanger le sucre d'érable, la cassonade, la crème, l'œuf, la farine et le beurre dans un bol. Verser sur la croûte à tarte et faire cuire pendant environ 25 minutes jusqu'à ce qu'elle soit dorée. Retirer du feu et laisser refroidir 5 minutes avant de servir.

Amérique

Tourtière

T 45 minutes   R 3 heures   C 6 heures   P 6 à 8

Ingrédients

Pâte à tarte
- 2 tasses de farine
- 1 c. à thé de sel
- 1/2 tasse de beurre non salé
- 1/2 tasse de graisse alimentaire végétale
- 1 tasse d'eau
- 2 c. à soupe de jus de citron

Garniture
- 500 g de bœuf en cubes
- 500 g de veau en cubes
- 500 g de porc en cubes
- 250 g de viande de perdrix
- 100 g de lard salé coupé en cubes
- 2 oignons hachés
- 2 gousses d'ail hachées
- 2 c. à soupe de fines herbes
- 1 pincée de girofle moulu
- 1 1/2 tasse de pommes de terre pelées et coupées en dés
- 6 tasses de bouillon de bœuf
- 1 jaune d'œuf
- Sel et poivre

Préparation

1. Pour faire la pâte, mélanger la farine et le sel, puis incorporer le beurre et la graisse végétale et remuer jusqu'à l'obtention d'une texture grossière et granuleuse. Ajouter l'eau et le jus de citron et mélanger jusqu'à la formation d'une pâte. Former une boule, couvrir et laisser reposer 30 minutes. Pendant ce temps, préparer la garniture.

2. Dans un grand bol, mélanger le bœuf, le veau, le porc, la perdrix, le lard, les oignons, l'ail, les fines herbes, le girofle, le sel et le poivre au goût. Couvrir et laisser reposer le tout ou réfrigérateur pendant 3 heures.

3. Sur une surface légèrement farinée, couper la pâte en deux et étaler à l'aide d'un rouleau jusqu'à l'obtention d'une épaisseur d'environ 0,5 cm.

4. Préchauffer le four à 400 °F (205 °C).

5. Déposer une abaisse dans une rôtissoire en laissant déborder les surplus de pâte sur les côtés.

6. Incorporer les cubes de pommes de terre dans le bol de viandes, mélanger et verser le tout sur la pâte dans la rôtissoire. Verser le bouillon de bœuf sur la préparation de viandes et de pommes de terre de façon à couvrir le mélange, puis couvrir le tout de l'autre abaisse de pâte. Faire une grande incision au centre et presser les côtés pour sceller les deux abaisses. Badigeonner la surface de jaune d'œuf et poser le couvercle de la rôtissoire.

7. Faire cuire au four pendant 1 heure, puis réduire la température du four à 350 °F (175 °C) et laisser cuire avec le couvercle pendant encore 4 heures jusqu'à ce que la pâte soit bien dorée. Laisser reposer 20 minutes avant de servir.

Bar chilien grillé

T 20 minutes   C 20 minutes   P 2

Ingrédients
- 6 c. à soupe de beurre
- 1/4 de tasse de persil frais ciselé
- Le jus de 1 citron
- 250 g de bar commun (achigan)
- 1 pincée de poudre d'ail
- 1 pincée de paprika
- Sel et poivre

Préparation

1. Dans une petite casserole, faire chauffer 4 c. à soupe de beurre, le persil et le citron à feu doux.

2. Faire chauffer le reste du beurre dans une poêle antiadhésive et faire revenir le poisson pendant 4 minutes de chaque côté. Ajouter la poudre d'ail, le paprika, saler et poivrer au goût, puis incorporer la sauce sur le poisson et laisser mijoter 2 minutes. Servir et napper de sauce.

Empañadas chiliennes

Chili

T 45 minutes   R 45 minutes   C 1 heure   P 6

Ingrédients

Pâte
- 4 tasses de farine
- 1 tasse d'eau
- 3 c. à soupe d'huile d'olive
- 1/4 de c. à thé de sucre
- 1 c. à thé de sel

Farce
- 2 œufs
- 1 oignon haché finement
- 500 g de bœuf haché maigre
- 3 c. à soupe de coriandre fraîche ciselée
- 1 c. à thé de paprika
- 1 c. à thé de cumin
- 1 c. à thé d'origan
- 1 c. à thé de poivre de Cayenne
- 1/4 de tasse d'olives noires dénoyautées et coupées en deux
- Sel et poivre

Préparation

1. Pour faire la pâte, creuser un puits dans la farine avant d'y incorporer l'eau, l'huile d'olive, le sucre et le sel. Pétrir jusqu'à l'obtention d'une pâte lisse et homogène et laisser reposer pendant 45 minutes sous un linge humide.

2. Déposer les œufs dans une casserole avant de les couvrir d'eau froide et porter à ébullition. Lorsque l'eau se met à bouillir, couvrir et retirer du feu, puis laisser reposer les œufs dans l'eau chaude pendant 10 minutes. Retirer les œufs de l'eau chaude, laisser refroidir, écaler et couper les œufs durs en tranches.

3. Préchauffer le four à 355 °F (180 °C).

4. Faire revenir l'oignon dans une poêle à feu moyen avec un peu d'huile d'olive. Ajouter la viande et faire cuire pendant 5 minutes avant d'incorporer la coriandre, le paprika, le cumin, l'origan et le poivre de Cayenne. Saler et poivrer au goût et laisser mijoter pendant encore 5 minutes.

5. Étaler la pâte et couper des carrés de 10 cm. Verser une cuillérée de la farce au centre de chaque carré et garnir de tranches d'œufs durs et d'olives. Replier la pâte pour former des triangles. Humidifier les bordures de la pâte au besoin. Badigeonner les *empañadas* avec du jaune d'œuf avant de les déposer sur une plaque à biscuits couverte de papier ciré.

6. Faire cuire au four pendant environ 30 minutes jusqu'à ce que les *empañadas* soient bien dorées. Servir avec de la sauce piquante.

Galettes de pommes de terre *(chapalales)*

Chili

T 15 minutes   C 30 minutes   P 4

Ingrédients
- 10 pommes de terre pelées et coupées en dés
- 1 œuf battu
- 4 tranches de bacon
- 1 tasse de farine
- Sel et poivre
- Huile végétale pour la friture

Préparation

1. Faire bouillir les pommes de terre dans une casserole remplie d'eau salée pendant 20 minutes jusqu'à ce qu'elles soient tendres. Réduire en purée en incorporant l'œuf.

2. Pendant la cuisson des pommes de terre, faire cuire le bacon dans une poêle pendant 5 minutes. Réserver le gras de cuisson et couper le bacon en petits morceaux. Verser le gras de cuisson et le bacon dans la casserole de purée de pommes de terre. Bien mélanger.

3. Étendre la farine sur du papier ciré et former des galettes de pommes de terre d'environ 1 cm d'épaisseur. Couvrir les galettes de farine.

4. Faire chauffer l'huile dans une poêle à feu moyen et faire frire les galettes de pomme de terre pendant environ 4 à 5 minutes de chaque côté jusqu'à ce qu'elles soient dorées et croustillantes.

Ragoût d'agneau et de légumes

Chili

T 20 minutes   C 45 minutes   P 4

Ingrédients

- 2 gousses d'ail hachées
- 1 oignon haché finement
- 450 g d'épaule d'agneau désossée et coupée en cubes
- 2 carottes pelées et coupées en dés
- 1 conserve de tomates en dés
- 2 pommes de terre pelées et coupées en dés
- 2 tasses de bouillon de bœuf
- 1/2 c. à thé d'origan séché
- 1/2 c. à thé de romarin
- 1/2 c. à thé de thym séché
- 2 épis de maïs épluchés et coupés en deux
- 1 1/2 tasse de pois écossés

Préparation

1. Faire revenir l'ail et l'oignon dans un peu d'huile d'olive pendant 3 à 5 minutes, puis incorporer la viande et faire dorer. Ajouter les carottes, les tomates et les pommes de terre en dés et couvrir le tout de bouillon de bœuf.

2. Incorporer l'origan, le romarin, le thym, le sel et le poivre au goût, porter à ébullition, couvrir et faire mijoter à feu moyen pendant environ 30 minutes.

3. Retirer le couvercle, ajouter les épis de maïs et les pois et faire cuire pendant environ 15 minutes. Remuer le tout et servir chaud dans des bols.

Salade de coriandre et de tomates

Chili

T 15 minutes   P 4

Ingrédients

- 1/2 oignon rouge tranché
- 4 tomates mûres coupées en dés
- 1 piment vert émincé
- 1 bouquet coriandre fraîche ciselée
- 2 c. à soupe d'huile d'olive
- Le jus de 1/2 citron
- Sel et poivre

Préparation

1. Mélanger tous les légumes et la coriandre dans un saladier.

2. Dans un autre bol, mélanger l'huile d'olive et le jus de citron. Saler, poivrer au goût et verser sur les légumes. Bien mélanger.

Sandwichs au poulet et au poivron rouge

Chili

T 15 minutes   C 30 min   P 2

Ingrédients

- 2 poitrines de poulet désossées, sans la peau
- 1 poivron rouge épépiné et tranché finement
- 1/4 de tasse de mayonnaise
- 2 c. à soupe de jus de citron
- 1 c. à soupe de crème à 35 %
- 1 c. à soupe de persil
- 4 tranches de pain de campagne
- Sel et poivre

Préparation

1. Faire bouillir les poitrines de poulet pendant environ 20 minutes jusqu'à ce que l'intérieur ne soit plus rose. Égoutter, laisser refroidir et défaire en filaments.

2. Pendant ce temps, faire cuire les tranches de poivron à la vapeur pendant 10 minutes jusqu'à ce qu'elles soient tendres.

3. Verser le poulet, le poivron, la mayonnaise, le jus de citron, la crème et le persil dans un robot culinaire ou un mélangeur et mélanger jusqu'à l'obtention d'une texture lisse. Assaisonner au goût.

4. Étaler le mélange sur deux tranches de pain de campagne et refermer les sandwichs.

Sauce *pebre*

Chili

T 10 minutes   R 1 heure   P 4

Ingrédients

- 1 oignon haché fin
- 2 gousses d'ail hachées finement
- 3 tomates mûres, pelées, épépinées et hachées grossièrement
- 1 piment rouge haché finement
- 1 bouquet de coriandre fraîche hachée finement
- 3 c. à soupe d'huile d'olive
- 1 c. à soupe de vinaigre de vin
- 1 c. à soupe de jus de citron
- Sel et poivre

Préparation

1. Mélanger l'oignon, l'ail, les tomates, le piment et la coriandre dans un contenant hermétique. Saler et poivrer au goût.

2. Dans un petit bol, mélanger l'huile, le vinaigre et le citron, puis verser le tout sur les ingrédients. Fermer le contenant, agiter fermement et laisser reposer au réfrigérateur pendant au moins 1 heure.

3. Servir sur les viandes ou en trempette.

Velouté de maïs

Chili

T 15 minutes   C 15 minutes   P 4

Ingrédients

- 2 c. à soupe de beurre
- 1 oignon haché
- 2 petites conserves de maïs en grains égouttés
- 1 tasse de lait entier
- 2 c. à soupe de fécule de maïs
- 1 tasse de bouillon de poulet
- 1/2 c. à soupe de paprika
- Sel et poivre

Préparation

1. Dans une poêle, faire fondre le beurre et faire revenir l'oignon à feu moyen-vif pendant 5 minutes. Ajouter le maïs et faire revenir pendant encore 5 à 7 minutes.

2. Réduire le mélange en purée dans un robot culinaire ou un mélangeur en ajoutant le lait, le paprika, la fécule de maïs, le sel et le poivre au goût jusqu'à l'obtention d'une texture lisse.

3. Verser la purée dans la casserole et ajouter le bouillon de poulet. Ajouter le paprika, saler et poivrer au goût et servir.

Aji colombien

Colombie

T 10 minutes   R 1 heure   P 8

Ingrédients

- 4 piments *Jalapeño* tranchés
- 1/2 tasse de vinaigre blanc
- 1/4 de tasse d'eau
- 1 c. à soupe de jus de citron
- 3 c. à soupe d'huile d'olive
- 1/2 tasse de coriandre fraîche hachée
- 1/4 de tasse de persil frais haché
- 1/2 tasse d'oignons verts hachés
- Sel et poivre

Préparation

1. Mélanger les piments, le vinaigre, l'eau, le jus de citron, l'huile d'olive, la coriandre, le persil et les oignons verts dans un robot culinaire. Assaisonner au goût et verser dans un pot hermétique.

2. Réfrigérer pendant au moins 1 heure.

3. Servir en accompagnement de légumes ou de viandes.

Bœuf rôti aux tomates

T 20 minutes   C 1 h 40   P 4

Ingrédients

- 2 c. à soupe d'huile de maïs
- 450 g de bavette de bœuf
- 1 oignon haché finement
- 1 piment *Jalapeño* haché
- 2 gousses d'ail hachées
- 1 c. à soupe de pâte de tomate
- 4 tomates italiennes hachées
- 1 c. à thé de cumin
- 1 c. à thé de sucre
- 2 tasses de bouillon de bœuf
- Sel et poivre

Préparation

1. Faire chauffer l'huile de maïs et faire brunir la viande de chaque côté, puis réserver. Incorporer l'oignon, le piment, l'ail, la pâte de tomate, les tomates, le cumin et le sucre dans la poêle et faire cuire pendant 7 minutes jusqu'à ce que l'oignon soit tendre.

2. Remettre la viande dans la poêle et incorporer le bouillon de bœuf. Couvrir, porter à ébullition, puis réduire à feu doux et laisser mijoter pendant environ 1 h 30 jusqu'à ce que la viande se défasse en morceaux.

3. Retirer la viande de la poêle et défaire en filaments à l'aide d'une fourchette. Remettre la viande dans la poêle, remuer et servir avec du riz blanc.

Casserole de pommes de terre aux saucisses
(papa turmada)

T 20 minutes   C 1 heure   P 4

Ingrédients

- 5 pommes de terre pelées et tranchées
- 4 œufs
- 4 saucisses merguez tranchées en rondelles
- 1 oignon haché
- 1 conserve de tomates en dés
- 1 c. à thé de thym
- 1/2 c. à thé de cumin
- 3 tranches de pain épaisses coupées en dés
- 1/2 tasse de lait
- 1/4 de tasse de parmesan
- 1/2 tasse de mozzarella râpée
- Sel et poivre

Préparation

1. Faire bouillir les pommes de terre dans une casserole remplie d'eau salée pendant 20 minutes jusqu'à ce qu'elles soient tendres. Couper en tranches et réserver.

2. Préchauffer le four à 350 °F (175 °C).

3. Déposer les œufs dans une casserole avant de les couvrir d'eau froide et porter à ébullition. Lorsque l'eau se met à bouillir, couvrir et retirer du feu, puis laisser reposer les œufs dans l'eau chaude pendant 10 minutes. Retirer les œufs de l'eau chaude, laisser refroidir, écaler et couper les œufs durs en tranches.

4. Faire revenir les tranches de saucisses dans une poêle antiadhésive pendant environ 7 minutes, puis ajouter un peu d'huile au besoin et incorporer l'oignon. Faire cuire environ 5 minutes, puis ajouter les tomates, le thym et le cumin. Saler et poivrer au goût, réduire à feu doux et laisser mijoter 10 minutes.

5. Déposer les morceaux de pain dans un grand bol et couvrir de lait.

6. Graisser un plat en verre allant au four de 9 x 13 po (23 x 33 cm), puis étaler la moitié des tranches de pomme de terre au fond du plat et couvrir de rondelles de saucisse. Couvrir d'une couche de tranches d'œuf, puis de la moitié du pain trempé dans le lait. Ajouter ensuite une couche de mozzarella, le reste des pommes de terre, le reste du pain et garnir le tout de parmesan.

7. Faire cuire au four pendant environ 30 minutes et laisser reposer 5 minutes avant de servir.

Pommes de terre au fromage crémeux et aux tomates

Colombie

T 20 minutes   C 30 minutes   P 4

Ingrédients

• 10 pommes de terre pelées et coupées en deux
• 3 c. à soupe de beurre
• 1 oignon haché
• 1 conserve de tomates en dés
• 1/4 de tasse de lait
• 1/4 de tasse de persil frais haché
• 100 g de mozzarella fraîche coupée en dés
• Sel et poivre

Préparation

1. Faire bouillir les pommes de terre dans une casserole remplie d'eau salée pendant 20 minutes jusqu'à ce qu'elles soient tendres. Couper en tranches et verser dans une grande assiette.

2. Faire chauffer le beurre dans une poêle à feu moyen et faire revenir l'oignon pendant 3 à 5 minutes, puis ajouter les tomates, assaisonner au goût et remuer.

3. Incorporer le lait et le persil et remuer, puis verser les morceaux de mozzarella et faire cuire jusqu'à ce qu'ils fondent. Verser la sauce sur les pommes de terre et servir chaud.

Ragoût de poulet
(ajiaco)

Colombie

T 30 minutes   C 1 h 20   P 6

Ingrédients

• 1 poulet d'environ 1,4 kg coupé en morceaux
• 2 tasses de bouillon de poulet
• 4 pommes de terre pelées et coupées en dés
• 2 carottes pelées et coupées en dés
• 1 oignon haché
• 2 gousses d'ail hachées
• 1 conserve de maïs en grains égouttés
• 1/2 c. à thé d'origan séché
• 1/2 c. à thé de thym séché
• 2 avocats pelés et coupés en dés
• 1 tasse de coriandre fraîche ciselée

Préparation

1. Déposer le poulet dans une grande marmite et couvrir de bouillon de poulet, puis porter au point d'ébullition et laisser mijoter pendant environ 40 minutes jusqu'à ce qu'il soit tendre. Extraire les os et défaire le poulet en filaments. Réserver.

2. Incorporer les pommes de terre, les carottes, l'oignon, l'ail, le sel et le poivre au goût dans le bouillon et faire cuire à feu moyen pendant environ 20 minutes jusqu'à ce que les pommes de terre soient tendres. Écraser légèrement à l'aide d'une fourchette, puis incorporer le poulet et le maïs, l'origan et le thym et laisser mijoter encore 10 minutes.

3. Servir et garnir de morceaux d'avocat et de coriandre.

Amérique

Riz à la cannelle

Colombie

T 5 minutes   C 20 minutes   P 2

Ingrédients

- 1 petit oignon haché
- 1 c. à soupe d'huile d'olive
- 1/2 à 1 c. à thé de cannelle
- 1 tasse de riz
- 2 tasses de bouillon de poulet
- 1/2 c. à thé de romarin
- 1/2 c. à thé de thym
- 1 c. à soupe de beurre
- 2 c. à soupe de parmesan râpé
- Sel et poivre

Préparation

1. Faire revenir l'oignon dans l'huile d'olive dans une casserole pendant 5 minutes, et saupoudrer d'une pincée de cannelle.

2. Ajouter le riz, remuer et verser le bouillon. Porter à ébullition, ajouter le romarin, le thym, le sel et le poivre au goût, couvrir et laisser mijoter à feu moyen-doux pendant 15 à 20 minutes jusqu'à ce que le liquide soit absorbé et que le riz soit tendre.

3. Verser le beurre dans le riz, incorporer le parmesan et remuer. Saupoudrer de cannelle, mélanger et servir chaud.

Sancocho

Colombie

T 25 minutes   C 45 minutes   P 4

Ingrédients

- 1 poulet d'environ 900 g coupé en morceaux
- 6 tasses de bouillon de poulet
- 1 banane plantain mûre coupée en rondelles
- 2 gousses d'ail hachées
- 1/2 c. à thé d'origan séché
- 1/2 c. à thé de thym séché
- 1 manioc (ou yucca) pelé et coupé en rondelles
- 2 pommes de terre pelées et coupées en dés
- 2 c. à soupe d'huile d'olive
- 1 oignon haché
- 1 conserve de tomates en dés
- 1/2 c. à thé de cumin
- 1/2 c. à thé de paprika
- 1 tasse de coriandre fraîche ciselée
- Sel et poivre

Préparation

1. Déposer le poulet dans une grande marmite et couvrir de bouillon de poulet, puis ajouter la banane plantain, l'ail, l'origan, le thym, le sel et le poivre au goût, puis porter au point d'ébullition et laisser mijoter pendant environ 20 minutes.

2. Ajouter le manioc et les pommes de terre et laisser mijoter pendant encore 20 minutes.

3. Faire chauffer l'huile d'olive à feu moyen et faire revenir l'oignon et les tomates. Ajouter le cumin, le paprika et la coriandre et assaisonner au goût.

4. Verser le mélange de poulet dans des bols et couvrir de sauce aux tomates, à la coriandre et au paprika.

Velouté de courge
(ahuyama)

Colombie

T 15 minutes   C 30 minutes   P 4

Ingrédients
- 1 oignon haché
- 2 gousses d'ail
- 2 c. à soupe de beurre
- 1/2 c. à thé de poudre de cari
- 1/2 c. à thé de curcuma
- 1/4 de c. à thé de muscade
- 1 grosse courge musquée pelée, épépinée et coupée en dés
- 1 pincée de piment fort moulu
- 6 tasses de bouillon de poulet
- 1 c. à soupe de miel
- 1/2 tasse de lait
- 1/4 de tasse de crème à 35 %
- Sel et poivre

Préparation
1. Faire revenir l'oignon et l'ail avec du beurre dans une poêle à feu moyen pendant environ 5 à 7 minutes.

2. Ajouter le cari, le curcuma et la muscade et remuer quelques secondes. Incorporer la courge, le piment fort, le bouillon, le miel, le sel et le poivre au goût, couvrir et porter le tout à ébullition. Réduire à feu moyen-doux et laisser mijoter pendant 20 minutes jusqu'à ce que la courge soit tendre.

3. Réduire le tout en purée à l'aide d'un mélangeur ou d'un robot culinaire en incorporant le lait et la crème. Remettre le velouté dans la casserole et réchauffer pendant 5 minutes avant de servir.

Beignets de yuccas
(enyucados)

Costa Rica

T 10 minutes   C 25 minutes   P 4

Ingrédients
- 3 yuccas pelés et coupés en morceaux
- 2 œufs
- 1 c. à soupe de beurre
- 2 c. à soupe de farine
- 1/4 de tasse de coriandre fraîche hachée
- Le jus de 1/2 lime
- Huile végétale pour la friture
- Sel et poivre

Préparation
1. Faire bouillir les yuccas pendant environ 20 minutes jusqu'à ce qu'ils soient tendres.

2. Égoutter les yuccas et réduire en purée à l'aide d'un pilon en incorporant les œufs, le beurre, la farine, la coriandre et la lime. Saler et poivrer au goût et ajouter un peu de lait au besoin.

3. Former de petits beignets d'environ 2 cm de largeur.

4. Faire chauffer l'huile à feu vif et faire frire les beignets pendant quelques minutes de chaque côté jusqu'à ce qu'ils soient dorés et croustillants.

Crevettes au cari

Costa Rica

T 20 minutes   C 20 minutes   P 2

Ingrédients
- 2 c. à soupe d'huile d'olive
- 1 gousse d'ail hachée
- 2 c. à soupe de cari en poudre
- 1 oignon haché
- 400 g de crevettes moyennes décortiquées
- 1/4 de tasse de lait de coco
- Sel et poivre

Préparation
1. Faire chauffer l'huile d'olive dans une poêle à feu moyen et faire revenir l'ail, le cari et l'oignon pendant environ 5 minutes. Ajouter les crevettes et faire revenir pendant 2 à 3 minutes.

2. Incorporer le lait de coco dans la poêle, couvrir, baisser le feu et laisser mijoter pendant environ 8 à 10 minutes jusqu'à ce que les crevettes soient tendres et rosées. Servir sur un lit de riz à la noix de coco.

Amérique

Filets de tilapia à la coriandre et à la lime

Costa Rica

T 10 minutes   M 15 minutes   C 15 minutes   P 4

Ingrédients

- 3 c. à soupe d'huile d'olive
- Le jus de 2 limes
- 1 gousse d'ail écrasée
- 1/2 tasse de coriandre fraîche ciselée
- 1/2 c. à thé de piment fort concassé
- Sel et poivre
- 2 filets de tilapia de taille moyenne

Préparation

1. Dans un grand bol profond, mélanger l'huile d'olive, le jus de 1 lime, la gousse d'ail, la moitié de la coriandre, le piment fort, le sel et le poivre au goût, puis incorporer les filets de poisson et les laisser mariner pendant 15 minutes en les retournant une fois.

2. Préchauffer le four à 350 °F (175 °C).

3. Transposer le tout dans une papillote, refermer et faire cuire au four pendant 10 à 15 minutes jusqu'à ce que le poisson soit tendre. Servir en garnissant de coriandre et en arrosant de jus de lime.

Riz et haricots

Costa Rica

T 15 minutes   C 35 minutes   P 2

Ingrédients
- 1 petit oignon haché
- 3 c. à soupe d'huile d'olive
- 1 tasse de riz à long grain
- 2 tasses de bouillon de poulet
- 2 c. à soupe de coriandre
- 1/2 c. à thé de thym
- 1 gousse d'ail
- 1 conserve de haricots noirs rincés et égouttés
- Sel et poivre

Préparation
1. Faire revenir la moitié de l'oignon dans l'huile d'olive dans une casserole pendant 5 minutes. Ajouter le riz, remuer et verser le bouillon. Porter à ébullition et ajouter la coriandre, le thym, le sel et le poivre au goût. Couvrir et laisser mijoter à feu moyen-doux pendant 15 à 20 minutes jusqu'à ce que le liquide soit absorbé et que le riz soit tendre.

2. Lorsqu'il reste environ 10 minutes de cuisson au riz, faire chauffer de l'huile d'olive dans une poêle. Ajouter l'ail et faire dorer pendant 2 à 3 minutes, puis incorporer les haricots noirs et poursuivre la cuisson à feu moyen pendant 8 minutes.

3. Incorporer le riz cuit dans la poêle avec les haricots et remuer à feu moyen-doux pendant 5 minutes. Assaisonner au goût et servir.

Salade de cœurs de palmier

Costa Rica

T 10 minutes   P 2

Ingrédients
- 2 conserves de cœurs de palmier égouttés
- 1 avocat pelé et coupé en dés
- 1 poivron jaune épépiné et coupé en dés
- 1 poivron rouge épépiné et coupé en dés
- 1/4 de tasse de persil frais haché
- 3 c. à soupe d'huile d'olive
- Le jus de 1/2 lime
- Sel et poivre

Préparation
1. Couper les cœurs de palmier en rondelles d'environ 1 cm d'épaisseur et verser dans un saladier. Ajouter l'avocat et les morceaux de poivron, puis couvrir le tout de persil. Saler et poivrer au goût.

2. Dans un petit bol, mélanger l'huile et le jus de lime, et verser sur la salade. Bien remuer et servir.

Soupe de haricots noirs

Costa Rica

T 15 minutes   C 1 h 30   P 4

Ingrédients
- 450 g de haricots noirs secs
- 2 c. à soupe d'huile d'olive
- 1 oignon haché
- 1 poivron rouge épépiné et coupé en dés
- 2 branches de céleri hachées
- 2 gousses d'ail
- 6 tasses de bouillon de légumes
- 1 c. à thé d'origan
- 1 feuille de laurier
- 1/4 de tasse de coriandre fraîche ciselée
- Sel et poivre

Préparation
1. Faire tremper les haricots dans l'eau pendant toute la nuit. Rincer et égoutter.

2. Faire chauffer l'huile d'olive à feu moyen dans une casserole, puis ajouter l'oignon, le poivron et le céleri et faire sauter pendant 4 à 5 minutes jusqu'à ce que l'oignon soit bien tendre. Incorporer l'ail et faire sauter pendant 2 ou 3 minutes.

3. Verser le bouillon de légumes, les haricots, l'origan, la feuille de laurier, le sel et le poivre au goût dans la casserole, porter à ébullition, couvrir et laisser mijoter à feu doux pendant environ 1 h 30 jusqu'à ce que les haricots soient bien tendres.

4. Retirer du feu, écraser légèrement les haricots à l'aide d'une fourchette pour épaissir le bouillon. Assaisonner au goût, garnir de coriandre et servir chaud.

Avocats farcis à la chair de crabe

Cuba

T 15 minutes   P 4

Ingrédients
- 2 avocats
- Le jus de 1 lime
- 1 jaune d'œuf
- 1 c. à thé de moutarde en poudre
- 1 c. à soupe de mayonnaise
- 1 c. à soupe de persil frais haché
- 1 grande conserve de chair de crabe égouttée
- Sel et poivre

Préparation

1. Couper les avocats en deux dans le sens de la longueur et dénoyauter.

2. Dans un grand bol, mélanger le jus de lime, le jaune d'œuf, la moutarde, la mayonnaise, le persil, le sel et le poivre au goût, puis incorporer la chair de crabe en mélangeant bien pour la napper de mayonnaise.

3. Farcir les moitiés d'avocat de préparation au crabe et servir.

Bananes fondantes aux noix et au sucre

Cuba

T 15 minutes   C 30 minutes   P 4

Ingrédients
- 4 bananes mûres coupées en deux dans le sens de la longueur
- 1/2 tasse de cassonade
- 1/2 tasse de carrés de beurre
- 1/2 tasse de pacanes
- 1/2 tasse de raisins secs
- 1/2 c. à thé de cannelle
- 1/2 c. à thé de muscade
- 2 c. à soupe de rhum

Préparation

1. Préchauffer le four à 350 °F (175 °C).

2. Graisser un plat en verre allant au four et étaler les bananes au fond du plat. Saupoudrer généreusement les bananes de cassonade, de morceaux de beurre, de pacanes et de raisins, assaisonner le tout de cannelle et de muscade et arroser de rhum.

3. Faire cuire au four pendant environ 30 minutes jusqu'à ce que les bananes soient tendres et juteuses. Sortir du four et laisser reposer quelques minutes avant de servir.

Crevettes à la sauce à la mangue

Cuba

T 20 minutes   C 25 minutes   P 4

Ingrédients
- 1 c. à soupe d'huile d'olive
- 1 gousse d'ail hachée
- 1 c. à soupe de cari en poudre
- 1 oignon haché
- 1 tasse de vin blanc
- 1 tasse de bouillon de poisson
- 2 grosses mangues bien mûres
- Le jus de 1 lime
- 600 g de crevettes moyennes décortiquées
- 1 c. à soupe de beurre
- 1/2 tasse de coriandre fraîche hachée
- Sel et poivre

Préparation

1. Faire chauffer l'huile d'olive dans une poêle à feu moyen et faire revenir l'ail, le cari et l'oignon pendant environ 5 minutes. Ajouter le vin et le bouillon, porter à ébullition, baisser le feu et laisser mijoter pendant 10 à 15 minutes.

2. Pendant ce temps, extraire la chair de mangue et réduire en purée avec le jus de lime dans un mélangeur ou un robot culinaire. Incorporer la purée de mangue dans la poêle, saler et poivrer au goût et faire chauffer quelques minutes.

3. Pendant ce temps, faire sauter les crevettes avec le beurre à feu vif dans une poêle pendant 5 minutes, puis déposer les crevettes dans le mélange à la mangue. Remuer, garnir de coriandre et servir avec du riz, si désiré.

Filaments de porc à la lime et à la coriandre *(lechon asado)*

Cuba

T 25 minutes   C 1 h 10   P 4

Ingrédients
- 4 tasses de bouillon de bœuf
- Le jus de 2 limes
- 2 gousses d'ail hachées finement
- 1 c. à thé de thym
- 4 côtelettes de porc désossées
- 2 c. à soupe d'huile d'olive
- 1 oignon haché finement
- 1/2 tasse de coriandre fraîche hachée
- Sel et poivre

Préparation
1. Verser le bouillon dans une casserole et ajouter la moitié du jus de lime, une gousse d'ail, le thym, le sel et le poivre au goût, puis porter à ébullition.

2. Ajouter les côtelettes de porc, baisser le feu et laisser mijoter pendant environ 1 heure jusqu'à ce que le porc soit très tendre en prenant soin d'ajouter de l'eau pour submerger la viande.

3. Retirer la viande de la poêle et défaire en filaments en la dégraissant. Réserver.

4. Faire chauffer l'huile d'olive dans une grande poêle et faire revenir l'oignon avec l'autre gousse d'ail pendant environ 7 minutes. Incorporer la viande et faire griller à feu moyen pendant 5 minutes.

5. Arroser le tout de jus de lime, saupoudrer de coriandre, saler et poivrer au goût. Remuer et servir sur un lit de riz avec des haricots.

Fricassée de bœuf, riz aux haricots noirs *(frijoles cubanos)*

Cuba

T 15 minutes   C 30 minutes   P 4

Ingrédients
- 1 petit oignon haché
- 1 tasse de riz brun
- 2 1/2 tasses de bouillon de bœuf
- 750 g de bœuf haché maigre
- 1 gousse d'ail
- 2 c. à soupe d'assaisonnement *cajun*
- 1 piment *chipotle* en sauce *adobo* coupé en petits dés
- 1 conserve de haricots noirs rincés et égouttés
- 3 c. à soupe de vinaigre de vin
- 2 c. à soupe de coriandre
- Sel et poivre

Préparation
1. Dans une casserole, faire revenir la moitié de l'oignon dans un peu d'huile d'olive pendant 5 minutes. Ajouter le riz, remuer et verser le bouillon. Porter à ébullition, saler et poivrer au goût. Couvrir et laisser mijoter à feu moyen-doux pendant 15 à 20 minutes jusqu'à ce que le liquide soit absorbé et que le riz soit tendre.

2. Pendant la cuisson du riz, faire brunir le bœuf haché dans une poêle. Ajouter l'ail, le reste de l'oignon, l'assaisonnement *cajun*, le piment *chipotle* dans sa sauce et remuer pendant 3 minutes. Incorporer les haricots noirs, le vinaigre, la coriandre, le sel et le poivre au goût et poursuivre la cuisson à feu moyen pendant 5 minutes.

3. Incorporer le riz cuit dans la poêle avec les haricots et remuer à feu moyen-doux pendant 5 minutes. Assaisonner au goût et servir.

Riz jaune cubain

Cuba

T 10 minutes   C 25 minutes   P 4

Ingrédients
- 1 c. à soupe d'huile d'olive
- 2 tasses de riz
- 1/2 c. à thé de curcuma
- 1/4 de c. à thé de rocou
- 1 conserve de maïs en grains égoutté
- 1/2 tasse de pois surgelés, décongelés
- 4 tasses d'eau
- Sel et poivre

Préparation
1. Faire chauffer l'huile d'olive dans une casserole à feu moyen, puis faire revenir le riz en le remuant jusqu'à ce qu'il soit translucide. Ajouter le curcuma, le rocou, et les pois. Remuer et faire cuire 2 ou 3 minutes.

2. Verser l'eau dans la casserole, porter à ébullition, couvrir et laisser mijoter à feu moyen-doux pendant 20 minutes jusqu'à ce que le liquide soit absorbé et que le riz soit tendre. Assaisonner au goût et servir.

Amérique

Salade de crevettes, d'avocats et de citron

Cuba

T 10 minutes   R 15 minutes   P 4

Ingrédients

- 20 grosses crevettes cuites et décortiquées
- 2 avocats pelés et coupés en dés
- 4 oignons verts tranchés finement
- 1 poivron jaune épépiné et coupé en dés
- 1/2 tasse de coriandre fraîche hachée
- Le jus de 1 citron
- 3 c. à soupe d'huile d'olive
- Sel et poivre

Préparation

1. Couper les crevettes en deux et les déposer dans un grand saladier. Ajouter les avocats, les oignons verts, le poivron jaune, la coriandre et assaisonner généreusement.

2. Mélanger le jus de citron et l'huile d'olive et verser sur la salade. Remuer, réfrigérer une quinzaine de minutes et servir.

Soupe de plantains au cari

Cuba

T 10 minutes   C 35 minutes   P 4

Ingrédients

- 2 bananes plantains pelées et tranchées
- 5 tasses de bouillon de poulet
- 1 gousse d'ail hachée finement
- 1 petit oignon haché
- 2 c. à soupe d'huile d'olive
- 1 c. à thé de cari en poudre
- 1 pincée de cumin
- Le jus de 1 lime
- 1/4 de tasse de coriandre fraîche ciselée
- Sel et poivre

Préparation

1. Faire chauffer l'huile d'olive à feu moyen dans une casserole, puis ajouter l'oignon et l'ail et faire sauter pendant 4 à 5 minutes jusqu'à ce que l'oignon soit tendre.

2. Verser le bouillon de poulet et porter à ébullition.

3. Incorporer les bananes plantains, le cari, le cumin, le sel et le poivre au goût, puis laisser mijoter à feu moyen environ 25 minutes ou jusqu'à ce que les bananes soient tendres.

4. Retirer du feu et réduire le tout en purée dans un mélangeur ou un robot culinaire. Remettre dans la casserole pour réchauffer, assaisonner au goût et servir chaud en arrosant de jus de lime et en saupoudrant de coriandre.

Pain aux bananes et à la mangue

Dominique

T 20 minutes   C 25 minutes   P 2 à 4

Ingrédients

- 3 tasses de farine
- 2 c. à thé de poudre à pâte
- 1/2 c. à thé de sel
- 1/2 c. à thé de cannelle
- 1/2 c. à thé de muscade
- 1/2 tasse de beurre
- 1 tasse de cassonade
- 3 œufs battus
- 2 bananes mûres réduites en purée
- 1 mangue mûre réduite en purée
- 1/2 tasse de noix de Grenoble hachées

Préparation

1. Préchauffer le four à 350 °F (175 °C).

2. Tamiser ensemble la farine, le sel, la cannelle et la muscade.

3. Dans un autre bol, battre le beurre en crème avec la cassonade au batteur électrique en ajoutant un œuf à la fois. Incorporer la purée de bananes et de mangue en remuant bien.

4. Incorporer les ingrédients secs dans le mélange crémeux en brassant jusqu'à l'obtention d'une texture lisse et onctueuse. Verser les noix et remuer.

5. Verser le mélange dans un moule à pain et faire cuire au four pendant environ 25 minutes jusqu'à ce que le gâteau soit doré.

Pudding au maïs

Dominique

T 30 minutes   C 20 minutes   P 4

Ingrédients

- 1 conserve de maïs en crème
- 1 tasse de lait de coco
- 4 tasses de lait entier
- 1 tasse de sucre
- 1 c. à thé d'extrait de vanille
- 1 c. à thé de cannelle
- 1 c. à soupe de fécule de maïs

Préparation

1. Verser le maïs en crème, le lait de coco et la moitié du lait dans un mélangeur. Passer au tamis dans une casserole, puis ajouter le reste du lait, le sucre et la vanille. Porter à ébullition, ajouter la cannelle et baisser à feu doux. Laisser mijoter pendant 10 minutes.

2. Ajouter la fécule de maïs et bien remuer. Lorsque le mélange épaissit, retirer du feu et verser également dans des ramequins. Laisser reposer à température ambiante et servir.

Poulet rôti au chutney de mangue

Dominique

T 20 minutes   C 45 minutes   P 4

Ingrédients

- 1/4 de tasse de cassonade
- Le jus de 1 lime
- 1/2 c. à thé de gingembre moulu
- 1/2 c. à thé de girofle moulu
- 1/2 c. à thé de cannelle
- 1 gousse d'ail hachée
- 1 c. à soupe de sauce piquante
- 1 poulet
- 2 tasses de chutney de mangue
- 1 bouquet de persil
- Sel et poivre

Préparation

1. Préchauffer le four à 400 °F (205 °C).

2. Dans un bol, mélanger la cassonade, le jus de lime, le gingembre, le girofle, la cannelle, l'ail et la sauce piquante. Réserver.

3. Déposer le poulet dans un grand plat allant au four et badigeonner de sauce aux épices. Faire cuire le poulet au four pendant environ 45 minutes jusqu'à ce qu'il soit tendre.

4. Faire chauffer le chutney pendant quelques minutes au micro-onde et verser sur le poulet. Servir chaud et garnir de persil.

Boisson au riz et à la cannelle *(horchata)*

El Salvador

T 10 minutes   R 2 heures   P 4

Ingrédients

- 1 tasse de riz non cuit
- 3 bâtons de cannelle
- 2 tasses d'eau
- 1/2 c. à thé d'extrait de vanille
- 1 tasse de sucre

Préparation

1. Rincer le riz et verser dans un bol de plastique. Ajouter les bâtons de cannelle et verser 1 ou 2 tasses d'eau dans le bol. Couvrir et laisser macérer au réfrigérateur pendant 2 heures.

2. Réduire le tout en purée avec la vanille à l'aide d'un mélangeur ou d'un robot culinaire.

3. Passer au tamis et ajouter le sucre. Mélanger et verser le tout dans un pichet. Réfrigérer et servir.

Pupusas

El Salvador

T 20 minutes   C 5 minutes   P 6

Ingrédients

- 1 tasse d'eau
- 4 tasses de farine de maïs
- 1 c. à thé de sel
- 300 g de mozzarella fraîche
- 1 conserve de haricots noirs en purée
- Huile végétale pour la friture

Préparation

1. Verser environ 1 tasse d'eau dans la farine et mélanger pour obtenir une pâte lisse et souple. Ajouter le sel et pétrir.

2. Former de petites tortillas très minces d'environ 10 à 12 cm de diamètre à l'aide d'un rouleau à pâte, puis déposer une portion de fromage et de haricots au centre. Replier la tortilla en deux de façon à former un demi-cercle farci.

3. Faire chauffer l'huile végétale à feu vif et faire frire les *pupusas* pendant 1 à 2 minutes de chaque côté.

Salade de chou
(curtido)

El Salvador

T 15 minutes   P 4

Ingrédients
- 1 carotte pelée et râpée
- 1/2 chou vert coupé et émincé
- 3 oignons verts hachés
- 1 piment *Jalapeño* haché finement
- 1/2 tasse de vinaigre blanc
- Sel et poivre

Préparation

1. Faire cuire la carotte et le chou à la vapeur pendant 5 à 8 minutes jusqu'à ce qu'ils soient tendres.

2. Verser le chou et les carottes dans un saladier et ajouter les oignons verts et le piment *Jalapeño*. Bien mélanger.

3. Verser le vinaigre sur la salade, saler et poivrer au goût, remuer et servir.

Amérique

Yuccas frits et *chicharrón*

El Salvador

T 15 minutes   C 3 heures   P 4

Ingrédients

- 500 g de couenne de porc
- 2 yuccas pelés et coupés en deux
- 1 gousse d'ail hachée
- 2 c. à soupe de vinaigre
- Le jus de 1 lime
- Huile végétale pour la friture
- Sel

Préparation

1. Préchauffer le four à 250 °F (120 °C).

2. Couper la couenne de porc en morceaux d'environ 2 x 4 cm. Déposer les morceaux de couenne de porc sur une plaque couverte de papier aluminium, saupoudrer de sel, puis faire cuire au four pendant 3 heures.

3. Faire bouillir les yuccas pendant une vingtaine de minutes, environ 25 minutes avant la fin de la cuisson, jusqu'à ce qu'ils soient tendres. Couper les yuccas en tranches d'environ 1 cm d'épaisseur.

4. Dans un petit bol, mélanger l'ail, le vinaigre et la moitié du jus de lime.

5. Faire frire les tranches de yucca et les morceaux de porc dans l'huile à feu vif pendant environ 1 à 2 minutes de chaque côté jusqu'à ce qu'ils soient dorés et croustillants. Éponger avec du papier absorbant. Assaisonner les yuccas de sel et arroser de jus de lime. Servir le *chicharrón* avec la sauce vinaigrée.

Ceviche de crevettes

Équateur

T 10 minutes   R 1 heure   P 2

Ingrédients

- 1 oignon rouge tranché finement
- 2 tomates hachées finement
- 1 gousse d'ail hachée finement
- Le jus de 4 limes
- 2 c. à thé de Tabasco ou autre sauce piquante
- 2 c. à soupe d'huile d'olive
- 1 c. à soupe de coriandre fraîche hachée finement
- 300 g de petites crevettes cuites
- Sel et poivre

Préparation

1. Dans un grand bol, mélanger l'oignon, les tomates, l'ail, le jus de lime, la sauce piquante, l'huile d'olive et la coriandre. Saler et poivrer au goût et incorporer les crevettes.

2. Bien mélanger et laisser macérer au réfrigérateur pendant au moins 1 heure avant de servir en remuant de temps à autre.

Fricassée de poulet

Équateur

T 20 minutes   C 30 minutes   P 2

Ingrédients

- 2 c. à soupe d'huile d'olive
- 1 oignon rouge émincé
- 2 gousses d'ail hachées
- 2 c. à thé de cumin
- 2 grosses poitrines de poulet coupées en morceaux
- 1/2 tasse de coriandre
- 1 tasse de bouillon de poulet
- 2 carottes pelées et tranchées
- 1/2 tasse de pois verts
- Sel et poivre

Préparation

1. Faire chauffer l'huile à feu moyen-vif dans une poêle et faire revenir l'oignon 5 minutes. Ajouter l'ail et le cumin et faire sauter 2 minutes. Incorporer le poulet et la coriandre et faire sauter pendant 5 à 7 minutes jusqu'à ce que la viande soit cuite. Verser le bouillon, porter à ébullition, couvrir et baisser le feu.

2. Incorporer les carottes et faire cuire pendant 10 minutes, puis ajouter les petits pois. Saler et poivrer au goût, remuer et laisser mijoter le tout pendant encore 10 minutes. Servir avec du riz.

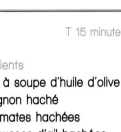

Lentilles épicées

Équateur

T 15 minutes   C 50 minutes   P 4

Ingrédients

• 3 c. à soupe d'huile d'olive
• 1 oignon haché
• 2 tomates hachées
• 3 gousses d'ail hachées
• 2 c. à thé de cumin
• 6 tasses d'eau
• 2 tasses de lentilles
• 1/4 de tasse de coriandre fraîche hachée
• Sel et poivre

Préparation

1. Dans une casserole, faire revenir l'oignon, les tomates, l'ail et le cumin avec l'huile d'olive pendant 5 à 7 minutes.

2. Verser l'eau et porter à ébullition. Ajouter les lentilles, couvrir, réduire à feu moyen-doux et laisser cuire pendant environ 45 minutes ou jusqu'à ce qu'elles soient tendres.

3. Incorporer la coriandre, assaisonner au goût et servir.

Pains de yucca

Équateur

T 20 minutes   C 45 minutes   P 6

Ingrédients

• 8 à 10 yuccas pelés et coupés en dés
• 2 œufs
• 1/2 tasse de lait
• 3 tasses de mozzarella râpée
• 2 c. à soupe de beurre mou
• 1 c. à soupe de sucre
• 1 pincée de sel

Préparation

1. Faire bouillir les yuccas pendant une trentaine de minutes jusqu'à ce qu'ils soient tendres.

2. Égoutter les yuccas et réduire en purée à l'aide d'un pilon en incorporant les œufs et le lait.

3. Préchauffer le four à 250 °F (125 °C).

4. Verser la purée, le fromage, le beurre, le sucre et le sel dans le mélangeur ou dans le robot culinaire jusqu'à l'obtention d'une substance homogène.

5. Former de petits pains ronds d'environ 7 cm de diamètre avec la pâte et déposer sur une plaque à biscuits graissée.

6. Faire cuire les pains pendant 10 à 15 minutes jusqu'à ce qu'ils soient bien dorés.

Soupe de poisson

Équateur

T 10 minutes   C 35 minutes   P 4

Ingrédients

• 2 c. à soupe d'huile d'olive
• 1 petit oignon haché
• 1 gousse d'ail haché finement
• 2 tomates hachées finement
• 2 c. à thé de cumin
• 600 g de filet de poisson frais (daurade, thon, sole)
• 8 tasses de bouillon de poisson
• 3 yuccas pelés et coupés en dés
• 1/4 de tasse de coriandre fraîche ciselée
• Sel et poivre

Préparation

1. Faire chauffer l'huile d'olive à feu moyen dans une casserole, puis faire sauter l'oignon, l'ail, les tomates et le cumin pendant 5 à 7 minutes. Saler et poivrer au goût, puis incorporer les filets de poisson. Faire revenir pendant 5 minutes, retirer le poisson de la casserole et défaire en morceaux. Réserver.

2. Verser le bouillon de poisson, incorporer le yucca et porter à ébullition. Baisser à feu moyen-doux et laisser mijoter pendant 20 minutes ou jusqu'à ce que le yucca soit tendre.

3. Remettre le poisson dans le bouillon, assaisonner au goût et laisser mijoter encore 5 minutes. Servir chaud et garnir de coriandre.

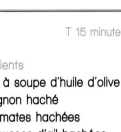

174

Amérique

Ailes de poulet piquantes

États-Unis

T 10 minutes   M 30 minutes   C 30 minutes   P 4

Ingrédients

- 20 ailes de poulet
- 1/4 de tasse de ketchup
- 1/4 de tasse de sauce Worcestershire
- 1/4 de tasse d'huile d'olive
- 1/4 de tasse de cassonade
- 1 c. à thé d'origan
- 1 c. à thé de poudre de chili
- 1/2 c. à thé de paprika
- 1 gousse d'ail écrasée
- Sel et poivre

Préparation

1. Mélanger le ketchup, la sauce Worcestershire, l'huile d'olive, la cassonade, l'origan, la poudre de chili, le paprika, l'ail, le sel et le poivre au goût dans un grand bol.

2. Nettoyer et éponger les ailes de poulet avant de les déposer dans le bol avec la marinade. Bien remuer de façon à ce qu'elles soient complètement enrobées.

3. Couvrir le bol avec une pellicule plastique et réfrigérer. Laisser mariner les ailes pendant 30 minutes.

4. Pendant ce temps, préchauffer le four à 380 °F (190 °C).

5. Déposer les ailes sur une grille ou une plaque sans les superposer. Faire cuire au four pendant 15 minutes, retourner soigneusement et poursuivre la cuisson pendant encore 15 minutes.

6. Servir les ailes de poulet avec de la crème sure ou avec le reste de la marinade.

Assiette de *nachos* gratinés

États-Unis

T 20 minutes   C 10 minutes   P 4

Ingrédients

- 1 paquet de croustilles tortillas de maïs
- 1 poitrine de poulet cuite et défaite en filaments
- 1 piment fort épépiné et tranché finement
- 20 olives noires et vertes dénoyautées et tranchées
- 1 tomate coupée en dés
- 1 poivron rouge coupé en dés
- 1 tasse de cheddar râpé
- 1 tasse de mozzarella râpée
- 2 avocats mûrs
- 1/4 de tasse de coriandre hachée finement
- Le jus de 1 lime
- Quelques gouttes de sauce piquante
- 1 tasse de salsa
- 1 tasse de crème sure
- Sel et poivre

Préparation

1. Préchauffer le four à 400 °F (205 °C).

2. Verser les croustilles de maïs dans un grand plat allant au four. Étaler uniformément le poulet sur les croustilles et garnir de piment fort, d'olives et de morceaux de tomate et de poivron. Saupoudrer le tout de fromage.

3. Dans un petit bol, réduire la chair d'avocat en purée à l'aide d'une fourchette. Incorporer la coriandre, le jus de lime, la sauce piquante, saler et poivrer au goût et bien mélanger.

4. Faire cuire les *nachos* au four pendant une dizaine de minutes jusqu'à ce que le fromage soit complètement fondu. Servir avec la trempette d'avocats, la crème sure et la salsa.

Brownies

États-Unis

T 15 minutes   C 45 minutes   P 10

Ingrédients

- 1/2 tasse de beurre
- 3/4 de tasse de cacao
- 1 tasse de copeaux de chocolat
- 1 1/2 tasse de sucre
- 3 œufs battus
- 1 c. à thé d'extrait de vanille
- 1 1/2 tasse de farine
- 1/2 c. à thé de sel

Préparation

1. Préchauffer le four à 350 °F (175 °C).

2. Déposer le beurre, le cacao et les copeaux de chocolat dans une petite casserole et faire fondre à feu doux en remuant fréquemment pendant environ 7 minutes. Retirer du feu et verser dans un grand bol.

3. Incorporer le sucre et remuer. Ajouter les œufs 1 à la fois en fouettant jusqu'à ce que la préparation soit bien lisse. Incorporer la vanille, la farine et le sel.

4. Verser la pâte dans un plat graissé allant au four et lisser la surface avec une spatule en caoutchouc. Faire cuire pendant 35 à 40 minutes, puis laisser refroidir quelques instants avant de servir.

Burger au fromage

États-Unis

T 10 minutes   C 8 minutes   P 4

Ingrédients

- 400 g de bœuf haché maigre
- 1 oignon haché finement
- 1 c. à soupe de sauce Worcestershire
- 1 c. à soupe de ketchup
- 1 c. à soupe de cassonade
- 1 c. à soupe de vinaigre blanc
- 4 tranches de cheddar
- 4 pains ronds
- 1 tomate tranchée
- 4 feuilles de laitue
- 1 cornichon à l'aneth tranché
- Condiments au choix (mayonnaise, ketchup, moutarde, etc.)
- Sel et poivre

Préparation

1. Mélanger le bœuf haché, l'oignon, la sauce Worcestershire, le ketchup, la cassonade et le vinaigre dans un grand bol, puis saler et poivrer légèrement. Pétrir le tout et diviser la préparation en 4 portions. Aplatir chaque portion pour former 4 boulettes.

2. Faire préchauffer le gril à puissance élevée ou une grande poêle à feu moyen-vif, puis faire cuire les boulettes pendant 2 ou 3 minutes de chaque côté. Déposer une tranche de fromage sur chaque boulette environ 1 minute avant la fin de la cuisson.

3. Pendant ce temps, couper les pains en deux dans le sens de la longueur et faire dorer dans le grille-pain ou sous le gril du four. Tartiner chaque pain avec le condiment désiré, puis déposer une boulette sur la base de chaque pain. Couvrir la boulette d'une feuille de laitue, d'une ou deux tranches de tomates et de tranches de cornichon, puis recouvrir de l'autre pain.

Chaudrée de fruits de mer

États-Unis

T 15 minutes   C 30 minutes   P 4

Ingrédients

- 3 c. à soupe de beurre
- 1 petit oignon haché
- 2 branches de céleri hachées
- 3 c. à soupe de farine
- 1 conserve de petites palourdes dans leur jus
- 4 tasses de bouillon de poisson
- 2 tasses de lait entier
- 2 pommes de terre pelées et coupées en dés
- 1 c. à thé de thym
- 1 c. à thé de romarin
- 1 feuille de laurier
- 300 g de crevettes cuites
- 300 g de pétoncles décongelés
- 300 g de filet de morue
- 1 conserve de maïs en grains
- Sel et poivre

Préparation

1. Faire chauffer le beurre à feu moyen-vif dans une grande casserole, puis incorporer l'oignon et le céleri et faire revenir jusqu'à ce qu'ils soient tendres. Incorporer la farine et remuer pour faire un roux. Ajouter le jus de palourdes et le bouillon et remuer.

2. Verser le lait, les pommes de terre, le thym, le romarin et la feuille de laurier, saler et poivrer au goût. Laisser mijoter pendant une dizaine de minutes.

3. Ajouter les palourdes, les crevettes, les pétoncles, le poisson et le maïs en grains, réduire à feu moyen-doux et laisser mijoter encore 10 à 15 minutes jusqu'à ce que les pommes de terre soient tendres et la chaudrée goûteuse. Ajuster l'assaisonnement et servir.

Chili con carne

États-Unis

T 15 minutes   C 40 minutes   P 4

Ingrédients

- 1 c. à soupe d'huile d'olive
- 1 oignon tranché finement
- 1 poivron vert coupé en dés
- 1 gousse d'ail hachée
- 500 g de bœuf haché maigre
- 1 conserve de tomates en dés dans leur jus
- 2 c. à soupe de pâte de tomate
- 1 conserve de haricots rouges égouttés
- 1 c. à thé d'assaisonnement au chili
- 1 c. à thé de cumin
- 1 c. à thé de thym
- 1/2 tasse de bouillon de bœuf
- 1/2 tasse de coriandre fraîche hachée
- Sel et poivre

Préparation

1. Faire chauffer l'huile dans une casserole à feu moyen, puis faire dorer l'oignon, le poivron et l'ail pendant quelques minutes.

2. Incorporer le bœuf haché et faire cuire à feu moyen-doux pendant 8 à 10 minutes. Ajouter ensuite les tomates en dés dans leur jus, la pâte de tomate, les haricots rouges, l'assaisonnement au chili, le cumin, le thym, saler et poivrer au goût et remuer.

3. Ajouter le bouillon de bœuf, couvrir et faire mijoter le tout à feu doux pendant 30 minutes. Servir avec un peu de coriandre.

Club sandwich

États-Unis

T 15 minutes   P 2

Ingrédients
• 3 tranches de pain de campagne
• 4 c. à soupe de mayonnaise
• 1 grosse poitrine de poulet cuite et défaite en filaments
• 4 tranches de bacon cuites et défaites en filaments
• 1 c. à thé d'origan
• 1 tomate tranchée
• 4 feuilles de laitue
• 4 tranches de cheddar
• Sel et poivre

Préparation
1. Faire griller le pain, puis tartiner de mayonnaise la surface d'une première tranche avant de garnir de poulet et de bacon. Ajouter l'origan, saler et poivrer au goût et couvrir d'une deuxième tranche de pain.

2. Tartiner la deuxième tranche de mayonnaise et garnir de tomates, de laitue et de fromage.

3. Tartiner de mayonnaise une surface de la troisième tranche de pain et refermer le sandwich de façon à ce que la surface non tartinée soit à l'extérieur. Couper en 4 portions et faire tenir les sandwichs à l'aide de cure-dents.

Côtes levées barbecue

États-Unis

T 15 minutes   C 1 heure   P 4

Ingrédients
• 1/2 tasse de miel
• 1 c. à thé de paprika
• 1 oignon haché finement
• 1 c. à thé de poudre de chili
• 1 c. à thé d'ail en poudre
• 1 c. à thé d'oignon en poudre
• 1/2 tasse de cassonade
• 1/2 tasse de ketchup
• 1/4 de tasse de vinaigre blanc
• 1/4 de tasse de sauce Worcestershire
• 1 carré de côtes levées de porc d'environ 1,8 kg

Préparation
1. Préchauffer le four à 375 °F (190 °C).

2. Dans un grand bol, mélanger le miel, le paprika, l'oignon, la poudre de chili, l'ail et l'oignon en poudre, la cassonade, le ketchup, le vinaigre blanc et la sauce Worcestershire jusqu'à l'obtention d'une texture lisse et homogène.

3. Couper les côtes levées au besoin, puis badigeonner chacune d'elle en utilisant la moitié de la marinade.

4. Déposer les côtes levées dans une rôtissoire, napper avec le reste de la marinade et faire cuire au four pendant environ 1 heure en les retournant de temps à autre.

Crab cakes

États-Unis

T 20 minutes   C 15 minutes   P 30

Ingrédients
• 1/4 de tasse de mayonnaise
• 1 jaune d'œuf
• 1 c. à soupe de moutarde de Dijon
• 2 c. à thé de jus de citron
• 1/2 c. à thé de sauce Worcestershire
• 3 c. à soupe de coriandre hachée
• 1/4 de tasse d'oignons verts hachés
• 1/4 de tasse de poivrons rouges rôtis
• 450 g de chair de crabe égouttée
• 1/2 c. à thé de sauce piquante
• 1/2 tasse de semoule de maïs
• 1/2 tasse de farine
• 3 c. à soupe de beurre fondu
• Sel et poivre

Préparation
1. Mélanger la mayonnaise, le jaune d'œuf, la moutarde, le jus de citron, la sauce Worcestershire, la coriandre, les oignons verts et les poivrons rouges dans un bol. Émietter la chair de crabe avant de l'incorporer au mélange. Ajouter la sauce piquante, saler et poivrer au goût.

2. Préchauffer le four à 450 °F (230 °C).

3. Mélanger la semoule et la farine sur une assiette. Former des boulettes avec 1 c. à soupe du mélange de crabe et aplatir légèrement avant de les rouler dans le mélange de farine.

4. Graisser une plaque à biscuits avec du beurre. Badigeonner chaque pâté de crabe avec un peu de beurre fondu. Déposer au four et faire cuire pendant 15 minutes jusqu'à ce qu'ils soient croustillants. Retourner les pâtés une fois au cours de la cuisson. Servir avec de la sauce tartare ou du citron.

Gâteau au fromage

États-Unis

T 30 minutes   C 1 heure   P 8

Ingrédients

- 15 biscuits Graham écrasés
- 2 c. à thé de beurre fondu
- 4 paquets de fromage à la crème
- 1 1/2 tasse de sucre
- 3/4 de tasse de lait
- 4 œufs
- 1 tasse de crème sure
- 1 c. à thé de vanille
- 1/4 de tasse de farine

Préparation

1. Préchauffer le four à 350 °F (175 °C).
Graisser un moule à charnière de 9 po (23 cm).

2. Mélanger les biscuits Graham émiettés et
le beurre fondu dans un bol de taille moyenne.
Presser le tout au fond d'un moule à charnière.

3. Mélanger le fromage à la crème et le sucre dans
un grand bol jusqu'à l'obtention d'une texture lisse
et homogène. Incorporer le lait et ajouter les œufs
un à la fois en brassant bien. Incorporer la crème
sure, la vanille et la farine jusqu'à l'obtention d'une
préparation lisse. Verser la pâte dans la croûte.

4. Faire cuire au four pendant 1 heure et laisser
le gâteau tiédir à température ambiante pendant
quelques heures. Réfrigérer avant de servir.

Gombo de fruits de mer

États-Unis

T 20 minutes   C 1 h 45   P 6 à 8

Ingrédients

- 4 c. à soupe d'huile d'olive
- 1/2 tasse de farine
- 2 gros oignons hachés
- 2 poivrons verts hachés
- 2 branches de céleris hachées
- 1 gousse d'ail hachée finement
- 4 tasses de bouillon de poisson
- 1 c. à thé de thym séché
- 2 conserves de chair de crabe égouttée
- 2 tasses de gombos tranchés
- 2 feuilles de laurier
- 3 c. à soupe de sauce piquante
- 1 conserve de palourdes dans leur jus
- 1 c. à soupe de sauce Worcestershire
- 300 g de crevettes moyennes pelées
- 500 g de filets de poisson blanc
- 1/4 de tasse de persil frais haché finement
- Sel et poivre

Préparation

1. Faire chauffer l'huile à feu moyen dans une
casserole. Incorporer la farine et faire un roux
en faisant cuire pendant 20 à 25 minutes.

2. Ajouter les oignons, les poivrons et le céleri
et faire cuire pendant 5 minutes. Ajouter l'ail
et faire revenir pendant 30 secondes, puis
verser le bouillon de poisson. Incorporer le thym,
le crabe, les gombos, les feuilles de laurier,
la sauce piquante, les palourdes dans leur jus et
la sauce Worcestershire, saler et poivrer au goût.
Porter le tout à ébullition, baisser le feu et laisser
mijoter à feu doux pendant environ 50 minutes.

3. Ajouter les crevettes et le poisson et laisser cuire
encore 5 minutes en remuant bien. Garnir de persil
et servir le gombo.

Jambalaya

États-Unis

T 20 minutes   C 1 heure   P 6

Ingrédients

- 500 g de saucisses fumées cuites
  et coupées en tranches
- 4 c. à soupe de beurre
- 2 gros oignons hachés
- 2 poivrons verts hachés
- 2 branches de céleris hachées
- 3 gousses d'ail hachées finement
- 2 feuilles de laurier
- 6 tasses de riz à longs grains
- 1 conserve de tomates en dés
- 1 tasse de jambon fumé coupé en morceaux
- 1 c. à soupe de sauce Worcestershire
- 3 c. à soupe de sauce piquante
- 4 tasses de bouillon de poulet
- 1/4 de tasse de persil frais haché finement
- Sel et poivre

Préparation

1. Préchauffer le four à 375 °F (190 °C).

2. Faire sauter les tranches de saucisses dans
une poêle pendant quelques minutes en ajoutant
un peu d'huile au besoin. Réserver.

3. Faire fondre le beurre dans une grande poêle
et faire sauter les oignons, les poivrons, le céleri
et l'ail jusqu'à ce qu'ils soient croustillants et
tendres. Ajouter les feuilles de laurier et remuer.

4. Incorporer le riz dans la poêle et remuer.
Ajouter ensuite les tomates, le jambon,
la sauce Worcestershire et la sauce piquante.
Saler et poivrer au goût, incorporer les saucisses
et verser le bouillon dans la poêle.

5. Porter à ébullition, couvrir et baisser à feu
moyen-doux. Laisser mijoter pendant environ
45 minutes jusqu'à ce que le riz soit tendre.
Remuer, saupoudrer de persil et servir.

Œufs brouillés au fromage et à la saucisse

États-Unis

T 10 minutes   C 15 minutes   P 4

Ingrédients
- 1 c. à soupe d'huile d'olive
- 2 grosses saucisses italiennes cuites et tranchées
- 1 tasse de champignons lavés et tranchés
- 1 poivron rouge coupé en dés
- 1 poivron jaune coupé en dés
- 4 œufs
- 1/2 tasse de lait
- 1/2 c. à thé d'origan séché
- 1/2 c. à thé d'aneth séché
- 1/4 de tasse de mozzarella râpée
- 1/4 de tasse de cheddar râpé
- Sel et poivre

Préparation
1. Faire chauffer l'huile à feu moyen-vif dans une poêle avant d'y incorporer les tranches de saucisses, les champignons et les poivrons. Faire revenir pendant environ 5 minutes.

2. Pendant ce temps, battre les œufs avec le lait dans un bol, ajouter l'origan, l'aneth, saler et poivrer au goût.

3. Réduire le feu à moyen et verser le mélange d'œufs dans la poêle et remuer le tout de façon à mélanger les ingrédients. Continuer la cuisson jusqu'à ce que les œufs épaississent légèrement, puis incorporer les fromages et remuer à nouveau. Baisser à feu très doux et laisser reposer 2 minutes avant de servir.

Pancakes

États-Unis

T 10 minutes   C 7 minutes   P 4

Ingrédients
- 2 tasses de farine
- 1/2 c. à thé de sel
- 3 c. à thé de bicarbonate de soude
- 1/4 de tasse de sucre
- 1 tasse de lait
- 2 œufs
- 1/2 c. à thé d'extrait de vanille
- 2 c. à soupe de beurre

Préparation
1. Dans un bol, tamiser ensemble la farine, le sel, le bicarbonate de soude et le sucre.

2. Incorporer le lait, les œufs et la vanille et brasser le tout sans fouetter.

3. Graisser une grande poêle ou une crêpière avec du beurre, puis verser environ 1/2 louche de pâte dans la poêle pour former de petits *pancakes* en faisant tourner le poignet pour étaler la pâte.

4. Faire cuire jusqu'à ce que la bordure change de couleur et que des bulles apparaissent sur la surface et retourner. Cuire l'autre côté pendant quelques secondes et verser dans une assiette. Servir avec du miel ou du sirop d'érable.

Poulet frit épicé

États-Unis

T 10 minutes   R 30 minutes   C 15 minutes   P 4

Ingrédients
- 2 tasses de lait
- 10 gros pilons de poulet
- 2 tasses de farine
- 2 c. à soupe de moutarde en poudre
- 2 c. à thé de paprika
- 1 c. à thé de poudre de chili
- 1 gousse d'ail écrasée
- Huile pour la friture
- Sel et poivre

Préparation
1. Verser le lait dans un grand bol et incorporer les pilons de poulet. Réfrigérer pendant 30 minutes.

2. Mélanger la farine, la moutarde, le paprika, la poudre de chili et l'ail dans un grand bol, saler et poivrer au goût.

3. Enrober les pilons du mélange de farine épicée et secouer légèrement pour enlever l'excédent.

4. Faire chauffer une bonne quantité d'huile dans une grande poêle à feu moyen-vif pendant 5 minutes en remuant, puis baisser le feu à moyen-doux et poursuivre la cuisson pendant une dizaine de minutes jusqu'à ce que le poulet soit cuit et croustillant. Égoutter sur du papier absorbant et servir chaud avec de la sauce chili ou barbecue.

Salade César au poulet

T 15 minutes   C 10 minutes   P 2

Ingrédients
- 1 laitue romaine
- 1 grosse poitrine de poulet désossée, sans la peau
- 2 c. à soupe d'huile d'olive
- 8 tranches de bacon
- 1/2 tasse de croûtons
- 1/4 de tasse de parmesan râpé
- Sel et poivre

Vinaigrette
- 3 c. à soupe de mayonnaise
- Le jus de 1/2 citron
- 1 c. à soupe de vinaigre de vin
- 1 c. à soupe de moutarde de Dijon
- 1 c. à soupe de parmesan râpé
- 1 gousse d'ail hachée
- Sel et poivre

Préparation
1. Déchirer la laitue et déposer dans un grand saladier.

2. Couper la poitrine de poulet en lanières et faire chauffer l'huile d'olive dans une poêle avant d'y déposer les morceaux de poulet pour les faire cuire pendant 5 à 10 minutes jusqu'à ce que l'intérieur ne soit plus rose et que l'extérieur soit bien doré. Laisser refroidir quelques minutes.

3. Faire cuire le bacon au micro-onde pendant 2 minutes en le déposant dans une assiette entre deux feuilles de papier absorbant, puis hacher chaque tranche et incorporer dans le saladier. Garnir la salade de croûtons et de fromage.

4. Pour faire la vinaigrette, mélanger la mayonnaise, le jus de citron, le vinaigre, la moutarde de Dijon, le fromage, l'ail, le sel et le poivre au goût dans un petit bol et remuer les ingrédients jusqu'à ce que la sauce soit bien crémeuse. Verser la vinaigrette sur la salade, touiller et servir.

Sandwich au bœuf et au fromage

T 10 minutes   C 15 minutes   P 4

Ingrédients
- 1 tasse de mayonnaise
- 2 gousses d'ail hachées
- Le jus de 1/2 citron
- 4 petits pains *ciabatta* ou pains ronds
- 1 c. à soupe d'huile d'olive
- 500 g de filet de bœuf tranché
- 2 poivrons verts tranchés finement
- 2 oignons coupés en rondelles
- 1 c. à thé d'origan séché
- 1 c. à thé de thym séché
- 2 tasses de mozzarella râpée
- Sel et poivre

Préparation
1. Dans un bol, mélanger la mayonnaise, l'ail et le jus de citron, puis assaisonner. Couper les pains en deux dans le sens de la longueur et tartiner l'intérieur de mayonnaise à l'ail et au citron.

2. Faire chauffer l'huile dans une poêle à feu moyen et faire sauter le bœuf jusqu'à ce qu'il soit légèrement grillé. Incorporer les poivrons et les oignons. Ajouter l'origan, le thym, le sel et le poivre au goût. Faire sauter jusqu'à ce que les légumes soient tendres.

3. Répartir la garniture de bœuf et de légumes sur les 4 pains et saupoudrer le tout de fromage.

4. Déposer les sandwichs ouverts sur une plaque à biscuits et faire griller au four à « broil » pendant 5 minutes. Servir immédiatement.

Sloppy Joe

T 15 minutes   C 15 minutes   P 2

Ingrédients
- 200 g de bœuf haché maigre
- 1 poivron rouge haché
- 2 oignons verts hachés
- 1 c. à thé de poudre de chili
- 1/2 c. à thé de moutarde sèche
- 2 c. à soupe de pâte de tomate
- 1 c. à soupe de sauce Worcestershire
- 1 gousse d'ail hachée
- 1 c. à soupe d'huile d'olive
- 2 pains ronds
- Sel et poivre

Préparation
1. Dans un bol, mélanger la viande, le poivron, les oignons, la poudre de chili, la moutarde, la pâte de tomate, la sauce Worcestershire et l'ail.

2. Faire chauffer l'huile d'olive dans une grande poêle antiadhésive et faire revenir le mélange à feu moyen-vif pendant 5 minutes, puis réduire à feu doux et laisser mijoter pendant environ 10 minutes. Saler et poivrer au goût.

3. Faire griller le pain et garnir avec le mélange de viande.

Tarte au citron

États-Unis

T 30 minutes   C 30 minutes   P 6 à 8

Ingrédients
- 1 tasse de sucre blanc
- 2 c. à thé de farine
- 3 c. à thé de fécule de maïs
- 1 pincée de sel
- 1 1/2 tasse d'eau
- Le jus et le zeste de 2 citrons
- 2 c. à thé de beurre
- 4 jaunes d'œufs battus
- 1 pâte à tarte de 9 po (23 cm) cuite

Préparation
1. Préchauffer le four à 350 °F (175 °C).

2. Tamiser le sucre, la farine, la fécule de maïs et le sel, puis incorporer l'eau, le jus de citron et le zeste de citron.

3. Verser dans une casserole et faire cuire à feu moyen en remuant constamment jusqu'à ce que le mélange se mette à bouillir. Ajouter le beurre.

4. Déposer les jaunes d'œufs dans un bol et incorporer graduellement 1/2 tasse du mélange de sucre chaud en fouettant le tout, puis verser le mélange de jaunes d'œufs dans la casserole avec le reste de la préparation sucrée. Porter à ébullition et continuer la cuisson en remuant constamment jusqu'à ce que la préparation épaississe. Retirer du feu et verser la crème dans la pâte à tarte cuite.

5. Faire cuire pendant 10 minutes jusqu'à ce que la garniture soit ferme et légèrement dorée.

Tartinade crémeuse aux épinards et aux artichauts

États-Unis

T 10 minutes   C 30 minutes   P 6 à 8

Ingrédients
- 1 paquet de fromage à la crème ramolli
- 1 tasse de parmesan râpé
- 1 tasse de mozzarella râpée
- 1/2 tasse de crème sure
- 1 gousse d'ail hachée finement
- Le jus de 1/2 citron
- 2 tasses de cœurs d'artichauts hachés
- 2 tasses d'épinards hachés
- Sel et poivre
- 1 paquet de croustilles de maïs

Préparation
1. Préchauffer le four à 350 °F (175 °C).

2. Dans un grand bol, mélanger le fromage à la crème, le fromage parmesan, la moitié du fromage mozzarella, la crème sure, l'ail, le jus de citron, les cœurs d'artichaut et les épinards, saler et poivrer au goût.

3. Verser le tout dans un plat en verre allant au four et saupoudrer de 1/2 tasse de mozzarella.

4. Faire cuire au four pendant environ 30 minutes jusqu'à ce que la tartinade forme des bulles et que la surface soit dorée. Servir avec des croustilles de maïs.

Fruit à pain farci à la viande

Grenade

T 15 minutes   C 40 minutes   P 2

Ingrédients
- 1 fruit à pain coupé en deux
- 1 c. à soupe d'huile d'olive
- 1 petit oignon haché
- 400 g de bœuf haché maigre
- 2 c. à thé de pâte de tomate
- 1/4 de tasse d'eau
- 1 c. à thé de thym séché
- 1/2 c. à thé de poudre de chili
- 1/2 c. à thé d'origan
- 1 tasse de mozzarella râpée
- Sel et poivre

Préparation
1. Préchauffer le four à 400 °F (205 °C).

2. Extraire la chair du fruit à pain.

3. Faire chauffer l'huile d'olive et faire revenir l'oignon à feu moyen pendant 5 minutes. Incorporer la viande, la pâte de tomate et l'eau et émietter. Assaisonner de thym, de poudre de chili, d'origan, de sel et de poivre au goût et faire revenir 5 minutes. Éliminer l'excédent de gras.

4. Farcir les deux moitiés de fruit à pain avec la garniture à la viande et faire cuire au four pendant 20 minutes. Saupoudrer de fromage et poursuivre la cuisson 5 à 10 minutes jusqu'à ce que le fromage soit fondu et que le fruit soit tendre. Servir immédiatement.

Amérique

Porc rôti aux épices

Grenade

T 20 minutes   C 35 minutes   P 4

Ingrédients
- 3 c. à soupe de jus d'orange
- 2 échalotes hachées
- 2 feuilles de laurier émiettées
- 1 c. à thé de piment de la Jamaïque
- 1 c. à thé de gingembre moulu
- 450 g de filets de porc

Sauce
- 1 tasse de jus d'orange
- 1 c. à soupe de jus de citron
- 2 c. à soupe de cassonade
- 1 c. à soupe de gingembre moulu
- 1 c. à thé de poudre de chili
- Sel et poivre

Préparation
1. Préchauffer le four à 450 °F (230 °C).

2. Dans une casserole, mélanger le jus d'orange, le jus de citron, la cassonade, le gingembre, la poudre de chili, saler et poivrer au goût. Faire mijoter à feu doux pendant une dizaine de minutes. Réserver.

3. Mélanger le jus d'orange, les échalotes, les feuilles de laurier, le piment de la Jamaïque et le gingembre dans un grand bol, saler et poivrer au goût. Badigeonner les filets de porc avec ce mélange et déposer la viande dans une rôtissoire. Faire cuire au four pendant environ 25 minutes.

4. Trancher le porc et napper de sauce.

Poulet à l'ananas

Guadeloupe

T 15 minutes   C 10 minutes   P 2

Ingrédients
- 3/4 de tasse de lait de coco
- Le jus de 2 limes
- 1 c. à thé de gingembre
- 1/2 c. à thé de poivre de Cayenne
- 2 c. à soupe d'huile d'olive
- 2 poitrines de poulet désossées, sans la peau et coupées en dés
- 2 tasses de morceaux d'ananas frais
- 1/2 c. à thé de thym
- 1/2 tasse de coriandre fraîche moulue
- 1 papaye pelée, épépinée et coupée en dés
- Sel et poivre

Préparation
1. Dans une casserole, faire chauffer le lait de coco, la lime, le gingembre et le poivre de Cayenne à feu doux.

2. Dans une poêle, verser l'huile d'olive et faire griller les morceaux de poulet à feu moyen. Incorporer la sauce au lait de coco et les morceaux d'ananas et bien remuer le tout. Ajouter le thym, saler et poivrer au goût et poursuivre la cuisson pendant 3 minutes. Servir et garnir de morceaux de papaye, de coriandre fraîche et arroser de jus de lime.

Poulet au cumin

Guadeloupe

T 20 minutes   M 2 heures   C 20 minutes   P 6

Ingrédients
- 800 g de blanc de poulet coupé en cubes
- 2 c. à soupe d'huile d'olive
- 1 oignon haché finement
- 1 gousse d'ail hachée
- 2 c. à soupe de cumin
- 2 c. à soupe de coriandre fraîche hachée
- Le jus de 1 lime
- Sel et poivre

Marinade
- 1 c. à thé de cumin
- 1/2 c. à thé de gingembre
- 2 c. à soupe d'huile d'olive
- 2 c. à soupe de vinaigre de vin
- Sel et poivre

Préparation
1. Dans un grand bol, mélanger le cumin, le gingembre, l'huile, le vinaigre, le sel et le poivre au goût. Incorporer le poulet et laisser mariner au réfrigérateur pendant 2 heures.

2. Préchauffer le four à 355 °F (180 °C).

3. Déposer le poulet avec la marinade dans un plat en verre allant au four et faire cuire le poulet pendant 10 à 15 minutes jusqu'à ce qu'il soit tendre.

4. Faire chauffer 1 c. à soupe d'huile d'olive et faire revenir l'oignon pendant environ 5 minutes. Ajouter l'ail et poursuivre la cuisson pendant 3 minutes.

5. Ajouter le cumin, la coriandre, le reste de l'huile d'olive et le jus de lime, saler et poivrer au goût et remuer le tout à feu doux pendant 3 minutes.

6. Servir le poulet et napper de sauce.

Amérique

Flan

Guatemala

T 15 minutes   C 50 minutes   P 4

Ingrédients
- 3 œufs
- 1/2 tasse de sucre
- 1/4 de tasse d'eau
- 2 c. à soupe de jus de citron
- 2 tasses de lait
- 1 c. à thé d'extrait de vanille

Préparation

1. Préchauffer le four à 355 °F (180 °C).

2. Dans un bol, fouetter les œufs avec la moitié du sucre.

3. Faire chauffer l'autre moitié du sucre avec l'eau et le jus de citron jusqu'à ce que le mélange brunisse. Répartir le caramel au fond de 4 ramequins.

4. Faire bouillir le lait et l'extrait de vanille, puis verser le lait chaud sur les œufs en fouettant le tout.

5. Verser le mélange dans les 4 ramequins. Déposer les ramequins dans un bain-marie et faire cuire pendant 40 minutes.

Purée de patates douces sucrées à l'ananas

Guatemala

T 15 minutes   C 30 minutes   P 4

Ingrédients
- 6 patates douces pelées et coupées en dés
- 1/2 tasse de sucre
- 1/2 c. à thé de cannelle
- 1/2 c. à thé de muscade
- 2 tranches épaisses d'ananas frais coupées en dés

Préparation

1. Déposer les patates douces dans une casserole remplie d'eau. Porter à ébullition, puis incorporer le sucre, la cannelle, la muscade et l'ananas. Baisser le feu et laisser mijoter pendant 20 minutes jusqu'à ce que les patates soient très tendres.

2. Verser le tout dans un mélangeur ou un robot culinaire et réduire en purée.

3. Remettre dans la casserole, laisser mijoter 5 minutes et laisser tiédir. Verser dans des bols et servir froid.

Salade à l'escabèche

Guatemala

T 30 minutes   C 25 minutes   P 4

Ingrédients

- 2 carottes pelées et tranchées
- 1 poivron vert tranché
- 1 poivron jaune tranché
- 1/2 chou-fleur coupé en morceaux
- 2 tasses de haricots verts
- 3 c. à soupe d'huile d'olive
- 2 oignons hachés
- 2 gousses d'ail
- 2 tasses de rondelles de calmars
- 1 piment *Jalapeño* haché finement
- 1 c. à thé de graines de coriandre moulues
- 2 feuilles de laurier
- 1 tasse de vinaigre blanc
- 1 tasse d'olives noires tranchées
- 1 conserve de maïs égoutté
- 1 c. à thé de paprika
- Sel et poivre

Préparation

1. Faire cuire les carottes, le poivron vert et jaune, le chou-fleur et les haricots à la vapeur pendant environ 10 minutes jusqu'à ce qu'ils soient légèrement tendres.

2. Faire chauffer l'huile d'olive et faire revenir les oignons, l'ail et le piment *Jalapeño* pendant 5 à 7 minutes. Ajouter les feuilles de laurier, les graines de coriandre et les calmars, puis saler et poivrer au goût. Faire revenir pendant encore 3 minutes, puis verser le vinaigre et porter à ébullition. Incorporer les légumes cuits à la vapeur et laisser cuire pendant 5 minutes pour donner plus de saveur aux légumes.

3. Verser dans un saladier, ajouter les olives et le maïs. Ajouter le paprika, saler et poivrer au goût, puis réfrigérer. Servir froid.

Sandwich au tarama et à la truite

Guatemala

T 10 minutes   P 2

Ingrédients

- 4 tranches de pain de seigle
- 4 c. à soupe de tarama
- 100 g de truite fumée
- Laitue
- 1 avocat tranché
- Le jus de 1 lime
- 2 c. à soupe de coriandre
- Sel et poivre

Préparation

1. Napper une surface de chaque tranche de pain de tarama, puis garnir de truite fumée, de laitue et de tranches d'avocat.

2. Arroser de jus de lime, saupoudrer de coriandre et assaisonner au goût. Fermer le sandwich et servir.

Soupe au bœuf

Guatemala

T 25 minutes   C 2 heures   P 4

Ingrédients

- 450 g de jarret de bœuf coupé en morceaux
- 1 c. à soupe d'huile d'olive
- 1 oignon haché
- 1 conserve de tomates en dés
- 4 tasses de bouillon de bœuf
- 2 tasses d'eau
- 2 carottes pelées et tranchées
- 2 épis de maïs épluchés et coupés en rondelles d'environ 2 cm
- 1/2 chou émincé
- 1 c. à thé de thym
- 1 c. à thé d'origan
- 1/2 tasse de coriandre fraîche hachée
- Le jus de 1 lime
- Sel et poivre

Préparation

1. Faire revenir la viande dans l'huile d'olive à feu moyen-vif dans une grande marmite pendant environ 5 minutes de façon à faire brunir toute la surface. Saler et poivrer au goût et ajouter l'oignon. Faire revenir 5 minutes, puis incorporer les tomates, le bouillon de bœuf et un peu d'eau. Porter le tout à ébullition. Au premier bouillon, baisser le feu et laisser mijoter pendant 1 heure.

2. Ajouter le reste de l'eau, les carottes et le maïs et laisser mijoter 10 minutes. Incorporer le chou, le thym, l'origan, la moitié de la coriandre et un peu de jus de lime et faire cuire pendant encore 10 minutes.

3. Incorporer le reste de la coriandre et le reste du jus de lime, saler et poivrer au goût, remuer et servir.

Boulettes haïtiennes

Haïti

T 15 minutes   C 10 minutes   P 4

Ingrédients

- 2 tasses de pain blanc en morceaux
- 1 tasse de lait
- 750 g de bœuf haché maigre
- 2 tranches de jambon fumé haché
- 1/2 oignon haché
- 1 gousse d'ail hachée
- 1 c. à soupe de pâte de tomate
- 1/2 tasse de farine
- 1/2 tasse de parmesan
- Huile pour la friture
- Sel et poivre

Préparation

1. Déposer le pain dans un bol et verser le lait. Laisser tremper pendant quelques minutes pour le rendre mou, puis réduire en purée et incorporer la viande hachée, le jambon, l'oignon, l'ail, la pâte de tomate, le sel et le poivre au goût.

2. Pétrir pour bien incorporer tous les ingrédients et former de petites boulettes de la grosseur de balles de golf. Enrober les boulettes de farine, puis de parmesan.

3. Faire frire les boulettes dans l'huile jusqu'à ce qu'elles soient dorées. Éponger sur du papier absorbant et servir avec une sauce chili.

Griot de porc

Haïti

T 25 minutes   M 1 nuit   C 1 h 30   P 6

Ingrédients

- 1,4 kg d'épaule de porc coupée en morceaux de 1 ou 2 po
- Le jus de 3 limes
- 1 tasse de jus d'orange
- 3 gousses d'ail hachées
- 1 piment fort haché
- 2 échalotes hachées
- 1/2 c. à thé de thym haché
- 3 clous de girofle
- 1/2 tasse d'huile d'olive
- Sel et poivre

Préparation

1. Dans un grand bol, verser le jus de lime, le jus d'orange, l'ail, le piment fort, les échalotes, le thym, les clous de girofle, le sel et le poivre au goût, puis incorporer les morceaux de porc et remuer pour bien badigeonner toute la surface de la viande. Réfrigérer et laisser mariner toute la nuit.

2. Déposer le porc et la marinade dans une casserole et couvrir d'eau. Laisser mijoter à feu moyen-doux pendant 90 minutes. Égoutter.

3. Faire chauffer l'huile dans une grande poêle à feu moyen-vif, puis faire frire le porc pendant quelques minutes jusqu'à ce qu'il soit doré et croustillant à l'extérieur, mais tendre à l'intérieur.

Poulet à la créole

Haïti

T 20 minutes   C 1 h 45   P 6

Ingrédients

- 2 c. à soupe de beurre
- 2 gousses d'ail hachées grossièrement
- 1/2 tasse de chapelure
- Le jus et le zeste de 3 limes
- 1/4 de tasse de rhum
- 1 piment fort haché
- 1 c. à soupe de cassonade
- 1 c. à thé de muscade
- 2 bananes plantains pelées et hachées
- 1 poulet
- Sel et poivre

Préparation

1. Préchauffer le four à 355 °F (180 °C).

2. Faire chauffer le beurre et faire revenir l'ail avec la chapelure pendant 3 minutes. Incorporer le jus et le zeste d'une lime, 1 c. à soupe de rhum, le piment, la cassonade, la muscade, le sel et le poivre au goût et bien remuer. Réserver.

3. Mettre les bananes dans un bol et verser le reste du rhum, du jus et du zeste de lime. Bien mélanger et farcir le poulet de bananes au rhum. Badigeonner le poulet avec la marinade épicée. Déposer dans une rôtissoire et faire cuire au four pendant 1 heure 30. Servir chaud.

Amérique

Riz sauté aux lardons et aux champignons

Haïti

T 20 minutes · C 35 minutes · P 4

Ingrédients

- 2 c. à soupe de beurre
- 1 tasse de champignons tranchés
- 1/2 c. à thé de thym
- 1 tasse de petits lardons
- 1 gousse d'ail hachée
- 1 poivron rouge haché
- 1 tasse de persil haché finement
- 2 tasses de riz
- 4 tasses d'eau
- 1 cube de bouillon de légumes
- Sel et poivre

Préparation

1. Dans une grande casserole, faire chauffer le beurre à feu moyen et faire revenir les champignons avec le thym pendant 7 minutes jusqu'à ce qu'ils soient légèrement dorés. Incorporer les lardons et faire cuire pendant 3 ou 4 minutes. Incorporer l'ail, le poivron et le persil et faire revenir pendant 2 minutes.

2. Incorporer le riz, remuer pendant 1 minute avec le reste des ingrédients, puis verser l'eau. Porter à ébullition, incorporer le cube de bouillon, puis baisser le feu et laisser mijoter pendant une vingtaine de minutes jusqu'à ce que le riz soit tendre. Assaisonner au goût, remuer et servir.

Sauce ti-malice

Haïti

T 10 minutes · M 30 minutes · P 4

Ingrédients

- 3 oignons hachés finement
- Le jus de 3 citrons
- 1 c. à soupe de beurre
- 1 piment rouge haché finement
- 1 gousse d'ail hachée
- Sel et poivre

Préparation

1. Mélanger les oignons et le citron dans un bol, et laisser mariner pendant 30 minutes. Extraire les oignons et réserver le jus.

2. Faire chauffer le beurre dans une petite poêle à feu moyen et faire revenir les oignons pendant 5 minutes. Incorporer le piment et l'ail, baisser à feu doux et laisser cuire pendant encore 5 minutes. Retirer du feu et verser dans le bol avec le jus, saler et poivrer au goût et remuer.

3. Verser dans un pot hermétique et réfrigérer avant de servir.

Ceviche de pétoncles

Honduras

T 10 minutes · R 1 heure · P 2

Ingrédients

- 500 g de pétoncles géants
- Le jus de 2 limes
- 2 c. à soupe d'huile d'olive
- 2 oignons verts hachés
- 2 gousses d'ail écrasées
- 1 branche de céleri hachée
- 1 piment *Jalapeño* haché
- 1 poivron rouge haché
- 1/2 tasse de coriandre fraîche hachée
- Sel et poivre

Préparation

1. Dans un bol mélanger les pétoncles coupés en deux et le jus de lime. Incorporer l'huile, les oignons verts, l'ail, le céleri, le piment, le poivron et la coriandre. Remuer le tout, saler et poivrer au goût.

2. Bien mélanger et laisser macérer au réfrigérateur pendant au moins 1 heure avant de servir en remuant de temps à autre.

Plantains frits

Honduras

T 10 minutes   C 12 minutes   P 4

Ingrédients

• 3 bananes plantains
• Le jus de 2 limes
• Huile de maïs
• Sel

Préparation

1. Couper les bananes en deux sans les peler, puis couper chaque moitié en deux dans le sens de la longueur. Retirer les pelures.

2. Faire chauffer l'huile de maïs à feu moyen-vif et déposer les morceaux de plantains. Faire cuire pendant 5 à 6 minutes de chaque côté jusqu'à ce qu'ils soient dorés. Éponger sur du papier absorbant, saler au goût, arroser de lime et servir.

Poisson grillé à l'ail

Honduras

T 15 minutes   C 10 minutes   P 4

Ingrédients

• 4 gros filets de tilapia
• 1/2 tasse de farine
• 4 gousses d'ail écrasées
• 2 c. à soupe de persil frais haché
• 1 c. à soupe de paprika
• Le jus de 3 limes
• 3 c. à soupe d'huile d'olive
• Sel et poivre

Préparation

1. Rincer et éponger les filets de poisson, puis saupoudrer toutes les surfaces de farine.

2. Dans un bol, mélanger l'ail, le persil, le paprika, le jus de lime, le sel et le poivre au goût.

3. Faire chauffer l'huile dans une grande poêle à feu moyen et faire cuire pendant 3 minutes d'un côté. Retourner, badigeonner de marinade à l'ail et faire cuire 3 minutes. Retourner une dernière fois pendant 2 minutes et badigeonner l'autre côté. Servir avec du riz.

Amérique

Tortillas farcies
(baleadas)

Honduras

T 10 minutes   C 4 minutes   P 2

Ingrédients

- 8 petites tortillas de maïs
- 1/2 tasse de haricots noirs
- 1 tasse de mozzarella râpée
- 1/2 tasse de crème sure

Préparation

1. Faire chauffer les tortillas de maïs dans une poêle à feu moyen-doux.

2. Faire chauffer les haricots au micro-onde et réduire en purée à l'aide d'une fourchette.

3. Garnir le centre d'une tortilla de 1 c. à soupe de purée de haricot, de 1 c. à soupe de crème sure, puis couvrir le tout de fromage. Refermer et servir.

Charqui de poulet

Jamaïque

T 20 minutes   M 2 heures   C 15 minutes   P 4

Ingrédients

- 4 poitrines de poulet coupées en bandes de 2 cm de large
- 2 c. à soupe d'huile de sésame
- 2 oignons verts hachés finement
- 3 c. à soupe de cassonade
- 3 c. à soupe de sauce soja
- 3 c. à soupe de vinaigre de vin
- 2 gousses d'ail hachées grossièrement
- 1 c. à thé de thym
- 1/2 c. à thé de piment de la Jamaïque
- 1 piment *Jalapeño* haché finement
- Sel et poivre

Préparation

1. Dans un bol, mélanger l'huile, les oignons, la cassonade, la sauce soja, le vinaigre, l'ail, le thym, le piment de la Jamaïque, le piment *Jalapeño*, le sel et le poivre au goût. Verser le tout dans un robot culinaire ou un mélangeur et mélanger jusqu'à l'obtention d'une texture lisse.

2. Déposer le poulet dans un grand sac hermétique, puis verser les 3/4 de la sauce sur le poulet. Laisser mariner au réfrigérateur pendant 2 heures.

3. Faire cuire le poulet dans une poêle à feu moyen-vif pendant une dizaine de minutes jusqu'à ce qu'il soit cuit et tendre à l'intérieur.

4. Pendant ce temps, faire chauffer le reste de la marinade dans une petite casserole et verser sur le poulet. Servir chaud.

Quenelles de poisson

Jamaïque

T 10 minutes   C 10 minutes   P 3 à 4

Ingrédients

- 2 filets de morue émiettés
- Le jus de 1 lime
- 1 c. à thé de piment de la Jamaïque
- 2 tasses de farine
- 1 c. à thé de poudre à pâte
- 1 c. à thé de sel
- 1/4 de tasse de beurre
- 1/4 de tasse d'eau
- 1/2 tasse d'huile végétale pour la friture

Préparation

1. Dans un petit bol, mélanger le poisson, le jus de lime et le piment de la Jamaïque. Réserver.

2. Tamiser ensemble la farine, la poudre à pâte et le sel. Ajouter le beurre et mélanger jusqu'à ce qu'il ait la grosseur de petits pois. Ajouter l'eau peu à peu jusqu'à ce que la pâte soit assez humide pour former une boule.

3. Pétrir brièvement et défaire en petites boules. Aplatir pour former de petites galettes plates. Déposer 1 c. à soupe de poisson au centre de chaque galette et refermer en joignant les côtés ensemble.

4. Faire chauffer l'huile à feu moyen et faire frire les quenelles pendant 4 à 5 minutes chacune jusqu'à ce qu'elles soient dorées et croustillantes. Égoutter sur du papier absorbant et servir avec de la lime et de la sauce tartare.

Sauce à l'orange et aux canneberges

Jamaïque

T 10 minutes   C 1 heure   P 6

Ingrédients

- 3 tasses de canneberges
- Le zeste de 1 orange
- 2 bâtons de cannelle
- 1 c. à thé de muscade
- 1 tasse de jus d'orange
- 1 tasse de cassonade

Préparation

1. Faire chauffer les canneberges dans une casserole à feu moyen-doux pendant 4 minutes. Ajouter le zeste d'orange, la cannelle, la muscade, le jus d'orange et la cassonade.

2. Porter à ébullition, puis baisser le feu et laisser mijoter à feu doux pendant environ 1 heure jusqu'à ce que la sauce épaississe. Verser dans un contenant hermétique et réfrigérer.

Soupe aux épinards

Jamaïque

T 15 minutes   C 20 minutes   P 4

Ingrédients

- 2 c. à soupe d'huile d'olive
- 1/2 oignon haché
- 2 gousses d'ail hachées
- 1 c. à soupe de gingembre râpé
- 1/2 c. à thé de curcuma
- 1/2 c. à thé de muscade
- 1/2 c. à thé de piment de la Jamaïque
- 1 pincée de poivre de Cayenne
- 1 pomme de terre pelée et coupée en dés
- 1 courgette coupée en dés
- 6 tasses de bouillon de légumes
- 2 tasses d'épinards hachés
- Sel et poivre

Préparation

1. Faire chauffer l'huile d'olive dans une casserole à feu moyen, puis faire revenir l'oignon, l'ail et le gingembre pendant 5 minutes.

2. Assaisonner de curcuma, de muscade, de piments de la Jamaïque, de poivre de Cayenne, saler et poivrer au goût, puis incorporer les morceaux de pomme de terre et de courgette et faire revenir 2 minutes.

3. Verser le bouillon, porter à ébullition, puis baisser le feu et laisser mijoter pendant 15 minutes jusqu'à ce que les morceaux de pommes de terre soient tendres.

4. Réduire la soupe en purée dans un robot culinaire ou un mélangeur en incorporant les épinards. Mélanger jusqu'à l'obtention d'une texture lisse. Remettre dans la casserole, chauffer, assaisonner au goût et servir.

Bananes caramélisées au rhum

Martinique

T 20 minutes   C 15 minutes   P 4

Ingrédients

- 2 bananes pelées en coupées en deux dans le sens de la longueur
- 1 c. à soupe de beurre
- 2 c. à soupe de sucre en poudre
- 1 c. à thé d'extrait de vanille
- 1/2 c. à thé de cannelle
- 1/2 tasse de jus d'orange
- 1/4 de tasse de rhum

Préparation

1. Faire chauffer le beurre dans une poêle à feu moyen et faire dorer les bananes pendant 5 à 7 minutes. Extraire les bananes et réserver.

2. Verser le sucre dans la poêle et caraméliser pendant 3 à 4 minutes. Ajouter la vanille, la cannelle, le jus d'orange et le rhum. Remuer, couvrir et laisser mijoter pendant encore 5 minutes. Verser la sauce au caramel sur les bananes. Servir chaud.

Fricassée de poulet au cari

Martinique

T 20 minutes   C 30 minutes   P 4

Ingrédients

- 3 c. à soupe d'huile d'olive
- 2 gousses d'ail hachées
- 1 oignon haché
- 4 poitrines de poulet désossées, sans la peau et coupées en lamelles
- 4 c. à soupe de cari en poudre
- Le jus de 1/2 lime
- 1/2 c. à thé de thym
- 1 tasse de bouillon de poulet
- 1/4 de tasse de lait
- 2 tasses de noix de coco râpée
- Sel et poivre

Préparation

1. Faire chauffer l'huile d'olive dans une poêle à feu moyen et faire revenir l'ail et l'oignon pendant environ 5 minutes. Ajouter le poulet, le cari, le jus de lime, le thym et le bouillon de poulet. Porter à ébullition, puis baisser le feu et laisser mijoter pendant 15 minutes à feu doux.

2. Incorporer le lait et la noix de coco, saler et poivrer au goût et faire cuire pendant encore une dizaine de minutes en remuant de temps à autre jusqu'à ce que la sauce soit bien chaude. Servir chaud.

Burritos

Mexique

T 15 minutes   C 15 minutes   P 4

Ingrédients
- 1 c. à soupe d'huile d'olive
- 1 oignon vert haché
- 1 gousse d'ail hachée
- 2 courgettes coupées en dés
- 1/2 c. à thé de poudre de chili
- 1/2 c. à thé de cumin moulu
- 1 conserve de haricots noirs
- 1 conserve de maïs en grains
- 4 grandes tortillas de farine
- 1/2 tasse de cheddar râpé
- 1/2 tasse de crème sure
- 1/2 tasse de salsa du marché
- 1 tomate coupée en petits dés
- 1 tasse de coriandre fraîche hachée
- 1 avocat tranché
- Sauce piquante
- Sel et poivre

Préparation
1. Faire chauffer l'huile dans une grande poêle à feu moyen-vif, puis ajouter l'oignon, l'ail, les courgettes, la poudre de chili et le cumin jusqu'à ce que l'oignon soit tendre.

2. Égoutter et rincer les haricots noirs et égoutter la conserve de maïs, puis incorporer les haricots et le maïs dans la poêle, et faire cuire le tout à feu moyen-doux pendant encore quelques minutes.

3. Faire chauffer légèrement les tortillas au micro-onde ou dans le four jusqu'à ce qu'elles soient chaudes et tendres, puis étendre 2 c. à soupe du mélange de haricots au centre de chaque tortilla. Couvrir d'environ 1 c. à soupe de fromage, de crème sure et de salsa et garnir le tout de tomates, de coriandre et d'avocat. Si désiré, assaisonner de sauce piquante.

4. Enrouler chaque tortilla sur elle-même et servir.

Chilaquiles

Mexique

T 20 minutes   C 35 minutes   P 4

Ingrédients
- 2 grosses poitrines de poulet désossées, sans la peau
- 12 petites tortillas de maïs
- 2 c. à soupe d'huile d'olive
- 1 oignon tranché finement et quelques rondelles pour servir
- 2 gousses d'ail hachées
- 1/2 c. à thé de thym
- 2 conserves de tomates en dés
- 1 piment *Jalapeño* haché
- Le jus de 1 lime
- 1 c. à thé de sucre
- 2 c. à soupe de pâte de tomate
- 1/2 tasse de bouillon de poulet
- 2 tasses de mozzarella fraîche coupée en cubes
- 1 tasse de crème sure
- Sel et poivre

Préparation
1. Faire bouillir les poitrines de poulet dans une casserole d'eau chaude pendant 20 minutes, puis défaire en filaments. Réserver.

2. Pendant ce temps, couper les tortillas en lamelles d'environ 2 cm de largeur et 5 cm de longueur et faire griller sur une plaque dans le petit four ou dans une poêle à feu moyen. Réserver.

3. Faire chauffer l'huile d'olive à feu moyen-doux. Faire revenir l'oignon 5 minutes, puis incorporer l'ail. Saler et poivrer au goût puis ajouter les tomates, le thym et le piment et remuer. Arroser de jus de lime.

4. Laisser mijoter pendant 3 ou 4 minutes en remuant, puis ajouter le sucre et la pâte de tomate. Remuer le tout, puis verser le bouillon de poulet. Mélanger et laisser mijoter encore 5 minutes. Incorporer le poulet, mélanger, assaisonner au goût et laisser cuire à feu moyen-doux encore 5 minutes.

5. Pour servir, verser une portion de tortillas au fond d'un bol creux et couvrir de sauce aux tomates au poulet. Garnir le tout de 2 c. à soupe de fromage en cubes, de 1 c. à soupe de crème sure et de quelques rondelles d'oignon.

Chiles farcis au fromage

Mexique

T 20 minutes   C 25 minutes   P 4

Ingrédients
- 6 gros piments *poblano*
- 2 c. à soupe d'huile d'olive
- 1 oignon haché
- 2 gousses d'ail hachées
- 1 conserve de tomates en dés
- 1 tasse de bouillon de poulet
- 1/2 c. à thé de poivre de Cayenne
- 2 tasses de mozzarella râpée
- 3 œufs
- 1 tasse de farine
- Huile pour la friture
- Sel et poivre

Préparation
1. Faire griller les piments à « broil » jusqu'à ce que la pelure soit calcinée. Peler les piments et sécher. Faire une petite entaille sur le dessus des piments pour retirer les graines.

2. Dans une grande poêle, faire revenir l'oignon dans l'huile d'olive pendant 3 minutes. Ajouter l'ail et poursuivre la cuisson 2 minutes. Ajouter les tomates et le bouillon, puis le poivre de Cayenne, saler et poivrer au goût. Remuer et laisser mijoter 15 minutes à feu doux.

3. Farcir les piments de fromage.

4. Faire chauffer de l'huile dans une poêle à feu moyen-vif.

5. Battre les œufs dans un grand bol et étendre la farine sur du papier ciré.

6. Couvrir les piments de farine avant de les déposer dans le bol d'œuf pour les enrober complètement. Faire frire dans la poêle pendant environ 5 minutes jusqu'à ce qu'ils soient dorés et croustillants.

7. Servir les chiles et napper de sauce aux tomates.

Amérique

Enchiladas au poulet

Mexique

T 20 minutes   C 45 minutes   P 4

Ingrédients

- 2 grosses poitrines de poulet désossées, sans la peau et coupées en dés
- 2 c. à soupe d'huile d'olive
- 1 oignon émincé
- 1 gousse d'ail écrasée
- 1 poivron vert tranché finement
- 1 conserve de tomates en dés
- 1 c. à thé de thym
- 1/2 c. à thé d'origan
- 1/2 c. à thé de cumin
- 1/2 tasse de crème fraîche
- 8 tortillas de maïs
- 2 tasses de mozzarella ou de cheddar râpé
- Sel et poivre

Préparation

1. Faire chauffer l'huile à feu moyen et faire revenir les morceaux de poulet pendant 7 à 10 minutes jusqu'à ce qu'ils soient cuits et tendres. Réserver.

2. Incorporer l'oignon et l'ail dans la poêle, puis ajouter le poivron et faire revenir le tout pendant 5 minutes. Verser les tomates en dés, remuer et assaisonner de thym, d'origan, de cumin, de sel et de poivre au goût. Ajouter la crème, remuer et laisser mijoter à feu doux pendant 5 à 10 minutes.

3. Étaler les tortillas, puis verser une portion sur le côté droit de chacune d'elles et rouler les tortillas.

4. Préchauffer le four à 355 °F (180 °C).

5. Étaler un peu de sauce tomate au fond d'un plat en verre allant au four légèrement graissé, puis couvrir des tortillas roulées en les posant les unes à côté des autres. Napper le tout de sauce en l'étalant uniformément sur les tortillas et saupoudrer de fromage.

6. Faire cuire au four pendant 25 à 30 minutes jusqu'à ce que le fromage soit fondu et commence à dorer.

Fajitas au poulet

Mexique

T 15 minutes   C 15 minutes   P 2

Ingrédients

- 1 grosse poitrine de poulet désossée, sans la peau
- 1/2 c. à thé de poudre de chili
- 1/2 c. à thé de cumin moulu
- 1/2 c. à thé de poivre de Cayenne
- 2 c. à soupe d'huile d'olive
- 1 oignon vert haché
- 1 poivron jaune tranché
- 1 avocat tranché et réduit en purée
- Le jus de 1 lime
- 1/2 tasse de coriandre fraîche hachée
- 2 grandes tortillas de farine de blé entier
- 1/2 tasse de cheddar râpé
- 1/2 tasse de crème sure
- 1 tomate coupée en petits dés
- Sel et poivre

Préparation

1. Couper le poulet en lanières. Dans un bol, mélanger la poudre de chili, le cumin et le poivre de Cayenne, le sel et le poivre au goût et déposer le poulet dans le bol pour l'enrober du mélange d'épices.

2. Faire chauffer l'huile dans une grande poêle à feu moyen, puis ajouter les lanières de poulet et faire cuire jusqu'à ce qu'elles ne soient plus rosées. Ajouter l'oignon et le poivron et faire cuire pendant environ 5 minutes jusqu'à ce qu'ils soient tendres et dorés.

3. Pendant ce temps, mélanger la purée d'avocat, le jus de lime et la coriandre dans un bol.

4. Faire chauffer légèrement les tortillas au micro-onde ou dans le four jusqu'à ce qu'elles soient chaudes et tendres, puis étendre 2 c. à soupe du mélange de poulet et de légumes au centre de chaque tortilla. Couvrir d'environ 1 c. à soupe de fromage et 1 c. à soupe de crème sure et garnir le tout de morceaux de tomates et de purée d'avocat.

5. Enrouler chaque tortilla sur elle-même et servir.

Guacamole

Mexique

T 10 minutes   P 6

Ingrédients

- 3 avocats mûrs dénoyautés et pelés
- 1 petit oignon haché finement
- 1 piment *Jalapeño* haché
- Le jus de 1 lime
- 1/2 tasse de coriandre fraîche hachée finement
- 1/2 tasse de pistaches pelées et hachées
- Quelques gouttes de sauce piquante
- Sel et poivre
- Croustilles de maïs

Préparation

1. Déposer les avocats dans un bol de taille moyenne avant de les réduire en purée à l'aide d'une fourchette. Ajouter l'oignon, le piment, le jus de lime, la coriandre, les pistaches et la sauce piquante. Bien remuer pour incorporer toutes les saveurs. Assaisonner au goût, couvrir et réfrigérer jusqu'à ce que le guacamole soit prêt à servir.

Quesadillas au fromage et avocat

Mexique

T 15 minutes   C 10 minutes   P 2

Ingrédients
- 1 avocat pelé et réduit en purée
- 2 c. à soupe de coriandre fraîche
- Le jus de 1 lime
- Quelques gouttes de sauce piquante
- 6 petites tortillas de maïs
- 1 tasse de mozzarella râpée
- Sel et poivre

Préparation
1. Dans un bol, mélanger l'avocat, la coriandre, le jus de lime et la sauce piquante. Saler et poivrer au goût. Verser 1 ou 2 c. à soupe sur une moitié de chaque tortilla.

2. Faire cuire les *quesadillas* un par un dans une poêle antiadhésive à feu moyen-doux. Déposer une *quesadilla* au centre de la poêle et faire chauffer pendant 2 minutes. Saupoudrer la garniture de fromage, puis plier la tortilla en demi-lune et appuyer avec une spatule pour l'aplatir. Retourner la *quesadilla* et faire cuire jusqu'à ce que les deux côtés soient dorés et que le fromage soit fondu. Servir chaud avec de la sauce piquante

Sauce *mole*

Mexique

T 15 minutes   C 15 minutes   P 4

Ingrédients
- 1 oignon haché finement
- 1 gousse d'ail écrasée
- 1 poivron rouge haché finement
- 3 c. à soupe d'huile d'olive
- 1 c. à soupe d'arachides hachées
- 3 c. à soupe de cacao
- 1 c. à soupe de poudre d'amande
- 1 c. à thé de cannelle
- 1 c. à thé de cumin
- 1 c. à thé de poivre de Cayenne
- 2 tasses de bouillon de poulet
- Sel et poivre

Préparation
1. Déposer l'oignon, l'ail, le poivron, 1 c. à soupe d'huile d'olive et les arachides dans un robot culinaire ou un mélangeur et réduire en purée grossière. Incorporer le cacao, la poudre d'amande, la cannelle, le cumin, le poivre de Cayenne, le sel et le poivre au goût et mélanger à nouveau.

2. Faire chauffer ce qui reste d'huile d'olive à feu moyen et faire revenir le mélange en purée pendant 5 à 7 minutes. Incorporer le bouillon de poulet, remuer et laisser mijoter pendant une dizaine de minutes à feu doux. La sauce est prête à servir ou à ranger hermétiquement lorsque son volume a diminué de moitié.

Soupe de *chipotle* au poulet *(caldo tlapeño)*

Mexique

T 20 minutes   C 40 minutes   P 4

Ingrédients
- 2 oignons verts tranchés
- 1 c. à soupe d'huile d'olive
- 1 gousse d'ail hachée
- 2 grosses poitrines de poulet désossées, sans la peau et coupées en morceaux
- 8 tasses de bouillon de poulet
- 2 carottes râpées et tranchées
- 2 piments *chipotle* hachés
- 2 tasses de pois chiches rincés et égouttés
- 200 g de mozzarella fraîche coupée en dés
- 2 avocats coupés en dés
- Sel et poivre

Préparation
1. Faire revenir les oignons dans l'huile d'olive pendant 4 minutes. Incorporer l'ail et poursuivre la cuisson pendant 2 minutes.

2. Ajouter les poitrines de poulet et le bouillon et faire cuire pendant 15 minutes jusqu'à ce qu'il soit cuit et tendre. Extraire le poulet et défaire en filaments.

3. Incorporer les carottes, le poulet, les piments et les pois chiches. Porter à ébullition, puis réduire le feu et laisser mijoter 15 à 20 minutes jusqu'à ce que les légumes soient tendres. Saler et poivrer au goût.

4. Servir chaud et garnir de fromage et de morceaux d'avocat.

Soupe de tortillas

Mexique

T 20 minutes   C 25 minutes   P 4

Ingrédients

- 1 conserve de tomates en dés
- 1/2 oignon haché
- 2 gousses d'ail
- 1 piment *pasilla* haché finement
- 10 petites tortillas de maïs
- 2 c. à soupe d'huile d'olive
- 6 tasses de bouillon de poulet
- Quelques gouttes de Tabasco
- 2 avocats coupés en dés
- 200 g de mozzarella fraîche coupée en dés
- Sel et poivre

Préparation

1. Préchauffer le petit four à 355 °F (180 °C).

2. Déposer les tomates, l'oignon, l'ail et le piment dans un robot culinaire ou un mélangeur et réduire en purée grossière.

3. Couper les tortillas en lamelles d'environ 2 cm de largeur et 5 cm de longueur et faire griller sur une plaque dans le petit four ou dans une poêle à feu moyen.

4. Faire chauffer l'huile d'olive dans une poêle et faire revenir le mélange pendant 5 minutes. Incorporer le bouillon de poulet et porter à ébullition. Réduire le feu, couvrir et laisser mijoter pendant 15 minutes. Ajouter de la sauce piquante, saler et poivrer au goût.

5. Servir en garnissant de tortillas, de morceaux d'avocat et de fromage.

Amérique

Tacos *al pastor*

Mexique

T 15 minutes   M 1 nuit   C 20 minutes   P 4

Ingrédients

• 1 tasse de vinaigre blanc
• 1 gousse d'ail écrasée
• 2 clous de girofle
• 1/2 c. à thé de cumin
• 1/2 c. à thé d'origan
• 5 piments *Jalapeño* hachés finement
• 5 piments *pasilla* hachés finement
• Sel
• 450 g de viande de porc taillée en fines lamelles
• 16 tortillas de maïs
• 2 tasses de coriandre fraîche hachée
• 1 oignon haché

Préparation

1. Déposer le vinaigre, l'ail, les clous de girofle, le cumin, l'origan et les piments dans un robot culinaire. Saler au goût et mélanger jusqu'à l'obtention d'une texture lisse.

2. Verser le mélange dans une casserole et faire chauffer à feu doux pendant 5 minutes en remuant.

3. Verser le porc dans un grand bol et couvrir avec la sauce aux piments. Couvrir et laisser macérer pendant une nuit.

4. Faire chauffer les tortillas dans une poêle à feu doux et garder au chaud dans le four à 200 °F (95 °C).

5. Faire revenir la viande dans une poêle avec un peu d'huile pendant 10 minutes, puis servir une portion au centre de chaque tortilla. Garnir de coriandre et d'oignon.

Tostadas au bœuf et aux poivrons

Mexique

T 25 minutes   C 30 minutes   P 4

Ingrédients

• 12 tortillas de maïs
• 1 oignon haché
• 1 c. à soupe d'huile d'olive
• 2 gousses d'ail hachées
• 600 g de bœuf haché maigre
• 1 poivron rouge coupé en petits dés
• 1 tasse de tomates en dés
• 1 piment *Jalapeño* haché
• 1 c. à thé de thym
• 1/2 c. à thé de poudre de chili
• 1 c. à thé de cumin
• 1 c. à thé de paprika
• 1/2 tasse de bouillon de bœuf
• 1 conserve de haricots rouges rincés et égouttés
• 2 tasses de mozzarella râpée
• 1 tasse de coriandre fraîche hachée
• Sel et poivre

Préparation

1. Faire revenir l'oignon dans une grande poêle avec l'huile d'olive. Ajouter l'ail et la viande et faire brunir en émiettant pendant 5 à 7 minutes.

2. Incorporer le poivron, les tomates, le piment *Jalapeño*, le thym, la poudre de chili, le cumin, le paprika et le bouillon de bœuf. Laisser mijoter à feu doux pendant une dizaine de minutes, saler et poivrer au goût. Ajouter les haricots et laisser mijoter à feu doux pendant une dizaine de minutes.

3. Préchauffer le four à 450 °F (230 °C).

4. Faire frire les tortillas dans l'huile de maïs jusqu'à ce qu'elles soient croustillantes et disposer sur une plaque allant au four. Garnir chaque *tostadas* de 2 c. à soupe de garniture au bœuf, étaler et saupoudrer de fromage. Faire griller le fromage au four pendant 5 minutes et servir chaud en garnissant de coriandre fraîche.

Bœuf grillé

Nicaragua

T 15 minutes   R 2 heures   C 15 minutes   P 4

Ingrédients

- 700 g de flanc de bœuf coupé en tranches
- 2 oignons hachés finement
- 1 gousse d'ail hachée
- 2 tasses de jus d'orange
- 1/2 tasse d'huile d'olive
- Quelques gouttes de sauce piquante
- 1/2 c. à thé de poudre de chili
- 1/2 c. à thé de cumin moulu
- Sel et poivre

Préparation

1. Dans un grand bol, mélanger le bœuf, l'oignon, l'ail, le jus d'orange, l'huile, la sauce piquante, la poudre de chili et le cumin. Saler et poivrer au goût, couvrir et réfrigérer pendant 2 heures.

2. Faire cuire la viande sur le gril ou le barbecue à feu moyen-vif ou dans la poêle à feu moyen pendant environ 5 minutes jusqu'à ce que les deux côtés soient dorés et jusqu'à l'obtention de la cuisson désirée.

Gallo pinto

Nicaragua

T 15 minutes   C 35 minutes   P 4

Ingrédients

- 2 c. à soupe d'huile d'olive
- 1 oignon haché finement
- 1 gousse d'ail
- 1 poivron vert haché finement
- 1 conserve de haricots rouges rincés et égouttés
- 1/2 c. à thé de thym
- 2 tasses de bouillon de poulet
- 1 tasse de riz à long grain
- 2 c. à soupe de coriandre
- Sel et poivre

Préparation

1. Faire revenir l'oignon, l'ail et le poivron dans l'huile d'olive dans une casserole pendant 5 minutes.

2. Incorporer les haricots, le sel, le poivre au goût et le thym et faire chauffer pendant 5 minutes en remuant.

3. Ajouter le bouillon, porter à ébullition et verser le riz et la coriandre. Baisser à feu moyen-doux et laisser cuire une vingtaine de minutes jusqu'à ce que le riz soit tendre. Servir chaud avec des bananes plantains frites et de la crème fraîche.

Gâteau aux trois laits

Nicaragua

T 30 minutes   R 2 à 3 heures   C 25 minutes   P 8

Ingrédients

- 1 1/2 tasse de farine
- 1 c. à thé de poudre à pâte
- 1/2 c. à thé de sel
- 1/2 tasse de beurre mou
- 3/4 de tasse de sucre
- 4 œufs
- 1 c. à thé de vanille
- 1 tasse de lait entier
- 1 tasse de lait concentré
- 1 tasse de lait condensé
- 1 tasse de crème sure

Préparation

1. Préchauffer le four à 350 °F (175 °C). Graisser un moule à gâteau de 9 po (23 cm).

2. Tamiser ensemble la farine, la poudre à pâte et le sel.

3. Dans un autre bol, battre le beurre en crème avec le sucre au batteur électrique. Ajouter un œuf à la fois et incorporer l'extrait de vanille en continuant de fouetter. Verser le tout dans le mélange d'ingrédients secs et mélanger jusqu'à l'obtention d'une texture lisse.

4. Verser le mélange dans le moule à gâteau et faire cuire au four pendant environ 25 minutes jusqu'à ce que le gâteau soit doré. Percer la surface du gâteau avec une fourchette.

5. Battre le lait entier, le lait concentré, le lait condensé avec la crème et verser le tout sur le gâteau.

6. Réfrigérer pendant 2 à 3 heures jusqu'à ce que le liquide soit bien absorbé. Servir avec de la crème glacée ou de la crème fouettée, si désirée.

Pinolillo

Nicaragua

T 10 minutes   C 15 minutes   P 4

Ingrédients
- 1/4 de tasse de semoule de maïs
- 2 tasses de lait
- 2 tasses d'eau
- 1/4 de tasse de poudre de cacao
- 1/4 de tasse de sucre
- 1/2 c. à thé de cannelle
- 1/2 c. à thé de muscade

Préparation
1. Faire dorer la semoule à feu moyen dans une poêle pendant 5 minutes, puis verser dans un mélangeur jusqu'à l'obtention d'une poudre fine.

2. Incorporer le lait, l'eau, la poudre de cacao, le sucre, la cannelle et la muscade. Mélanger jusqu'à l'obtention d'une substance lisse et mousseuse. Réfrigérer ou servir avec de la glace.

Salade de chou, de yuccas et de porc

Nicaragua

T 15 minutes   C 3 heures   P 4

Ingrédients
- 500 g de couenne de porc
- 2 yuccas pelés et coupés en deux
- 1 carotte pelée et râpée
- 1/2 chou vert coupé émincé
- 3 oignons verts hachés
- 1 piment *Jalapeño* haché finement
- 1/2 tasse de vinaigre blanc
- Sel et poivre
- Huile végétale pour la friture

Préparation
1. Préchauffer le four à 250 °F (125 °C).

2. Couper la couenne de porc en morceaux d'environ 2 cm x 4 cm et déposer ceux-ci sur une plaque couverte de papier aluminium. Saupoudrer de sel, puis faire cuire au four pendant 3 heures.

3. Faire bouillir les yuccas pendant une vingtaine de minutes, environ 25 minutes avant la fin de la cuisson du porc, jusqu'à ce qu'ils soient tendres. Couper les yuccas en tranches d'environ 1 cm d'épaisseur.

4. Faire cuire les carottes et le chou à la vapeur pendant 5 à 8 minutes jusqu'à ce qu'ils soient tendres.

5. Verser le chou et les carottes dans un saladier et ajouter les oignons verts et le piment *Jalapeño*. Bien mélanger. Verser le vinaigre sur la salade, saler et poivrer au goût et remuer.

6. Faire frire les tranches de yucca et les morceaux de porc dans l'huile à feu vif pendant environ 1 à 2 minutes de chaque côté jusqu'à ce qu'ils soient dorés et croustillants. Éponger avec du papier absorbant. Saler les yuccas au goût, servir une portion de yucca et de porc et garnir le tout de salade de chou.

Alfajores à la confiture de lait

Pérou

T 20 minutes   C 2 heures   P 6

Ingrédients
- 2 tasses de lait
- 1 tasse de sucre
- 1 gousse de vanille
- 1 c. à thé de cannelle
- 2 tasses de farine
- 1/4 de tasse de sucre en poudre
- 3/4 de tasse de *shortening* végétal

Préparation
1. Pour préparer le caramel, verser le lait, le sucre, la vanille et la cannelle dans une casserole et porter à ébullition.

2. Lorsque le mélange commence à bouillir, baisser le feu et laisser mijoter à feu doux pendant 2 heures en remuant souvent pour éviter la formation d'une peau.

3. Préchauffer le four à 350 °F (175 °C).

4. Tamiser la farine et le sucre en poudre, puis incorporer le *shortening* et mélanger jusqu'à ce qu'il soit complètement incorporé.

5. Étaler la pâte sur une surface plane et couper des rondelles d'environ 5 cm de diamètre. Déposer dans le four et faire cuire pendant environ 10 minutes jusqu'à ce qu'elles deviennent légèrement dorées.

6. Lorsque le caramel épaissit et fonce légèrement, vérifier la consistance avec une cuillère en bois. La confiture est prête lorsqu'elle nappe et se fige sur le dos de la cuillère.

7. Étaler du caramel sur la surface d'une rondelle et refermer avec une autre rondelle. Saupoudrer de sucre en poudre.

Amérique

Ceviche aux crevettes et aux agrumes

Pérou

T 15 minutes · R 2 heures · P 4

Ingrédients
- 1 oignon haché finement
- 1 c. à thé de gingembre moulu
- 1/4 de tasse de jus de lime
- 1/4 de tasse de jus de citron
- 1/4 de tasse de jus d'orange
- 1 gousse d'ail écrasée
- 3 c. à soupe d'huile d'olive
- 500 g de petites crevettes cuites
- 1/4 de tasse de coriandre fraîche hachée
- 2 avocats pelés et coupés en dés

Préparation
1. Dans un grand bol, mélanger l'oignon, le gingembre, le jus de lime, le jus de citron, le jus d'orange, l'ail et l'huile d'olive. Saler et poivrer au goût et incorporer les crevettes. Réfrigérer et laisser macérer pendant 2 heures.

2. Bien mélanger et ajouter la coriandre et l'avocat. Assaisonner, remuer et servir.

Empañadas au jambon et au fromage

Pérou

T 45 minutes · R 30 minutes · C 35 minutes · P 6

Ingrédients
Pâte
- 4 tasses de farine
- 2 c. à thé de bicarbonate de soude
- 1 c. à thé de sel
- 1 tasse d'eau
- 3 c. à soupe d'huile d'olive
- 2 jaunes d'œufs
Farce
- 2 c. à soupe de beurre
- 1/2 tasse de farine
- 1 tasse de lait
- 2 œufs
- 1 tasse de gouda râpé
- 1/4 de tasse de parmesan râpé
- 400 g de jambon fumé coupé en petits morceaux
- 1 jaune d'œuf
- Sel et poivre

Préparation
1. Pour faire la pâte, tamiser la farine, le bicarbonate de soude et le sel, puis creuser un puits au centre des ingrédients secs pour y verser l'eau, l'huile d'olive et 2 jaunes d'œufs. Pétrir jusqu'à l'obtention d'une pâte lisse et homogène et laisser reposer pendant 30 minutes sous un linge humide.

2. Préchauffer le four à 400 °F (205 °C).

3. Faire fondre le beurre dans une poêle à feu moyen-doux et incorporer la farine. Faire dorer en remuant pendant 2 ou 3 minutes.

4. Ajouter le lait et porter à ébullition en fouettant jusqu'à ce que la sauce épaississe. Incorporer les deux œufs et continuer à remuer. Ajouter les fromages et le jambon et remuer le tout. Assaisonner au goût et retirer du feu.

5. Étaler la pâte et couper des carrés de 10 cm. Verser 1 c. à soupe de farce au centre de chaque carré et replier la pâte pour former des triangles. Humidifier les bordures de la pâte au besoin. Badigeonner les *empañadas* avec le jaune d'œuf restant avant de les déposer sur une plaque à biscuits couverte de papier ciré.

6. Faire cuire au four pendant environ 30 minutes jusqu'à ce que les *empañadas* soient bien dorées. Servir avec de la sauce piquante.

Pisco Sour

Pérou

T 5 minutes P 4

Ingrédients
- 2 blancs d'œuf
- 1 tasse de sucre de canne
- 3 tasses de *pisco*
- 1 tasse de jus de lime
- 2 tasses de glace pilée

Préparation

1. Verser les blancs d'œuf et le sucre de canne dans un mélangeur et mélanger pendant 2 minutes.

2. Incorporer le *pisco* et le jus de lime, mélanger et servir dans un grand verre sur de la glace pilée.

Poulet en sauce épicée

Pérou

T 30 minutes C 45 minutes P 6

Ingrédients
- 1 oignon haché
- 2 gousses d'ail écrasées
- 2 carottes pelées et coupées en dés
- 4 c. à soupe d'huile d'olive
- 1 poulet d'environ 900 g coupé en morceaux
- 6 tasses de bouillon de poulet
- 1 c. à thé de thym
- 1 c. à thé d'origan
- 1 feuille de laurier
- 1 tasse de lait
- 2 tasses de mie de pain en morceaux
- 1/2 tasse de parmesan râpé
- 1/4 de tasse de noix hachées
- 2 c. à soupe de pâte de piment
- 1 c. à thé de curcuma
- 1/2 tasse d'olives dénoyautées et tranchées
- Sel et poivre

Préparation

1. Faire revenir l'oignon, l'ail et les carottes dans 2 c. à soupe d'huile d'olive dans une grande marmite pendant environ 5 minutes. Ajouter le poulet et brunir tous les côtés.

2. Incorporer le bouillon de poulet, le thym, l'origan et la feuille de laurier, saler et poivrer au goût et porter le tout à ébullition. Au premier bouillon, baisser le feu et laisser mijoter pendant 20 minutes jusqu'à ce que le poulet soit tendre. Extraire les légumes et le poulet. Retirer les os et défaire le poulet en filaments. Réserver le bouillon.

3. Dans un mélangeur ou un robot culinaire, mélanger le lait, le pain et 1/2 tasse du bouillon de poulet chaud jusqu'à l'obtention d'une substance lisse. Ajouter le fromage et les noix et réduire le tout en purée.

4. Faire chauffer le reste de l'huile d'olive et faire revenir le poulet avec la pâte de piment et le curcuma. Incorporer la purée de pain et remuer le tout. Ajouter un peu de bouillon de poulet et laisser mijoter 5 minutes.

5. Servir chaud et garnir d'olives.

Salade de poulet et purée de pommes de terre

Pérou

T 45 minutes C 30 minutes P 4

Ingrédients
- 6 pommes de terre pelées
- 1/2 tasse de lait
- 2 poitrines de poulet désossées, sans la peau et tranchées en morceaux
- 2 piments épépinés et hachés
- 1 gousse d'ail écrasée
- 2 c. à soupe d'huile d'olive
- Le jus de 3 limes
- 1/3 de tasse de mayonnaise
- 1 c. à soupe de moutarde
- 1/2 c. à thé de curcuma
- 2 avocats tranchés
- 1/2 tasse d'olives dénoyautées et tranchées
- Sel et poivre

Préparation

1. Faire cuire les pommes de terre dans une casserole remplie d'eau salée jusqu'à ce qu'elles soient tendres. Réduire en purée en incorporant le lait.

2. Faire revenir les piments et l'ail dans une poêle avec un peu d'huile d'olive. Verser dans un robot culinaire ou un mélangeur et ajouter le jus de lime, le sel, le poivre et réduire le tout en purée. Verser le mélange dans la purée de pommes de terre et remuer.

3. Faire bouillir le poulet jusqu'à ce qu'il soit cuit et tendre. Défaire en filaments et mélanger dans un bol avec la mayonnaise, la moutarde et le curcuma. Assaisonner au goût.

4. Dans un grand plat, étaler la moitié de la purée de pommes de terre, suivie du poulet. Couvrir le tout du reste de purée et garnir de tranches d'avocat et d'olives. Servir chaud ou froid.

Casserole aux nouilles, aux tomates et au bœuf

Panama

T 20 minutes   C 1 heure   P 4

Ingrédients

- 1 poivron vert haché
- 1 branche de céleri hachée
- 1 gousse d'ail hachée
- 1/2 tasse de champignons tranchés
- 2 c. à soupe d'huile d'olive
- 450 g de bœuf haché maigre
- 1 tasse d'olives dénoyautées et tranchées
- 1 conserve de tomates en dés
- 1 conserve de sauce tomate aux champignons
- 2 c. à soupe de pâte de tomate
- 1 c. à soupe de sauce soja
- 1 c. à soupe de cassonade
- 1 c. à thé de sucre
- 1/2 c. à thé de thym
- 1/2 c. à thé d'origan
- 1 paquet de nouilles aux œufs
- 2 tasses de cheddar râpé
- Sel et poivre

Préparation

1. Dans une grande poêle, faire revenir le poivron, le céleri, l'ail et les champignons dans l'huile d'olive pendant 5 minutes. Incorporer la viande et faire brunir.

2. Ajouter les olives, les tomates, la sauce tomate, la pâte de tomate, la sauce soja, la cassonade, le sucre, le thym, l'origan, le sel et le poivre au goût et bien remuer, puis laisser mijoter à feu moyen pendant une quinzaine de minutes.

3. Pendant ce temps, faire cuire les nouilles dans une casserole remplie d'eau bouillante pendant 7 à 10 minutes jusqu'à ce qu'elles soient tendres. Égoutter les nouilles et incorporer au mélange de viande et de tomates.

4. Préchauffer le four à 350 °F (175 °C).

5. Graisser un plat en verre allant au four de 9 x 13 po (23 x 33 cm), puis verser le mélange dans le plat et saupoudrer le tout de fromage râpé.

6. Faire cuire au four pendant environ 30 minutes et laisser reposer 5 minutes avant de servir.

Ceviche de tilapia

Panama

T 25 minutes   R 12 heures   P 4

Ingrédients

- 3 ou 4 filets de tilapia frais
- 2 petits oignons hachés
- 1 tasse de jus de citron
- 1 gousse d'ail écrasée
- 1 piment *Jalapeño* épépiné et haché
- 2 c. à soupe d'huile d'olive
- 1 c. à soupe de coriandre fraîche hachée finement
- Sel et poivre

Préparation

1. Défaire les filets de poisson en petits morceaux.

2. Dans un grand bol, mélanger les oignons, le jus de citron, l'ail, le piment, l'huile d'olive et la coriandre. Saler et poivrer au goût et incorporer le poisson.

3. Bien mélanger et laisser macérer au réfrigérateur pendant au moins 12 heures avant de servir.

Riz aux tomates et au poulet

Panama

T 20 minutes   C 35 minutes   P 2

Ingrédients

- 2 1/2 tasses d'eau
- 1 cube de bouillon de volaille
- 1 poitrine de poulet désossée, sans la peau
- 3 c. à soupe d'huile d'olive
- 1 petit oignon haché
- 1 poivron rouge coupé en dés
- 1/2 conserve de pâte de tomate
- 1 gousse d'ail
- 1 conserve de pois *guandu* ou de petits pois
- 1/2 tasse d'olives dénoyautées et tranchées
- 1 c. à thé de sucre
- 1 1/2 tasse de riz
- Sel et poivre

Préparation

1. Porter l'eau à ébullition dans une grande casserole et ajouter le cube de bouillon de volaille et la poitrine de poulet. Faire cuire jusqu'à ce que la poitrine soit cuite. Extraire le poulet du bouillon et défaire en filaments. Réserver le poulet et le bouillon.

2. Dans une poêle, faire chauffer l'huile d'olive à feu moyen et incorporer l'oignon et le poivron rouge et faire revenir quelques minutes. Ajouter le poulet, la pâte de tomate, l'ail, les pois, les olives, le sucre, le sel et le poivre au goût et remuer le tout pendant 2 à 3 minutes.

3. Incorporer le riz et remuer pour le mélanger au reste des ingrédients. Verser le bouillon de poulet et ajouter un peu d'eau au besoin pour recouvrir les ingrédients. Couvrir et laisser mijoter pendant une vingtaine de minutes en remuant de temps à autre ou jusqu'à ce que le riz soit tendre et que le liquide soit évaporé. Servir chaud.

Soupe de palourdes

Panama

T 10 minutes   C 30 minutes   P 4

Ingrédients

- 3 tranches de bacon
- 1 petit oignon haché
- 2 gousses d'ail hachées
- 2 conserves de petites palourdes dans leur jus
- 4 tasses de bouillon de poisson
- 1 c. à thé de thym
- 2 bananes plantains pelées et tranchées
- 1 c. à soupe de sauce Worcestershire
- Sel et poivre

Préparation

1. Faire cuire le bacon dans une poêle pendant quelques minutes. Égoutter et défaire en morceaux. Faire revenir l'oignon et l'ail dans le gras de bacon pendant 4 à 5 minutes.

2. Incorporer les palourdes dans leur jus et remuer, puis ajouter le bouillon de poisson et le thym et laisser mijoter à feu doux pendant environ 10 minutes.

3. Ajouter les bananes, la sauce Worcestershire, le sel et le poivre au goût et laisser mijoter pendant encore une quinzaine de minutes. Servir chaud.

Yuccas farcis à la viande

Panama

T 30 minutes   C 40 minutes   P 4

Ingrédients

- 450 g de yuccas pelés et coupés en dés
- 2 c. à soupe de beurre
- 3 œufs
- 3/4 de tasse de farine
- 2 c. à soupe d'huile d'olive
- 1 petit oignon haché
- 1 piment *Jalapeño* épépiné et haché
- 1 gousse d'ail hachée fine
- 1/2 c. à thé de thym
- 1 c. à thé de cumin
- 1/2 c. à thé d'assaisonnement au chili
- 500 g de bœuf haché maigre
- 4 c. à thé de pâte de tomate
- 2 c. à thé de vinaigre
- 1 c. à thé de sucre
- 1/4 de tasse de coriandre fraîche ciselée
- Huile pour la friture
- Sel et poivre

Préparation

1. Faire bouillir les yuccas pendant une vingtaine de minutes jusqu'à ce qu'ils soient tendres. Égoutter et transférer dans un bol. Ajouter le beurre et réduire en purée à l'aide d'un pilon. Incorporer 2 œufs en y allant d'un à la fois et bien remuer le mélange jusqu'à l'obtention d'une texture lisse. Ajouter 1/4 de tasse de farine et un peu de sel et pétrir jusqu'à l'obtention d'une pâte assez ferme. Réserver.

2. Faire chauffer l'huile d'olive dans une poêle et faire revenir l'oignon et le piment *Jalapeño* pendant quelques minutes. Ajouter l'ail, le cumin, le thym, l'assaisonnement au chili, le sel et le poivre au goût et remuer. Incorporer la viande et faire cuire jusqu'à ce qu'elle ne soit plus rosée. Ajouter la pâte de tomate, le vinaigre, le sucre, laisser mijoter pendant 5 à 7 minutes jusqu'à ce que le mélange épaississe.

3. Former des boulettes d'environ 5 cm de diamètre avec la pâte de yucca et former un puits au centre de chacune d'elle. Remplir le puits avec de la farce et refermer la boulette de façon à ce que la farce se retrouve coincée à l'intérieur.

4. Battre l'œuf dans un bol, puis étaler la farine sur du papier ciré. Enrober les boulettes de yucca dans la farine avant de les badigeonner d'œuf.

5. Faire chauffer de l'huile à feu moyen-vif et faire frire les boulettes pendant 2 à 3 minutes jusqu'à ce qu'elles soient dorées et croustillantes. Servir chaud.

Pain de maïs

Paraguay

T 20 minutes   C 35 minutes   P 4 à 6

Ingrédients

- 4 c. à soupe de beurre
- 1 gros oignon haché
- 1 conserve de maïs en grains égoutté
- 1 tasse de lait
- 2 tasses de semoule de maïs
- 4 œufs, séparés
- 1 tasse de mozzarella râpée
- 1/2 tasse de gruyère râpée
- Sel et poivre

Préparation

1. Préchauffer le four à 350 °F (175 °C).

2. Faire chauffer le beurre dans une poêle et faire revenir l'oignon pendant 5 minutes. Ajouter le maïs en grains et le lait et faire chauffer à feu doux pendant 5 minutes. Retirer du feu.

3. Incorporer la semoule de maïs et les fromages et bien mélanger. Incorporer les jaunes d'œufs, le sel et le poivre au goût et remuer le tout.

4. Battre les blancs d'œufs jusqu'à la formation de pics fermes et incorporer délicatement dans le mélange.

5. Verser la préparation dans un moule à pain graissé et faire cuire au four pendant environ 30 minutes jusqu'à ce que le gâteau soit doré. Laisser refroidir quelques instants dans le moule avant de servir.

Soupe au bœuf et au riz

Paraguay

T 20 minutes   C 40 minutes   P 6

Ingrédients

- 900 g de bifteck de ronde coupé en cubes
- 2 c. à soupe d'huile d'olive
- 2 oignons hachés finement
- 1 poivron vert haché finement
- 1 conserve de tomates en dés
- 4 tasses de bouillon de bœuf
- 4 tasses d'eau
- 1/2 tasse de riz
- 1 tasse de parmesan râpé
- Sel et poivre

Préparation

1. Faire revenir la viande dans l'huile d'olive à feu moyen-vif dans une grande marmite pendant environ 5 minutes de façon à faire brunir toute la surface. Saler et poivrer au goût et ajouter les oignons et le poivron. Faire revenir 5 minutes, puis incorporer les tomates et le bouillon de bœuf et l'eau. Porter le tout à ébullition. Au premier bouillon, baisser le feu et laisser mijoter pendant 15 minutes.

2. Ajouter le riz et poursuivre la cuisson pendant 15 minutes. Saler et poivrer au goût.

3. Servir et saupoudrer de fromage râpé.

Soupe aux courgettes

Paraguay

T 20 minutes   C 40 minutes   P 6

Ingrédients

- 1 oignon haché finement
- 1 gousse d'ail hachée
- 2 c. à soupe d'huile d'olive
- 6 tasses de bouillon de poulet
- 1/4 de tasse de riz
- 4 courgettes râpées
- 1 œuf
- 1 tasse de parmesan râpé
- 1/4 de tasse de persil haché finement
- Sel et poivre

Préparation

1. Faire revenir l'oignon et l'ail dans l'huile d'olive à feu moyen dans une grande casserole pendant environ 7 minutes. Incorporer le bouillon, porter à ébullition, puis ajouter le riz et baisser le feu pour laisser mijoter pendant 10 minutes.

2. Ajouter les courgettes, assaisonner au goût et laisser mijoter pendant encore 15 minutes.

3. Battre l'œuf avec le fromage et le persil et incorporer dans la soupe. Remuer, assaisonner et laisser mijoter 5 minutes avant de servir.

Amérique

Ragoût aux pois d'Angola et aux tomates

Puerto Rico

T 20 minutes   C 30 minutes   P 4

Ingrédients

- 4 c. à soupe d'huile d'olive
- 1 petit oignon haché
- 1 poivron vert haché
- 2 gousses d'ail hachées
- 1 c. à thé d'origan
- 1 c. à thé de *sazón*
- 1 conserve de tomates en dés
- 1 c. à soupe de câpres
- 1 conserve de pois d'Angola (pois *cajans*) égouttés
- 1/2 tasse d'olives dénoyautées et tranchées
- 1/2 tasse de coriandre fraîche hachée
- 2 tasses de riz
- 6 tasses de bouillon de poulet
- 1 tasse de sauce tomate
- Sel et poivre

Préparation

1. Faire chauffer l'huile d'olive à feu moyen-vif et faire revenir l'oignon, le poivron et l'ail pendant 7 minutes. Ajouter l'origan et le *sazón* et faire revenir pendant encore 3 minutes.

2. Ajouter les tomates et poursuivre la cuisson pendant 5 minutes en remuant bien.

3. Incorporer les câpres, les pois, les olives, la coriandre, le sel, le poivre au goût et le riz et remuer le tout. Verser le bouillon de poulet et la sauce tomate, porter à ébullition, puis couvrir et laisser mijoter à feu doux pendant 15 à 20 minutes jusqu'à ce que le riz soit tendre et que la texture ressemble à celle d'un ragoût.

Riz aux pois d'Angola

Puerto Rico

T 15 minutes   C 30 minutes   P 4

Ingrédients
• 3 c. à soupe d'huile d'olive
• 1 petit oignon haché
• 1 gousse d'ail haché
• 1/4 de tasse de *sofrito*
• 1 c. à soupe de *sazón*
• 1 tasse de sauce tomate
• 1 c. à soupe de câpres
• 1 conserve de pois d'Angola (pois *cajans*) égouttés
• 1/2 tasse d'olives dénoyautées et tranchées
• 2 tasses de riz
• 3 tasses de bouillon de poulet
• Sel et poivre

Préparation
1. Faire chauffer l'huile d'olive à feu moyen-vif et faire revenir l'oignon et l'ail pendant 5 minutes. Ajouter le *sofrito* et le *sazón* et faire revenir pendant encore 3 minutes.

2. Ajouter la sauce tomate et poursuivre la cuisson pendant 3 minutes en remuant bien.

3. Incorporer les câpres, les pois, les olives, le sel, le poivre au goût et le riz et remuer le tout. Verser le bouillon de poulet, porter à ébullition, puis couvrir et laisser mijoter à feu doux pendant 15 à 20 minutes jusqu'à ce que le riz soit tendre.

4. Laisser reposer 5 minutes et servir.

Sazón (mélange d'épices)

Puerto Rico

T 5 minutes   P 8

Ingrédients
• 1 c. à soupe de coriandre moulue
• 1 c. à soupe de cumin
• 1 c. à soupe de paprika
• 1 c. à soupe de poudre d'ail
• 1 c. à soupe de sel

Préparation
1. Mélanger tous les ingrédients et verser dans un contenant hermétique. Utiliser pour assaisonner les mets portoricains et caribéens.

Sofrito

Puerto Rico

T 10 minutes   C 7 minutes   P 8

Ingrédients
• 3/4 de tasse d'huile d'olive
• 2 oignons hachés finement
• 4 gousses d'ail hachées finement
• 2 tomates épépinées et hachées
• 1 piment *Jalapeño* épépiné et haché
• 1/2 tasse de coriandre fraîche hachée
• Sel et poivre

Préparation
1. Faire chauffer 1/4 de tasse d'huile d'olive à feu moyen. Ajouter les oignons et l'ail et faire sauter pendant 4 ou 5 minutes jusqu'à ce que les oignons soient translucides.

2. Ajouter les tomates et le piment et laisser cuire pendant 2 ou 3 minutes. Saler et poivrer au goût.

3. Verser dans un contenant hermétique avec le reste de l'huile d'olive, bien agiter et réfrigérer.

Carrés à la noix de coco et aux raisins

République dominicaine

T 10 minutes   C 10 minutes   P 6 à 8

Ingrédients

- 3 tasses de noix de coco râpée
- 4 tasses de lait
- 2 tasses d'eau
- 1/2 tasse de sucre
- 4 bâtons de cannelle
- 1/4 de tasse de raisins secs

Préparation

1. Mélanger tous les ingrédients dans une casserole et porter à ébullition en remuant sans cesse pour éviter que le mélange ne colle au fond.

2. Verser dans un moule carré et laisser refroidir, puis couper en carrés et servir.

Croquettes de boulgour au bœuf

République dominicaine

T 15 minutes   R 1 nuit   C 15 minutes   P 4

Ingrédients

- 1/2 tasse de boulgour
- 500 g de bœuf haché maigre
- 1 poivron rouge haché
- 1 oignon haché finement
- 1 c. à thé d'origan
- 1/4 de tasse de persil haché
- 2 c. à soupe d'huile d'olive
- 1 c. à soupe de pâte de tomate
- 2 c. à soupe d'eau
- 1 œuf battu
- Huile pour la friture
- Sel et poivre

Préparation

1. Laisser tremper le boulgour dans l'eau pendant toute une nuit. Égoutter et verser dans un bol.

2. Dans un autre grand bol, mélanger la viande hachée, le poivron, l'oignon, l'origan, le sel, le poivre au goût et le persil. Transférer la moitié de la viande dans le bol de boulgour et mélanger.

3. Faire chauffer l'huile d'olive dans une poêle et faire dorer le reste de la viande à feu moyen. Saler et poivrer au goût, ajouter la pâte de tomate, l'eau et faire cuire jusqu'à ce que le liquide soit complètement évaporé. Réserver.

4. Prendre 1 petite poignée du mélange de boulgour et aplatir pour former une galette, puis verser 1 c. à soupe de viande cuite au centre de la galette. Faire rouler le boulgour autour de la viande et fermer les extrémités.

5. Lorsque toutes les croquettes sont prêtes, faire chauffer environ 1 tasse d'huile à feu moyen-vif. Badigeonner les galettes avec de l'œuf et faire frire pendant 4 à 5 minutes jusqu'à ce qu'elles soient dorées. Servir chaud.

Purée de bananes plantains

République dominicaine

T 15 minutes   C 20 minutes   P 4

Ingrédients

- 5 bananes plantains pelées et coupées en morceaux
- 2 c. à soupe d'huile d'olive
- 1 petit oignon haché
- 2 c. à soupe de beurre mou
- 2 c. à thé de sel

Préparation

1. Faire bouillir les bananes pendant 20 minutes jusqu'à ce qu'elles soient tendres. Retirer les bananes et réserver le bouillon.

2. Faire chauffer l'huile et faire revenir l'oignon jusqu'à ce qu'il soit tendre.

3. Dans un bol, réduire les bananes en purée en incorporant le beurre et un peu de bouillon. Garnir d'oignons, d'une pincée de sel et servir.

Ragoût de poulet aux tomates, aux câpres et aux olives

République dominicaine

T 25 minutes   C 1 heure   P 4

Ingrédients

- 1 oignon haché
- 2 gousses d'ail hachées
- 3 c. à soupe d'huile d'olive
- 1 poulet d'environ 1,4 kg coupé en morceaux
- 1 tasse de jus d'orange
- Le jus de 1 lime
- 2 c. à soupe de pâte de tomate
- 2 tasses de bouillon de poulet
- 1 c. à thé de thym
- 1 c. à thé d'origan
- 1/4 de tasse de coriandre fraîche hachée
- 1 poivron vert haché
- 1 carotte pelée et coupée en dés
- 1/2 tasse d'olives dénoyautées et tranchées
- 1/4 de tasse de câpres
- Sel et poivre

Préparation

1. Faire revenir l'oignon et l'ail dans l'huile d'olive dans une grande marmite pendant environ 5 minutes. Ajouter le poulet et brunir tous les côtés.

2. Incorporer le jus d'orange, le jus de lime, la pâte de tomate, le bouillon de poulet, le thym, l'origan et la coriandre. Saler et poivrer au goût et porter le tout à ébullition. Au premier bouillon, baisser le feu et laisser mijoter pendant 15 minutes.

3. Ajouter le poivron, la carotte, les olives et les câpres, couvrir et laisser mijoter pendant encore 40 minutes à feu doux jusqu'à ce que les carottes et le poulet soient tendres. Servir chaud.

Amérique

Escalope de poulet panée *(milanesa)*

Uruguay

T 10 minutes   C 5 minutes   P 4

Ingrédients

- 3 œufs
- 1 c. à thé de poudre d'ail
- 2 tasses de chapelure
- 800 g d'escalope de poulet
- Sel et poivre

Préparation

1. Battre les œufs dans un grand bol. Saler et poivrer selon le goût et ajouter la poudre d'ail.

2. Étaler la chapelure sur du papier ciré.

3. Tremper les escalopes dans le bol d'œuf puis enrober de chapelure.

4. Faire chauffer l'huile et faire frire les escalopes à feu moyen pendant 2 à 3 minutes de chaque côté jusqu'à ce qu'elles soient dorées à point. Éponger sur du papier absorbant. Servir chaud.

Filet de porc grillé au fromage

Uruguay

T 10 minutes   C 10 minutes   P 2

Ingrédients

- 1 poivron rouge
- 2 filets de porc
- 2 tranches de *provolone*
- 3 c. à soupe d'huile d'olive
- Sel et poivre

Préparation

1. Faire griller le poivron à « broil » jusqu'à ce que la peau soit calcinée. Peler et trancher.

2. Couper les filets en deux dans le sens de l'épaisseur et ouvrir en papillon. Déposer des tranches de poivron et de fromage au centre de chaque partie ouverte. Refermer et badigeonner les deux surfaces de chaque filet avec de l'huile d'olive, saler et poivrer au goût.

3. Faire revenir les filets à feu moyen-vif pendant 4 à 5 minutes de chaque côté. Servir chaud.

Sandwich au bœuf, au jambon et au fromage *(chivito)*

Uruguay

T 10 minutes   C 10 minutes   P 2

Ingrédients

- 4 tranches de bacon
- 1/2 oignon tranché
- 2 petits steaks de types filet mignon
- 4 tranches de jambon
- 4 tranches de mozzarella
- 2 œufs
- 2 grands pains ronds
- 4 c. à soupe de mayonnaise
- 1 tomate tranchée
- Laitue
- Sel et poivre

Préparation

1. Faire frire le bacon dans une poêle antiadhésive et incorporer l'oignon. Ajouter un peu d'huile au besoin. Réserver.

2. Dans la même poêle, faire revenir les steaks pendant 3 minutes de chaque côté dans le gras de bacon. Saler et poivrer au goût. Garnir chaque steak de 2 tranches de jambon et de 2 tranches de mozzarella. Laisser fondre le fromage.

3. Dans une autre poêle, faire frire les œufs et assaisonner au goût.

4. Badigeonner les surfaces du pain avec de la mayonnaise. Déposer le steak garni de jambon et de fromage sur la base, puis couvrir de bacon, de tranches de tomate, d'un œuf frit et d'oignons. Garnir le tout de laitue, assaisonner, refermer le sandwich et servir chaud.

Arepas

Venezuela

T 15 minutes   C 7 minutes   P 4 à 6

Ingrédients

- 2 tasses de farine de maïs blanchie (marque Harina Pan)
- 1 c. à thé de sel
- 1 c. à thé de poivre
- 1 c. à thé de poudre d'ail
- 1 c. à thé de poudre à pâte
- 1 tasse de mozzarella râpée
- 2 tasses d'eau chaude
- 2 œufs

Préparation

1. Dans un bol, mélanger la farine de maïs, le sel, le poivre au goût, la poudre d'ail, la poudre à pâte et mélanger. Incorporer le fromage et mélanger à nouveau.

2. Incorporer l'eau et mélanger avec une fourchette, puis ajouter 1 œuf à la fois en pétrissant avec les mains jusqu'à l'obtention d'une texture lisse.

3. Défaire la pâte en portion d'environ 3/4 de tasse et aplatir pour former des boulettes, puis faire frire pendant 5 à 7 minutes dans une poêle huilée ou dans une machine à *arepas* jusqu'à ce qu'ils sonnent creux lorsqu'on les tapote avec le doigt.

Crêpes vénézuéliennes

Venezuela

T 15 minutes   C 10 minutes   P 4

Ingrédients

- 2 conserves de maïs en grains égouttés
- 3 c. à soupe de sucre
- 1 œuf
- 1 tasse de lait
- 4 c. à soupe de farine de maïs
- 1 pincée de sel
- 1/4 de tasse de beurre
- Fromage frais

Préparation

1. Déposer le maïs en grains, le sucre, l'œuf, le lait, la farine et le sel dans un mélangeur ou un robot culinaire et réduire en purée.

2. Graisser une grande poêle ou une crêpière avec du beurre, puis verser environ 1/2 louche de pâte dans la poêle. Étaler le mélange pour former de petites crêpes.

3. Faire cuire jusqu'à ce que la bordure change de couleur et que des bulles apparaissent sur la surface et retourner. Cuire l'autre côté pendant quelques secondes et verser dans une assiette. Garnir chaque crêpe de fromage frais, replier et servir.

Empañadas au thon

Venezuela

T 30 minutes   R 45 minutes   C 1 heure   P 6

Ingrédients

Pâte
- 4 tasses de farine de maïs
- 1 tasse d'eau
- 3 c. à soupe d'huile d'olive
- 1/4 de c. à thé de sucre
- 1 c. à thé de sel

Farce
- 2 œufs
- 1 oignon haché finement
- 2 tasses de tomates en dés
- 1/2 tasse de persil frais haché
- 1 c. à thé d'origan
- 1 c. à thé de thym
- 1 c. à thé de poivre de Cayenne
- 2 conserves de thon émietté dans l'huile
- 10 anchois tranchés
- 1 tasse d'olives noires dénoyautées et coupées en deux
- Sel et poivre

Préparation

1. Pour faire la pâte, creuser un puits dans la farine avant d'y incorporer l'eau, l'huile d'olive, le sucre et le sel. Pétrir jusqu'à l'obtention d'une pâte lisse et homogène et laisser reposer pendant 45 minutes sous un linge humide.

2. Déposer les œufs dans une casserole avant de les couvrir d'eau froide et porter à ébullition. Lorsque l'eau se met à bouillir, couvrir et retirer du feu, puis laisser reposer les œufs dans l'eau chaude pendant 10 minutes. Retirer les œufs de l'eau chaude, laisser refroidir, écaler et couper les œufs durs en tranches.

3. Préchauffer le four à 355 °F (180 °C).

4. Faire revenir l'oignon dans une poêle à feu moyen avec un peu d'huile d'olive. Ajouter les tomates, le persil, l'origan, le thym et le poivre de Cayenne. Saler et poivrer au goût et laisser mijoter pendant 15 minutes. Incorporer le thon, les anchois et les olives, puis cuire encore 10 minutes à feu doux en remuant.

5. Étaler la pâte et couper des carrés de 10 cm. Verser 1 c. à soupe de farce au centre de chaque carré et garnir de tranches d'œufs durs. Replier la pâte pour former des triangles. Humidifier les bordures de la pâte au besoin. Badigeonner les *empañadas* avec du jaune d'œuf avant de les déposer sur une plaque à biscuits couverte de papier ciré.

6. Faire cuire au four pendant environ 30 minutes jusqu'à ce que les *empañadas* soient bien dorées. Servir avec de la sauce piquante.

Flan au fromage

Venezuela

T 15 minutes   C 40 minutes   P 6

Ingrédients
- 1 tasse de ricotta
- 1/2 tasse de lait
- Le jus de 1/2 citron
- 2 c. à soupe de fécule de maïs
- 1 c. à thé d'extrait de vanille
- 3 œufs

Préparation

1. Préchauffer le four à 355 °F (180 °C).

2. Verser la ricotta, le lait, le jus de citron, la fécule de maïs et l'extrait de vanille dans un mélangeur et mélanger. Incorporer 1 œuf à la fois et mélanger jusqu'à l'obtention d'une texture lisse et homogène.

3. Verser le mélange dans 6 ramequins. Déposer les ramequins dans un bain-marie et faire cuire pendant 40 minutes. Laisser reposer quelques minutes et servir.

Panelas

Venezuela

T 15 minutes   C 30 minutes   P 4

Ingrédients
- 6 œufs, séparés
- 1 tasse de cassonade
- 1 c. à thé d'extrait de vanille
- 1 c. à thé d'extrait d'anis
- 1/4 de tasse de farine
- 1/2 tasse de fécule de manioc

Préparation
1. Préchauffer le four à 400 °F (205 °C).

2. Battre les blancs d'œufs en neige. Incorporer les jaunes, la cassonade, l'extrait de vanille et l'extrait d'anis.

3. Tamiser la farine et la fécule de manioc, puis ajouter dans le bol avec les œufs. Remuer.

4. Verser le mélange dans un moule à gâteau et faire cuire au four pendant environ 30 minutes. Couper en carrés, laisser reposer 5 minutes et servir.

Plantains sucrés au four

Venezuela

T 10 minutes   C 25 minutes   P 4

Ingrédients
- 4 bananes plantains très mûres, pelées
- 3 c. à soupe de beurre
- 1/4 de tasse de cassonade
- 1 c. à thé de cannelle
- 1 c. à thé de muscade
- Le jus de 1 lime
- 1 tasse de mozzarella râpée

Préparation
1. Préchauffer le four à 355 °F (180 °C).

2. Couper les bananes en deux dans le sens de la longueur, puis couper en morceaux de 4 cm dans le sens de la largeur.

3. Faire fondre le beurre à feu doux dans une casserole. Ajouter la cassonade, la cannelle, la muscade et le jus de lime. Incorporer les morceaux de bananes et bien remuer pour les enrober du mélange sucré.

4. Verser les bananes sur une plaque à biscuits légèrement graissée et faire cuire pendant 15 minutes. Retourner, saupoudrer de fromage et faire cuire pendant encore 10 minutes.

ASIE

Aubergines frites au yogourt

Afghanistan

T 30 minutes   R 20 minutes   . C 40 minutes   P 4

Ingrédients

- 2 grosses aubergines tranchées
- 1/4 de tasse d'huile d'olive
- 1 oignon haché
- 1 piment fort émincé
- 1 gousse d'ail hachée
- 2 tomates coupées en rondelles
- 1 poivron rouge tranché finement
- 1/2 c. à thé de curcuma
- 1/2 c. à thé de gingembre moulu
- 1/2 tasse de bouillon de légumes
- 1/4 de tasse de ciboulette ciselée
- 2 tasses de yogourt grec nature
- Le jus de 1 citron
- Gros sel
- Sel et poivre

Préparation

1. Déposer les tranches d'aubergines dans un bol et saupoudrer de gros sel pour les faire dégorger. Laisser reposer pendant 20 minutes. Égoutter.

2. Faire chauffer l'huile dans une casserole et faire frire les aubergines jusqu'à ce qu'elles soient bien dorées.

3. Incorporer l'oignon, le piment et l'ail dans la poêle et faire revenir pendant 5 minutes. Ajouter les tomates, le poivron, le curcuma, le gingembre, le sel et le poivre au goût et remuer le tout pendant 5 minutes.

4. Verser le bouillon de légumes, porter à ébullition, puis réduire à feu doux et laisser mijoter pendant 30 minutes.

5. Dans un bol, mélanger la ciboulette, le yogourt et le jus de citron.

6. Verser les légumes dans une assiette de service et napper de sauce au yogourt.

Biscuits afghans

Afghanistan

T 20 minutes   C 15 minutes   P 4

Ingrédients

- 1/2 tasse de beurre mou
- 1/2 tasse de cassonade
- 1/2 c. à thé d'extrait d'amande
- 1/2 c. à thé d'extrait de vanille
- 1 œuf
- 1 1/2 tasse de farine
- 1/4 de tasse de cacao en poudre
- 1 c. à thé de poudre à pâte
- 1 pincée de muscade
- 1 pincée de sel
- 2 tasses de flocons de maïs
- 1/2 tasse de noix de coco râpée

Préparation

1. Préchauffer le four à 360 °F (180 °C).

2. Fouetter le beurre et la cassonade jusqu'à l'obtention d'une texture crémeuse, puis incorporer l'extrait d'amande, l'extrait de vanille et l'œuf et battre à nouveau les ingrédients.

3. Dans un bol, tamiser la farine, le cacao, la poudre à pâte, la muscade et le sel, puis verser le tout dans le bol de beurre et de cassonade. Remuer à l'aide d'une spatule et incorporer les flocons de maïs et la noix de coco. Pétrir le tout pour incorporer et mélanger tous les ingrédients.

4. Verser des cuillérées de pâte à biscuits sur une plaque de cuisson graissée et faire cuire au four pendant 15 minutes jusqu'à ce qu'ils soient cuits, mais encore tendres.

Couscous à l'agneau

Afghanistan

T 20 minutes   C 40 minutes   P 4

Ingrédients

- 2 c. à soupe d'huile d'olive
- 1 oignon haché
- 1 gousse d'ail hachée
- 800 g d'épaule d'agneau coupée en cubes
- 1/2 c. à thé de muscade
- 1/2 c. à thé de gingembre moulu
- 1/2 c. à thé de poivre de Cayenne
- 1/2 c. à thé de cannelle
- 1/4 de tasse de persil frais haché
- 2 carottes pelées et râpées
- 1/2 tasse de raisins secs
- 1/2 tasse d'amandes effilées
- 2 tasses de bouillon de poulet
- 2 tasses d'eau
- 2 tasses de couscous
- 1 c. à soupe de beurre
- Sel et poivre

Préparation

1. Dans une casserole, faire chauffer l'huile d'olive et faire revenir l'oignon et l'ail pendant 5 minutes. Ajouter l'agneau et faire dorer pendant 5 minutes. Ajouter la muscade, le gingembre, le poivre de Cayenne, la cannelle, le persil, le sel et le poivre au goût et remuer 2 minutes.

2. Ajouter les carottes, les raisins et les amandes et brasser le tout. Verser le bouillon dans la casserole. Porter à ébullition, puis réduire à feu doux et laisser mijoter pendant 20 minutes.

3. Vers la fin de la cuisson, porter 2 tasses d'eau à ébullition. Retirer du feu et incorporer le couscous et le beurre. Couvrir pendant 5 minutes et égrener avec une fourchette.

4. Servir la préparation sur du couscous.

Riz au poulet et aux épinards

Afghanistan

T 20 minutes   C 35 minutes   P 4

Ingrédients

- 2 tasses d'épinards
- 4 tasses d'eau
- 2 tasses de riz
- 1 c. à thé de safran
- 1/2 tasse de pistaches
- 2 c. à soupe d'huile d'olive
- 1 oignon haché
- 2 gousses d'ail émincées
- 4 poitrines de poulet désossées, sans la peau et coupées en dés
- Le jus et le zeste de 1/2 citron
- Sel et poivre

Préparation

1. Faire cuire les épinards à la vapeur pendant 5 minutes. Égoutter.

2. Porter l'eau à ébullition dans une casserole et incorporer le riz. Faire cuire pendant 20 à 25 minutes jusqu'à ce qu'il soit tendre et que le liquide soit absorbé. Ajouter alors le safran et les pistaches.

3. Faire chauffer l'huile d'olive et faire revenir l'oignon et l'ail pendant 3 minutes. Ajouter le poulet et faire dorer pendant au moins 5 à 7 minutes. Saler et poivrer au goût et remuer.

4. Ajouter le riz, les épinards, le zeste et le jus de citron et brasser le tout. Rectifier l'assaisonnement et laisser cuire encore 5 minutes avant de servir.

Riz *Zarda* Pilaf

Afghanistan

T 20 minutes   C 40 minutes   P 4

Ingrédients

- 4 tasses d'eau
- 2 tasses de riz basmati
- 1 c. à thé de safran
- 1/4 de tasse d'amandes effilées
- 1/4 de tasse de pistaches
- 4 c. à soupe d'huile d'olive
- 2 échalotes hachées
- 2 gousses d'ail émincées
- 1 poulet coupé en morceaux
- 1/2 c. à thé de cannelle
- 1/2 c. à thé de muscade
- 1/2 c. à thé de girofle
- 1/2 c. à thé de cumin
- 1/2 tasse de coriandre ciselée
- Sel et poivre

Préparation

1. Porter l'eau à ébullition dans une casserole et incorporer le riz. Faire cuire pendant 20 à 25 minutes jusqu'à ce qu'il soit tendre et que le liquide soit absorbé. Ajouter alors le safran, les amandes et les pistaches.

2. Faire chauffer l'huile d'olive dans un wok et faire revenir les échalotes et l'ail pendant 3 minutes. Ajouter le poulet et faire dorer pendant au moins 5 à 7 minutes. Saler et poivrer au goût et remuer.

3. Ajouter le riz, la cannelle, la muscade, le girofle, le cumin, la coriandre, le sel et le poivre au goût et remuer tous les ingrédients ensemble. Laisser cuire à feu moyen-doux pendant encore 10 minutes en remuant et servir chaud.

Kabssa

Arabie Saoudite

T 20 minutes   C 35 minutes   P 4

Ingrédients

- 1/2 tasse de beurre mou
- 3 échalotes hachées
- 2 gousses d'ail émincées
- 800 g d'épaule d'agneau coupée en morceaux
- 2 tasses de tomates en dés
- 2 c. à soupe de cannelle
- 1 c. à thé de muscade
- 1 c. à soupe de cardamome
- Le jus et le zeste de 3 citrons
- 2 tasses de riz basmati
- 4 tasses de bouillon de légumes
- 1/4 de tasse d'amandes effilées
- 1/2 tasse de persil haché
- Sel et poivre

Préparation

1. Faire fondre le beurre dans une poêle profonde et faire revenir les échalotes et l'ail pendant 5 minutes. Incorporer la viande et faire dorer. Ajouter les tomates, la cannelle, la muscade, la cardamome, le jus et le zeste de citron, le sel et le poivre au goût et remuer le tout.

2. Ajouter le riz et remuer pour enrober tous les grains et laisser cuire pendant 3 minutes en brassant avec une spatule.

3. Verser le bouillon de légumes et laisser mijoter à feu doux pendant 20 à 30 minutes jusqu'à ce que le riz soit cuit. Saupoudrer le tout d'amandes et de persil et servir chaud.

Riz aux lentilles

Arabie Saoudite

T 20 minutes   C 45 minutes   P 4

Ingrédients

- 3 c. à soupe d'huile d'olive
- 2 oignons jaunes pelés et hachés
- 2 gousses d'ail émincées
- 1 tasse de lentilles
- 1/2 c. à thé de cardamome
- 1/2 c. à thé de girofle
- 1 c. à thé de cumin
- 4 tasses de bouillon de légumes
- 1 tasse de riz
- 1/2 c. à thé de paprika
- 1/2 tasse de coriandre ciselée
- Sel et poivre

Préparation

1. Faire chauffer l'huile d'olive dans une casserole et faire revenir les oignons et l'ail pendant 5 minutes à feu moyen. Ajouter les lentilles, la cardamome, le girofle et le cumin et remuer le tout.

2. Verser le bouillon sur les lentilles, couvrir, porter à ébullition, puis réduire à feu doux et laisser mijoter pendant 12 à 15 minutes.

3. Incorporer le riz, le paprika, le sel et le poivre au goût, couvrir et laisser mijoter pendant encore 20 minutes jusqu'à ce que les lentilles et le riz soient tendres.

4. Retirer du feu et attendre que le liquide soit complètement absorbé, puis saupoudrer de coriandre et rectifier l'assaisonnement avant de servir.

Salade de tomates au *tahini*

Arabie Saoudite

T 10 minutes   P 4

Ingrédients

- 2 c. à soupe de *tahini*
- 1/2 tasse de yogourt nature grec
- Le jus de 1/2 citron
- 1 concombre pelé et haché
- 1 poivron orange haché
- 1 tasse de tomates cerises coupées en deux
- 1/2 tasse de persil frais ciselé
- 1/2 tasse de coriandre fraîche ciselée
- Sel et poivre

Préparation

1. Dans un bol, mélanger le *tahini*, le yogourt, le citron, le sel et le poivre au goût.

2. Verser le concombre, le poivron, les tomates cerises, le persil et la coriandre dans un bol et incorporer la sauce au yogourt et remuer le tout.

Boulettes de viande au houmous

Arménie

T 15 minutes   C 5 minutes   P 4

Ingrédients

- 500 g de bœuf haché maigre
- 1 gros oignon haché
- 1 gousse d'ail hachée
- 1 c. à thé de paprika
- 1/2 c. à thé de cumin
- 1 œuf
- 1/2 tasse de houmous
- 1/4 de tasse de persil frais haché
- 4 c. à soupe d'huile d'olive
- Sel et poivre

Préparation

1. Dans un bol, mélanger le bœuf haché, l'oignon et l'ail, puis ajouter le paprika, le cumin, le sel et le poivre au goût.

2. Dans un autre bol, battre l'œuf avec le houmous jusqu'à l'obtention d'une texture homogène. Verser ce mélange dans le bol avec la viande et remuer le tout. Saupoudrer de persil et mélanger bien tous les ingrédients.

3. Former des boules d'environ 3 cm de diamètre et aplatir légèrement pour former des boulettes.

4. Faire chauffer l'huile d'olive et faire revenir les boulettes pendant environ 2 minutes de chaque côté. Servir chaud.

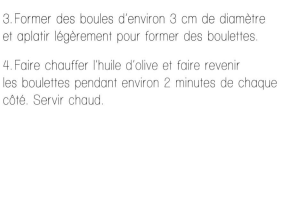

Boulgour pilaf
aux tomates

Arménie

T 15 minutes   C 20 minutes   P 4

Ingrédients

- 2 c. à soupe d'huile d'olive
- 2 échalotes hachées
- 2 gousses d'ail émincées
- 2 tasses de boulgour
- 1 tasse de tomates broyées
- 1 c. à soupe de pâte de tomate
- 1 c. à thé de sucre
- 1 c. à thé de cumin
- 4 tasses de bouillon de légumes
- 1/2 tasse de coriandre ciselée
- Sel et poivre

Préparation

1. Faire chauffer l'huile d'olive et faire revenir les échalotes et l'ail à feu moyen pendant 5 minutes. Incorporer le boulgour et remuer pendant 2 minutes pour enrober d'huile.

2. Ajouter les tomates et la pâte de tomate, le sucre, le cumin, le sel et le poivre au goût et remuer le tout pendant encore 3 minutes.

3. Verser le bouillon, porter à ébullition, puis réduire à feu doux et laisser mijoter encore 10 à 15 minutes jusqu'à ce qu'il soit tendre et que le liquide soit absorbé. Servir et saupoudrer de coriandre.

Fassoulia d'agneau
et de haricots verts

Arménie

T 20 minutes   C 45 minutes   P 4

Ingrédients

- 3 tasses de bouillon de bœuf
- 800 g d'épaule d'agneau coupée en morceaux
- 2 c. à soupe de beurre
- 3 échalotes hachées
- 1 gousse d'ail écrasée
- 3 tasses de tomates en dés
- 2 tasses de haricots verts équeutés et coupés en deux
- 1 c. à thé de cannelle
- 1 c. à thé de curcuma
- 1/2 c. à thé cardamome
- 1 c. à thé de safran
- Le jus et le zeste de 1 citron
- 1/2 tasse de persil haché
- Sel et poivre

Préparation

1. Porter 2 tasses de bouillon à ébullition dans une grande poêle profonde et faire cuire la viande à feu doux jusqu'à ce que le liquide soit complètement absorbé.

2. Faire fondre de beurre dans la même poêle et faire dorer les échalotes, l'ail et la viande pendant 10 minutes.

3. Ajouter les tomates, les haricots, la cannelle, le curcuma, la cardamome, le safran, le jus et le zeste de citron, le sel et le poivre au goût et laisser mijoter pendant 10 minutes en remuant le tout.

4. Verser le reste du bouillon de bœuf, porter à ébullition, puis réduire à feu doux et laisser mijoter pendant 20 à 25 minutes. Saupoudrer le tout de persil et servir chaud.

Quiche arménienne

Arménie

T 20 minutes   C 45 minutes   P 4

Ingrédients

- 2 c. à soupe d'huile d'olive
- 1 oignon haché finement
- 1 poivron rouge tranché finement
- 500 g de bœuf haché maigre
- 2 c. à soupe de pâte de tomate
- 1/2 c. à thé de poivre de Cayenne
- 1/2 c. à thé de paprika
- 1/2 c. à thé de cumin
- 1 œuf battu
- 1/2 tasse de lait
- 1 pâte à tarte non cuite de 9 pouces
- 1/2 tasse de crème fraîche
- 1 jaune d'œuf
- Sel et poivre

Préparation

1. Préchauffer le four à 360 °F (180 °C).

2. Faire chauffer l'huile dans une poêle et faire revenir l'oignon et le poivron pendant 5 minutes à feu moyen. Ajouter la viande et faire dorer en émiettant à l'aide d'une fourchette.

3. Incorporer la pâte de tomate, le poivre de Cayenne, le paprika, le cumin, le sel et le poivre au goût et remuer le tout. Ajouter l'œuf battu et le lait et poursuivre la cuisson pendant 5 minutes en remuant à feu doux.

4. Saler et poivrer au goût et verser le tout sur la pâte à tarte.

5. Dans un petit bol, mélanger la crème et le jaune d'œuf et verser le tout sur la surface de la tarte. Faire cuire au four pendant 30 minutes et servir chaud.

Feuilles de vigne farcies à l'agneau, au feta et à la menthe

Azerbaïdjan

T 25 minutes   C 45 minutes   P 4

Ingrédients

- 4 c. à soupe d'huile d'olive
- 1 oignon haché
- 1 gousse d'ail hachée
- 300 g d'agneau haché
- 1/2 tasse de menthe fraîche ciselée
- 2 c. à soupe de persil frais haché
- 1 tasse de riz cuit
- Le jus de 1 citron
- 2 c. à soupe de raisins secs
- 1 c. à thé de cumin
- 1 œuf battu
- 12 feuilles de vigne
- 1 tasse de feta émietté
- 2 tasses d'eau
- Sel et poivre

Préparation

1. Préchauffer le four à 400 °F (205 °C).

2. Faire chauffer 2 c. à soupe d'huile d'olive, puis faire revenir l'oignon, l'ail et l'agneau pendant 5 minutes. Ajouter la menthe, le persil, le sel et le poivre au goût et poursuivre la cuisson pendant 5 minutes.

3. Incorporer le riz, le jus de citron, les raisins secs et le cumin et cuire encore 5 minutes. Incorporer l'œuf dans la poêle et remuer le tout. Réserver.

4. Étaler les feuilles de vigne en prenant soin de mettre la surface luisante vers le bas. Verser 1 ou 2 c. à soupe de farce au centre de chaque feuille et saupoudrer de feta. Replier les extrémités vers l'intérieur et rouler.

5. Déposer les feuilles de vigne farcies dans un plat allant au four et verser l'eau sur les feuilles. Verser le reste de l'huile d'olive et faire cuire au four pendant environ 30 minutes. Laisser tiédir et servir.

Soupe à l'agneau et aux pois

Azerbaïdjan

T 25 minutes   C 40 minutes   P 4

Ingrédients

- 6 tasses de bouillon de légumes
- 1 tasse de pois séchés
- 1/2 tasse de farine
- 1 œuf
- 4 c. à soupe de beurre
- 1 oignon pelé et haché
- 2 gousses d'ail écrasées
- 500 g d'agneau haché
- 2 c. à soupe de vinaigre de vin
- 1/2 c. à thé de coriandre moulue
- 2 c. à soupe de menthe ciselée
- 1/2 c. à thé d'aneth séché
- 1/2 c. à thé de cumin
- Sel et poivre

Préparation

1. Porter le bouillon à ébullition et faire cuire les pois pendant une vingtaine de minutes jusqu'à ce qu'ils soient tendres. Conserver 1/2 tasse du bouillon. Réduire en purée grossière à l'aide d'une fourchette et réserver à feu très doux.

2. Dans un bol, mélanger la farine, l'œuf et le bouillon récupéré de la cuisson des pois et pétrir la pâte jusqu'à ce qu'elle soit homogène. Saler et poivrer au goût et aplatir à l'aide d'un rouleau. Couper des rectangles de pâte et replier pour former de petits triangles. Réserver.

3. Dans une poêle, faire chauffer le beurre et faire dorer l'oignon, l'ail et l'agneau pendant 5 minutes, puis incorporer le vinaigre, la coriandre, la menthe, l'aneth, le cumin, le sel et le poivre au goût. Ajouter les triangles de pâte et remuer le tout pendant encore 2 minutes.

4. Verser le tout dans la casserole avec le bouillon et les pois, remuer et laisser mijoter encore 7 minutes. Servir chaud.

Crevettes sautées aux tomates et aux épices

Bahreïn

T 20 minutes   C 30 minutes   P 4

Ingrédients

- 3 c. à soupe d'huile d'olive
- 1 gros oignon haché finement
- 3 gousses d'ail écrasées
- 1 c. à thé de gingembre moulu
- 1 c. à thé de pâte de piment
- 1 piment fort haché finement
- 700 g de crevettes fraîches décortiquées
- 1 c. à thé de curcuma
- 2 tasses de tomates en dés
- 1/2 tasse de coriandre fraîche hachée
- 2 c. à soupe de pâte de tomate
- 2 tasses d'eau
- Sel et poivre

Préparation

1. Faire chauffer l'huile d'olive et faire revenir l'oignon, l'ail, le gingembre, la pâte de piment et le piment fort pendant 7 minutes à feu moyen.

2. Ajouter les crevettes et faire revenir pendant 5 à 7 minutes jusqu'à ce qu'elles changent légèrement de couleur. Ajouter le curcuma, le sel et le poivre au goût, puis ajouter les tomates et la coriandre et remuer le tout.

3. Ajouter la pâte de tomate et verser l'eau sur les ingrédients. Porter à ébullition, puis réduire à feu doux et laisser mijoter pendant 15 minutes. Servir avec du riz blanc et saupoudrer de coriandre.

Filets de poisson sauté aux tomates et aux épices

Bahreïn

T 25 minutes   C 30 minutes   P 4

Ingrédients

- 4 c. à soupe d'huile d'olive
- 2 échalotes hachées
- 3 gousses d'ail écrasées
- 1 c. à soupe de gingembre moulu
- 1 c. à thé de paprika
- 1 c. à thé de cumin
- 2 tasses de tomates en dés
- 1 tasse de persil ciselé
- 2 tasses de bouillon de poisson
- 4 filets de tilapia sans arêtes
- 1 c. à thé de curcuma
- 1/2 tasse de coriandre fraîche hachée
- Sel et poivre

Préparation

1. Faire chauffer 2 c. à soupe d'huile d'olive et faire revenir les échalotes, l'ail, le gingembre, le paprika et le cumin pendant 5 minutes. Ajouter les tomates, le persil, le sel et le poivre au goût et poursuivre la cuisson pendant 5 minutes.

2. Verser le bouillon, porter à ébullition, puis réduire et laisser mijoter à feu doux pendant 15 minutes.

3. Pendant ce temps, faire chauffer le reste de l'huile dans une autre poêle et faire frire les filets de poisson pendant 2 ou 3 minutes de chaque côté en saupoudrant de curcuma. Déposer les filets de poisson dans la sauce épicée et remuer le tout. Servir chaud en décorant de coriandre fraîche avec du riz blanc, si désiré.

Bœuf *vindaloo*

Bangladesh

T 20 minutes   C 30 minutes   P 4

Ingrédients

- 3 c. à soupe d'huile d'olive
- 1 gros oignon haché finement
- 3 gousses d'ail écrasées
- 1 c. à thé de gingembre moulu
- 1 piment fort haché finement
- 1/2 c. à thé de piment fort concassé
- 1 c. à thé de graines de moutarde moulues
- 1 c. à thé de curcuma
- 1 c. à thé de cumin
- 500 g de cubes de bœuf
- 2 c. à soupe de vinaigre de vin
- 1/2 tasse de coriandre fraîche hachée
- 2 tasses de bouillon de bœuf
- Sel et poivre

Préparation

1. Faire chauffer l'huile d'olive et faire revenir l'oignon, l'ail, le gingembre et le piment pendant 5 minutes à feu moyen. Ajouter le piment fort concassé, les graines de moutarde, le curcuma, le cumin, le sel et le poivre au goût et remuer encore 3 minutes.

2. Ajouter le bœuf et faire revenir pendant 5 minutes jusqu'à ce qu'il soit doré, puis verser le vinaigre et remuer le tout. Ajouter la coriandre et verser le bouillon de bœuf.

3. Laisser mijoter à feu doux pendant 20 minutes jusqu'à ce que la viande soit bien tendre et servir sur du riz blanc.

Asie

Entrée de pommes de terre et de chou-fleur aux tomates

Bangladesh

T 15 minutes   C 30 minutes   P 4

Ingrédients

- 2 tasses de bouillon de légumes
- 4 pommes de terre pelées et coupées en dés
- 1 chou-fleur coupé en petits bouquets
- 1 c. à soupe d'huile d'olive
- 1 piment fort haché
- 1 tasse de tomates en dés
- 1 c. à thé de curcuma
- 1/2 c. à thé de paprika
- 1 c. à thé de graines de moutarde moulues
- Sel et poivre

Préparation

1. Porter le bouillon à ébullition et faire cuire les pommes de terre et le chou-fleur à feu doux pendant environ 20 minutes jusqu'à ce qu'ils soient assez tendres. Égoutter.

2. Faire chauffer l'huile et faire revenir le piment fort et les tomates pendant 5 minutes. Ajouter le curcuma, le paprika, les graines de moutarde, le sel et le poivre au goût et poursuivre la cuisson 5 minutes. Ajouter les légumes et remuer le tout, puis servir en entrée.

Épinards et pommes de terre au gingembre et au fenouil

Bangladesh

T 15 minutes   C 30 minutes   P 4

Ingrédients

- 4 pommes de terre pelées et coupées en deux
- 3 c. à soupe d'huile d'olive
- 1 gousse d'ail hachée
- 3 c. à soupe de gingembre râpé
- 2 piments forts hachés
- 4 tasses d'épinards rincés et égouttés
- 3 c. à soupe de fenouil haché
- 1 c. à thé de paprika
- Sel et poivre

Préparation

1. Porter une casserole d'eau à ébullition et faire cuire les pommes de terre pendant 15 à 20 minutes jusqu'à ce qu'elles soient tendres. Égoutter, trancher et réserver.

2. Faire chauffer l'huile d'olive dans une poêle et faire revenir l'ail, le gingembre, les piments forts, les épinards et le fenouil pendant 5 minutes. Ajouter le paprika, saler et poivrer au goût, incorporer les pommes de terre, puis faire rôtir pendant 5 minutes. Ajouter un peu d'eau au besoin pour éviter que les légumes ne collent. Servir chaud.

Lentilles rouges au cumin

Bangladesh

T 15 minutes   C 35 minutes   P 4

Ingrédients

- 3 c. à soupe d'huile d'olive
- 1 gros oignon haché finement
- 1 piment fort haché finement
- 2 gousses d'ail écrasées
- 1 c. à thé de cumin
- 1/2 c. à thé de curcuma
- 2 tasses de lentilles rouges
- 6 tasses de bouillon de poulet
- 1/2 c. à thé de sauce chili à l'ail
- Sel et poivre

Préparation

1. Faire chauffer l'huile d'olive dans une casserole et faire revenir l'oignon, le piment et l'ail pendant 5 minutes. Ajouter le cumin et le curcuma, remuer, puis ajouter les lentilles et remuer le tout.

2. Verser le bouillon de poulet, saler et poivrer au goût et porter à ébullition.

3. Laisser mijoter à feu moyen pendant 20 à 25 minutes jusqu'à ce que les lentilles soient tendres, puis incorporer la sauce chili et réduire les lentilles en purée grossière à l'aide d'une fourchette. Mélanger tous les ingrédients, rectifier l'assaisonnement au besoin et servir.

Poisson bouilli à la crème

Bangladesh

T 20 minutes   C 15 minutes   P 4

Ingrédients

- 3 c. à soupe de moutarde de Dijon
- 1 c. à soupe de sauce chili à l'ail
- 1 c. à thé de curcuma
- 1 tasse de crème fraîche
- 1 c. à thé d'aneth
- 4 filets de maquereau ou d'alose sans arêtes
- 3 c. à soupe d'huile d'olive
- 1 échalote hachée
- 2 gousses d'ail écrasées
- 2 piments forts hachés
- Sel et poivre

Préparation

1. Dans un bol, mélanger la moutarde, la sauce chili à l'ail, le curcuma, la crème fraîche, l'aneth, le sel et le poivre au goût, puis badigeonner généreusement de marinade les filets de poisson.

2. Faire cuire les filets de poisson à la vapeur pendant environ 10 minutes jusqu'à ce qu'ils soient tendres.

3. Pendant ce temps, faire chauffer l'huile d'olive et faire revenir l'échalote, l'ail et le piment fort pendant 5 minutes.

4. Servir le poisson et garnir du mélange d'échalote.

Piments forts aux tomates et au feta

Bhoutan

T 15 minutes   C 20 minutes   P 4

Ingrédients

- 3 c. à soupe d'huile d'olive
- 1 gros oignon haché finement
- 8 piments verts épépinés et tranchés finement
- 4 gousses d'ail écrasées
- 2 tasses de bouillon de légumes
- 1 tasse de tomates en dés
- 1/2 c. à thé de curcuma
- 1 c. à thé de cumin
- 1 tasse de feta émietté
- 1/2 tasse de coriandre fraîche hachée
- Sel et poivre

Préparation

1. Faire chauffer l'huile d'olive dans une casserole et faire revenir l'oignon, les piments et l'ail pendant 5 minutes.

2. Verser le bouillon de légumes, porter à ébullition, réduire à feu moyen-doux et laisser mijoter pendant 10 minutes. Remuer et ajouter les tomates, le curcuma et le cumin, saler et poivrer au goût et laisser mijoter 5 minutes.

3. Ajouter le feta et saupoudrer de coriandre, puis remuer pendant quelques minutes avant de servir.

Pommes de terre au havarti et au paprika

Bhoutan

T 15 minutes   C 25 minutes   P 4

Ingrédients

- 4 pommes de terre pelées
- 1 c. à soupe d'huile d'olive
- 2 oignons verts hachés
- 1 gousse d'ail écrasée
- 1 1/2 tasse d'eau
- 1 tasse de havarti râpé
- 1 c. à soupe de paprika
- Poivre

Préparation

1. Couper les pommes de terre en tranches de 1 cm d'épaisseur.

2. Faire chauffer l'huile d'olive dans une casserole et faire revenir les oignons, les pommes de terre et l'ail pendant 5 minutes.

3. Verser l'eau et porter à ébullition, puis réduire à feu doux et laisser mijoter pendant une vingtaine de minutes jusqu'à ce que les pommes de terre soient tendres et que le liquide soit presque complètement absorbé.

4. Ajouter le fromage, le paprika et le poivre et remuer le tout pendant quelques minutes avant de servir chaud.

Asie

Riz rouge aux légumes

T 20 minutes   C 40 minutes   P 4

Ingrédients

- 2 tasses de riz rouge
- 3 c. à soupe de beurre
- 6 oignons verts hachés finement
- 1 tasse de champignons tranchés
- 2 gousses d'ail émincées
- 2 carottes pelées et coupées en petits morceaux
- 1 poivron rouge haché
- 1/2 c. à thé de paprika
- 1/2 c. à thé de thym
- 4 tasses de bouillon de légumes
- 2 feuilles de laurier
- 1/2 tasse de persil ciselé
- Sel et poivre

Préparation

1. Rincer et égoutter le riz.

2. Faire chauffer le beurre et faire revenir les oignons, les champignons et l'ail pendant 5 minutes. Incorporer les carottes, le poivron, le paprika et le thym et remuer le tout pendant 3 minutes. Saler et poivrer au goût. Ajouter le riz et brasser à l'aide d'une spatule pour enrober les grains.

3. Verser le bouillon de légumes et ajouter les feuilles de laurier. Porter à ébullition et laisser cuire à feu moyen pendant 25 minutes en remuant souvent jusqu'à ce que le liquide soit absorbé et que le riz soit tendre. Ajouter un peu d'eau au besoin au cours de la cuisson.

4. Retirer du feu et laisser reposer 5 minutes, puis saupoudrer de persil et servir.

Cari de légumes

T 20 minutes   C 30 minutes   P 4

Ingrédients

- 3 c. à soupe d'huile d'olive
- 2 gousses d'ail émincées
- 3 échalotes hachées
- 1 aubergine coupée en dés
- 1 poivron rouge tranché
- 2 courgettes tranchées
- 1 tasse de tomates en dés
- 2 c. à soupe de cari en poudre
- 1 c. à soupe de curcuma
- 2 c. à thé de paprika
- 1/2 c. à thé de gingembre moulu
- 1/2 c. à thé de poivre de Cayenne
- 1 tasse de bouillon de légumes
- 1 tasse d'olives vertes dénoyautées
- Sel et poivre

Préparation

1. Faire chauffer l'huile d'olive dans une poêle à feu moyen et faire revenir l'ail et les échalotes pendant 5 minutes.

2. Ajouter l'aubergine et le poivron et poursuivre la cuisson pendant 5 minutes, puis incorporer les courgettes, les tomates, le cari, le curcuma, le paprika, le gingembre et le poivre de Cayenne et faire cuire encore 5 à 7 minutes. Saler et poivrer au goût.

3. Verser le bouillon de légumes et laisser mijoter pendant 10 minutes en remuant. Rectifier l'assaisonnement, ajouter les olives et laisser cuire encore 5 minutes en remuant. Servir bien chaud.

Crevettes à la moutarde et au lait de coco

Birmanie

T 20 minutes   C 15 minutes   P 4

Ingrédients

- 2 gousses d'ail écrasées
- 1 c. à soupe de graines de moutarde moulues
- 1/2 c. à thé de curcuma
- 1/2 tasse de lait de coco
- 750 g de crevettes fraîches décortiquées
- 2 c. à soupe d'huile d'olive
- 1 gros oignon haché finement
- 1 c. à thé de moutarde en poudre
- 1/4 de tasse de noix de coco râpée
- 1/2 tasse de coriandre fraîche hachée
- Sel et poivre

Préparation

1. Dans un bol, mélanger l'ail, les graines de moutarde, le curcuma, le sel et le poivre au goût, puis incorporer le lait de coco et remuer. Ajouter les crevettes et laisser tremper quelques minutes.

2. Pendant ce temps, faire chauffer l'huile d'olive et faire revenir l'oignon 5 minutes. Ajouter les crevettes et la sauce et faire chauffer le tout à feu moyen-doux pendant 10 minutes. Ajouter la moutarde en poudre et remuer pour la faire diluer.

3. Saupoudrer les crevettes de noix de coco râpée et de coriandre et remuer en laissant mijoter encore 5 minutes avant de servir.

Dorade et bok choy en papillotes

Birmanie

T 15 minutes   C 25 minutes   P 4

Ingrédients

- 2 c. à soupe d'huile d'olive
- 3 gousses d'ail écrasées
- 1 gros oignon coupé en rondelles
- 2 bok choy hachés grossièrement
- 1 c. à soupe de curcuma
- 1 c. à thé de paprika
- 1/2 c. à thé de gingembre
- 1/4 de tasse de lait de coco
- 4 filets de dorade sans arêtes
- 1 tasse d'olives vertes dénoyautées
- 1 tasse de coriandre ciselée
- Sel et poivre

Préparation

1. Faire chauffer l'huile d'olive dans une poêle à feu moyen et faire revenir l'ail et l'oignon pendant 3 minutes à feu moyen. Ajouter les bok choy, le curcuma, le paprika, le gingembre le sel et le poivre au goût et poursuivre la cuisson pendant 5 à 7 minutes. Ajouter le lait de coco et remuer à feu doux pendant 3 minutes.

2. Préchauffer le four à 360 °F (180 °C).

3. Déposer chaque filet de dorade sur une grande feuille d'aluminium, napper de sauce aux bok choy et au lait de coco, garnir d'olives vertes et de coriandre.

4. Refermer les papillotes et faire cuire au four pendant environ 15 minutes jusqu'à ce que le poisson soit tendre. Servir avec du riz blanc.

Bananes bouillies au lait de coco

Cambodge

T 15 minutes   C 15 minutes   P 4

Ingrédients

- 2 tasses de lait de coco
- 3 c. à soupe de sucre de canne
- 4 bananes mûres pelées
  et coupées en gros morceaux
- 1 pincée de cannelle
- 4 c. à soupe de noix de coco râpée

Préparation

1. Faire chauffer le lait de coco dans une casserole et incorporer le sucre pour le faire dissoudre. Poursuivre la cuisson à feu doux jusqu'à l'obtention d'une texture crémeuse et onctueuse.

2. Incorporer les bananes et la cannelle et faire bouillir à feu moyen pendant une dizaine de minutes.

3. Servir les bananes dans de petites coupes à dessert, napper de crème de coco et saupoudrer de noix de coco râpée.

Bœuf à la citronnelle

Cambodge

T 15 minutes   M 4 heures   C 10 minutes   P 4

Ingrédients

- 1 c. à soupe de sauce au poisson
- 2 c. à thé de tamari
- 1 c. à thé de gingembre râpé
- 1/2 tasse de citronnelle émincée
- 1/2 tasse de bouillon de légumes
- 800 g de bifteck de surlonge tranché finement
- 2 c. à soupe d'huile d'olive
- 5 oignons verts hachés finement
- 2 gousses d'ail émincées
- Sel et poivre

Préparation

1. Dans un bol, mélanger la sauce au poisson, le tamari, le gingembre, la citronnelle, le bouillon de légumes, le sel et le poivre au goût et incorporer le bœuf. Remuer pour bien enrober la viande et laisser mariner au réfrigérateur pendant au moins 4 heures.

2. Faire chauffer l'huile d'olive et faire revenir les oignons et l'ail à feu moyen pendant 5 minutes. Incorporer le bœuf et la marinade et faire cuire pendant 5 à 7 minutes jusqu'à l'obtention de la cuisson désirée.

3. Servir avec du riz blanc et napper de marinade.

Côtelettes de porc à l'anis et à l'ail

Cambodge

T 20 minutes   M 3 heures   C 45 minutes   P 4

Ingrédients

- 2 c. à soupe d'huile d'olive
- 2 gousses d'ail émincées
- 4 oignons verts hachés finement
- 4 étoiles d'anis concassées
- 2 c. à soupe de tamari
- 2 c. à soupe de sauce soja
- 2 c. à soupe de sucre de canne
- 1 c. à thé de gingembre râpé
- 4 côtelettes de porc
- Sel et poivre

Préparation

1. Verser l'huile, l'ail, les oignons, l'anis, le tamari, la sauce soja, le sucre et le gingembre dans un robot culinaire et réduire en purée.

2. Déposer les côtelettes dans un grand plat et napper de marinade. Remuer pour bien enrober la viande, saler et poivrer au goût. Laisser mariner au réfrigérateur pendant 3 heures.

3. Préchauffer le four à 400 °F (205 °C).

4. Faire cuire au four pendant 35 à 40 minutes en retournant deux fois et en badigeonnant de marinade au cours de la cuisson, ou alors faire cuire sur le barbecue jusqu'à l'obtention de la cuisson désirée.

Omelette aux crevettes géantes

Cambodge

T 20 minutes   C 15 minutes   P 2

Ingrédients

- 2 c. à soupe de beurre
- 3 oignons verts hachés
- 1 gousse d'ail écrasée
- 1/4 de tasse de fenouil haché
- 3 crevettes géantes décortiquées et hachées
- 1/2 c. à thé de paprika
- 3 œufs
- 1/4 de tasse de lait
- Sel et poivre

Préparation

1. Faire fondre le beurre dans une poêle profonde et faire revenir les oignons, l'ail et le fenouil pendant 5 minutes à feu moyen-doux.

2. Ajouter les crevettes et le paprika, saler et poivrer au goût, puis remuer le tout pendant 5 minutes jusqu'à ce que les morceaux de crevettes commencent à changer de couleur.

3. Dans un bol, fouetter les œufs avec le lait et verser le tout dans la poêle sur les crevettes.

4. Faire cuire à feu moyen sans remuer pendant plusieurs minutes. Lorsque la surface est cuite, retourner et faire cuire l'autre côté pendant encore quelques minutes. Servir chaud.

Oranges et mandarines au sirop

Cambodge

T 15 minutes   C 10 minutes   P 4

Ingrédients

- 1 tasse d'eau
- 3/4 de tasse de sucre de canne
- 1/2 c. à thé d'extrait de vanille
- 1 pincée de cannelle
- 1 c. à soupe de fleur d'oranger
- 2 grosses oranges pelées et coupées en quartiers
- 2 mandarines pelées et coupées en quartiers

Préparation

1. Verser l'eau et le sucre dans une casserole et porter à ébullition à feu moyen en remuant doucement. Incorporer la vanille, la cannelle et la fleur d'oranger et remuer jusqu'à la formation d'un sirop onctueux.

2. Ajouter les oranges et les mandarines dans la casserole et remuer le tout à feu doux pendant 3 à 5 minutes, puis servir dans des coupes à dessert.

Asie

Poulet épicé aux arachides

Cambodge

T 15 minutes   C 20 minutes   P 4

Ingrédients
- 2 c. à soupe de vinaigre de riz
- 1/4 de tasse d'arachides concassées
- Le jus et le zeste de 2 limes
- 3 c. à soupe de sauce soja
- 1 c. à soupe de sucre de canne
- 2 c. à soupe d'huile de sésame
- 2 gousses d'ail émincées
- 2 échalotes hachées finement
- 2 c. à soupe de gingembre râpé
- 1 piment vert haché finement
- 4 poitrines de poulet désossées, sans la peau et tranchées finement
- Sel et poivre

Préparation
1. Dans un bol, mélanger le vinaigre, les arachides, le zeste et le jus de lime, la sauce soja et le sucre de canne.

2. Faire chauffer l'huile de sésame dans une grande poêle et faire revenir l'ail, les échalotes, le gingembre et le piment pendant 5 à 7 minutes. Ajouter le poulet et faire dorer pendant 5 minutes, puis verser la marinade à base de sauce soja et remuer le tout. Laisser mijoter à feu doux pendant 7 à 10 minutes, saler et poivrer au goût. Servir chaud sur du riz blanc.

Sauté au poulet et au gingembre

Cambodge

T 15 minutes   C 20 minutes   P 4

Ingrédients
- 2 c. à soupe d'huile d'olive
- 2 échalotes hachées finement
- 2 c. à soupe de gingembre râpé
- 2 gousses d'ail émincées
- 4 poitrines de poulet désossées, sans la peau et coupées en dés
- 1 c. à soupe de sauce au poisson
- 1/2 tasse de coriandre fraîche ciselée
- Sel et poivre

Préparation
1. Faire chauffer l'huile d'olive et faire revenir les échalotes, le gingembre et l'ail pendant 5 minutes.

2. Ajouter le poulet et faire dorer pendant au moins 5 minutes. Incorporer la sauce au poisson et faire cuire à feu doux pendant une dizaine de minutes jusqu'à ce que le poulet soit cuit et tendre. Saler et poivrer légèrement.

3. Servir avec du riz blanc et saupoudrer de coriandre.

Soupe aigre piquante aux tomates

Cambodge

T 20 minutes   C 30 minutes   P 4

Ingrédients
- 1 c. à soupe d'huile de sésame
- 1 oignon pelé et haché
- 2 gousses d'ail écrasées
- 1 c. à soupe de gingembre
- 2 escalopes de dinde coupées en dés
- 4 tasses de bouillon de poulet
- 1/4 de tasse de feuilles de citronnelle hachées
- Le jus et le zeste de 1 lime
- 1 grosse conserve de tomates en dés
- 1 c. à soupe de sauce chili à l'ail
- Sel et poivre

Préparation
1. Faire chauffer l'huile et faire revenir l'oignon, l'ail et le gingembre pendant 5 minutes. Ajouter les escalopes et faire dorer pendant 3 à 5 minutes.

2. Verser le bouillon de poulet, porter à ébullition, puis réduire à feu doux et incorporer la citronnelle, le jus et le zeste de lime et laisser mijoter 10 minutes.

3. Ajouter les tomates et la sauce chili à l'ail et poursuivre la cuisson en remuant pendant 10 minutes. Servir chaud.

Bœuf à la sichuanaise

Chine

T 15 minutes   C 12 minutes   P 4

Ingrédients

- 1 c. à soupe de fécule de maïs
- 2 c. à soupe de sauce hoisin
- 1/2 tasse d'eau
- 2 c. à soupe de sauce soja
- 1 c. à soupe de sauce chili à l'ail
- 4 filets de bœuf minces tranchés finement
- 2 c. à soupe d'huile de sésame
- 5 oignons verts hachés finement
- 2 gousses d'ail émincées
- 1 c. à thé de gingembre râpé
- 1 poivron rouge coupé en dés
- 1 poivron vert coupé en dés
- 1 tasse de bouquets de brocoli
- Sel et poivre

Préparation

1. Dans un bol, mélanger la fécule de maïs, la sauce hoisin, l'eau, la sauce soja et la sauce chili, puis incorporer les morceaux de viande et bien les badigeonner. Extraire les morceaux de viande et réserver la sauce.

2. Faire chauffer l'huile de sésame et faire revenir les oignons, l'ail et le gingembre à feu moyen-vif pendant 3 minutes.

3. Ajouter les poivrons et le brocoli et faire sauter pendant 5 minutes.

4. Incorporer les morceaux de viande et faire revenir pendant 2 minutes de chaque côté. Incorporer la sauce et laisser mijoter à feu doux pendant 5 minutes en remuant à l'aide d'une cuillère en bois. Servir chaud sur du riz blanc.

Calmars au gingembre

Chine

T 10 minutes   C 10 minutes   P 4

Ingrédients

- 450 g de calmars en rondelles
- 3 c. à soupe d'huile de sésame
- 1 c. à soupe de vinaigre de riz
- 1 c. à thé de mirin
- 1 c. à soupe de sauce soja
- Le jus de 1 citron
- 4 oignons verts hachés
- 3 gousses d'ail hachées
- 2 c. à soupe de gingembre râpé
- Sel et poivre

Préparation

1. Rincer et égoutter les calmars.

2. Dans un grand bol, mélanger 2 c. à soupe d'huile de sésame, le vinaigre de riz, le mirin, la sauce soja et le jus de citron, puis saler et poivrer au goût. Incorporer les calmars dans le bol pour bien les badigeonner de marinade.

3. Faire chauffer le reste de l'huile et faire revenir les oignons, l'ail et le gingembre pendant 3 minutes à feu moyen-vif.

4. Ajouter les calmars et faire sauter pendant 5 minutes dans la poêle, puis verser la marinade et poursuivre la cuisson à feu moyen pendant 5 minutes avant de servir.

Chop suey

Chine

T 15 minutes   C 20 minutes   P 4

Ingrédients

- 2 c. à soupe d'huile d'olive
- 2 branches de céleri tranchées en petits morceaux
- 1 poivron vert tranché finement
- 2 carottes coupées en juliennes
- 1 tasse de pois mange-tout
- 1 tasse de champignons tranchés
- 2 poitrines de poulet désossées, sans la peau et coupées en lanières minces
- 4 tasses de fèves germées
- 1 conserve de petits épis de maïs
- 1 tasse de noix de cajou
- 1 c. à soupe de sauce teriyaki
- 1 c. à soupe de sauce hoisin
- 2 c. à soupe de sauce soja
- Poivre

Préparation

1. Faire chauffer 1 c. à soupe d'huile dans un wok, puis faire sauter le céleri, le poivron, les carottes, les pois mange-tout et les champignons pendant 3 ou 5 minutes à feu moyen-vif et réserver.

2. Faire chauffer le reste de l'huile à feu moyen et ajouter les lanières de poulet. Faire sauter pendant 5 à 7 minutes. Ajouter les légumes cuits, les fèves germées, les épis de maïs et les noix de cajou et faire sauter le tout pendant environ 3 ou 4 minutes.

3. Pendant ce temps, mélanger la sauce teriyaki, la sauce hoisin et la sauce soja dans un petit bol, puis verser la sauce sur le mélange de poulet et de légumes. Remuer et laisser mijoter pendant 2 minutes. Poivrer au goût et servir.

Nougat au sésame

Chine

T 15 minutes   C 10 minutes   P 4

Ingrédients
- 1/2 tasse d'arachides
- 1/2 tasse de pistaches
- 1 tasse d'eau
- 1/4 de tasse de sucre
- 1/4 de tasse de miel
- Le jus et le zeste de 1 citron
- 1 tasse de graines de sésame

Préparation
1. Concasser les arachides et les pistaches avec un mortier.

2. Verser l'eau dans une casserole et faire chauffer pour faire dissoudre le sucre en remuant avec une spatule jusqu'à ce qu'il se transforme en sirop. Incorporer le miel et poursuivre la cuisson en remuant.

3. Verser le jus et le zeste de citron, les pistaches et les arachides concassées et remuer le tout à feu doux pendant 5 minutes.

4. Tapisser de papier sulfuré une plaque de cuisson et étaler la moitié des graines de sésame. Verser le caramel aux noix et appuyer pour aplatir, puis couvrir avec le reste des graines de sésame. Laisser durcir pendant quelques heures et couper en carrés.

Nouilles au poulet et aux champignons

Chine

T 15 minutes   C 25 minutes   P 4

Ingrédients
- 2 c. à soupe d'huile de sésame
- 4 oignons verts hachés
- 2 gousses d'ail écrasées
- 1 c. à thé de gingembre moulu
- 1 poivron rouge coupé en dés
- 1 tasse de bouquets de brocoli
- 1 tasse de champignons tranchés
- 3 grosses poitrines de poulet désossées, sans la peau et coupées en dés
- 2 c. à soupe de sauce soja
- 2 c. à soupe de tamari
- 1 c. à soupe de vinaigre de riz
- 2 paquets de nouilles *udon*
- Sel et poivre

Préparation
1. Faire chauffer l'huile dans un wok et faire revenir les oignons, l'ail et le gingembre pendant 3 minutes. Ajouter le poivron, le brocoli et les champignons et poursuivre la cuisson 5 minutes en remuant. Saler et poivrer au goût.

2. Incorporer le poulet et faire dorer 5 minutes en remuant bien.

3. Ajouter la sauce soja, le tamari et le vinaigre de riz et remuer le tout, puis ajouter les nouilles *udon* et faire revenir pendant encore 5 minutes jusqu'à ce qu'elles soient *al dente* et que le poulet soit cuit. Servir chaud.

Nouilles chinoises sautées aux crevettes

Chine

T 15 minutes   C 10 minutes   P 4

Ingrédients
- 250 g de nouilles chinoises
- 3 c. à soupe d'huile de sésame
- 4 oignons verts hachés
- 2 gousses d'ail écrasées
- 1 c. à thé de gingembre moulu
- 1 poivron rouge coupé en dés
- 1 tasse de pois mange-tout
- 12 à 15 crevettes décortiquées de taille moyenne
- 2 c. à soupe de graines de sésame
- 3 c. à soupe de sauce soja
- 1 conserve de pousses de bambou
- 2 c. à soupe de coriandre hachée
- Poivre

Préparation
1. Faire cuire les nouilles dans l'eau bouillante pendant quelques minutes jusqu'à ce qu'elles soient *al dente*. Égoutter.

2. Faire chauffer l'huile dans un grand wok et faire revenir les oignons, l'ail et le gingembre pendant 3 minutes. Ajouter le poivron, les pois mange-tout et les crevettes et faire sauter pendant 5 minutes.

3. Ajouter les nouilles, les graines de sésame, la sauce soja et les pousses de bambou et poursuivre la cuisson 3 à 5 minutes. Saupoudrer de coriandre, poivrer au goût et servir chaud.

Porc au caramel

Chine

T 20 minutes   C 25 minutes   P 4

Ingrédients

- 2 c. à soupe d'huile d'olive
- 6 oignons verts hachés
- 2 gousses d'ail émincées
- 1 c. à thé de gingembre râpé
- 450 g de filet de porc coupé en dés
- 2 c. à soupe de sauce soja
- 1 c. à soupe de sauce au poisson
- 1 tasse d'eau
- 4 c. à soupe de sucre de canne
- 1 c. à soupe de fécule de maïs
- Sel et poivre

Préparation

1. Faire chauffer l'huile d'olive et faire revenir les oignons, l'ail et le gingembre pendant 5 minutes. Ajouter le porc et faire revenir pendant 5 minutes. Ajouter la sauce soja et la sauce au poisson et remuer le tout. Réserver.

2. Faire chauffer l'eau dans une casserole et faire dissoudre le sucre de canne en remuant pendant quelques minutes jusqu'à l'obtention d'un caramel.

3. Verser le caramel sur la viande et faire chauffer à feu doux. Ajouter la fécule de maïs et poursuivre la cuisson quelques minutes, puis servir chaud.

Poulet à la sichuanaise

Chine

T 10 minutes   C 15 minutes   P 4

Ingrédients

- 1 c. à soupe de fécule de maïs
- 2 c. à soupe de sauce soja
- Le jus de 1 citron
- 1 c. à soupe de sauce chili à l'ail
- 4 escalopes de poulet coupées en lanières
- 2 c. à soupe d'huile de sésame
- 2 gousses d'ail émincées
- 1 c. à thé de gingembre râpé
- 1 tasse de pois mange-tout
- 1/2 tasse de noix de cajou
- 2 oignons verts coupés en fines rondelles
- Sel et poivre

Préparation

1. Dans un bol, mélanger la fécule de maïs, la sauce soja, le jus de citron et la sauce chili, puis incorporer le poulet et bien badigeonner la viande.

2. Faire chauffer l'huile de sésame et faire revenir l'ail et le gingembre à feu moyen-vif pendant 3 minutes. Saler et poivrer au goût.

3. Incorporer les pois mange-tout, les noix de cajou, le poulet et la marinade et faire revenir le tout pendant 5 minutes jusqu'à ce que le poulet soit cuit. Saupoudrer de rondelles d'oignons et remuer pendant 2 minutes avant de servir.

Raviolis chinois

Chine

T 20 minutes   C 7 minutes   P 4

Ingrédients

- 400 g de porc haché
- 1 œuf battu
- 4 oignons verts hachés finement
- 1 gousse d'ail écrasée
- 1 c. à thé de gingembre moulu
- 1 c. à soupe de sauce soja
- 1 c. à soupe de vinaigre de riz
- 1 paquet de pâte à *won-ton*
- 6 tasses de bouillon de poulet
- Sel et poivre

Préparation

1. Dans un bol, mélanger le porc, l'œuf, les oignons, l'ail, le gingembre, la sauce soja, le vinaigre, le sel et le poivre au goût pour obtenir une farce assez homogène. Ajouter un peu d'eau au besoin.

2. Étaler 16 carrés de pâte à *won-ton* et verser une cuillérée de farce au centre de chacun d'eux. Humecter les rebords de la pâte et refermer les raviolis en joignant les bords vers le haut et en scellant bien l'extrémité.

3. Porter le bouillon à ébullition et faire bouillir les raviolis pendant 5 à 7 minutes. Servir chaud avec la sauce de votre choix.

Riz cantonnais

Chine

T 20 minutes   C 20 minutes   P 4

Ingrédients

- 3 c. à soupe d'huile d'olive
- 5 oignons verts hachés
- 2 gousses d'ail émincées
- 1 tasse de petites crevettes décortiquées
- 1/2 tasse de jambon cuit coupé en dés
- 1 c. à soupe de sauce soja
- 2 tasses de riz
- 1/2 tasse de petits pois
- 4 tasses d'eau
- 3 œufs
- 3 c. à soupe de ciboulette ciselée
- 1/4 de tasse de persil frais ciselé
- Sel et poivre

Préparation

1. Faire chauffer l'huile dans un grand wok et faire revenir les oignons et l'ail à feu moyen pendant 5 minutes. Ajouter les crevettes et le jambon et faire revenir 3 minutes avec la sauce soja.

2. Incorporer le riz et faire frire les grains pendant quelques minutes, puis ajouter les petits pois, saler et poivrer au goût.

3. Verser l'eau, couvrir et laisser mijoter pendant 12 à 15 minutes jusqu'à ce que le liquide soit absorbé et que le riz soit tendre.

4. Fouetter les œufs dans un bol et incorporer dans le riz en remuant avec une cuillère en bois. Rectifier l'assaisonnement, ajouter la ciboulette et saupoudrer de persil avant de servir.

Rouleaux de printemps aux crevettes

Chine

T 20 minutes   C 10 minutes   P 4

Ingrédients

- 1 paquet de vermicelles
- 1/2 tasse d'arachides
- 2 carottes râpées
- 1/4 de tasse de coriandre hachée
- 1/2 tasse de feuilles de menthe ciselées
- 1 tasse de pousses de soja
- 12 grosses crevettes décortiquées
- 1 paquet de feuilles de riz

Préparation

1. Remplir une casserole d'eau et faire cuire les vermicelles 7 à 10 minutes jusqu'à ce qu'ils soient al dente. Verser dans un bol.

2. Concasser les arachides avec un mortier et verser sur les vermicelles. Ajouter les carottes, la coriandre, la menthe et les pousses de soja. Couper les crevettes en deux dans le sens de la longueur.

3. Humidifier légèrement la feuille de riz et verser une portion de farce au centre. Garnir de deux ou trois moitiés de crevettes et rabattre les extrémités sur la farce et rouler pour former un rouleau de printemps. Servir avec de la sauce aux arachides.

Salade de poulet et de crevettes

Chine

T 20 minutes   C 15 minutes   P 4

Ingrédients

- 2 poitrines de poulet désossées, sans la peau et coupées en morceaux
- 4 tasses de roquette
- 1 poivron orange haché
- 1 tasse de tomates cerises coupées en deux
- 1/2 tasse d'arachides
- 2 tasses de germes de soja
- 3 c. à soupe d'huile de sésame
- 20 petites crevettes décortiquées
- 1 c. à soupe de vinaigre de riz
- Le jus de 1 lime
- 2 c. à soupe de graines de sésame
- 1/2 tasse de coriandre fraîche ciselée
- Sel et poivre

Préparation

1. Remplir une casserole d'eau et incorporer les poitrines de poulet. Faire cuire pendant environ 10 minutes jusqu'à ce qu'elles soient cuites, puis extraire les poitrines et défaire en filaments.

2. Verser la roquette dans un saladier et incorporer le poulet, le poivron, les tomates, les arachides et les germes de soja.

3. Faire chauffer 1 c. à soupe d'huile dans une poêle et faire revenir les crevettes 5 à 7 minutes. Saler et poivrer au goût et verser dans le saladier.

4. Mélanger l'huile, le vinaigre et le jus de lime dans un petit bol et verser sur la salade. Remuer, saler et poivrer au goût, saupoudrer de graines de sésame et de coriandre. Servir aussitôt.

Bœuf au sésame et à la sauce barbecue

Corée

T 15 minutes   M 30 minutes   C 15 minutes   P 4

Ingrédients

- 1 c. à soupe de miel
- 1 c. à soupe de sauce chili à l'ail
- 1 c. à soupe de cassonade
- 2 c. à soupe de ketchup
- 1 c. à soupe de vinaigre de riz
- 1 c. à thé de sauce Worcestershire
- 750 g de bifteck de surlonge tranché finement
- 2 c. à soupe d'huile de sésame
- 1 oignon coupé en rondelles
- 2 gousses d'ail émincées
- 1 tasse de champignons tranchés
- 1 c. à thé de gingembre râpé
- 3 c. à soupe de graines de sésame
- Sel et poivre

Préparation

1. Dans un grand bol, mélanger le miel, la sauce chili à l'ail, la cassonade, le ketchup, le vinaigre et la sauce Worcestershire jusqu'à l'obtention d'une texture lisse et homogène. Incorporer la viande et laisser mariner 30 minutes au réfrigérateur.

2. Faire chauffer l'huile de sésame et faire revenir l'oignon, l'ail, les champignons et le gingembre à feu moyen-vif pendant 5 minutes.

3. Incorporer les morceaux de viande et faire revenir pendant 5 minutes. Incorporer la sauce et les graines de sésame et laisser mijoter à feu doux pendant 5 minutes en remuant à l'aide d'une cuillère en bois. Servir chaud sur du riz blanc.

Crêpes coréennes

Corée

T 15 minutes   R 45 minutes   C 10 minutes   P 4

Ingrédients

- 1 c. à thé de levure
- 1/4 de tasse d'eau
- 1/2 c. à thé de sel
- 1 œuf
- 1 pomme de terre pelée et râpée
- 3 c. à soupe de sucre de canne
- 3 c. à soupe de beurre mou
- 1/2 c. à thé d'extrait de vanille
- 2 tasses de farine
- 1/2 tasse de lait
- 1/2 c. à thé de cannelle
- 1 c. à soupe d'huile

Préparation

1. Diluer la levure dans l'eau avec le sel. Verser le tout dans un bol avec l'œuf, la pomme de terre, le sucre, le beurre mou, la vanille et la farine.

2. Verser le lait et ajouter la cannelle, puis pétrir jusqu'à l'obtention d'une texture lisse et homogène. Couvrir d'un linge et laisser reposer la pâte pendant environ 45 minutes.

3. Former des boules d'environ 1 à 2 po (3 à 5 cm) de diamètre et aplatir légèrement.

4. Graisser légèrement une poêle avec l'huile et faire chauffer, puis faire cuire les crêpes de 5 à 7 minutes de chaque côté jusqu'à ce qu'elles soient dorées. Servir avec de la cannelle, du sucre ou du sirop.

Entrée au concombre

Corée

T 15 minutes   R 2 heures   P 2

Ingrédients

- 2 c. à soupe d'huile de sésame
- 1 gousse d'ail émincée
- 1 c. à soupe de sauce chili à l'ail
- 1 c. à soupe de sauce soja
- 1 c. à thé de gingembre râpé
- 1 c. à soupe de vinaigre de riz
- 1 gros concombre pelé, épépiné et râpé
- 1 c. à soupe de graines de sésame
- 4 oignons verts hachés finement
- Sel et poivre

Préparation

1. Dans un bol, mélanger l'huile de sésame, l'ail, la sauce chili, la sauce soja, le gingembre et le vinaigre de riz.

2. Déposer le concombre dans le saladier et verser la marinade, puis incorporer les graines de sésame et les oignons verts. Saler et poivrer au goût et remuer le tout. Réfrigérer 2 heures avant de servir.

Épinards à l'ail et au sésame

Corée

T 15 minutes   C 10 minutes   P 4

Ingrédients

- 2 c. à soupe d'huile de sésame
- 1 gousse d'ail hachée
- 4 tasses d'épinards rincés et égouttés
- 3 c. à soupe de graines de sésame noires
- 1 c. à soupe de graines de sésame blanches
- 1 c. à soupe de vinaigre de riz
- 1 c. à soupe de sauce soja
- 1 c. à thé de mirin
- Sel et poivre

Préparation

1. Faire chauffer 1 c. à soupe d'huile et faire revenir l'ail pendant 2 minutes à feu moyen. Incorporer les épinards et poursuivre la cuisson pendant 3 à 5 minutes en remuant.

2. Incorporer les graines de sésame et remuer une minute.

3. Dans un petit bol, mélanger le vinaigre, l'huile, la sauce soja et le mirin, puis saler et poivrer au goût. Remuer et servir.

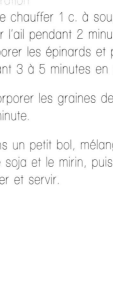

Asie

Galettes aux courgettes

Corée

T 20 minutes   C 5 minutes   P 4

Ingrédients
- 1 tasse de farine
- 1/2 c. à thé de sel
- 3/4 de tasse d'eau
- 2 œufs
- 2 gousses d'ail écrasées
- 1/2 c. à thé de poivre de Cayenne
- 1/2 c. à thé de gingembre
- 3 courgettes tranchées très finement
- Huile pour la friture

Préparation
1. Dans un bol, tamiser la farine et le sel et former un puits au centre. Incorporer l'eau et les œufs et remuer jusqu'à l'obtention d'une pâte homogène.

2. Étaler la pâte à l'aide d'un rouleau jusqu'à l'obtention d'une épaisseur de 0,5 cm.

3. Faire chauffer 1 c. à soupe d'huile et faire revenir l'ail, le poivre de Cayenne, le gingembre et les courgettes pendant 5 minutes.

4. Verser les courgettes sur une moitié de la pâte et replier la pâte sur les courgettes, puis couper des carrés d'environ 4 cm de long.

5. Faire chauffer l'huile dans une poêle et faire frire les galettes pendant quelques minutes de chaque côté jusqu'à ce qu'elles soient dorées et croustillantes. Éponger sur du papier absorbant et servir.

Poisson frit au sésame

Corée

T 10 minutes   C 25 minutes   P 4

Ingrédients
- 1/4 de tasse de farine
- 1 œuf
- 4 filets de tilapia sans arêtes
- 4 c. à soupe d'huile de sésame
- 3 gousses d'ail émincées
- 1 oignon haché
- 4 c. à soupe de graines de sésame

Préparation
1. Mélanger la farine et l'œuf dans un grand bol, saler et poivrer au goût. Enrober les filets de pâte et réserver.

2. Faire chauffer l'huile de sésame et faire revenir l'ail et l'oignon pendant 5 minutes. Faire revenir les filets de poisson et saupoudrer de graines de sésame. Servir avec le sésame grillé et du citron.

Soupe au chou mariné

Corée

247

T 20 minutes   C 20 minutes   P 4

Ingrédients
- 4 tasses de chou chinois
- 2 carottes pelées et râpées
- 4 oignons verts hachés
- 2 gousses d'ail écrasées
- 1 c. à soupe de gingembre
- 1 c. à soupe de miel
- 1 c. à soupe d'huile de sésame
- 1 c. à soupe de vinaigre de riz
- 1 c. à thé de sauce chili à l'ail
- Le jus et le zeste de 1 lime
- 4 tasses de bouillon de poulet
- 1 bloc de tofu semi-ferme coupé en dés
- 200 g de nouilles *udon*
- Sel et poivre

Préparation
1. Dans un bol, mélanger le chou, les carottes, les oignons verts, l'ail, le gingembre, le sel et le poivre au goût et remuer.

2. Dans un petit bol, mélanger le miel, l'huile de sésame, le vinaigre, la sauce chili, le jus et le zeste de lime et verser sur le chou.

3. Faire chauffer le bouillon de poulet à feu moyen-doux et incorporer la préparation au chou. Faire cuire pendant une dizaine de minutes.

4. Incorporer le tofu et les nouilles *udon* et poursuivre la cuisson 10 à 15 minutes. Remuer, rectifier l'assaisonnement et servir.

Soupe coréenne
au tofu

Corée

T 20 minutes   C 20 minutes   P 4

Ingrédients

- 1 c. à soupe d'huile de sésame
- 1 oignon haché
- 2 gousses d'ail écrasées
- 1 c. à soupe de gingembre
- 1 tasse de champignons tranchés
- 1 courgette tranchée
- 1 bloc de tofu semi-ferme coupé en dés
- 6 tasses de bouillon de poulet
- 2 c. à soupe de pâte de miso
- 2 c. à thé de sauce chili à l'ail
- Sel et poivre

Préparation

1. Faire chauffer l'huile dans une poêle et faire revenir l'oignon, l'ail et le gingembre pendant 5 minutes.

2. Ajouter les champignons, la courgette et le tofu et remuer pendant 5 minutes.

3. Faire chauffer le bouillon de poulet et dissoudre la pâte de miso avec un peu de bouillon. Incorporer le miso, les légumes et le tofu dans la soupe et remuer.

4. Incorporer la sauce chili et poursuivre la cuisson pendant 5 minutes. Servir chaud.

Asie

Boulettes frites au fromage

Émirats arabes unis

T 10 minutes   C 7 minutes   P 4

Ingrédients

- 1 tasse de farine
- 1 pincée de sel
- 2 œufs battus
- 1 tasse de lait
- 2 c. à soupe de beurre mou
- 1/2 tasse de fromage à la crème
- 1 c. à thé de muscade
- 1 jaune d'œuf
- Poivre
- Huile pour la friture

Préparation

1. Tamiser la farine et le sel dans un bol. Creuser un puits au centre et incorporer les deux œufs.

2. Ajouter le lait, le beurre mou, le fromage à la crème, le poivre et la muscade et pétrir la pâte, puis former des boules d'environ 1 po (3 cm) de diamètre.

3. Faire chauffer l'huile pendant quelques minutes, puis badigeonner les boules avec du jaune d'œuf et les faire frire pendant 5 à 7 minutes jusqu'à ce qu'elles soient dorées et croustillantes.

Boulgour à l'agneau

Émirats arabes unis

T 15 minutes   C 25 minutes   P 4

Ingrédients

- 4 tasses de bouillon de légumes
- 2 tasses de boulgour
- 1/2 tasse de coriandre ciselée
- 2 c. à soupe d'huile d'olive
- 1 oignon haché
- 2 gousses d'ail émincées
- 500 g d'épaule d'agneau coupée en dés
- 1 tasse de tomates en dés
- 1/2 tasse de noix de pin
- 1 c. à thé de thym
- 1 c. à thé de cumin
- Sel et poivre

Préparation

1. Verser le bouillon dans une casserole, porter à ébullition, ajouter le boulgour, puis réduire à feu doux et laisser mijoter 10 à 15 minutes jusqu'à ce qu'il soit tendre. Retirer du feu pour éliminer l'excédent de liquide, puis saupoudrer de coriandre.

2. Faire chauffer l'huile d'olive et faire revenir l'oignon et l'ail à feu moyen pendant 5 minutes. Ajouter l'agneau et faire dorer 5 à 7 minutes.

3. Incorporer le boulgour et remuer pendant 2 minutes pour l'enrober d'huile.

4. Ajouter les tomates, les noix de pin, le thym, le cumin, le sel et le poivre au goût et remuer le tout pendant encore 3 minutes.

Feuilles de vigne végétariennes

Émirats arabes unis

T 25 minutes   C 45 minutes   P 4

Ingrédients

- 12 feuilles de vigne
- 4 c. à soupe d'huile d'olive
- 1 oignon haché
- 1 grosse pomme de terre pelée et râpée
- 2 gousses d'ail hachées
- 1/2 tasse de menthe fraîche ciselée
- 1/2 tasse de persil frais haché
- 1 tasse de riz cuit
- Le jus de 2 citrons
- 2 tasses de tomates en dés
- 1 œuf battu
- 100 g de feta émietté
- 2 tasses d'eau
- Sel et poivre

Préparation

1. Préchauffer le four à 400 °F (205 °C).

2. Faire chauffer 2 c. à soupe d'huile d'olive, puis faire revenir l'oignon, la pomme de terre râpée et l'ail pendant 5 minutes. Ajouter la menthe, le persil, le sel et le poivre au goût et poursuivre la cuisson pendant 5 minutes.

3. Incorporer le riz, le jus de citron et les tomates et cuire encore 5 minutes. Incorporer l'œuf dans la poêle et remuer le tout. Réserver.

4. Étaler les feuilles de vigne en prenant soin de mettre la surface luisante vers le bas. Verser 2 c. à soupe de farce au centre de chaque feuille et saupoudrer de feta. Replier les extrémités vers l'intérieur et rouler.

5. Déposer les feuilles de vigne farcies dans un plat allant au four et verser l'eau sur les feuilles. Verser le reste de l'huile d'olive et faire cuire au four pendant environ 30 minutes. Laisser tiédir et servir.

Houmous piquant de Dubaï

Émirats arabes unis

T 15 minutes   P 4

Ingrédients

- 2 conserves de pois chiches rincés et égouttés
- 2 c. à soupe de beurre de sésame
- 3 c. à soupe d'huile d'olive
- 2 gousses d'ail hachées
- 1 c. à soupe de sauce chili à l'ail
- Le jus de 2 citrons
- Sel et poivre

Préparation

1. Déposer les pois chiches, le beurre de sésame, l'huile d'olive et l'ail dans un mélangeur ou un robot culinaire et réduire en purée onctueuse.

2. Verser dans un grand bol et incorporer la sauce chili, le jus de citron, le sel et le poivre au goût et mélanger le tout jusqu'à l'obtention d'un houmous crémeux et onctueux. Servir avec du pain pita ou des crudités.

Salade de haricots blancs

Géorgie

T 15 minutes   R 10 minutes   P 4

Ingrédients

- 1 conserve de haricots blancs rincés et égouttés
- 1/2 c. à thé de thym
- 1 c. à thé d'aneth
- 1/2 c. à thé de piment fort concassé
- Le jus et le zeste de 1 citron
- 1 c. à soupe d'huile d'olive
- 2 gousses d'ail écrasées
- 1 c. à soupe de persil frais ciselé
- 1 conserve de maïs en grains égouttés
- 1 tomate épépinée et coupée en petits dés
- 1 tasse d'olives noires tranchées
- 5 oignons verts hachés
- Sel et poivre

Préparation

1. Verser les haricots dans un saladier, ajouter le thym, l'aneth, le piment fort, le sel et le poivre au goût et incorporer le zeste de citron. Laisser macérer une dizaine de minutes au réfrigérateur.

2. Mélanger l'huile, l'ail, le jus de citron et le persil dans un bol et verser dans le saladier. Incorporer le maïs, les tomates, les olives et les oignons verts et remuer le tout. Réfrigérer avant de servir.

Soupe à l'oignon et à la coriandre

Géorgie

T 15 minutes   C 10 minutes   P 4

Ingrédients

- 2 c. à soupe de beurre mou
- 3 oignons coupés en rondelles
- 1/2 tasse de vin rouge
- 6 tasses de bouillon de légumes
- Le jus et le zeste de 1 citron
- 1 tasse de coriandre ciselée
- 1/2 c. à thé de muscade
- 1/2 c. à thé de cannelle
- 2 œufs battus
- Sel et poivre

Préparation

1. Faire fondre le beurre et faire dorer l'oignon pendant 5 minutes à feu moyen. Incorporer le vin rouge et remuer le tout.

2. Ajouter le bouillon de légumes et faire chauffer pendant 5 à 7 minutes en remuant le tout.

3. Incorporer le jus et le zeste de citron, la coriandre, la muscade, la cannelle, le sel et le poivre au goût et remuer le tout.

4. Ajouter les œufs battus dans le bouillon, remuer et servir chaud.

Nouilles sautées au tofu

Hong-Kong

T 15 minutes   C 15 minutes   P 4

Ingrédients

- 250 g de nouilles chinoises
- 3 c. à soupe d'huile de sésame
- 4 oignons verts hachés
- 2 gousses d'ail écrasées
- 1 c. à thé de gingembre moulu
- 1 poivron rouge coupé en dés
- 1 tasse de shiitakes tranchés finement
- 1 tasse de pois mange-tout
- 1 bloc de tofu ferme coupé en dés
- 1 c. à soupe de tamari
- 4 c. à soupe d'arachides hachées
- 3 c. à soupe de sauce soja
- 1/4 de tasse de persil frais ciselé
- Poivre

Préparation

1. Faire cuire les nouilles dans l'eau bouillante pendant quelques minutes jusqu'à ce qu'elles soient *al dente*. Égoutter.

2. Faire chauffer l'huile dans un grand wok et faire revenir les oignons, l'ail et le gingembre pendant 3 minutes. Ajouter le poivron, les shiitakes, les pois mange-tout et les morceaux de tofu et faire sauter pendant 5 minutes. Incorporer le tamari et remuer.

3. Ajouter les nouilles, les arachides et la sauce soja et poursuivre la cuisson pendant 5 minutes. Saupoudrer de persil, saler et poivrer au goût et servir chaud.

Asie

Pétoncles au beurre et à la lime

Hong Kong

T 10 minutes   C 15 minutes   P 4

Ingrédients

- 3 c. à soupe de beurre
- 2 gousses d'ail écrasées
- 1/2 tasse de persil frais haché finement
- 350 g de pétoncles décongelés
- 1 c. à thé de paprika
- Le jus et le zeste de 2 limes
- Sel et poivre

Préparation

1. Faire fondre le beurre dans une grande poêle et faire revenir l'ail pendant 2 ou 3 minutes. Ajouter le persil et remuer 2 minutes.

2. Incorporer les pétoncles et faire dorer à moyen-vif pendant 5 minutes. Ajouter le paprika, saler et poivrer au goût, puis incorporer le zeste et le jus de lime. Remuer le tout et servir dans de petites assiettes.

Biryani au poulet

Inde

T 25 minutes   C 40 minutes   P 4

Ingrédients

- 4 tasses d'eau
- 2 tasses de riz basmati
- 1/2 c. à thé de cannelle
- 1/2 c. à thé de cardamome
- 1/4 de tasse de raisins secs
- 3 c. à soupe d'huile d'olive
- 1 oignon haché
- 1/2 c. à thé de gingembre moulu
- 3 gousses d'ail émincées
- 2 grosses poitrines de poulet désossées, sans la peau et coupées en dés
- 1/2 c. à thé de girofle
- 1/2 c. à thé de cumin
- 1 c. à thé de cari en poudre
- 1/2 c. à thé de curcuma
- 1 tasse de tomates en dés
- 1 tasse de yogourt nature
- 1/2 tasse de coriandre ciselée
- Sel et poivre

Préparation

1. Porter l'eau à ébullition dans une casserole et incorporer le riz, la cannelle, la cardamome et les raisins secs. Faire cuire pendant 20 à 25 minutes jusqu'à ce qu'il soit tendre et que le liquide soit absorbé.

2. Faire chauffer l'huile d'olive dans une poêle profonde, faire revenir l'oignon, le gingembre et l'ail pendant 3 minutes. Ajouter le poulet et faire dorer pendant 10 minutes. Ajouter le girofle, le cumin, le cari, le curcuma, saler et poivrer au goût et poursuivre la cuisson 2 minutes. Ajouter les tomates et le yogourt et remuer pour éviter la formation de grumeaux. Laisser mijoter le tout à feu doux pendant 10 minutes.

3. Incorporer le riz dans la poêle avec le poulet et remuer le tout. Laisser mijoter 5 minutes, saupoudrer de coriandre et servir.

Cari de dinde au lait de coco

Inde

T 20 minutes   C 30 minutes   P 2

Ingrédients

- 3 c. à soupe d'huile d'olive
- 2 gousses d'ail hachées
- 2 oignons verts hachés
- 1 poivron rouge coupé en dés
- 2 escalopes de dinde coupées en lamelles
- 2 c. à soupe de cari en poudre
- 1/2 c. à thé de piment fort concassé
- 1 tasse de tomates en dés
- 1 c. à thé de curcuma
- 2 tasses de lait de coco
- 2 c. à soupe de coriandre fraîche hachée
- Sel et poivre

Préparation

1. Faire chauffer l'huile d'olive dans une poêle à feu moyen et faire revenir l'ail, et les oignons pendant environ 3 minutes. Ajouter le poivron, la dinde, le cari et le piment fort et faire cuire pendant encore 5 minutes.

2. Incorporer les tomates en dés et le curcuma et poursuivre la cuisson 5 minutes en remuant. Saler et poivrer au goût.

3. Ajouter le lait de coco et porter à ébullition. Baisser le feu et laisser cuire pendant encore 15 minutes en remuant de temps à autre jusqu'à ce que la sauce épaississe. Garnir de coriandre et servir chaud.

Cari de veau au lait de coco

Inde

T 20 minutes   C 35 minutes   P 4

Ingrédients

- 3 c. à soupe d'huile d'olive
- 2 gousses d'ail hachées
- 1 c. à thé de gingembre
- 1 oignon haché
- 1 tasse de tomates en dés
- 4 c. à soupe de cari en poudre
- 1/2 c. à thé de piment fort concassé
- 3 c. à soupe de beurre
- 4 escalopes de veau coupées en lanières
- 1 tasse de noix de cajou
- 2 tasses de lait de coco
- 1/4 de tasse de noix de coco râpée
- Sel et poivre

Préparation

1. Faire chauffer l'huile d'olive dans une poêle à feu moyen et faire revenir l'ail, le gingembre et l'oignon pendant environ 5 minutes. Ajouter les tomates, le cari et le piment fort et faire cuire pendant encore 5 minutes. Saler et poivrer au goût.

2. Dans une autre poêle, faire fondre le beurre et faire revenir le veau et les noix de cajou pendant 5 minutes. Incorporer le veau dans la poêle avec les tomates et remuer.

3. Ajouter le lait de coco et porter à ébullition. Baisser le feu et laisser cuire pendant 20 minutes en remuant de temps à autre jusqu'à ce que la sauce épaississe. Garnir de noix de coco et servir chaud.

Dhal aux lentilles

Inde

T 20 minutes   C 35 minutes   P 4

Ingrédients

- 2 c. à soupe d'huile d'olive
- 1 oignon haché finement
- 2 gousses d'ail émincées
- 1 c. à thé de gingembre moulu
- 1/2 c. à thé de paprika
- 1/2 c. à thé de girofle
- 1/2 c. à thé de cannelle
- 1 c. à thé de curcuma
- 1/2 c. à thé de cumin
- 2 c. à soupe de cari en poudre
- 4 tasses de bouillon de poulet
- 1 c. à soupe de pâte de tomate
- 2 tasses de lentilles vertes
- 2 tasses de lait de coco
- 1/2 tasse de coriandre ciselée
- Sel et poivre

Préparation

1. Faire chauffer l'huile d'olive dans une casserole et faire revenir l'oignon et l'ail pendant 5 minutes. Ajouter le gingembre, le paprika, le girofle, la cannelle, le curcuma, le cumin, le cari ainsi qu'une pincée de sel et de poivre au goût, puis remuer le tout pendant 2 minutes.

2. Verser le bouillon de poulet et la pâte de tomate, remuer et porter à ébullition.

3. Rincer et égoutter les lentilles, puis incorporer dans la casserole et laisser mijoter à feu doux pendant 25 minutes jusqu'à ce qu'elles soient tendres.

4. Ajouter le lait de coco et remuer tous les ingrédients et laisser mijoter 5 minutes à feu doux. Saupoudrer de coriandre et servir chaud avec du pain *naan*.

Lentilles épicées à l'indienne

Inde

T 20 minutes   C 35 minutes   P 4

Ingrédients
- 1 c. à soupe d'huile d'olive
- 1 oignon haché finement
- 2 gousses d'ail émincées
- 1/2 c. à thé de cumin
- 2 c. à soupe de cari
- 1/2 c. à thé de cannelle
- 1 c. à soupe de paprika
- 1/4 de tasse de persil ciselé
- 1 conserve de tomates en dés
- 6 tasses de bouillon de poulet
- 2 tasses de lentilles vertes
- Poivre

Préparation

1. Faire chauffer l'huile d'olive dans une casserole et faire revenir l'oignon et l'ail pendant 5 minutes. Ajouter le cumin, le cari, la cannelle, le paprika et le persil et remuer, puis verser les tomates et laisser mijoter 5 à 7 minutes.

2. Verser le bouillon de poulet, poivrer au goût et porter à ébullition.

3. Rincer et égoutter les lentilles, puis incorporer dans la casserole et laisser mijoter à feu moyen-doux pendant 25 minutes jusqu'à ce qu'elles soient tendres. Rectifier l'assaisonnement, brasser le tout et servir bien chaud.

Pain *naan* au fromage

Inde

T 30 minutes   R 15 à 20 minutes   C 15 minutes   P 4

Ingrédients
- 1 c. à thé de poudre à pâte
- 1/2 tasse de lait
- 1/2 tasse de yogourt
- 1 œuf
- 2 tasses de farine
- 1 pincée de sel
- 1 tasse de fromage fondu à tartiner, ramolli
- 1 c. à soupe de beurre

Préparation

1. Dissoudre la poudre à pâte dans le lait.

2. Mélanger le yogourt et l'œuf dans un bol.

3. Tamiser la farine et le sel ensemble. Creuser un puits au centre. Incorporer le lait et le mélange de yogourt et pétrir jusqu'à l'obtention d'une pâte lisse et homogène. Couvrir et laisser reposer 15 à 20 minutes.

4. Préchauffer le four à 360 °F (180 °C).

5. Séparer la pâte en 4 et étaler les morceaux sur une surface farinée à l'aide d'un rouleau à pâte jusqu'à l'obtention d'une épaisseur de 1 cm.

6. Garnir la moitié de chaque portion de pâte d'une part de fromage et rabattre l'autre moitié de façon à emprisonner le fromage à l'intérieur.

7. Badigeonner la surface de chaque pain avec un peu de beurre et faire cuire au four sur une plaque de cuisson graissée pendant 10 à 15 minutes jusqu'à ce qu'ils soient dorés. Servir chaud.

Poulet aux raisins et aux noix de cajou

Inde

T 20 minutes   C 20 minutes   P 4

Ingrédients
- 1 oignon haché
- 2 c. à soupe de pâte de tomate
- Le jus de 1 citron
- 1 tasse de yogourt nature
- 2 gousses d'ail émincées
- 1 tasse de noix de cajou
- 1 c. à thé de cari en poudre
- 1 c. à soupe de *garam masala*
- 1 c. à thé de curcuma
- 1/2 c. à thé de girofle moulu
- 3 c. à soupe d'huile d'olive
- 1 c. à thé de gingembre moulu
- 1 poulet coupé en morceaux
- 1/2 c. à thé de poivre de Cayenne
- 1 tasse de bouillon de poulet
- 1/2 tasse de raisins secs
- 1/4 de tasse de coriandre ciselée
- Sel et poivre

Préparation

1. Déposer l'oignon, la pâte de tomate, le jus de citron, le yogourt, l'ail, les noix de cajou, le cari, le *garam masala*, le curcuma et le girofle dans un robot culinaire ou un mélangeur et réduire en purée grossière.

2. Faire chauffer l'huile d'olive dans un grand wok et faire revenir le gingembre pendant 1 minute, puis incorporer le poulet et faire dorer 5 minutes. Ajouter le poivre de Cayenne, saler et poivrer au goût.

3. Verser le mélange de yogourt et d'épices dans le wok et faire revenir pendant 3 minutes.

4. Verser le bouillon de poulet et les raisins secs et laisser mijoter le tout à feu doux pendant 10 à 15 minutes jusqu'à ce que le poulet soit tendre et que la sauce épaississe. Saupoudrer de coriandre fraîche et servir chaud sur du riz blanc.

Asie

Poulet tandoori

Inde

T 20 minutes   C 30 minutes   P 4

Ingrédients

- 2 c. à soupe d'huile d'olive
- 1 oignon haché
- 1 gousse d'ail hachée
- 3 grosses poitrines de poulet désossées, sans la peau et coupées en morceaux
- 2 tasses de yogourt nature
- 1 c. à soupe d'épices tandoori
- 1/2 c. à thé de cari en poudre
- 1/4 de tasse de coriandre ciselée
- 1/2 c. à thé de cumin
- 1 c. à thé de cardamome
- 1/2 c. à thé de cannelle moulue
- Sel et poivre

Préparation

1. Dans une casserole, faire chauffer l'huile d'olive et faire revenir l'oignon et l'ail pendant 5 minutes. Ajouter le poulet et faire revenir pendant 5 minutes.

2. Dans un petit bol, mélanger le yogourt, les épices à tandoori, le cari en poudre, la coriandre, le sel et le poivre au goût et verser sur le poulet. Remuer et faire cuire à feu doux pendant une quinzaine de minutes.

3. Ajouter le cumin, la cardamome et la cannelle et poursuivre la cuisson 5 minutes en remuant.

4. Extraire le poulet et déposer sur un plat de service, puis remuer la sauce et éclaircir avec un peu d'eau au besoin. Napper le poulet de sauce et servir avec du riz blanc, si désiré.

Samossas au bœuf

Inde

T 20 minutes   C 15 minutes   P 4

Ingrédients

- 1 c. à soupe d'huile d'olive
- 1 oignon haché finement
- 2 gousses d'ail hachées
- 400 g de bœuf haché maigre
- 1 c. à thé de cumin
- 1 c. à thé de cari
- 1/2 c. à thé de safran
- 1/2 c. à thé de paprika
- 2 c. à soupe de crème épaisse
- 12 feuilles brick coupées en deux
- 1 jaune d'œuf
- Sel et poivre
- Huile pour la friture

Préparation

1. Faire chauffer l'huile d'olive à feu moyen et faire revenir l'oignon et l'ail pendant 3 minutes. Ajouter la viande et faire dorer 7 minutes. Ajouter le sel et le poivre au goût, le cumin, le cari, le safran et le paprika et remuer le tout à feu doux pendant 5 minutes.

2. Ajouter la crème, retirer du feu, remuer et laisser reposer.

3. Poser les feuilles de brick sur une surface de travail. Verser 1 c. à soupe de farce au centre de chaque triangle et rabattre pour former un triangle et emprisonner la farce à l'intérieur. Badigeonner les triangles de pâte avec le jaune d'œuf.

4. Faire chauffer l'huile d'olive et faire frire à feu moyen pendant 4 à 5 minutes jusqu'à ce que les feuilletés soient dorés et croustillants.

Samossas aux légumes

Inde

T 25 minutes   C 25 minutes   P 4

Ingrédients

- 2 pommes de terre pelées et coupées en dés
- 2 c. à soupe d'huile d'olive
- 1 oignon haché finement
- 2 gousses d'ail hachées
- 1/2 c. à thé de gingembre
- 1 tasse de champignons shiitakes hachés
- 1 c. à thé de cumin
- 1 c. à thé de cari
- 1 tasse de petits pois
- 1/2 c. à thé de paprika
- 12 feuilles brick coupées en deux
- 1 jaune d'œuf
- Sel et poivre
- Huile pour la friture

Préparation

1. Porter une casserole d'eau à ébullition et faire cuire les pommes de terre pendant 15 à 20 minutes jusqu'à ce qu'elles soient tendres. Égoutter et réduire en purée grossière.

2. Faire chauffer l'huile dans une grande poêle et faire revenir l'oignon, l'ail et le gingembre à feu moyen pendant 2 minutes. Ajouter les champignons, le cumin et le cari et remuer pendant encore 2 minutes.

3. Incorporer les pommes de terre, les petits pois, le paprika, le sel et le poivre au goût et poursuivre la cuisson en remuant pendant 2 minutes.

4. Poser les feuilles de brick sur une surface de travail. Verser 1 c. à soupe de farce au centre de chaque triangle et rabattre pour former un triangle et emprisonner la farce à l'intérieur. Badigeonner les triangles de pâte avec le jaune d'œuf.

5. Faire chauffer l'huile d'olive et faire frire à feu moyen pendant 4 à 5 minutes jusqu'à ce que les feuilletés soient dorés et croustillants.

Bœuf à la citronnelle et au lait de coco

Indonésie

T 20 minutes   C 30 minutes   P 4

Ingrédients

- 2 c. à soupe d'huile d'olive
- 3 gousses d'ail hachées
- 1 c. à thé de gingembre râpé
- 1 piment fort haché finement
- 1 échalote hachée
- 1/4 de tasse de feuilles de citronnelle hachées
- 600 g de bifteck de surlonge tranché finement
- 1 c. à thé de curcuma
- 2 tasses de lait de coco
- Le jus et le zeste de 2 limes
- 1 c. à soupe de cari en poudre
- 2 c. à soupe de coriandre fraîche hachée
- Sel et poivre

Préparation

1. Faire chauffer l'huile d'olive dans une poêle à feu moyen et faire revenir l'ail, le gingembre, le piment, l'échalote et la citronnelle pendant 5 minutes à feu moyen. Ajouter la viande et le curcuma et faire sauter encore 5 minutes de façon à dorer la surface. Saler et poivrer au goût.

2. Incorporer le lait de coco, le jus et le zeste de lime et le cari et porter le tout à ébullition, puis réduire à feu doux et laisser mijoter pendant 15 à 20 minutes jusqu'à ce que la sauce épaississe. Servir avec du riz blanc et décorer de coriandre.

Galettes frites de bananes

Indonésie

T 10 minutes   C 5 minutes   P 4

Ingrédients

- 5 bananes mûres pelées
- 1 c. à soupe de sucre de canne
- 1 c. à soupe de farine
- 1 pincée de muscade
- 1 pincée de sel
- 1/4 de tasse d'huile végétale pour la friture

Préparation

1. Réduire les bananes en purée avec le sucre et la farine et incorporer la muscade et le sel.

2. Former des galettes d'environ 2 po (5 cm) de large et faire chauffer l'huile dans une poêle antiadhésive. Faire frire les galettes pendant 2 à 3 minutes de chaque côté jusqu'à ce qu'elles soient dorées et croustillantes.

Omelette indonésienne

Indonésie

T 15 minutes   C 10 minutes   P 2

Ingrédients

- 2 c. à soupe de beurre
- 3 oignons verts hachés
- 1 gousse d'ail écrasée
- 1/2 c. à thé de gingembre moulu
- 1 tasse de champignons tranchés
- 1 piment fort épépiné et haché
- 1 tasse de grains de maïs sucrés
- 1/2 c. à thé de muscade
- 3 œufs
- 1/2 tasse de lait de coco
- 1/4 de tasse de noix de coco râpée
- Sel et poivre

Préparation

1. Faire fondre le beurre dans une poêle profonde et faire revenir les oignons, l'ail et le gingembre pendant 3 minutes à feu moyen-doux.

2. Ajouter les champignons, le piment et les grains de maïs, ajouter la muscade, saler et poivrer au goût.

3. Dans un bol, fouetter les œufs avec le lait de coco et la noix de coco râpée et verser le tout dans la poêle sur les légumes.

4. Faire cuire à feu moyen sans remuer pendant plusieurs minutes. Lorsque la surface est cuite, retourner et faire cuire l'autre côté pendant encore quelques minutes. Servir chaud.

Riz au curcuma et au lait de coco

Indonésie

T 10 minutes   C 25 minutes   P 4

Ingrédients

- 2 tasses de lait de coco
- 1 tasse de riz
- 3 c. à thé de curcuma
- Le jus et le zeste de 1 citron
- 1/2 c. à thé de cari en poudre
- 1/2 c. à thé de cannelle
- Sel et poivre

Préparation

1. Porter le lait de coco à ébullition et incorporer le riz, le curcuma, le jus et le zeste de citron, le cari et la cannelle.

2. Réduire à feu doux et laisser mijoter pendant une vingtaine de minutes jusqu'à ce que le riz soit tendre. Ajouter un peu d'eau au besoin. Saler et poivrer au goût et servir.

Riz au poulet et au maïs

Indonésie

T 20 minutes   C 25 minutes   P 2

Ingrédients

- 2 tasses de bouillon de poulet
- 1 tasse de riz
- 1 grosse poitrine de poulet
- 1 c. à soupe d'huile d'olive
- 1 petit oignon haché
- 1 conserve de maïs en grains égouttés
- 1 c. à thé de paprika
- Sel et poivre

Préparation

1. Porter le bouillon à ébullition et incorporer le riz, couvrir, baisser le feu et laisser mijoter 15 minutes jusqu'à ce qu'il soit tendre.

2. Pendant ce temps, faire bouillir la poitrine de poulet et défaire en filaments.

3. Dans une grande poêle, faire chauffer l'huile d'olive et faire revenir l'oignon et le maïs en grains. Ajouter le poulet, le paprika, le sel et le poivre au goût.

4. Incorporer le riz dans la poêle, mélanger, rectifier l'assaisonnement et servir.

Salade de fruits épicée

Indonésie

T 15 minutes   C 10 minutes   R 30 minutes   P 4

Ingrédients

- 2 mangues pelées et coupées en dés
- 1 ananas pelé et coupé en dés
- 2 pommes vertes tranchées
- 2 bananes pelées et tranchées
- 1 papaye pelée et coupée en dés
- 1 tasse de fraises tranchées
- Le jus de 2 limes
- 1 tasse d'eau
- 1/2 tasse de sucre de canne
- 1 c. à thé d'extrait de vanille
- 1 c. à thé de girofle
- 1/2 c. à thé de cannelle

Préparation

1. Déposer tous les fruits dans un grand saladier et arroser de jus de lime.

2. Faire bouillir l'eau et le sucre dans une casserole avec la vanille et incorporer le girofle et la cannelle. Faire cuire en remuant pendant une dizaine de minutes jusqu'à l'obtention d'un sirop onctueux.

3. Verser le sirop épicé sur les fruits, remuer et réfrigérer 30 minutes avant de servir.

Carottes sucrées aux raisins et aux noix

Irak

T 15 minutes   C 20 minutes   P 2

Ingrédients

- 2 tasses de lait
- 1 tasse de sucre
- 1 c. à thé d'extrait de vanille
- 1/2 c. à thé de cannelle
- 1/2 c. à thé de cardamome
- 1/2 c. à thé de muscade
- Le jus et le zeste de 1 lime
- 4 carottes pelées et râpées
- 2 c. à soupe de beurre
- 2 c. à soupe de farine
- 1/4 de tasse de raisins secs
- 1/4 de tasse de noix de Grenoble hachées

Préparation

1. Faire chauffer le lait à feu doux et incorporer le sucre, la vanille, la cannelle, la cardamome, la muscade et le jus et le zeste de lime. Ajouter les carottes et laisser mijoter à feu doux pendant 15 minutes jusqu'à ce qu'elles soient tendres.

2. Égoutter les carottes et réserver le lait.

3. Dans une poêle, faire fondre le beurre et ajouter la farine pour former un roux. Incorporer les carottes et remuer doucement, puis verser le lait et poursuivre la cuisson à feu doux pendant 5 minutes. Ajouter les raisins et les noix et continuer à remuer pendant 2 ou 3 minutes avant de servir dans des coupes à dessert.

Fricassée de bœuf aux prunes

Irak

T 20 minutes   C 30 minutes   P 4

Ingrédients

- 2 tasses de prunes séchées
- 2 c. à soupe d'huile d'olive
- 1 échalote hachée
- 1/2 c. à thé de poivre de Cayenne
- 800 g de cubes de bœuf
- 2 c. à soupe de cassonade
- 1 c. à thé de curcuma
- 1 tasse de tomates en dés
- 1 tasse de bouillon de légumes
- 1 c. à thé de cannelle
- 1/2 c. à thé de muscade
- 1/2 tasse de raisins secs
- Sel et poivre

Préparation

1. Porter une casserole d'eau à ébullition, retirer du feu et incorporer les prunes séchées. Laisser tremper pendant 10 minutes et égoutter.

2. Faire chauffer l'huile d'olive dans une poêle à feu moyen et faire revenir l'échalote et le poivre de Cayenne pendant 5 minutes à feu moyen. Ajouter la viande, la cassonade et le curcuma et faire dorer pendant 5 à 7 minutes.

3. Ajouter les prunes et faire revenir à feu doux pendant une dizaine de minutes.

4. Ajouter les tomates, le bouillon de légumes, la cannelle, la muscade, les raisins secs, le sel et le poivre au goût et remuer. Laisser mijoter à feu doux pendant 10 minutes et servir chaud sur du riz.

Lentilles aux pommes de terre et au jus de citron

Irak

T 15 minutes   C 40 minutes   P 4

Ingrédients

- 6 tasses de bouillon de poulet
- 2 pommes de terre pelées et coupées en dés
- 2 c. à soupe d'huile d'olive
- 1 gros oignon haché finement
- 3 gousses d'ail écrasées
- 1 c. à thé de cumin
- 1/2 c. à thé de curcuma
- 2 tasses de lentilles vertes
- 1/2 tasse de jus de citron
- 1/4 de tasse de coriandre fraîche hachée
- Sel et poivre

Préparation

1. Porter le bouillon à ébullition et incorporer les pommes de terre et les lentilles. Laisser mijoter à feu moyen pendant 20 à 25 minutes jusqu'à ce qu'elles soient tendres.

2. Faire chauffer l'huile d'olive dans une casserole et faire revenir l'oignon et l'ail pendant 5 minutes. Ajouter le cumin et le curcuma et remuer. Incorporer les lentilles et les pommes de terre, saler et poivrer au goût et faire revenir 10 minutes à feu doux.

3. Ajouter le jus de citron et la coriandre, remuer et laisser mijoter 5 minutes avant de servir.

Tomates farcies au riz et aux raisins

Irak

T 15 minutes   C 25 minutes   P 4

Ingrédients

- 4 grosses tomates bien mûres
- 2 c. à soupe de beurre
- Le zeste et le jus de 2 citrons
- 1 c. à soupe d'huile d'olive
- 1/2 tasse de noix de pin
- 1/2 tasse de raisins secs
- 1/2 c. à thé de cannelle
- 1/4 de c. à thé de girofle
- 1/4 de c. à thé de muscade
- 2 tasses de riz cuit
- Sel et poivre

Préparation

1. Préchauffer le four à 360 °F (180 °C).

2. Couper la partie supérieure des tomates et extraire la chair et les graines. Déposer 1/2 c. à soupe de beurre au fond de chaque tomate et garnir de zeste et d'un filet de jus de citron. Faire cuire au four pendant 10 minutes. Réserver.

3. Pendant ce temps, faire chauffer l'huile d'olive dans une poêle et faire revenir les noix de pin, les raisins, la cannelle, le girofle et la muscade pendant 3 à 5 minutes à feu doux. Ajouter le riz, saler et poivrer légèrement et remuer le tout.

4. Verser le quart de la préparation au riz dans chaque tomate, puis remettre au four pendant 10 minutes. Servir chaud.

Agneau aux prunes et aux épices

Iran

T 30 minutes   M 1 nuit   C 1 h 15   P 4

Ingrédients

- 3 c. à soupe d'huile d'olive
- 2 gousses d'ail émincées
- 3 échalotes hachées
- Le jus et le zeste de 2 citrons
- 1 c. à soupe de cannelle
- 1 c. à soupe de cumin
- 1 c. à thé de girofle moulu
- 1 c. à thé de thym
- 1 c. à thé de romarin
- 800 g de cuisse d'agneau désossée
- 1 tasse d'eau
- 1/2 tasse de cassonade
- Le jus et le zeste de 2 oranges
- 1 bâton de cannelle
- 1 c. à soupe de cardamome
- 2 tasses de prunes pelées, dénoyautées et tranchées
- Sel et poivre

Préparation

1. Dans un petit bol, mélanger l'huile, l'ail, les échalotes, le jus de 1 citron, la cannelle, le cumin, le girofle, le thym et le romarin et badigeonner généreusement l'agneau de marinade. Laisser mariner toute la nuit au réfrigérateur.

2. Préchauffer le four à 360 °F (180 °C).

3. Déposer l'agneau sur une plaque de cuisson graissée et faire cuire au four pendant environ 1 heure.

4. Vers la fin de la cuisson, faire chauffer l'eau dans une casserole et faire dissoudre la cassonade jusqu'à l'obtention d'un sirop. Incorporer le zeste et le reste du jus de citron, le zeste et le jus d'orange, le bâton de cannelle, la cardamome et les prunes et porter à ébullition. Réduire à feu doux et laisser mijoter 10 minutes jusqu'à ce que la sauce épaississe.

5. Badigeonner l'agneau avec la sauce aux prunes et faire rôtir au four à 430 °F (215 °C) pendant 5 à 7 minutes. Servir chaud.

Dattes farcies aux amandes

Iran

T 20 minutes   C 10 minutes   P 4

Ingrédients
- 12 dattes dénoyautées
- 12 amandes crues
- 1/4 de tasse de graines de sésame
- 1 tasse d'eau
- Le jus et le zeste de 1 lime
- 1 c. à thé d'extrait de vanille
- 1/2 tasse de cassonade
- 1/4 de tasse de cannelle moulue

Préparation
1. Fendre les dattes et farcir d'une amande crue.

2. Faire griller les graines de sésame dans une poêle pendant 5 minutes à feu moyen et mettre dans un bol.

3. Préchauffer le four à 360 °F (180 °C).

4. Faire chauffer l'eau dans une casserole avec le jus et le zeste de lime et l'extrait de vanille, puis faire dissoudre la cassonade jusqu'à l'obtention d'un sirop. Ajouter la cannelle et remuer jusqu'à ce que le sirop soit homogène et assez dense. Verser le sirop dans un bol.

5. Tremper chaque datte dans le sirop et enrober de graines de sésame, puis déposer sur une plaque de cuisson tapissée de papier ciré.

6. Faire cuire les dattes au four pendant 5 à 7 minutes jusqu'à ce qu'elles soient bien chaudes et tendres.

Lentilles à l'orange et à l'anis

Iran

T 15 minutes   C 40 minutes   P 2

Ingrédients
- 2 c. à soupe d'huile d'olive
- 1 gros oignon haché finement
- 2 gousses d'ail écrasées
- 1 c. à thé de cumin
- 1 tasse de lentilles vertes
- 1 c. à soupe d'anis moulu
- 1 tasse d'eau
- 2 tasses de jus d'orange
- 1/2 tasse de jus de citron
- 1/4 de tasse de coriandre fraîche hachée
- Sel et poivre

Préparation
1. Faire chauffer l'huile d'olive dans une casserole et faire revenir l'oignon et l'ail avec le cumin pendant 5 minutes. Incorporer les lentilles et l'anis, saler et poivrer au goût et remuer.

2. Verser l'eau et le jus d'orange, porter à ébullition, puis laisser mijoter à feu doux pendant 35 à 40 minutes jusqu'à ce que les lentilles soient tendres. Ajouter le jus de citron et saupoudrer de coriandre, puis remuer le tout et servir.

Omelette aux épinards et aux herbes

Iran

T 15 minutes   C 20 minutes   P 4

Ingrédients
- 3 c. à soupe de beurre
- 8 oignons verts tranchés finement
- 2 gousses d'ail écrasées
- 1/4 de tasse de fenouil haché
- 2 tasses d'épinards
- 1/4 de tasse de coriandre hachée
- 1/2 c. à thé de paprika
- 1/2 c. à thé d'aneth séché
- 6 œufs
- 1/4 de tasse de lait
- 1/2 c. à thé de curcuma
- Sel et poivre

Préparation
1. Faire fondre le beurre dans une poêle profonde et faire revenir les oignons, l'ail et le fenouil pendant 5 minutes à feu moyen-doux.

2. Ajouter les épinards, la coriandre, le paprika et l'aneth, saler et poivrer au goût, puis remuer le tout pendant 3 minutes à feu moyen-doux.

3. Dans un bol, fouetter les œufs avec le lait et le curcuma et verser le tout dans la poêle sur la préparation aux épinards et aux herbes.

4. Faire cuire à feu doux sans remuer pendant plusieurs minutes. Lorsque la surface est cuite, retourner et faire cuire l'autre côté pendant encore quelques minutes. Servir chaud et couper en tranches.

Poulet au safran et aux amandes

Iran

T 20 minutes   C 20 minutes   P 4

Ingrédients

- 2 tasses de bouillon de poulet
- 4 poitrines de poulet désossées et coupées en dés
- 2 c. à soupe d'huile d'olive
- 1 oignon haché
- 2 gousses d'ail écrasées
- 1 tasse d'amandes ciselées
- 1/2 c. à thé de poivre de Cayenne
- 1 c. à thé de safran
- 3 c. à soupe d'eau
- 1 tasse de yogourt nature
- Le jus de 1/2 citron
- 1/4 de tasse de persil haché
- Sel et poivre

Préparation

1. Porter le bouillon de poulet à ébullition et faire cuire le poulet pendant 10 minutes jusqu'à ce que l'intérieur soit cuit. Laisser refroidir et défaire en filaments.

2. Faire chauffer l'huile d'olive et faire revenir l'oignon et l'ail pendant 5 minutes. Ajouter le poulet, les amandes, le poivre de Cayenne, le safran et remuer 2 minutes. Verser 3 c. à soupe d'eau et laisser mijoter quelques instants en remuant. Saler et poivrer au goût.

3. Retirer du feu, ajouter le yogourt et remuer le tout. Arroser de jus de citron, saupoudrer de persil et servir.

Ragoût de bœuf, aux haricots et aux pois chiches

Iran

T 20 minutes   C 20 minutes   P 4

Ingrédients

- 2 c. à soupe d'huile d'olive
- 1 oignon haché finement
- 2 gousses d'ail écrasées
- 600 g de cubes de bœuf
- 1/2 c. à thé de cumin
- 1 c. à thé de curcuma
- 1 conserve de haricots blancs rincés et égouttés
- 1 conserve de pois chiches rincés et égouttés
- Le jus de 1 citron
- 1 tasse de tomates en dés
- Sel et poivre

Préparation

1. Faire chauffer l'huile d'olive dans une poêle à feu moyen et faire revenir l'oignon et l'ail pendant 5 minutes à feu moyen. Ajouter la viande, le cumin et le curcuma et faire dorer pendant 5 à 7 minutes.

2. Ajouter les haricots blancs et les pois chiches et remuer le tout, puis verser le jus de citron, saler et poivrer au goût.

3. Ajouter les tomates, brasser et laisser mijoter à feu doux pendant 10 minutes jusqu'à l'obtention d'une sorte de bouillie. Servir chaud avec des pommes de terre bouillies ou du riz blanc.

Riz aux herbes

Iran

T 10 minutes   C 35 minutes   P 4

Ingrédients

- 4 tasses de bouillon de légumes
- 2 tasses de riz basmati
- 3 c. à soupe d'huile d'olive
- 6 oignons verts hachés
- 1/4 de tasse de ciboulette ciselée
- 1/4 de tasse de fenouil haché
- 2 gousses d'ail écrasées
- 1/4 de tasse de coriandre ciselée
- 1/4 de tasse de persil haché
- Le jus de 1 citron
- 1 c. à thé de safran
- Poivre et sel

Préparation

1. Porter 2 tasses de bouillon à ébullition dans une casserole et incorporer le riz. Faire cuire pendant 10 minutes et égoutter dans une passoire.

2. Faire chauffer l'huile dans la casserole et faire revenir les oignons, la ciboulette, le fenouil et l'ail pendant 5 minutes. Ajouter la coriandre, le persil et le riz et brasser pour enrober les grains. Saler et poivrer au goût.

3. Verser le reste du bouillon, porter à ébullition et faire cuire encore 10 minutes à feu moyen jusqu'à ce que le riz soit presque tendre.

4. Ajouter le jus de citron et le safran, remuer et poursuivre la cuisson 5 minutes jusqu'à ce que le riz soit absorbé et cuit.

Riz iranien

Iran

T 10 minutes   C 35 minutes   P 4

Ingrédients

- 4 tasses d'eau
- 1 c. à thé de sel
- 2 tasses de riz basmati
- 2 c. à soupe d'huile d'arachide
- 1 c. à thé de safran
- 2 c. à soupe de beurre
- 1 œuf
- 1/4 de tasse de coriandre ciselée

Préparation

1. Porter l'eau à ébullition dans une casserole avec le sel et incorporer le riz. Faire cuire pendant 10 minutes et égoutter dans une passoire.

2. Faire chauffer l'huile dans un wok et incorporer 1/4 de tasse d'eau et le safran.

3. Remettre le riz dans la casserole avec le beurre et verser le mélange d'huile et d'eau sur les grains, puis faire revenir pendant 3 à 5 minutes à feu moyen.

4. Poser un linge à vaisselle sur le riz et poser le couvercle, puis laisser cuire pendant 15 à 20 minutes à feu doux.

5. Casser l'œuf sur le riz et remuer légèrement la surface, puis retourner la casserole et servir le riz sur une assiette de service décoré de coriandre ciselée.

Boulettes de viande au gingembre et aux tomates

Israël

T 20 minutes   C 15 minutes   P 4

Ingrédients

- 1 gousse d'ail écrasée
- 1 oignon haché finement
- 800 g de bœuf haché maigre
- 1 œuf battu
- 1/2 tasse de chapelure
- 1 c. à soupe de gingembre moulu
- 1/2 tasse de sauce tomate
- 1 c. à soupe de pâte de tomate
- 1/4 de tasse de cassonade
- 1/4 de tasse de vinaigre de cidre
- 1/2 tasse d'eau
- 1 c. à thé de girofle
- 1/2 c. à thé de cannelle moulue
- 2 c. à soupe beurre
- Sel et poivre

Préparation

1. Dans un grand bol, mélanger l'ail, l'oignon, le bœuf, l'œuf, la chapelure, le gingembre, le sel et le poivre au goût.

2. Dans une casserole, faire chauffer la sauce tomate à feu doux. Ajouter la pâte de tomate, la cassonade, le vinaigre, l'eau, le girofle et la cannelle et remuer jusqu'à l'obtention d'une sauce homogène.

3. Faire fondre le beurre dans une poêle et faire revenir les boulettes pendant 2 minutes de chaque côté jusqu'à ce qu'elles soient dorées. Verser la sauce aux tomates sur les boulettes et laisser mijoter à feu doux pendant 5 à 7 minutes. Servir et napper de sauce.

Gâteaux à la vanille et aux amandes

Israël

T 15 minutes   C 20 minutes   P 4

Ingrédients

- 1/2 tasse de sucre
- 2 tasses de farine
- 3 blancs d'œufs
- 1 c. à thé d'extrait de vanille
- 2 tasses d'amandes tranchées
- 1 tasse de lait

Préparation

1. Préchauffer le four à 380 °F (160 °C).

2. Dans un grand bol, tamiser le sucre et la farine.

3. Battre les blancs d'œuf en neige avec la vanille et verser dans le mélange de sucre et de farine. Ajouter les amandes et le lait et remuer jusqu'à l'obtention d'une pâte épaisse.

4. Étaler la pâte à l'aide d'un rouleau et couper des carrés d'environ 1 à 1 1/2 po (3 à 4 cm) de côté.

5. Faire cuire au four pendant 20 minutes et laisser refroidir légèrement avant de servir.

Pain du *shabbat*

Israël

T 20 minutes   R 10 minutes   C 25 minutes   P 4

Ingrédients

- 1/4 de tasse de sucre
- 2 c. à thé de poudre à pâte
- 1 pincée de sel
- 4 tasses de farine
- 1 œuf
- 2 c. à soupe d'huile d'olive
- 2 tasses d'eau
- 1 jaune d'œuf
- 1/4 de tasse de graines de sésame

Préparation

1. Dans un grand bol, tamiser le sucre, la poudre à pâte, le sel et la farine. Former un puits au centre et incorporer l'œuf et l'huile d'olive et pétrir légèrement.

2. Verser graduellement l'eau en pétrissant jusqu'à l'obtention d'une pâte lisse et homogène. Couvrir et laisser reposer 10 minutes.

3. Former 3 boules et allonger pour former 3 rouleaux. Assembler en tresse, puis badigeonner la surface avec le jaune d'œuf et saupoudrer de graines de sésame.

4. Préchauffer le four à 380 °F (160 °C).

5. Faire cuire au four pendant 20 à 25 minutes et vérifier si le pain est cuit en insérant un cure-dent au centre de la pâte.

Quiche au feta et aux courgettes

Israël

T 15 minutes   C 50 minutes   P 4

Ingrédients

- 2 c. à soupe d'huile d'olive
- 3 oignons verts hachés finement
- 4 courgettes tranchées finement
- 4 œufs battus
- 1/4 de tasse de lait
- 1/4 de tasse de crème fraîche
- 1/2 c. à thé d'aneth
- 1 c. à thé de muscade
- 1 tasse de feta émietté
- 1/2 tasse de parmesan râpé
- Sel et poivre

Préparation

1. Préchauffer le four à 360 °F (180 °C).

2. Faire chauffer l'huile d'olive et faire revenir les oignons et les courgettes pendant 5 à 7 minutes jusqu'à ce qu'elles soient légèrement dorées. Saler et poivrer au goût et retirer du feu.

3. Dans un bol, battre les œufs avec le lait et la crème, puis ajouter l'aneth, la muscade, le sel et le poivre au goût. Incorporer le mélange d'oignons et de courgettes ainsi que le feta et bien mélanger.

4. Verser la préparation aux œufs dans un moule à gâteau de 9 po (23 cm) graissé et saupoudrer de parmesan râpé.

5. Faire cuire au four pendant 45 à 50 minutes et laisser reposer quelques minutes avant de servir.

Salade de légumes frais

Israël

T 15 minutes   P 4

Ingrédients

- 2 c. à soupe d'huile d'olive
- Le jus de 1 citron
- 1 petit concombre pelé et coupé en dés
- 1 poivron rouge coupé en dés
- 1 poivron orange coupé en dés
- 1 tasse de tomates cerises coupées en deux
- 2 branches de céleris tranchés finement
- 2 carottes pelées et coupées en dés
- 3 oignons verts hachés
- 1/2 tasse de persil frais ciselé
- 1 tasse de pois mange-tout coupés en deux
- Sel et poivre

Préparation

1. Dans un bol, mélanger l'huile, le citron, le sel et le poivre au goût.

2. Verser le concombre, les poivrons, les tomates cerises, le céleri, les carottes, les oignons, le persil et les pois mange-tout dans un grand saladier et verser le mélange d'huile et de jus de citron sur les légumes.

3. Remuer, rectifier l'assaisonnement et réfrigérer avant de servir.

Bar commun sauce miso

Japon

T 20 minutes   M 3 heures   C 10 minutes   P 2

Ingrédients

- 4 c. à soupe de pâte de miso
- 2 c. à soupe d'eau chaude
- 1/4 de tasse de coriandre ciselée
- 2 c. à soupe de mirin
- 2 c. à soupe de vinaigre de riz
- 2 filets de bar commun

Préparation

1. Dans un grand bol, dissoudre la pâte miso dans l'eau en remuant. Ajouter la coriandre, le mirin et le vinaigre de riz et remuer le tout.

2. Incorporer les filets de poisson et laisser mariner pendant au moins 3 heures au réfrigérateur.

3. Préchauffer le four à 360 °F (180 °C).

4. Déposer les filets sur une plaque de cuisson tapissée de papier aluminium et faire cuire au four pendant 7 à 10 minutes jusqu'à ce qu'ils s'émiettent facilement. Servir avec du riz.

Bœuf haché à la japonaise

Japon

T 25 minutes   C 5 minutes   P 4

Ingrédients

- 700 g de bœuf haché maigre
- 1 oignon haché
- 1/4 de tasse de chapelure
- 1/4 de tasse de lait
- 1 œuf battu
- 3 c. à soupe d'huile d'olive
- 1 c. à soupe de tamari
- 1 c. à soupe de pâte de tomate
- Sel et poivre

Préparation

1. Dans un bol, mélanger le bœuf, l'oignon, la chapelure, le lait et l'œuf battu, puis saler et poivrer au goût.

2. Dans un petit bol, 2 c. à soupe d'huile, la sauce tamari et la pâte de tomate et remuer.

3. Faire chauffer le reste de l'huile, puis tremper les boulettes dans la sauce pour les enrober et faire revenir pendant 2 minutes de chaque côté à feu moyen.

4. Faire chauffer le reste de la sauce et servir sur les boulettes.

Croquettes au tofu et aux légumes

Japon

T 15 minutes   C 10 minutes   P 4

Ingrédients

- 2 tasses de haricots verts équeutés et coupés en deux
- 1 bloc de tofu ferme coupé en dés
- 2 œufs battus
- 2 c. à soupe de sauce tamari
- 1 c. à thé de gingembre moulu
- 1 gousse d'ail écrasée
- 2 oignons verts hachés
- 2 carottes râpées
- Sel et poivre
- 1/4 de tasse d'huile pour la friture

Préparation

1. Faire cuire les haricots verts à la vapeur pendant 3 à 5 minutes.

2. Déposer le tofu, les œufs, la sauce tamari, le gingembre, le sel et le poivre au goût dans le robot culinaire ou un mélangeur et réduire en purée lisse.

3. Verser dans un bol et incorporer les haricots, l'ail, les oignons verts et les carottes. Mélanger tous les ingrédients et former 8 croquettes.

4. Faire chauffer l'huile à feu moyen-vif et faire frire les croquettes pendant 3 à 5 minutes jusqu'à ce qu'elles soient dorées et croustillantes. Éponger sur du papier absorbant et servir.

Fèves *edamame* au citron et aux épices

Japon

T 5 minutes   C 10 minutes   P 4

Ingrédients

- 1 paquet de fèves *edamame* non écossées et surgelées
- Le jus de 1 citron
- 1 c. à soupe d'assaisonnement à salade

Préparation

1. Faire cuire les fèves non écossées à la vapeur pendant une dizaine de minutes jusqu'à ce qu'elles soient tendres et verser dans un saladier.

2. Arroser de jus de citron et saupoudrer d'assaisonnement à salade et remuer le tout. Servir tiède.

Makis au saumon et à l'avocat

Japon

T 30 minutes C 20 minutes P 4

Ingrédients

- 1 tasse de riz à sushi
- 2 tasses d'eau
- 4 feuilles de *nori*
- 2 c. à soupe de vinaigre de riz
- 220 g de pavé de saumon, sans la peau
- 2 avocats pelés et tranchés finement
- 4 oignons verts tranchés finement
- Wasabi
- Gingembre confit
- Sauce soja

Préparation

1. Rincer le riz à l'eau froide et égoutter. Porter l'eau à ébullition et incorporer le riz, puis laisser cuire 15 à 20 minutes jusqu'à ce qu'il soit tendre.

2. Déposer une feuille de *nori* sur une surface de travail, face brillante vers le bas. Étaler le 1/4 du riz sur la feuille en laissant une bordure dégarnie. Verser le quart du vinaigre sur le riz et étaler, puis déposer le 1/4 des ingrédients composant la garniture sur la longueur au centre du riz.

3. Rouler la feuille de nori de façon à emprisonner la farce à l'intérieur, humecter la bordure et couper des rondelles d'environ 3/4 à 1 1/4 po (2 à 3 cm) d'épaisseur et déposer sur une assiette de service. Poursuivre avec le reste des feuilles de nori et la farce. Servir avec de la sauce soja, du wasabi et du gingembre confit.

N.B. Les makis peuvent être assemblés avec une variété de garnitures (thon, concombre, tofu, etc.).

Nouilles *soba* au tofu

Japon

T 20 minutes   C 20 minutes   P 4

Ingrédients

- 400 g de nouilles *soba* ou de sarrasin
- 2 c. à soupe de sauce soja
- 1 c. à soupe de mirin
- 2 c. à soupe de vinaigre de riz
- 1 c. à soupe de sauce hoisin
- 1 bloc de tofu coupé en dés
- 2 c. à soupe d'huile d'arachide
- 4 oignons verts tranchés finement
- 1 gousse d'ail écrasée
- 1 tasse de shiitakes tranchés
- 2 tasses de fèves germées
- 2 c. à soupe de graines de sésame
- Sel et poivre

Préparation

1. Porter une casserole d'eau à ébullition et faire cuire les nouilles *soba* pendant 5 minutes jusqu'à ce qu'elles soient *al dente*. Égoutter.

2. Pendant ce temps, mélanger la sauce soja, le mirin, le vinaigre et la sauce hoisin et incorporer les morceaux de tofu. Remuer pour bien enrober, puis extraire le tofu et réserver la sauce.

3. Faire chauffer l'huile dans un wok et incorporer les oignons verts et l'ail et faire revenir 3 minutes. Ajouter les shiitakes, les fèves germées, le tofu et les graines de sésame, saler et poivrer légèrement.

4. Faire revenir le tout pendant 5 minutes, puis incorporer la sauce et laisser mijoter 5 minutes en remuant tous les ingrédients.

Asie

Poisson grillé à la sauce teriyaki

Japon

T 10 minutes   C 10 minutes   P 2

Ingrédients
- 1/2 c. à thé de gingembre moulu
- 2 c. à soupe de sauce soja
- 2 c. à soupe de mirin
- 2 c. à soupe d'alcool de riz
- 1 c. à soupe de cassonade
- 1 c. à thé de fécule de maïs
- Le jus de 1/2 citron
- 2 filets de truite
- 1/4 de tasse de persil haché

Préparation
1. Dans un bol, mélanger le gingembre, la sauce soja, le mirin, l'alcool de riz, la cassonade et la fécule de maïs et remuer jusqu'à l'obtention d'une sauce homogène. Arroser de quelques gouttes de citron et badigeonner les deux filets de truite.

2. Faire revenir les filets sur le barbecue pendant 3 ou 4 minutes de chaque côté. Saupoudrer de persil et servir.

Poulet teriyaki

Japon

T 15 minutes   M 30 minutes   C 15 minutes   P 4

Ingrédients
- 1/2 c. à thé de gingembre moulu
- 3 c. à soupe de sauce soja
- 2 c. à soupe de mirin
- 1 c. à soupe d'alcool de riz
- 1 c. à soupe de cassonade
- 4 poitrines de poulet désossées, sans la peau et coupées en lanières
- 1 c. à soupe d'huile de sésame
- 1/4 de tasse d'oignons verts tranchés
- 1 tasse de champignons tranchés
- 1 tasse de pois mange-tout
- Sel et poivre

Préparation
1. Dans un bol, mélanger le gingembre, la sauce soja, le mirin, l'alcool de riz et la cassonade et remuer jusqu'à l'obtention d'une sauce homogène et incorporer le poulet. Laisser mariner au réfrigérateur pendant 30 minutes. Extraire le poulet et réserver la sauce.

2. Faire chauffer l'huile dans un wok et faire revenir les oignons et les champignons à feu vif pendant 3 minutes. Ajouter les lanières de poulet et faire sauter pendant 5 à 7 minutes jusqu'à ce qu'elles soient dorées. Ajouter la sauce et les pois mange-tout et laisser mijoter en remuant pendant encore 5 minutes. Servir sur du riz blanc.

Riz sauté aux crevettes

Japon

T 20 minutes   C 35 minutes   P 4

Ingrédients
- 4 tasses d'eau
- 2 tasses de riz
- 3 c. à soupe de beurre
- 3 oignons verts tranchés finement
- 1 c. à thé de gingembre moulu
- 2 gousses d'ail émincées
- 1 tasse de petites crevettes cuites
- 2 tranches de jambon coupées en dés
- 3 œufs battus
- 1/4 de tasse de ciboulette ciselée
- Sel et poivre

Préparation
1. Porter l'eau à ébullition dans une casserole et incorporer le riz. Faire cuire pendant 20 à 25 minutes jusqu'à ce qu'il soit tendre et que le liquide soit absorbé.

2. Faire fondre 2 c. à soupe de beurre et faire revenir les oignons, le gingembre et l'ail pendant 5 minutes, puis incorporer les crevettes et le jambon et remuer le tout pendant encore 5 à 7 minutes jusqu'à ce que les crevettes deviennent dorées.

3. Faire fondre le reste du beurre dans une petite poêle, incorporer les œufs et brouiller pendant 3 à 5 minutes. Saler et poivrer au goût et incorporer dans la poêle avec les crevettes.

4. Ajouter le riz et la ciboulette, remuer pendant 5 minutes à feu moyen, rectifier l'assaisonnement et servir.

Sauté japonais

Japon

T 15 minutes   C 10 minutes   P 2

Ingrédients

- 1/4 de tasse de tamari
- 1/4 de tasse d'alcool de riz
- 350 g de bifteck ou de faux-filet tranché en lanières
- 1 c. à soupe d'huile de sésame
- 2 oignons verts hachés finement
- 1 tasse de champignons tranchés
- 2 tasses de fèves germées
- Sel et poivre

Préparation

1. Dans un bol, mélanger le tamari et l'alcool de riz et faire mariner les lanières de bœuf quelques instants.

2. Faire chauffer l'huile dans un wok et faire revenir les oignons et les champignons à feu vif pendant 3 minutes. Ajouter le bœuf et faire revenir 2 minutes. Ajouter les fèves germées, remuer, assaisonner au goût et verser la sauce.

3. Mélanger le tout dans le wok pendant 2 minutes et servir sur du riz blanc.

Soupe miso

Japon

T 10 minutes   C 10 minutes   P 4

Ingrédients

- 1 c. à soupe d'huile de sésame
- 4 oignons verts tranchés finement
- 1 gousse d'ail écrasée
- 6 shiitakes, sans les pieds, tranchés
- 1/2 c. à thé de gingembre
- 1 tasse de tofu ferme coupé en dés
- 5 tasses d'eau
- 2 c. à soupe de sauce soja
- 4 c. à soupe de miso brun
- 1 poignée de vermicelles
- Sel et poivre

Préparation

1. Faire chauffer l'huile de sésame et faire revenir la moitié des oignons, l'ail, les shiitakes, le gingembre et le tofu pendant 5 minutes. Saler et poivrer au goût.

2. Verser l'eau. Ajouter la sauce soja et le miso. Remuer pour dissoudre le miso dans le bouillon. Incorporer les vermicelles et laisser ramollir, puis servir dans des bols et saupoudrer d'oignons verts.

Tartare de bœuf
à la japonaise

Japon

T 15 minutes   R 1 heure   P 4

Ingrédients

- 500 g de filet de bœuf
- 4 oignons verts hachés finement
- 1 gousse d'ail écrasée
- 1/4 de tasse de ciboulette ciselée
- 4 c. à soupe d'huile de sésame
- Le jus de 1 citron
- 1/4 de tasse de sauce soja
- 1/4 de tasse de vinaigre de riz
- 1 c. à soupe de sauce au poisson
- 3 c. à soupe de graines de sésame
- Sel et poivre
- Pain grillé

Préparation

1. Hacher finement le filet de bœuf et déposer dans un grand bol. Incorporer les oignons verts, l'ail et la ciboulette.

2. Dans un petit bol, mélanger l'huile, le jus de citron, la sauce soja, le vinaigre, la sauce au poisson, le sel et le poivre au goût et remuer, puis verser sur la viande et remuer.

3. Saupoudrer de graines de sésame et réfrigérer le tout pendant au moins une heure. Servir sur du pain grillé.

Agneau grillé au *zaatar*

Jordanie

T 30 minutes   M 3 heures   C 25 minutes   P 4

Ingrédients

- 4 c. à soupe d'huile d'olive
- 2 gousses d'ail émincées
- 2 échalotes hachées
- Le jus et le zeste de 1 citron
- 1/4 de tasse de vinaigre de cidre
- 3 c. à soupe de *zaatar*
- 800 g de cuisse d'agneau désossée et coupée en lanières
- Sel et poivre

Préparation

1. Dans un grand bol, mélanger l'huile, l'ail, les échalotes, le jus et le zeste de citron, le vinaigre et le *zaatar* et incorporer l'agneau pour l'imbiber de marinade. Saler et poivrer au goût. Laisser mariner pendant 3 heures au réfrigérateur.

2. Préchauffer le four à 400 °F (205 °C).

3. Déposer l'agneau sur une plaque de cuisson tapissée de papier ciré, badigeonner avec de la marinade et faire cuire pendant 20 à 25 minutes en retournant et en badigeonnant à la mi-cuisson, ou alors faire cuire sur le barbecue pendant 10 à 15 minutes en retournant la viande et en la badigeonnant au cours de la cuisson.

Foies de volaille frits aux épices

Jordanie

T 15 minutes   C 10 minutes   P 4

Ingrédients

- 3 c. à soupe d'huile de beurre
- 2 échalotes hachées
- 2 gousses d'ail émincées
- 500 g de foies de volaille dégraissés
- 1 c. à thé de paprika
- 1 c. à thé de *zaatar*
- Le jus de 1 citron
- Sel et poivre

Préparation

1. Faire fondre le beurre et faire revenir les échalotes et l'ail pendant quelques minutes.

2. Incorporer les foies et faire sauter jusqu'à ce qu'ils soient dorés. Ajouter le paprika et le *zaatar*, saler et poivrer au goût et poursuivre la cuisson, puis arroser de jus de citron, remuer et servir en entrée avec des cure-dents.

Pain grillé au *zaatar*

Jordanie

T 20 minutes   C 10 minutes   P 4

Ingrédients

- 3 c. à soupe d'huile d'olive
- 2 c. à soupe de *zaatar*
- 2 pains pitas de blé entier
- 1 tasse de fromage *halloumi* râpé

Préparation

1. Préchauffer le four à 360 °F (180 °C).

2. Dans un petit bol, mélanger l'huile et le *zaatar*, puis badigeonner une surface de chaque pain avec le mélange et saupoudrer de fromage *halloumi*.

3. Faire griller le pain au four pendant 10 minutes et couper en pointes.

Agneau mariné à l'ail et à la pomme grenade

Kazakhstan

T 20 minutes   M 12 heures   C 20 minutes   P 4

Ingrédients

- 4 c. à soupe d'huile d'olive
- 1 tête d'ail émincée
- 2 échalotes coupées en gros morceaux
- 2 poivrons rouges coupés en gros dés
- 2 tasses de jus de pomme grenade
- 1/2 c. à thé de poivre de Cayenne
- 1/2 c. à thé de curcuma
- 450 g d'épaule d'agneau coupée en dés
- Sel et poivre

Préparation

1. Dans un grand bol, mélanger l'huile, l'ail, les échalotes, le poivron, le jus de pomme grenade, le poivre de Cayenne et le curcuma, puis incorporer l'agneau pour l'imbiber de marinade. Laisser mariner pendant 12 heures au réfrigérateur.

2. Préchauffer le four à 400 °F (205 °C).

3. Embrocher les morceaux d'agneau et alterner avec les morceaux de poivrons, puis déposer sur une plaque de cuisson tapissée de papier ciré et faire cuire pendant 20 minutes en retournant à la mi-cuisson, ou alors faire cuire sur le barbecue pendant 10 à 15 minutes en retournant la viande.

Fricassée de carpe aux tomates

Kazakhstan

T 20 minutes   C 30 minutes   P 4

Ingrédients

- 3 c. à soupe d'huile d'olive
- 1 oignon haché
- 1 gousse d'ail hachée
- 2 carottes pelées et râpées
- 2 pommes de terre pelées et coupées en dés
- 600 g de filet de carpe émietté
- 1 conserve de tomates broyées
- 1/2 c. à thé de curcuma
- 1 c. à thé de cumin
- 1/2 tasse de coriandre hachée
- 1 c. à thé de poivre de Cayenne
- 2 tasses de bouillon de poisson
- Sel et poivre

Préparation

1. Faire chauffer l'huile et faire revenir l'oignon et l'ail pendant 3 minutes. Ajouter les carottes, les pommes de terre et la carpe et faire cuire pendant 10 minutes. Saler et poivrer au goût.

2. Ajouter les tomates broyées, le curcuma, le cumin, la coriandre et le poivre de Cayenne et laisser mijoter à feu moyen pendant 5 minutes.

3. Ajouter le bouillon de poisson, porter à ébullition, puis réduire à feu doux et laisser mijoter pendant 20 minutes jusqu'à ce que les légumes soient tendres. Remuer, rectifier l'assaisonnement et servir dans des bols avec du pain.

Bœuf aux fruits et au yogourt

Kirghizstan

T 20 minutes   C 45 minutes   P 4

Ingrédients

- 3 c. à soupe d'huile d'olive
- 2 échalotes hachées
- 2 gousses d'ail
- 800 g de cubes de bœuf
- 1/2 c. à thé de poivre de Cayenne
- 1 c. à soupe de cari
- 1/2 c. à thé de curcuma
- 2 œufs battus
- 1/2 tasses de raisins rouges épépinés
- 1 tasse de prunes pelées et coupées en dés
- 1 tasse d'abricots séchés tranchés
- 1 tasse de yogourt nature grec
- 1 tasse de jus de raisin
- Sel et poivre

Préparation

1. Préchauffer le four à 360 °F (180 °C).

2. Faire chauffer l'huile dans une casserole allant au four et faire revenir les échalotes et l'ail pendant 5 minutes. Ajouter la viande et faire dorer pendant 5 à 7 minutes. Ajouter le poivre de Cayenne, le cari, le curcuma, saler et poivrer au goût.

3. Ajouter les œufs battus et remuer le tout, puis incorporer les raisins, les prunes et les abricots et poursuivre pendant 5 minutes.

4. Retirer du feu, ajouter le yogourt et mélanger le tout, puis verser le jus de raisin, couvrir et laisser cuire au four pendant 25 minutes. Servir chaud.

Gigot d'agneau et de légumes aux épices

Kirghizstan

T 15 minutes   C 30 minutes   P 4

Ingrédients
- 3 c. à soupe d'huile d'olive
- 2 échalotes coupées en gros morceaux
- 2 gousses d'ail émincées
- 1 poivron rouge coupé en dés
- 2 pommes de terre pelées et coupées en dés
- 1 tasse de champignons tranchés
- 700 g de gigot d'agneau coupé en morceaux
- 3 carottes pelées et coupées en dés
- 1/2 c. à thé de poivre de Cayenne
- 1/2 c. à thé de curcuma
- 2 c. à soupe de cari
- 1 c. à soupe de cumin
- 1/2 tasse de coriandre ciselée
- 1/2 c. à thé de paprika
- 3 ou 4 tasses de bouillon de légumes
- Sel et poivre

Préparation
1. Faire chauffer l'huile dans un grand faitout et faire revenir les échalotes et l'ail pendant 3 minutes. Ajouter le poivron, les pommes de terre, les champignons et l'agneau et poursuivre la cuisson pendant 7 minutes. Saler et poivrer au goût.

2. Ajouter les carottes, le poivre de Cayenne, le curcuma, le cari, le cumin, la coriandre et le paprika et cuire pendant 3 minutes.

3. Verser assez de bouillon pour couvrir les ingrédients et porter à ébullition, puis réduire à feu doux et laisser mijoter pendant une vingtaine de minutes jusqu'à ce que les légumes soient tendres. Servir chaud sur du riz blanc.

Gâteau à la vanille et à la cardamome

Koweït

T 15 minutes   C 20 minutes   P 4

Ingrédients
- 1 tasse de farine
- 1 c. à thé de poudre à pâte
- 1 c. à thé de cardamome moulue
- 3 œufs
- 1 tasse de sucre
- 2 c. à thé d'extrait de vanille
- 1/2 tasse de raisins secs

Préparation
1. Préchauffer le four à 360 °F (180 °C).

2. Tamiser la farine, la poudre à pâte et la cardamome dans un grand bol.

3. Battre les œufs avec le sucre jusqu'à l'obtention d'une texture onctueuse. Verser dans le bol avec la farine et incorporer la vanille. Mélanger jusqu'à l'obtention d'une pâte homogène. Ajouter les raisins et mélanger le tout.

4. Verser la pâte dans un moule à gâteau graissé et faire cuire au four pendant 15 à 20 minutes. Laisser reposer 5 minutes et servir.

Pudding au lait et à la pâte feuilletée

Koweït

T 20 minutes   C 25 minutes   P 4

Ingrédients
- 2 tasses de lait
- 1 c. à soupe de cannelle
- 1 c. à thé d'extrait de vanille
- 1 tasse de sucre
- 1 tasse de crème
- 1/2 tasse d'amandes effilées
- 1/2 tasse de raisins secs
- 1 pâte feuilletée cuite

Préparation
1. Préchauffer le four à 400 °F (205 °C).

2. Faire chauffer le lait dans une casserole avec la cannelle et la vanille. Incorporer le sucre et faire dissoudre jusqu'à l'obtention d'un sirop assez épais. Incorporer la crème et poursuivre la cuisson à feu doux pendant 5 minutes.

3. Ajouter les amandes et les raisins et remuer le tout.

4. Étaler la pâte feuilletée au fond d'un moule à gâteau graissé et verser la préparation sucrée au lait sur la pâte. Faire cuire au four pendant 15 minutes, puis servir chaud et saupoudrer de cannelle.

Poulet aux tomates et à la cardamome

Koweït

T 15 minutes   C 35 minutes   P 4

Ingrédients

- 4 poitrines de poulet désossées, sans la peau et coupées en lanières
- 2 c. à soupe d'huile d'olive
- 1 oignon haché
- 1 gousse d'ail écrasée
- 1 conserve de tomates en dés
- 2 c. à soupe de pâte de tomate
- 1/2 c. à thé de sucre
- 1/2 c. à thé de cannelle
- 1/2 c. à thé de girofle moulu
- 1 c. à thé de curcuma
- 1 c. à thé de cardamome
- 2 tasses de bouillon de poulet
- Sel et poivre

Préparation

1. Remplir une casserole d'eau et incorporer le poulet. Faire cuire pendant environ 10 minutes jusqu'à ce qu'il soit cuit, puis extraire le poulet et défaire en filaments.

2. Dans un grand faitout, faire chauffer l'huile d'olive et faire revenir l'oignon et l'ail pendant 5 minutes. Ajouter le poulet et faire dorer 5 minutes. Ajouter les tomates, la pâte de tomate et le sucre et remuer le tout, puis ajouter la cannelle, le girofle, le curcuma, la cardamome, saler et poivrer au goût et remuer tous les ingrédients.

3. Verser le bouillon de poulet, porter à ébullition et réduire à feu doux. Laisser mijoter pendant 15 minutes jusqu'à ce que le bouillon épaississe et servir sur du riz basmati.

Filets de poisson au gingembre et à la noix de coco

Laos

T 15 minutes   C 20 minutes   P 4

Ingrédients

- 4 c. à soupe d'huile d'olive
- 2 échalotes hachées
- 4 gousses d'ail écrasées
- 1 c. à soupe de gingembre moulu
- 1 c. à soupe de sauce chili à l'ail
- Le jus et le zeste de 1 lime
- 4 filets de sole sans arêtes
- 1 c. à soupe de sauce au poisson
- 3 tasses de lait de coco
- 1/4 de tasse d'arachides hachées
- 1/4 de tasse de basilic frais ciselé
- Sel et poivre

Préparation

1. Faire chauffer 2 c. à soupe d'huile d'olive et faire revenir les échalotes, l'ail et le gingembre pendant 5 minutes. Incorporer la sauce chili à l'ail et le zeste de lime et remuer, puis ajouter les filets de poisson et émietter grossièrement.

2. Ajouter la sauce au poisson, saler et poivrer au goût. Faire revenir 3 minutes en remuant, puis verser le lait de coco et le jus de lime et réduire à feu doux. Laisser mijoter une dizaine de minutes jusqu'à ce que la sauce épaississe.

3. Servir le poisson sur du riz blanc et saupoudrer d'arachides et de basilic.

Oranges à l'anis

Laos

T 15 minutes   C 10 minutes   P 4

Ingrédients

- 2 tasses d'eau
- 1 tasse de sucre de canne
- 1/2 c. à thé d'extrait de vanille
- 2 anis étoilés
- 1 c. à soupe d'eau de fleur d'oranger
- 4 grosses oranges pelées et coupées en quartiers
- 1/2 tasse de menthe ciselée

Préparation

1. Verser l'eau et le sucre dans une casserole et porter à ébullition à feu moyen en remuant doucement. Incorporer la vanille, l'anis et l'eau de fleur d'oranger et remuer jusqu'à la formation d'un sirop onctueux. Extraire l'anis.

2. Déposer les quartiers d'orange dans des coupes à dessert et napper de sauce. Saupoudrer de menthe et servir.

Asie

Porc laqué
aux champignons

Laos

T 20 minutes   C 25 minutes   P 4

Ingrédients

- 2 c. à soupe d'huile d'olive
- 3 oignons verts hachés
- 2 gousses d'ail émincées
- 1 c. à thé de gingembre râpé
- 8 shiitakes tranchés
- 1 tasse de haricots verts équeutés
  et coupés en deux
- 800 g filet de porc coupé en dés
- 2 c. à soupe de sauce hoisin
- 2 tasses de bouillon de volaille
- Sel et poivre

Préparation

1. Faire chauffer l'huile d'olive et faire revenir
les oignons verts, l'ail et le gingembre pendant
5 minutes. Incorporer les shiitakes et les haricots
et faire sauter 3 minutes. Ajouter le porc et faire
revenir pendant 5 minutes. Incorporer la sauce
hoisin et remuer le tout. Saler et poivrer au goût.

2. Verser le bouillon de volaille, porter à ébullition,
puis réduire à feu doux et laisser mijoter 10 minutes.
Rectifier l'assaisonnement et servir sur du riz blanc.

Asie

Poulet sauté aux champignons

Laos

T 20 minutes   C 25 minutes   P 4

Ingrédients

- 2 c. à soupe d'huile d'olive
- 3 oignons verts hachés
- 3 gousses d'ail émincées
- 1 c. à thé de gingembre râpé
- 1 poulet coupé en morceaux
- 8 shiitakes tranchés
- 2 c. à soupe de sauce soja
- 1 tasse de bouillon de volaille
- 2 c. à soupe de cassonade
- Sel et poivre

Préparation

1. Faire chauffer l'huile d'olive et faire revenir les oignons verts, l'ail et le gingembre pendant 5 minutes. Incorporer le poulet et faire dorer sur toute la surface.

2. Ajouter les shiitakes et la sauce soja et faire revenir le tout pendant 5 minutes. Ajouter le poivre au goût et une pincée de sel.

3. Verser le bouillon et incorporer la cassonade et faire diluer, puis laisser mijoter le tout à feu doux pendant 12 à 15 minutes jusqu'à ce que le poulet soit bien cuit. Servir sur du riz blanc.

Salade de crevettes

Laos

T 10 minutes   P 2

Ingrédients

- 500 g de crevettes cuites
- Le jus et le zeste de 1 citron
- 2 échalotes hachées
- 1/2 tasse de feuilles de citronnelle hachées
- 1/2 tasse de feuilles de menthe ciselées
- 2 c. à soupe d'huile d'olive
- 1 c. à thé de paprika
- 1 c. à thé de piment fort concassé
- Sel et poivre

Préparation

1. Dans un saladier, mélanger les crevettes, le zeste et le jus de citron, les échalotes, les feuilles de citronnelle et de menthe, puis saler et poivrer au goût.

2. Dans un petit bol, mélanger l'huile, le paprika et le piment fort et verser sur la salade. Remuer, réfrigérer et servir.

Sauté aux légumes

Laos

T 15 minutes   C 15 minutes   P 4

Ingrédients

- 2 c. à soupe d'huile d'olive
- 1 oignon haché
- 1 gousse d'ail émincée
- 8 shiitakes tranchés
- 4 carottes pelées et coupées en dés
- 1 poivron rouge coupé en morceaux
- 2 tasses de bouquets de brocoli
- 2 tasses de pois mange-tout
- 3 c. à soupe de sauce soja
- 1 c. à thé de sauce chili à l'ail
- 1/4 de tasse de persil ciselé
- Sel et poivre

Préparation

1. Faire chauffer la moitié de l'huile d'olive dans un wok et faire revenir l'oignon, l'ail, les shiitakes, les carottes et le poivron pendant 5 minutes.

2. Ajouter le reste de l'huile et incorporer le brocoli et les pois mange-tout. Ajouter la sauce soja et la sauce chili et faire sauter pendant encore 5 à 7 minutes.

3. Incorporer le persil, saler et poivrer au goût, remuer et servir chaud avec du riz blanc.

Babaganoush

Liban

T 10 minutes   R 2 heures   P 4

Ingrédients

- 1 conserve de purée d'aubergines
- 3 c. à soupe de beurre de sésame
- 3 gousses d'ail écrasées
- 1 c. à soupe d'huile d'olive
- Le jus de 1 citron
- 1 c. à thé de cumin
- Sel et poivre

Préparation

1. Mélanger la purée d'aubergine, le beurre de sésame, l'ail et l'huile dans un bol.

2. Incorporer le jus de citron, le cumin, le sel et le poivre au goût et remuer. Réfrigérer 2 heures et servir avec des crudités et des pitas.

Baklava au miel et à la pâte d'amande

Liban

T 20 minutes   C 25 minutes   P 6

Ingrédients

- 6 c. à soupe de beurre fondu
- 2 tasses d'amandes en juliennes
- 1/2 tasse de sucre
- 1/2 c. à thé de cannelle moulue
- 1 c. à thé d'extrait d'amande
- 1 blanc d'œuf fouetté
- 2 c. à soupe d'eau de fleur d'oranger
- 15 feuilles de pâte phyllo
- 1/4 de tasse de miel

Préparation

1. Préchauffer le four à 360 °F (180 °C).

2. Faire chauffer 2 c. à soupe de beurre et faire revenir les amandes pendant quelques minutes. Verser dans un robot culinaire ou dans un grand bol et réduire en purée. Incorporer le sucre, la cannelle, l'extrait d'amande, le blanc d'œuf et l'eau de fleur d'oranger et remuer jusqu'à l'obtention d'une pâte homogène.

3. Préparer les feuilles de pâte phyllo en badigeonnant chacune d'elle avec du beurre fondu.

4. Étaler 5 feuilles de pâte phyllo au fond d'un plat graissé allant au four et garnir avec la moitié de la pâte d'amandes. Étaler ensuite 5 autres feuilles de pâte phyllo, puis étendre le reste de la pâte d'amandes avant de terminer avec les 5 dernières feuilles de pâte phyllo. Faire de petites entailles sur le dessus de la pâte avec la lame d'un couteau.

5. Faire cuire au four pendant 20 minutes jusqu'à ce que la pâte soit dorée.

6. Faire chauffer le miel pour le rendre liquide et le verser sur le baklava.

Asie

Beignets d'épinards

Liban

T 30 minutes   R 20 minutes   C 10 minutes   P 4

Ingrédients

- 1 tasse de farine
- 2 c. à soupe d'huile d'olive
- 1/2 tasse d'eau
- 1 échalote hachée
- 1 œuf battu
- 3 tasses d'épinards hachés
- 1 tasse de ricotta
- Le jus de 1/2 citron
- Sel et poivre

Préparation

1. Dans un bol, tamiser la farine et le sel. Incorporer l'huile d'olive et l'eau. Pétrir jusqu'à l'obtention d'une pâte lisse et homogène. Couvrir et laisser reposer une vingtaine de minutes.

2. Dans un grand bol, mélanger l'échalote, l'œuf, les épinards, la ricotta et le jus de citron, saler et poivrer au goût.

3. Préchauffer le four à 380 °F (160 °C).

4. Étaler la pâte à l'aide d'un rouleau et couper des cercles de 2 po (5 cm) de diamètre. Verser une cuillérée de farce au centre et rabattre la pâte de façon à former des demi-cercles et à emprisonner les épinards à l'intérieur. Déposer sur une plaque de cuisson graissée et faire cuire au four pendant 10 minutes.

Shish-taouk

Liban

T 10 minutes   M 12 heures   C 20 minutes   P 4

Ingrédients

- 4 gousses d'ail écrasées
- 3 c. à soupe d'huile d'olive
- 1 c. à soupe de moutarde forte
- 1 c. à soupe de pâte de tomate
- Le jus de 1 citron
- 1 c. à thé de cumin
- 1 c. à thé de curcuma
- 1 c. à thé de piment de Cayenne
- 1/2 c. à thé de thym
- 1/2 c. à thé d'origan
- 4 poitrines de poulet désossées, sans la peau et coupées en cubes
- Sel et poivre

Préparation

1. Dans un grand bol, mélanger l'ail, l'huile, la moutarde, la pâte de tomate, le jus de citron, le cumin, le curcuma, le piment, le thym et l'origan, saler et poivrer au goût et assaisonner de sel et de poivre. Remuer pour obtenir une marinade épaisse.

2. Incorporer le poulet, remuer et laisser mariner au réfrigérateur pendant 12 heures.

3. Embrocher les cubes de poulet et faire cuire sur le barbecue ou au four à 360 °F (180 °C) pendant une vingtaine de minutes jusqu'à ce que le poulet soit cuit.

Falafels

Liban

T 20 minutes   C 7 minutes   P 4

Ingrédients

- 1 conserve de pois chiches
- Le jus de 1 citron
- 3 gousses d'ail écrasées
- 1 tasse de persil frais ciselé
- 1 œuf
- 1/2 c. à thé de poivre de Cayenne
- 1/2 c. à thé de cumin
- Sel et poivre
- Huile pour la friture

Préparation

1. Déposer les pois chiches dans un robot culinaire ou un mélangeur avec le jus de citron, l'ail et le persil et réduire en purée.

2. Verser la purée dans un grand bol, puis incorporer l'œuf, le poivre de Cayenne, le cumin, le sel et le poivre au goût et remuer jusqu'à l'obtention d'une texture lisse et homogène.

3. Former des boulettes d'environ 1 po (3 cm) de diamètre.

4. Verser de l'huile végétale dans une poêle jusqu'à 2 cm de profondeur et faire chauffer. Faire frire les boulettes de falafels pendant environ 7 minutes jusqu'à ce qu'elles soient dorées et croustillantes. Servir chaud avec du citron et de la sauce tzatziki.

Falafels aux pois et aux épices

Liban

T 25 minutes   C 5 minutes   P 4

Ingrédients

- 1 conserve de pois chiches
- 1 conserve de petits pois
- Le jus de 1 citron
- 2 gousses d'ail écrasées
- 1/4 de tasse de coriandre hachée
- 1/4 de tasse de menthe hachée
- 1 c. à soupe de *zaatar*
- 1 œuf
- 1/2 c. à thé de poivre de Cayenne
- 1 c. à thé de cumin
- 1/2 c. à thé de paprika
- 1/2 tasse de chapelure
- Sel et poivre
- Huile pour la friture

Préparation

1. Déposer les pois chiches et les petits pois dans un robot culinaire ou un mélangeur avec le jus de citron, l'ail et la coriandre, la menthe et le *zaatar* et réduire en purée.

2. Verser la purée dans un grand bol, puis incorporer l'œuf, le poivre de Cayenne, le cumin, le paprika, le sel et le poivre au goût et remuer jusqu'à l'obtention d'une texture lisse et homogène. Verser la chapelure dans un bol.

3. Former des boulettes d'environ 1 po (3 cm) de diamètre et les enrober de chapelure.

4. Verser de l'huile végétale dans une poêle jusqu'à 2 cm de profondeur et faire chauffer. Faire frire les boulettes de falafels pendant environ 7 à 10 minutes jusqu'à ce qu'elles soient dorées et croustillantes. Servir chaud avec du citron et de la sauce tzatziki.

Feuilles de vigne farcies aux deux viandes

Liban

T 20 minutes   C 30 minutes   P 4

Ingrédients

- 300 g de veau haché
- 300 g d'agneau haché
- 1 oignon haché
- 1 gousse d'ail hachée
- 1 c. à thé d'estragon
- 1 c. à thé de cumin
- 1 œuf battu
- 1 tasse de riz
- 16 feuilles de vigne
- 4 tasses de bouillon de volaille
- Sel et poivre

Préparation

1. Dans un bol, mélanger le veau, l'agneau, l'oignon, l'ail, l'estragon, le cumin, le sel et le poivre au goût.

2. Incorporer l'œuf et le riz et remuer le tout.

3. Étaler les feuilles de vigne en prenant soin de mettre la surface luisante vers le bas. Verser 1 ou 2 c. à soupe de farce au centre de chaque feuille, replier les extrémités vers l'intérieur et rouler.

4. Déposer les feuilles de vigne farcies dans une grosse cocotte et couvrir de bouillon de volaille. Porter à ébullition, puis réduire à feu doux et laisser mijoter pendant 30 minutes. Égoutter et servir.

Houmous traditionnel

Liban

T 10 minutes   P 4

Ingrédients

- 1 conserve de pois chiches rincés et égouttés
- 3 c. à soupe de beurre de sésame
- 3 c. à soupe d'huile d'olive
- 2 gousses d'ail hachées
- Le jus de 1 citron
- 1 c. à soupe de cumin
- Sel et poivre

Préparation

1. Déposer les pois chiches, le beurre de sésame, l'huile d'olive et l'ail dans un mélangeur ou un robot culinaire et réduire en purée onctueuse.

2. Verser le tout dans un saladier, ajouter le jus de citron, le cumin, le sel et le poivre au goût et remuer le tout.

Kaftas

Liban

T 25 minutes   C 10 minutes   P 4

Ingrédients

- 550 g de bœuf haché maigre
- 1 oignon haché
- 2 gousses d'ail écrasées
- 1/4 de tasse de persil ciselé
- 1 c. à thé de cumin
- 1/4 de tasse de chapelure
- 1 c. à thé de piment de Cayenne
- 1/2 c. à thé d'origan
- 1 c. à soupe d'huile
- 4 c. à soupe de menthe ciselée
- 1 tasse de yogourt nature
- Le jus de 1/2 citron
- 4 pains pitas
- Sel et poivre

Préparation

1. Dans un grand bol, mélanger le bœuf haché, l'oignon, l'ail, le persil, le cumin et la chapelure. Assaisonner de piment de Cayenne, d'origan, de sel et de poivre au goût et remuer jusqu'à l'obtention d'une texture homogène.

2. Former des galettes en long d'environ 1 po (3 cm) de large sur 2 3/4 po (7 cm) de long. Faire chauffer l'huile dans une poêle et faire revenir les galettes pendant 7 à 10 minutes jusqu'à ce qu'elles soient cuites.

3. Mélanger la menthe, le yogourt et le jus de citron dans un petit bol. Servir les boulettes dans un pain pita et napper de sauce.

Kebabs au poulet

Liban

T 20 minutes   M 15 minutes   C 10 minutes   P 2

Ingrédients

- 1 c. à soupe d'huile d'olive
- 2 poitrines de poulet coupées en dés
- 1/2 tasse de yogourt nature
- 2 c. à soupe de jus de citron
- 2 c. à soupe d'huile d'olive
- 1 c. à soupe d'aneth frais haché
- 1 c. à thé de cumin
- 1 c. à thé de coriandre
- Sel et poivre

Préparation

1. Faire chauffer l'huile et faire dorer les morceaux de poulet pendant une dizaine de minutes jusqu'à ce qu'ils soient cuits.

2. Mélanger le yogourt, le jus de citron, l'huile d'olive, l'aneth, le cumin, la coriandre, le sel et le poivre au goût dans un grand bol et brasser le tout. Incorporer les cubes de poulet cuit et remuer de façon à bien les enrober de marinade. Laisser mariner au réfrigérateur pendant environ 15 minutes.

3. Préchauffer le gril du barbecue ou le four à 360 °F (180 °C).

4. Retirer les morceaux de poulet de la marinade et embrocher.

5. Faire griller les kebabs au poulet pendant 3 à 4 minutes de chaque côté sur le barbecue, ou alors déposer sur une plaque légèrement huilée et faire cuire au four pendant 10 minutes en les retournant à la mi-cuisson.

Taboulé au quinoa

Liban

T 15 minutes   C 10 minutes   R 2 heures   P 4

Ingrédients

- 2 tasses d'eau
- 1 tasse de quinoa
- 1 tasse de coriandre hachée
- 1 échalote hachée finement
- 10 tomates cerises coupées en morceaux
- 2 gousses d'ail écrasées
- 1/4 de tasse de menthe hachée
- 1/4 de tasse d'huile d'olive
- Le jus de 1 citron
- Sel et poivre

Préparation

1. Porter l'eau à ébullition. Incorporer le quinoa et réduire à feu doux, puis laisser mijoter pendant 10 à 12 minutes. Retirer du feu, couvrir et laisser gonfler quelques minutes. Égrener avec une fourchette, puis verser dans un saladier.

2. Incorporer la coriandre, l'échalote, les tomates, l'ail et la menthe et remuer le tout. Arroser d'huile d'olive et de jus de citron, saler et poivrer au goût. Remuer tous les ingrédients et réfrigérer 2 heures avant de servir.

Asie

Taboulé traditionnel

Liban

T 15 minutes   C 5 minutes   R 2 heures   P 4

Ingrédients

- 1 tasse d'eau
- 1 tasse de couscous
- 1 c. à soupe de beurre
- 2 tasses de persil haché finement
- 1 oignon haché finement
- 2 tomates hachées
- 1 concombre pelé et haché
- 2 gousses d'ail écrasées
- 1/4 de tasse de menthe hachée
- 1/4 de tasse d'huile d'olive
- Le jus de 1 citron
- 1/2 c. à thé de thym
- 1/4 de tasse de noix de pin
- Sel et poivre

Préparation

1. Porter l'eau à ébullition. Retirer du feu et incorporer le couscous et le beurre. Couvrir pendant 5 minutes et égrener avec une fourchette, puis verser dans un saladier.

2. Incorporer le persil, l'oignon, les tomates, le concombre, l'ail et la menthe et remuer le tout. Arroser d'huile d'olive et de jus de citron, ajouter le thym, saler et poivrer au goût.

3. Saupoudrer le tout de noix de pin, remuer tous les ingrédients et réfrigérer 2 heures avant de servir.

Bœuf sauté aux noix de cajou

Macao

T 15 minutes   C 15 minutes   P 4

Ingrédients

- 2 c. à soupe d'huile de sésame
- 5 oignons verts hachés finement
- 2 gousses d'ail émincées
- 1 c. à thé de gingembre râpé
- 1 poivron rouge coupé en dés
- 1 poivron vert coupé en dés
- 1 tasse de champignons tranchés
- 1 tasse de coriandre ciselée
- 4 filets de bœuf minces tranchés finement
- 2 c. à soupe de sauce hoisin
- 1 tasse de noix de cajou
- 3 c. à soupe de sauce soja
- Sel et poivre

Préparation

1. Faire chauffer l'huile de sésame et faire revenir les oignons verts, l'ail et le gingembre à feu moyen-vif pendant 3 minutes.

2. Ajouter les poivrons et les champignons et faire sauter pendant 5 minutes.

3. Incorporer la coriandre et les morceaux de viande et faire revenir pendant 2 minutes de chaque côté. Incorporer la sauce hoisin, les noix de cajou et la sauce soja et laisser mijoter à feu doux pendant 5 minutes en remuant à l'aide d'une cuillère en bois. Servir chaud sur du riz blanc.

Pudding au lait condensé

Macao

T 15 minutes   R 2 heures   P 4

Ingrédients

- 1 conserve de lait condensé
- Le zeste et le jus de 1 orange
- 1 tasse de crème à 35 %
- 1 c. à thé d'extrait de vanille
- 12 biscuits au thé émiettés

Préparation

1. Fouetter le lait condensé avec le zeste et la crème à l'aide d'un batteur électrique jusqu'à l'obtention d'une texture crémeuse et épaisse. Verser dans un bol et incorporer le jus d'orange et la vanille et remuer.

2. Verser le tiers des biscuits au fond de quatre coupes à dessert. Étaler la moitié du crémage sur les biscuits. Couvrir d'un autre tiers de biscuits et garnir avec le reste de la crème. Garnir les coupes avec le reste des biscuits, réfrigérer 2 heures et servir.

Riz frit de Macao

Macao

T 20 minutes   C 35 minutes   P 4

Ingrédients

- 2 c. à soupe d'huile d'olive
- 1 oignon vert haché
- 2 gousses d'ail émincées
- 1 chorizo coupé en dés
- 2 c. à soupe de sauce soja
- 2 tasses de riz
- 1 tasse de pois surgelés
- 1 tasse de vin blanc
- 3 tasses de bouillon de volaille
- 2 œufs battus
- 1/4 de tasse de persil ciselé
- Sel et poivre

Préparation

1. Faire chauffer l'huile dans un grand wok et faire revenir l'oignon vert et l'ail à feu moyen pendant 5 minutes. Ajouter le chorizo et faire revenir 3 minutes avec la sauce soja.

2. Incorporer le riz et faire frire les grains pendant quelques minutes, puis ajouter les petits pois, saler et poivrer au goût.

3. Verser le vin, couvrir et laisser mijoter jusqu'à ce qu'il soit absorbé. Verser le bouillon et poursuivre la cuisson jusqu'à ce que le riz soit tendre et que le bouillon soit évaporé.

4. Fouetter les œufs dans un bol et incorporer dans le riz en remuant avec une cuillère en bois. Rectifier l'assaisonnement et saupoudrer de persil avant de servir.

Biryani à l'agneau

Malaisie

T 25 minutes   C 40 minutes   P 4

Ingrédients

- 2 tasses d'eau
- 2 tasses de lait de coco
- 2 tasses de riz basmati
- 3 c. à soupe d'huile d'olive
- 2 échalotes hachées
- 1 piment fort haché
- 1 c. à soupe de gingembre moulu
- 2 gousses d'ail émincées
- 1/2 c. à thé de cannelle
- 1 c. à thé de girofle moulu
- 1 c. à thé de cari en poudre
- 1/2 c. à thé de cumin
- 800 g d'épaule d'agneau coupée en morceaux
- 1/2 tasse de coriandre ciselée
- 1/4 de tasse d'amandes ciselées
- Sel et poivre

Préparation

1. Mélanger l'eau et le lait de coco et porter le tout à ébullition dans une casserole. Incorporer le riz et faire cuire pendant 20 à 25 minutes jusqu'à ce qu'il soit tendre et que le liquide soit absorbé.

2. Faire chauffer l'huile d'olive dans une poêle profonde, faire revenir les échalotes, le piment, le gingembre et l'ail pendant 3 minutes. Ajouter la cannelle, le girofle, le cari, le cumin, le sel et le poivre au goût et l'agneau et faire cuire pendant 10 minutes en remuant pour bien enrober la viande d'épices. Réserver.

3. Former un puits au centre du riz et verser la préparation à l'agneau. Réduire à feu doux et laisser mijoter pendant 12 à 15 minutes. Remuer, saupoudrer de coriandre et d'amandes et servir.

Confiture de lait de coco

Malaisie

T 10 minutes   C 30 minutes   P 6

Ingrédients

- 3 tasses de lait de coco
- 1 tasse de cassonade
- 1 pincée de sel
- 1 pincée de cannelle

Préparation

1. Verser le lait de coco, la cassonade, le sel et la cannelle dans une casserole et remuer pour dissoudre le sucre.

2. Porter à ébullition, puis réduire à feu doux et laisser mijoter pendant 30 minutes jusqu'à ce que la confiture épaississe.

3. Verser la confiture dans un pot en verre hermétique et réfrigérer.

Crêpes malaisiennes

Malaisie

T 15 minutes   R 45 minutes   C 5 minutes   P 4

Ingrédients

- 2 tasses de farine
- 1/2 c. à thé de curcuma
- 1/2 c. à thé de sel
- 1/2 c. à thé de cannelle moulue
- 1/4 de tasse d'eau
- 1 œuf
- 1 tasse de lait chaud
- 1/2 c. à thé d'extrait de vanille
- 3 c. à soupe d'huile d'olive

Préparation

1. Tamiser la farine, le curcuma, le sel et la cannelle dans un bol, puis verser graduellement l'eau en mélangeant le tout jusqu'à l'obtention d'une pâte.

2. Battre l'œuf avec le lait et la vanille dans un bol et incorporer cette préparation dans le bol avec la farine. Battre le tout jusqu'à l'obtention d'une pâte lisse et homogène. Laisser reposer 45 minutes.

3. Faire chauffer environ 1 c. à thé d'huile dans une poêle et verser graduellement une louche de pâte d'un mouvement zigzagué d'un côté à l'autre de la poêle. Reprendre dans le sens inverse afin de créer un motif de filet. Laisser cuire pendant 2 minutes, puis plier la crêpe en deux. Aplatir à l'aide d'une spatule, puis replier encore en deux. Réserver et poursuivre la cuisson avec le reste de la pâte.

Poulet à l'anis, aux épices et au lait de coco

Malaisie

T 25 minutes   C 30 minutes   P 4

Ingrédients

- 4 c. à soupe d'huile d'olive
- 2 échalotes hachées
- 4 gousses d'ail écrasées
- 1 c. à soupe de gingembre moulu
- 1 c. à soupe de sauce chili à l'ail
- 1 c. à thé de cardamome
- 1 c. à thé de cannelle moulue
- 1 c. à thé de curcuma
- 1/2 c. à thé de muscade
- 1/2 c. à thé de cumin
- 1/2 c. à thé de girofle moulu
- 1/2 c. à thé de piment fort concassé
- 3 poitrines de poulet désossées, sans la peau et coupées en dés
- 1 tasse de bouillon de volaille
- 2 anis étoilés
- 3 tasses de lait de coco
- Sel et poivre

Préparation

1. Faire chauffer l'huile d'olive et faire revenir les échalotes, l'ail et le gingembre pendant 5 minutes. Incorporer la sauce chili à l'ail, la cardamome, la cannelle, le curcuma, la muscade, le cumin, le girofle et le piment fort et remuer pendant 2 minutes. Ajouter les dés de poulet, le sel et le poivre au goût et brasser pour enrober la viande d'épices.

2. Verser le bouillon de poulet et les anis étoilés, porter à ébullition, puis réduire à feu doux et laisser mijoter 15 à 20 minutes jusqu'à ce que le poulet soit cuit. Extraire l'anis.

3. Verser le lait de coco et réduire à feu doux. Laisser mijoter une dizaine de minutes jusqu'à ce que la sauce épaississe. Rectifier l'assaisonnement et servir sur du riz blanc.

Asie

Vermicelles au tofu et aux légumes

Malaisie

T 20 minutes   C 20 minutes   P 4

Ingrédients

- 1 paquet de vermicelles de riz
- 3 c. à soupe d'huile d'olive
- 6 oignons verts hachés finement
- 2 gousses d'ail émincées
- 1 bloc de tofu ferme coupé en cubes
- 3 c. à soupe de sauce soja
- 1 c. à soupe de sauce aux huîtres (ou au poisson)
- 1 tasse de chou vert
- 2 carottes coupées en juliennes
- 1 c. à soupe de sauce chili à l'ail
- Sel et poivre

Préparation

1. Porter une casserole d'eau à ébullition et faire ramollir les vermicelles pendant 5 à 7 minutes. Égoutter.

2. Faire chauffer l'huile dans une poêle et faire revenir les oignons et l'ail 5 minutes. Ajouter le tofu et faire dorer 5 minutes. Incorporer la sauce soja et la sauce aux huîtres et remuer le tout.

3. Ajouter le chou, les carottes et la sauce chili à l'ail, puis saler et poivrer au goût. Verser les nouilles en remuant pour bien les enrober de sauce et laisser mijoter ainsi 5 minutes avant de servir.

Carrés au lait condensé

Maldives

T 15 minutes   C 20 minutes   P 5

Ingrédients

- 8 œufs
- 1 tasse de sucre en poudre
- 1 pincée de cannelle
- 1 tasse de lait condensé
- 1/4 de tasse d'eau
- 4 c. à soupe de beurre fondu

Préparation

1. Battre les œufs avec le sucre et la cannelle jusqu'à l'obtention d'une substance onctueuse. Ajouter le lait condensé et battre pendant quelques minutes.

2. Verser graduellement l'eau en fouettant le mélange jusqu'à l'obtention d'une texture crémeuse. Verser le tout dans une casserole et faire chauffer à feu doux pendant une dizaine de minutes. Lorsque le mélange a réduit de moitié, incorporer le beurre mou et poursuivre la cuisson en remuant jusqu'à ce que la préparation commence à se détacher de la bordure de la casserole.

3. Verser la préparation dans un plat en verre et laisser refroidir quelques heures, puis couper en carrés et servir frais.

Salade de patates et de thon

Maldives

T 20 minutes   R 1 heure   C 20 minutes   P 4

Ingrédients

- 3 pommes de terre pelées et coupées en deux
- 2 oignons verts hachés finement
- 1 conserve de thon émietté
- 1 poivron rouge coupé en dés
- 1/4 de tasse de lait de coco
- Le jus de 1 lime
- 1/2 c. à thé de curcuma
- 1 c. à soupe de graines de sésame
- Sel et poivre

Préparation

1. Porter un chaudron rempli d'eau à ébullition et faire cuire les pommes de terre dans l'eau bouillante pendant 20 minutes jusqu'à ce qu'elles soient tendres. Couper en dés et verser dans un bol.

2. Incorporer les oignons, le thon et le poivron et remuer le tout de façon à réduire le thon et les pommes de terre en purée grossière. Ajouter le lait de coco et le jus de lime et mélanger.

3. Ajouter le curcuma, saler et poivrer au goût, puis saupoudrer de graines de sésame. Remuer et réfrigérer au moins une heure avant de servir.

Arachides rôties à l'anis

Mongolie

T 15 minutes   R 12 heures   C 40 minutes   P 4

Ingrédients

- 2 tasses d'eau
- 1 c. à soupe de sel
- 1 c. à soupe de poivre moulu
- 1 c. à soupe d'anis moulu
- 1 c. à soupe de sucre
- 2 tasses d'arachides pelées

Préparation

1. Porter l'eau à ébullition et incorporer le sel, le poivre, l'anis et le sucre. Réduire à feu doux, couvrir et laisser mijoter 10 minutes et ajouter les arachides, puis laisser mijoter encore 5 minutes.

2. Retirer du feu et laisser les arachides tremper pendant toute la nuit.

3. Préchauffer le four à 360 °F (180 °C).

4. Égoutter les arachides et éponger, puis étaler sur une plaque à cuisson.

5. Faire cuire au four de 20 à 30 minutes en remuant et retournant de temps à autre. Verser dans un bol et servir. Si désiré, saupoudrer de gros sel.

Bœuf mariné au Xérès

Mongolie

T 15 minutes   M 30 minutes   C 15 minutes   P 4

Ingrédients

- 3 c. à soupe de sauce soja
- 3 c. à soupe de Xérès
- 800 g de bavette de bœuf tranchée finement
- 3 c. à soupe d'huile de sésame
- 5 oignons verts hachés finement
- 2 gousses d'ail émincées
- 1 c. à thé de gingembre râpé
- 2 c. à soupe de sauce hoisin
- 1 tasse de coriandre ciselée
- Sel et poivre

Préparation

1. Mélanger la sauce soja et le Xérès dans un bol et faire mariner le bœuf pendant 30 minutes.

2. Faire chauffer l'huile de sésame et faire revenir les oignons verts, l'ail et le gingembre à feu moyen-vif pendant 3 minutes.

3. Ajouter le bœuf et faire revenir pendant 2 minutes de chaque côté. Ajouter la sauce hoisin et remuer le tout pendant encore 2 minutes. Saupoudrer de coriandre et servir avec du riz blanc.

Ragoût mongol

Mongolie

T 20 minutes   C 25 minutes   P 4

Ingrédients

- 2 c. à soupe d'huile végétale
- 5 oignons verts hachés finement
- 1 oignon haché
- 2 gousses d'ail émincées
- 2 blancs de poireau tranchés finement
- 2 tasses de champignons tranchés
- 1 c. à thé de gingembre râpé
- 1 c. à soupe de cari
- 1 c. à thé de cumin
- 1 tasse de coriandre ciselée
- 1/2 c. à thé de poivre de Cayenne
- 4 tasses de lait de coco
- 500 g de filet de saumon sans arêtes
- Sel et poivre

Préparation

1. Faire chauffer l'huile et faire revenir les oignons verts, l'oignon, l'ail, les poireaux, les champignons et le gingembre pendant 5 à 7 minutes à feu moyen.

2. Ajouter le cari, le cumin, la coriandre, le poivre de Cayenne, saler et poivrer au goût, remuer et verser le lait de coco. Laisser mijoter pendant 10 minutes à feu doux.

3. Incorporer le filet de saumon et défaire en morceaux à l'aide d'une fourchette. Laisser mijoter à feu doux encore 10 minutes et servir sur du riz blanc

Sauté d'agneau au Xérès

Mongolie

T 15 minutes   M 1 heure   C 10 minutes   P 4

Ingrédients

- 2 c. à soupe d'huile de sésame
- 3 c. à soupe de sauce soja
- 3 c. à soupe de Xérès
- 1 c. à thé de fécule de maïs
- 600 g de viande d'agneau coupée en fines lamelles
- 1 oignon haché
- 2 c. à soupe de gingembre râpé
- 2 gousses d'ail émincées
- 1/2 c. à thé de thym
- 1/2 tasse de coriandre fraîche ciselée
- Sel et poivre

Préparation

1. Dans un grand bol, mélanger la moitié de l'huile, la sauce soja, le Xérès et la fécule de maïs. Incorporer l'agneau, remuer pour bien enrober et laisser mariner 1 heure.

2. Faire chauffer le reste de l'huile et faire revenir l'oignon, le gingembre et l'ail pendant 5 minutes.

3. Ajouter l'agneau et faire sauter pendant 5 minutes. Ajouter le thym, saler et poivrer au goût.

4. Saupoudrer de coriandre et servir avec du riz blanc

Asie

Sauté de tofu caramélisé

Mongolie

T 15 minutes   C 20 minutes   P 4

Ingrédients

- 3 c. à soupe d'huile de sésame
- 6 oignons verts hachés finement
- 2 gousses d'ail émincées
- 1 c. à thé de gingembre râpé
- 1 tasse de champignons tranchés
- 1 poivron rouge tranché
- 1 poivron orange tranché
- 1 tasse de pois mange-tout
- 1 bloc de tofu ferme coupé en dés
- 1/3 de tasse de sauce soja
- 1 tasse d'eau
- 1 tasse de cassonade
- Sel et poivre

Préparation

1. Faire chauffer l'huile de sésame et faire revenir les oignons verts, l'ail et le gingembre à feu moyen-vif pendant 3 minutes.

2. Ajouter les champignons, les poivrons, les pois mange-tout et le tofu et remuer. Saler et poivrer au goût, ajouter la sauce soja et faire sauter les légumes et le tofu pendant 5 minutes.

3. Verser l'eau, porter à ébullition, puis incorporer la cassonade et remuer pour faire dissoudre et former un sirop. Laisser mijoter le tofu et les légumes à feu doux dans la sauce pendant 15 minutes en remuant de temps à autre. Servir le tout sur du riz blanc.

Ananas grillé au piment

Népal

T 10 minutes   C 2 minutes   P 4

Ingrédients

- 1 c. à thé de gingembre râpé
- 1 c. à thé de piment oiseau moulu
- 1/4 de tasse de miel
- 1 ananas coupé en rondelles
- 1/4 de tasse de menthe

Préparation

1. Dans un bol, mélanger le gingembre, le piment oiseau et le miel, puis tremper les rondelles d'ananas.

2. Faire griller au four à « broil » ou sur le barbecue pendant 2 minutes de chaque côté. Saupoudrer de menthe et servir.

Beignets farcis à la chair de saucisse

Népal

T 30 minutes   R 30 minutes   C 15 minutes   P 4

Ingrédients

- 3 tasses de farine
- 1 c. à thé de sel
- 2 c. à soupe d'huile d'olive
- 1 tasse d'eau
- 1 c. à soupe de beurre
- 1 oignon haché
- 1 gousse d'ail écrasée
- 2 tasses de chair à saucisse
- 1 c. à thé de cumin
- Sel et poivre
- 1/4 de tasse d'huile végétale pour la friture

Préparation

1. Tamiser la farine et le sel, puis former un puits au centre et ajouter graduellement l'huile d'olive et l'eau. Remuer le tout pour former une pâte et pétrir jusqu'à l'obtention d'une texture lisse et élastique. Couvrir et laisser reposer pendant 30 minutes.

2. Faire fondre le beurre dans une poêle et faire dorer l'oignon et l'ail pendant 3 minutes. Ajouter la chair à saucisse, le cumin, le sel et le poivre au goût et faire dorer pendant quelques minutes.

3. Étaler la pâte sur une surface farinée à l'aide d'un rouleau pour obtenir 0,5 cm d'épaisseur. Couper des disques de pâte de 4 po (10 cm) de diamètre. Verser 1 c. à soupe de préparation à la saucisse au centre de chacun et rabattre pour former des demi-cercles. Piquer la bordure pour refermer.

4. Faire cuire les beignets à la vapeur pendant une dizaine de minutes, puis faire revenir dans la poêle légèrement graissée pendant 2 ou 3 minutes pour faire dorer.

Boulettes de lentilles frites

Népal

T 20 minutes   C 30 minutes   P 4

Ingrédients

- 2 tasses de bouillon de légumes
- 1 tasse de lentilles
- 1 c. à thé de gingembre moulu
- 1/4 de tasse de fenouil haché
- 1/2 c. à thé de cumin
- 1/2 c. à thé de paprika
- Sel et poivre
- 1/4 de tasse d'huile végétale pour la friture

Préparation

1. Verser le bouillon de légumes et les lentilles dans une casserole. Porter à ébullition, puis réduire à feu doux et laisser mijoter pendant environ 25 minutes jusqu'à ce que les lentilles soient tendres. Réduire en purée et verser dans un bol.

2. Ajouter le gingembre, le fenouil, le cumin, le paprika, le sel et le poivre au goût et remuer le tout pour obtenir une pâte homogène. Former des boulettes de 1 1/2 po (4 cm) de diamètre.

3. Faire chauffer l'huile dans une poêle et faire frire les boulettes pendant 3 à 4 minutes de chaque côté jusqu'à ce qu'elles soient dorées et croustillantes.

Légumes sautés au *garam masala*

Népal

T 15 minutes   C 35 minutes   P 4

Ingrédients

- 2 pommes de terre pelées et coupées en dés
- 2 tasses de bouquets de chou-fleur
- 2 c. à soupe d'huile d'olive
- 1 oignon haché
- 2 gousses d'ail écrasées
- 1 poivron rouge coupé en dés
- 1 poivron vert coupé en dés
- 1 tasse de pois surgelés
- 1 tasse de pois mange-tout
- 1 c. à soupe de *garam masala*
- Le jus de 1/2 citron
- 1 tomate coupée en dés
- 1/2 tasse de coriandre ciselée
- Sel et poivre

Préparation

1. Faire cuire les pommes de terre 10 minutes à la vapeur, puis incorporer le chou-fleur et poursuivre pendant une dizaine de minutes jusqu'à ce qu'ils soient presque tendres.

2. Faire chauffer l'huile dans une poêle et faire sauter l'oignon et l'ail pendant 3 minutes. Ajouter le chou-fleur et les pommes de terre et faire sauter 1 minute.

3. Ajouter les poivrons, les pois et les pois mange-tout et faire revenir 5 minutes. Ajouter le *garam masala*, le jus de citron, le sel, le poivre au goût et cuire en remuant pendant 7 à 10 minutes. Ajouter la tomate et la coriandre, rectifier l'assaisonnement et servir.

Asie

Purée de pommes de terre aux pois et au concombre

Népal

T 15 minutes   C 25 minutes   P 4

Ingrédients
• 3 pommes de terre pelées et coupées en dés
• 1 c. à soupe d'huile d'olive
• 1 oignon haché
• 1 conserve de pois
• 1 c. à thé de cumin
• 1/2 c. à thé de paprika
• 1/2 c. à thé de curcuma
• Le jus de 1/2 citron
• 1 concombre pelé et coupé en petits dés
• Sel et poivre

Préparation
1. Porter une casserole d'eau à ébullition et faire cuire les pommes de terre pendant 20 à 25 minutes jusqu'à ce qu'elles soient tendres. Égoutter.

2. Verser l'huile dans une casserole et faire sauter l'oignon pendant 3 minutes. Ajouter les pois, le cumin, le paprika et le curcuma et remuer. Incorporer les pommes de terre et faire revenir 3 minutes.

3. Réduire le tout en purée grossière, verser dans un bol et ajouter le jus de citron, le sel et le poivre au goût ainsi que les morceaux de concombre. Servir chaud ou froid avec du pain ou des crudités.

Salade de pommes de terre épicées

Népal

T 20 minutes   C 25 minutes   P 4

Ingrédients
• 4 pommes de terre pelées et coupées en deux
• 2 oignons verts hachés finement
• 1/2 c. à thé de curcuma
• 1 c. à thé de cumin
• Le jus de 1 lime
• 1 c. à soupe d'huile de sésame
• 2 c. à soupe de graines de sésame
• 2 piments de la Jamaïque hachés
• 1/2 tasse de coriandre ciselée
• Sel et poivre

Préparation
1. Porter un chaudron rempli d'eau à ébullition et faire cuire les pommes de terre dans l'eau bouillante pendant 20 minutes jusqu'à ce qu'elles soient tendres. Trancher finement et déposer dans un bol.

2. Incorporer les oignons verts, le curcuma, le cumin et le jus de lime. Saler et poivrer au goût.

3. Faire chauffer l'huile dans une poêle et faire revenir les graines de sésame et les piments de la Jamaïque pendant 2 minutes à feu moyen-vif. Verser sur les pommes de terre, saupoudrer de coriandre, remuer le tout et servir.

Soupe aux lentilles et à la crème fraîche

Népal

T 20 minutes   C 35 minutes   P 4

Ingrédients
• 2 c. à soupe d'huile d'olive
• 1 oignon haché
• 1 gousse d'ail émincée
• 2 tasses de lentilles sèches, rincées et égouttées
• 1 tasse de tomates en dés
• 1/2 c. à thé de cumin
• 1/2 c. à thé de curcuma
• 6 tasses de bouillon de légumes
• 1 tasse de crème fraîche
• 1/4 de tasse de coriandre ciselée
• Sel et poivre

Préparation
1. Faire chauffer l'huile et faire cuire l'oignon et l'ail pendant 5 minutes. Ajouter les lentilles et les tomates et remuer le tout, puis ajouter le cumin, le curcuma, le sel et le poivre au goût.

2. Verser le bouillon de légumes et le mélange de lentilles dans une casserole. Porter à ébullition, puis réduire à feu doux et laisser mijoter pendant environ 25 minutes jusqu'à ce que les lentilles soient tendres.

3. Verser la moitié dans un mélangeur ou un robot culinaire avec la crème fraîche et réduire en purée grossière. Remettre la purée dans la casserole, remuer la soupe et laisser mijoter 5 à 7 minutes. Servir et saupoudrer de coriandre.

Agneau au yogourt

Pakistan

T 20 minutes   M 2 heures   C 30 minutes   P 4

Ingrédients

- 1 tasse de yogourt nature
- Le jus de 1 citron
- 2 gousses d'ail émincées
- 1 c. à soupe de *garam masala*
- 1/2 c. à thé de paprika
- 1/2 tasse d'aneth ciselé
- 800 g de viande d'agneau coupée en dés
- 3 c. à soupe d'huile d'olive
- 2 échalotes coupées en gros morceaux
- 1 c. à thé de gingembre moulu
- 1 tasse de tomates en dés
- 2 c. à soupe de cari
- 1/2 c. à thé de poivre de Cayenne
- 2 tasses d'eau
- Sel et poivre

Préparation

1. Dans un grand bol, mélanger le yogourt, le jus de citron, l'ail, le *garam masala*, le paprika et l'aneth et remuer. Ajouter l'agneau, retourner pour bien enrober de sauce et laisser mariner au réfrigérateur pendant 2 heures.

2. Faire chauffer l'huile d'olive et faire revenir les échalotes et le gingembre pendant 2 minutes. Incorporer les tomates et poursuivre la cuisson pendant 2 minutes, puis ajouter l'agneau et la marinade au yogourt. Remuer, ajouter le cari, le poivre de Cayenne, saler et poivrer au goût et laisser mijoter pendant 5 minutes.

3. Verser l'eau, porter à ébullition, puis réduire à feu doux et laisser mijoter pendant 20 minutes en remuant de temps à autre jusqu'à ce que la viande soit tendre. Servir avec du riz ou du pain *naan*.

Bouchées sucrées aux pistaches

Pakistan

T 15 minutes   R 1 heure   C 15 minutes   P 4 à 6

Ingrédients

- 1/2 tasse de beurre
- 8 œufs
- 3/4 de tasse de sucre
- 1 tasse de pistaches non salées, concassées
- 1 c. à thé d'extrait de vanille

Préparation

1. Faire fondre le beurre dans une casserole jusqu'à ce qu'il devienne translucide.

2. Battre les œufs et le sucre jusqu'à l'obtention d'une substance crémeuse. Verser dans la casserole avec le beurre, remuer et faire chauffer à feu doux.

3. Ajouter les pistaches et la vanille et laisser mijoter en remuant jusqu'à ce que le mélange soit doré et consistant.

4. Verser le tout sur une plaque à pâtisserie et aplatir à l'aide d'une spatule. Laisser refroidir 1 heure et couper en petits morceaux.

Chili végétarien

Pakistan

T 15 minutes   C 20 minutes   P 4

Ingrédients

- 3 c. à soupe de beurre
- 1 oignon haché
- 3 gousses d'ail écrasées
- 1 piment fort haché
- 1 c. à soupe de gingembre râpé
- 1 conserve de tomates en dés
- 1 c. à thé de cumin
- 1 conserve de haricots noirs rincés et égouttés
- 1 conserve de haricots rouges rincés et égouttés
- 1/2 c. à thé de paprika
- 2 tasses de bouillon de légumes
- Sel et poivre

Préparation

1. Faire fondre le beurre et faire revenir l'oignon, l'ail, le piment et le gingembre à feu moyen pendant 5 minutes. Ajouter les tomates et le cumin, puis saler et poivrer au goût et remuer le tout.

2. Incorporer les haricots noirs et les haricots rouges, ajouter le paprika et remuer à l'aide d'une cuillère en bois.

3. Verser le bouillon de légumes, porter à ébullition, couvrir et réduire à feu doux. Laisser mijoter pendant 10 minutes. Rectifier l'assaisonnement et servir avec du pain *naan*.

Chutney de prunes

Pakistan

T 10 minutes   C 30 minutes   P 4

Ingrédients
- 8 prunes pelées et coupées en dés
- 1 tasse d'eau
- 1 tasse de sucre
- 1 c. à thé de cannelle
- Le jus de 1 lime

Préparation

1. Faire tremper les prunes dans l'eau pendant quelques heures. Égoutter.

2. Déposer tous les ingrédients dans un chaudron et laisser épaissir pendant 30 minutes à feu doux en remuant fréquemment.

3. Verser dans des pots hermétiques et servir avec du pain ou en accompagnement avec de la viande ou du poisson.

Délice aux carottes et aux épices

Pakistan

T 15 minutes   C 30 minutes   P 4

Ingrédients
- 1/2 tasse de beurre
- 8 carottes râpées
- 1 c. à thé de cardamome
- 1 c. à thé de muscade
- 1 c. à thé de cannelle
- 3/4 de tasse de sucre
- 1 c. à thé d'extrait de vanille
- 1/2 tasse d'eau
- 1 tasse de ricotta
- 1/4 de tasse de raisins secs
- 1/4 de tasse d'amandes émincées

Préparation

1. Faire fondre 1 c. à thé de beurre et faire cuire les carottes avec la cardamome, la muscade et la cannelle pendant 15 minutes.

2. Incorporer le sucre et la vanille. Remuer. Verser l'eau et laisser mijoter pendant 10 minutes jusqu'à ce que le mélange épaississe.

3. Ajouter le reste du beurre et remuer, puis incorporer le fromage, les raisins et les amandes et laisser mijoter jusqu'à ce que l'excédent de liquide soit évaporé. Servir chaud ou froid dans de petites coupes.

Boulettes frites aux pois chiches et aux haricots

Palestine

T 20 minutes   C 5 minutes   P 6

Ingrédients
- 1 conserve de pois chiches rincés et égouttés
- 1 conserve de haricots rouges rincés et égouttés
- 1/2 tasse de chapelure
- Le jus de 1 citron
- 3 gousses d'ail écrasées
- 1/4 de tasse de persil frais ciselé
- 1/2 c. à thé de poivre de Cayenne
- 1 c. à thé de cumin
- 1/2 c. à thé de curcuma
- Sel et poivre
- Huile pour la friture

Préparation

1. Déposer les pois chiches et les haricots dans un robot culinaire ou un mélangeur avec la chapelure, le jus de citron, l'ail et le persil et réduire en purée.

2. Verser la purée dans un grand bol, puis ajouter le poivre de Cayenne, le cumin, le curcuma, le sel et le poivre au goût et remuer jusqu'à l'obtention d'une texture lisse et homogène.

3. Former des boulettes d'environ 1 po (3 cm) de diamètre.

4. Verser de l'huile végétale dans une poêle jusqu'à 2 cm de profondeur et faire chauffer. Faire frire les boulettes pendant environ 5 minutes jusqu'à ce qu'elles soient dorées et croustillantes.

Asie

Salade de persil et de sésame

Palestine

T 15 minutes   P 4

Ingrédients

- 1 tasse de beurre de sésame
- 1 c. à soupe d'huile d'olive
- Le jus de 1 citron
- 2 bouquets de persil hachés finement
- 2 tomates coupées en petits dés
- 1 concombre pelé et coupé en dés
- 2 c. à soupe de graines de sésame
- Sel et poivre

Préparation

1. Dans un grand bol, mélanger le beurre de sésame, l'huile, le jus de citron, le sel et le poivre au goût.

2. Déposer le persil, les tomates et le concombre dans un saladier, assaisonner et remuer. Incorporer la vinaigrette au beurre de sésame et remuer le tout. Servir et saupoudrer de graines de sésame.

Salade de tomates, de feta et de maïs

Palestine

T 20 minutes   P 4

Ingrédients

- 3 tomates fraîches coupées en dés
- 1 concombre pelé et coupé en dés
- 1 oignon rouge coupé en rondelles
- 1 conserve de maïs en grains égouttés
- 1/2 tasse de cœurs d'artichauts
- 1/2 tasse d'olives Kalamata
- 1 bloc de feta coupé en dés
- 1 c. à thé d'origan séché
- 1/4 de tasse de menthe fraîche hachée
- 1/2 tasse d'huile d'olive
- 2 gousses d'ail écrasées
- 1/4 de tasse de vinaigre de vin rouge
- Le jus de 1/2 citron
- Poivre et sel

Préparation

1. Déposer les dés de tomates, les morceaux de concombre, les rondelles d'oignon, le maïs, les artichauts, les olives et les morceaux de feta dans un grand saladier. Ajouter l'origan et garnir de menthe. Saler et poivrer au goût.

2. Dans un petit bol, mélanger l'huile d'olive, l'ail, le vinaigre et le citron, puis verser la vinaigrette sur la salade. Réfrigérer avant de servir.

Tartinade au beurre de sésame

Palestine

T 15 minutes P 4

Ingrédients
- 1/2 tasse d'eau
- 3/4 de tasse de beurre de sésame
- 2 gousses d'ail écrasées
- Le jus et le zeste de 1 citron
- 2 c. à soupe d'huile d'olive
- 1/2 c. à thé de cumin
- Sel et poivre

Préparation
1. Mélanger l'eau et le beurre de sésame dans un bol.

2. Incorporer l'ail et le jus de citron et fouetter le tout. Incorporer l'huile, le cumin, le sel et le poivre au goût, battre bien la sauce, réfrigérer et servir avec des pitas ou des crudités.

Friandises à la noix de coco

Philippines

T 10 minutes C 20 minutes P 4

Ingrédients
- 4 c. à soupe de beurre
- 1 tasse de noix de coco râpée
- 1 tasse d'eau
- 1 tasse de sucre
- 1 pincée de cannelle
- 1 pincée de sel

Préparation
1. Faire fondre 1 c. à soupe de beurre dans une casserole et faire revenir la noix de coco pendant 5 minutes jusqu'à ce qu'elle commence à dorer. Réserver.

2. Faire chauffer l'eau dans une casserole et incorporer le sucre. Faire dissoudre et remuer pendant 5 minutes jusqu'à la formation d'un sirop léger. Ajouter graduellement le beurre en remuant sans cesse.

3. Incorporer la noix de coco, la cannelle et le sel et laisser mijoter une dizaine de minutes en remuant jusqu'à la formation d'une sorte de bouillie.

4. Verser de petites cuillérées de la préparation à la noix de coco sur une plaque à pâtisserie couverte de papier ciré. Laisser durcir et servir.

Fricassée de courge et de crevettes

Philippines

T 25 minutes C 30 minutes P 6

Ingrédients
- 2 c. à soupe d'huile d'olive
- 1 oignon haché
- 1 c. à soupe de gingembre
- 2 gousses d'ail écrasées
- 1 courge pelée et coupée en dés
- 1 tasse de tomates en dés
- 1 c. à soupe de cari
- 1/2 c. à thé de curcuma
- 1 c. à thé de poivre de Cayenne
- 2 tasses de lait de coco
- 1 tasse de bouillon de légumes
- 1 tasse de crevettes décortiquées
- Sel et poivre

Préparation
1. Faire chauffer l'huile dans une casserole et faire revenir l'oignon, le gingembre et l'ail pendant 5 minutes. Ajouter les morceaux de courge et faire sauter pendant 5 minutes.

2. Incorporer les tomates, le cari, le curcuma, le poivre de Cayenne et le lait de coco et laisser mijoter à feu doux pendant 10 minutes en remuant.

3. Incorporer le bouillon de légumes et les crevettes, saler et poivrer au goût. Porter à ébullition, réduire à feu doux et laisser mijoter pendant encore 10 minutes. Rectifier l'assaisonnement et servir sur du riz.

Pain aux bananes

Philippines

T 20 minutes   C 1 heure   P 4

Ingrédients

- 3 tasses de farine
- 1 c. à soupe de poudre à pâte
- 1 tasse de sucre
- 1/2 c. à thé de sel
- 1/2 c. à thé de cannelle moulue
- 1/2 c. à thé de muscade
- 1 œuf
- 1 tasse de lait
- 1 c. à soupe d'huile d'olive
- 4 bananes mûres réduites en purée
- 1/2 tasse de noix de Grenoble hachées

Préparation

1. Préchauffer le four à 360 °F (180 °C).

2. Tamiser ensemble la farine, la poudre à pâte, le sucre, le sel, la cannelle et la muscade.

3. Dans un autre bol, battre l'œuf avec le lait, l'huile et la purée de banane jusqu'à l'obtention d'une texture lisse et homogène.

4. Incorporer la préparation liquide dans le bol d'ingrédients secs et brasser le tout jusqu'à l'obtention d'une texture lisse et onctueuse. Verser les noix et remuer.

5. Verser le mélange dans un moule à pain et faire cuire au four pendant environ 50 minutes jusqu'à ce que le gâteau soit doré et que la lame d'un couteau insérée au centre du pain en ressorte propre.

Porc mariné et légumes verts

Philippines

T 20 minutes   M 2 heures   C 25 minutes   P 4

Ingrédients

- 2 gousses d'ail émincées
- 1/4 de tasse de vinaigre de vin
- 1 c. à thé de sauce hoisin
- 1/4 de tasse de sauce soja
- 800 g filet de porc tranché en lamelles
- 2 c. à soupe d'huile d'olive
- 5 oignons verts hachés
- 1 c. à thé de gingembre râpé
- 1 poivron vert haché
- 1 tasse de pois verts
- 1 tasse de chou ciselé
- Sel et poivre

Préparation

1. Dans un bol, mélanger l'ail, le vinaigre, la sauce hoisin et la sauce soja et remuer le tout, puis incorporer les lamelles de porc et laisser mariner au frais pendant 2 heures.

2. Faire chauffer l'huile dans un wok et faire revenir les oignons verts, le gingembre et le poivron pendant 5 minutes. Ajouter la viande et la marinade et porter à ébullition, puis réduire à feu doux et incorporer les pois et le chou. Saler et poivrer au goût et laisser mijoter pendant 15 minutes jusqu'à ce que la viande soit tendre. Servir chaud sur du riz blanc.

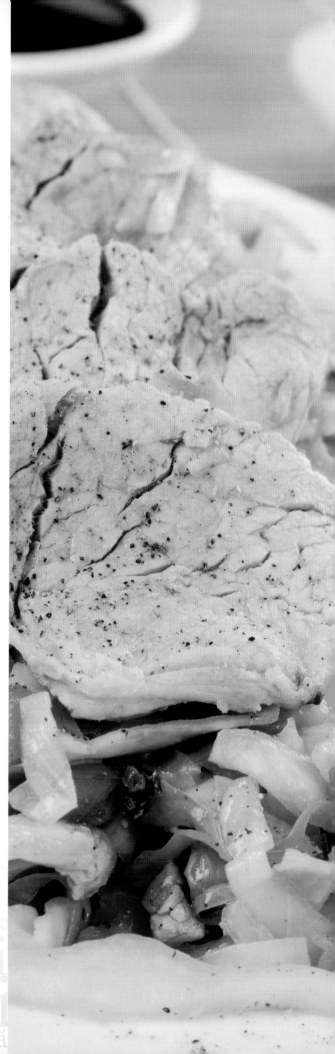

 Asie

Poulet au vinaigre

Philippines

T 20 minutes   C 30 minutes   P 6

Ingrédients

- 2 c. à soupe d'huile d'olive
- 1 oignon haché
- 4 gousses d'ail écrasées
- 800 g de blanc de poulet coupé en morceaux
- 1 c. à soupe de tamari
- 1/2 tasse de vinaigre de riz
- 1 tasse de bouillon de volaille
- 1/2 c. à thé de thym
- 2 feuilles de laurier
- Sel et poivre

Préparation

1. Faire chauffer l'huile dans une casserole et faire revenir l'oignon et l'ail pendant 5 minutes. Ajouter le poulet et faire dorer la surface encore 5 minutes. Ajouter le tamari et remuer le tout, puis verser le vinaigre et laisser mijoter 5 minutes.

2. Ajouter le bouillon, le thym et les feuilles de laurier. Porter à ébullition, puis réduire à feu doux et laisser mijoter 15 minutes. Saler et poivrer au goût et servir sur du riz.

Sauté de poulet et de nouilles aux œufs

Philippines

T 15 minutes   C 30 minutes   P 4

Ingrédients

- 4 tasses de bouillon de poulet
- 2 poitrines de poulet désossées, sans la peau et coupées en morceaux
- 400 g de nouilles aux œufs
- 3 c. à soupe d'huile d'olive
- 6 oignons verts hachés finement
- 2 gousses d'ail émincées
- 1 c. à thé de gingembre râpé
- 1 tasse de champignons tranchés
- 1 poivron rouge tranché
- 1 tasse de pois mange-tout
- 1 tasse de chou tranché finement
- 2 carottes râpées
- 1 c. à soupe de sauce hoisin
- 3 c. à soupe de sauce soja
- Sel et poivre

Préparation

1. Porter le bouillon à ébullition et faire cuire le poulet pendant 10 à 15 minutes jusqu'à ce qu'il soit tendre. Laisser refroidir et défaire en filaments. Réserver le bouillon et faire cuire les nouilles dans la même casserole pendant 7 à 10 minutes ou jusqu'à ce qu'elles soient *al dente*.

2. Faire chauffer l'huile dans un wok et faire revenir les oignons verts, l'ail et le gingembre à feu moyen-vif pendant 3 minutes.

3. Ajouter les champignons, le poivron, les pois mange-tout, le chou et les carottes et remuer pendant 3 minutes. Saler et poivrer au goût, incorporer le poulet et la sauce hoisin et faire sauter encore 5 minutes.

4. Ajouter les nouilles, rectifier l'assaisonnement et ajouter la sauce soja. Remuer le tout et servir chaud avec des oignons verts.

Flan à la fleur d'oranger

Qatar

T 15 minutes   R 2 heures   C 10 minutes   P 4

Ingrédients

- 1 c. à soupe de fécule de maïs
- 2 tasses de lait
- 1/2 tasse de sucre
- 2 œufs battus
- 1 c. à thé de cannelle moulue
- 1 c. à soupe d'eau de fleur d'oranger

Préparation

1. Délayer la fécule dans le lait et verser dans une casserole. Faire chauffer à feu doux et incorporer le sucre. Remuer pour dissoudre jusqu'à la formation d'une crème assez épaisse.

2. Incorporer les œufs et la cannelle dans la casserole et remuer quelques instants. Retirer du feu et incorporer l'eau de fleur d'oranger et remuer. Verser dans des ramequins et réfrigérer au moins 2 heures avant de servir.

Sole dans une sauce épicée aux tomates

Qatar

T 20 minutes   R 2 heures   C 20 minutes   P 4

Ingrédients

- 2 c. à soupe d'huile d'olive
- 1 oignon haché
- 1 piment fort haché
- 2 gousses d'ail écrasées
- 2 tasses de tomates en dés
- Le zeste et le jus de 1 citron
- 1 c. à thé de girofle
- 1/2 c. à thé de cannelle
- 1/2 c. à thé de cumin
- 1 tasse de bouillon de légumes
- 2 c. à soupe de beurre
- 4 filets de sole sans arêtes
- Sel et poivre

Préparation

1. Faire chauffer l'huile et faire frire l'oignon, le piment et l'ail pendant 3 minutes. Ajouter les tomates, le zeste et le jus de citron et poursuivre la cuisson 5 minutes. Incorporer le girofle, la cannelle, le cumin, le sel et le poivre au goût et remuer le tout.

2. Verser le bouillon de légumes, porter à ébullition, puis réduire à feu doux et laisser mijoter 7 à 10 minutes.

3. Faire fondre le beurre dans une autre poêle et faire revenir les filets de sole pendant 2 ou 3 minutes de chaque côté. Servir la sole et napper de sauce épicée aux tomates. Servir avec du riz blanc.

Tartinade d'aubergines épicée

Qatar

T 15 minutes   C 10 minutes   R 2 heures   P 4

Ingrédients

- 2 aubergines pelées et coupées en dés
- 3 piments forts épépinés et hachés
- Le jus et le zeste de 1 citron
- 3 c. à soupe de beurre de sésame
- 3 gousses d'ail écrasées
- 2 c. à soupe d'huile d'olive
- 1 c. à thé de cumin
- 1/2 c. à thé de paprika
- Sel et poivre

Préparation

1. Porter une casserole d'eau à ébullition et faire cuire les aubergines pendant 10 minutes jusqu'à ce qu'elles soient tendres.

2. Verser la chair d'aubergine, les piments forts, le zeste de citron, le beurre de sésame, l'ail et l'huile dans un robot ou un mélangeur et réduire en purée grossière.

3. Verser dans un bol et ajouter le jus de citron, le cumin, le paprika, le sel et le poivre au goût et remuer. Réfrigérer 2 heures et servir avec des crudités et des pitas.

Nouilles Singapour

Singapour

T 15 minutes   C 25 minutes   P 4

Ingrédients

- 4 tasses de bouillon de poulet
- 2 poitrines de poulet désossées et coupées en morceaux
- 250 g de nouilles chinoises
- 3 c. à soupe de sauce soja
- 2 c. à soupe de sauce au poisson
- 2 c. à soupe d'huile d'arachide
- 3 c. à soupe d'huile de sésame
- 6 oignons verts hachés
- 2 gousses d'ail écrasées
- 1 c. à thé de gingembre moulu
- 1 poivron rouge coupé en dés
- 12 petites crevettes
- 1 c. à thé de cari
- 2 c. à soupe de coriandre hachée
- Poivre

Préparation

1. Porter le bouillon à ébullition et faire cuire le poulet 10 minutes jusqu'à ce qu'il soit tendre. Laisser refroidir et défaire en filaments.

2. Faire cuire les nouilles dans le même bouillon pendant 3 minutes jusqu'à ce qu'elles soient *al dente*. Égoutter et déposer dans un bol. Incorporer la sauce soja et la sauce au poisson et remuer.

3. Faire chauffer l'huile d'arachide et l'huile de sésame dans un grand wok et faire revenir les oignons, l'ail et le gingembre pendant 3 minutes. Ajouter le poivron et les crevettes et faire sauter pendant 5 minutes. Incorporer le cari et le poivre et remuer le tout.

4. Incorporer les nouilles, le poulet et 1/4 de tasse du bouillon et poursuivre la cuisson pendant 5 minutes jusqu'à ce que les nouilles soient dorées. Saupoudrer de coriandre, poivrer au goût et servir chaud.

Délice sucré aux pommes de terre

Singapour

T 15 minutes   C 30 minutes   P 4

Ingrédients
- 3 pommes de terre pelées et coupées en dés
- 1 tasse de lait
- 1 conserve de lait condensé
- 1 tasse de sucre
- 1/2 c. à thé de cannelle
- 1/2 c. à thé de cardamome
- 1/2 tasse de beurre
- 1/2 tasse de noix de cajous hachée

Préparation

1. Porter une casserole d'eau à ébullition et faire cuire les pommes de terre 15 à 20 minutes jusqu'à ce qu'elles soient très tendres. Réduire en purée.

2. Dans une casserole, faire chauffer le lait et le lait condensé et incorporer le sucre, la cannelle et la cardamome. Remuer pour faire dissoudre, puis ajouter le beurre et remuer à feu doux.

3. Retirer du feu, ajouter la purée de pommes de terre et réduire le tout en purée crémeuse. Refaire chauffer à feu doux quelques minutes et incorporer les noix.

4. Verser le mélange dans un moule à pain graissé et laisser refroidir et durcir pendant quelques heures avant de servir.

Riz au poulet de Singapour

Singapour

T 20 minutes   C 35 minutes   P 4

Ingrédients
- 4 tasses de bouillon de poulet
- 2 tasses de riz
- 4 poitrines de poulet désossées, sans la peau et coupées en dés
- 2 c. à soupe d'huile d'olive
- 2 échalotes hachées
- 1 c. à thé de gingembre
- 2 gousses d'ail émincées
- 1/4 de tasse de coriandre hachée
- 1 c. à thé de sauce chili à l'ail
- 1/4 de tasse d'oignons verts hachés
- Sel et poivre

Préparation

1. Porter le bouillon de poulet à ébullition et incorporer le riz. Faire cuire pendant 20 à 25 minutes jusqu'à ce qu'il soit tendre et que le liquide soit absorbé.

2. Pendant ce temps, faire bouillir le poulet dans une casserole d'eau pendant 10 à 15 minutes jusqu'à ce qu'il soit cuit. Défaire en filaments.

3. Faire chauffer l'huile d'olive et faire revenir les échalotes, le gingembre et l'ail pendant 3 minutes. Ajouter le riz et la coriandre et remuer le tout pendant quelques instants. Saler et poivrer au goût.

4. Ajouter le poulet et la sauce chili et remuer le tout pendant encore 5 minutes. Servir le riz et saupoudrer d'oignons verts.

Soupe aux œufs et aux fèves de soja

Singapour

T 10 minutes   C 10 minutes   P 4

Ingrédients
- 6 tasses de bouillon de poulet
- 2 c. à soupe de sauce soja
- 1/2 c. à thé de gingembre
- 1/2 tasse de tofu ferme coupé en dés
- 250 g de nouilles chinoises *ramen*
- 4 oignons verts tranchés finement
- 2 tasses de fèves de soja
- 4 œufs
- Sel et poivre

Préparation

1. Faire chauffer le bouillon de poulet dans une grande casserole et incorporer la sauce soja, le gingembre et le tofu. Laisser mijoter pendant 5 minutes, saler et poivrer au goût.

2. Incorporer les nouilles chinoises et laisser cuire 3 minutes, puis ajouter les oignons verts et les fèves de soja et remuer encore 1 minute.

3. Battre les œufs dans un bol et incorporer immédiatement dans la soupe. Remuer 1 minute et servir.

Cari aux œufs

Sri Lanka

T 20 minutes   C 30 minutes   P 2

Ingrédients

- 6 œufs
- 3 c. à soupe d'huile d'olive
- 2 gousses d'ail émincées
- 2 échalotes hachées
- 1 piment fort haché
- 1 tasse de tomates en dés
- 2 c. à soupe de cari en poudre
- 1 c. à soupe de curcuma
- 1 pincée de cannelle
- 2 c. à thé de paprika
- 1 tasse de bouillon de légumes
- 1/2 c. à thé de poivre de Cayenne
- 1 tasse de lait de coco
- Sel et poivre

Préparation

1. Porter une casserole d'eau à ébullition et incorporer les œufs. Couvrir, réduire à feu doux et laisser cuire 8 à 10 minutes. Retirer la casserole du feu et passer les œufs sous l'eau. Écaler et couper en tranches.

2. Faire chauffer l'huile d'olive dans une poêle à feu moyen et faire revenir l'ail, les échalotes et le piment fort pendant 5 minutes. Ajouter les œufs et faire revenir les tranches pendant 2 minutes de chaque côté à feu moyen-vif. Extraire les œufs et réserver.

3. Ajouter les tomates, le cari, le curcuma, la cannelle et le paprika et poursuivre la cuisson pendant 5 minutes. Saler et poivrer au goût.

4. Verser le bouillon de légumes et laisser mijoter pendant 10 minutes en remuant. Ajouter le poivre de Cayenne, les œufs et le lait de coco et laisser cuire encore 5 minutes en remuant. Servir bien chaud.

Dorade au tamarin

Sri Lanka

T 20 minutes   C 25 minutes   P 2

Ingrédients

- 2 c. à soupe d'huile d'olive
- 1 oignon haché
- 2 gousses d'ail écrasées
- 1 c. à thé de gingembre moulu
- 1 poivron rouge coupé en dés
- 350 g de dorade
- 1 c. à soupe de cari
- 1 c. à thé de curcuma
- 2 c. à soupe de sauce au tamarin
- 1/4 de tasse d'eau
- 2 tasses de lait de coco
- 2 c. à soupe de coriandre hachée
- Sel et poivre

Préparation

1. Faire chauffer l'huile dans un grand wok et faire revenir les oignons, l'ail et le gingembre pendant 7 minutes. Ajouter le poivron et le poisson et faire sauter pendant 2 minutes. Incorporer le cari, le curcuma, le sel et le poivre au goût et remuer le tout. Extraire le poisson et défaire en morceaux.

2. Ajouter le tamarin et l'eau en remuant pour former une sauce, puis verser le lait de coco, porter à ébullition, réduire à feu doux et laisser mijoter 5 minutes.

3. Incorporer le poisson et la coriandre et poursuivre la cuisson de 5 à 10 minutes jusqu'à ce que la sauce épaississe et que le poisson soit tendre.

Salade de chou épicé

Sri Lanka

T 20 minutes   C 10 minutes   P 4

Ingrédients

- Le jus de 1/2 citron
- 1 c. à soupe de vinaigre de vin rouge
- 1/2 tasse de noix de coco râpée
- 1 c. à thé de paprika
- 1/2 c. à thé de safran
- 1 c. à thé d'origan séché
- 1 chou vert émincé
- 1 c. à soupe de cari
- 2 c. à soupe d'huile d'olive
- 1 oignon rouge haché
- 1 c. à thé de moutarde de Dijon
- Sel et poivre

Préparation

1. Dans un saladier, mélanger le jus de citron, le vinaigre, la noix de coco, le paprika, le safran, et l'origan et pétrir avec les mains. Saler et poivrer au goût.

2. Incorporer le chou et le cari et remuer le tout.

3. Faire chauffer l'huile dans un grand wok et faire revenir l'oignon avec la moutarde pendant 3 minutes. Incorporer le chou et laisser mijoter à feu doux pendant 5 à 7 minutes. Remettre dans le saladier, remuer et réfrigérer. Servir.

Bœuf haché aux pois chiches

Syrie

T 20 minutes   C 15 minutes   P 2

Ingrédients

- 1 conserve de pois chiches
- 4 c. à soupe d'huile d'olive
- 2 gousses d'ail hachées
- 1/2 c. à thé de cumin
- Le jus de 1 citron
- 1 gros oignon haché
- 500 g de bœuf haché maigre
- 1 c. à thé de paprika
- Sel et poivre

Préparation

1. Déposer les pois chiches, la moitié de l'huile, l'ail, le cumin, le jus de citron, le sel et le poivre au goût dans un mélangeur ou un robot culinaire et réduire en purée.

2. Faire chauffer le reste de l'huile et faire revenir l'oignon pendant 5 minutes. Ajouter la viande hachée et faire cuire pendant 5 à 7 minutes en émiettant avec une fourchette. Ajouter le paprika, saler et poivrer au goût.

3. Étaler une couche de purée de pois chiches dans chaque assiette et garnir d'une portion de viande.

Brioche au *zaatar*

Syrie

T 20 minutes   R 30 minutes   C 20 minutes   P 4

Ingrédients

- 2 tasses de farine de blé entier
- 1/2 c. à thé de sel
- 1/4 de tasse de cassonade
- 1 c. à thé de poudre à pâte
- 1/4 de tasse de lait
- 1 œuf battu
- 3 c. à soupe de beurre mou
- 3 c. à soupe d'huile d'olive
- 1/4 de tasse de graines de sésame
- 1/4 de tasse de *zaatar*

Préparation

1. Dans un bol, tamiser la farine, le sel, la cassonade et la poudre à pâte. Former un puits au centre et incorporer le lait, l'œuf et le beurre mou, puis mélanger tous les ingrédients. Pétrir jusqu'à l'obtention d'une pâte lisse et homogène, couvrir et laisser reposer pendant 30 minutes.

2. Préchauffer le four à 375 °F (190 °C).

3. Dans un petit bol, mélanger l'huile, les graines de sésame et le *zaatar*.

4. Former 3 boules de pâte et allonger pour former 3 rouleaux. Assembler en tresse, puis badigeonner la surface du mélange d'huile et de *zaatar*.

5. Faire cuire au four pendant 20 à 25 minutes et laisser reposer avant de servir.

Pain grillé aux épices

Syrie

T 10 minutes   C 7 minutes   P 4

Ingrédients

- 3 pains pitas de blé entier
- 4 c. à soupe d'huile d'olive
- 1 c. à soupe de cannelle
- 1 c. à soupe de piment de la Jamaïque
- 1 c. à thé de girofle moulu
- 1 c. à thé de muscade
- 1/2 c. à thé de curcuma

Préparation

1. Préchauffer le four à 360 °F (180 °C).

2. Dans un petit bol, mélanger l'huile, la cannelle, le piment de Jamaïque, le girofle, la muscade et le curcuma, puis badigeonner une surface de chaque pain pita avec le mélange d'huile et d'épices.

3. Faire griller le pain au four pendant 7 minutes et couper en pointes.

Poulet rôti épicé

Syrie

T 10 minutes   C 1 heure   P 4

Ingrédients

- 2 gousses d'ail hachées grossièrement
- 1 piment fort haché finement
- 1 c. à thé de thym séché
- 1 c. à thé de piment de la Jamaïque
- 1/2 c. à thé de paprika
- 1/2 tasse d'huile d'olive
- 1 poulet
- 1 tasse de bouillon de poulet
- Sel et poivre

Préparation

1. Préchauffer le four à 360 °F (180 °C).

2. Déposer l'ail, le piment, le thym, le piment de la Jamaïque, le paprika, l'huile d'olive, le sel et le poivre au goût dans un robot culinaire et mélanger jusqu'à l'obtention d'une texture grossière.

3. Déposer le poulet dans un plat allant au four et badigeonner de sauce aux épices. Faire cuire le poulet au four pendant environ 60 minutes en le retournant toutes les 15 minutes en l'arrosant de bouillon de poulet jusqu'à ce que l'intérieur soit cuit et l'extérieur soit rôti. Servir avec du riz blanc.

Salade de taboulé syrien

Syrie

T 30 minutes   C 5 minutes   P 4

Ingrédients
• 1 tasse d'eau
• 1 tasse de couscous
• 1 c. à soupe de beurre
• 4 tomates
• 2 bottes de persil haché
• 1 échalote hachée
• 1 concombre pelé et haché
• 1 tasse de menthe hachée
• 1/4 de tasse d'huile d'olive
• Le jus de 1 citron
• 2 tasses de laitue romaine
• 1 avocat pelé et tranché finement
• Sel et poivre

Préparation

1. Porter l'eau à ébullition. Retirer du feu et incorporer le couscous et le beurre. Couvrir pendant 5 minutes et égrener avec une fourchette, puis verser dans un saladier.

2. Couper 2 tomates en tranches fines et hacher finement les 2 autres.

3. Incorporer le persil, l'échalote, les tomates hachées, le concombre et la menthe et remuer le tout. Arroser d'huile d'olive et de jus de citron, saler et poivrer au goût.

4. Dans une grande assiette de service, disposer la laitue romaine et les tranches de tomate et d'avocat, puis couvrir le tout de taboulé.

Asie

Tartinade de poivron

Syrie

T 15 minutes   C 20 minutes   P 4

Ingrédients

- 2 poivrons rouges
- 1 tasse de noix de Grenoble hachées
- 2 c. à soupe de chapelure
- Le jus de 1 citron
- 1/2 tasse d'huile d'olive
- 1 c. à soupe de pâte de tomate
- 3 gousses d'ail écrasées
- 1 c. à thé de cumin
- 1/2 c. à thé de paprika
- Sel et poivre

Préparation

1. Faire cuire les poivrons à 500 °F (250 °C) pendant 15 à 20 minutes en les retournant régulièrement jusqu'à ce que la peau noircisse et gonfle.

2. Laisser tiédir et retirer la peau des poivrons. Couper en deux, extraire les graines et les filaments, et hacher la chair.

3. Déposer la chair dans un robot culinaire ou un mélangeur avec les noix, la chapelure, le jus de citron, l'huile, la pâte de tomate, l'ail, le cumin, le paprika, le sel et le poivre au goût et réduire en purée onctueuse.

4. Réfrigérer et servir comme tartinade avec du pain.

Bœuf *satay*

Taïwan

T 15 minutes   M 30 minutes   C 10 minutes   P 4

Ingrédients

- 1 c. à thé de fécule de maïs
- 3 c. à soupe d'huile de sésame
- 1 c. à soupe de tamari
- 1 c. à soupe de sauce *satay*
- 4 filets de bœuf minces tranchés finement
- 6 oignons verts hachés finement
- 3 gousses d'ail émincées
- 1 c. à soupe de gingembre râpé
- 2 tasses d'épinards frais
- Sel et poivre

Préparation

1. Dans un bol, mélanger la fécule de maïs, 2 c. à soupe d'huile de sésame, le tamari et la sauce *satay*, puis incorporer les morceaux de viande et bien les badigeonner. Laisser mariner 30 minutes.

2. Faire chauffer le reste de l'huile de sésame et faire revenir les oignons verts, l'ail et le gingembre à feu moyen-vif pendant 3 minutes.

3. Extraire la viande de la marinade et faire sauter pendant 5 minutes.

4. Incorporer la marinade et les épinards, puis laisser mijoter à feu doux pendant 5 minutes en remuant à l'aide d'une cuillère en bois. Servir chaud sur du riz blanc.

Nouilles sautées aux oignons verts

Taïwan

T 15 minutes   C 15 minutes   P 2

Ingrédients
- 1 paquet de nouilles *udon*
- 2 c. à soupe d'huile de sésame
- 1 bouquet d'oignons verts tranchés finement
- 1 gousse d'ail hachée
- 1 c. à thé de gingembre moulu
- 2 c. à soupe de tamari
- 1 c. à soupe de sauce aux huîtres
- 1 c. à soupe de vinaigre de riz
- 2 c. à soupe de graines de sésame
- Sel et poivre

Préparation
1. Porter une casserole d'eau à ébullition et faire cuire les nouilles 3 minutes jusqu'à ce qu'elles soient tendres. Égoutter et réserver.

2. Faire chauffer l'huile dans un wok et faire revenir les oignons, l'ail et le gingembre pendant 5 minutes jusqu'à ce que les oignons commencent à dorer.

3. Ajouter le tamari, la sauce aux huîtres et le vinaigre de riz, puis ajouter les nouilles *udon*, saler et poivrer au goût et remuer le tout pour enrober les nouilles de sauce. Servir et saupoudrer de graines de sésame.

Porc sauté à l'anis et à la sauce au poisson

Taïwan

T 20 minutes   C 50 minutes   P 4

Ingrédients
- 3 c. à soupe d'huile de sésame
- 4 oignons verts hachés finement
- 1 rôti de porc coupé en lamelles
- 4 étoiles d'anis concassées
- 2 c. à soupe de tamari
- 2 c. à soupe de sauce soja
- 4 c. à soupe de sauce au poisson
- 1/2 c. à thé de girofle moulu
- 1/2 c. à thé de muscade
- 1/2 c. à thé de cannelle
- 1/2 c. à thé de gingembre râpé
- 2 tasses de bouillon de légumes
- 1/2 chou vert ciselé finement
- Sel et poivre

Préparation
1. Verser 2 c. à soupe d'huile dans un grand wok et faire revenir les oignons et la viande quelques instants, jusqu'à ce que le porc commence à changer de couleur. Incorporer alors l'anis, le tamari, la sauce soja, 2 c. à soupe de sauce au poisson, le girofle, la muscade, la cannelle, le gingembre, le sel et le poivre au goût et bien remuer le tout.

2. Verser le bouillon de légumes, porter à ébullition, puis réduire à feu doux et laisser mijoter pendant 30 minutes.

3. Vers la fin de la cuisson, faire chauffer le reste de l'huile dans une poêle et faire revenir le chou pendant 5 minutes. Incorporer dans le wok avec la viande et ajouter le reste de la sauce au poisson. Remuer le tout et servir sur du riz blanc.

Poulet au soja et au gingembre

Taïwan

T 15 minutes   C 20 minutes   P 4

Ingrédients
- 2 c. à soupe d'huile d'olive
- 2 échalotes hachées finement
- 1 racine de gingembre pelée et râpée
- 3 gousses d'ail émincées
- 4 poitrines de poulet désossées, sans la peau et coupées en dés
- 1/4 de tasse de sauce soja
- 1/2 c. à thé de paprika
- 1/2 tasse de basilic frais haché
- 1/4 de tasse de coriandre
- Sel et poivre

Préparation
1. Faire chauffer l'huile d'olive et faire revenir les échalotes, le gingembre et l'ail pendant 5 minutes.

2. Ajouter le poulet et faire dorer pendant 5 à 7 minutes en remuant. Incorporer la sauce soja et le paprika et faire cuire à feu doux pendant une dizaine de minutes jusqu'à ce que le poulet soit cuit et tendre. Saler et poivrer légèrement et ajouter le basilic, puis remuer le tout.

3. Servir avec du riz blanc et saupoudrer de coriandre.

Asie

Salade de concombre, d'oignon et de gingembre

Taïwan

T 10 minutes   P 4

Ingrédients

- 2 concombres pelés et tranchés finement
- 1 oignon rouge coupé en rondelles fines
- 1 racine de gingembre pelé et râpé
- 2 c. à soupe d'huile de sésame
- 2 c. à soupe de tamari
- Le jus de 1 lime
- Poivre

Préparation

1. Disposer les tranches de concombre sur une grande assiette de service et garnir de rondelles d'oignon et de gingembre.

2. Dans un petit bol, mélanger l'huile, le tamari et le jus de lime et remuer, puis verser le tout sur les concombres. Poivrer généreusement et servir.

Soupe aux huîtres et aux vermicelles

Taïwan

T 15 minutes   C 20 minutes   P 4

Ingrédients

- 6 tasses de bouillon de poisson
- 2 c. à soupe de sauce soja
- 2 tasses d'huîtres écalées
- 1 tasse de vin blanc
- 3 c. à soupe de fécule de maïs
- 2 c. à soupe d'huile de sésame
- 2 gousses d'ail écrasées
- 4 oignons verts tranchés finement
- 1/2 c. à thé de gingembre
- 250 g de vermicelles
- 1/4 de tasse de basilic frais haché
- Sel et poivre

Préparation

1. Faire chauffer le bouillon de poisson dans une grande casserole et incorporer la sauce soja et les huîtres. Laisser mijoter pendant 5 minutes, extraire les huîtres et réserver le bouillon

2. Dans un bol, mélanger le vin, la fécule de maïs, le sel et le poivre au goût, incorporer les huîtres et laisser mariner quelques instants.

3. Pendant ce temps, faire chauffer l'huile de sésame dans une casserole et faire revenir l'ail, les oignons et le gingembre pendant 5 minutes.

4. Incorporer le bouillon de poisson et porter à ébullition, puis ajouter les vermicelles et laisser cuire 5 minutes jusqu'à ce qu'elles soient tendres. Incorporer alors les huîtres et la marinade, le basilic et assaisonner au goût. Laisser mijoter quelques instants et servir.

Bœuf au basilic

Thaïlande

T 15 minutes   C 15 minutes   P 4

Ingrédients

- 3 c. à soupe d'huile de sésame
- 5 oignons verts hachés finement
- 1 piment fort haché
- 4 gousses d'ail émincées
- 1 c. à thé de gingembre moulu
- 1 c. à soupe de sauce soja
- 1 tasse de champignons tranchés
- 4 filets de bœuf minces tranchés finement
- 3 c. à soupe de sauce au poisson
- 1 tasse de basilic thaï ciselé (ou basilic régulier)
- Sel et poivre

Préparation

1. Faire chauffer l'huile dans un wok et faire sauter les oignons, le piment, l'ail et le gingembre pendant 5 minutes.

2. Ajouter la sauce soja et les champignons et faire revenir pendant 3 minutes.

3. Incorporer le bœuf et faire revenir de chaque côté pendant 2 minutes. Ajouter la sauce au poisson et remuer le tout, puis garnir de basilic et ajouter une pincée de sel et beaucoup de poivre. Faire sauter pendant 2 minutes et servir sur du riz blanc.

Boulettes de poisson au cari et au lait de coco

Thaïlande

T 20 minutes   C 15 minutes   P 4

Ingrédients

- 500 g de tilapia ou de sole
- 1 c. à soupe de fécule de maïs
- Le zeste et le jus de 1 lime
- 1 c. à soupe sauce hoisin
- 2 gousses d'ail écrasées
- 1 c. à thé de curcuma
- 1 c. à thé de gingembre moulu
- 1 tasse de coriandre hachée
- 2 tasses de lait de coco
- 2 c. à soupe de pâte de cari
- 2 c. à soupe de sauce au poisson
- Sel et poivre

Préparation

1. Émietter le poisson dans un grand bol et incorporer la fécule de maïs, le zeste de lime, la sauce hoisin, l'ail, le curcuma, le gingembre et la coriandre. Saler et poivrer au goût. Verser le tout dans un robot culinaire ou un mélangeur et réduire en purée grossière.

2. Former des boulettes de 3/4 à 1 1/2 po (2 à 3 cm) de diamètre et réserver.

3. Faire chauffer le lait de coco dans une casserole et incorporer la pâte de cari. Porter à ébullition en remuant, puis réduire à feu doux et incorporer la sauce au poisson et le jus de lime.

4. Laisser mijoter 2 ou 3 minutes jusqu'à ce que la sauce soit homogène et crémeuse, puis ajouter les boulettes et faire cuire pendant 5 à 7 minutes à feu doux. Servir chaud.

Crevettes au gingembre et à la lime

Thaïlande

T 15 minutes   M 1 heure   C 10 minutes   P 4

Ingrédients

- Le jus de 2 limes
- 2 c. à soupe d'huile d'olive
- 1 racine de gingembre râpé
- 20 crevettes de taille moyenne décortiquées
- 1 piment *Jalapeño* haché
- 1/4 de tasse de coriandre hachée
- Sel et poivre

Préparation

1. Dans un grand bol, mélanger le jus de lime, la moitié de l'huile, le gingembre, le sel et le poivre au goût. Incorporer les crevettes et remuer pour bien enrober. Laisser mariner au réfrigérateur pendant 1 heure.

2. Faire chauffer le reste de l'huile dans une poêle et faire revenir le piment pendant 3 minutes. Ajouter les crevettes et faire sauter à feu vif pendant 2 ou 3 minutes. Incorporer la marinade et saupoudrer de coriandre. Faire cuire encore 2 minutes et servir.

Galettes de poisson

Thaïlande

T 25 minutes   C 5 minutes   P 4

Ingrédients

- 500 g de filet de sole sans arêtes
- 1 oignon haché
- 1 gousse d'ail hachée
- Le jus et le zeste de 2 limes
- 1 c. à soupe de sauce au poisson
- 1 c. à soupe de cari
- 1 œuf battu
- 1/2 tasse de persil ciselé
- 1 tasse de farine
- Sel et poivre
- Huile pour la friture

Préparation

1. Émietter le filet de sole à l'aide d'une fourchette et déposer dans un grand bol.

2. Faire chauffer 1 c. à soupe d'huile et faire revenir l'oignon, l'ail et le zeste de lime pendant 2 minutes. Incorporer le tout dans un bol et ajouter la sauce de poisson, le cari, l'œuf, le jus de lime, le persil, le sel et le poivre au goût.

3. Remuer le tout et former 8 galettes de 2 à 2 1/4 po (5 à 7 cm) de diamètre.

4. Étaler la farine sur du papier ciré et enrober les galettes de farine.

5. Faire chauffer l'huile dans une poêle et faire frire pendant 2 à 3 minutes de chaque côté jusqu'à ce qu'elles soient dorées et croustillantes. Servir avec des quartiers de lime.

Asie

Nouilles sautées à la thaï

Thaïlande

T 15 minutes   C 20 minutes   P 4

Ingrédients
- 250 g de nouilles de riz
- 3 c. à soupe d'huile de sésame
- 4 oignons verts hachés
- 2 gousses d'ail écrasées
- 1 c. à thé de gingembre moulu
- 1 poivron rouge haché
- 1 tasse de petites crevettes
- 3 c. à soupe de sauce soja
- 1 tasse de tomates en dés
- 1 c. à thé de paprika
- 1 c. à soupe de cari
- 4 c. à soupe d'arachides hachées
- Sel et poivre

Préparation
1. Faire cuire les nouilles dans l'eau bouillante pendant quelques minutes jusqu'à ce qu'elles soient *al dente*. Égoutter.

2. Faire chauffer l'huile dans un grand wok et faire revenir les oignons, l'ail et le gingembre pendant 3 minutes. Ajouter le poivron et les crevettes et faire sauter pendant 5 minutes. Incorporer la sauce soja et remuer.

3. Ajouter les tomates, les nouilles, le paprika, le cari, le sel et le poivre au goût et laisser mijoter pendant 5 à 7 minutes à feu doux. Servir et saupoudrer d'arachides.

Omelette à la thaï

Thaïlande

T 10 minutes   C 10 minutes   P 2

Ingrédients
- 2 c. à soupe de beurre
- 2 oignons verts hachés
- 1 gousse d'ail écrasée
- 2 œufs
- 1/4 de tasse de lait
- 1 c. à thé de sauce au poisson
- 1/4 de tasse de coriandre hachée
- Poivre

Préparation
1. Faire fondre le beurre dans une poêle profonde et faire revenir les oignons et l'ail pendant 5 minutes à feu moyen-doux.

2. Dans un bol, fouetter les œufs avec le lait et la sauce au poisson et verser graduellement dans la poêle sans remuer. Poivrer.

3. Faire cuire à feu moyen sans remuer pendant 3 minutes de chaque côté jusqu'à ce que les surfaces soient dorées. Saupoudrer de coriandre et servir

Pad thaï aux crevettes

Thaïlande

T 20 minutes   C 25 minutes   P 4

Ingrédients
- 250 g de vermicelles de riz
- 4 c. à soupe d'huile d'arachide
- 3 œufs battus
- Le jus de 2 limes
- 1 c. à soupe de sauce au poisson
- 1 c. à thé de pâte de tamarin
- 1 c. à thé de cassonade
- 1 tasse de tofu ferme coupé en dés
- 3 oignons verts hachés finement
- 1 piment fort haché
- 2 gousses d'ail émincées
- 1 c. à soupe de gingembre moulu
- 2 tasses de petites crevettes
- 1 tasse de fèves de soja
- 1/2 tasse de coriandre hachée
- 1/2 tasse d'arachides hachées
- Sel et poivre

Préparation
1. Porter une grande casserole d'eau à ébullition et faire cuire les vermicelles jusqu'à ce qu'elles soient tendres. Égoutter et réserver.

2. Faire chauffer 1 c. à soupe d'huile et faire cuire les œufs en omelette mince 3 à 4 minutes. Retirer du feu et couper en languettes.

3. Dans un bol, mélanger le jus de lime, la sauce au poisson, la pâte de tamarin, la cassonade et le poivre et remuer. Incorporer les dés de tofu et remuer le tout.

4. Faire chauffer l'huile dans un wok et faire sauter les oignons, le piment, l'ail et le gingembre pendant 3 minutes. Ajouter les crevettes et faire sauter pendant 3 minutes.

5. Ajouter le tofu et les fèves de soja et arroser le tout avec la marinade. Faire cuire en remuant pendant 3 minutes.

6. Ajouter les œufs et les nouilles et laisser cuire le tout en remuant pendant 3 à 4 minutes. Rectifier l'assaisonnement et saupoudrer de coriandre et d'arachides avant de servir avec des quartiers de lime.

Pad thaï végétarien

Thaïlande

T 25 minutes   C 20 minutes   P 4

Ingrédients
- 250 g de nouilles de riz
- Le jus de 3 limes
- 2 c. à soupe de sauce au poisson
- 2 c. à soupe de sauce soja
- 1 c. à soupe de cassonade
- 1 bloc de tofu ferme coupé en dés
- 4 c. à soupe d'huile d'arachide
- 5 oignons verts hachés finement
- 1 piment fort haché
- 3 gousses d'ail émincées
- 1 c. à soupe de gingembre moulu
- 4 œufs battus
- 2 tasses de chou émincé
- 1 tasse de champignons tranchés
- 1 tasse de fèves de soja
- 1/2 tasse de coriandre hachée
- 1/2 tasse d'arachides hachées
- Sel et poivre

Préparation
1. Porter une grande casserole d'eau à ébullition et faire cuire les nouilles pendant une dizaine de minutes jusqu'à ce qu'elles soient *al dente*. Égoutter et réserver.

2. Dans un bol, mélanger le jus de 2 limes, la sauce au poisson, la sauce soja, la cassonade et le poivre et remuer. Incorporer les dés de tofu et remuer le tout.

3. Faire chauffer l'huile dans un wok et faire sauter les oignons, le piment, l'ail et le gingembre pendant 5 minutes. Extraire les dés de tofu de la marinade et faire sauter 3 minutes.

4. Ajouter les œufs et faire brouiller pendant 2 minutes, puis incorporer le chou, les champignons et les fèves de soja et arroser le tout avec la marinade. Faire cuire en remuant pendant 2 minutes.

5. Incorporer les nouilles et laisser cuire le tout en remuant pendant 3 à 4 minutes. Rectifier l'assaisonnement et saupoudrer de coriandre et d'arachides avant de servir. Arroser avec le reste du jus de lime.

Poulet thaï

Thaïlande

T 15 minutes   M 1 heure   C 10 minutes   P 4

Ingrédients
- Le jus de 1 citron
- 1 tasse de lait de coco
- 1 c. à soupe de sauce au poisson
- 1/2 c. à thé de paprika
- 1 c. à soupe de gingembre râpé
- 4 escalopes de poulet coupées en lanières
- 2 c. à soupe d'huile d'arachide
- 2 gousses d'ail émincées
- 1/4 de tasse de coriandre ciselée
- Sel et poivre

Préparation
1. Dans un bol, mélanger le jus de citron, le lait de coco, la sauce au poisson, le paprika et le gingembre et incorporer le poulet. Laisser mariner au réfrigérateur pendant 1 heure.

2. Faire chauffer l'huile et faire revenir l'ail pendant 2 minutes. Incorporer les lanières de poulet et faire dorer 5 minutes, puis ajouter la marinade et la coriandre, saler et poivrer au goût. Laisser mijoter encore 5 minutes et servir.

Salade de calmars à la menthe et à la lime

Thaïlande

T 15 minutes   C 5 minutes   R 2 heures   P 4

Ingrédients
- 750 g de calmars en rondelles
- 2 c. à soupe d'huile d'olive
- 1 échalote hachée
- 1 piment *Jalapeño* haché
- 1 c. à thé de gingembre râpé
- Le jus et le zeste de 2 limes
- 1 c. à soupe de sauce au poisson
- 1 c. à soupe de sauce soja
- 1/4 de tasse de feuilles de citronnelle hachées
- 1/2 tasse de menthe hachée
- Sel et poivre

Préparation
1. Rincer et égoutter les calmars.

2. Faire chauffer l'huile et faire revenir l'échalote, le piment et le gingembre pendant 3 minutes à feu moyen-vif. Incorporer le zeste et le jus de lime et la sauce au poisson et remuer le tout.

3. Ajouter les calmars et faire sauter pendant 2 minutes et verser le tout dans un saladier.

4. Ajouter la sauce soja, la citronnelle et la menthe, puis saler et poivrer généreusement. Ajouter un filet d'huile et de lime, remuer et réfrigérer 2 heures avant de servir.

Salade de papaye verte

Thaïlande

T 10 minutes   C 10 minutes   R 30 minutes   P 4

Ingrédients

- 1/4 de tasse d'eau
- 3 c. à soupe de vinaigre de riz
- 2 c. à soupe de mirin
- 1 c. à soupe de sauce soja
- Le jus de 2 limes
- 1 c. à thé de cassonade
- 1 grosse papaye verte pelée, épépinée et râpée
- 1 mangue pelée et coupée en juliennes
- 2 carottes pelées et râpées
- 1 c. à thé de piment fort concassé
- 1/4 de tasse d'arachides grillées
- Sel et poivre

Préparation

1. Dans une casserole, faire chauffer l'eau avec le vinaigre, le mirin, la sauce soja et le jus de lime. Incorporer le sucre et remuer pour diluer. Retirer du feu.

2. Verser la papaye, la mangue et les carottes dans un saladier et verser la vinaigrette. Remuer le tout et ajouter le piment fort, le sel et le poivre. Réfrigérer pendant 30 minutes avant de servir et saupoudrer d'arachides.

Saumon sauté au gingembre

Thaïlande

T 15 minutes   C 10 minutes   P 2

Ingrédients

- 3 c. à soupe d'huile de sésame
- 1 oignon vert haché
- 1 racine de gingembre pelée et râpée
- 2 filets de saumon coupés en dés
- 2 tasses de fèves de soja
- 3 c. à soupe de sauce soja
- 1 c. à thé de piment fort concassé
- 1/2 tasse de coriandre fraîche ciselée
- Poivre

Préparation

1. Faire chauffer l'huile et faire revenir l'oignon et le gingembre pendant 3 minutes. Ajouter le saumon et faire dorer 2 minutes.

2. Ajouter les fèves de soja et la sauce soja et remuer, puis ajouter le piment fort, poivrer au goût et laisser mijoter pendant 5 minutes.

3. Servir dans un bol et saupoudrer de coriandre fraîche.

Momos à l'agneau

Tibet

T 15 minutes   C 10 minutes   P 4

Ingrédients

- 800 g d'agneau haché
- 1 gros oignon haché
- 2 gousses d'ail hachées
- 1/2 c. à thé de cumin
- 1 c. à thé de gingembre
- 1 c. à thé de cari
- 1 œuf
- 1/4 de tasse de persil frais haché
- 1 tasse de chou haché
- 2 tasses de farine
- 1/2 tasse d'eau
- 3 c. à soupe d'huile d'olive
- Sel et poivre

Préparation

1. Dans un bol, mélanger l'agneau haché, l'oignon et l'ail, puis ajouter le cumin, le gingembre, le cari, saler et poivrer au goût. Incorporer l'œuf, le persil et le chou et bien mélanger tous les ingrédients.

2. Mélanger la farine et l'eau et incorporer un peu d'huile, puis pétrir jusqu'à la formation d'une pâte homogène et lisse. Étaler à l'aide d'un rouleau pour obtenir une épaisseur de 0,5 cm. Couper des carrés de pâte de 2 po (5 cm) de long et verser 1 c. à soupe de farce au centre. Refermer la pâte en triangle et sceller l'embouchure.

3. Porter une grande casserole d'eau à ébullition et faire bouillir les boulettes enrobées de pâte pendant 10 minutes, ou alors faire cuire à la vapeur pendant 15 à 20 minutes et servir avec de la sauce soja.

Momos au bœuf

328

Tibet

T 15 minutes   C 5 minutes   P 4

Ingrédients

- 700 g de bœuf haché maigre
- 1 gros oignon haché
- 1 gousse d'ail hachée
- 1/2 c. à thé de cumin
- 1 c. à thé de gingembre
- 1 œuf
- 1/2 tasse de coriandre ciselée
- 1/4 de tasse de persil frais haché
- 1 tasse d'épinards hachés
- 2 tasses de farine
- Sel et poivre

Préparation

1. Dans un bol, mélanger le bœuf haché, l'oignon et l'ail, puis ajouter le cumin, le gingembre, saler et poivrer au goût. Incorporer l'œuf, la coriandre, le persil et les épinards et bien mélanger tous les ingrédients.

2. Former des boules d'environ 1 1/4 po (3 cm) de diamètre et aplatir légèrement pour former des boulettes. Étaler la farine sur du papier ciré et enrober les boulettes.

3. Faire chauffer l'huile d'olive et faire revenir les boulettes pendant environ 2 minutes de chaque côté. Servir chaud avec de la sauce soja.

Gâteau au fromage à la crème et au lait sucré

Tibet

T 20 minutes   C 20 minutes   P 4

Ingrédients

- 1/2 tasse de farine
- 1/2 tasse de sucre
- 1 c. à thé de poudre à pâte
- 1/2 c. à thé de cardamome
- 1 tasse de crème fraîche
- 2 tasses de fromage à la crème
- 1 conserve de lait condensé
- 1/2 c. à thé d'extrait de vanille
- 1/2 tasse de raisins secs
- 1/4 de tasse d'amandes effilées
- 1/2 tasse de noix de coco râpée

Préparation

1. Préchauffer le four à 360 °F (180 °C).

2. Tamiser la farine, le sucre, la poudre à pâte et la cardamome dans un grand bol. Incorporer la crème fraîche, le fromage à la crème, le lait condensé et la vanille et battre avec un batteur électrique jusqu'à l'obtention d'une pâte lisse et onctueuse. Ajouter les raisins, les amandes et la noix de coco et remuer le tout.

3. Verser la pâte dans un moule à gâteau graissé et faire cuire au four pendant 15 à 20 minutes jusqu'à ce que la surface soit légèrement dorée. Laisser reposer 5 minutes et servir.

Nouilles sautées à l'agneau

Tibet

T 15 minutes   C 15 minutes   P 4

Ingrédients

- 250 g de nouilles chinoises
- 3 c. à soupe d'huile de sésame
- 4 oignons verts hachés
- 4 gousses d'ail écrasées
- 1 c. à thé de gingembre moulu
- 400 g d'agneau haché
- 1 tasse de tomates en dés
- 1 poivron rouge haché
- 4 c. à soupe d'arachides hachées
- 3 c. à soupe de sauce soja
- 1 c. à soupe de paprika
- 2 c. à soupe de graines de sésame
- Sel et poivre

Préparation

1. Faire cuire les nouilles dans l'eau bouillante pendant quelques minutes jusqu'à ce qu'elles soient al dente. Égoutter.

2. Faire chauffer l'huile dans un grand wok et faire revenir les oignons, l'ail et le gingembre pendant 3 minutes. Ajouter l'agneau haché et faire revenir pendant 3 à 5 minutes jusqu'à ce que la viande ne soit plus rosée.

3. Ajouter les tomates, le poivron rouge, les nouilles, les arachides, la sauce soja, le paprika, le sel et le poivre au goût et laisser mijoter pendant 5 à 7 minutes à feu doux. Servir et saupoudrer de graines de sésame.

Poulet au beurre

Tibet

T 20 minutes   M 30 minutes   C 30 minutes   P 4

Ingrédients

* 1 tasse de yogourt nature
* 1 c. à soupe d'épices tandoori
* 1 c. à soupe de *garam masala*
* 1/2 c. à thé de cumin
* 1/4 de tasse de coriandre ciselée
* 1 gros poulet coupé en morceaux
* 2 c. à soupe d'huile d'olive
* 1 oignon haché
* 1 gousse d'ail hachée
* 1 c. à thé de gingembre moulu
* 1 tasse de tomate en dés
* 1 c. à thé de flocons de piment fort concassé
* 1/2 c. à thé de cannelle moulue
* 1/4 de tasse de crème
* 3 c. à soupe de beurre mou
* Le jus de 1 lime
* Sel et poivre

Préparation

1. Dans un petit bol, mélanger le yogourt, les épices tandoori, le *garam masala*, le cumin, la coriandre, le sel et le poivre et ajouter le poulet. Laisser mariner pendant 30 minutes.

2. Faire chauffer l'huile dans un wok et faire revenir l'oignon, l'ail et le gingembre pendant 5 minutes. Ajouter les tomates, le piment fort et la cannelle, puis saler et poivrer au goût.

3. Incorporer les morceaux de poulet, la crème et le beurre, remuer et laisser mijoter pendant 15 à 20 minutes jusqu'à ce que le poulet soit cuit et tendre. Saupoudrer de coriandre et arroser de jus de lime avant de servir.

Yogourt épicé aux pistaches

Tibet

T 20 minutes   R 4 heures   P 4

Ingrédients

- 2 tasses de yogourt nature grec
- 1 tasse de crème fraîche
- 1/2 tasse de crème à 35 %
- 1 tasse de sucre
- 1/2 c. à thé de cannelle
- 1/2 c. à thé de muscade
- 1/2 c. à thé de cardamome
- 1/2 c. à thé d'extrait de vanille
- 1 tasse de pistaches pelées, non salées

Préparation

1. Mélanger le yogourt et la crème fraîche dans un grand bol. Ajouter la crème et fouetter le tout pendant quelques instants jusqu'à la formation d'une texture onctueuse.

2. Incorporer le sucre, la cannelle, la muscade, la cardamome, la vanille et les pistaches et remuer le tout. Réfrigérer pendant 4 heures et servir dans des coupes à dessert.

Boulettes de viande crue

Turquie

T 35 minutes   C 15 minutes   P 4

Ingrédients

- 4 tasses d'eau
- 2 tasses de boulgour
- 1 tomate hachée
- 1 gros oignon haché
- 1 gousse d'ail hachée
- 1/2 c. à thé de cumin
- 1 c. à thé de coriandre moulue
- Le jus de 1 citron
- 500 g de bœuf haché maigre
- Sel et poivre

Préparation

1. Verser l'eau dans une casserole, porter à ébullition, ajouter le boulgour, puis réduire à feu doux et laisser mijoter 10 à 15 minutes jusqu'à ce qu'il soit tendre. Retirer du feu pour éliminer l'excédent de liquide et verser dans un grand bol.

2. Incorporer la tomate, l'oignon, l'ail, le cumin et la coriandre et pétrir le tout avec les mains.

3. Ajouter le jus de citron et le bœuf haché, saler et poivrer au goût et remuer le mélange, puis former de petites boulettes et servir immédiatement.

Börek au feta

Turquie

T 25 minutes   C 15 minutes   P 4

Ingrédients

- 2 œufs
- 1 tasse de lait
- 2 tasses de feta émietté
- 2 tasses de persil haché
- 12 feuilles de pâte phyllo
- 3 c. à soupe de beurre mou
- Poivre

Préparation

1. Préchauffer le four à 400 °F (205 °C).

2. Battre les œufs avec le lait et incorporer le fromage. Ajouter le persil et le poivre et bien mélanger à l'aide d'une fourchette.

3. Badigeonner une feuille de pâte phyllo avec du beurre et verser une grosse cuillerée du mélange au fromage au centre de la feuille. Replier les bordures sur la farce et former un rouleau, puis répéter pour les autres feuilles de pâte.

4. Déposer les feuilletés sur une plaque à biscuits et faire cuire au four pendant 15 à 20 minutes ou jusqu'à ce que les *böreks* soient dorés.

Feuilleté aux courgettes

Turquie

T 20 minutes   C 35 minutes   P 4 à 6

Ingrédients

• 3 c. à soupe d'huile d'olive
• 1 oignon haché
• 1 gousse d'ail écrasée
• 5 courgettes râpées
• 2 pommes de terre pelées et râpées
• 1/2 c. à thé de paprika
• 2 œufs battus
• 1/2 tasse de lait
• 1/2 tasse de parmesan râpé
• 10 feuilles de pâte phyllo
• 3 c. à soupe de beurre mou
• Sel et poivre

Préparation

1. Préchauffer le four à 360 °F (180 °C).

2. Faire chauffer l'huile d'olive et faire revenir l'oignon et l'ail 2 minutes. Ajouter les courgettes et laisser cuire pendant 7 minutes en remuant. Ajouter les pommes de terre et faire cuire encore 3 minutes. Ajouter le paprika, saler et poivrer au goût et retirer du feu.

3. Verser le tout dans un bol et incorporer l'œuf, le lait et le parmesan et bien remuer le tout.

4. Préparer les feuilles de pâte phyllo en badigeonnant chacune d'elle avec du beurre fondu.

5. Étaler 5 feuilles de pâte phyllo au fond d'un plat graissé allant au four et garnir du mélange de courgettes. Étaler ensuite les 5 dernières feuilles de pâte. Faire de petites entailles sur le dessus de la pâte avec la lame d'un couteau.

6. Faire cuire au four pendant 25 minutes jusqu'à ce que la pâte soit dorée.

Lentilles aux tomates et aux courgettes

Turquie

T 15 minutes   C 45 minutes   P 4

Ingrédients

• 6 tasses de bouillon de poulet
• 2 tasses de lentilles vertes
• 4 c. à soupe d'huile d'olive
• 1 gros oignon haché finement
• 5 gousses d'ail écrasées
• 3 courgettes râpées
• 1/2 tasse de yogourt nature
• 2 c. à soupe de pâte de tomate
• 1 c. à thé de cumin
• 1 c. à thé de curcuma
• 1 tasse de tomates en dés
• Le jus de 1 citron
• Sel et poivre

Préparation

1. Porter le bouillon à ébullition et incorporer les lentilles. Laisser mijoter à feu moyen pendant 20 à 25 minutes jusqu'à ce qu'elles soient tendres.

2. Faire chauffer l'huile d'olive dans une casserole et faire revenir l'oignon et l'ail pendant 5 minutes. Ajouter les courgettes, le yogourt, la pâte de tomate, le cumin et le curcuma et remuer. Incorporer les lentilles et les tomates, puis saler et poivrer au goût. Laisser mijoter pendant 15 minutes à feu doux.

3. Ajouter le jus de citron, remuer et laisser mijoter 5 minutes avant de servir.

Moussaka turque

Turquie

T 30 minutes   C 40 minutes   P 4

Ingrédients

• 4 aubergines coupées en rondelles
• 2 c. à soupe d'huile d'olive
• 2 c. à soupe de beurre
• 1 échalote hachée
• 300 g d'agneau haché
• 2 tasses de tomates en dés
• 1 c. à thé d'origan
• 1/2 c. à thé de cumin
• 1 c. à thé d'herbes de Provence
• 1 poivron rouge tranché finement
• 1 poivron vert tranché finement
• 1 tasse de bouillon de bœuf
• Sel et poivre

Préparation

1. Faire bouillir les tranches d'aubergines dans une casserole pendant environ 5 minutes. Égoutter et éponger. Faire chauffer 1 c. à soupe d'huile d'olive et faire frire les aubergines pendant 5 minutes. Réserver.

2. Faire chauffer 1 c. à soupe de beurre et faire revenir l'échalote pendant 5 minutes. Incorporer l'agneau et faire dorer, puis verser les tomates, l'origan, le cumin, les herbes de Provence, le sel et de poivre au goût et faire mijoter à feu moyen-doux pendant 10 minutes.

3. Ajouter les aubergines et les poivrons et remuer, puis verser le bouillon de bœuf, porter à ébullition, réduire à feu doux et laisser mijoter pendant 25 minutes. Servir chaud.

Œufs pochés au yogourt

Turquie

T 15 minutes   C 15 minutes   P 4

Ingrédients

- 3 c. à soupe de beurre
- 3 c. à soupe de farine
- 1/2 tasse de lait
- 2 c. à soupe de crème fraîche
- 1 c. à thé de paprika
- 3 c. à soupe de vinaigre
- 4 œufs
- 1 tasse de yogourt grec
- Poivre et sel

Préparation

1. Faire fondre le beurre dans une casserole à feu moyen et incorporer la farine. Remuer le tout pendant 1 minute, puis verser le lait en continuant de remuer jusqu'à ce que la sauce épaississe. Baisser à feu très doux, puis incorporer la crème fraîche, le paprika, saler et poivrer au goût.

2. Porter une casserole remplie d'eau à ébullition et incorporer le vinaigre.

3. Casser chaque œuf dans une tasse et faire pocher un œuf à la fois. Verser chaque œuf dans l'eau et tourner avec une cuillère en bois. Laisser cuire pendant 3 minutes et étuver.

4. Déposer chaque œuf dans un bol, garnir de yogourt et napper de sauce au beurre et à la crème fraîche. Servir aussitôt.

Pizza turque

Turquie

T 20 minutes   C 10 minutes   P 4

Ingrédients

- 2 c. à soupe d'huile d'olive
- 1 échalote hachée
- 2 gousses d'ail
- 300 g de bœuf haché
- 1 c. à soupe de pâte de tomate
- 1 tasse de yogourt grec
- 4 pains plats de type *naan* ou pains pitas
- 2 tomates coupées en quartiers minces
- Sel et poivre

Préparation

1. Préchauffer le four à 360 °F (180 °C).

2. Faire chauffer l'huile d'olive et faire revenir l'échalote et l'ail pendant 2 minutes. Ajouter la viande et faire dorer 3 minutes en remuant. Incorporer la pâte de tomate et le yogourt et remuer jusqu'à ce que le mélange épaississe. Assaisonner et retirer du feu.

3. Étaler également le mélange de yogourt et de viande sur les pains et garnir de quartiers de tomates. Assaisonner au goût et faire cuire au four pendant 7 minutes.

Asie

Raviolis à la viande
(mantì)

Turquie

T 45 minutes   C 15 minutes   P 4

Ingrédients
- 1 pincée de sel
- 4 tasses de farine
- 1/2 tasse d'eau
- 2 œufs
- 2 c. à soupe de beurre
- 1 oignon haché
- 3 gousses d'ail écrasées
- 400 g de bœuf haché
- 1/4 de tasse de persil haché
- 1/2 tasse de sauce tomate
- 1 c. à thé de paprika
- 2 tasses de yogourt grec
- Sel et poivre

Préparation
1. Dans un bol, tamiser le sel et la farine, puis creuser un puits au centre et incorporer l'eau et les œufs. Mélanger jusqu'à l'obtention d'une pâte élastique.

2. Étaler la pâte à l'aide d'un rouleau et découper des carrés de 5 cm de large.

3. Faire chauffer 1 c. à soupe de beurre et faire revenir l'oignon et l'ail pendant 3 minutes. Saler et poivrer au goût et verser dans un saladier. Incorporer le bœuf, le persil et remuer avec les doigts.

4. Verser 1 c. à thé de farce au centre de chaque carré de pâte, puis replier en triangles et sceller les bordures avec un peu d'eau.

5. Faire fondre le reste du beurre dans une poêle et incorporer la sauce tomate. Ajouter le paprika, saler et poivrer au goût et remuer. Retirer du feu, incorporer le yogourt et brasser fermement le tout. Faire chauffer légèrement à feu doux.

6. Faire bouillir les raviolis pendant 10 minutes dans une casserole d'eau jusqu'à ce qu'ils remontent à la surface de l'eau. Servir chaud et napper de sauce au yogourt.

Soupe froide au concombre et à la crème

Turquie

T 15 minutes   R 2 heures   P 4

Ingrédients
- 1 gros concombre anglais pelé et râpé
- 1 gousse d'ail haché
- 1/2 tasse de menthe hachée
- Le jus de 2 citrons
- 2 c. à soupe d'huile d'olive
- 5 tasses de yogourt nature
- 1 tasse de crème à 35 %
- Sel et poivre

Préparation
1. Dans un bol, mélanger le concombre, l'ail, la menthe, un peu de sel et le poivre au goût. Ajouter le jus de citron et l'huile et bien remuer le tout.

2. Battre le yogourt avec la crème jusqu'à l'obtention d'une texture onctueuse, puis verser dans le bol avec le concombre. Remuer le tout et laisser reposer au réfrigérateur pendant 2 heures avant de servir. Si le potage est trop épais, ajouter un peu d'eau et remuer.

Tagine d'agneau aux dattes et aux épices

Turquie

T 25 minutes   C 1 h 20   P 4

Ingrédients

- 2 c. à soupe d'huile d'olive
- 2 oignons hachés
- 1 gousse d'ail hachée
- 450 g d'épaule d'agneau coupée en morceaux
- 1/2 c. à thé de cumin
- 1/2 c. à thé de cannelle
- 1/2 c. à thé de muscade
- 1/2 c. à thé de curcuma
- 1 conserve de tomates en dés
- 1 c. à soupe de pâte de tomate
- 2 tasses de bouillon de volaille
- 10 dattes dénoyautées et coupées en morceaux
- Sel et poivre

Préparation

1. Préchauffer le four à 360 °F (180 °C).

2. Dans une casserole, faire chauffer l'huile d'olive et faire revenir l'oignon et l'ail pendant 5 minutes. Ajouter l'agneau et faire dorer sur toutes les faces pendant 5 minutes. Ajouter le cumin, la cannelle, la muscade, le curcuma, le sel et le poivre au goût et remuer 2 minutes.

3. Ajouter les tomates, la pâte de tomate et verser 2 tasses de bouillon dans la casserole. Enfourner et laisser cuire pendant 45 minutes.

4. Incorporer ensuite les morceaux de dattes dans la casserole et poursuivre la cuisson pendant encore 15 minutes jusqu'à ce que la sauce soit légèrement épaisse. Rectifier l'assaisonnement et servir avec du couscous, si désiré.

Brochettes de bœuf mariné

Vietnam

T 20 minutes   M 2 heures   C 10 minutes   P 4

Ingrédients

- 3 c. à soupe de sauce au poisson
- 2 gousses d'ail émincées
- 1 c. à soupe d'huile de sésame
- 2 c. à soupe de sauce soja
- 1 c. à soupe de vinaigre de riz
- 1 c. à thé de gingembre moulu
- Le jus de 1 lime
- 750 g de cubes de bœuf
- 1 poivron rouge coupé en dés
- 1 poivron orange coupé en dés
- 2 oignons coupés en quartiers
- 1 tasse de champignons entiers
- Sel et poivre

Préparation

1. Dans un grand bol, mélanger la sauce au poisson, l'ail, l'huile, la sauce soja, le vinaigre de riz, le gingembre et le jus de lime, saler et poivrer au goût. Incorporer le bœuf et remuer le tout pour bien enrober la viande. Laisser mijoter. Ajouter les légumes et laisser mariner pendant 2 heures au réfrigérateur.

1. Embrocher les cubes de bœuf en alternant avec les morceaux de poivrons, d'oignon et de champignons.

2. Faire chauffer le barbecue et faire cuire les brochettes pendant 3 à 5 minutes de chaque côté selon la cuisson désirée. Servir chaud avec une salade.

Crevettes parfumées

Vietnam

T 15 minutes   C 10 minutes   P 4

Ingrédients

- 1/4 de tasse de cassonade
- 2 c. à soupe de sauce au poisson
- 1/4 de tasse d'eau
- 2 c. à soupe d'huile d'arachide
- 2 tasses de petites crevettes décortiquées
- 1/2 c. à thé de coriandre moulue
- 1/2 c. à thé de piment fort broyé
- 1/2 c. à thé de paprika
- Sel et poivre

Préparation

1. Verser le sucre dans une casserole et laisser chauffer à feu doux pendant 2 minutes. Verser l'eau et la sauce au poisson et remuer le tout. Laisser mijoter jusqu'à la formation d'un sirop. Réserver à feu très doux.

2. Faire chauffer l'huile dans un wok et faire revenir les crevettes pendant 5 minutes à feu vif. Ajouter la coriandre, le piment fort, le paprika, saler et poivrer au goût.

3. Incorporer le sirop dans le wok et remuer le tout. Laisser mijoter pendant 3 à 5 minutes et servir.

Asie

Dinde sautée
aux noix de cajou

Vietnam

T 20 minutes | M 1 heure | C 20 minutes | P 4

Ingrédients

- 1/4 de tasse de sauce soja
- 2 c. à soupe de vinaigre de riz
- 4 escalopes de dinde coupées en lanières
- 1/2 tasse de farine
- 3 c. à soupe d'huile d'arachide
- 2 oignons verts hachés
- 1 tasse de noix de cajou
- Sel et poivre

Préparation

1. Mélanger la sauce soja et le vinaigre de riz dans un grand bol et incorporer les lanières de dinde. Remuer et laisser mariner pendant 1 heure au réfrigérateur.

2. Étaler la farine sur du papier ciré. Extraire la dinde de la marinade et enrober de farine. Réserver la marinade.

3. Faire chauffer l'huile d'arachide et faire revenir les oignons verts. Ajouter le poulet et cuire jusqu'à ce qu'il soit bien doré. Saler et poivrer au goût. Incorporer la marinade à la mi-cuisson et ajouter les noix de cajou. Remuer le tout et servir chaud.

Dorade
en sauce caramel

Vietnam

T 15 minutes | C 20 minutes | P 2

Ingrédients

- 1/2 tasse de cassonade
- 1/2 tasse d'eau
- 2 c. à soupe de sauce au poisson
- 2 filets de dorade sans arêtes, sans la peau et coupés en dés
- 1 pincée de paprika
- 2 c. à soupe de persil

Préparation

1. Faire chauffer le sucre et l'eau dans une casserole jusqu'à l'obtention d'un sirop épais. Incorporer la sauce au poisson et continuer de remuer.

2. Ajouter les morceaux de poisson et laisser mijoter dans la sauce au caramel. Servir sur du riz blanc et saupoudrer de paprika et de persil.

Porc haché sauce aigre-douce

Vietnam

T 20 minutes   C 25 minutes   P 4

Ingrédients

- 1 tasse d'eau
- 2 c. à soupe de cassonade
- 1 c. à soupe de fécule de maïs
- 1/4 de tasse de vin blanc
- 2 c. à soupe de sauce soja
- 2 c. à soupe d'huile d'olive
- 6 oignons verts hachés
- 2 gousses d'ail émincées
- 1 c. à thé de gingembre râpé
- 700 g de porc haché maigre
- 1 poivron rouge tranché
- 1 tasse d'ananas coupés en dés
- Sel et poivre

Préparation

1. Faire chauffer l'eau, la cassonade et la fécule dans une casserole à feu doux jusqu'à l'obtention d'un sirop. Ajouter le vin et la sauce soja et remuer le tout.

2. Faire chauffer l'huile dans un wok et faire revenir les oignons, l'ail et le gingembre pendant 5 minutes. Incorporer la viande et les poivrons et faire dorer pendant 3 minutes. Saler et poivrer au goût.

3. Verser la sauce sur la viande et remuer le tout. Ajouter les ananas et laisser mijoter pendant encore 5 minutes à feu doux. Servir le tout sur du riz blanc.

Poulet à la citronnelle

Vietnam

T 15 minutes   C 10 minutes   P 4

Ingrédients

- 2 c. à soupe de sauce au poisson
- 1 c. à thé de cari
- 1 c. à thé de curcuma
- 3 poitrines de poulet désossées, sans la peau et coupées en dés
- 1/4 de tasse d'eau
- 1/4 de tasse de cassonade
- 2 c. à soupe d'huile d'olive
- 4 oignons verts hachés finement
- 1/2 tasse de citronnelle émincée
- 1 piment fort haché
- 1 c. à thé de gingembre râpé
- 2 gousses d'ail émincées
- Sel et poivre

Préparation

1. Dans un bol, mélanger la sauce au poisson, le cari, le curcuma, le sel et le poivre au goût et incorporer le poulet. Remuer pour bien enrober la viande et laisser mariner quelques instants.

2. Dans une petite casserole, faire chauffer l'eau et incorporer la cassonade. Laisser dissoudre en remuant jusqu'à la formation d'un sirop crémeux. Réserver.

3. Faire chauffer l'huile d'olive et faire revenir les oignons verts, la citronnelle, le piment, le gingembre et l'ail à feu moyen pendant 5 minutes. Incorporer le poulet dans sa marinade et faire cuire pendant 3 minutes. Ajouter le sirop et remuer jusqu'à ce que la sauce épaississe. Servir sur du riz blanc.

Rouleaux printaniers aux crevettes

Vietnam

T 30 minutes   P 4

Ingrédients

- 2 tasses d'eau
- 12 feuilles de riz
- 3 feuilles de laitue ciselée
- 2 tasses de luzerne
- 3 carottes coupées en juliennes
- 1 concombre pelé et coupé en juliennes
- 16 crevettes moyennes cuites, décortiquées et coupées en deux dans le sens de la longueur
- 1/2 tasse de feuilles de menthe ciselées

Préparation

1. Verser l'eau dans une grande casserole et faire chauffer. Déposer une feuille de riz dans la casserole et laisser reposer 30 secondes jusqu'à ce que la feuille soit tendre.

2. Déposer la feuille de riz sur une surface plate. Déposer une feuille de laitue au centre de la feuille et couvrir avec de la luzerne, 3 bâtonnets de carotte, 3 bâtonnets de concombre, 4 moitiés de crevette et quelques feuilles de menthe.

3. Rabattre les côtés de la feuille sur la garniture et rouler en serrant bien pour former un rouleau. Appuyer soigneusement sur la bordure pour refermer et déposer le rouleau sur une assiette de service.

4. Répéter la procédure avec le reste des feuilles de riz, de laitue, de luzerne, de carottes, de concombre, de crevettes et de menthe. Servir avec de la sauce aux arachides ou de la sauce à nems.

Asie

Salade de légumes et rouleaux impériaux

Vietnam

T 35 minutes C 15 minutes P 2

Ingrédients

- 2 c. à soupe de sauce au poisson
- 1 c. à thé de cassonade
- Le jus de 1 citron
- 1 grosse bavette de bœuf coupée
  en lanières minces
- 1 carotte râpée
- 2 tasses de laitue coupée
- 1 petit concombre râpé
- 2 c. à soupe de vinaigre de vin
- 2 c. à soupe de menthe hachée
- 1/4 de tasse de coriandre fraîche ciselée
- 2 c. à soupe d'huile d'olive
- 1 échalote hachée
- 1 gousse d'ail hachée
- 2 rouleaux impériaux coupés en deux
- 1/4 de tasse d'arachides concassées
- Sel et poivre

Préparation

1. Dans un bol, mélanger la sauce au poisson,
la cassonade, le jus de citron, le sel et le poivre
au goût, incorporer la bavette et remuer pour bien
badigeonner la viande. Réserver la marinade.

2. Déposer les carottes, la laitue et le concombre
dans un saladier et incorporer le vinaigre de riz.
Remuer et assaisonner. Ajouter la menthe et
la coriandre.

3. Faire chauffer l'huile et faire revenir l'échalote
et l'ail pendant 3 minutes. Ajouter la viande et
faire revenir quelques instants.

4. Pendant ce temps, faire chauffer les rouleaux
impériaux dans le four selon les indications.

5. Verser la viande dans le saladier sur les autres
ingrédients et arroser de marinade. Garnir le tout
de rouleaux impériaux coupés en morceaux
et d'arachides.

Salade vietnamienne

Vietnam

T 15 minutes   P 2

Ingrédients

- 2 tasses de laitue ciselée
- 2 carottes pelées et râpées
- 1 petit concombre râpé
- 2 tasses de fèves de soja
- 1/4 de tasse de basilic thaï ou régulier
- 1/4 de tasse de coriandre fraîche ciselée
- 1/4 de tasse de feuilles de menthe hachées
- 2 c. à soupe d'huile d'arachide
- 2 c. à soupe de vinaigre de riz
- 1/2 tasse d'arachides concassées
- Sel et poivre

Préparation

1. Déposer la laitue, les carottes, le concombre et les fèves de soja dans un saladier. Garnir de basilic, de coriandre et de menthe. Saler et poivrer généreusement.

2. Dans un petit bol, mélanger l'huile et le vinaigre et verser sur les ingrédients dans le saladier. Garnir d'arachides et servir.

Sandwich vietnamien

Vietnam

T 20 minutes   C 20 minutes   P 2

Ingrédients

- 2 c. à soupe d'huile d'olive
- 1 gousse d'ail écrasée
- 2 shiitakes tranchés
- 1 carotte pelée et râpée
- 2 radis tranchés finement
- 1/2 concombre pelé et râpé
- 1 tasse de vinaigre de riz
- Le jus de 2 limes
- 1/4 de tasse de cassonade
- 1/4 de tasse d'eau
- 1 c. à soupe de sauce soja
- 1 c. à soupe de sauce au poisson
- 1 baguette coupée en deux dans le sens de la longueur et de la largeur
- 1/4 de tasse de basilic
- 1/4 de tasse de coriandre fraîche
- Sel et poivre

Préparation

1. Faire chauffer l'huile dans un wok et faire revenir l'ail et les shiitakes pendant 5 minutes. Saler et poivrer au goût et réserver.

2. Déposer les carottes, les radis et le concombre dans un bol et verser le vinaigre de riz et le jus de 1 lime. Saler et poivrer au goût et laisser reposer quelques minutes. Extraire les légumes de la marinade.

3. Faire chauffer la cassonade et l'eau dans une petite casserole jusqu'à l'obtention d'un caramel. Ajouter la sauce soja, la sauce au poisson et le jus de 1 lime et remuer le tout. Retirer du feu et laisser refroidir.

4. Ouvrir les baguettes et badigeonner l'intérieur avec la sauce au caramel. Garnir de champignons, de légumes marinés, de basilic, de coriandre, de sel et de poivre au goût et refermer le sandwich. Servir aussitôt.

Soupe *Pho* au bœuf saignant

Vietnam

T 15 minutes   C 15 minutes   P 4

Ingrédients

- 2 c. à soupe d'huile de sésame
- 1 échalote hachée finement
- 2 gousses d'ail écrasées
- 2 poivrons coupés en lanières
- 2 c. à thé de gingembre râpé
- 8 tasses de bouillon de poulet
- 1 c. à thé de sauce chili à l'ail
- 1/2 c. à thé de cannelle moulue
- 1/2 c. à thé de girofle moulu
- 2 c. à soupe de sauce au poisson
- 1 paquet de vermicelles de riz
- 400 g de viande de bœuf à fondue
- 2 tasses de fèves de soja
- 1/4 de tasse de coriandre fraîche hachée
- 4 oignons verts tranchés finement
- 3 limes coupées en quartiers
- Sel et poivre

Préparation

1. Faire chauffer l'huile dans une casserole et faire revenir l'échalote, l'ail, le piment et le gingembre pendant 5 minutes à feu moyen.

2. Verser le bouillon de poulet et incorporer la sauce chili, la cannelle et le girofle, puis saler et poivrer au goût. Porter à ébullition, puis réduire à feu doux et laisser mijoter 5 minutes. Ajouter la sauce au poisson et remuer pendant 1 minute.

3. Faire cuire les vermicelles dans une casserole d'eau pendant 2 minutes jusqu'à ce qu'elles soient tendres. Égoutter et répartir dans 4 bols. Répartir la viande dans les bols et verser le bouillon chaud sur les ingrédients. Garnir de fèves de soja, de coriandre et d'oignons verts et arroser de jus de lime.

Soupe *Pho* au poulet

Vietnam

T 15 minutes   C 15 minutes   P 4

Ingrédients

- 2 c. à soupe d'huile de sésame
- 2 échalotes finement hachées
- 2 gousses d'ail écrasées
- 2 poivrons coupés en lanières
- 2 c. à thé de gingembre râpé
- 8 tasses de bouillon de poulet
- 2 étoiles d'anis
- 1/2 c. à thé de cannelle moulue
- 1/2 c. à thé de cardamome
- 1/2 c. à thé de girofle moulu
- 500 g de poulet à fondue chinoise
- 2 c. à soupe de sauce au poisson
- 1 paquet de vermicelles de riz
- 2 tasses de fèves de soja
- 1/4 de tasse de coriandre fraîche hachée
- 4 oignons verts tranchés finement
- 3 limes coupées en quartiers
- Sel et poivre

Préparation

1. Faire chauffer l'huile dans une casserole et faire dorer les échalotes, l'ail, le piment et le gingembre pendant 5 à 7 minutes à feu moyen.

2. Verser le bouillon de poulet et incorporer l'anis, la cannelle, la cardamome et le girofle, puis saler et poivrer au goût.

3. Ajouter le poulet, porter à ébullition, puis réduire à feu doux et laisser mijoter 5 minutes. Ajouter la sauce au poisson et remuer pendant 5 minutes.

4. Pendant ce temps, faire cuire les vermicelles dans une casserole d'eau pendant 3 minutes jusqu'à ce qu'elles soient tendres. Égoutter et répartir dans 4 bols. Couvrir de bouillon chaud et de poulet, puis garnir de fèves de soja, de coriandre et d'oignons verts et arroser de jus de lime.

Boules aux dattes

Yémen

T 20 minutes   C 10 minutes   P 6

Ingrédients

- 1/4 de tasse de beurre mou
- 2 tasses de dattes dénoyautées et coupées en morceaux
- 1/4 de tasse de sucre de canne
- Le jus de 1/2 citron
- 1/2 c. à thé d'extrait de vanille
- 2 tasses de riz croustillant
- 1/2 tasse de noix de coco râpée

Préparation

1. Faire fondre le beurre dans une casserole et incorporer les dattes, le sucre, le jus de citron et la vanille et remuer avec une cuillère en bois jusqu'à ce que les dattes soient tendres et la sauce soit homogène.

2. Retirer du feu et incorporer le riz. Mélanger tous les ingrédients avec la cuillère en bois et former des boules d'environ 3 cm de diamètre.

3. Verser la noix de coco dans un bol et enrober les boules de noix de coco râpée. Laisser durcir légèrement et servir.

Gâteau au miel

Yémen

T 15 minutes   C 25 minutes   P 4

Ingrédients

- 1 c. à thé de sel
- 1 tasse de sucre
- 1 c. à thé de poudre à pâte
- 2 tasses de farine
- 2 œufs battus
- 1/2 c. à thé d'extrait de vanille
- 1/4 de tasse d'eau
- 1/2 tasse de beurre fondu
- 1/2 tasse de miel

Préparation

1. Préchauffer le four à 380 °F (160 °C).

2. Dans un grand bol, tamiser le sel, le sucre, la poudre à pâte et la farine. Former un puits au centre et incorporer les œufs battus, la vanille et l'eau. Remuer, puis pétrir la pâte. Ajouter graduellement le beurre et pétrir jusqu'à ce que la pâte soit lisse et élastique.

3. Verser la pâte dans un moule à gâteau graissé et badigeonner la surface avec la moitié du miel. Faire cuire au four pendant 25 minutes jusqu'à ce que le gâteau soit cuit. Verser le reste du miel sur la surface et servir.

Salade d'aubergines

Yémen

T 15 minutes   C 30 minutes   P 4

Ingrédients

- 2 aubergines coupées en deux dans le sens de la longueur
- 2 tasses de tomates cerises coupées en deux
- 1/4 de tasse de coriandre fraîche ciselée
- 1/2 c. à thé de cumin
- 1 gousse d'ail hachée
- 1/2 c. à thé de piment fort concassé
- 2 c. à soupe d'huile d'olive
- Le jus de 1 lime
- Sel et poivre

Préparation

1. Préchauffer le four à 400 °F (205 °C).

2. Déposer les aubergines sur une plaque de cuisson et faire cuire au four pendant 30 minutes jusqu'à ce qu'elles soient très tendres. Peler et réduire la chair en purée.

3. Verser la chair d'aubergine et les tomates dans un saladier et ajouter la coriandre, le cumin, l'ail et le piment. Saler et poivrer au goût.

4. Dans un petit bol, mélanger l'huile et le jus de lime et verser dans la salade. Remuer et servir.

Truite à l'ail et aux épices

Yémen

T 15 minutes   C 20 minutes   P 2

Ingrédients

- 4 c. à soupe de beurre
- 3 gousses d'ail pelées et écrasées
- 1 piment *Jalapeño* épépiné et haché
- 2 filets de truites, sans la peau et sans arêtes
- 1/2 c. à thé de cumin
- 1/2 c. à thé de curcuma
- 1/2 c. à thé de paprika
- 1 tasse de bouillon de légumes
- Le jus de 1 lime
- Sel et poivre

Préparation

1. Faire fondre le beurre et faire dorer l'ail et le piment pendant 5 à 7 minutes à feu moyen-doux. Incorporer les filets de truite et faire cuire 2 minutes de chaque côté. Extraire le poisson.

2. Incorporer le cumin, le curcuma, le paprika, le sel et le poivre au goût et verser le bouillon dans la poêle. Laisser mijoter 5 minutes en remuant. Remettre le poisson et ajouter le jus de lime.

3. Laisser mijoter le poisson dans la sauce à l'ail et aux épices pendant encore 3 à 5 minutes et servir aussitôt.

Asie

EUROPE

Bœuf braisé

Allemagne

T 30 minutes.   M 12 heures   C 2 à 3 heures   P 4

Ingrédients
- 450 g d'épaule de bœuf désossée
  et coupée en cubes
- 1 tasse de lait
- Le jus de 1/2 citron
- 1/2 tasse de vin rouge
- 1/2 tasse de vinaigre de vin rouge
- 1 tasse d'eau
- 1 feuille de laurier
- 1 c. à thé de thym
- 3 c. à soupe de beurre
- 3 c. à soupe de farine
- 1/4 de tasse de raisins secs
- 3 biscuits de pain d'épices coupés
  en petits morceaux
- Sel et poivre

Préparation
1. Rincer et sécher la viande. Déposer dans un grand bol, couvrir de lait et de jus de citron et laisser mariner au réfrigérateur pendant 12 heures.

2. Déposer dans une grande marmite et incorporer le vin, le vinaigre de vin, l'eau, la feuille de laurier, le thym, le sel et le poivre selon le goût et laisser mijoter à feu moyen-doux pendant 2 à 3 heures jusqu'à ce que la viande soit tendre. Retirer la viande et réserver le bouillon.

3. Faire chauffer le beurre et incorporer la farine, 2 tasses de bouillon et laisser mijoter 5 minutes en remuant jusqu'à l'obtention d'une sauce plus épaisse. Ajouter les raisins et les biscuits et remuer. Faire cuire encore 5 minutes, servir la viande et napper de sauce.

Bonshommes en pain d'épices

Allemagne

T 20 minutes   C 10 minutes   P 6

Ingrédients
- 1 tasse de farine
- 1 c. à thé de poudre à pâte
- 1 c. à thé de bicarbonate de soude
- 2 c. à thé de cannelle
- 1 c. à thé de muscade
- 2 c. à thé de gingembre
- 1/2 tasse de beurre mou
- 1/2 tasse de cassonade
- 1/4 de tasse de mélasse
- 1 œuf

Préparation
1. Préchauffer le four à 355 °F (180 °C) et graisser une plaque à biscuits.

2. Tamiser la farine, la poudre à pâte, le bicarbonate de soude, la cannelle, la muscade et le gingembre dans un bol.

2. Battre le beurre, la cassonade, la mélasse et l'œuf à l'aide d'un fouet jusqu'à l'obtention d'une texture lisse.

4. Incorporer graduellement le mélange d'ingrédients secs dans la préparation liquide et mélanger jusqu'à l'obtention d'une pâte lisse et homogène.

5. Déposer et étaler la pâte avec un rouleau à pâtisserie jusqu'à ce qu'elle n'ait plus que 5 à 7 mm d'épaisseur. Utiliser un emporte-pièce pour découper les bonshommes avant de les déposer sur la plaque graissée. Refaire une boule avec les retailles, étaler et couper à nouveau.

6. Faire cuire les bonshommes au four pendant une dizaine de minutes jusqu'à ce qu'ils soient bien dorés.

Choucroute allemande

Allemagne

T 20 minutes   C 1 heures   P 4

Ingrédients
- 1 c. à soupe d'huile d'olive
- 1/2 oignon tranché finement
- 2 tranches de bacon
- 2 tasses de choucroute
- 2 tasses de bouillon de poulet
- 1 c. à thé de fécule de maïs
- 1/2 tasse d'eau

Préparation
1. Faire chauffer l'huile d'olive et faire revenir l'oignon pendant 5 minutes. Incorporer le bacon et faire cuire pendant 3 ou 4 minutes jusqu'à ce qu'il soit croustillant. Égoutter et défaire en morceaux, puis remettre dans la poêle.

2. Ajouter la choucroute et le bouillon de poulet et laisser mijoter à feu doux pendant 45 minutes.

3. Incorporer la fécule de maïs et l'eau et remuer jusqu'à ce que le mélange épaississe. Servir avec des saucisses.

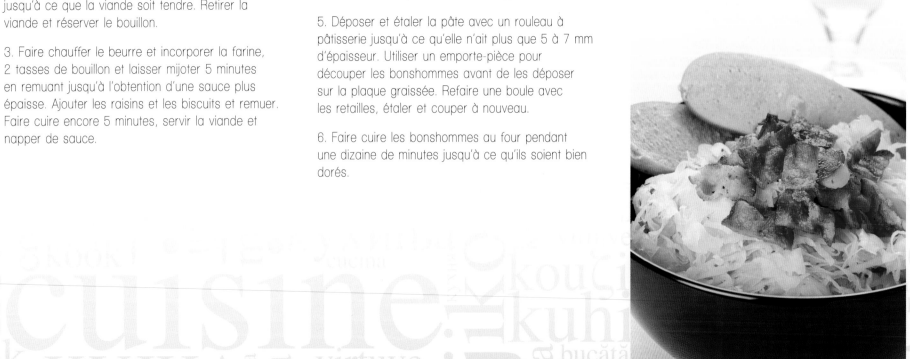

Crêpes de pommes de terre

Allemagne

T 20 minutes   R 20 minutes   C 15 minutes   P 4

Ingrédients
- 5 pommes de terre pelées et râpées
- 1/2 tasse de farine
- 1 oignon pelé et tranché finement
- 3 œufs
- 1 tasse de persil frais haché
- 1 c. à thé de muscade
- 3 c. à soupe d'huile d'arachide
- Sel et poivre

Préparation
1. Déposer les pommes de terre râpées dans un bol et laisser reposer pendant 15 à 20 minutes, puis jeter l'excès de liquide.

2. Incorporer la farine, l'oignon, les œufs, le persil et la muscade. Saler et poivrer selon le goût et mélanger le tout.

3. Chauffer l'huile de sésame à feu moyen et faire rôtir de petites portions du mélange aux pommes de terre. Aplatir dans la poêle comme une crêpe, retourner et faire chauffer encore 4 à 5 minutes jusqu'à ce que les deux côtés soient bien dorés.

Filets de hareng

Allemagne

T 15 minutes   P 4

Ingrédients
- 12 filets de hareng parés
- 1 oignon haché finement
- Le jus de 2 citrons
- 4 cornichons vinaigrés hachés finement
- 1/4 de tasse de crème fraîche
- 2 c. à soupe de mayonnaise
- 1 c. à soupe d'aneth frais
- 1 c. à soupe de ciboulette fraîche hachée
- Brins de ciboulette
- Sel et poivre

Préparation
1. Faire tremper les filets de hareng dans l'eau et les éponger.

2. Dans un grand bol, mélanger l'oignon, le jus de citron, les cornichons, la crème, la mayonnaise, l'aneth, la ciboulette hachée, saler et poivrer au goût.

3. Badigeonner les filets de hareng de sauce, garnir de ciboulette et servir.

Gâteau allemand *bienenstich*

Allemagne

T 20 minutes   C 30 minutes   P 8

Ingrédients
- 3 œufs
- 1 tasse de sucre
- 1 tasse de farine
- 1 c. à thé de poudre à pâte
- 1 c. à thé d'extrait de vanille
- 1/2 tasse de lait
- 2 c. à soupe de beurre

Garniture
- 1/4 de tasse de cassonade
- 1/4 de tasse de beurre fondu
- 1/4 de tasse de crème pâtissière
- 3 c. à soupe de noix de coco râpée
- 1 c. à thé d'extrait de vanille
- 1 c. à thé de muscade

Préparation
1. Préchauffer le four à 355 °F (180 °C).

2. Battre soigneusement les œufs et le sucre jusqu'à l'obtention d'une texture crémeuse. Incorporer la farine, la poudre à pâte et la vanille et mélanger jusqu'à l'obtention d'une pâte lisse et homogène.

3. Porter le beurre et le lait à ébullition dans un petit chaudron et incorporer au mélange de farine. Mélanger soigneusement le tout jusqu'à l'obtention d'une texture lisse.

4. Verser la pâte dans un moule à gâteau rond graissé de 9 po (23 cm) de diamètre et faire cuire au four pendant 20 minutes.

5. Pendant ce temps, mélanger la cassonade, le beurre fondu, la crème, la noix de coco, la vanille et la muscade dans un bol. Étaler sur le gâteau lorsqu'il est chaud et remettre au four pendant 10 minutes.

Gâteau forêt-noire

Allemagne

T 20 minutes   C 30 minutes   P 8

Ingrédients
- 6 œufs
- 1 tasse de sucre
- 3/4 de tasse de farine
- 1/2 tasse de cacao
- 1/2 tasse de beurre mou
- 1 c. à thé d'extrait de vanille

Garniture
- 2 tasses de crème fouettée
- 2 c. à soupe de kirsch
- 2 c. à soupe de sucre de canne
- 2 tasses de cerises au marasquin
- 1 tasse de copeaux de chocolat

Préparation

1. Battre soigneusement les œufs et le sucre jusqu'à l'obtention d'une texture crémeuse. Incorporer la farine, le cacao, le beurre mou et la vanille et mélanger jusqu'à l'obtention d'une pâte lisse et homogène.

2. Préchauffer le four à 355 °F (180 °C).

3. Verser la pâte dans un moule à gâteau rond graissé de 9 po (23 cm) de diamètre et faire cuire au four pendant 15 à 20 minutes.

4. Pendant ce temps, mélanger la crème fouettée, le kirsch et le sucre de canne dans un bol.

5. Lorsque le gâteau est cuit, couper en 3 étages. Déposer la base sur une grande assiette et garnir du 1/3 de la crème fouettée et du 1/3 de cerises. Poser un autre étage, et garnir du 1/3 de la crème, du 1/3 des cerises et de la moitié du chocolat. Poser le dernier étage et garnir le dessus du gâteau avec le reste de la crème fouettée, le reste des cerises et le reste du chocolat.

Quenelles de fromage et de pommes de terre

Allemagne

T 15 minutes   C 30 minutes   P 4

Ingrédients
- 6 pommes de terre non pelées
- 2 tasses de farine
- 1/2 tasse de crème fraîche
- 1 tasse de mozzarella râpée
- 1 œuf
- 1 c. à thé de poudre d'ail
- 1 c. à thé de poudre d'oignon
- 1 c. à soupe de ciboulette hachée
- 2 tasses de croûtons
- 2 c. à soupe d'huile d'olive
- Sel et poivre

Préparation

1. Faire cuire les pommes de terre dans une casserole remplie d'eau salée jusqu'à ce qu'elles soient tendres. Égoutter et laisser refroidir. Peler et râper les pommes de terre, puis ajouter 1 tasse farine, la crème, le fromage, l'œuf, la poudre d'ail et d'oignon, la ciboulette, saler et poivrer au goût. Mélanger jusqu'à l'obtention d'une texture lisse.

2. Incorporer petit à petit le reste de la farine pour former une pâte plus résistante. Former des boules de la grosseur d'un œuf et insérer quelques croûtons à l'intérieur et bien refermer pour emprisonner les croûtons à l'intérieur de la pâte.

3. Faire bouillir les quenelles dans un chaudron pendant 8 minutes, puis faire griller 4 ou 5 minutes dans une poêle avec un peu d'huile d'olive.

Salade de chou rouge

Allemagne

T 15 minutes   C 20 minutes   P 4

Ingrédients
- 1 c. à soupe de beurre
- 1 oignon tranché en rondelles
- 1 chou rouge sans le cœur et tranché finement
- 2 c. à soupe de sucre
- 1/2 tasse de vinaigre de vin
- 1 c. à thé de piment de la Jamaïque
- 1 c. à thé de girofle
- 1 c. à thé cannelle
- 1 1/2 tasse d'eau
- 2 pommes à cidre pelées et coupées en dés
- Sel et poivre

Préparation

1. Faire fondre le beurre dans un grand faitout ou une grande marmite. Faire revenir l'oignon et baisser à feu doux. Incorporer le chou, le sel et le poivre selon le goût, le sucre, le vinaigre, le piment de la Jamaïque, le girofle, la cannelle et 1 tasse d'eau. Couvrir et laisser mijoter 10 minutes.

2. Ajouter les morceaux de pomme. Poursuivre la cuisson à feu doux pendant quelques minutes en ajoutant le reste de l'eau. Rectifier l'assaisonnement et servir.

Salade de pommes de terre

Allemagne

T 20 minutes   C 20 minutes   P 4

Ingrédients
- 6 pommes de terre pelées
- 4 tranches de bacon
- 1 oignon haché
- 1 c. à soupe de farine
- 1/3 de tasse d'eau
- 1/4 de tasse de vinaigre de vin rouge
- 1 c. à soupe de mayonnaise
- Le jus de 1 lime
- Sel et poivre

Préparation

1. Faire cuire les pommes de terre dans une casserole remplie d'eau salée jusqu'à ce qu'elles soient tendres. Couper en tranches minces.

2. Faire sauter le bacon dans une poêle et éponger avec du papier absorbant. Défaire en morceaux et réserver.

3. Faire frire l'oignon dans le gras de bacon pendant 5 à 7 minutes jusqu'à ce qu'il soit doré.

4. Incorporer la farine, le sel, le poivre selon le goût et remuer pendant 3 minutes. Retirer du feu et incorporer l'eau et le vinaigre. Porter à ébullition et laisser cuire ainsi pendant quelques secondes en remuant constamment. Incorporer les pommes de terre et le bacon et remuer.

5. Retirer du feu et verser dans un bol, puis ajouter la mayonnaise et le jus de lime. Assaisonner, remuer et servir.

Spätzles

Allemagne

T 10 minutes   C 20 minutes   P 4

Ingrédients
- 1 1/2 tasse de farine
- 2 œufs légèrement battus
- 1 c. à thé de sel
- 1/2 c. à thé de poudre à pâte
- 1/2 tasse de lait

Préparation

1. Tamiser la farine dans un grand bol et former un puits au centre. Incorporer les œufs un à la fois dans le puits. Ajouter le sel, la poudre à pâte et mélanger.

2. Verser le lait et travailler la pâte jusqu'à l'obtention d'une pâte homogène.

3. Couvrir d'un linge et laisser reposer pendant 1 heure.

4. Porter une casserole à ébullition, saler et disposer une passoire à spätzles au-dessus du chaudron. Verser 1/4 de la pâte dans la passoire et presser avec une spatule pour que les spätzles tombent dans l'eau bouillante. Laisser cuire pendant 3 ou 4 minutes jusqu'à ce qu'ils remontent à la surface de l'eau. Poursuivre le processus avec le reste de la pâte.

Strudel aux pommes et aux poires

Allemagne

T 25 minutes   C 25 minutes   P 4

Ingrédients

• 2 c. à soupe de beurre
• 5 pommes pelées, épépinées et coupées en quartiers
• 2 poires pelées, épépinées et coupées en quartiers
• Le jus de 1 citron
• 3 c. à soupe de cassonade
• 1 c. à soupe de miel
• 1 c. à thé de muscade
• 1 c. à thé de cannelle
• 4 feuilles de pâte phyllo
• Beurre fondu pour la pâte phyllo

Préparation

1. Faire chauffer le beurre dans une poêle et faire caraméliser les pommes et les poires avec le jus de citron et la cassonade. Réduire à feu moyen-doux et laisser mijoter une dizaine de minutes.

2. Incorporer le miel, la muscade et la cannelle et bien remuer pour enrober les fruits.

3. Préchauffer le four à 355 °F (180 °C).

4. Étaler et superposer les feuilles de pâte phyllo sur un linge et badigeonner chacune d'elle avec du beurre fondu. Verser la farce aux fruits à 2 cm du côté le plus long de la pâte et étaler sur toute la longueur. Soulever le linge du côté de la farce et rouler la pâte sur elle-même de façon à enfermer la farce au centre. Replier les extrémités de la pâte pour refermer.

5. Badigeonner l'extérieur du strudel avec du beurre et déposer le tout sur une plaque à biscuits graissée. Faire cuire au four pendant une vingtaine de minutes jusqu'à ce que le strudel soit doré.

Europe

Beignets aux pommes

Autriche

T 30 minutes   R 15 minutes   C 10 minutes   P 4

Ingrédients
- 3/4 de tasse de farine
- 1/4 de tasse de sucre
- 2 œufs, séparés
- 1/2 tasse de lait
- Le jus et le zeste de 1 citron
- 1 c. à thé de sel
- 5 pommes pelées, étrognées et tranchées
- 1/2 tasse de confiture de pommes
- 1 c. à thé de cannelle
- 1 c. à thé de muscade
- 1/4 de tasse d'huile d'arachide pour la friture

Préparation
1. Dans un bol, mélanger la farine, le sucre, les jaunes d'œufs, le lait, le zeste de citron et le sel jusqu'à l'obtention d'une pâte lisse. Laisser reposer 10 à 15 minutes.

2. Pendant ce temps, monter les blancs d'œufs en neige jusqu'à l'obtention de pics fermes et verser sur la pâte et mélanger.

3. Former 10 à 12 boulettes avec la pâte. Insérer des tranches de pommes et 1 c. à soupe de confiture au centre de chaque boulette et refermer pour que le tout soit bien enrobé de pâte.

4. Mélanger la cannelle et la muscade dans un pot.

5. Faire chauffer l'huile d'arachide et faire frire les beignets pendant 5 minutes de chaque côté jusqu'à ce qu'ils soient bien dorés. Saupoudrer de muscade et de cannelle et servir chaud.

Boulettes de lard salé

Autriche

T 15 minutes   R 20 minutes   C 12 minutes   P 4

Ingrédients
- 2 œufs
- 1/4 de tasse de lait
- 4 petites tranches de pain sec défaites en morceaux
- 200 g de lardons
- 2 c. à soupe de beurre
- 1 oignon haché
- 1/2 tasse de persil frais haché
- 2 c. à soupe de farine
- 2 tasses de bouillon de bœuf
- Sel et poivre

Préparation
1. Dans un bol, fouetter les œufs avec le lait. Incorporer le pain, couvrir et laisser reposer 20 minutes.

2. Faire frire les lardons pendant 5 minutes et incorporer dans le bol avec le pain.

3. Faire chauffer le beurre et faire revenir l'oignon pendant quelques minutes. Incorporer le persil, le sel et le poivre selon le goût et saupoudrer de farine. Mélanger et verser dans le bol avec le pain et les lardons.

4. Former environ 8 boulettes avec le mélange de pain.

5. Porter le bouillon à ébullition et faire bouillir les boulettes pendant 10 à 12 minutes.

Consommé aux lanières de crêpe *(Fritattensuppe)*

Autriche

T 20 minutes   C 15 minutes   P 4

Ingrédients
- 1/4 de tasse de farine
- 1/2 tasse de lait
- 1 œuf
- 1/4 de tasse de persil frais haché
- 2 c. à soupe de beurre
- 6 tasses de bouillon de poulet
- 1/2 c. à thé de thym
- 1/2 c. à thé de romarin
- Sel et poivre

Préparation
1. Dans un bol, mélanger la farine, le lait, l'œuf, le sel et le poivre selon le goût. Incorporer le persil et bien mélanger.

2. Faire fondre le beurre et faire cuire 4 crêpes en versant 1/2 louche de pâte dans une poêle antiadhésive jusqu'à ce qu'elles soient dorées. Rouler les crêpes et couper en lanières.

3. Faire chauffer le bouillon de poulet. Incorporer le thym, le romarin et les lanières de crêpes, puis servir quatre portions.

Escalopes viennoises

Autriche

T 10 minutes   C 2 à 3 minutes   P 4

Ingrédients

- 4 escalopes de veau de taille moyenne
- 2 œufs
- 2 c. à soupe de lait
- 1/4 de tasse de chapelure
- 1 c. à soupe de persil frais haché
- 1/4 de tasse de farine
- 1/4 de tasse d'huile d'olive
- Sel et poivre

Préparation

1. Battre les œufs dans un grand bol. Ajouter le lait, le sel et le poivre selon le goût.

2. Mélanger la chapelure et le persil et étaler sur du papier ciré.

3. Aplatir les escalopes, saler et poivrer au goût, puis saupoudrer les deux surfaces de farine.

4. Tremper les escalopes dans le mélange aux œufs avant de les enrober de chapelure.

4. Faire chauffer l'huile et faire frire les escalopes à feu moyen pendant 2 à 3 minutes de chaque côté jusqu'à ce qu'elles soient dorées à point. Éponger sur du papier absorbant.

Gâteau aux abricots

Autriche

T 20 minutes   R 45 minutes   C 30 minutes   P 8

Ingrédients

- 1 tasse de farine
- 1/2 c. à thé de poudre à pâte
- 1 c. à thé de sel
- 1 c. à soupe de sucre en poudre
- 2 c. à soupe d'huile d'olive
- 3 c. à soupe de beurre fondu
- 1/4 de tasse de lait
- 1 c. à thé d'extrait de vanille
- 1 œuf

Garniture

- 1/4 de tasse de beurre
- 3/4 de tasse de sucre en poudre
- 1/2 tasse de farine
- 1 c. à thé d'extrait de vanille
- 3 c. à soupe de crème fraîche
- 3 abricots frais dénoyautés et tranchés
- 3 abricots séchés tranchés

Préparation

1. Dans un bol, tamiser la farine, la poudre à pâte, le sel et le sucre. Former un puits au centre et incorporer l'huile, le beurre, le lait, la vanille et l'œuf. Bien mélanger jusqu'à l'obtention d'une texture homogène. Former une boule et laisser reposer environ 45 minutes.

2. Pendant ce temps, mélanger le beurre, le sucre et la farine pour la garniture jusqu'à l'obtention d'une texture granuleuse. Incorporer la vanille et la crème. Mélanger le tout jusqu'à l'obtention d'une garniture homogène.

3. Préchauffer le four à 355 °F (180 °C).

4. Verser la pâte dans un moule à gâteau rond graissé de 9 po (23 cm) de diamètre.

5. Garnir la surface du gâteau avec la garniture sucrée et des tranches d'abricots frais et séchés.

6. Faire cuire au four pendant 30 minutes.

Goulache autrichienne

Autriche

T 20 minutes   C 50 minutes   P 4

Ingrédients

- 2 c. à soupe de beurre
- 750 g de bœuf en cubes
- 1 gros oignon tranché
- 150 g de lardons
- 1 gousse d'ail hachée
- 2 c. à thé de paprika
- 1 tasse de bouillon de bœuf
- 1/2 c. à thé de muscade
- Sel et poivre

Préparation

1. Dans une grande marmite, faire chauffer le beurre et faire dorer la viande pendant quelques minutes. Ajouter l'oignon et remuer. Incorporer les lardons, l'ail et le paprika et laisser dorer pendant encore 5 minutes.

2. Verser le bouillon de bœuf dans la marmite de façon à couvrir la viande. Ajouter un peu d'eau au besoin. Incorporer la muscade, le sel et le poivre selon le goût. Laisser mijoter à feu doux pendant 40 minutes et servir avec des pommes de terre, si désiré.

Tarte à la saucisse et au chou

Autriche

T 25 minutes　　C 50 minutes　　P 6

Ingrédients
- 1/2 chou vert
- 2 tasses de bouillon de légumes
- 2 c. à soupe d'huile d'olive
- 1 oignon haché finement
- 2 tasses de lardons
- La chair de deux saucisses fumées autrichiennes
- 2 c. à soupe de moutarde de Dijon
- 1 pâte feuilletée
- 2 tasses de gruyère ou emmenthal râpé
- Sel et poivre

Préparation

1. Faire bouillir le chou dans le bouillon de légumes pendant une dizaine de minutes à feu moyen doux. Égoutter.

2. Préchauffer le four à 355 °F (180 °C).

3. Faire chauffer l'huile d'olive et faire revenir l'oignon pendant 5 minutes. Incorporer les lardons et la chair de saucisses. Faire revenir pendant 5 minutes. Incorporer le chou, le sel et le poivre selon le goût et bien remuer. Verser le tout dans un bol, incorporer la moutarde de Dijon et bien mélanger tous les ingrédients.

4. Étaler la pâte dans un moule à tarte et verser le mélange de chou et de saucisse à l'intérieur en répartissant bien les ingrédients. Saupoudrer de fromage et faire cuire au four pendant 30 minutes.

Velouté crémeux à la courge

Autriche

T 20 minutes　　C 30 minutes　　P 4

Ingrédients
- 1 courge de type *butternut* pelée
- 2 c. à soupe de beurre
- 1 oignon haché
- 1 gousse d'ail hachée
- 3 tasses de bouillon de poulet
- 1/2 tasse de crème fraîche
- 1 c. à thé de graines de carvi
- 1 c. à thé de gingembre
- 1/2 c. à thé de curcuma
- Sel et poivre

Préparation

1. Couper la courge en dés et retirer les graines. Réserver.

2. Faire fondre le beurre dans une casserole, puis faire dorer l'oignon pendant 5 à 7 minutes. Ajouter l'ail et poursuivre la cuisson pendant 2 minutes. Ajouter les morceaux de courge et faire dorer pendant 5 minutes. Verser le bouillon, assaisonner de sel et de poivre selon le goût et poursuivre la cuisson pendant 7 à 10 minutes jusqu'à ce que la courge soit tendre.

3. Verser le tout dans un robot culinaire ou un mélangeur. Ajouter la crème, les graines de carvi, le gingembre et le curcuma et réduire en purée lisse et homogène.

4. Remettre dans la casserole, rectifier l'assaisonnement, chauffer 3 à 4 minutes et servir.

Brioche aux noix et à la cannelle

Belgique

T 30 minutes　　R 2 heures　　C 40 minutes　　P 4 à 6

Ingrédients
- 3 tasses de farine
- 1/4 de tasse de sucre
- 1 c. à thé de cannelle
- 1 c. à thé de muscade
- 1 c. à thé de sel
- 1 c. à thé de poudre à pâte
- 1/4 de tasse de beurre fondu
- 1 œuf
- 1 c. à thé d'extrait de vanille
- 1/2 tasse de lait
- 1/4 de tasse de pacanes hachées
- 1 jaune d'œuf

Préparation

1. Dans un bol, tamiser la farine, le sucre, la cannelle, la muscade, le sel et la poudre à pâte.

2. Faire un puits au centre et verser graduellement le beurre, l'œuf, la vanille et le lait. Incorporer les noix et mélanger. Pétrir la pâte jusqu'à l'obtention d'une texture homogène. Couvrir d'un linge et laisser reposer pendant environ 2 heures.

3. Préchauffer le four à 355 °F (180 °C).

4. Verser la pâte dans un moule à pain graissé et badigeonner la surface avec un œuf battu. Faire cuire au four pendant environ 40 minutes jusqu'à ce qu'un cure-dent inséré au centre du pain en ressorte propre. Laisser reposer quelques minutes et trancher.

Endives à la crème

Belgique

T 15 minutes   C 25 minutes   P 4

Ingrédients
- 3 c. à soupe de beurre
- 10 endives tranchées en rondelles fines
- 1/2 tasse de crème fraîche
- 1 c. à soupe de ciboulette
- 2 c. à soupe de farine
- 2 tasses de lait
- 1/2 oignon haché
- 1 c. à thé de muscade
- 1 c. à thé de paprika
- Sel et poivre

Préparation
1. Dans une casserole, faire chauffer 1 c. à soupe beurre et incorporer les endives. Laisser cuire pendant 4 à 5 minutes.

2. Verser la crème et la ciboulette et laisser mijoter pendant environ 15 minutes.

3. Pendant ce temps, faire fondre 2 c. à soupe de beurre. Incorporer la farine, remuer et faire cuire pendant 2 minutes. Verser le lait et l'oignon et faire une béchamel en remuant constamment pendant 5 minutes. Assaisonner de sel, de poivre selon le goût, de muscade et de paprika et retirer l'oignon, puis verser le tout sur les endives. Mélanger et servir chaud.

Endives farcies au jambon et gratinées à l'emmenthal

Belgique

T 15 minutes   C 25 minutes   P 4

Ingrédients
- 8 endives
- 3 c. à soupe de beurre
- 2 c. à soupe de farine
- 2 tasses de lait
- 1 c. à thé de muscade
- 2 tasses d'emmenthal râpé
- 8 tranches de jambon blanc
- Sel et poivre

Préparation
1. Faire cuire les endives à la vapeur pendant une dizaine de minutes.

2. Pendant ce temps, faire fondre 2 c. à soupe de beurre. Incorporer la farine, remuer et faire cuire pendant 2 minutes. Verser le lait et faire une béchamel en remuant constamment à feu doux pendant 5 minutes jusqu'à ce que la sauce épaississe. Assaisonner de sel, de poivre selon le goût, de muscade et incorporer la moitié du fromage. Remuer et réserver à feu très doux.

3. Préchauffer le four à 450 °F (230 °C).

4. Enrouler les endives dans une tranche de jambon, puis déposer dans un plat en verre graissé allant au four. Verser la béchamel sur les endives et saupoudrer le tout de fromage. Faire cuire au four pendant 10 minutes jusqu'à ce que le fromage soit gratiné.

Frites belges

Belgique

T 15 minutes   C 15 minutes   P 4

Ingrédients
- 8 grosses pommes de terre
- Graisse de bœuf
- Sel et poivre

Préparation
1. Éplucher les pommes de terre et couper en bâtonnets de 1/2 po (1 cm) d'épaisseur. Éponger dans un linge.

2. Préchauffer la friteuse à 320 °F (160 °C) et faire chauffer la graisse de bœuf.

3. Faire cuire les frites pendant 5 à 7 minutes dans la graisse chaude. Égoutter et attendre encore 5 minutes.

4. Augmenter la température de la friteuse à 355 °F (180 °C) et plonger à nouveau les frites dans la friteuse et faire cuire pendant 5 à 7 minutes jusqu'à ce qu'elles soient dorées et croustillantes. Assaisonner selon le goût et servir.

Gaufres belges

Belgique

T 30 minutes   R 30 minutes   C 5 minutes   P 4

Ingrédients

- 2 tasses de farine
- 3/4 de tasse de sucre
- 1/2 c. à thé de sel
- 1 c. à soupe de poudre à pâte
- 1/2 tasse de beurre fondu
- 3 œufs, séparés
- 1 c. à thé d'extrait de vanille
- 1 tasse de lait

Préparation

1. Dans un bol, tamiser la farine, le sucre, le sel et la poudre à pâte.

2. Faire un puits au centre et verser graduellement le beurre, les jaunes d'œufs, la vanille et le lait.

3. Battre les blancs d'œufs en neige et ajouter à la préparation. Pétrir la pâte jusqu'à l'obtention d'une texture homogène. Couvrir d'un linge et laisser gonfler pendant 30 minutes.

4. Former de petites boules d'environ 3 cm de diamètre et faire cuire dans un gaufrier huilé et chaud. Servir avec du beurre, du miel et de la confiture.

Moules marinières

Belgique

T 20 minutes   C 20 minutes   P 4

Ingrédients

- 2 c. à soupe de beurre
- 3 échalotes hachées
- 1 gousse d'ail haché
- 2 branches de céleri hachées
- 1 c. à thé de thym
- 2 tasses de vin blanc
- 900 g de moules
- Sel et poivre

Préparation

1. Dans une casserole, faire chauffer le beurre et faire revenir les échalotes pendant 4 ou 5 minutes. Ajouter l'ail, le céleri, le thym, le sel et le poivre selon le goût et poursuivre la cuisson pendant 3 ou 4 minutes.

2. Verser le vin, porter à ébullition et ajouter les moules. Couvrir et laisser cuire à feu moyen-vif pendant 5 à 7 minutes jusqu'à ce que les moules ouvrent. Jeter les moules qui sont encore fermées et servir avec la sauce.

Salade de Liège

Belgique

T 20 minutes   C 20 minutes   P 4

Ingrédients

- 4 pommes de terre pelées et coupées en deux
- 4 œufs
- 2 tasses de haricots verts
- 1 laitue verte
- 1 tasse de lardons
- 1/2 oignon rouge coupé en rondelles
- 4 c. à soupe d'huile d'olive
- 3 c. à soupe de vinaigre balsamique
- 1 c. à thé de thym
- Sel et poivre

Préparation

1. Faire cuire les pommes de terre dans une casserole d'eau bouillante pendant environ 20 minutes jusqu'à ce qu'elles soient tendres, puis les couper en rondelles.

2. Pendant ce temps, déposer les œufs dans une casserole. Couvrir d'eau froide et porter à ébullition. Lorsque l'eau se met à bouillir, couvrir et retirer du feu, puis laisser reposer les œufs dans l'eau chaude pendant 10 minutes. Retirer les œufs de l'eau chaude, laisser refroidir, écaler et couper les œufs durs en rondelles.

3. Pendant ce temps, faire cuire les haricots à la vapeur pendant 7 minutes. Égoutter.

4. Verser la laitue dans un saladier et ajouter les haricots et les œufs durs.

5. Faire revenir les lardons pendant 5 minutes, puis ajouter l'oignon et faire revenir 5 minutes dans la graisse des lardons. Ajouter un peu d'huile au besoin. Ajouter les rondelles de pommes de terre et faire dorer pendant 4 ou 5 minutes.

6. Dans un petit bol, mélanger l'huile et le vinaigre balsamique. Verser les lardons et les légumes dans le saladier, saler et poivrer au goût, ajouter le thym et verser la vinaigrette. Remuer et servir.

Tartine au fromage et à la ciboulette

Belgique

T 15 minutes   C 5 minutes   P 4

Ingrédients

- 12 fines tranches de baguette
- 1/2 tasse de ciboulette fraîche hachée
- 2 oignons verts hachés
- Le jus de 1/2 citron
- 1 tasse de fromage à pâte fraîche
- Sel et poivre

Préparation

1. Préchauffer le four à 450 °F (230 °C).

2. Dans un bol, mélanger la ciboulette, les oignons, le jus de citron et le fromage à pâte fraîche. Poivrer généreusement et ajouter une pincée de sel.

3. Tartiner une des surfaces de chaque tranche de baguette, assaisonner au goût et déposer sur une plaque à biscuits.

4. Faire chauffer au four ou au petit four pendant 5 à 7 minutes jusqu'à ce que les tartines soient croustillantes et que le fromage soit légèrement fondu.

Banitsa

Bulgarie

T 45 minutes   C 30 minutes   P 6 à 8

Ingrédients

- 4 tasses de feta émietté
- 1/2 tasse de yogourt nature
- 1/2 tasse de lait
- 3 œufs
- 1 paquet de 20 feuilles de pâte phyllo
- 3 c. à soupe de beurre

Préparation

1. Dans un bol, bien mélanger le fromage, le yogourt, le lait et les œufs jusqu'à l'obtention d'une texture grumeleuse.

2. Préchauffer le four à 400 °F (205 °C).

3. Badigeonner 6 feuilles de pâte phyllo avec du beurre fondu avant de les superposer. Verser 1/3 de la farce au fromage sur les feuilles de pâte, puis badigeonner 4 autres feuilles avec du beurre. Superposer et déposer sur la farce. Verser 1/3 de la farce, poser 4 autres feuilles de pâte badigeonnées de beurre et verser le 1/3 restant de la farce. Couvrir la farce de 6 feuilles de pâte sans les badigeonner de beurre, mais badigeonner la surface de la feuille de pâte du dessus.

4. Faire cuire au four pendant environ 30 minutes jusqu'à ce que le tout soit doré et croustillant, couper des carrés et servir.

Europe

Feuilles de vigne farcies à l'agneau

Bulgarie

T 45 minutes   C 45 minutes   P 4 à 6

Ingrédients

- 5 c. à soupe d'huile d'olive
- 1 oignon haché
- 300 g d'agneau haché
- 1 gousse d'ail hachée
- 1 tasse de tomates en dés
- 1/4 de tasse de persil frais ciselé
- 1 tasse de riz cuit
- Le jus de 1 citron
- 1 c. à thé de cumin
- 20 feuilles de vigne
- 2 tasses d'eau
- Sel et poivre

Préparation

1. Préchauffer le four à 400 °F (205 °C).

2. Faire chauffer 2 c. à soupe l'huile d'olive, puis faire revenir l'oignon pendant 5 minutes. Ajouter la viande et la faire dorer. Ajouter l'ail, les tomates, le persil, le sel et le poivre au goût et poursuivre la cuisson pendant 5 minutes.

3. Incorporer le riz, le jus de citron et le cumin et cuire encore 5 minutes.

4. Étaler les feuilles de vigne en prenant soin de mettre la surface luisante vers le bas. Verser 1 ou 2 c. à soupe au centre de chaque feuille et étaler. Replier les extrémités vers l'intérieur et rouler.

5. Déposer les feuilles de vigne farcies dans un plat allant au four et verser l'eau sur les feuilles. Verser le reste de l'huile d'olive et faire cuire au four pendant environ 30 minutes. Laisser tiédir et servir.

Soupe froide au concombre

Bulgarie

T 15 minutes   R 2 heures   P 4

Ingrédients

- 1 grand concombre anglais
- 2 tasses de yogourt de type bulgare
- 1/4 de tasse de lait
- Le jus de 1/2 citron
- 1 gousse d'ail hachée
- 2 tasses de menthe ciselée
- Sel et poivre

Préparation

1. Couper le concombre en 2 dans le sens de la longueur. Épépiner et hacher finement.

2. Verser le yogourt dans un grand bol. Ajouter le lait, le jus de citron, l'ail et la menthe et le concombre, remuer et saler et poivrer selon le goût.

3. Couvrir et réfrigérer pendant 2 heures en remuant de temps à autre et servir.

Boulettes de viande

Croatie

T 15 minutes   C 5 minutes   P 4

Ingrédients

- 150 g de bœuf haché maigre
- 150 g de porc haché maigre
- 1/4 de tasse de coriandre hachée
- 2 gousses d'ail
- 1/4 de tasse de persil haché
- 3 oignons verts hachés
- 1 c. à thé de muscade
- 1 œuf battu
- 1/2 tasse de farine
- 1/4 de tasse d'huile d'olive
- Sel et poivre

Préparation

1. Dans un bol, mélanger le bœuf haché, le porc haché, la coriandre, l'ail, le persil, les oignons, la muscade, le sel et le poivre.

2. Ajouter l'œuf, mélanger tous les ingrédients et former de petites boulettes d'environ 3 cm de diamètre.

3. Étaler la farine sur du papier ciré et enrober les boulettes de farine.

4. Faire chauffer l'huile d'olive et faire frire les boulettes pendant 4 à 5 minutes jusqu'à ce qu'elles soient dorées. Égoutter sur du papier absorbant et servir.

Gratin à l'abricot

Croatie

T 15 minutes   C 1 h 15   P 4

Ingrédients
- 2 tasses de lait
- 1 c. à soupe d'extrait de vanille
- 1/2 c. à thé de cannelle
- 1/2 c. à thé de muscade
- 1 tasse de riz
- 2 œufs, séparés
- Le jus et le zeste d'un citron
- 1/2 tasse de sucre
- 8 abricots pelés, coupés en deux et dénoyautés
- 2 c. à soupe d'amandes effilées
- 3 c. à soupe de cassonade
- 2 c. à soupe de beurre mou

Préparation

1. Porter le lait à ébullition avec la vanille, la cannelle et la muscade. Baisser à feu doux et incorporer le riz, puis laisser cuire pendant 20 minutes jusqu'à ce qu'il soit tendre. Verser dans un bol.

2. Préchauffer le four à 355 °F (180 °C).

3. Incorporer les jaunes d'œufs, le jus de citron et la moitié du sucre dans le bol de riz et remuer.

4. Battre les blancs d'œufs en neige avec le reste du sucre et verser dans le bol de riz.

5. Déposer les moitiés d'abricots dans un grand plat graissé allant au four et saupoudrer de zeste de citron, d'amandes et de cassonade et arroser de beurre mou, puis faire cuire au four pendant 10 minutes.

6. Verser le riz sur les abricots et faire cuire au four pendant encore 20 minutes. Servir chaud.

Poivrons farcis au fromage et aux herbes

Croatie

T 15 minutes   C 30 minutes   P 4

Ingrédients
- 4 poivrons rouges
- 2 tasses de fromage de brebis
- 1/2 tasse de tomates en dés
- 1/2 tasse d'olives noires et vertes dénoyautées et tranchées
- Le jus de 1/2 citron
- 1/4 de tasse de persil frais haché
- 2 c. à soupe d'huile d'olive
- 1 échalote hachée
- 2 gousses d'ail hachées
- Sel et poivre

Préparation

1. Préchauffer le four à 400 °F (205 °C).

2. Couper les poivrons en deux dans le sens de la hauteur et épépiner.

3. Dans un bol, écraser le fromage de brebis. Incorporer les tomates, les olives, le jus de citron, le persil, le sel et le poivre selon le goût et bien remuer.

4. Faire chauffer l'huile d'olive dans une poêle. Faire revenir l'échalote et l'ail et incorporer au mélange de fromage. Assaisonner et farcir les moitiés de poivron avec le fromage. Déposer dans un plat graissé allant au four et faire cuire pendant 30 minutes.

Champignons à la crème

Danemark

T 15 minutes   C 15 minutes   P 4

Ingrédients
- 2 c. à soupe de beurre
- 2 tasses de champignons tranchés
- 1 c. à thé de fécule de maïs
- 1 tasse de crème
- 1 tasse de provolone râpé
- Pain grillé
- Sel et poivre

Préparation

1. Faire fondre le beurre dans une grande poêle, puis faire sauter les champignons.

2. Dans un bol, mélanger la fécule de maïs et la crème et verser sur les champignons. Ajouter le fromage et remuer pour le faire fondre. Poivrer selon le goût et ajouter une pincée de sel, puis servir le tout sur du pain grillé.

Gratin de poisson

Danemark

T 15 minutes   C 30 minutes   P 4 à 6

Ingrédients

- 2 c. à soupe de beurre
- 3 filets de poisson blanc (tilapia, sole)
- 1 tasse de crevettes cuites
- 1/2 tasse de chair de crabe
- 1 oignon haché
- 1 gousse d'ail hachée
- 1 poireau coupé en rondelles
- 1/2 tasse de crème
- 1 tasse de vin blanc
- 1 c. à thé de thym
- 1/2 tasse de chapelure
- 1 tasse de fromage havarti râpé
- Sel et poivre

Préparation

1. Faire chauffer le beurre et faire griller les filets de poisson pendant 2 à 3 minutes de chaque côté. Émietter le poisson et verser dans un bol avec les crevettes et la chair de crabe.

2. Préchauffer le four à 375 °F (190 °C).

3. Ajouter un peu de beurre dans la poêle et faire revenir l'oignon, l'ail et les poireaux pendant 5 minutes. Verser la crème et poursuivre la cuisson pendant 3 minutes. Ajouter le vin, le thym, le sel et le poivre selon le goût et faire cuire pendant 5 minutes.

4. Déposer le mélange de poisson au fond d'un plat en verre graissé allant au four. Verser uniformément le mélange de poireaux au vin et à la crème sur le poisson et saupoudrer de chapelure et de fromage.

5. Faire cuire le tout au four pendant 20 à 25 minutes jusqu'à ce que le fromage soit fondu et la surface soit dorée.

Tartine de ... fumé *(smørrebrød)*

Danemark

T 15 minutes   P 4

Ingrédients

- 1 tasse de yogourt nature
- 1 échalote hachée
- Le jus de 1 citron
- 2 c. à soupe de vinaigre balsamique
- 1 c. à thé de moutarde de Dijon
- 4 pains ronds
- 4 grandes tranches de gouda
- 4 à 8 tranches de saumon fumé
- 4 c. à soupe de ciboulette
- Sel et poivre

Préparation

1. Dans un bol, mélanger le yogourt, l'échalote, le jus de citron, le vinaigre, la moutarde, le sel et le poivre selon le goût.

2. Couper les pains dans le sens de la longueur. Étaler la sauce au yogourt sur la surface intérieure des pains. Garnir l'une des surfaces de chaque pain d'une tranche de fromage et d'une ou deux tranches de saumon fumé. Saupoudrer de 1 c. à soupe de ciboulette. Assaisonner au goût et fermer le sandwich.

Artichauts farcis à la viande

Espagne

T 25 minutes   C 50 minutes   P 4

Ingrédients
- 4 artichauts
- 1 c. à soupe d'huile d'olive
- 2 oignons verts hachés
- 1 gousse d'ail haché
- 250 g de porc haché maigre
- 2 tranches de jambon serrano coupées en lanières
- 1/4 de tasse de persil frais haché
- 1 tasse de sauce tomate épicée
- 1/4 de tasse de chapelure
- 1/2 tasse de parmesan râpé
- Sel et poivre

Préparation
1. Couper les pieds des artichauts et les faire bouillir pendant une vingtaine de minutes. Bien égoutter.

2. Préchauffer le four à 375 °F (190 °C).

3. Faire chauffer 1 c. à soupe d'huile d'olive à feu moyen et faire revenir les oignons verts et l'ail pendant 5 minutes. Ajouter le porc haché, le jambon et le persil, saler et poivrer selon le goût et faire revenir jusqu'à ce que la viande soit dorée.

4. Jeter l'excédent de graisse. Ajouter la sauce tomate et laisser mijoter pendant encore 5 minutes. Bien remuer, retirer du feu et ajouter la chapelure.

5. Écarter les feuilles d'artichaut le plus possible et déposer dans un plat en verre graissé allant au four. Farcir les artichauts avec la préparation à la viande et aux tomates et saupoudrer de parmesan.

6. Faire cuire au four pendant 20 minutes et servir chaud.

Calamars à la plancha

Espagne

T 10 minutes   C 7 minutes   P 4

Ingrédients
- 450 g de calamars
- 1/4 de tasse de persil frais haché
- 4 gousses d'ail hachées
- 3 c. à soupe d'huile d'olive
- Le jus de 1 citron
- Sel et poivre

Préparation
1. Rincer et égoutter les calamars. Verser dans un bol.

2. Mélanger le persil, l'ail, l'huile d'olive et le jus de citron dans un mélangeur ou un robot culinaire. Verser sur les calamars et remuer. Saler et poivrer au goût.

3. Cuire les calamars sur le gril à feu moyen-vif pendant 5 à 7 minutes en les retournant à la mi-cuisson. Servir avec la marinade.

Champignons à l'ail

Espagne

T 10 minutes   C 15 minutes   P 4

Ingrédients
- 4 c. à soupe d'huile d'olive
- 4 gousses d'ail hachées
- 1 pincée de piment fort
- 3 tasses de champignons lavés, sans les pieds
- 1/2 tasse de persil frais haché
- Le jus de 1 citron
- Sel et poivre

Préparation
1. Faire chauffer l'huile d'olive dans une grande poêle et faire revenir l'ail à feu moyen pendant 5 minutes. Saupoudrer de piment, de sel et de poivre selon le goût.

2. Ajouter les champignons et les faire sauter à feu moyen-vif pendant 4 à 5 minutes jusqu'à ce qu'ils aient absorbé l'huile.

3. Réduire le feu pendant 5 minutes, ajouter le persil et remuer. Faire sauter à feu vif pendant 3 minutes jusqu'à ce que les champignons aient absorbé tout le liquide et servir dans un bol. Verser le jus de citron, rectifier l'assaisonnement et servir.

Chorizo et haricots blancs

Espagne

T 10 minutes   C 25 minutes   P 4

Ingrédients
- 1 c. à soupe d'huile d'olive
- 1/2 oignon haché
- 1 gousse d'ail haché
- 200 g de chorizo tranché
- 1 conserve de tomates en dés
- 1 c. à thé de curcuma
- 1 conserve de haricots blancs rincés et égouttés
- Sel et poivre

Préparation
1. Faire chauffer l'huile d'olive à feu moyen, puis faire revenir l'oignon et l'ail pendant 5 minutes. Ajouter le chorizo et faire dorer pendant encore 5 minutes. Incorporer les tomates, saler et poivrer au goût, ajouter le curcuma et laisser mijoter pendant au moins 10 minutes à feu doux.

2. Incorporer les haricots, remuer et laisser mijoter encore 5 à 10 minutes. Servir chaud.

Crème au lait et aux œufs *(natillas)*

Espagne

T 15 minutes   C 30 minutes   P 4

Ingrédients
- 2 tasses de lait
- 1 c. à thé d'extrait de vanille
- 1/2 c. à thé de cannelle
- 1/2 c. à thé de muscade
- 4 jaunes d'œufs
- 1/2 tasse de sucre
- 1 c. à soupe de fécule de maïs
- 1 c. à soupe de beurre pour graisser les ramequins

Préparation
1. Préchauffer le four à 355 °F (180 °C).

2. Porter le lait à ébullition avec la vanille, la cannelle et la muscade.

3. Pendant ce temps, battre les jaunes d'œufs avec le sucre. Ajouter la fécule de maïs et remuer, puis incorporer le mélange chaud de vanille et de lait pour diluer la fécule.

4. Verser le mélange dans 4 ramequins graissés de beurre, les déposer dans un bain-marie et faire cuire au four pendant 30 minutes.

Crevettes à l'ail

Espagne

T 15 minutes   C 10 minutes   P 4

Ingrédients
- 3 c. à soupe d'huile d'olive
- 7 gousses d'ail hachées
- 1 échalote hachée
- 1 piment *Jalapeño* haché
- 500 g de crevettes pelées
- Le jus de 1 citron
- Sel et poivre

Préparation
1. Faire chauffer l'huile d'olive dans une grande poêle et faire revenir l'ail, l'échalote et le piment pendant 3 ou 4 minutes à feu moyen.

2. Ajouter les crevettes et laisser cuire en retournant pendant environ 5 minutes. Saler et poivrer au goût.

3. Servir chaud avec du jus de citron.

Croquettes de morue

Espagne

T 10 minutes   C 15 minutes   P 4

Ingrédients

- 2 pommes de terre pelées et coupées en cubes
- 1 filet de morue d'environ 250 g
- 1 œuf battu
- 2 gousses d'ail hachées
- 1/4 de tasse de persil haché
- 1/4 de tasse de farine
- 1/4 de tasse d'huile d'olive
- Sel et poivre

Préparation

1. Faire bouillir les pommes de terre pendant une vingtaine de minutes jusqu'à ce qu'elles soient très tendres. Réduire en purée avec un pilon.

2. Pendant ce temps, plonger le filet de morue dans l'eau bouillante pendant 2 minutes et émietter.

3. Dans un grand bol, bien mélanger la morue, l'œuf, la purée de pommes de terre, l'ail, le persil, le sel et le poivre selon le goût et former 12 croquettes.

4. Étaler la farine sur du papier ciré et enrober les croquettes de farine.

5. Faire chauffer l'huile d'olive à feu moyen-vif dans une poêle antiadhésive et faire cuire les croquettes 2 à 3 minutes de chaque côté jusqu'à ce qu'elles soient bien croustillantes. Égoutter et servir avec du citron et de la sauce tartare.

Croquettes au fromage

Espagne

T 10 minutes   C 10 minutes   P 4

Ingrédients

- 4 œufs
- 1 c. à thé de muscade
- 2 tasses de fromage blanc
- 1/2 tasse de farine
- 3 c. à soupe d'huile d'olive
- Sel et poivre

Préparation

1. Battre les œufs dans un bol ajouter la muscade, saler et poivrer au goût. Ajouter le fromage et bien mélanger.

2. Incorporer 1/4 de tasse de farine et remuer jusqu'à l'obtention d'une pâte. Former des boules de la grosseur d'une balle de golf.

3. Étaler le reste de la farine sur du papier ciré et enrober les boules de farine.

4. Faire chauffer l'huile d'olive et faire frire les croquettes jusqu'à ce qu'elles soient dorées. Égoutter sur du papier absorbant et servir.

Dattes farcies au chorizo

Espagne

T 15 minutes   C 10 minutes   P 4

Ingrédients

- 20 dattes fraîches dénoyautées
- 1 chorizo coupé en 20 tranches d'environ 0,5 cm d'épaisseur
- 5 tranches de bacon coupées en 4 morceaux

Préparation

1. Préchauffer le four à 400 °F (205 °C).

2. Remplacer le noyau de chaque datte par une tranche de chorizo, puis enrouler un morceau de bacon autour de la datte. Faire tenir avec un cure-dent imbibé d'eau.

3. Déposer les dattes farcies sur une tôle à pâtisserie et faire cuire pendant 7 à 10 minutes jusqu'à ce que le tout soit chaud et le bacon croustillant.

Europe

Gaspacho

T 10 minutes   R 2 heures   P 4

Ingrédients

- 3 tasses de tomates en dés dans leur jus
- 1 grand concombre pelé et coupé en petits dés
- 2 gousses d'ail hachées
- 1 poivron rouge épépiné et haché
- 1/2 oignon haché
- 1 tasse de jus de tomate
- 1/2 tasse de coriandre hachée
- 2 c. à soupe d'huile d'olive
- 1 c. à soupe de sauce piquante
- Le jus de 1 citron
- 1 c. à thé de sucre
- 1 tasse de croûtons
- Sel et poivre

Préparation

1. Verser les tomates, le concombre, l'ail, le poivron, l'oignon, le jus de tomates, la moitié de la coriandre, l'huile d'olive, la sauce piquante, le jus de citron, le sucre, le sel et le poivre selon le goût dans un mélangeur ou un robot culinaire et réduire le tout en purée.

2. Verser dans un plat et réfrigérer pendant 2 heures. Rectifier l'assaisonnement et servir en garnissant de coriandre et de croûtons.

Gâteaux aux amandes

Espagne

T 20 minutes   C 25 minutes   P 4

Ingrédients
- 2 œufs battus
- 1 tasse d'amandes effilées
- 1/2 tasse d'amandes en poudre
- 1/4 de tasse de beurre fondu
- 1/2 tasse de sucre
- 1 c. à thé de cannelle
- 1 c. à thé d'extrait de vanille
- Le zeste et le jus de 1 orange
- Le zeste de 1 citron

Préparation
1. Préchauffer le four à 355 °F (180 °C).

2. Dans un bol, mélanger les œufs, les amandes, la poudre d'amande et le beurre fondu. Incorporer le sucre et bien remuer. Ajouter la cannelle, la vanille, le jus d'orange et les zestes et bien remuer pour imprégner tous les ingrédients.

3. Former de petites boules de la grosseur d'une balle de golf et les déposer sur une tôle à biscuits graissée.

4. Faire cuire pendant 25 minutes et servir.

Olives marinées

Espagne

T 20 minutes   M 24 heures   P 4

Ingrédients
- 200 g de grosses olives vertes non dénoyautées
- 200 g de grosses olives noires non dénoyautées
- 1 c. à thé de graines de coriandre
- 5 gousses d'ail écrasées
- 2 c. à soupe de fenouil haché
- 1 c. à thé de thym
- 1 c. à thé de piment fort concassé
- Le jus de 1 citron
- 1 tasse d'huile d'olive
- Sel et poivre

Préparation
1. Égoutter les olives et les concasser légèrement. Écraser les graines de coriandre à l'aide d'un mortier et verser les olives, l'ail, le fenouil, le thym, le piment fort, la coriandre, le jus de citron, le sel et le poivre au goût dans un bocal hermétique.

2. Verser de l'huile d'olive de façon à recouvrir complètement les olives, fermer le bocal et réfrigérer. Laisser mariner pendant 12 heures au froid, puis pendant 12 heures à la température de la pièce en remuant de temps à autre.

Omelette espagnole

Espagne

T 20 minutes   C 20 minutes   P 4

Ingrédients
- 4 c. à soupe d'huile d'olive
- 3 grosses pommes de terre pelées et tranchées finement
- 1 oignon tranché finement
- 1 poivron rouge épépiné et haché
- 1/2 tasse d'olives vertes dénoyautées et tranchées
- 4 œufs
- 1/2 tasse de lait
- Sel et poivre

Préparation
1. Faire chauffer 2 c. à soupe d'huile d'olive dans une poêle et faire dorer les pommes de terre pendant 5 minutes. Ajouter l'oignon et le poivron et faire revenir. Émietter les pommes de terre et mélanger à l'oignon, puis ajouter les olives et assaisonner au goût.

2. Battre les œufs avec le lait et verser sur les légumes de façon à les recouvrir complètement. Laisser cuire à feu doux pendant quelques minutes en remuant légèrement la poêle pour décoller la base de l'omelette. Utiliser une cuillère en bois pour la séparer des côtés de la poêle. Le centre de l'omelette doit demeurer juteux.

3. Lorsque l'omelette commence à prendre forme, poser une grande assiette sur le dessus de la poêle et retourner l'omelette dans l'assiette en effectuant un mouvement très rapide. Poser l'omelette dans la poêle et laisser cuire pendant 2 ou 3 minutes.

4. Laisser reposer pendant 5 minutes et couper des portions.

Paëlla

Espagne

T 30 minutes   C 40 minutes   P 8

Ingrédients
- 1/4 de tasse d'huile d'olive
- 3 gousses d'ail haché
- 1 c. à thé de poivre de Cayenne
- 2 tasses de riz
- 3 tasses de bouillon de poulet
- 250 g de moules fraîches
- 2 c. à thé de safran
- 1 feuille de laurier
- 2 poitrines de poulet désossées, sans la peau et coupées en morceaux de 3 cm
- 1 oignon espagnol grossièrement haché
- 1 c. à thé de paprika
- 2 c. à thé d'origan
- 1 poivron rouge épépiné et haché
- 2 chorizos coupés en tranches de 1 cm
- 2 tasses de crevettes pelées
- 1 tasse de pétoncles
- 1 tasse de petits pois
- 1 tasse de vin blanc
- Sel et poivre

Préparation

1. Faire chauffer 2 c. à soupe d'huile d'olive dans une casserole ou dans un plat à paëlla. Faire chauffer l'ail et ajouter le poivre de Cayenne et le riz. Faire revenir 2 minutes, puis ajouter le bouillon de poulet, les moules, le safran, la feuille de laurier, le sel et le poivre selon le goût. Porter à ébullition, réduire à feu moyen-doux et laisser cuire pendant 20 minutes.

2. Pendant ce temps, faire chauffer 2 autres c. à soupe d'huile d'olive dans une poêle. Ajouter le poulet, l'oignon, le paprika, l'origan, le sel et le poivre selon le goût et faire revenir pendant 5 minutes. Ajouter le poivron rouge et le chorizo, puis cuire pendant 5 minutes. Ajouter les crevettes et les pétoncles et faire dorer le tout pendant 3 minutes. Ajouter les petits pois et le vin, couvrir et laisser mijoter 7 minutes.

3. Verser le riz et les moules sur un grand plat de service et couvrir avec le mélange de viandes et de fruits de mer. Remuer et servir.

Pain aux tomates et à l'ail *(pan de tomates)*

T 15 minutes   C 5 minutes   P 4

Ingrédients

- 8 tranches de pain de campagne assez épaisses
- 2 gousses d'ail épluchées
- 4 grosses tomates bien mûres coupées en deux
- 3 c. à soupe d'huile d'olive
- 1 c. à thé de sel

Préparation

1. Faire griller les tranches de pain, puis frotter chacune d'elle vigoureusement avec les gousses d'ail pour les imprégner.

2. Frotter une moitié de tomate sur chaque tranche pour la graisser aussi de tomate, puis verser un petit filet d'huile d'olive et saupoudrer d'une pincée de sel. Si désiré, servir avec du jambon serrano et du fromage.

Pieuvre à la galicienne

T 15 minutes   C 50 minutes   P 2

Ingrédients

- 800 g de pieuvre
- 3 c. à soupe d'huile d'olive
- 2 gousses d'ail épluchées
- 2 c. à thé de piment fort concassé
- 1 c. à thé de paprika
- Le jus de 1 citron
- Sel et poivre

Préparation

1. Laver la pieuvre et la ramollir en la plongeant dans l'eau bouillante pendant 45 secondes à 4 ou 5 reprises et en la sortant de l'eau à chaque fois.

2. Plonger enfin la pieuvre en entier dans l'eau et la faire cuire dans l'eau bouillante pendant environ 30 minutes.

3. Laisser tiédir et couper les tentacules. Faire chauffer l'huile d'olive et faire revenir l'ail. Incorporer les tentacules, remuer et saupoudrer de piment, de paprika, de sel et de poivre selon le goût. Verser le jus de citron, remuer et servir.

Poivrons gratinés et farcis au thon

T 25 minutes   C 30 minutes   P 4

Ingrédients

- 4 poivrons rouges
- 1/4 de tasse d'huile d'olive
- 2 filets de thon sans arêtes
- 1/2 oignon haché
- 2 gousses d'ail pressées
- 1 tasse de tomates en dés
- 1 c. à thé de poivre de Cayenne
- 1/2 c. à thé de cumin
- 1/4 de tasse de coriandre hachée
- 1/4 de tasse de persil haché
- 1 tasse de gruyère râpé
- Sel et poivre

Préparation

1. Retirer les tiges des poivrons, puis badigeonner d'huile d'olive et déposer sur une plaque à biscuits. Faire cuire les poivrons au four à 400 °F (205 °C) pendant 15 minutes. Laisser tiédir et retirer les graines.

2. Faire chauffer 2 c. à soupe d'huile d'olive dans une poêle et faire revenir les filets de thon pendant 3 à 4 minutes de chaque côté. Émietter et réserver.

3. Ajouter un peu d'huile d'olive dans la poêle et faire revenir l'oignon et l'ail à feu moyen pendant 5 minutes. Incorporer les tomates et assaisonner de poivre de Cayenne, de cumin, de sel et de poivre selon le goût. Ajouter le thon, la coriandre et le persil et laisser mijoter le tout en remuant pendant 5 minutes à feu doux.

4. Farcir les poivrons de la préparation au thon et aux tomates et saupoudrer de fromage, puis remettre au four pendant 5 à 10 minutes jusqu'à ce que le fromage fonde.

Poivrons marinés

Espagne

T 15 minutes   R 12 heures   C 20 minutes   P 4

Ingrédients
- 2 poivrons rouges
- 2 poivrons orange
- 1 c. à thé de piment fort en poudre
- 2 gousses d'ail pressées
- 1 c. à thé de thym
- 2 c. à soupe de vinaigre de Xérès
- 2 c. à soupe d'huile d'olive
- Sel et poivre

Préparation

1. Faire cuire les poivrons à « broil », 500 °F (260 °C) pendant 15 à 20 minutes en les retournant régulièrement jusqu'à ce que la peau noircisse et gonfle.

2. Laisser tiédir et retirer la peau des poivrons. Couper en deux et extraire les graines et les filaments, puis couper en lanières d'environ 2 cm d'épaisseur. Déposer le tout dans un grand bol et saupoudrer de sel, de poivre selon le goût et de piment fort.

3. Dans un petit bol, mélanger l'ail, le thym, le vinaigre et l'huile d'olive et verser sur les poivrons. Remuer et réfrigérer pendant 12 heures avant de servir.

Pommes de terre aux tomates épicées *(patatas bravas)*

Espagne

T 15 minutes   C 30 minutes   P 4

Ingrédients
- 4 grosses pommes de terre pelées et coupées en cubes
- 3 c. à soupe d'huile d'olive
- 1/2 tasse de sauce tomate épicée
- 1/4 de tasse de mayonnaise
- Le jus de 1/2 lime
- 2 c. à soupe de vinaigre blanc
- 1 piment *Jalapeño* haché
- 1 gousse d'ail haché
- Sel et poivre

Préparation

1. Faire cuire les pommes de terre dans une casserole d'eau salée pendant environ 20 minutes.

2. Pendant ce temps, faire chauffer 1 c. à soupe d'huile d'olive à feu doux et incorporer la sauce tomate. Ajouter la mayonnaise, le jus de lime, le vinaigre, le sel et le poivre selon le goût, remuer et retirer du feu.

3. Faire chauffer le reste de l'huile d'olive et faire revenir le piment *Jalapeño* et l'ail pendant quelques minutes. Ajouter les pommes de terre et faire dorer toutes les surfaces. Servir les pommes de terre et napper de sauce.

Poulet à l'ail

Espagne

T 15 minutes   C 45 minutes   P 4

Ingrédients
- 1 échalote hachée
- 2 c. à soupe d'huile d'olive
- 1 poulet coupé en morceaux
- 2 c. à thé de paprika
- 7 gousses d'ail hachées
- 2 tasses de vin blanc sec
- 1 bouquet de persil frais haché
- Sel et poivre

Préparation

1. Faire revenir l'échalote dans l'huile d'olive dans une marmite pendant environ 5 minutes. Ajouter le poulet et le faire brunir tous les côtés. Assaisonner de sel et de poivre selon le goût et ajouter le paprika. Retirer le poulet de la cocotte et réserver.

2. Baisser à feu doux et incorporer l'ail. Faire revenir pendant 5 minutes et ajouter le vin blanc. Porter à ébullition, remettre le poulet, couvrir et laisser mijoter à feu moyen-doux pendant une trentaine de minutes. Servir et saupoudrer de persil frais.

Salade catalane

Espagne

T 20 minutes   C 40 minutes   P 4

Ingrédients
- 1 paquet d'épinards ou de laitue
- 2 grandes pommes de terre lavées
- 2 œufs
- 1/2 tasse de haricots verts
- 1 poivron rouge tranché
- 1 chorizo coupé en rondelles
- 3 c. à soupe d'huile d'olive
- 1 c. à soupe de mayonnaise
- 2 c. à soupe de vinaigre de Xérès
- 2 tomates coupées en quartiers
- 12 filets d'anchois dans l'huile
- 12 à 15 olives noires ou vertes
- Sel et poivre

Préparation
1. Déchirer la laitue et verser dans une grande assiette de service.

2. Couper les pommes de terre en quatre et faire bouillir pendant une vingtaine de minutes jusqu'à ce qu'elles soient tendres. Trancher et réserver.

3. Pendant ce temps, déposer les œufs dans une casserole avant de les couvrir d'eau froide et porter à ébullition. Lorsque l'eau se met à bouillir, couvrir et retirer du feu, puis laisser reposer les œufs dans l'eau chaude pendant 10 minutes. Retirer les œufs de l'eau chaude, laisser refroidir, écaler et couper en quartiers. Réserver.

4. Faire cuire les haricots à la vapeur pendant environ 7 minutes. Réserver.

5. Faire revenir le poivron et les tranches de chorizo dans une poêle avec 1 c. à soupe d'huile d'olive pendant 5 à 7 minutes. Assaisonner et réserver.

6. Dans un petit bol, mélanger l'huile d'olive, la mayonnaise, le vinaigre de Xérès, saler et poivrer au goût.

7. Déposer les pommes de terre, les haricots, les tranches de poivron et de chorizo, les œufs durs, les tomates, les anchois et les olives sur le lit d'épinards ou de laitue. Verser la vinaigrette, remuer et servir.

Salade de lentilles au chorizo

Espagne

T 20 minutes   C 10 minutes   P 4

Ingrédients
- 2 c. à soupe d'huile d'olive
- 1/2 oignon haché
- 1 chorizo de taille moyenne épicée et tranchée mince
- 1 gousse d'ail hachée
- 1 conserve d'environ 400 g de lentilles vertes rincées et égouttées
- 2 c. à soupe de vinaigre de Xérès
- 1 c. à thé d'origan
- 10 tomates cerises tranchées en deux
- 1/4 de tasse de persil frais haché
- Sel et poivre

Préparation
1. Faire chauffer l'huile d'olive dans une poêle et faire sauter l'oignon et le chorizo pendant 5 minutes. Ajouter l'ail, les lentilles, le vinaigre de Xérès, l'origan, le sel et le poivre et faire chauffer à feu doux pendant 3 ou 4 minutes.

2. Verser le tout dans un saladier et rectifier l'assaisonnement. Garnir de tomates cerises et de persil. Servir froid ou chaud.

Sandwichs grillés au manchego et au jambon serrano

Espagne

T 10 minutes   C 5 minutes   P 2

Ingrédients
- 4 tranches de pain de campagne épaisses
- 2 c. à soupe de beurre
- 6 tranches de jambon serrano
- 4 tranches minces de manchego
- 2 cornichons à l'aneth tranchés finement
- Sel et poivre

Préparation
1. Tartiner de beurre une surface de chaque tranche de pain. Poser 3 tranches de jambon sur 2 surfaces tartinées. Garnir de fromage et de tranches de cornichons, saler et poivrer au goût. Refermer les sandwichs en prenant soin de poser la surface tartinée de chaque tranche de pain sur les cornichons.

2. Faire chauffer le sandwich dans une poêle antiadhésive (avec un peu de beurre au besoin) ou dans un four à panini jusqu'à ce que le pain soit grillé et le fromage soit fondu. Couper en deux portions et servir immédiatement.

Sardines à l'escabèche

Espagne

T 15 minutes   C 20 minutes   R 2 heures   P 4

Ingrédients

- 20 sardines
- 1/4 de tasse de farine
- 3 c. à soupe de beurre
- 3 gousses d'ail hachées
- 1 poivron rouge épépiné et haché
- 1 échalote hachée
- 1/4 de tasse d'huile d'olive
- 1/4 de tasse de persil haché
- 1 c. à thé de thym
- 2 feuilles de laurier
- Le jus de 1 citron
- 1/2 tasse de vinaigre de vin
- Sel et poivre

Préparation

1. Enrober les sardines de farine. Faire chauffer le beurre à feu moyen-vif et faire revenir les sardines pendant 3 à 4 minutes de chaque côté. Déposer les sardines dans un grand plat en verre.

2. Faire revenir l'ail, le poivron et l'échalote dans une casserole avec la moitié de l'huile d'olive pendant 5 minutes. Ajouter le persil, le thym, la feuille de laurier, le jus de citron, le vinaigre et le reste de l'huile et porter le tout à ébullition. Saler et poivrer selon le goût et verser sur les sardines. Réfrigérer pendant 2 heures et servir froid.

Tortilla espagnole au jambon serrano

Espagne

T 20 minutes   C 20 minutes   P 4

Ingrédients

- 3 c. à soupe d'huile d'olive
- 1 échalote hachée
- 1 poivron rouge épépiné et tranché finement
- 6 œufs
- 1/2 tasse de lait
- 4 tranches de jambon serrano coupées en lanières
- Sel et poivre

Préparation

1. Faire chauffer 1 c. à soupe d'huile d'olive et faire griller l'échalote et le poivron pendant 5 à 7 minutes à feu moyen-vif. Saler et poivrer selon le goût et réserver.

2. Battre les œufs avec le lait, saler et poivrer selon le goût. Incorporer les tranches de poivron, les lanières de jambon et l'échalote, puis mélanger.

3. Faire chauffer le reste de l'huile dans la poêle à feu moyen et verser la préparation aux œufs. Laisser cuire à feu moyen pendant 10 à 15 minutes en remuant légèrement la poêle pour décoller la base de l'omelette. Utiliser une cuillère en bois pour la séparer des côtés de la poêle. Lorsque la tortilla est bien prise, retourner et faire cuire l'autre côté pendant 5 minutes à feu moyen-doux jusqu'à ce qu'elle soit dorée.

Pain farci au poisson
(Kalakukko)

Finlande

T 40 minutes   R 1 heure   C 1 heure   P 2

Ingrédients

- 1/2 tasse de farine de seigle
- 1/2 tasse de farine de froment
- 1/4 de tasse de beurre mou
- 1/4 de tasse d'eau
- 1 œuf
- 2 c. à soupe d'aneth frais haché
- 1 grand filet de tilapia défait en morceaux
- 50 g lard fumé coupé en dés
- 2 c. à soupe de crème
- 1 jaune d'œuf
- 1 c. à thé de sel
- 1/2 c. à thé de poivre

Préparation

1. Tamiser les deux types de farine avec le sel et le poivre, puis incorporer le beurre, l'eau, l'œuf et l'aneth et remuer pour obtenir une pâte lisse et homogène.

2. Pétrir la pâte et former une grosse boule. Couvrir et laisser reposer pendant près de 1 heure.

3. Préchauffer le four à 375 °F (190 °C).

4. Former deux grands cercles avec la pâte et étaler le poisson et le lard sur l'un des cercles et napper de crème. Couvrir la farce avec l'autre cercle et pincer les rebords pour les faire tenir ensemble. Badigeonner la surface avec du jaune d'œuf et faire cuire au four pendant 1 heure. Servir chaud.

Muffins Runeberg

Finlande

T 25 minutes   C 15 minutes   P 8

Ingrédients

- 1 œuf
- 1/2 tasse de sucre
- 1/4 de tasse de crème
- 1/4 de tasse d'amandes en poudre
- 15 biscuits secs réduits en miettes
- 1/2 tasse de beurre mou
- 1/4 de tasse de farine
- 1 c. à thé de poudre à pâte
- 1/2 c. à soupe de muscade
- 1 tasse de confiture de framboises
- Le zeste et le jus de 1 citron
- 2 c. à soupe de sucre en poudre

Préparation

1. Préchauffer le four à 375 °F (190 °C).

2. Battre l'œuf avec le sucre jusqu'à l'obtention d'une texture qui mousse. Ajouter la crème, la poudre d'amande et les biscuits secs et verser le beurre. Bien mélanger le tout.

3. Incorporer la farine, la poudre à pâte et la muscade en remuant le mélange jusqu'à l'obtention d'une texture homogène.

4. Verser la pâte dans des moules à muffins graissés et faire cuire au four pendant une quinzaine de minutes.

5. Pendant ce temps, mélanger le zeste, le jus et la confiture.

6. Garnir chaque muffin de confiture à la framboise et saupoudrer de sucre en poudre.

Soupe de saumon

Finlande

T 15 minutes   C 25 minutes   P 4

Ingrédients

- 5 tasses de bouillon de poisson
- 4 grosses pommes de terre pelées et coupées en dés
- 1 oignon haché
- 1 tasse de crème fraîche
- 2 c. à soupe d'aneth frais haché
- 600 g de saumon frais de qualité sushi coupé en tranches de 2 cm d'épaisseur
- 2 c. à soupe de beurre
- Sel et poivre

Préparation

1. Porter le bouillon à ébullition et faire cuire les pommes de terre avec l'oignon à feu moyen pendant 20 minutes jusqu'à ce qu'elles soient tendres. Saler et poivrer selon le goût.

2. Incorporer la crème et l'aneth et rectifier l'assaisonnement. Ajouter les morceaux de saumon et porter à ébullition. Faire bouillir pendant près de 5 minutes et ajouter le beurre. Remuer et garnir d'aneth. Servir chaud.

Aligot

France

T 30 minutes   C 25 minutes   P 4

Ingrédients

- 6 grosses pommes de terre pelées et tranchées finement
- 1/2 tasse de crème fraîche
- 3 c. à soupe de beurre fondu
- 2 gousses d'ail écrasées
- 400 g de tomme d'Auvergne ou de Cantal en petits morceaux
- 1/2 c. à thé de muscade
- Sel et poivre

Préparation

1. Faire cuire les pommes de terre dans une casserole d'eau bouillante pendant 20 minutes jusqu'à ce qu'elles soient tendres. Réduire en purée à l'aide d'un pilon.

2. Ajouter la crème, le beurre et l'ail et bien mélanger à feu doux jusqu'à l'obtention d'une texture onctueuse.

3. Ajouter le fromage et remuer à l'aide d'une spatule jusqu'à ce qu'il soit fondu. Ajouter la muscade, saler et poivrer au goût et remuer encore quelques minutes. Servir chaud.

Blanquette de veau

France

T 30 minutes   C 1 h 40   P 4

Ingrédients

- 900 g d'épaule de veau désossée
  et coupée en morceaux
- 2 tasses de bouillon bœuf
- 2 carottes pelées et coupées en dés
- 1 tasse de champignons
- 1 oignon haché
- 3 clous de girofle
- 1 feuille de laurier
- 1 c. à thé de thym
- 1 c. à thé de muscade
- 2 c. à soupe de beurre
- 2 c. à soupe de farine
- Le jus de 1/2 citron
- 2 jaunes d'œufs
- 1/4 de tasse de crème
- 1 citron en quartiers
- Sel et poivre

Préparation

1. Rincer la viande et déposer dans un grand chaudron. Couvrir de bouillon de bœuf et ajouter les carottes, les champignons, l'oignon, les clous de girofle et la feuille de laurier. Saler et poivrer selon le goût, ajouter le thym et la muscade et laisser mijoter à feu doux pendant 1 h 30.

2. Vers la fin de la cuisson, faire fondre le beurre à feu doux dans une poêle. Ajouter la farine et remuer jusqu'à ce qu'il n'y ait plus de grumeaux. Incorporer 1 tasse du bouillon de cuisson et le jus de citron et remuer pendant 10 minutes.

3. Dans un bol, mélanger les œufs et la crème et incorporer le tout dans la sauce en remuant.

4. Transférer la viande et les légumes dans un plat à service en utilisant une cuillère à rainures et napper de sauce. Servir avec des quartiers de citron.

Bœuf bourguignon

France

T 20 minutes   C 1 heure   P 4

Ingrédients

- 3 c. à soupe de beurre
- 2 c. à soupe d'huile d'olive
- 1 oignon haché finement
- 2 gousses d'ail hachées
- 800 g de cubes de bœuf de type filet mignon
- 50 g de lardons
- 2 carottes râpées et coupées en dés
- 1 tasse de champignons
- 1 feuille de laurier
- 1 c. à thé de thym
- 1 c. à soupe de persil frais haché
- 1 c. à thé de girofle
- 2 1/2 tasses de vin rouge
- 1 c. à soupe de farine
- Sel et poivre

Préparation

1. Faire chauffer le beurre et l'huile et faire revenir l'oignon et l'ail pendant 5 minutes. Ajouter les cubes de bœuf et faire dorer toutes les surfaces.

2. Ajouter les lardons, les carottes, les champignons, la feuille de laurier, le thym, le persil, le girofle, le sel et le poivre au goût et remuer.

3. Incorporer le vin, porter à ébullition, verser la farine, remuer puis baisser le feu, couvrir et laisser mijoter pendant 1 heure. Servir chaud.

Confit de canard

France

T 20 minutes   C 2 h 30   P 4

Ingrédients

- 4 cuisses de canard
- 300 g de graisse de canard
- 3 gousses d'ail hachées
- 3 c. à soupe d'huile d'olive
- Sel et poivre

Préparation

1. Trancher les parties grasses des cuisses avec un couteau pointu et bien enrober de sel.

2. Préchauffer le four à 250 °F (120 °C).

3. Dans un bol, mélanger l'huile d'olive et l'ail, puis badigeonner les cuisses avec la marinade. Déposer sur une plaque à biscuits recouverte de papier ciré et faire cuire au four pendant 2 heures.

4. Faire fondre la graisse de canard à feu doux.

5. Augmenter la température à 355 °F (180 °C), verser la graisse sur les cuisses et laisser cuire encore 30 minutes. Servir.

Crème brûlée

France

T 20 minutes   R 3 heures   C 40 minutes   P 6

Ingrédients

- 2 tasses de crème à fouetter
- 3 gros jaunes d'œufs
- 1 c. à thé d'extrait de vanille
- 1/4 de tasse de cassonade
- 2 c. à soupe de sucre

Préparation

1. Préchauffer le four à 355 °F (180 °C).

2. Faire chauffer la crème à feu moyen jusqu'à la formation de bulles.

3. Dans un bol, fouetter les jaunes d'œufs, la vanille et la cassonade jusqu'à l'obtention d'une texture homogène. Incorporer la crème chaude dans le mélange et remuer.

4. Verser le tout dans 6 ramequins et les déposer dans un bain-marie. Faire cuire au four pendant 30 minutes. Réfrigérer ensuite pendant 2 heures.

5. Préchauffer le gril et déposer les ramequins sur la plaque à biscuits. Saupoudrer 1 c. à thé de sucre sur chacun et faire griller jusqu'à ce que le sucre brunisse en faisant tourner la plaque pour faire dorer uniformément pendant 2 minutes et en surveillant de près pour éviter que les crèmes ne brûlent. Réfrigérer pendant 1 heure.

Crêpes jambon et fromage

France

T 15 minutes   C 20 minutes   P 2

Ingrédients

- 1/2 tasse de farine
- 1/2 de tasse de lait
- 1 œuf
- 1/2 c. à thé de muscade
- 1/2 c. à thé de cannelle
- 1 c. à thé d'extrait de vanille
- 1 c. à soupe de beurre
- 3 tranches de jambon de Paris coupé en lanières
- 1/2 tasse de gruyère râpé
- Sel et poivre

Préparation

1. Dans un grand bol, mélanger la farine, le lait, l'œuf, la muscade, la cannelle et la vanille. Ajouter une pincée de sel et de poivre.

2. Faire chauffer le beurre dans une poêle antiadhésive à feu moyen-vif.

3. Verser une louche de pâte à crêpe au centre de la poêle et la faire tourner pour que le mélange recouvre complètement la surface. Lorsque le dessous de la crêpe est doré, retourner et garnir la moitié de la crêpe de jambon et de fromage. Replier l'une des extrémités vers l'intérieur et rouler la crêpe, puis baisser le feu à moyen-doux pour faire fondre le fromage. Servir immédiatement.

Croque-madame

France

T 10 minutes   C 10 minutes   P 2

Ingrédients

- 2 c. à soupe de beurre
- 4 tranches de pain croûté
- 1/2 tasse de gruyère râpé
- 2 tranches de jambon de Paris
- 1 c. à soupe d'huile d'olive
- 2 œufs
- Sel et poivre

Préparation

1. Préchauffer le four à 350 °F (175 °C).

2. Beurrer chaque tranche de pain des deux côtés.

3. Assembler les croques en saupoudrant une tranche de pain d'une mince couche de gruyère râpé, puis en déposant une tranche de jambon, une autre tranche de pain et une dernière couche de fromage râpé. Faire de même pour l'autre croque.

4. Déposer les croques sur une plaque recouverte de papier ciré et faire cuire au four pendant 10 minutes jusqu'à ce qu'ils soient bien dorés.

5. Pendant ce temps, faire chauffer l'huile d'olive dans une poêle et faire frire les œufs pendant environ 5 minutes jusqu'à ce que le blanc soit bien cuit.

6. Déposer les croque-madame dans une assiette et poser un œuf à plat sur chacun d'eux. Saler et poivrer au goût et servir.

Europe

Croque-monsieur

France

T 10 minutes   C 10 minutes   P 2

Ingrédients
- 2 c. à soupe de beurre fondu
- 1 œuf
- 1/4 de tasse de lait
- 1/4 de tasse de gruyère râpé
- 1 c. à thé de muscade
- 4 tranches de pain croûté
- 4 tranches de jambon de Paris
- Sel et poivre

Préparation
1. Préchauffer le four à 350 °F (175 °C).

2. Mélanger le beurre fondu, l'œuf, le lait, le fromage râpé, la muscade, le sel et le poivre selon le goût dans un grand bol.

3. Tremper chaque tranche de pain croûté dans le mélange, puis garnir une tranche de pain de fromage et de jambon avant de refermer chaque sandwich.

4. Déposer les croque-monsieur sur une plaque recouverte de papier sulfuré et faire cuire au four pendant 10 minutes jusqu'à ce que les croques soient bien dorés.

Escargots à l'ail gratinés

France

T 10 minutes   C 10 minutes   P 2

Ingrédients
- 3 c. à soupe de beurre
- 2 gousses d'ail
- 1 conserve d'escargots
- 3 c. à soupe de persil frais haché
- 1/4 de tasse de gruyère râpé
- Sel et poivre

Préparation
1. Préchauffer le four à 450 °F (230 °C).

2. Faire chauffer le beurre et faire revenir l'ail pendant 2 minutes. Incorporer les escargots et le persil et remuer le tout.

3. Déposer les escargots dans des petits moules à escargots allant au four et faire gratiner pendant 5 à 7 minutes. Servir chaud.

Foie de veau à la crème et au citron

France

T 15 minutes   C 20 minutes   P 4

Ingrédients
- 1/4 de tasse de beurre mou
- 2 échalotes hachées
- 1 gousse d'ail hachée
- 2 tasses de bouillon de bœuf
- Le zeste et le jus de 3 citrons
- 1 tasse de crème à 35 %
- 1 tasse de vin blanc
- 1/4 de tasse de persil frais haché
- 800 g de foie de veau coupé en lanières
- Sel et poivre

Préparation
1. Faire chauffer le beurre et faire revenir l'échalote et l'ail pendant 4 ou 5 minutes à feu moyen. Ajouter le bouillon de bœuf et laisser mijoter pendant 5 minutes. Ajouter le jus de citron, la crème, le vin et assaisonner de persil, de sel et de poivre selon le goût.

2. Incorporer le zeste de citron râpé, remuer et laisser mijoter la sauce encore 5 minutes.

3. Pendant ce temps, faire chauffer 1 c. à soupe de beurre et faire sauter les lanières de foie de veau à feu vif. Servir et napper de sauce à la crème et au citron.

Fondue au fromage

France

T 20 minutes   C 20 minutes   P 4

Ingrédients

- 1 gousse d'ail pelée et coupée en deux dans le sens de la longueur
- 250 g de fromage suisse râpé
- 250 g de gruyère râpé
- 250 g d'emmenthal râpé
- 1 c. à soupe de fécule de maïs
- 1 tasse de vin blanc sec
- 2 c. à thé de muscade
- 1 c. à soupe de kirsch
- 1 baguette coupée en dés
- 300 g de viande de grison coupée en lanières
- 2 tasses de cornichons à l'aneth

Préparation

1. Frotter l'intérieur d'un caquelon avec la gousse d'ail.

2. Verser les fromages et la fécule dans le caquelon et faire chauffer à feu doux. Ajouter le vin et la muscade et faire chauffer à feu doux en remuant sans cesse jusqu'à ce que le fromage soit complètement fondu. Ajouter le kirsch et poursuivre la cuisson en remuant.

3. Déposer le caquelon sur un réchaud et disposer les garnitures coupées en morceaux dans un plat au centre de la table.

4. Piquer les garnitures avec des fourchettes à fondue et tremper dans le fromage.

Gratin dauphinois

France

T 10 minutes   C 45 minutes   P 4

Ingrédients

- 1 tasse de lait
- 4 grosses pommes de terre pelées et tranchées finement
- 1 gousse d'ail écrasée
- 1 c. à thé de muscade
- 1 c. à thé de thym
- 1/4 de tasse de crème à 35 %
- Sel et poivre

Préparation

1. Préchauffer le four à 355 °F (180 °C).

2. Porter le lait à ébullition dans une grande poêle. Ajouter les tranches de pommes de terre, l'ail, la muscade, le thym, le sel et le poivre selon le goût et remuer. Baisser le feu et laisser mijoter pendant 15 minutes.

3. Verser le tout dans un plat en verre graissé allant au four et napper de crème. Rectifier l'assaisonnement et faire cuire au four pendant une trentaine de minutes jusqu'à ce que la surface soit dorée et croustillante.

Hachis parmentier

France

T 15 minutes   C 45 minutes   P 4

Ingrédients

- 4 grosses pommes de terre pelées et coupées en dés
- 2 carottes pelées et coupées en dés
- 1 c. à soupe de beurre mou
- 1/4 de tasse de lait
- 1/4 de tasse de crème
- 1 c. à thé d'huile d'olive
- 1 gousse d'ail écrasée
- 1 oignon haché
- 400 g de bœuf haché maigre
- 1 c. à thé de muscade
- 1 tasse de gruyère râpé
- Sel et poivre

Préparation

1. Préchauffer le four à 400 °F (205 °C).

2. Faire bouillir les pommes de terre et les carottes dans une casserole d'eau pendant environ 20 minutes jusqu'à ce qu'elles soient tendres. Réduire en purée avec le beurre, le lait et la crème et saler et poivrer selon le goût.

3. Faire chauffer l'huile dans une poêle, puis faire revenir l'ail et l'oignon jusqu'à ce qu'ils soient tendres. Incorporer le bœuf haché et faire revenir pendant une dizaine de minutes jusqu'à ce qu'il soit doré. Ajouter la muscade, saler et poivrer selon le goût.

4. Jeter l'excédent de gras, puis verser la viande dans un plat allant au four. Couvrir de purée de pommes de terre crémeuse et saupoudrer de fromage. Faire cuire au four pendant 10 minutes et servir.

Pot-au-feu

France

T 45 minutes   C 1 h 15   P 4

Ingrédients
- 6 à 8 tasses de bouillon de bœuf
- 700 g de viande de bœuf
- 500 g de plat de côte
- 2 os à mœlle
- 1 oignon haché
- 3 carottes pelées et coupées en dés
- 3 poireaux ficelés
- 5 branches de céleris tranchées
- 1/2 navet pelé et coupé en dés
- 20 haricots jaunes ciselés
- 3 gousses d'ail hachées
- 2 clous de girofle
- 2 feuilles de laurier
- 1 c. à thé de thym
- 1 c. à thé d'herbes de Provence
- 1 c. à thé de romarin
- 5 grosses pommes de terre pelées et coupées en morceaux
- Sel et poivre

Préparation

1. Verser le bouillon de bœuf dans un grand faitout et porter à ébullition, puis ajouter la viande et les os et laisser mijoter à feu doux pendant 12 à 15 minutes en prenant soin de retirer souvent l'écume qui se forme à la surface.

2. Incorporer l'oignon, les carottes, les poireaux, le céleri, le navet, les haricots, l'ail, les clous de girofle, les feuilles de laurier, le thym, les herbes de Provence, le romarin, le sel et le poivre selon le goût. Baisser à feu doux et laisser mijoter à pendant près de 1 heure.

3. Ajouter les pommes de terre et poursuivre la cuisson encore 30 à 35 minutes en ajoutant du bouillon au besoin jusqu'à ce qu'elles soient tendres. Le pot-au-feu se sert bien chaud avec des cornichons et de la moutarde forte.

Quiche lorraine

France

T 15 minutes   C 50 minutes   P 4

Ingrédients
- 1 tasse de petits lardons
- 1/4 d'oignon haché finement
- 4 œufs
- 1 tasse de lait
- 1/4 de tasse de crème fraîche
- 1/2 c. à thé de poivre de Cayenne
- 1/2 c. à thé de muscade
- 1 tasse de gruyère râpé
- 1 croûte de tarte non cuite de 9 po (23 cm)
- Sel et poivre

Préparation

1. Préchauffer le four à 425 °F (220 °C).

2. Faire cuire les lardons dans une poêle à feu moyen-vif jusqu'à ce qu'ils soient croustillants. Incorporer l'oignon et faire revenir 3 minutes. Égoutter les lardons sur du papier absorbant. Réserver les lardons et l'oignon.

3. Dans un bol, battre les œufs avec le lait et la crème, puis assaisonner de poivre de Cayenne, de muscade, de sel et de poivre au goût. Incorporer 3/4 de tasse de fromage et remuer.

4. Parsemer le fond de la croûte de lardons et d'oignon. Verser le mélange d'œufs par-dessus et saupoudrer le tout avec le reste du fromage.

5. Faire cuire au four pendant 15 minutes. Réduire le feu à 300 °F (150 °C) et faire cuire pendant encore 25 minutes ou jusqu'à ce que la pointe d'un couteau insérée dans la quiche en ressorte propre. Laisser reposer la quiche 10 minutes avant de couper en pointes.

Ratatouille

France

T 20 minutes   C 1 h 15   P 4

Ingrédients
- 1/4 de tasse d'huile d'olive
- 3 courgettes tranchées
- 1 aubergine coupée en dés de 1 cm
- 3 gousses d'ail hachées finement
- 1 gros oignon tranché en rondelles
- 2 tasses de champignons tranchés
- 1 poivron vert tranché
- 1 poivron rouge tranché
- 1 grosse conserve de tomates en dés dans leur jus
- 1 pincée de sucre
- 1 feuille de laurier
- 1 c. à thé de thym
- 2 c. à thé de persil séché
- 1 c. à thé de romarin
- Sel et poivre

Préparation

1. Faire chauffer l'huile d'olive dans une grande poêle et faire revenir les courgettes et l'aubergine pendant 7 minutes en remuant. Réserver.

2. Incorporer l'ail et l'oignon et faire dorer pendant 5 minutes. Ajouter les champignons et les poivrons et faire cuire pendant 5 minutes à feu moyen. Ajouter les tomates et la pincée de sucre et laisser mijoter pendant 5 minutes à feu moyen.

3. Ajouter l'aubergine et les courgettes, la feuille de laurier, le thym, le persil, le romarin, le sel et le poivre selon le goût et bien remuer. Baisser à feu doux et laisser mijoter pendant près de 1 heure en brassant régulièrement. Rectifier l'assaisonnement et servir.

Salade niçoise

France

T 15 minutes   C 20 minutes   P 4

Ingrédients

- 2 grandes pommes de terre lavées
- 4 œufs
- 1/2 tasse de haricots verts
- 3 c. à soupe d'huile d'olive
- 2 c. à soupe de vinaigre de vin
- Le jus de 1/2 citron
- 3 tomates mûres coupées en quartiers
- 2 conserves de thon égoutté et émietté
- 1 conserve de filets d'anchois égouttés et coupés en morceaux
- 8 olives noires dénoyautées
- 8 olives vertes dénoyautées
- Sel et poivre

Préparation

1. Couper les pommes de terre en quatre et les faire bouillir pendant une vingtaine de minutes jusqu'à ce qu'elles soient tendres.

2. Pendant ce temps, déposer les œufs dans une casserole, couvrir d'eau froide et porter à ébullition. Lorsque l'eau se met à bouillir, couvrir et retirer du feu, puis laisser reposer les œufs dans l'eau chaude pendant 10 minutes. Retirer les œufs de l'eau chaude, laisser refroidir, écaler et les couper en quartiers.

3. Faire cuire les haricots à la vapeur pendant environ 7 minutes.

4. Dans un petit bol, mélanger l'huile d'olive, le vinaigre de vin et le jus de citron.

5. Déposer les pommes de terre, les haricots, les œufs durs, les tomates, le thon, les anchois et les olives sur une assiette de service. Verser la vinaigrette, saler et poivrer selon le goût et servir.

Sole meunière

France

T 20 minutes   C 15 minutes   P 4

Ingrédients

- 4 filets de sole d'environ 200 g chacun
- 1/4 de tasse de farine
- 3 c. à soupe de beurre
- 1/4 de tasse de persil frais haché
- Le jus de 1 citron
- Sel et poivre

Préparation

1. Nettoyer les filets de sole et les sécher avec du papier absorbant.

2. Dans un bol, mélanger la farine, le sel et le poivre selon le goût et étaler sur du papier ciré. Étendre les filets dans la farine pour enrober toute la surface et secouer légèrement pour enlever l'excès.

3. Faire fondre le beurre dans une grande poêle antiadhésive et faire cuire les filets de sole pendant 5 minutes de chaque côté. Servir les filets de sole, garnir de persil et arroser de jus de citron.

Soupe à l'oignon gratinée

France

T 20 minutes   C 25 minutes   P 4

Ingrédients

- 3 c. à soupe de beurre
- 4 oignons tranchés
- 1 c. à soupe de farine
- 2 tasses de vin rouge
- 3 tasses de bouillon de bœuf
- 1 c. à thé de thym
- 4 tranches de pain baguette grillées
- 1 tasse de gruyère râpé
- 1 tasse de parmesan râpé
- Sel et poivre

Préparation

1. Faire fondre le beurre et faire cuire les oignons à feu doux pendant 10 minutes jusqu'à ce qu'ils soient légèrement dorés. Ajouter la farine et remuer pendant 3 minutes.

2. Ajouter le vin, le bouillon, le thym, le sel et le poivre et laisser mijoter 15 minutes à feu doux.

3. Verser la soupe dans des bols allant au four. Garnir chaque soupe d'une tranche de pain baguette et saupoudrer de fromage. Faire gratiner à « broil » pendant 5 minutes jusqu'à ce que le fromage soit doré et la surface croustillante.

Tartare de bœuf

France

T 20 minutes   R 1 heure   P 2

Ingrédients

- 250 g de filet de bœuf ou intérieur de ronde
- 1 oignon vert haché finement
- 1 jaune d'œuf
- 2 c. à soupe de persil haché
- 3 c. à soupe d'huile d'olive
- Le jus de 1 citron
- 1 c. à soupe de moutarde à l'ancienne
- 1 c. à soupe de câpres
- 2 c. à thé de sauce piquante
- 1 c. à thé de sauce Worcestershire
- Sel et poivre
- Roquette
- Pain grillé

Préparation

1. Hacher finement le filet de bœuf et le déposer dans un grand bol. Incorporer l'oignon vert, le jaune d'œuf et le persil et remuer le tout.

2. Dans un petit bol, mélanger l'huile d'olive, le jus de citron, la moutarde, les câpres, la sauce piquante et la sauce Worcestershire, puis saler et poivrer selon le goût et verser sur la viande. Bien remuer tous les ingrédients.

3. Réfrigérer le tartare pendant au moins 1 heure. Servir le tartare sur un lit de roquette avec du pain grillé.

Tartare de saumon

France

T 25 minutes   R 1 heure   P 2

Ingrédients

- 1/2 c. à thé de graines de moutarde
- 1 c. à thé d'aneth séché
- 1 c. à thé de grains de poivre
- 1 c. à thé de sel de mer
- 700 g de saumon, sans la peau, qualité sushi
- 1 oignon vert haché finement
- 2 c. à soupe de câpres hachées
- 3 c. à soupe de feuilles de coriandre hachées finement
- Le jus et le zeste de 1 citron
- 2 c. à soupe de mayonnaise
- 2 c. à soupe d'huile d'olive
- 1/2 c. à thé de sauce piquante
- Roquette
- Pain grillé

Préparation :

1. À l'aide d'un moulin à poivre ou d'un mortier, écraser les graines de moutarde, l'aneth séché, les grains de poivre et le sel de mer.

2. Couper le saumon en petits morceaux et les verser dans un grand bol. Ajouter les épices moulues, l'oignon vert, les câpres, la coriandre et le zeste de citron et remuer le tout.

3. Dans un petit bol, mélanger le jus de citron, la mayonnaise, l'huile d'olive et la sauce piquante, puis verser le tout sur le saumon et bien mélanger.

4. Réfrigérer le tartare pendant au moins 1 heure pour le laisser macérer, puis servir sur un lit de roquette avec du pain grillé.

Tarte tatin

France

T 20 minutes   R 30 minutes   C 45 minutes   P 6

Ingrédients

- 1 feuille de pâte feuilletée
- 1 c. à soupe de farine
- 1/2 tasse de cassonade
- 1/2 c. à thé de cannelle
- 1/2 c. à thé de muscade
- 2 c. à soupe de beurre mou
- 8 pommes étrognées, pelées et coupées en quartiers
- 1/2 tasse de crème fraîche

Préparation

1. Préchauffer le four à 355 °F (180 °C).

2. Étendre la pâte feuilletée sur une surface farinée à l'aide d'un rouleau à pâte et former un grand rectangle, puis couper un disque de pâte feuilletée de 10 po (25 cm) de diamètre. Réfrigérer pendant 30 minutes jusqu'à ce qu'elle soit ferme.

3. Mélanger la cassonade, la cannelle et la muscade dans un bol.

4. Graisser le fond et les côtés d'un moule avec le beurre et saupoudrer le fond avec la moitié du sucre. Poser les tranches de pommes au fond du moule et verser le reste du sucre, puis laisser dorer à feu doux pendant 20 minutes.

5. Faire cuire au four pendant 20 minutes, sortir du four et poser la pâte sur les pommes, puis remettre au four pendant encore 20 minutes jusqu'à ce que la pâte soit dorée.

6. Laisser reposer 10 minutes et servir chaud avec de la crème fraîche.

Europe

Tartiflette au fromage et aux lardons

France

T 25 minutes   C 40 minutes   P 6

Ingrédients

- 4 pommes de terre pelées et coupées en deux
- 1 c. à soupe d'huile d'olive
- 1 oignon haché
- 1 tasse de lardons
- 1 tasse de vin blanc sec
- 2 fromages Reblochon ou 400 g de fromage à raclette
- 1 c. à thé de thym
- Sel et poivre

Préparation

1. Faire cuire les pommes de terre dans l'eau bouillante pendant 20 minutes jusqu'à ce qu'elles soient tendres, puis couper en rondelles fines.

2. Faire chauffer l'huile d'olive dans une poêle à feu moyen et faire revenir l'oignon pendant 5 minutes. Ajouter les lardons et faire dorer légèrement, puis incorporer les pommes de terre et poursuivre la cuisson pendant 10 minutes.

3. Préchauffer le four à 400 °F (205 °C).

4. Verser le vin dans la poêle, saler et poivrer au goût. Remuer et verser le tout dans un moule à tarte graissé. Couper les fromages en deux dans le sens de la largeur et poser à plat sur les pommes de terre, ou alors étaler uniformément les tranches de fromage à raclette. Saupoudrer de thym et faire cuire au four pendant 30 minutes.

Europe

Terrine de foie gras au porto

France

T 35 minutes   C 40 minutes   R 24 heures   P 6

Ingrédients

- 1 foie gras de canard de 500 g
- 1 c. à thé de sucre en poudre
- 1 c. à thé de muscade
- 1/2 c. à thé de quatre-épices
- 2 c. à thé de sel
- 1 pincée de poivre
- 4 c. à soupe de porto

Préparation

1. Faire tremper le foie de canard dans l'eau tiède pendant 1 heure.

2. Préchauffer le four à 200 °F (95 °C).

3. Égoutter et éponger le foie. Faire une incision de 2 cm de profondeur sur les lobes de haut en bas. Enlever les nerfs et les veines avec la pointe d'un couteau.

4. Dans un petit bol, mélanger le sucre, la muscade, le quatre-épices, le sel et le poivre selon le goût, puis frotter le mélange d'épices contre la surface des lobes et refermer doucement.

5. Déposer le foie dans une terrine graissée et arroser de porto. Couvrir et faire cuire au four pendant 40 minutes.

6. Retirer la graisse et réserver. Aplatir la terrine et laisser refroidir. Réserver la graisse et la terrine au réfrigérateur pendant 24 heures, puis faire fondre la graisse à feu très doux et verser sur la terrine. Couvrir et réfrigérer pendant au moins 2 jours avant de servir.

Veau marengo

France

T 25 minutes   C 1 h 45   P 6

Ingrédients

- 3 c. à soupe d'huile d'olive
- 1,1 kg de viande de veau coupée en morceaux
- 3 carottes pelées et tranchées
- 2 échalotes hachées
- 2 gousses d'ail hachées
- 1 c. à soupe de farine
- 2 c. à soupe de pâte de tomate
- 1/2 tasse de bouillon de poulet
- 2 tasses de vin blanc sec
- 2 feuilles de laurier
- 1 c. à thé de thym
- 1 c. à thé d'herbes de Provence
- 1 c. à thé de romarin
- 4 pommes de terre pelées et coupées en dés
- 2 tasses de champignons tranchés
- Sel et poivre

Préparation

1. Faire chauffer l'huile d'olive dans une cocotte à feu moyen et faire dorer la viande pendant quelques minutes. Ajouter les carottes, les échalotes et l'ail et faire revenir quelques minutes. Saupoudrer de farine et laisser dorer quelques instants.

2. Incorporer la pâte de tomate et le bouillon de poulet et remuer pendant quelques secondes, puis ajouter le vin, les feuilles de laurier, le thym, les herbes de Provence, le romarin, le sel et le poivre selon le goût.

3. Laisser mijoter à feu doux pendant 1 h 15, puis ajouter les pommes de terre et les champignons et laisser cuire encore 20 à 25 minutes jusqu'à ce qu'elles soient tendres. Servir chaud.

Baklava

Grèce

T 20 minutes   C 20 minutes   P 6

Ingrédients

- 6 c. à soupe de beurre fondu
- 1 1/2 tasse d'amandes en julienne
- 1/2 tasse de pistaches pelées non salées
- 1/2 tasse de noix de Grenoble hachées
- 1/4 de tasse de sucre
- 1 c. à soupe de cannelle
- 1/2 c. à thé de girofle
- 3 c. à soupe de miel
- 2 c. à soupe d'eau de fleur d'oranger
- 15 feuilles de pâte phyllo

<u>Sirop</u>
- 1/4 de tasse d'eau
- 1/4 de tasse de cassonade
- 1/4 de tasse de miel
- 1 c. à soupe de cannelle
- Le jus de 1 citron

Préparation

1. Préchauffer le four à 355 °F (180 °C).

2. Faire chauffer 2 c. à soupe de beurre et faire revenir les noix pendant quelques minutes. Verser les noix dans un grand bol et incorporer le sucre, la cannelle, le girofle, 2 c. à soupe de beurre fondu, le miel et l'eau de fleur d'oranger et bien mélanger.

3. Préparer les feuilles de pâte phyllo en badigeonnant chacune d'elle avec du beurre fondu.

4. Étaler 5 feuilles de pâte phyllo au fond d'un plat graissé allant au four et garnir de la préparation aux noix avant de terminer avec les dernières feuilles de pâte. Faire de petites entailles sur le dessus de la pâte avec la lame d'un couteau.

5. Faire cuire au four pendant 20 minutes jusqu'à ce que la pâte soit dorée.

6. Pour le sirop, faire bouillir l'eau avec la cassonade, le miel, la cannelle et le jus de citron dans une casserole, puis verser le sirop bien chaud sur les baklavas refroidis et coupés en carrés.

Europe

Brochettes d'agneau

Grèce

T 20 minutes   M 1 heure   C 15 minutes   P 4

Ingrédients

- 3 c. à soupe d'huile d'olive
- Le jus de 2 citrons
- 1 c. à thé d'origan
- 1 c. à thé de thym
- 3 gousses d'ail émincées
- 750 g de selle d'agneau coupée en cubes
- 2 poivrons rouges coupés en gros dés
- 1 gros oignon coupé en quartiers
- Sel et poivre

Préparation

1. Dans un bol, mélanger l'huile d'olive, le jus de citron, l'origan, le thym et l'ail et incorporer la viande. Remuer pour bien enrober, saler et poivrer au goût et laisser mariner pendant une heure au réfrigérateur.

2. Piquer les cubes de viandes sur des pics en bois imbibé d'eau ou des pics de métal en alternant avec des morceaux de poivrons et d'oignon.

3. Faire cuire sur le barbecue à feu moyen pendant 5 à 7 minutes de chaque côté. Badigeonner avec la marinade pendant la cuisson et servir chaud.

Feuilles de vigne farcies au riz

Grèce

T 45 minutes   C 1 h 30   P 6

Ingrédients

- 4 c. à soupe d'huile d'olive
- 1 oignon haché
- 1 gousse d'ail hachée
- 1 tasse de riz
- 4 tasses de bouillon de poulet
- 1 bouquet de persil haché
- 1 c. à thé de romarin
- Le jus de 2 citrons
- 30 feuilles de vigne
- Sel et poivre

Préparation

1. Préchauffer le four à 400 °F (205 °C).

2. Faire chauffer 2 c. à soupe d'huile d'olive, puis faire revenir l'oignon pendant 5 minutes. Ajouter l'ail, le riz, le sel et le poivre au goût et poursuivre la cuisson pendant 3 minutes en remuant bien.

3. Verser 2 tasses de bouillon de poulet et laisser cuire pendant environ 20 minutes jusqu'à ce que le riz soit encore légèrement croquant. Ajouter le persil et le romarin et remuer, puis verser le jus de 1 citron, saler et poivrer au goût.

4. Étaler les feuilles de vigne en prenant soin de mettre la surface luisante vers le bas. Verser 1 ou 2 c. à soupe au centre de chaque feuille et étaler. Replier les extrémités vers l'intérieur et rouler.

5. Déposer les feuilles de vigne farcies dans une sauteuse et verser 2 tasses de bouillon ou plus sur les feuilles de façon à les couvrir complètement. Verser le reste de l'huile d'olive et le jus de l'autre citron, puis couvrir d'une feuille d'aluminium et poser une assiette sur le dessus pour s'assurer que les feuilles de vigne restent immergées dans le bouillon. Laisser mijoter ainsi pendant environ 1 heure à feu doux. Égoutter et servir avec du tzatziki.

Feuilleté aux épinards

Grèce

T 20 minutes   C 30 minutes   P 6

Ingrédients

- 2 c. à soupe d'huile d'olive
- 1 oignon haché
- 1 gousse d'ail émincée
- 1/2 tasse de persil frais haché
- 3 tasses d'épinards hachés
- 1 œuf
- 1 tasse de feta émietté
- 1/2 tasse de ricotta
- 1 c. à thé de muscade
- Le jus de 1/2 citron
- 8 feuilles de pâte phyllo
- 3 c. à soupe de beurre mou

Préparation

1. Préchauffer le four à 375 °F (190 °C)

2. Faire chauffer l'huile d'olive et faire revenir l'oignon et l'ail pendant 3 minutes. Ajouter le persil et les épinards et remuer pendant 5 minutes pour les faire suer.

3. Dans un grand bol, mélanger l'œuf, le feta, la ricotta, la muscade et le jus de citron jusqu'à l'obtention d'une texture homogène. Verser le mélange d'épinards et remuer le tout.

4. Badigeonner les feuilles de pâte avec du beurre mou et superposer 4 feuilles de pâte phyllo au fond d'un plat en verre graissé allant au four. Garnir la pâte de farce en l'étalant uniformément sur toute la surface, puis recouvrir le tout de 4 autres feuilles de pâte.

5. Faire cuire au four pendant environ 25 minutes jusqu'à ce que le feuilleté soit doré et croustillant. Laisser reposer quelques minutes et couper des carrés.

Feuilletés au fromage

  Grèce

T 25 minutes   C 15 minutes   P 4

Ingrédients
• 1 œuf
• 1 tasse de feta émietté
• 1/2 tasse de fromage *halloumi*
• 1/2 tasse de fromage cottage
• 12 feuilles de pâte phyllo
• 3 c. à soupe de beurre mou
• Poivre

Préparation
1. Préchauffer le four à 400 °F (205 °C)

2. Battre l'œuf et incorporer les fromages en continuant de fouetter le tout. Poivrer selon le goût.

3. Badigeonner une feuille de pâte phyllo de beurre mou et verser une grosse cuillérée du mélange au fromage au centre de la feuille. Replier les bordures sur la farce et former un rouleau, puis répéter pour les autres feuilles de pâte.

4. Déposer les feuilletés sur une plaque à biscuits et faire cuire au four pendant 15 à 20 minutes ou jusqu'à ce que les feuilletés soient dorés.

Gratin d'aubergines

  Grèce

T 20 minutes   C 30 minutes   P 4

Ingrédients
• 2 aubergines coupées en rondelles
• 1 c. à soupe d'huile d'olive
• 1 oignon haché
• 1 gousse d'ail hachée
• 2 tasses de tomates en dés
• 1/2 tasse d'olives dénoyautées tranchées
• 1 c. à soupe de basilic
• 1 c. à thé de thym
• 1 c. à thé d'origan
• 1/4 de tasse de persil frais haché
• 1 tasse de feta émietté
• Sel et poivre

Préparation
1. Préchauffer le four à 375 °F (190 °C).

2. Faire bouillir les tranches d'aubergines dans une casserole pendant environ 5 minutes. Égoutter et éponger.

3. Faire chauffer l'huile d'olive et faire revenir l'oignon pendant 5 minutes. Incorporer l'ail et faire revenir à feu moyen pendant 2 minutes. Ajouter les tomates et remuer, puis ajouter les olives, les tranches d'aubergines, le basilic, le thym, l'origan et le persil, saler et poivrer au goût et faire mijoter à feu moyen-doux pendant 10 minutes.

4. Verser le tout dans un plat en verre graissé allant au four et saupoudrer de feta. Faire cuire au four pendant 15 à 20 minutes, gratiner le fromage pendant 3 minutes à « broil » et servir.

Légumes à la grecque

  Grèce

T 20 minutes   C 30 minutes   P 4

Ingrédients
• 4 c. à soupe d'huile d'olive
• 4 carottes pelées et tranchées
• 2 poivrons rouges tranchés
• 1 tête de chou-fleur coupée en petits bouquets
• 1 tête de brocoli coupée en petits bouquets
• 1 tasse de pois mange-tout
• 2 oignons coupés en quartiers
• 1 tasse de tomates en dés
• 1 tasse de vin blanc sec
• Le zeste et le jus de 1 citron
• 1/4 de tasse de persil haché
• 1/4 de tasse de coriandre hachée
• 1 c. à thé de thym
• 1 feuille de laurier
• Sel et poivre

Préparation
1. Faire chauffer l'huile d'olive dans une grande poêle et faire revenir les carottes, les poivrons, le chou-fleur, le brocoli, les pois et les oignons jusqu'à ce qu'ils soient dorés en remuant sans cesse.

2. Ajouter les tomates et remuer, puis verser le vin blanc, le zeste et le jus de citron, le persil, la coriandre, le thym, la feuille de laurier, le sel et le poivre au goût et faire cuire à feu moyen-vif jusqu'à ce que le liquide soit presque complètement évaporé. Les légumes peuvent alors être réfrigérés et servis froids ou chauds, comme accompagnement ou comme hors-d'œuvre.

Moussaka

Grèce

T 30 minutes   C 1 heure   P 4

Ingrédients

- 3 aubergines coupées en rondelles
- 1 c. à soupe d'huile d'olive
- 1/4 de tasse de beurre mou
- 1 oignon haché
- 1 gousse d'ail hachée
- 400 g d'agneau haché
- 2 tasses de tomates en dés
- Le jus de 1 citron
- 1 c. à soupe de basilic
- 1 c. à thé de thym
- 1 c. à thé d'origan
- 1/4 de tasse de persil frais haché
- 3 c. à soupe de farine
- 2 tasses de lait
- 1 tasse de feta émietté
- Sel et poivre

Préparation

1. Préchauffer le four à 355 °F (180 °C).

2. Faire bouillir les tranches d'aubergines dans une casserole pendant environ 5 minutes. Égoutter et éponger. Faire chauffer 1 c. à soupe d'huile d'olive et faire frire les aubergines pendant 5 minutes. Réserver.

3. Faire chauffer 1 c. à soupe de beurre et faire revenir l'oignon pendant 5 minutes. Incorporer l'ail et faire revenir à feu moyen pendant 2 minutes. Ajouter l'agneau et faire dorer, puis verser les tomates, le jus de citron, le basilic, le thym, l'origan et le persil, saler et poivrer au goût et faire mijoter à feu moyen-doux pendant 20 minutes.

4. Pendant ce temps, faire fondre le reste du beurre dans une poêle et incorporer la farine. Remuer jusqu'à l'obtention d'une texture lisse, puis verser le lait et remuer à feu doux jusqu'à l'obtention d'une sauce épaisse.

5. Verser la moitié des aubergines au fond d'un plat en verre graissé allant au four et couvrir de la sauce aux tomates et à la viande. Garnir la sauce avec le reste des aubergines et couvrir de sauce béchamel. Saupoudrer le tout de feta et faire cuire au four pendant 45 minutes jusqu'à ce que le tout soit gratiné.

Pita houmous et *halloumi*

Grèce

T 10 minutes   C 5 minutes   P 2

Ingrédients

- 150 g de fromage *halloumi*
- 1 c. à soupe d'huile d'olive
- 6 c. à soupe de houmous épicé
- 1 c. à thé de *zaatar*
- 1 c. à soupe de jus de citron
- 2 pains pitas
- 10 olives noires dénoyautées et tranchées
- Poivre

Préparation

1. Couper le fromage en tranches d'environ 1 cm d'épaisseur et badigeonner d'huile.

2. Dans un petit bol, mélanger le houmous, le *zaatar* et le jus de citron.

3. Ouvrir chaque pita avec la pointe d'un couteau et tartiner l'intérieur de houmous.

4. Faire frire le fromage dans une poêle antiadhésive jusqu'à ce qu'il soit doré et garnir l'intérieur des pitas de tranches de fromage et d'olives. Poivrer au goût et servir.

Europe

Salade grecque

Grèce

T 20 minutes   R 30 minutes   P 4

Ingrédients

- 2 tomates coupées en quartiers
- 1 concombre anglais coupé en dés
- 1 oignon rouge coupé en rondelles
- 1 poivron vert coupé en rondelles
- 1/2 tasse d'olives Kalamata
- 1 bloc de feta coupé en dés
- 1 c. à thé de thym séché
- 1 c. à soupe de persil haché
- 1/4 de tasse de menthe fraîche hachée
- 1/2 tasse d'huile d'olive
- 3 c. à soupe de vinaigre de vin rouge
- 2 c. à soupe de jus de citron
- Sel et poivre

Préparation

1. Déposer les quartiers de tomates, les morceaux de concombre, les rondelles d'oignon et de poivron, les olives et les morceaux de feta dans un grand saladier. Saler et poivrer au goût, ajouter le thym, le persil et la menthe.

2. Dans un petit bol, mélanger l'huile d'olive, le vinaigre et le citron, puis verser la vinaigrette sur la salade. Réfrigérer environ 30 minutes et servir.

Soupe citron, poulet et riz

Grèce

T 10 minutes   C 20 minutes   P 4

Ingrédients

- 8 tasses de bouillon de poulet
- 2 grosses poitrines de poulet désossées, sans la peau
- 1/2 tasse de riz
- 2 œufs
- Le jus de 2 citrons
- Sel et poivre

Préparation

1. Porter le bouillon à ébullition et faire cuire le poulet pendant 10 minutes. Défaire en filaments.

2. Ajouter le riz et faire cuire pendant une vingtaine de minutes jusqu'à ce qu'il soit tendre.

3. Pendant ce temps, battre les œufs avec le jus de citron et 1 tasse de bouillon chaud, puis incorporer le tout dans la soupe. Saler et poivrer au goût et ajouter une rondelle de citron. Servir chaud.

Tomates farcies à la grecque

Grèce

T 15 minutes   C 45 minutes   P 4

Ingrédients

- 8 grosses tomates
- 1 c. à soupe d'huile d'olive
- 1 oignon haché
- 1 gousse d'ail émincée
- 500 g d'agneau haché
- 10 olives dénoyautées et tranchées
- 1/4 de tasse de persil frais haché
- 1 c. à thé d'origan
- 1 tasse de feta émietté
- Sel et poivre

Préparation

1. Préchauffer le four à 355 °F (180 °C).

2. Couper la partie supérieure des tomates, vider l'intérieur et garder les chapeaux.

3. Dans une poêle, faire chauffer l'huile d'olive à feu moyen et faire revenir l'oignon et l'ail pendant quelques minutes. Ajouter la viande et la faire dorer, puis incorporer les olives, le persil et l'origan. Saler et poivrer au goût.

4. Farcir les tomates du mélange de viande, saupoudrer de feta et remettre les chapeaux.

5. Déposer les tomates dans un plat graissé allant au four et faire cuire pendant 40 minutes.

Tzatziki

Grèce

T 15 minutes   R 1 heure   P 4

Ingrédients

- 1 concombre pelé, épépiné et coupé en dés
- Sel
- 2 tasses de yogourt nature à 2 %
- 1 c. à soupe d'huile d'olive
- Le jus de 1/2 citron
- 2 gousses d'ail hachées
- 2 c. à soupe de menthe fraîche hachée

Préparation

1. Déposer les morceaux de concombre dans un bol, saupoudrer de sel et laisser dégorger pendant 15 minutes. Éponger.

2. Mélanger le yogourt, le concombre, l'huile d'olive, le jus de citron, l'ail et la menthe dans un grand bol, couvrir et réfrigérer pendant au moins 1 heure avant de servir.

Goulache

Hongrie

T 20 minutes   C 2 heures   P 4

Ingrédients

- 2 c. à soupe de beurre
- 1 oignon haché
- 1 gousse d'ail hachée
- 600 g de bœuf en cubes
- 2 c. à soupe de paprika
- 1 c. à thé de cumin
- 1 tasse de tomate en dés
- 3 tasses de bouillon de bœuf
- Le zeste et le jus de 1 citron
- 1 c. à thé de muscade
- 1 c. à thé de thym
- 1 c. à thé d'origan
- 4 pommes de terre pelées et coupées en quatre
- 2 c. à soupe de crème fraîche
- Sel et poivre

Préparation

1. Faire chauffer le beurre à feu moyen et faire revenir l'oignon pendant 5 minutes. Ajouter l'ail et la viande et faire dorer toute la surface. Saupoudrer de paprika et de cumin, puis incorporer les tomates et remuer.

2. Verser le bouillon, le jus et le zeste de citron, ajouter la muscade, le thym, l'origan, saler et poivrer au goût. Baisser à feu doux et laisser mijoter pendant près de 1 h 30. Ajouter les pommes de terre et plus de bouillon au besoin et laisser cuire pendant 20 minutes jusqu'à ce que les pommes de terre soient tendres.

3. Verser la crème avant de servir et bien remuer.

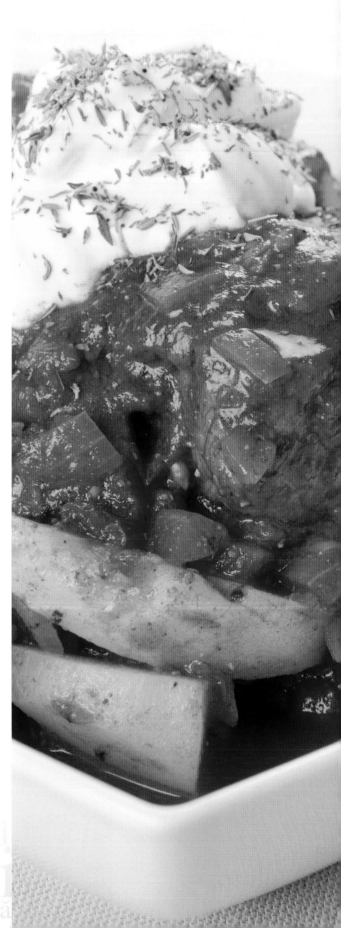

Poulet au paprika

T 20 minutes   C 40 minutes   P 2

Ingrédients

- 2 c. à soupe d'huile d'olive
- 1 oignon haché
- 2 c. à soupe de paprika
- 1/2 tasse de tomates en dés
- 1 tasse de bouillon de poulet
- 1 poivron rouge tranché
- 2 poitrines de poulet désossées, sans la peau et coupées en morceaux
- 2 c. à soupe de crème fraîche
- Sel et poivre

Préparation

1. Faire chauffer l'huile d'olive à feu moyen et faire revenir l'oignon pendant 5 minutes. Saupoudrer de paprika et remuer, puis incorporer les tomates, le bouillon de poulet et les tranches de poivron.

2. Ajouter le poulet, saler et poivrer selon le goût, couvrir et laisser mijoter pendant 25 à 30 minutes à feu doux jusqu'à ce que le poulet soit tendre.

3. Verser la crème avant de servir et bien remuer. Servir avec du riz blanc.

Soupe à la choucroute

Hongrie

T 20 minutes   C 1 h 30   P 4

Ingrédients

- 600 g de choucroute
- 1 c. à soupe d'huile d'olive
- 1 oignon haché
- 300 g de poitrine de bœuf coupée en morceaux
- 1 gousse d'ail haché
- 150 g de lardons
- 2 c. à soupe de paprika
- 6 tasses de bouillon de bœuf
- 1 c. à soupe de beurre
- 1 c. à soupe de farine
- 2 c. à soupe de crème fraîche
- Sel et poivre

Préparation

1. Rincer et presser la choucroute pour extraire le liquide.

2. Dans une casserole, faire chauffer l'huile d'olive et faire revenir l'oignon et le bœuf pendant 5 à 7 minutes. Ajouter l'ail et les lardons et faire revenir le tout à feu moyen-doux pendant 3 minutes.

3. Incorporer la choucroute, saupoudrer de paprika, saler et poivrer au goût. Remuer, puis verser le bouillon sur les ingrédients, baisser le feu et laisser mijoter pendant près de 1 heure.

4. À la fin de la cuisson, faire fondre dans une poêle 1 c. à soupe de beurre à feu doux et ajouter la farine. Remuer quelques instants pour faire dorer, puis verser la crème et remuer. Incorporer ce mélange dans la soupe, remuer le tout, rectifier l'assaisonnement et servir.

Bœuf salé et chou sauté

Irlande

T 20 minutes   C 2 h 15   P 4

Ingrédients

- 1/4 de tasse de mayonnaise
- 3 c. à soupe de moutarde de Dijon
- 1 c. à thé de thym
- 1 c. à thé d'origan
- 450 g de bœuf salé
- 6 clous de girofle
- 2 c. à soupe d'huile d'olive
- 1 oignon haché
- 1 gousse d'ail émincé
- 1 chou vert coupé en lamelles
- 2 c. à soupe de cassonade
- Sel et poivre

Préparation

1. Préchauffer le four à 355 °F (180 °C).

2. Dans un petit bol, mélanger la mayonnaise et la moutarde de Dijon. Ajouter le thym, l'origan, saler et poivrer au goût.

3. Déposer le bœuf salé sur une feuille d'aluminium en prenant soin de poser la partie grasse vers le haut. Insérer les clous de girofle dans le bœuf et badigeonner avec 2/3 de la dijonnaise. Envelopper la surface dans du papier d'aluminium, déposer dans une rôtissoire et faire cuire au four pendant 2 heures.

4. Vers la fin de la cuisson, faire chauffer l'huile d'olive et faire dorer l'oignon et l'ail pendant 3 à 5 minutes. Incorporer le chou et faire dorer à feu moyen. Saler et poivrer au goût.

5. À la fin de la cuisson, soulever le papier d'aluminium, badigeonner la surface avec le reste de la dijonnaise et saupoudrer de cassonade. Faire rôtir à « broil » pendant 3 à 5 minutes, laisser reposer et couper des tranches. Servir avec le chou.

Scones irlandais

Irlande

T 15 minutes   C 20 minutes   P 4

Ingrédients

- 1 1/2 tasse de farine
- 1 c. à thé de bicarbonate de soude
- 1/4 de tasse de sucre
- 1 c. à thé de cannelle
- 1 pincée de sel
- 1/4 de tasse de beurre
- 1 œuf
- 1/4 de tasse de lait
- 1/4 de tasse de crème

Préparation

1. Préchauffer le four à 450 °F (230 °C).

2. Tamiser la farine, le bicarbonate de soude, le sucre, la cannelle et le sel dans un bol.

3. Ajouter le beurre en morceaux et travailler la pâte jusqu'à ce que le mélange ressemble à de la chapelure. Ajouter l'œuf, le lait et la crème et mélanger pour former une pâte bien lisse.

4. Déposer la pâte sur une surface farinée et étaler pour obtenir une épaisseur de 2 cm. Couper en tranches de 5 cm de largeur et déposer sur une plaque à pâtisserie graissée.

5. Faire cuire au four pendant 15 à 20 minutes, puis laisser refroidir sur une grille pendant 10 minutes. Servir avec du beurre.

Europe

Soupe aux pois et au jambon

Irlande

T 20 minutes   C 40 minutes   P 4

Ingrédients
- 2 tasses de pois séchés
- 2 c. à soupe de beurre
- 1 oignon haché
- 3 pommes de terre pelées et coupées en dés
- 6 tasses de bouillon de légumes
- 1/4 de tasse de lait
- 1/2 tasse de jambon coupé en dés
- 1 c. à soupe de persil frais haché
- Sel et poivre

Préparation
1. Rincer les pois et égoutter.

2. Dans une casserole, faire fondre le beurre et faire revenir l'oignon pendant 5 à 7 minutes. Ajouter les pois et les pommes de terre et remuer. Verser le bouillon de légumes et laisser mijoter à feu doux pendant 20 minutes jusqu'à ce que les pois et pommes de terre soient tendres.

3. Verser le tout dans un mélangeur ou un robot culinaire, incorporer le lait et réduire en purée. Remettre dans la casserole et ajouter le jambon et le persil, puis saler et poivrer au goût. Faire chauffer à feu doux pendant 10 minutes et servir.

Beignets frits

Islande

T 20 minutes   C 5 minutes   P 4

Ingrédients
- 1 tasse de farine
- 1 pincée de sel
- 1 c. à thé de poudre à pâte
- 2 œufs
- 1/2 tasse de lait
- 1/2 tasse de sucre
- 1 c. à thé d'extrait de vanille
- 1/4 de tasse de cassonade
- Le jus de 1/2 citron
- 1 c. à thé de cannelle
- Huile pour la friture

Préparation
1. Préchauffer le four à 355 °F (180 °C).

2. Dans un bol, tamiser la farine, le sel et la poudre à pâte.

3. Dans un autre bol, battre les œufs avec le lait, le sucre et la vanille. Verser le tout dans le bol avec les ingrédients secs et bien pétrir jusqu'à l'obtention d'une pâte lisse et homogène. Former des boules ou des beignets avec la pâte et saupoudrer de farine.

4. Dans un petit bol, mélanger la cassonade, le jus de citron et la cannelle.

5. Faire chauffer l'huile à feu moyen-vif et faire frire les beignets pendant environ 5 minutes jusqu'à ce qu'ils soient dorés. Égoutter sur du papier absorbant et tremper la surface dans le mélange de sucre, cannelle et citron.

Crêpes islandaises

Islande

T 15 minutes   C 20 minutes   P 2

Ingrédients
- 2 œufs
- 1/2 tasse de lait
- 1 tasse de farine
- 1/2 c. à thé de bicarbonate de soude
- 1/2 c. à thé de poudre à pâte
- 1 pincée de sel
- 3 c. à soupe de beurre mou
- 1/2 c. à thé d'extrait d'amande
- 1/2 c. à thé d'extrait de vanille

Préparation
1. Dans un grand bol, mélanger les œufs et le lait jusqu'à l'obtention d'une texture très lisse.

2. Incorporer la farine, le bicarbonate de soude, la poudre à pâte, le sel, le beurre et les extraits de vanille et d'amande, puis mélanger pour obtenir une pâte homogène et lisse.

3. Graisser légèrement une poêle et verser 1/4 de tasse de pâte au centre de la poêle et faire tourner pour étaler sur toute la surface. Lorsque les côtés commencent à relever et que le dessous est doré, retourner pour faire frire l'autre côté. Faire de même pour le reste de la pâte. Empiler les crêpes et servir avec de la cassonade et de la confiture.

Morue au vin blanc et aux pommes de terre

Islande

T 20 minutes   C 45 minutes   P 4

Ingrédients

- 4 c. à soupe de beurre
- 2 oignons hachés
- 1 tasse de vin blanc sec
- 3 tasses de bouillon de poisson
- 4 pommes de terre pelées
  et coupées en morceaux
- 4 filets de morue d'environ 200 g chacun coupés
  en morceaux
- Le jus de 1 citron
- Sel et poivre

Préparation

1. Faire fondre 1 c. à soupe de beurre dans une casserole et faire revenir les oignons pendant 5 minutes. Saler et poivrer selon le goût. Ajouter le vin blanc, remuer, puis verser le bouillon et porter à ébullition.

2. Incorporer les pommes de terre et la morue et laisser cuire à feu doux pendant 25 minutes. Saler et poivrer au goût.

3. Pendant ce temps, faire fondre le reste du beurre et incorporer le citron. Remuer à feu doux.

4. Servir le poisson et les pommes de terre et napper de beurre au citron.

Bruschettas aux légumes grillés

Italie

T 10 minutes   C 10 minutes   P 4

Ingrédients

- 1 gousse d'ail hachée
- 2 tomates épépinées et coupées en petits dés
- 1 courgette coupée en dés
- 1/2 oignon rouge coupé en rondelles
- 1 c. à thé de thym frais
- 1 c. à thé de basilic frais
- 1/2 c. à thé d'origan
- 1 baguette coupée en tranches de 2 cm
- 1/4 de tasse de parmesan
- Sel et poivre

Préparation

1. Préchauffer le four à 350 °F (175 °C).

2. Dans un bol, mélanger l'ail, les tomates, la courgette, l'oignon, le thym, le basilic et l'origan. Saler et poivrer au goût.

3. Étaler une bonne cuillérée sur chaque tranche de baguette et saupoudrer de parmesan. Déposer les tranches de pain sur une plaque à biscuits et faire chauffer légèrement au four de 7 à 10 minutes.

Cannellonis aux épinards et à la ricotta

Italie

T 25 minutes   C 50 minutes   P 4

Ingrédients

- 2 c. à soupe d'huile d'olive
- 1 oignon haché finement
- 2 gousses d'ail écrasées
- 1 conserve de 400 g de tomates en dés
- 1 c. à thé de sucre
- 1/4 de tasse de basilic frais haché
- 1 c. à thé de thym
- 400 g de ricotta
- 1 œuf
- 1/2 c. à thé de muscade
- 5 tasses d'épinards hachés finement
- 12 cannellonis à farcir
- 1 tasse de mozzarella râpée
- Sel et poivre

Préparation

1. Préchauffer le four à 400 °F (205 °C).

2. Dans une poêle, faire chauffer l'huile d'olive et faire revenir l'ail et l'oignon pendant 5 minutes. Ajouter les tomates, le sucre et le basilic, ajouter le thym, saler et poivrer au goût et laisser mijoter 15 minutes à feu moyen-doux.

3. Dans un bol, mélanger la ricotta et l'œuf, ajouter la muscade, saler et poivrer au goût. Incorporer les épinards et remuer.

4. Farcir les cannellonis du mélange d'épinards et de fromage à l'aide d'une poche à douille. Déposer les cannellonis au fond d'un plat en verre graissé allant au four. Verser uniformément les tomates sur les cannellonis et saupoudrer de mozzarella.

5. Couvrir le tout de papier d'aluminium et faire cuire au four pendant 20 minutes. Enlever le papier et faire cuire pendant encore 10 minutes jusqu'à ce que les pâtes soient tendres et que le fromage soit bien doré. Retirer du four et laisser reposer pendant 5 minutes.

Caponata aux aubergines

Italie

T 25 minutes   C 40 minutes   P 4

Ingrédients

- 3 aubergines coupées en dés
- 2 c. à soupe d'huile d'olive
- 1 oignon haché
- 2 tranches de céleri tranchées finement
- 1 poivron rouge épépiné et coupé en gros dés
- 1 grosse conserve de tomates en dés
- 1 gousse d'ail hachée
- 1/4 de tasse d'olives vertes dénoyautées et tranchées
- 1/4 de tasse de vinaigre de vin
- 2 c. à soupe de câpres
- Sel et poivre

Préparation

1. Déposer les morceaux d'aubergines dans un bol, saupoudrer de sel et laisser dégorger pendant 15 minutes. Éponger.

2. Faire chauffer l'huile d'olive dans une poêle et faire revenir l'oignon, le céleri, le poivron et les aubergines pendant environ 7 minutes à feu moyen.

3. Incorporer les tomates, l'ail et les olives, saler et poivrer au goût. Verser le vinaigre et ajouter le sucre. Remuer et laisser cuire 3 minutes.

4. Incorporer les câpres et poursuivre la cuisson à feu moyen-doux pendant une quinzaine de minutes en remuant jusqu'à ce que liquide se soit presque complètement évaporé. Servir chaud ou froid.

Carpaccio de bœuf et parmesan

Italie

T 20 minutes   R 1 heure   P 4

Ingrédients
- 500 g de filet de bœuf frais
- 1/4 de tasse d'huile d'olive
- Le jus de 1 citron
- 1/2 c. à thé de romarin
- 1/2 c. à thé de thym
- 1/2 tasse de basilic frais haché
- 1/2 tasse de copeaux de *parmigiano reggiano*
- Sel et poivre

Préparation

1. Déposer le filet de bœuf au congélateur pendant 1 heure pour faciliter le travail.

2. À l'aide d'un couteau bien affûté, couper des tranches de bœuf très fines et les déposer dans une assiette.

3. Dans un bol, mélanger l'huile d'olive, le citron, le romarin, le thym et le basilic, saler et poivrer au goût.

4. Verser uniformément l'huile citronnée sur les tranches de carpaccio et garnir de copeaux de fromage.

Europe

Crostinis aux olives et au bocconcini

Italie

T 15 minutes   C 510 minutes   P 4

Ingrédients
- 1 tasse d'olives noires dénoyautées et émincées
- 5 filets d'anchois émincés
- 1 gousse d'ail écrasée
- Le jus de 1/2 citron
- 3 c. à soupe d'huile d'olive
- 3 c. à soupe de câpres égouttées
- 1 baguette de pain tranchée
- 1 grosse boule de mozzarella fraîche coupée en morceaux
- Poivre

Préparation

1. Déposer les olives, les filets d'anchois, l'ail, le citron, l'huile d'olive et les câpres dans un mélangeur ou un robot culinaire et réduire en purée.

2. Faire griller les tranches de pain, puis étendre la tapenade d'olives sur la surface de chaque tranche. Garnir de mozzarella, poivrer et servir.

Fondue parmesan

Italie

T 10 minutes   R 2 heures   C 10 minutes   P 4

Ingrédients
- 4 c. à soupe de beurre mou
- 1/2 tasse de farine
- 1 tasse de lait
- 2 tasses de *parmigiano reggiano* râpé
- 1/2 c. à thé de muscade
- 1 c. à thé de poivre
- 2 œufs battus
- 1/2 tasse de chapelure
- Huile d'olive pour la cuisson

Préparation

1. Préchauffer le four à 350 °F (175 °C).

Faire fondre le beurre, puis incorporer 1/4 de tasse de farine et faire dorer une minute à feu moyen. Verser le lait et remuer pour obtenir une sauce épaisse. Ajouter le parmesan, la muscade et le poivre.

2. Verser le tout dans un moule rectangulaire tapissé de papier ciré et réfrigérer pendant 2 heures pour laisser prendre le mélange. Couper en carrés égaux.

3. Battre les œufs dans un bol. Étaler le reste de la farine sur du papier ciré et la chapelure sur une autre feuille de papier ciré.

4. Faire chauffer l'huile dans une grande poêle. Enrober chaque carré de farine, puis les tremper dans le bol d'œufs avant de les rouler dans la chapelure.

5. Faire ensuite frire les fondues pendant 2 à 3 minutes de chaque côté dans l'huile jusqu'à ce qu'elles soient dorées et croustillantes.

Fettucini Alfredo

Italie

T 15 minutes   C 20 minutes   P 4

Ingrédients

- 400 g de fettucini
- 2 jaunes d'œufs
- 1 tasse de crème à 35 %
- 2 c. à soupe de beurre
- 3 gousses d'ail hachées
- 2 tasses de parmesan râpé
- 2 c. à soupe de persil séché
- Sel et poivre

Préparation

1. Porter une grande casserole d'eau salée à ébullition. Ajouter les pâtes et faire cuire de 8 à 10 minutes jusqu'à ce qu'elles soient *al dente*. Égoutter.

2. Battre les jaunes d'œufs avec la crème.

3. Faire fondre le beurre dans une casserole et faire cuire l'ail pendant 5 minutes à feu doux. Ajouter les pâtes et la crème et remuer. Incorporer le parmesan et le persil et mélanger avec une fourchette et servir chaud.

Lasagnes à la viande

Italie

T 30 minutes   C 1 h 20 minutes   P 6

Ingrédients

- 1/4 de tasse de beurre mou
- 1 oignon haché
- 1/2 tasse de champignons tranchés
- 1 gousse d'ail hachée
- 300 g de bœuf haché maigre
- 2 tasses de tomates en dés dans leur sauce
- 1 c. à thé de thym
- 1 tasse de sauce aux tomates
- 2 c. à soupe de basilic frais ciselé
- 1/4 de tasse de farine
- 2 tasses de lait
- 12 feuilles de lasagne
- 1/2 tasse de *parmigiano reggiano* râpé
- 1/2 tasse de mozzarella râpée
- Sel et poivre

Préparation

1. Préchauffer le four à 355 °F (180 °C).

2. Faire fondre 1 c. à soupe de beurre dans une casserole et faire revenir l'oignon et les champignons pendant 5 minutes. Ajouter l'ail et la viande et faire dorer pendant quelques minutes. Ajouter les tomates, le thym, la sauce aux tomates, le basilic, le sel et le poivre selon le goût et laisser mijoter à feu doux pendant une vingtaine de minutes.

3. Pendant ce temps, faire bouillir les pâtes dans une casserole d'eau salée pendant environ 10 minutes jusqu'à ce qu'elles soient *al dente*. Rincer, égoutter et réserver.

4. Dans une autre poêle, faire fondre le beurre, puis faire roussir la farine pendant 2 minutes. Ajouter le lait et remuer pour obtenir une béchamel onctueuse.

5. Dans un plat allant au four, verser 1/4 de la sauce à la viande et garnir du 1/4 de la béchamel. Couvrir le tout d'un rang de 4 pâtes. Ajouter un autre rang de sauce et de béchamel, puis couvrir d'un rang de 4 pâtes. Ajouter un rang de sauce, un rang de béchamel et la moitié du fromage. Couvrir le tout d'un dernier rang de pâtes, puis garnir avec le reste de la sauce, le reste de la béchamel et le reste du fromage.

6. Faire cuire au four pendant 40 minutes, puis faire dorer le fromage à «broil» pendant 5 minutes.

Osso buco

Italie

T 30 minutes   C 1 h 30   P 4

Ingrédients

- 4 tranches de jarret de veau d'environ 200 g chacune
- 1/4 de tasse de farine
- 2 c. à soupe d'huile d'olive
- 1 oignon haché
- 1 gousse d'ail hachée finement
- 1 carotte pelée et coupée en dés
- 2 tasses de tomates en dés
- 1 tasse de vin blanc
- 2 tasses de bouillon de bœuf
- 1/2 tasse de persil frais haché
- Le zeste de 1 citron
- Sel et poivre

Préparation

1. Enrober la viande de farine. Faire chauffer l'huile d'olive et faire dorer toutes les faces de la viande. Incorporer l'oignon, l'ail et les morceaux de carottes et faire revenir.

2. Incorporer les tomates et bien remuer, puis verser le vin blanc et laisser cuire jusqu'à ce le liquide soit presque évaporé. Ajouter le bouillon, porter à ébullition puis réduire à feu doux et laisser mijoter pendant 1 h 30.

3. Ajouter le persil, le zeste de citron et rectifier l'assaisonnement avant de servir.

Pâtes au pesto

Italie

T 10 minutes   C 10 minutes   P 4

Ingrédients
- 450 g de cheveux d'ange
- 1/4 de tasse de noix de pin
- 1 c. à soupe d'huile d'olive
- 1/4 de tasse de pesto
- Poivre
- 8 tomates séchées coupées en dés
- 1/4 de tasse parmesan râpé
- 4 c. à soupe de basilic frais haché

Préparation
1. Faire bouillir une grande casserole d'eau salée et faire cuire les pâtes pendant 7 ou 8 minutes jusqu'à ce qu'elles soient *al dente*. Égoutter.

2. Faire griller les noix de pin dans l'huile d'olive pendant 2 minutes.

3. Remettre les pâtes dans la casserole et ajouter le pesto, le poivre et les noix de pin. Remuer le tout et incorporer les morceaux de tomates. Servir et saupoudrer de parmesan et de basilic.

Penne arrabiata

Italie

T 20 minutes   C 30 minutes   P 4

Ingrédients
- 2 c. à soupe d'huile d'olive
- 1 oignon haché
- 1 piment *Jalapeño* épépiné et haché
- 2 gousses d'ail hachées
- 1/2 tasse de vin blanc sec
- 1 conserve de tomates italiennes broyées
- 1/2 tasse de persil haché
- 1 c. à thé de thym
- 1/2 c. à thé d'origan
- 1/2 c. à thé de flocons de piment fort
- 400 g de penne
- 1 tasse de parmesan râpé
- Sel et poivre

Préparation
1. Faire chauffer l'huile d'olive dans une poêle et faire revenir l'oignon, le piment et l'ail pendant 5 minutes. Verser le vin et laisser mijoter pendant 5 minutes.

2. Ajouter les tomates italiennes, le persil, le thym, l'origan, les flocons de piment fort, le sel et le poivre selon le goût et laisser mijoter la sauce pendant 15 minutes en remuant légèrement.

3. Porter une grande casserole remplie d'eau salée à ébullition. Ajouter les pâtes et faire cuire de 8 à 10 minutes jusqu'à ce qu'elles soient *al dente*. Égoutter.

4. Servir la sauce sur les pâtes et saupoudrer de parmesan et flocons de piment fort.

Pizza aux quatre fromages

Italie

T 30 minutes   R 1 heure   C 20 minutes   P 6

Ingrédients
Pâte
- 3 tasses de farine
- 1 c. à soupe de sucre
- 1 c. à soupe de levure sèche
- 1 pincée de sel
- 1 c. à soupe d'huile d'olive
- 1 1/2 tasse d'eau chaude à 115 °F (45 °C)

Pizza
- 1 tasse de sauce tomate épicée
- 1 c. à soupe d'huile d'olive
- 1 c. à thé de thym
- 1/2 tasse de gruyère râpé
- 1/2 boule de mozzarella fraîche tranchée
- 1/4 de tasse de cheddar râpé
- 1/4 de tasse de parmesan râpé
- Sel et poivre

Préparation
1. Dans un grand bol, tamiser la farine, le sucre, la levure et le sel. Creuser un puits au centre et incorporer l'huile et l'eau chaude.

2. Former une boule de pâte lisse et pétrir pendant quelques minutes. Déposer dans un bol huilé, couvrir d'une pellicule plastique et laisser reposer pendant 1 heure. Aplatir la pâte avec un rouleau et former un ou deux disques selon l'épaisseur désirée.

3. Préchauffer le four à 400 °F (205 °C).

4. Mélanger la sauce et l'huile, puis étaler la sauce tomate sur toute la surface de la pâte préparée et assaisonner de thym, de sel et de poivre selon le goût.

5. Garnir la pizza de gruyère et de tranches de mozzarella, puis saupoudrer le tout de cheddar et de parmesan.

6. Déposer au four et faire cuire pendant environ 20 minutes jusqu'à ce que la pâte soit croustillante et que le dessus de la pizza soit légèrement doré.

Pizza margarita

Italie

T 30 minutes   R 1 heure   C 20 minutes   P 6

Ingrédients

- 2 c. à soupe d'huile d'olive
- 1 gousse d'ail hachée
- 1 conserve de tomates italiennes broyées
- 1 c. à thé de thym
- 1 croûte à pizza mince préparée de 9 po (23 cm) de diamètre
- 1/4 de tasse de basilic frais haché
- 1 grosse boule de mozzarella tranchée finement
- Sel et poivre

Préparation

1. Préchauffer le four à 400 °F (205 °C).

2. Faire chauffer l'huile d'olive dans une poêle et faire dorer l'ail pendant 2 minutes. Incorporer les tomates et assaisonner de thym, de sel et de poivre selon le goût.

3. Étaler la sauce uniformément sur toute la surface de la pâte. Garnir de feuilles de basilic et de tranches de mozzarella.

4. Déposer au four et faire cuire pendant environ 12 à 15 minutes jusqu'à ce que la pâte soit croustillante et que le dessus de la pizza soit légèrement doré.

Pizza au prosciutto et à la roquette

Italie

T 20 minutes   C 20 minutes   P 6

Ingrédients

- 1 tasse de sauce tomate
- 1 croûte à pizza mince préparée de 9 po (23 cm) de diamètre
- 1 c. à thé de thym
- 1 tasse de roquette ciselée
- 4 tranches de prosciutto
- 1 boule de mozzarella fraîche tranchée finement
- 2 c. à soupe d'huile d'olive
- Sel et poivre

Préparation

1. Préchauffer le four à 400 °F (205 °C).

2. Étaler la sauce tomate sur toute la surface de la pâte préparée, ajouter le thym, saler et poivrer selon le goût.

3. Garnir la pizza de roquette, de prosciutto et de tranches de mozzarella fraîche, puis verser un filet d'huile d'olive sur l'ensemble des ingrédients.

4. Déposer au four et faire cuire pendant 10 à 15 minutes jusqu'à ce que la pâte soit croustillante et que le dessus de la pizza soit légèrement doré.

Polenta aux courgettes et à la ricotta

Italie

T 20 minutes   C 30 minutes   P 6

Ingrédients

- 3 tasses de bouillon de légumes
- 1 tasse de polenta (semoule de maïs)
- 2 courgettes râpées
- 1 gousse d'ail hachée
- 2 c. à soupe d'huile d'olive
- 1/2 tasse de ricotta
- 1/4 de tasse de persil plat
- 1/2 tasse d'olives noires dénoyautées et tranchées
- 1/4 de tasse de parmesan
- Sel et poivre

Préparation

1. Préchauffer le four à 355 °F (180 °C).

2. Porter le bouillon de légumes à ébullition dans une casserole et, verser la polenta et réduire à feu doux. Laisser cuire pendant environ 8 minutes en remuant et laisser gonfler jusqu'à l'obtention d'une sorte de purée.

3. Pendant ce temps, faire revenir les courgettes et l'ail dans l'huile d'olive à feu moyen pendant 5 minutes et assaisonner.

4. Incorporer la ricotta, le persil, les olives, le sel et le poivre selon le goût et remuer le tout. Verser le mélange de courgettes dans la casserole de polenta. Incorporer le parmesan et mélanger.

5. Verser dans un plat graissé allant au four et faire cuire pendant environ 20 minutes. Laisser reposer et trancher.

Poulet *cacciatore*

Italie

T 20 minutes   C 50 minutes   P 4

Ingrédients

- 1 poulet coupé en morceaux
- 1/4 de tasse de farine
- 3 c. à soupe d'huile d'olive
- 1 gros oignon haché finement
- 10 champignons émincés
- 1 gousse d'ail hachée finement
- 1 conserve de tomates en dés
- 1 c. à soupe de paprika
- 1 c. à thé d'origan séché
- 1 feuille de laurier
- 1 c. à thé de thym
- 1/4 d'olives dénoyautées et tranchées
- 1/2 tasse de vin rouge
- Sel et poivre

Préparation

1. Enrober les morceaux de poulet avec de la farine. Faire chauffer l'huile d'olive dans une grande poêle et faire dorer toutes les faces du poulet.

2. Ajouter l'oignon et les champignons et faire dorer pendant quelques minutes. Ajouter l'ail, les tomates, le paprika, l'origan, la feuille de laurier, le thym, les olives, le sel et le poivre au goût et remuer à feu doux pendant 3 minutes.

3. Verser le vin, remuer et porter à ébullition, puis réduire à feu doux, couvrir et laisser mijoter pendant environ 30 minutes. Enlever le couvercle et poursuivre la cuisson à feu doux pendant 10 minutes avant de servir.

Rigatoni gratiné

Italie

T 20 minutes   C 40 minutes   P 6

Ingrédients
- 1 c. à soupe d'huile d'olive
- 1 oignon haché
- 2 carottes pelées et coupées en dés
- 1/2 tasse de champignons tranchés
- 1 gousse d'ail hachée
- 300 g de bœuf haché maigre
- 2 tasses de tomates en dés dans leur sauce
- 1 tasse de tomates italiennes broyées
- 1 c. à thé de thym
- 1 feuille de laurier
- 1 c. à thé d'herbes de Provence
- 1/2 c. à thé d'origan
- 1 c. à thé de sucre
- 400 g de rigatoni
- 1 tasse de gruyère râpé
- 1/2 tasse de parmesan
- Sel et poivre

Préparation
1. Faire chauffer l'huile d'olive dans une casserole et faire revenir l'oignon, les carottes, et les champignons pendant 5 minutes. Ajouter l'ail et la viande et faire dorer pendant quelques minutes. Ajouter les tomates, le thym, la feuille de laurier, les herbes de Provence, l'origan, le sucre, le sel et le poivre au goût et laisser mijoter à feu doux pendant 20 minutes.

2. Pendant ce temps, faire bouillir les pâtes dans une casserole d'eau salée pendant environ 10 minutes jusqu'à ce qu'elles soient al dente. Rincer, égoutter et réserver.

3. Verser la sauce sur les pâtes et bien mélanger le tout. Verser dans un plat graissé allant au four et saupoudrer de gruyère et de parmesan.

4. Faire cuire au four pendant 15 minutes, puis faire dorer le fromage à « broil » pendant 5 minutes.

Risotto aux champignons

Italie

T 15 minutes   C 30 minutes   P 4

Ingrédients
- 3 c. à soupe d'huile d'olive
- 1 tasse de shiitakes tranchés
- 1 tasse de pleurotes tranchés
- 1 tasse de champignons de Paris tranchés
- 4 oignons verts hachés
- 1 gousse d'ail hachée finement
- 1 tasse de riz arborio
- 3 tasses de bouillon de poulet
- 1/4 de tasse de crème fraîche
- 1/4 de tasse de persil frais haché
- 1/2 tasse de parmesan râpé
- Sel et poivre

Préparation
1. Faire chauffer l'huile d'olive et faire sauter les champignons pendant quelques minutes. Assaisonner et réserver.

2. Dans la même poêle, faire chauffer 1 c. à soupe d'huile supplémentaire et faire revenir les oignons et l'ail pendant 3 minutes. Incorporer le riz et remuer le tout jusqu'à ce qu'il soit translucide. Verser 1 tasse de bouillon et remuer jusqu'à ce que le liquide soit presque complètement absorbé. Verser 1 autre tasse et attendre l'absorption, puis verser le reste du bouillon et remuer jusqu'à ce que le riz soit tendre et crémeux. Incorporer la crème, le persil et les champignons, saupoudrer de parmesan et remuer le tout. Servir chaud.

Salade *Caprese*

Italie

T 15 minutes   P 2

Ingrédients
- 2 tomates mûres et fermes tranchées
- 1 boule de mozzarella fraîche tranchée
- 8 feuilles de basilic
- 3 c. à soupe d'huile d'olive
- Sel et poivre

Préparation
1. Déposer les tranches de tomates sur une assiette de service et saler au goût.

2. Garnir de tranches de fromage, saler et poivrer au goût.

3. Garnir de feuilles de basilic, puis verser uniformément un filet d'huile sur la salade. Rectifier l'assaisonner et servir frais.

Salade d'antipasti

Italie

T 20 minutes   P 4

Ingrédients

- 2 tomates italiennes coupées en dés
- 1 concombre anglais coupé en dés
- 1 pot de cœurs d'artichauts marinés, égouttés et coupés en morceaux
- 1/2 tasse d'olives Kalamata dénoyautées et coupées en deux
- 1/2 tasse d'olives farcies aux anchois
- 1/2 tasse de poivrons rôtis égouttés et coupés en lanières
- 4 tranches de prosciutto coupées en lanières
- 4 tranches de pancetta coupées en lanières
- 1/2 tasse de copeaux de parmesan
- 3 c. à soupe d'huile d'olive
- 3 c. à soupe de vinaigre de cidre
- 1 gousse d'ail hachée
- 1 c. à thé d'origan
- 1/2 c. à thé de thym
- Sel et poivre

Préparation

1. Répartir une portion égale de tomates et concombre dans chaque assiette, saler et poivrer au goût, puis garnir chaque portion de cœurs d'artichauts, d'olives, de poivrons rôtis, de prosciutto, de pancetta et de copeaux de parmesan.

2. Dans un petit bol, mélanger l'huile d'olive, le vinaigre, l'ail, l'origan et le thym, puis verser un filet de vinaigrette dans chaque assiette. Saler et poivrer au goût et servir.

Sandwich à l'italienne

Italie

T 15 minutes   P 2

Ingrédients

- 1 baguette coupée en deux dans le sens de la largeur
- 2 c. à soupe de pesto
- 4 tranches de jambon capicollo
- 6 tranches de salami hongrois épicé
- 4 tranches de provolone
- Laitue romaine
- 1 tomate italienne épépinée et tranchée
- 2 cornichons à l'aneth tranchés
- 1/2 oignon rouge tranché finement
- 2 c. à soupe d'huile d'olive
- Sel et poivre

Préparation

1. Couper les moitiés de baguette en deux dans le sens de la longueur et tartiner les deux surfaces tranchées de pesto.

2. Garnir une surface tranchée de jambon, salami et provolone, puis garnir l'autre surface de laitue, tomates, cornichons et oignon. Verser un filet d'huile d'olive, saler et poivrer selon le goût, fermer le sandwich et servir.

Soupe minestrone

Italie

T 20 minutes   C 40 minutes   P 4

Ingrédients

- 2 c. à soupe d'huile d'olive
- 1 oignon haché
- 3 carottes coupées en dés
- 2 petites courgettes coupées en dés
- 3 patates douces pelées et coupées en dés
- 2 tasses de tomates en dés
- 1 conserve de haricots rouges rincés et égouttés
- 1 feuille de laurier
- 1/2 c. à thé de poivre de Cayenne
- 1 c. à thé d'origan
- 1 c. à thé de thym
- 5 tasses de bouillon de poulet
- 1/2 tasse de macaroni
- 1 tasse de parmesan râpé
- Sel et poivre

Préparation

1. Faire chauffer l'huile d'olive dans une poêle et faire dorer l'oignon pendant 5 minutes. Incorporer les carottes, les courgettes et les patates douces et faire dorer pendant encore 5 minutes.

2. Ajouter les tomates, les haricots, la feuille de laurier, le poivre de Cayenne, l'origan, le thym, le sel et le poivre au goût et remuer pendant 3 minutes, puis ajouter le bouillon et laisser mijoter à feu doux pendant 10 minutes.

3. Ajouter les pâtes et poursuivre la cuisson pendant 10 minutes jusqu'à ce qu'elles soient *al dente*. Rectifier l'assaisonnement, saupoudrer de parmesan et servir.

Spaghetti carbonara

Italie

T 25 minutes   C 20 minutes   P 4

Ingrédients

- 400 g de spaghettis
- 1/4 de tasse de bacon coupé en dés
- 1 c. à soupe d'huile d'olive
- 1 oignon haché
- 1 gousse d'ail hachée finement
- 3 œufs
- 1/2 tasse de *parmigiano reggiano* râpé
- 2 c. à soupe de persil frais haché
- Poivre

Préparation

1. Porter une grande casserole d'eau salée à ébullition et faire cuire les pâtes pendant 8 à 10 minutes jusqu'à ce qu'elles soient *al dente*. Égoutter.

2. Pendant ce temps, faire cuire le bacon dans une grande poêle jusqu'à ce qu'il soit croustillant. Éponger et réserver.

3. Faire chauffer l'huile d'olive dans la même poêle et faire revenir l'oignon pendant 4 minutes. Ajouter l'ail haché et faire cuire pendant encore 2 minutes. Remettre le bacon dans la poêle à frire et incorporer les spaghettis cuits et égouttés. Bien remuer.

4. Battre les œufs avec le parmesan et verser sur les pâtes. Bien mélanger pour enrober les pâtes, saupoudrer de persil, poivrer et servir avec du parmesan râpé.

Spaghetti sauce bolognaise

Italie

T 25 minutes   C 1 h 30   P 6

Ingrédients

- 2 c. à soupe d'huile d'olive
- 1 tasse de pancetta coupée en dés
- 1 gros oignon haché finement
- 2 gousses d'ail hachées
- 1 tasse de champignons tranchés
- 2 carottes coupées en dés
- 2 branches de céleri coupées en dés
- 450 g de bœuf haché maigre
- 1 tasse de vin rouge
- 1/2 tasse de bouillon de bœuf
- 1 conserve de tomates italiennes
- 1 conserve de tomates en dés
- 1 c. à thé de basilic séché
- 1 c. à thé d'origan séché
- 1 c. à thé de thym
- 1 feuille de laurier
- 500 g de spaghettis
- 1 tasse de parmesan râpé
- Sel et poivre

Préparation

1. Faire chauffer l'huile d'olive dans une poêle et faire dorer la pancetta pendant 4 minutes. Ajouter l'oignon et l'ail et poursuivre pendant 3 minutes. Incorporer les champignons, les carottes et le céleri et faire revenir pendant encore 3 minutes.

2. Ajouter la viande et faire dorer en émiettant pendant 5 minutes. Verser le vin et remuer, puis ajouter le bouillon et laisser mijoter en remuant pendant 10 minutes. Ajouter les tomates italiennes et les tomates en dés, le basilic, l'origan, le thym, la feuille de laurier, le sel et le poivre selon le goût et laisser mijoter la sauce à feu doux pendant au moins 1 heure.

3. Vers la fin de la cuisson, porter une grande casserole remplie d'eau salée à ébullition. Ajouter les pâtes et faire cuire de 8 à 10 minutes jusqu'à ce qu'elles soient *al dente*. Égoutter.

4. Servir la sauce sur les pâtes et saupoudrer de parmesan.

Tiramisu

Italie

T 25 minutes   R 1 nuit   P 6

Ingrédients

- 6 œufs, séparés
- 500 g de mascarpone
- 1 c. à thé d'extrait de vanille
- 1/3 de tasse de sucre
- 2 tasses d'espresso froid
- 1/3 de tasse de liqueur d'amande
- 30 doigts de dame ou biscuits à la cuillère

Préparation

1. Fouetter les jaunes d'œufs et le mascarpone dans un bol jusqu'à l'obtention d'une substance lisse. Ajouter la vanille et le sucre et fouetter pour obtenir une texture onctueuse.

2. Battre les blancs d'œufs en neige et verser dans le mélange de mascarpone.

3. Mélanger l'espresso et la liqueur d'amande dans un bol. Tremper rapidement les doigts de dame dans le mélange d'espresso et en déposer 10 au fond d'une terrine.

4. Recouvrir les doigts de dame avec le 1/3 du mélange de mascarpone. Couvrir de 10 doigts de dame trempés, puis d'une couche de crème, et terminer avec les derniers doigts de dame imbibés d'espresso et une dernière couche de crème.

5. Réfrigérer pendant une nuit avant de servir.

Europe

Compote de fruits

Lituanie

T 20 minutes   C 20 minutes   P 4

Ingrédients

- 1 tasse de prunes pelées et coupées en dés
- 1 tasse de poires pelées et coupées en dés
- 2 tasses de pommes rouges pelées et coupées en dés
- Jus d'orange
- Le zeste de 1 orange
- 2 bâtons de cannelle
- 3/4 de tasse de sucre

Préparation

1. Déposer les fruits dans une casserole et couvrir de jus d'orange. Ajouter le zeste, la cannelle et faire bouillir pendant 15 minutes.

2. Incorporer le sucre et poursuivre la cuisson pendant 10 minutes en remuant de temps à autre. Servir chaud ou froid.

Pâtés à la chair de saucisse

Lituanie

T 20 minutes   R 45 minutes   C 30 minutes   P 4

Ingrédients

Pâte
- 2 tasses de farine de blé
- 1 c. à thé de poudre à pâte
- 1 pincée de sel
- 1 tasse de lait
- 3 c. à soupe de beurre mou
- 1 œuf
- 1 jaune d'œuf

Farce
- 300 g de chair de saucisses
- 1 oignon haché
- 1/4 de tasse de persil frais haché
- 1/4 de tasse de chapelure
- Sel et poivre

Préparation

1. Dans un bol, tamiser la farine, la poudre à pâte et le sel. Former un puits au centre et incorporer le lait, le beurre mou et l'œuf, puis pétrir la pâte, couvrir d'une pellicule plastique et laisser reposer 45 minutes.

2. Préchauffer le four à 400 °F (205 °C).

3. Dans un grand bol, mélanger la chair de saucisses, l'oignon, le persil et la chapelure. Saler et poivrer au goût et bien remuer.

4. Aplatir la pâte et diviser en huit rectangles. Verser une portion de farce au centre de chaque rectangle, refermer et badigeonner avec le jaune d'œuf.

5. Faire cuire au four pendant 30 minutes jusqu'à ce que les pâtés soient dorés.

Quenelles de pommes de terre farcies à la viande

Lituanie

T 15 minutes   C 50 minutes   P 4

Ingrédients

- 10 pommes de terre pelées et coupées en dés
- 3 c. à soupe de crème fraîche
- 8 pommes de terre pelées et râpées
- Le jus de 1/2 citron
- 1 c. à soupe d'huile d'olive
- 1 oignon haché
- 1 gousse d'ail
- 500 g de porc haché maigre
- Sel et poivre

Préparation

1. Porter un grand chaudron d'eau à ébullition et faire bouillir les pommes de terre en dés pendant une vingtaine de minutes jusqu'à ce qu'elles soient tendres. Égoutter et réduire en purée avec la crème à l'aide d'un pilon.

2. Extraire le liquide des pommes de terre râpées en les déposant dans un linge et en pressant très fort. Verser les pommes de terre râpées dans la purée de pommes de terre, ajouter le jus de citron et assaisonner. Pétrir la pâte et réserver.

3. Faire chauffer l'huile d'olive et faire revenir l'oignon avec l'ail pendant quelques minutes. Déposer dans un bol et incorporer la viande. Pétrir et assaisonner.

4. Assembler les quenelles en prenant une poignée du mélange de pommes de terre et en l'aplatissant pour obtenir un cercle d'environ 1 cm d'épaisseur. Verser une cuillérée de farce à la viande au centre et refermer. Faire de même avec le reste des pommes de terre et de la viande.

5. Faire cuire les quenelles dans l'eau bouillante pendant 25 minutes et servir.

Galettes de pommes de terre

Luxembourg

T 10 minutes   C 25 minutes   P 4

Ingrédients

- 6 grosses pommes de terre pelées et coupées en dés
- 3 c. à soupe de beurre mou
- 1/2 tasse de lardons
- 1/4 de tasse de persil frais haché
- 1 tasse de choucroute
- 1/4 de tasse de farine
- Huile pour la friture

Préparation

1. Porter un grand chaudron d'eau à ébullition et faire bouillir les pommes de terre en dés pendant une vingtaine de minutes jusqu'à ce qu'elles soient tendres. Égoutter et réduire en purée avec le beurre mou à l'aide d'un pilon.

2. Faire revenir les lardons dans la poêle pendant 5 minutes. Incorporer dans la purée avec le persil et la choucroute et mélanger le tout.

3. Former des boulettes d'environ 2 cm d'épaisseur et tremper dans la farine.

4. Faire chauffer l'huile à feu moyen-vif et faire frire les boulettes pendant quelques minutes en les retournant pour qu'elles soient dorées des deux côtés.

Moules à la crème et aux endives

Luxembourg

T 10 minutes   C 25 minutes   P 4

Ingrédients

- 3 c. à soupe de beurre
- 2 échalotes hachées
- 8 endives émincées
- 1 tasse de vin blanc
- 450 g de moules
- 1/4 de tasse de ciboulette fraîche ciselée
- 1 tasse de crème
- 1/2 c. à thé de romarin
- Le jus de 1 citron
- Sel et poivre

Préparation

1. Faire fondre le beurre dans une casserole et faire revenir les échalotes. Incorporer les endives et faire dorer pendant 5 minutes.

2. Verser le vin, porter à ébullition et ajouter les moules. Couvrir et laisser cuire à feu moyen-vif pendant 7 minutes jusqu'à ce que les moules ouvrent. Retirer les moules des coquilles et jeter celles qui ne sont pas ouvertes.

3. Remettre les moules décoquillées dans la poêle et ajouter la ciboulette, la crème, le romarin, le jus de citron, le sel et le poivre selon le goût. Laisser mijoter à feu doux pendant 5 minutes en remuant et servir.

Poulet au vin blanc

Luxembourg

T 15 minutes   C 35 minutes   P 4

Ingrédients

- 2 échalotes hachées
- 1 tasse de champignons tranchés
- 2 gousses d'ail hachées
- 2 c. à soupe d'huile d'olive
- 1 poulet coupé en morceaux
- 1 bouquet de persil frais haché
- 2 tasses de vin blanc sec
- 1 tasse de bouillon de poulet
- 2 c. à soupe de beurre
- 1 c. à soupe de farine
- 1/2 tasse de crème
- Sel et poivre

Préparation

1. Faire revenir les échalotes, les champignons et l'ail dans l'huile d'olive dans une marmite pendant environ 5 minutes. Ajouter le poulet et le brunir tous les côtés. Saler et poivrer au goût et ajouter le persil.

2. Verser le vin et porter à ébullition en remuant, puis incorporer le bouillon, réduire à feu doux, couvrir et laisser mijoter pendant une trentaine de minutes.

3. Vers la fin de la cuisson, faire fondre dans une autre poêle 2 c. à soupe de beurre et faire roussir la farine. Incorporer la crème peu à peu en remuant jusqu'à ce que le tout épaississe. Verser dans la marmite avec le poulet, remuer et servir.

Crêpes norvégiennes

Norvège

T 15 minutes   R 25 minutes   C 5 minutes   P 4

Ingrédients
- 3 œufs
- 1 1/2 tasse de sucre
- 1 tasse de crème
- 2 c. à soupe de beurre fondu
- 1/2 c. à thé de cardamome
- 1/2 c. à thé de muscade
- 1/2 tasse de farine de sarrasin
- 1/2 tasse de farine de froment

Préparation
1. Battre les œufs en mousse. Incorporer le sucre et continuer de battre.

2. Verser la crème, le beurre mou, la muscade et la cardamome et remuer le tout. Ajouter les farines et battre pour obtenir une substance homogène.

3. Laisser reposer la pâte pendant 25 minutes. Utiliser une crêpière norvégienne ou graisser légèrement une poêle et verser 1/2 louche de pâte au centre de la poêle. Faire tourner pour étaler sur toute la surface de la poêle et obtenir une crêpe très mince. Lorsque les côtés commencent à relever et que le dessous est doré, retourner pour faire frire l'autre côté pendant environ 1 minute. Faire de même pour le reste de la pâte. Empiler les crêpes et servir avec de la crème, de l'aneth et du saumon fumé.

Saumon frais au citron et à l'aneth

Norvège

T 10 minutes   R 48 heures   P 2

Ingrédients
- 1 gros filet de saumon de qualité sushi
- Sel
- Sucre
- 1 bouquet d'aneth haché
- 1/4 de tasse de crème fraîche
- Le jus de 1 citron

Préparation
1. Sécher le saumon et saupoudrer de sel et de sucre.

2. Déposer le saumon dans un plat tapissé d'aneth et couvrir d'aneth. Réfrigérer pendant 2 jours en retournant le poisson 2 fois par jour.

3. Dans un bol, mélanger la crème, le citron et 2 c. à soupe d'aneth

4. Trancher le saumon finement et napper de sauce.

Tartines nordiques

Norvège

T 10 minutes   P 4

Ingrédients

- 1/4 de tasse de crème fraîche
- 1/4 de tasse de fromage blanc
- 2 c. à soupe d'aneth frais ciselé
- Le zeste et le jus de 1 citron
- 1 c. à soupe d'huile d'olive
- 2 c. à soupe de persil
- 4 grandes galettes au sarrasin
- 4 tranches de saumon fumé
- Sel et poivre

Préparation

1. Dans un bol, mélanger la crème, le fromage, l'aneth, le jus de citron, l'huile d'olive, le persil, le sel et le poivre au goût et remuer le tout.

2. Tartiner chaque galette du mélange de fromage crémeux et garnir de saumon fumé et d'aneth frais.

Beignets aux fruits

Pays-Bas

T 30 minutes   R 20 minutes   C 30 minutes   P 6

Ingrédients

- 4 pommes rouges pelées, étrognées et coupées en rondelles
- 1 c. à thé de muscade
- 3 c. à soupe de cannelle
- 1/2 tasse de cassonade
- Le jus de 1/2 citron
- 2 tasses de farine
- 1 c. à thé de sel
- 1/2 tasse de sucre
- 1 œuf
- 1 tasse de lait
- Huile pour la friture

Préparation

1. Déposer les pommes dans un bol. Saupoudrer de muscade, de 1 c. à soupe de cannelle, de cassonade et de jus de citron et laisser reposer pendant au moins 20 minutes en remuant de temps à autre.

2. Pendant ce temps, tamiser la farine, le sel et le sucre. Former un puits au centre et incorporer l'œuf et le lait de façon graduelle et remuant jusqu'à l'obtention d'une texture lisse.

3. Enrober généreusement de pâte chaque rondelle de pomme.

4. Faire chauffer l'huile dans une grande poêle et faire frire tous les beignets pendant 3 à 5 minutes de chaque côté jusqu'à ce qu'ils soient dorés et croustillants. Égoutter sur du papier absorbant, saupoudrer de cannelle et servir.

Europe

Croquettes de viande

Pays-Bas

T 20 minutes   C 30 minutes   P 8

Ingrédients

- 5 c. à soupe de beurre
- 1 oignon haché finement
- 500 g de palette de bœuf
- 3 tasses de bouillon de bœuf
- 4 c. à soupe de farine
- 1/2 c. à thé de thym
- 1/2 c. à thé de muscade
- 2 œufs
- 1/4 de tasse de farine
- 1/2 tasse de chapelure
- Huile pour la friture

Préparation

1. Faire fondre 1 c. à soupe de beurre et faire revenir l'oignon pendant 3 minutes. Incorporer la viande et faire dorer de chaque côté pendant 4 ou 5 minutes. Verser le bouillon, réduire à feu doux, couvrir et laisser mijoter 25 minutes jusqu'à ce que le bœuf soit tendre et se défasse en morceaux. Extraire la viande et défaire en filaments.

2. Dans une poêle, faire fondre le reste du beurre et incorporer 4 c. à soupe de farine. Bien remuer le tout pendant 5 minutes jusqu'à ce qu'il n'y ait plus de grumeaux. Verser 1 tasse du bouillon de bœuf en remuant le tout. Ajouter la viande en filaments, ajouter le thym, la muscade, saler et poivrer au goût. Remuer et retirer du feu. Verser la viande dans un bol et laisser refroidir.

3. Battre les œufs dans un bol, verser le 1/4 de tasse de farine dans un bol et étaler la chapelure sur du papier ciré.

4. Former des boulettes longues et minces avec la viande avant de les enrober de farine. Tremper les boulettes dans l'œuf et enrober de chapelure.

5. Faire chauffer l'huile et faire frire les boulettes pendant 3 ou 4 minutes de chaque côté jusqu'à ce qu'elles soient dorées et croustillantes.

Escalope de veau au gouda

Pays-Bas

T 15 minutes   C 5 minutes   P 4

Ingrédients

- 2 œufs
- 2 c. à soupe de lait
- 1/4 de tasse de chapelure
- 1 c. à soupe de persil frais haché
- 4 escalopes de veau
- 4 tranches de jambon blanc
- 4 fines tranches de gouda
- 1/4 de tasse de farine
- 1/4 de tasse d'huile d'olive
- Poivre

Préparation

1. Battre les œufs dans un grand bol. Ajouter le lait et le poivre.

2. Mélanger la chapelure et le persil et étaler sur du papier ciré.

3. Aplatir les escalopes sur une surface de travail. Garnir d'une tranche de jambon et d'une tranche de fromage. Plier en deux et attacher avec une ficelle de cuisine, puis saupoudrer de farine.

4. Tremper les escalopes dans le mélange aux œufs et enrober de chapelure.

5. Faire chauffer l'huile et faire frire les escalopes à feu moyen pendant 2 à 3 minutes de chaque côté jusqu'à ce qu'elles soient dorées à point. Éponger sur du papier absorbant, détacher et servir.

Klouskis à la chair de saucisse

Pologne

T 15 minutes   C 25 minutes   P 4

Ingrédients

- 7 pommes de terre pelées et coupées en dés
- 7 pommes de terre pelées et râpées
- 1 tasse de lardons
- La chair de deux saucisses fumées
- 1 c. à soupe d'huile d'olive
- Sel et poivre

Préparation

1. Porter un grand chaudron d'eau à ébullition et faire bouillir les pommes de terre en dés pendant une vingtaine de minutes jusqu'à ce qu'elles soient tendres. Égoutter et réduire en purée à l'aide d'un pilon.

2. Extraire le liquide des pommes de terre râpées en les déposant dans un linge et en pressant très fort. Verser les pommes de terre râpées dans la purée de pommes de terre, saler et poivrer au goût.

3. Former des boules moyennes avec le mélange de pommes de terre et les saisir pendant 8 à 10 minutes.

4. Faire chauffer l'huile d'olive dans une poêle et faire dorer les boulettes 4 minutes. Ajouter les lardons et la chair de saucisse et faire dorer le tout pendant encore 5 à 7 minutes. Servir chaud.

Pierogi au fromage

Pologne

T 40 minutes   C 20 minutes   P 8 à 10

Ingrédients

- 4 tasses de farine
- 1/2 c. à thé de sel
- 1/4 de tasse de beurre mou
- 2 tasses de crème fraîche
- 2 œufs

Farce

- 3 grosses pommes de terre pelées et coupées en dés
- 1 tasse de cheddar râpé
- 4 c. à soupe de crème fraîche
- 1 c. à soupe de persil frais haché
- Huile pour la friture
- Sel et poivre

Préparation

1. Dans un bol, tamiser la farine et le sel. Incorporer le beurre mou, la crème sure et les œufs et remuer le tout jusqu'à l'obtention d'une pâte lisse et homogène.

2. Former une boule, couvrir d'un linge et laisser reposer pendant la confection de la farce.

3. Faire bouillir les dés de pommes de terre dans l'eau pendant une vingtaine de minutes jusqu'à ce qu'ils soient tendres. Réduire en purée à l'aide d'un pilon. Incorporer le fromage, la crème fraîche et le persil et remuer. Saler et poivrer au goût.

4. Aplatir la pâte à l'aide d'un rouleau jusqu'à ce qu'elle mesure moins de 0,5 cm d'épaisseur. Former des cercles de pâte d'environ 2 à 3 po (6 à 8 cm) de diamètre et fariner légèrement.

5. Verser une cuillérée de farce sur l'un des côtés du cercle et replier le cercle sur lui-même pour former une demi-lune et emprisonner la farce à l'intérieur de la pâte. Sceller et presser la bordure à l'aide d'une fourchette.

6. Faire bouillir les *pierogi* pendant 8 à 10 minutes dans une casserole d'eau. Égoutter et faire frire dans l'huile pendant 2 à 3 minutes jusqu'à ce qu'ils soient dorés et croustillants. Servir avec de la crème fraîche.

Soupe de betteraves

Pologne

T 25 minutes   C 1 h 15   P 4

Ingrédients

- 2 c. à soupe de beurre
- 1 oignon haché
- 2 gousses d'ail hachées
- 1 branche de céleri hachée
- 1 carotte coupée en petits dés
- 4 betteraves rouges pelées
  et coupées en bâtonnets
- 6 tasses de bouillon de poulet
- 2 c. à soupe de vinaigre
- 1 tasse de yogourt grec nature
- 3 c. à soupe de persil frais haché
- Sel et poivre

Préparation

1. Faire fondre le beurre, puis faire cuire l'oignon jusqu'à ce qu'il soit translucide. Ajouter l'ail, le céleri, la carotte et les betteraves et faire revenir le tout pendant 7 à 10 minutes. Saler et poivrer au goût.

2. Verser le bouillon et porter à ébullition, puis réduire à feu doux et laisser mijoter pendant environ 1 heure.

3. Verser le tout dans un robot culinaire ou un mélangeur avec le vinaigre et le yogourt et réduire en purée. Remettre sur le feu, rectifier l'assaisonnement, saupoudrer de persil et servir.

Calamars au porto

Portugal

T 15 minutes   C 30 minutes   P 4

Ingrédients

- 2 c. à soupe de beurre
- 2 oignons coupés en lanières
- 2 gousses d'ail hachées
- 700 g de calamars en rondelles
- 1 tasse de porto
- 1/2 tasse de bouillon de poisson
- 1 tasse de crème fraîche
- 1/2 tasse de persil frais ciselé
- Sel et poivre

Préparation

1. Faire fondre le beurre et faire revenir les oignons jusqu'à ce qu'ils soient translucides. Ajouter l'ail et les calamars, saler et poivrer au goût et faire revenir pendant 10 minutes.

2. Ajouter le porto, déglacer et faire cuire le tout à feu moyen pendant 5 minutes.

3. Ajouter le bouillon, couvrir et laisser mijoter pendant 10 minutes. Verser la crème, rectifier l'assaisonnement, saupoudrer de persil et remuer. Servir chaud.

Flans portugais *(natas)*

Portugal

T 20 minutes   C 20 minutes   P 4 à 6

Ingrédients

• 3 c. à soupe de farine
• Le zeste et le jus de 1 citron
• 1 1/2 tasse de sucre
• 2 tasses de lait
• 1 gousse de vanille fendue en deux
• 5 jaunes d'œufs
• 1 pâte feuilletée

Préparation

1. Préchauffer le four à 400 °F (205 °C) et graisser 12 moules à muffins.

2. Tamiser la farine, le zeste de citron et le sucre dans un bol.

3. Faire chauffer le lait et incorporer la gousse de vanille. Porter à ébullition, puis retirer les graines de la gousse et remettre dans le lait.

4. Verser le lait chaud à la vanille sur le mélange de farine et remuer. Incorporer le jus de citron et les jaunes d'œufs et mélanger le tout jusqu'à l'obtention d'une pâte lisse.

5. Couper la pâte feuilletée à l'aide d'un emporte-pièce et remplir chaque petit moule de pâte feuilletée de façon à tapisser le fond et les côtés. Verser la préparation sur la pâte en remplissant presque complètement les moules.

6. Faire cuire au four pendant environ 15 minutes jusqu'à ce que la surface des flans soit légèrement dorée.

Galettes de morue

Portugal

T 10 minutes   C 10 minutes   P 4

Ingrédients

• 400 g de morue
• 2 tasses d'eau
• 2 jaunes d'œufs
• 1/4 de tasse de persil haché
• 1/4 de tasse de coriandre fraîche hachée
• 3 tasses de farine
• 1/2 tasse d'huile d'olive
• Sel et poivre

Préparation

1. Faire dessaler la morue en la trempant dans l'eau pendant 24 heures. Changer l'eau à 4 ou 5 reprises. Égoutter la morue et émietter.

2. Dans un grand bol, bien mélanger la morue, les jaunes d'œufs, le persil, la coriandre et la moitié de la farine. Ajouter une pincée de sel et de poivre. Former des galettes avec la pâte.

3. Étaler le reste de la farine sur du papier ciré et enrober les galettes de farine.

4. Faire chauffer l'huile d'olive à feu moyen-vif dans une poêle antiadhésive et faire cuire les galettes pendant 3 à 5 minutes de chaque côté jusqu'à ce qu'elles soient bien croustillantes. Égoutter et servir avec du citron et de la sauce tartare.

Europe

Gratin de riz

Portugal

T 15 minutes   C 30 minutes   P 4

Ingrédients

- 1 c. à soupe d'huile d'olive
- 1 petit oignon haché
- 2 gousses d'ail hachées
- 1 1/2 tasse de riz
- 1 feuille de laurier
- Le jus et le zeste de 1 citron
- 3 tasses de bouillon de poulet
- 1/4 de tasse de persil frais ciselé
- 2 c. à soupe de beurre mou
- Poivre

Préparation

1. Faire chauffer l'huile d'olive et faire revenir l'oignon pendant 5 minutes. Incorporer l'ail et remuer le tout à feu moyen pendant 3 minutes. Verser le riz, la feuille de laurier et le zeste de citron. Remuer pendant 2 minutes.

2. Préchauffer le four à 375 °F (190 °C).

3. Verser le bouillon de poulet et faire cuire le riz pendant 15 minutes en remuant de temps à autre. Verser le jus de citron et le persil et remuer le tout. Extraire la feuille de laurier et verser dans un plat en vitre graissé allant au four. Napper la surface de beurre mou.

4. Faire cuire au four de 7 à 10 minutes jusqu'à ce que la surface du riz soit dorée.

Morue grillée

Portugal

T 15 minutes   M 2 heures   C 10 minutes   P 4

Ingrédients

- 4 c. à soupe d'huile d'olive
- Le jus de 1/2 citron
- 3 gousses d'ail hachées
- 1 gros oignon haché
- 1/2 c. à thé de piment d'Espelette
- 800 g de morue dessalée
- 1/4 de tasse de persil haché
- 1/2 tasse d'olives vertes et noires dénoyautées
- Sel et poivre

Préparation

1. Dans un bol, mélanger l'huile d'olive, le jus de citron, l'ail, l'oignon, le piment d'Espelette, le sel et le poivre au goût et remuer. Incorporer la morue et laisser mariner pendant 2 heures au réfrigérateur.

2. Faire chauffer le barbecue ou un gril et faire griller la morue pendant 4 minutes de chaque côté en badigeonnant de marinade pendant la cuisson.

3. Déposer dans une assiette de service et garnir de persil et d'olives. Napper de marinade et servir avec des pommes de terre bouillies.

Pâtes au chorizo

Portugal

T 15 minutes   C 15 minutes   P 4

Ingrédients

- 450 g de spaghettini
- 2 c. à soupe d'huile d'olive
- 1 tasse de champignons assortis tranchés
- 1 petit oignon haché
- 2 gousses d'ail hachées
- 300 g de chorizo tranché
- 1 tasse de vin rouge
- 1/4 de tasse de persil haché
- 1 tasse de parmesan râpé
- Sel et poivre

Préparation

1. Porter une grande casserole d'eau salée à ébullition. Ajouter les pâtes et faire cuire de 8 à 10 minutes jusqu'à ce qu'elles soient *al dente*. Égoutter.

2. Faire chauffer l'huile d'olive et faire brunir les champignons, l'oignon et l'ail. Incorporer le chorizo et remuer quelques minutes. Poivrer. Incorporer le vin rouge et le persil et laisser cuire à feu moyen-doux pendant environ 7 minutes.

3. Verser le tout sur les pâtes, remuer, saupoudrer de parmesan, et servir.

Poulet
à la portugaise

Portugal

T 20 minutes   M 12 heures   C 1 heure   P 4

Ingrédients

• 1 poulet d'environ 1,4 kg
• 2 gousses d'ail hachées
• 1 oignon haché
• 2 c. à soupe de flocons de piment fort
• 1 c. à soupe de paprika
• Le jus de 1 citron
• 3 c. à soupe d'huile d'olive
• 1 c. à soupe de persil frais haché
• 1 tasse de vin blanc
• Sel et poivre

Préparation

1. Faire des entailles dans le poulet pour permettre à la marinade de pénétrer. Déposer le poulet dans un grand sac hermétique.

2. Dans un bol, mélanger l'ail, l'oignon, les flocons de piment fort, le paprika, le jus de citron, l'huile d'olive, le persil, le vin, le persil, le sel et le poivre selon le goût. Verser dans un mélangeur ou un robot culinaire jusqu'à l'obtention d'une substance presque lisse.

3. Verser la moitié de la marinade sur le poulet, refermer le sac et remuer pour bien enrober la viande. Laisser mariner au réfrigérateur pendant 12 heures. Réserver le reste de la marinade.

4. Préchauffer le four à 355 °F (180 °C).

5. Déposer le poulet dans un plat allant au four et faire cuire pendant environ 60 minutes en le retournant toutes les 15 minutes et en le badigeonnant avec le reste de la marinade jusqu'à ce que l'intérieur soit cuit et l'extérieur soit rôti.

Riz au lait
et à la vanille

Portugal

T 15 minutes   C 35 minutes   P 4

Ingrédients

• 1 tasse de riz
• 3 tasses de lait
• 2 gousses de vanille
• 1/2 tasse de sucre
• 1 bâton de cannelle
• 1 œuf battu
• 2 c. à soupe de cannelle
• 1 c. à thé de muscade

Préparation

1. Faire cuire le riz pendant 5 minutes dans une casserole d'eau bouillante. Rincer et égoutter.

2. Faire chauffer le lait avec les gousses de vanille et le sucre, puis incorporer le riz et le bâton de cannelle. Réduire à feu doux, couvrir et laisser pendant 25 à 30 minutes jusqu'à ce que le riz soit tendre.

3. Extraire les gousses de vanille et le bâton de cannelle, puis incorporer l'œuf battu, la cannelle et la muscade et remuer le tout. Servir chaud.

Salade de l'Algarve

Portugal

T 15 minutes   C 30 minutes   P 4

Ingrédients

- 4 pommes de terre pelées
  et coupées en morceaux
- 2 œufs
- 1/4 de tasse d'huile d'olive
- 3 c. à soupe de vinaigre de vin
- Le jus de 1/2 citron
- 2 tasses de palourdes égouttées
- 2 gros filets de thon
- 2 tomates coupées en quartiers
- 1 poivron rouge tranché finement
- 1/4 de tasse de coriandre fraîche ciselée
- Sel et poivre

Préparation

1. Faire bouillir les morceaux de pommes de terre pendant environ 20 minutes jusqu'à ce qu'ils soient tendres. Égoutter.

2. Pendant ce temps, déposer les œufs dans une casserole, couvrir d'eau froide et porter à ébullition. Lorsque l'eau se met à bouillir, couvrir et retirer du feu, puis laisser reposer les œufs dans l'eau chaude pendant 10 minutes. Retirer les œufs de l'eau chaude, laisser refroidir, écaler et couper en quartiers.

3. Dans un bol, mélanger l'huile d'olive, le vinaigre de vin, le citron, le sel et le poivre au goût et incorporer les palourdes. Badigeonner le thon avec la marinade faire griller le thon et les palourdes pendant quelques minutes. Couper le thon en tranches.

4. Disposer les quartiers de tomates en alternant avec les œufs dans une assiette de service. Garnir le centre de tranches de thon et de palourdes et arroser d'un filet d'huile d'olive et de jus de citron. Déposer les pommes de terre et les morceaux de poivrons dans l'assiette, verser un léger filet d'huile et de vinaigre sur l'ensemble des ingrédients, rectifier l'assaisonnement, saupoudrer de coriandre et servir.

Soupe au chou vert

Portugal

T 15 minutes   C 30 minutes   P 4

Ingrédients

- 2 c. à soupe d'huile d'olive
- 1 oignon haché
- 1 gousse d'ail écrasée
- 4 pommes de terre pelées
  et coupées en morceaux
- 6 tasses de bouillon de légumes
- 1 chorizo coupé en rondelles
- 3 tasses de chou vert ou de *kale* émincé
- Sel et poivre

Préparation

1. Faire chauffer l'huile d'olive et faire revenir l'oignon et l'ail pendant 5 minutes. Ajouter les pommes de terre et faire revenir 3 minutes.

2. Verser le bouillon de légumes et porter à ébullition. Laisser cuire à feu moyen pendant environ 20 minutes.

3. Pendant ce temps, faire dorer le chorizo avec de l'huile d'olive dans une poêle et ajouter dans la soupe.

4. Retirer les morceaux de pommes de terre et réduire en purée à l'aide d'un pilon. Remettre dans le chaudron avec le bouillon, ajouter le chou, assaisonner selon le goût et laisser cuire pendant encore 5 minutes. Servir chaud.

Caviar d'aubergines

Roumanie

T 10 minutes   C 25 minutes   P 4

Ingrédients

- 2 aubergines
- 4 c. à soupe d'huile d'olive
- 2 c. à soupe de jus de citron
- 1/2 tasse d'olives noires dénoyautées
- 1 échalote hachée
- 1 gousse d'ail hachée
- 1/4 de tasse de persil frais ciselé
- Sel et poivre

Préparation

1. Préchauffer le four à 355 °F (180 °C). Déposer les aubergines entières dans le four sur une plaque de cuisson et faire cuire au four pendant 20 à 25 minutes jusqu'à ce que la peau se soulève et que la chair soit tendre.

2. Peler les aubergines et extraire la chair. Réduire la chair en purée dans un mélangeur ou un robot culinaire avec l'huile d'olive, le jus de citron, les olives, l'échalote, l'ail et le persil.

3. Verser dans un bol, ajouter un peu d'huile au besoin et assaisonner. Mettre au frais et servir avec du pain.

Chou farci à la viande

T 45 minutes   C 2 heures   P 4

Ingrédients
- 1 tasse de riz
- 15 feuilles de chou
- 1 oignon haché
- 1 c. à soupe d'huile d'olive
- 500 g de veau haché maigre
- 350 g de porc haché maigre
- 1/2 tasse de persil frais haché
- 1/2 c. à thé de cumin
- 1/2 c. à thé de piment de la Jamaïque
- 1/2 c. à thé de romarin
- 2 tasses de tomates en dés
- Le jus de 1 citron
- 1 tasse de bouillon de bœuf
- Sel et poivre

Préparation
1. Rincer le riz et égoutter. Verser dans un bol.

2. Faire blanchir les feuilles de chou pendant 3 minutes dans l'eau bouillante. Égoutter et éponger.

3. Faire revenir l'oignon dans l'huile d'olive pendant 3 minutes.

4. Verser le veau, le porc, l'oignon, le persil, le cumin, le piment de la Jamaïque, le romarin, le sel et le poivre selon le goût dans le bol avec le riz et bien mélanger le tout.

5. Verser une cuillérée de farce au centre de chaque feuille de chou blanchie. Rabattre les bordures sur la face et rouler pour enfermer la farce dans la feuille de chou.

6. Tapisser le fond d'une marmite avec la moitié des rouleaux de chou farcis et napper de la moitié des tomates en dés. Déposer le reste des rouleaux et garnir du reste des tomates et arroser de jus de citron. Saler et poivrer au goût.

7. Couvrir le tout de bouillon et laisser mijoter pendant 1 h 30.

Mamaliga

T 20 minutes   C 30 minutes   P 6

Ingrédients
- 3 tasses de bouillon de légumes
- 1 tasse de semoule de maïs (polenta)
- 1 c. à soupe d'huile d'olive
- 1 tasse de lardons
- 1/2 tasse de pecorino râpé
- 1/4 de tasse de persil plat
- Poivre

Préparation
1. Préchauffer le four à 355 °F (180 °C).

2. Porter le bouillon de légumes à ébullition dans une casserole et verser la polenta et réduire à feu doux. Laisser cuire pendant environ 8 minutes en remuant et laisser gonfler jusqu'à l'obtention d'une sorte de purée.

3. Pendant ce temps, faire revenir les lardons dans une poêle pendant 5 minutes. Éponger un peu le gras avant de poursuivre la cuisson. Pour ce faire, placer les lardons sur du papier absorbant quelques minutes. Remettre dans la poêle et assaisonner.

4. Incorporer le pecorino, le persil et le poivre et remuer le tout. Verser le mélange sur la polenta et mélanger.

5. Verser dans un plat graissé allant au four et faire cuire pendant environ 15 minutes. Laisser reposer quelques minutes et servir.

Œufs pochés au fromage et au persil

Roumanie

T 15 minutes   C 15 minutes   P 4

Ingrédients

- 3 c. à soupe de beurre
- 3 c. à soupe de farine
- 1/2 tasse de lait
- 2 c. à soupe de crème fraîche
- 1/2 tasse de persil frais haché
- 1 c. à soupe d'aneth frais haché
- Le jus de 1 citron
- 2 c. à soupe de vinaigre
- 4 œufs
- 1 tasse de mozzarella râpée
- Poivre et sel

Préparation

1. Faire fondre le beurre dans une casserole à feu moyen et incorporer la farine. Remuer le tout pendant 1 minute, puis verser le lait en continuant de remuer jusqu'à ce que la sauce épaississe. Baisser à feu très doux, puis incorporer la crème fraîche, le persil, l'aneth et le jus de citron, saler et poivrer au goût.

2. Porter une casserole remplie d'eau à ébullition et incorporer le vinaigre.

3. Casser chaque œuf dans une tasse et faire pocher un œuf à la fois. Verser chaque œuf dans l'eau et tourner avec une cuillère en bois. Laisser cuire pendant 3 minutes et étuver.

4. Déposer chaque œuf dans un bol, napper de sauce et saupoudrer de fromage. Servir chaud.

Poivrons farcis à la viande

Roumanie

T 15 minutes   C 40 minutes   P 4

Ingrédients

- 4 poivrons rouges
- 2 c. à soupe d'huile d'olive
- 1 gros oignon
- 500 g de bœuf haché maigre
- 1 c. à soupe de pâte de tomate
- 1/2 tasse d'eau
- 1 œuf battu
- 1/4 de tasse de persil frais haché
- 1 tasse de crème épaisse
- Sel et poivre

Préparation

1. Préchauffer le four à 400 °F (205 °C).

2. Couper la partie supérieure des poivrons et épépiner.

3. Faire chauffer l'huile d'olive dans une poêle. Faire revenir l'oignon et la viande pendant 5 à 7 minutes. Ajouter la pâte de tomate et l'eau, assaisonner et remuer pendant encore 3 minutes. Ajouter l'œuf battu, le persil et mélanger.

4. Farcir les poivrons avec le mélange à la viande. Déposer dans un plat graissé allant au four et faire cuire pendant 30 minutes, puis napper de crème et servir.

Croustade aux pommes

Royaume-Uni

T 20 minutes   C 30 minutes   P 6

Ingrédients

Garniture
- 8 pommes pelées, étrognées et coupées en morceaux
- 1/2 tasse de cassonade
- 3 c. à soupe de jus de citron
- 1 pincée de cannelle

Croustade
- 1 tasse de farine de blé entier
- 1 tasse de gruau
- 1/2 c. à thé de muscade
- 1/2 c. à thé de cannelle
- 1/4 de tasse de beurre fondu
- 1/2 tasse de cassonade
- 1 pincée de sel

Préparation

1. Préchauffer le four à 355 °F (180 °C).

2. Mélanger les morceaux de pommes, la cassonade, le jus de citron et la cannelle dans un bol.

3. Étendre uniformément la garniture aux pommes au fond d'un plat en verre graissé allant au four.

4. Mélanger la farine, le gruau, la muscade, la cannelle, le beurre fondu, la cassonade et le sel dans un grand bol. Émietter et saupoudrer sur la garniture aux pommes.

5. Faire cuire au four pendant 30 minutes jusqu'à ce que la croûte soit légèrement dorée.

Fish & chips

Royaume-Uni

T 20 minutes   C 20 minutes   P 4

Ingrédients
- 4 grosses pommes de terre pelées
  et coupées en tranches de 1 cm d'épaisseur
- 1 tasse de farine
- 1 c. à soupe de fécule de maïs
- 1/2 c. à thé de poudre à pâte
- 1/2 c. à thé de paprika
- 1 tasse de lait
- 4 filets de morue
- Huile pour la friture
- Sel et poivre

Préparation

1. Faire frire les pommes de terre pendant
7 minutes dans une poêle à feu vif ou dans une
friteuse, éponger et réserver.

2. Dans un bol, mélanger 1/2 tasse de farine, la
fécule de maïs, la poudre à pâte, le paprika, le sel
et le poivre selon le goût.

3. Verser le lait dans un bol et étaler le reste de la
farine sur du papier ciré.

4. Saler et poivrer les filets de morue selon le goût,
puis saupoudrer de farine. Tremper les filets dans le
lait et enrober de pâte à frire.

5. Remettre les pommes de terre à frire pendant
3 à 5 minutes. Déposer dans une plaque à cuisson
et garder au chaud dans le four à 215 °F (100 °C).

6. Faire chauffer de l'huile dans une grande poêle
et faire frire les filets de poissons pendant environ
3 minutes de chaque côté jusqu'à ce qu'ils soient
dorés et croustillants. Égoutter et servir avec les
pommes de terre, de la sauce tartare et du citron.

Gratin de truite

Royaume-Uni

T 25 minutes   C 45 minutes   P 4

Ingrédients
- 5 pommes de terre pelées et coupées en dés
- 3 tasses d'épinards lavés et déchirés
- 2 c. à soupe de beurre
- 1 oignon haché
- 1 gousse d'ail hachée
- 1/2 tasse de crème
- 1 tasse de vin blanc
- 1 c. à thé de thym
- 1 tasse de fenouil émincé
- 1 tasse de parmesan râpé
- Le jus de 1 citron
- 4 filets de truite
- 1/2 tasse de chapelure
- Sel et poivre

Préparation

1. Faire bouillir les pommes de terre pendant
20 minutes jusqu'à ce qu'elles soient tendres.
Réduire en purée et assaisonner.

2. Faire cuire les épinards à la vapeur pendant
3 minutes. Égoutter et réserver.

3. Préchauffer le four à 375 °F (190 °C).

4. Ajouter un peu de beurre dans la poêle et faire
revenir l'oignon et l'ail pendant 5 minutes. Verser la
crème et poursuivre la cuisson pendant 3 minutes.
Ajouter le vin, le thym, le fenouil, le sel et le poivre
selon le goût et cuire pendant 5 minutes. Retirer du
feu et incorporer la moitié du fromage et le jus de
citron.

5. Déposer les filets de truite au fond d'un plat en
verre graissé allant au four et garnir d'épinards.
Verser uniformément le mélange d'oignon au vin
et à la crème et saupoudrer de chapelure et de
fromage.

6. Faire cuire le tout au four pendant 20 à
25 minutes jusqu'à ce que le fromage soit fondu
et que la surface soit dorée.

Sablés au beurre

Royaume Uni

T 20 minutes   C 20 minutes   P 4

Ingrédients
- 3 tasses de farine
- 1 tasse de sucre
- 1 tasse de beurre mou
- 1/4 de tasse de poudre d'amandes

Préparation
1. Préchauffer le four à 320 °F (160 °C).

2. Dans un bol, mélanger la farine, le sucre, le beurre et la poudre d'amandes et former une boule de pâte homogène.

3. Aplatir sur une surface farinée pour obtenir une épaisseur d'environ 1 cm.

4. Couper les biscuits à l'aide d'un emporte-pièce et déposer sur une plaque recouverte de papier ciré pendant une vingtaine de minutes jusqu'à ce qu'ils soient légèrement dorés.

Sandwichs anglais

Royaume Uni

T 15 minutes   P 4

Ingrédients
- 1 concombre anglais
- 8 tranches de pain de blé entier
- 100 g de fromage à tartiner du type Boursin
- Le jus de 1 citron
- 1 c. à soupe d'aneth
- 1 c. à soupe de ciboulette
- Sel et poivre

Préparation
1. Peler et couper le concombre en tranches très minces.

2. Faire griller les tranches de pain, puis tartiner généreusement de fromage Boursin et garnir de rondelles de concombre.

3. Verser un filet de jus de citron et saupoudrer d'aneth et de ciboulette. Saler et poivrer selon le goût et assembler les sandwichs.

Scones au fromage et aux herbes

Royaume Uni

T 15 minutes   C 20 minutes   P 4 à 6

Ingrédients
- 2 tasses de farine
- 1 c. à soupe de poudre à pâte
- 1 pincée de sel
- 3 c. à soupe de beurre
- 2 œufs
- 1/4 de tasse de crème
- 1/4 de tasse de persil haché
- 1 c. à soupe de fines herbes
- 1 tasse de cheddar râpé
- 1/2 tasse de gruyère râpé

Préparation
1. Préchauffer le four à 400 °F (205 °C).

2. Tamiser la farine, la poudre à pâte et le sel dans un bol.

3. Ajouter le beurre et travailler la pâte jusqu'à ce que le mélange ressemble à de la chapelure. Ajouter les œufs, la crème, le persil, les fines herbes et le fromage et mélanger pour former une pâte bien lisse.

4. Déposer la pâte sur une surface farinée et étaler pour obtenir une épaisseur de 2 cm. Couper en tranches de 5 cm de largeur et déposer sur une plaque à pâtisserie graissée.

5. Faire cuire au four pendant 15 à 20 minutes, puis laisser refroidir sur une grille pendant 10 minutes.

Tartinade au citron

Royaume-Uni

T 20 minutes C 15 minutes R 2 heures P 6

Ingrédients
- Le jus et le zeste de 3 citrons
- 1 tasse de sucre
- 1/2 tasse de beurre
- 4 œufs
- 1 fond de tarte précuit

Préparation

1. Dans un bol, mélanger le jus et le zeste de citron, le sucre, le beurre et les œufs. Faire chauffer dans un bain-marie pendant environ 10 minutes en fouettant jusqu'à ce que le mélange épaississe.

2. Verser le tout sur le fond de tarte et laisser reposer, puis réfrigérer pendant 2 heures.

Tourte aux rognons et au bœuf

Royaume-Uni

T 40 minutes C 50 minutes P 4

Ingrédients
Pâte à tarte
- 1 1/2 tasse de farine
- 1/3 de tasse de sucre
- 1/2 c. à thé de sel
- 1/2 tasse de beurre non salé
- 1 œuf
- 1 c. à soupe d'eau
- 1 jaune d'œuf

Garniture
- 3 c. à soupe d'huile d'olive
- 250 g de rognons de veau
- 500 g de filet de bœuf coupé en dés
- 1 oignon haché
- 1 tasse de champignons tranchés
- 1/4 de tasse de persil frais haché
- 1 tasse de bouillon de bœuf
- 1 c. à soupe de sauce Worcestershire
- Sel et poivre

Préparation

1. Dans un bol, mélanger la farine, le sucre et le sel. À l'aide d'un coupe-pâte ou de deux couteaux, découper le beurre dans le mélange jusqu'à ce que la texture ait la consistance de semoule grossière et que les morceaux de beurre ne soient pas plus gros que des petits pois. Incorporer l'œuf et l'eau et mélanger avec une fourchette jusqu'à ce que la préparation soit homogène.

2. Transférer la pâte sur une surface de travail, former une boule et aplanir pour former un grand disque. Étaler la pâte à l'aide d'un rouleau et la diviser en deux. Réserver.

3. Préchauffer le four à 400 °F (205 °C).

4. Dans une grande poêle, faire chauffer 2 c. à soupe d'huile d'olive et faire dorer les rognons et le bœuf pendant environ 5 minutes. Saler et poivrer au goût et réserver.

5. Faire chauffer le reste de l'huile d'olive et faire revenir l'oignon et les champignons pendant 5 à 7 minutes. Incorporer la viande et le persil et remuer. Verser le bouillon et la sauce Worcestershire, remuer et laisser mijoter pendant 5 minutes.

6. Dérouler une moitié de la pâte dans une assiette à tarte profonde de 9 po (23 cm). Verser la garniture, puis badigeonner les rebords de la croûte avec du jaune d'œuf. Dérouler la croûte du dessus et déposer sur la garniture. Faire une incision au centre et badigeonner avec de l'œuf.

7. Faire cuire au four pendant 40 minutes jusqu'à ce que la pâte soit bien dorée.

Blinis au saumon fumé

Russie

T 10 minutes   C 5 minutes   P 4

Ingrédients

- 20 petits blinis
- 1/4 de tasse de crème fraîche
- Le jus de 1/2 citron
- 4 tranches de saumon fumé
  coupées en morceaux
- 2 c. à soupe d'aneth
- Sel et poivre

Préparation

1. Faire griller les blinis pendant quelques minutes.

2. Dans un bol, mélanger la crème, le jus de citron, le sel et le poivre selon le goût. Tartiner l'une des surfaces de chaque blini avec la crème et garnir de saumon fumé et d'aneth.

Bœuf *Stroganov*

Russie

T 20 minutes   C 35 minutes   P 4

Ingrédients

- 4 tasses d'eau
- 2 tasses de riz
- 1 c. à thé de thym
- 2 c. à soupe de beurre
- 800 g de filet de bœuf coupé en lanières
- 1 oignon haché
- 1 tasse de champignons
- 1 conserve de crème de champignons
- Le jus de 1/2 citron
- 1 c. à thé de paprika
- 1 tasse de bouillon de bœuf
- 2 c. à soupe de crème fraîche
- 1/4 de tasse de persil frais haché
- Sel et poivre

Préparation

1. Porter l'eau à ébullition et verser le riz et le thym, puis saler et poivrer au goût. Laisser cuire pendant environ 20 minutes jusqu'à ce que le riz soit tendre et que le liquide soit absorbé.

2. Pendant ce temps, faire chauffer le beurre dans une grande poêle profonde et faire brunir la viande à feu moyen-vif pendant 3 minutes. Incorporer l'oignon et les champignons et faire cuire à feu moyen pendant 5 minutes. Incorporer la crème de champignons, le jus de citron, le paprika et le bouillon de bœuf, porter à ébullition, puis réduire à feu doux et laisser mijoter 10 minutes.

3. Incorporer la crème et le persil dans la poêle, remuer et rectifier l'assaisonnement. Servir le riz et napper de sauce.

Bortsch

Russie

T 40 minutes   C 1 h 30   P 4

Ingrédients

- 6 tasses de bouillon de bœuf
- 900 g de viande de bœuf coupée en morceaux
- 2 c. à soupe de beurre
- 1 oignon haché
- 1 gousse d'ail hachée
- 3 carottes pelées et coupées en dés
- 1/2 navet pelé et coupé en dés
- 1 betterave rouge pelée et coupée en dés
- 1 chou blanc ciselé
- 1 c. à thé d'aneth
- 1 c. à thé de piment de Cayenne
- 1/4 de tasse de persil ciselé
- 1 c. à soupe de vinaigre blanc
- Sel et poivre

Préparation

1. Verser 6 tasses de bouillon dans un grand faitout et porter à ébullition, puis ajouter la viande et laisser mijoter à feu doux pendant 45 minutes.

2. Pendant ce temps, faire fondre le beurre et faire revenir l'oignon et l'ail pendant 3 minutes. Ajouter les carottes, le navet, la betterave et le chou et faire cuire pendant 3 minutes. Verser dans le faitout et incorporer l'aneth, le piment, le persil, le vinaigre, le sel et le poivre au goût et poursuivre la cuisson à feu doux pendant encore 45 minutes.

Europe

Gâteau de Pâques

T 20 minutes   R 1 heure   C 55 minutes   P 4

Ingrédients

- 1 c. à soupe de poudre à pâte
- 1 tasse de lait tiède
- 3 tasses de farine
- 1 tasse de sucre
- 5 jaunes d'œufs
- 1 c. à thé d'extrait de vanille
- 2 c. à soupe de rhum
- 1 c. à thé de muscade
- 1 c. à thé de cardamome
- 1 pincée de sel
- 1/2 tasse de beurre
- 1/2 tasse de raisins secs
- 1/2 tasse d'amandes hachées
- 1/2 tasse de fruits confits

Préparation

1. Délayer la levure et le lait, puis incorporer la moitié de la farine et pétrir pour obtenir une pâte lisse. Couvrir et laisser reposer pendant 1 heure pour faire doubler la pâte. Incorporer ensuite le reste de la farine et le sucre de façon graduelle en mélangeant pour avoir une pâte ferme.

2. Ajouter les jaunes d'œufs et la vanille et continuer de pétrir.

3. Verser le rhum, la muscade, la cardamome et le sel, puis ajouter le beurre et continuer de pétrir la pâte. Incorporer les raisins, les amandes et les fruits et pétrir sur une surface farinée pour obtenir une pâte souple.

4. Déposer la pâte dans un bol graissé de beurre, couvrir et laisser gonfler pendant 2 heures.

5. Verser la pâte dans un grand moule à gâteau et laisser lever pendant encore 1 heure ou jusqu'à ce qu'elle double de volume.

6. Préchauffer le four à 400 °F (205 °C).

7. Faire cuire au four pendant 20 minutes, puis réduire la température à 350 °F (175 °C) et laisser cuire encore 35 minutes. Vérifier la cuisson en insérant la lame d'un couteau au centre du gâteau.

Poulet à la Kiev

T 20 minutes   C 20 minutes   P 4

Ingrédients

- 2 poitrines de poulet désossées, sans la peau
- 1/4 de tasse de beurre
- 2 gousses d'ail hachées
- 2 oignons verts hachés finement
- 2 échalotes hachées finement
- 1/4 de tasse de persil frais ciselé
- 1 tasse de chapelure
- 1 c. à soupe de paprika
- 1 c. à soupe de thym séché
- 1 tasse de farine
- 2 œufs battus
- 4 c. à soupe d'huile d'olive
- Sel et poivre

Préparation

1. Couper les poitrines en deux dans le sens de l'épaisseur pour obtenir 4 portions. Déposer les quatre morceaux de poulet entre deux feuilles de pellicule plastique et frapper doucement pour les aplatir jusqu'à une épaisseur de 0,5 cm.

2. Faire chauffer le beurre à feu doux et faire revenir l'ail, les oignons verts et les échalotes à feu doux pendant 5 minutes. Incorporer le persil, assaisonner et retirer du feu.

3. Verser une portion égale du beurre à l'ail et du persil au centre de chaque portion de poulet. Rouler les poitrines et faire tenir à l'aide d'un cure-dent.

4. Dans un bol, mélanger la chapelure, le paprika et le thym. Verser la farine sur du papier ciré. Tremper chaque rouleau de poulet dans les œufs battus avant de les enrober de farine. Tremper à nouveau dans les œufs battus et enrober de chapelure.

5. Faire chauffer l'huile d'olive et faire frire les rouleaux de poulet pendant 7 à 10 minutes jusqu'à ce que l'extérieur soit doré et croustillant. Retirer le cure-dent et servir.

Raviolis russes

T 45 minutes   C 15 minutes   P 4

Ingrédients

- 1 pincée de sel
- 4 tasses de farine
- 1 c. à thé de poudre d'ail
- 1 tasse d'eau
- 1/2 tasse de lait
- 2 œufs
- 250 g de porc haché
- 250 g de bœuf haché
- 1 oignon haché
- 1/4 de tasse de crème fraîche
- 1 c. à thé de muscade
- Sel et poivre

Préparation

1. Dans un bol, tamiser le sel, la farine et la poudre d'ail, puis creuser un puits au centre et incorporer l'eau, le lait et les œufs. Mélanger jusqu'à l'obtention d'une pâte élastique.

2. Étaler la pâte à l'aide d'un rouleau et découper des cercles de 5 cm de diamètre.

3. Dans un autre bol, mélanger le porc, le bœuf, l'oignon, la crème et la muscade, saler et poivrer au goût.

4. Verser 1 c. à thé de farce au centre de chaque cercle de pâte, replier en demi-lune et sceller les bordures avec un peu d'eau.

5. Fariner légèrement la surface et faire revenir dans une poêle avec un peu de beurre pendant 5 minutes.

6. Faire bouillir pendant 10 minutes dans une casserole d'eau jusqu'à ce que les raviolis remontent à la surface de l'eau. Servir chaud avec du beurre.

Soupe à la choucroute et au bœuf

Russie

T 20 minutes   C 2 h 10   P 4

Ingrédients
- 600 g de choucroute
- 1 c. à soupe d'huile d'olive
- 1 oignon haché
- 400 g de poitrine de bœuf coupée en morceaux
- 1 gousse d'ail haché
- 2 tasses de tomates en dés
- 8 tasses de bouillon de bœuf
- 1/4 de tasse de crème fraîche
- 1 botte de persil ciselé
- Sel et poivre

Préparation
1. Rincer et presser la choucroute pour extraire le liquide.

2. Dans un faitout, faire chauffer l'huile d'olive et faire revenir l'oignon et le bœuf pendant 7 minutes. Ajouter l'ail et les tomates et faire revenir pendant 3 minutes.

3. Incorporer la choucroute, saler et poivrer selon le goût. Remuer, puis verser le bouillon sur les ingrédients, baisser le feu et laisser mijoter pendant près de 2 heures. Rectifier l'assaisonnement pendant la cuisson.

4. Servir avec un peu de crème et saupoudrer de persil.

Zakouskis au crabe et au caviar

Russie

T 15 minutes   P 4

Ingrédients
- 20 petits blinis
- 1 conserve de chair de crabe
- 3 c. à soupe de mayonnaise
- 2 c. à soupe d'aneth
- Le jus de 1/2 citron
- 5 c. à soupe de caviar de poisson
- Sel et poivre

Préparation
1. Faire griller les blinis pendant quelques minutes.

2. Dans un bol, mélanger la chair de crabe, la mayonnaise, l'aneth et le jus de citron, puis saler et poivrer selon le goût.

3. Garnir chaque blini d'une petite portion de caviar et couvrir d'une portion de crabe. Servir froid.

Europe

Burger serbe aux oignons

Serbie

T 15 minutes   R 2 heures   C 10 minutes   P 4

Ingrédients
- 350 g de bœuf haché maigre
- 350 g de porc haché maigre
- 2 oignons hachés
- 1 gousse d'ail hachée
- 3 c. à soupe d'huile d'olive
- 1 c. à thé de paprika
- 4 pains ronds
- Sel et poivre

Préparation

1. Dans un grand bol, mélanger la viande et les oignons, puis incorporer l'ail, l'huile d'olive, le paprika, le sel et le poivre selon le goût.

2. Couvrir et réfrigérer 2 heures.

3. Former 4 boulettes d'environ 5 à 6 po (12 à 15 cm) de diamètre.

4. Faire cuire pendant 5 minutes dans la poêle ou sur le gril en retournant à la mi-cuisson.

5. Pendant ce temps, faire griller les pains. Servir les burgers avec des rondelles d'oignons, des oignons et de la crème épaisse ou du *kajmak*.

Pain de maïs et feta

Serbie

T 25 minutes   R 30 minutes   C 40 minutes   P 6

Ingrédients
- 3 tasses d'eau
- 1 tasse de semoule de maïs
- 1 c. à thé de poudre à pâte
- 1 tasse de farine
- 3 œufs
- 1/4 de tasse d'huile d'olive
- 1 tasse de feta émietté

Préparation

1. Porter l'eau à ébullition dans une casserole, verser la semoule et réduire à feu doux. Laisser cuire pendant environ 8 minutes en remuant et laisser gonfler jusqu'à l'obtention d'une polenta.

2. Dans un grand bol, mélanger la polenta, la poudre à pâte, la farine, les œufs et l'huile d'olive et mélanger jusqu'à l'obtention d'une pâte lisse.

3. Verser la moitié du mélange dans un moule à pain, puis saupoudrer avec la moitié du fromage. Couvrir avec le reste de la pâte et garnir avec le reste du fromage. Laisser gonfler pendant 30 minutes.

4. Préchauffer le four à 375 °F (190 °C).

5. Faire cuire au four pendant 30 minutes.

Gnocchis slovaques

Slovaquie

T 15 minutes   C 20 minutes   P 4

Ingrédients
- 7 pommes de terre pelées et râpées
- 3 c. à soupe de lait
- 2 œufs
- 2 tasses de farine
- 1 c. à soupe d'huile d'olive
- 1 tasse de lardons
- 1 tasse de fromage de brebis
- Sel et poivre

Préparation

1. Dans un bol, mélanger les pommes de terre, le lait, les œufs et la farine. Incorporer l'huile d'olive et assaisonner, puis pétrir la pâte jusqu'à ce qu'elle soit lisse et souple.

2. Aplatir à l'aide d'un rouleau et couper de petites tranches d'environ 2 cm de large.

3. Faire chauffer un peu d'huile d'olive. Faire frire les lardons 7 minutes. Réserver.

4. Porter un grand chaudron d'eau salée à ébullition et plonger les tranches de pâte. Faire cuire pendant 10 à 12 minutes et servir avec du fromage de brebis et des lardons.

Zivanska

Slovaquie

T 15 minutes   C 1 h 15   P 6

Ingrédients

- 3 oignons tranchés en rondelles
- 2 c. à soupe d'huile d'olive
- 500 g de filet de porc tranché
- 2 c. à soupe de paprika
- 1 c. à thé de cumin
- 1 tasse de crème fraîche
- 2 saucisses fumées coupées en rondelles
- 2 tasses de lardons
- 8 pommes de terre pelées et tranchées
- Sel et poivre

Préparation

1. Préchauffer le four à 355 °F (180 °C).

2. Tapisser un grand plat en verre allant au four de papier aluminium.

3. Faire revenir les oignons dans un peu d'huile d'olive pendant 3 minutes et attendrir la viande de chaque côté pendant 2 minutes.

4. Mélanger le paprika, une pincée de sel, le poivre et le cumin dans un petit bol. Napper les tranches de porc de crème fraîche.

5. Déposer une tranche de porc au fond du plat allant au four et déposer quelques rondelles d'oignon et de pommes de terre contre la viande. Ajouter quelques tranches de saucisses et des lardons, puis saupoudrer le tout du 1/3 du paprika et du cumin. Poser une autre couche des divers ingrédients en posant les ingrédients à l'opposé de la couche inférieure. Saupoudrer de paprika, puis poser une dernière couche de porc, saucisse, lardons, oignons et pommes de terre.

6. Napper le tout de crème fraîche, saupoudrer avec le reste des épices, couvrir d'aluminium et faire cuire au four pendant environ 60 minutes jusqu'à ce que le tout soit cuit. Servir chaud.

Europe

Beignets
aux aubergines

Slovénie

T 20 minutes   R 1 heure   C 5 minutes   P 4

Ingrédients

- 2 grosses aubergines coupées en tranches de 1 cm d'épaisseur
- 2 tasses de farine
- 1 c. à soupe d'huile d'olive
- Le jus de 1/2 citron
- 2 œufs, séparés
- 1 pincée de sel
- 1 tasse de lait
- Huile pour la friture

Préparation

1. Faire dégorger les aubergines en les déposant dans un plat et en les couvrant de gros sel. Laisser reposer une heure.

2. Pendant ce temps, verser la farine dans un grand bol. Creuser un puits au centre. Verser l'huile d'olive, le jus de citron, les jaunes d'œufs et le sel et remuer. Verser graduellement le lait pour éviter la formation de grumeaux.

3. Battre les blancs d'œuf en neige et incorporer à la pâte. Remuer jusqu'à l'obtention d'une texture homogène et lisse.

4. Essuyer les aubergines, puis faire chauffer l'huile de cuisson. Enrober chaque tranche d'aubergine dans la pâte et faire frire pendant quelques minutes jusqu'à ce qu'elles soient dorées et croustillantes.

Soupe
aux champignons

Slovénie

T 15 minutes   C 30 minutes   P 4

Ingrédients

- 1/2 tasse de beurre mou
- 1/2 oignon haché
- 2 c. à soupe de farine
- 3 tasses de champignons frais variés (morilles, shiitakes, pleurotes) tranchés
- 2 pommes de terre pelées et coupées en dés
- 2 tasses de bouillon de légumes
- 1 feuille de laurier
- 1/2 tasse de vin blanc
- 1/4 de tasse de persil ciselé
- 1 tasse de crème
- Sel et poivre

Préparation

1. Faire fondre le beurre et faire revenir l'oignon jusqu'à ce qu'il soit translucide. Ajouter la farine et remuer quelques secondes.

2. Incorporer les champignons et les pommes de terre et remuer le tout. Verser le bouillon de légumes, la feuille de laurier, le sel et le poivre selon le goût et laisser mijoter une vingtaine de minutes jusqu'à ce que les pommes de terre soient tendres en remuant souvent.

3. Verser le vin blanc et porter à ébullition, puis ajouter le persil et remuer. Baisser à feu doux et verser la crème. Remuer, rectifier l'assaisonnement et servir.

Boulettes suédoises

Suède

T 15 minutes   C 15 minutes   P 4 à 6

Ingrédients

- 300 g de bœuf haché maigre
- 300 g de porc haché maigre
- 2 c. à soupe de persil frais haché
- 1/2 tasse de crème fraîche
- 1/4 de tasse de chapelure
- 1 œuf battu
- 2 c. à soupe de beurre
- 1 oignon haché
- 1 c. à soupe d'huile d'olive
- 2 c. à soupe de farine
- Sel et poivre

Préparation

1. Dans un bol, mélanger le bœuf haché, le porc haché, le persil, la crème, la chapelure, l'œuf, le sel et le poivre selon le goût.

2. Faire fondre 1 c. à soupe de beurre dans une poêle et faire revenir l'oignon pendant 3 minutes. Incorporer aux autres ingrédients et remuer.

3. Mélanger tous les ingrédients avec les mains et former de 16 à 20 petites boulettes.

4. Étaler la farine sur du papier ciré et enrober les boulettes de farine.

5. Faire chauffer l'huile d'olive et le reste du beurre et faire frire les boulettes pendant environ 3 minutes jusqu'à ce qu'elles soient dorées, puis réduire à feu doux et laisser mijoter de 5 à 7 minutes. Servir chaud.

Galettes aux pommes de terre et à la ciboulette

Suède

T 15 minutes   C 5 minutes   P 4

Ingrédients

- 6 grosses pommes de terre pelées et râpées
- 1/2 tasse de ciboulette fraîche ciselée
- 2 c. à soupe de lait
- 3 c. à soupe de beurre mou
- Huile pour la friture
- Sel et poivre

Préparation

1. Dans un bol, mélanger les pommes de terre râpées et la ciboulette. Saler et poivrer selon le goût, incorporer le lait et bien remuer le tout. Former des galettes en utilisant environ 2 c. à soupe du mélange

2. Dans une grande poêle, faire chauffer le beurre et l'huile et faire cuire les galettes en les aplatissant pendant environ 2 à 3 minutes de chaque côté jusqu'à ce qu'elles soient dorées et croustillantes.

Gélatine au vin blanc et aux fruits

Suède

T 10 minutes   R 2 heures   P 4

Ingrédients

- 1 paquet de gélatine aux framboises
- 1 tasse d'eau chaude
- 1 tasse de vin blanc
- 2 tasses de framboises, bleuets, mûres et fraises

Préparation

1. Verser le contenu d'un sachet de gélatine dans un bol de taille moyenne.

2. Verser une tasse d'eau très chaude pour faire diluer la poudre avec une fourchette.

3. Ajouter une tasse de vin blanc en remuant pour que le mélange soit lisse et homogène.

4. Ajouter les fruits frais ou congelés dans le bol et étaler uniformément.

5. Réfrigérer pendant au moins 2 heures avant de servir.

Hareng mariné aux herbes

Suède

T 30 minutes   R 24 heures   P 4

Ingrédients

- 12 filets de hareng parés
- 2 échalotes coupées en rondelles
- Le jus de 1/2 citron
- 5 branches d'aneth
- 2 c. à soupe de persil frais ciselé
- 1/2 c. à thé de thym
- 1 sachet de thé
- 2 tasses d'eau
- 1 tasse de vinaigre de vin
- 1 c. à soupe d'huile d'olive
- 2 feuilles de laurier
- 3 clous de girofle
- 1 tasse de vin blanc
- Sel et poivre

Préparation

1. Faire tremper les filets de hareng et éponger. Couper en morceaux de 2 cm.

2. Dans un grand bol, mélanger les échalotes, le jus de citron, l'aneth, le persil et le thym, saler et poivrer au goût.

3. Faire chauffer le thé dans l'eau bouillante. Jeter le sachet et verser le thé dans le bol avec les épices. Incorporer le vinaigre, l'huile d'olive, les feuilles de laurier, les clous de girofle et le vin blanc et remuer le tout.

4. Incorporer les morceaux de hareng, réfrigérer et laisser mariner au moins 24 heures.

Saumon mariné à la moutarde et à l'aneth

Suède

T 25 minutes   R 48 heures   P 4

Ingrédients
- 900 g de saumon de qualité sushi, sans arêtes, coupé en deux filets
- 1 c. à thé de poivre noir
- 3 c. à soupe de gros sel
- 1 c. à thé de graines de coriandre moulues
- 2 bouquets d'aneth hachés
- 1/4 de tasse de moutarde douce
- 4 c. à soupe de cassonade
- 4 c. à soupe de vinaigre de vin blanc
- 1/4 de tasse d'huile d'olive
- Le jus de 1/2 citron

Préparation
1. Déposer un filet dans un grand plat en prenant soin de poser la peau vers le bas.

2. Dans un bol, mélanger le poivre, le sel, la coriandre et l'aneth et remuer. Saupoudrer la surface supérieure du filet avec le mélange d'épices, puis poser le deuxième filet sur le premier en prenant soin de mettre la peau vers le haut de façon à ce que la chair touche aussi aux épices.

3. Emballer les filets dans du papier d'aluminium et réfrigérer pendant 48 heures en posant un poids sur les filets pour les aplatir. Tourner les filets toutes les 12 heures.

4. Lorsque les filets sont prêts, essuyer les épices, enlever la peau et couper des tranches très fines.

5. Dans un bol, mélanger la moutarde, la cassonade, le vinaigre, l'huile et le jus de citron. Napper de sauce les tranches de saumon et saupoudrer d'aneth.

Courgettes farcies

Suisse

T 25 minutes   C 35 minutes   P 4

Ingrédients
- 4 courgettes moyennes
- 1/4 de tasse de beurre
- 1 oignon haché
- 1 gousse d'ail hachée
- 1 tasse de champignons
- 2 tasses de tomates en dés
- 1/2 c. à thé de thym
- 1/2 c. à thé d'origan
- 1 œuf battu
- 1 tasse de fromage suisse
- 1/2 tasse de chapelure
- Sel et poivre

Préparation
1. Préchauffer le four à 355 °F (180 °C).

2. Couper les courgettes en deux dans le sens de la longueur et vider l'intérieur.

3. Dans une grande poêle, faire fondre le beurre à feu moyen et faire revenir l'oignon, l'ail et les champignons pendant 5 minutes. Ajouter les tomates, le thym, l'origan, le sel et le poivre selon le goût et laisser mijoter 7 minutes en remuant.

4. Retirer du feu et incorporer l'œuf et la moitié du fromage. Remuer et farcir les moitiés de courgettes avec la préparation aux champignons. Saupoudrer de chapelure et de fromage et faire cuire au four pendant 25 minutes.

Fondue au chocolat

Suisse

T 10 minutes   C 10 minutes   P 4

Ingrédients
- 1/2 tasse de crème à 35 %
- 1 c. à thé d'extrait de vanille
- 1 tasse de lait
- 500 g de chocolat noir en morceaux
- Fraises, framboises, pommes, raisins, bananes et autres fruits tranchés

Préparation
1. Faire chauffer la crème, la vanille, le lait et le chocolat à basse température dans une petite casserole en remuant jusqu'à ce que le chocolat soit complètement fondu et que la texture soit crémeuse.

2. Transférer la fondue sur un réchaud et servir avec les fruits.

Europe

Fondue savoyarde

T 20 minutes   C 20 minutes   P 4

Ingrédients

- 1 gousse d'ail pelée et coupée en deux dans le sens de la longueur
- 300 g de fromage gruyère râpé
- 300 g de fromage beaufort râpé
- 300 g d'emmenthal râpé
- 1 tasse de vin blanc sec
- 2 c. à thé de muscade
- 1 c. à soupe de kirsch
- 1/2 tasse de ciboulette hachée
- 1 baguette coupée en dés

Préparation

1. Frotter l'intérieur d'un caquelon avec la gousse d'ail.

2. Verser les fromages, le vin et la muscade dans le caquelon et faire chauffer à feu doux en remuant sans cesse jusqu'à ce que le fromage soit complètement fondu.

3. Ajouter le kirsch et la ciboulette et poursuivre la cuisson en remuant.

4. Déposer le caquelon sur un réchaud et disposer les garnitures coupées en morceaux dans un plat au centre de la table.

5. Piquer le pain avec des fourchettes à fondue et tremper dans le fromage.

Raclette

Suisse

T 30 minutes   C 20 minutes   P 4

Ingrédients

- 2 tasses de haricots
- 1 tête de brocoli coupée en morceaux
- 12 petites pommes de terre grelots
- 1 paquet de viande de Grison
- 900 g de fromage à raclette
- 2 tasses de champignons tranchés
- 2 tasses de petits cornichons à l'aneth
- 16 olives farcies d'amandes
- Pain grillé

Préparation

1. Faire cuire les haricots à la vapeur pendant 5 à 7 minutes et les déposer dans un bol.

2. Faire blanchir le brocoli quelques minutes et le déposer dans un bol.

3. Faire bouillir les pommes de terre pendant 12 à 15 minutes jusqu'à ce qu'elles soient tendres et les déposer dans un bol.

4. Déposer la viande et le fromage dans une assiette de service. Mettre les champignons et les les petits cornichons dans un bol et le pain grillé dans une assiette.

5. Déposer les ingrédients désirés dans les ramequins du four à raclette, assaisonner et couvrir de fromage. Servir seul ou sur du pain grillé.

Europe

Rillettes de thon

T 15 minutes   R 1 heure   P 2

Ingrédients
- Le jus de 1/2 citron
- 1 conserve de 300 g de thon au naturel
- 1 c. à soupe d'huile d'olive
- 2 petits-suisses
- 1 c. à soupe de crème
- 1 c. à soupe de câpres hachées
- 1 échalote hachée finement
- 1 c. à soupe de ciboulette hachée

Préparation
1. Dans un bol, mélanger le jus de citron, le thon et l'huile d'olive et bien remuer.

2. Incorporer les petits-suisses et la crème, saler et poivrer selon le goût.

3. Verser les câpres, l'échalote et la ciboulette, remuer le tout pour obtenir une substance assez crémeuse. Verser dans une terrine, couvrir et réfrigérer au moins 1 heure avant de servir.

Röstis

Suisse

T 10 minutes   C 25 minutes   P 4

Ingrédients
- 8 grosses pommes de terre pelées
- 1 c. à thé de sel
- 3 c. à soupe de beurre mou
- 1/2 tasse de lardons
- 1 tasse d'emmenthal râpé
- 3 c. à soupe de lait
- Huile pour la friture

Préparation
1. Porter un grand chaudron d'eau à ébullition et faire bouillir les pommes de terre pendant une quinzaine de minutes jusqu'à ce qu'elles soient tendres. Égoutter et râper avec une râpe à röstis (gros trous). Saler.

2. Faire chauffer le beurre et l'huile d'olive et faire revenir les lardons et les pommes de terre dans la poêle pendant 5 minutes. Ajouter le fromage et le lait en continuant de mélanger.

3. Aplatir à l'aide d'une spatule pour former une grosse galette et faire cuire 5 minutes. Retourner et faire cuire l'autre côté pendant 5 minutes jusqu'à ce qu'elle soit dorée et croustillante.

Salade à l'emmenthal et à la viande de Grison

Suisse

T 20 minutes   P 4

Ingrédients
- 4 tasses de roquette
- 1 avocat tranché
- 1 paquet de viande de grison
- 1 tasse d'emmenthal coupé en dés
- 2 c. à soupe d'huile d'olive
- 1 filet de vinaigre balsamique
- 1/2 tasse de noix de Grenoble hachées
- Sel et poivre

Préparation
1. Distribuer également la roquette et les tranches d'avocat dans deux assiettes. Garnir de viande de Grison et de morceaux de fromage.

2. Verser 1 c. à soupe d'huile d'olive et un filet de vinaigre balsamique dans chaque assiette, saler et poivrer au goût et garnir de noix hachées.

Tomates gratinées au four

Suisse

T 15 minutes   C 15 minutes   P 8

Ingrédients
- 4 grosses tomates
- 2 c. à soupe d'huile d'olive
- 2 gousses d'ail hachées
- 2 c. à soupe de persil frais haché
- 1/4 de tasse de chapelure
- 1 tasse de gruyère râpé
- Sel et poivre

Préparation

1. Préchauffer le four à 355 °F (180 °C).

2. Couper les tomates en deux dans le sens de la longueur.

3. Dans un bol, mélanger l'huile, l'ail et le persil et assaisonner d'une pincée de sel et de poivre. Verser uniformément sur la surface des tomates.

4. Saupoudrer les tomates de chapelure et de gruyère et faire cuire au four pendant 15 minutes.

Fromage frit

Tchéquie
(ou République tchèque)

T 10 minutes   C 5 minutes   P 4

Ingrédients
- 1 tasse de chapelure
- 1 c. à soupe de persil
- 1 c. à thé de poudre d'ail
- 1/2 tasse de farine
- 4 tranches épaisses de fromage Edam
- 1 œuf battu
- Huile pour la friture

Préparation

1. Dans un bol, mélanger la chapelure, le persil et la poudre d'ail. Étaler la farine sur du papier ciré.

2. Enrober de farine chaque tranche de fromage.

3. Tremper chaque tranche dans l'œuf battu, puis enrober complètement de chapelure épicée.

4. Verser l'huile dans la poêle jusqu'à 1 cm de profondeur. Faire chauffer à feu moyen-vif et faire frire les tranches de fromage pendant 1 minute de chaque côté jusqu'à ce qu'elles soient dorées et croustillantes. Servir avec du citron ou de la sauce tartare.

Pâtisseries aux abricots

Tchéquie
(ou République tchèque)

T 30 minutes   R 1 heure   C 30 minutes   P 4

Ingrédients
- 1 tasse d'abricots séchés
- 1/2 tasse d'eau
- 3/4 de tasse de sucre
- 1 c. à thé d'extrait de vanille
- 1 tasse de beurre mou
- 1 tasse de fromage à la crème mou
- 2 tasses de farine
- 2 jaunes d'œufs battus

Préparation
1. Faire ramollir les abricots dans l'eau bouillante pendant 7 minutes. Égoutter, écraser avec une fourchette dans un bol et incorporer 3 c. à soupe de sucre et la vanille.

2. Dans un gros bol, mélanger le beurre et le fromage à la crème jusqu'à l'obtention d'une texture homogène. Incorporer le reste du sucre et pétrir. Ajouter la farine et pétrir la pâte jusqu'à l'obtention d'une boule. Couvrir et laisser reposer pendant 1 heure.

3. Préchauffer le four à 375 °F (190 °C).

4. Étaler la boule de pâte sur une surface farinée et aplatir à l'aide d'un rouleau jusqu'à l'obtention d'une épaisseur de 0,5 cm. À l'aide d'un couteau, couper des carrés de 8 cm de long et verser 1 c. à thé du mélange d'abricots au centre.

5. Replier les coins du carré sur la garniture aux abricots, badigeonner la surface de chaque pâtisserie de jaune d'œuf et déposer sur une plaque à biscuits graissée. Faire cuire au four pendant environ 20 minutes jusqu'à ce qu'elles soient dorées.

Champignons marinés

Ukraine

T 20 minutes   C 15 minutes   R 12 heures   P 4

Ingrédients
- 1/2 tasse d'huile
- 2 gousses d'ail écrasées
- 1 c. à soupe d'aneth frais haché
- 1 c. à thé d'estragon
- 1 c. à soupe de coriandre hachée
- 1 tasse de vinaigre de vin
- 1 tasse de vin blanc sec
- 1 feuille de laurier
- Le jus de 1/2 citron
- 4 tasses de champignons lavés
- 1 c. à soupe de persil frais haché
- Sel et poivre

Préparation
1. Dans une casserole, faire chauffer 2 c. à soupe d'huile et incorporer l'ail, l'aneth, l'estragon et la coriandre. Remuer quelques secondes, puis verser le vinaigre, le vin, la feuille de laurier, le jus de citron. Saler et poivrer légèrement. Porter à ébullition, baisser à feu doux et laisser mijoter 8 à 10 minutes.

2. Faire chauffer le reste de l'huile dans une poêle et faire revenir les champignons pendant 5 minutes à feu moyen. Ajouter le persil, saler et poivrer au goût.

3. Verser les champignons dans la casserole avec le vin et le vinaigre. Remuer tous les ingrédients, verser dans un pot et laisser reposer à la température de la pièce. Réfrigérer au moins 12 heures avant de servir.

Dranikis

Ukraine

T 15 minutes   C 20 minutes   P 4

Ingrédients
- 1 tasse de lardons
- 1 gousse d'ail écrasée
- 2 carottes pelées et râpées
- 8 grosses pommes de terre pelées et râpées
- 1 tasse de menthe hachée finement
- 2 c. à soupe de persil frais haché
- 1/2 c. à thé de thym
- 1 œuf
- 1/4 de tasse de farine
- Sel et poivre
- Huile pour la friture

Préparation
1. Faire revenir les lardons et l'ail dans la poêle pendant 5 minutes. Incorporer les carottes et faire cuire pendant 5 minutes. Verser le tout dans un grand bol avec les pommes de terre râpées et la menthe. Ajouter le persil et le thym, saler et poivrer au goût.

2. Battre l'œuf et la farine et verser le tout dans le bol avec les pommes de terre. Travailler avec les mains pour former des boulettes d'environ 5 cm de diamètre et 2 cm d'épaisseur et tremper dans la farine.

3. Faire chauffer l'huile à feu moyen-vif et faire frire les boulettes pendant quelques minutes en les retournant pour qu'elles soient dorées des deux côtés.

OCÉANIE

Agneau aux agrumes et au miel

Australie

T 25 minutes   C 40 minutes   P 4

Ingrédients
- 3 patates douces pelées et coupées en dés
- 2 c. à soupe d'huile d'olive
- 2 oignons hachés
- 500 g d'épaule d'agneau coupée en morceaux
- Le zeste et le jus de 3 oranges
- Le zeste et le jus de 1 citron
- Le zeste et le jus de 1 pamplemousse
- 1/4 de tasse de miel
- 1/2 c. à thé de poivre de Cayenne
- 1/2 c. à thé de muscade
- Sel et poivre

Préparation
1. Porter une casserole d'eau à ébullition et faire cuire les patates douces pendant 20 minutes jusqu'à ce qu'elles soient tendres. Égoutter et couper en dés.

2. Faire chauffer l'huile d'olive dans une poêle à feu moyen et faire revenir les oignons et les patates pendant 5 minutes. Ajouter l'agneau et le zeste des fruits et faire dorer la viande pendant 5 minutes. Saler et poivrer au goût.

3. Ajouter le miel, le jus d'orange, de citron et de pamplemousse et remuer le tout jusqu'à l'obtention d'une sauce sirupeuse. Assaisonner de poivre de Cayenne et de muscade, laisser mijoter 7 à 10 minutes et servir avec de la sauce.

Biscuits à l'avoine et à la noix de coco

Australie

T 25 minutes   C 20 minutes   P 8

Ingrédients
- 2 c. à soupe de miel
- 1/2 tasse de beurre
- 1/2 tasse de cassonade
- 1 tasse de farine
- 1 tasse de flocons d'avoine
- 1 c. à thé de bicarbonate de soude
- 1 tasse de noix de coco râpée
- 1 c. à thé d'extrait de vanille
- 1/4 de tasse de raisins secs

Préparation
1. Préchauffer le four à 360 °F (180 °C).

2. Faire fondre le miel et le beurre dans une casserole à feu doux.

3. Dans un bol, tamiser la cassonade, la farine, les flocons d'avoine, le bicarbonate de soude et la noix de coco. Creuser un puits au centre et verser le mélange de miel et de beurre. Ajouter la vanille et mélanger jusqu'à l'obtention d'une préparation lisse et homogène.

4. Incorporer les raisins secs et remuer le tout. Verser de grosses cuillérées à soupe sur une plaque à biscuits graissée et aplatir avec une spatule. Faire cuire au four pendant 15 à 20 minutes jusqu'à ce que les biscuits soient dorés.

Brownies au tamarin

Australie

T 15 minutes   C 30 minutes   P 10

Ingrédients
- 1/2 tasse de beurre
- 4 c. à soupe de pâte de tamarin
- 1/2 tasse de chocolat en morceaux
- 1 tasse de sucre
- 3 œufs battus
- 1 c. à thé d'extrait de vanille
- 1 1/2 tasse de farine
- 1/2 c. à thé de poudre à pâte

Préparation
1. Préchauffer le four à 350 °F (175 °C).

2. Déposer le beurre, la pâte de tamarin et le chocolat dans une petite casserole et faire fondre à feu doux en remuant fréquemment pendant environ 5 minutes. Retirer du feu et verser dans un grand bol.

3. Incorporer le sucre et remuer. Ajouter les œufs en fouettant 1 œuf à la fois dans le mélange jusqu'à ce que la préparation soit bien onctueuse. Incorporer la vanille, la farine et la poudre à pâte.

4. Verser la pâte dans un plat graissé allant au four et lisser la surface avec une spatule en caoutchouc. Faire cuire pendant 25 à 30 minutes, puis laisser refroidir quelques instants avant de servir.

Burger aux courgettes

Australie

T 10 minutes   C 10 minutes   P 4

Ingrédients

- 400 g de bœuf haché maigre
- 1 oignon haché finement
- 1 c. à soupe de sauce Worcestershire
- 1 c. à thé de gingembre
- 2 petites courgettes râpées
- 1 œuf battu
- 4 tranches de cheddar
- 4 pains ronds
- Sel et poivre
- Condiments au choix (mayonnaise, ketchup, moutarde, etc.)

Préparation

1. Mélanger le bœuf haché, l'oignon, la sauce Worcestershire, le gingembre, les courgettes et l'œuf battu dans un grand bol, saler et poivrer légèrement. Diviser la préparation en 4 portions et aplatir chacune d'elles pour former 4 boulettes.

2. Faire préchauffer le gril à puissance élevée ou une grande poêle à feu moyen-vif, puis faire cuire les boulettes pendant 2 ou 3 minutes de chaque côté. Déposer une tranche de fromage sur chaque boulette environ 1 minute avant la fin de la cuisson.

3. Pendant ce temps, couper les pains en deux dans le sens de la longueur et faire dorer dans le grille-pain ou sous le gril du four. Tartiner chaque pain avec le condiment désiré, déposer une boulette sur la base de chaque pain, garnir et servir.

Casserole de poisson et d'épinards

Australie

T 25 minutes   C 45 minutes   P 4

Ingrédients

- 1/2 tasse de beurre
- 1 échalote hachée
- 2 poivrons rouges tranchés finement
- 700 g de filets de bar
- 1 tasse de farine
- 1/2 tasse de lait
- Le jus de 2 citrons
- 1/2 c. à thé de paprika
- 1/4 de tasse de persil haché
- 3 patates douces pelées et coupées en dés
- 2 tasses d'épinards hachés
- 2 tasses de bouillon de légumes
- 2 tasses de parmesan râpé
- Sel et poivre

Préparation

1. Préchauffer le four à 350 °F (175 °C).

2. Faire fondre 2 c. à soupe de beurre dans une grande poêle et faire revenir l'échalote, les poivrons et le poisson pendant 5 minutes. Saler et poivrer au goût et défaire le poisson en morceaux. Retirer du feu et réserver.

3. Faire fondre le reste du beurre dans une casserole. Verser la farine et faire dorer pour former un roux, puis verser le lait en remuant sans cesse pour former une sauce. Ajouter le jus de citron, le paprika et le persil, puis incorporer les morceaux de poisson et remuer.

4. Verser le tout dans un plat allant au four avec les patates douces, l'échalote, les épinards et les poivrons et couvrir de bouillon. Faire cuire au four pendant 25 à 30 minutes jusqu'à ce que les légumes soient tendres. Saupoudrer de parmesan et faire griller 2 minutes avant de servir.

Crème de citrouille

Australie

T 20 minutes   C 30 minutes   P 4

Ingrédients

- 1 c. à soupe d'huile d'olive
- 1 oignon haché
- 1 c. à thé de gingembre moulu
- 1/2 tasse de noix de macadamia hachées
- 3 conserves de citrouille
- Le jus de 1 lime
- 1 c. à thé de girofle moulu
- 1 c. à thé de cannelle
- 1/2 c. à thé de muscade
- 3 tasses de bouillon de poulet
- 1 tasse de yogourt nature
- Sel et poivre

Préparation

1. Faire chauffer l'huile et faire revenir l'oignon, le gingembre et les noix pendant 5 minutes. Ajouter la citrouille et le jus de lime et remuer, puis assaisonner de girofle, de cannelle, de muscade, de sel et de poivre au goût et brasser le tout.

2. Verser le bouillon de poulet, porter à ébullition, puis réduire le feu et laisser mijoter une vingtaine de minutes. Verser le tout dans un mélangeur ou un robot culinaire, ajouter le yogourt et réduire en purée.

3. Remettre dans la poêle et laisser mijoter à feu doux pendant 10 minutes. Rectifier l'assaisonnement et servir.

Kangourou au vin blanc et à l'ail

Australie

T 20 minutes   C 30 minutes   P 2

Ingrédients
- 1 c. à soupe de beurre
- 1 c. à soupe d'huile d'arachide
- 1 oignon haché
- 400 g de filet de kangourou coupé en dés
- 3 gousses d'ail écrasées
- 1/2 c. à thé d'herbes de Provence
- 1 tasse de vin blanc
- 1/2 tasse de persil ciselé
- 1 tasse de bouillon de volaille
- Sel et poivre

Préparation
1. Faire chauffer le beurre et l'huile et faire revenir l'oignon et le kangourou pendant 7 à 10 minutes jusqu'à ce que la viande soit dorée. Incorporer l'ail et remuer le tout, puis assaisonner d'herbes, de sel et de poivre au goût.

2. Verser le vin blanc et le persil et laisser mijoter pendant 10 minutes à feu doux. Incorporer le bouillon de volaille et poursuivre la cuisson pendant encore 10 minutes jusqu'à ce que la viande soit tendre. Servir avec des pâtes.

Muffins aux noix de macadamia

Australie

T 15 minutes   C 25 minutes   P 6

Ingrédients
- 1 tasse de farine
- 1/2 c. à thé de poudre à pâte
- 3 œufs battus
- 3/4 de tasse de sucre
- 1/4 de tasse de beurre
- 1 tasse de chocolat en morceaux
- 1 c. à thé d'extrait d'amande
- 1 1/2 tasse de noix de macadamia

Préparation
1. Préchauffer le four à 350 °F (175 °C).

2. Dans un bol, tamiser la farine et la poudre à pâte.

3. Battre les œufs avec le sucre jusqu'à l'obtention d'une substance onctueuse. Verser dans le bol avec la farine et remuer le tout.

4. Faire fondre le beurre et le chocolat dans une petite casserole et incorporer dans le mélange. Remuer le tout et ajouter l'extrait d'amande et les noix de macadamia. Verser le mélange dans des moules à muffins graissés ou tapissés de papier et faire cuire au four de 20 à 25 minutes jusqu'à ce que le centre des muffins soit cuit. Laisser reposer quelques minutes et démouler.

Poulet à la crème et au maïs

Australie

T 20 minutes   C 30 minutes   P 4

Ingrédients
- 3 c. à soupe d'huile
- 1 oignon haché
- 4 poitrines de poulet désossées, sans la peau et coupées en morceaux
- 1 c. à thé de curcuma
- 1 conserve de maïs en grains
- 2 c. à thé de paprika
- 1 conserve de maïs en crème
- 1 tasse de bouillon de poulet
- 1 tasse de crème
- Sel et poivre

Préparation
1. Faire chauffer l'huile et faire revenir l'oignon haché et le poulet pendant 5 minutes jusqu'à ce que la viande soit légèrement dorée. Ajouter le curcuma, saler et poivrer au goût.

2. Incorporer les grains de maïs et le paprika et faire griller pendant 3 minutes en remuant. Ajouter le maïs en crème, remuer le tout et verser le bouillon de poulet. Porter à ébullition, réduire à feu doux et laisser mijoter pendant 15 à 20 minutes jusqu'à ce que le poulet soit cuit et tendre.

3. Ajouter la crème et remuer tous les ingrédients. Laisser mijoter 5 minutes et servir sur du riz blanc.

Poulet aux abricots

Australie

T 20 minutes   C 30 minutes   P 4

Ingrédients

- 3 c. à soupe d'huile de beurre
- 2 échalotes hachées finement
- 1 poulet désossé et coupé en morceaux
- 2 tasses de bouillon de poulet
- 1 c. à thé de muscade
- 1/2 c. à thé de cannelle
- 2 tasses de nectar d'abricots
- 3 abricots pelés et tranchés finement
- Sel et poivre

Préparation

1. Faire fondre le beurre dans une poêle et faire revenir les échalotes pendant 3 minutes. Incorporer le poulet et faire dorer toutes les faces. Saler et poivrer au goût.

2. Verser le bouillon de poulet, ajouter la muscade et la cannelle et laisser mijoter pendant 10 minutes à feu doux.

3. Incorporer le nectar d'abricots, remuer et poursuivre la cuisson pendant encore 10 à 12 minutes jusqu'à ce que le poulet soit cuit. Ajouter du bouillon au besoin. Remuer, rectifier l'assaisonnement et ajouter les tranches d'abricots. Laisser cuire encore 5 minutes et servir sur du riz blanc.

Poulet aux lardons

Australie

T 20 minutes   R 1 heure   C 25 minutes   P 4

Ingrédients

- 4 c. à soupe de moutarde de Dijon
- 3 c. à soupe de mayonnaise
- 2 c. à soupe de miel
- 1 c. à thé de poivre de Cayenne
- 4 poitrines de poulet désossées et coupées en gros dés
- 3 c. à soupe de beurre
- 2 tasses de champignons tranchés
- 2 tasses de lardons
- 1 c. à thé de paprika
- 2 tasses de bouillon de poulet
- 1 tasse de persil ciselé
- 1 tasse de cheddar râpé
- Sel et poivre

Préparation

1. Dans un grand bol, mélanger la moutarde de Dijon, la mayonnaise, le miel et le poivre de Cayenne et remuer. Incorporer les morceaux de poulet et remuer pour bien enrober, puis laisser mariner au réfrigérateur pendant 1 heure.

2. Faire fondre le beurre dans une casserole et faire revenir le poulet et les champignons pendant 5 minutes en remuant ou jusqu'à ce que la viande soit dorée. Ajouter les lardons et remuer le tout, ajouter le paprika, saler et poivrer au goût.

3. Préchauffer le four à 360 °F (180 °C).

4. Verser le poulet, les champignons et les lardons dans un plat allant au four, arroser de bouillon de poulet et saupoudrer de persil et de fromage, puis enfourner pendant 20 minutes jusqu'à ce que le fromage soit fondu et que le poulet soit bien tendre.

Soupe aux lentilles et aux saucisses épicées

Australie

T 20 minutes   C 35 minutes   P 4

Ingrédients

- 4 saucisses épicées de style merguez
- 3 c. à soupe d'huile d'olive
- 1 oignon haché finement
- 2 gousses d'ail émincées
- 2 carottes pelées et coupées en dés
- 1/2 c. à thé de paprika
- 1/2 c. à thé de cumin
- 1 tasse de vin blanc
- 6 tasses de bouillon de poulet
- 2 tasses de lentilles vertes
- 1/2 tasse de persil haché
- Sel et poivre

Préparation

1. Faire frire les saucisses dans une poêle. Égoutter et couper en morceaux.

2. Faire chauffer l'huile d'olive dans une casserole et faire revenir l'oignon et l'ail pendant 5 minutes. Ajouter les carottes, le paprika, le cumin, le sel et le poivre au goût, puis remuer le tout pendant 5 minutes. Ajouter le vin et laisser mijoter jusqu'à ce qu'il réduise de moitié.

3. Verser le bouillon de poulet et les lentilles, porter à ébullition, réduire à feu doux et laisser mijoter pendant 25 minutes jusqu'à ce qu'elles soient tendres.

4. Ajouter les morceaux de saucisses et le persil, rectifier l'assaisonnement, remuer pendant 5 minutes et servir.

Steak aux huîtres fumées et à la lime

Australie

T 25 minutes   C 15 minutes   P 4

Ingrédients

- 4 steaks
- 1 conserve d'huîtres fumées
- 2 c. à soupe d'épices à steak
- 5 c. à soupe de beurre
- 2 gousses d'ail hachées
- 2 tasses de champignons tranchés
- Le jus de 2 limes
- 1/4 de tasse de persil haché
- Sel et poivre

Préparation

1. Faire une entaille au centre de chaque steak et farcir d'huîtres fumées. Saler et poivrer généreusement et ajouter les épices à steak.

2. Faire fondre le beurre dans une poêle et faire revenir l'ail et les champignons à feu moyen-doux pendant 5 minutes.

3. Ajouter les steaks et faire revenir pendant 2 à 3 minutes de chaque côté. Arroser de jus de lime, saupoudrer de persil et rectifier l'assaisonnement avant de servir avec du riz ou des pommes de terre.

Truite aux noix de macadamia

Australie

T 15 minutes   C 15 minutes   P 4

Ingrédients

- 1/4 de tasse de farine
- 4 filets de truite
- 3 c. à soupe de beurre
- 1 gousse d'ail écrasée
- 1 tasse de noix de macadamia hachées
- 1/4 de tasse de persil
- 1 c. à thé de curcuma
- Le jus et le zeste de 1 citron
- Sel et poivre

Préparation

1. Étaler la farine sur du papier ciré et enrober les filets avec de la farine.

2. Faire fondre 2 c. à soupe de beurre et faire revenir l'ail et les noix pendant 3 minutes. Incorporer le persil et le curcuma, remuer et réserver dans un petit bol.

3. Faire fondre le reste du beurre et faire revenir les filets de truite pendant 3 à 5 minutes de chaque côté selon la cuisson désirée. Arroser de jus de citron, saler et poivrer au goût.

4. Déposer les filets dans une assiette de service et garnir du mélange de noix et de persil. Servir avec des quartiers de citron.

Vivaneau sauce aux tomates et au persil

Australie

T 15 minutes   C 20 minutes   P 4

Ingrédients

- 800 g de filets de vivaneau
- 2 c. à soupe d'huile d'olive
- 2 échalotes hachées finement
- 1 gousse d'ail écrasée
- 1 poivron rouge haché
- 1 conserve de tomates en dés
- 1/2 c. à thé d'origan
- 1/2 c. à thé de thym
- 1 tasse de persil haché
- Le jus de 1 citron
- 2 c. à soupe de beurre
- Sel et poivre

Préparation

1. Faire chauffer l'huile d'olive et faire revenir l'échalote et l'ail pendant 5 minutes à feu moyen. Incorporer le poivron rouge et les tomates, saler et poivrer au goût, ajouter l'origan et le thym, puis laisser mijoter pendant 5 minutes. Incorporer le persil et le jus de citron et remuer la sauce.

2. Faire fondre le beurre dans une poêle et faire revenir les filets de poisson pendant 2 à 3 minutes de chaque côté. Déposer dans une assiette de service et napper de sauce aux tomates et au persil. Servir avec des quartiers de citron.

Bananes sucrées à la cannelle

Fidji (Îles)

T 15 minutes   C 40 minutes   P 4

Ingrédients

- 1 tasse de lait
- 1 tasse de lait de coco
- 1/4 de tasse de sucre
- 3 bananes pelées et coupées en dés
- 1 tasse de fécule de pommes de terre
- 1 c. à thé de cannelle
- 1/4 de c. à thé de noix de coco râpée

Préparation

1. Préchauffer le four à 360 °F (180 °C).

2. Faire chauffer le lait et le lait de coco à feu doux dans une casserole et incorporer le sucre. Faire dissoudre en remuant jusqu'à l'obtention d'un sirop.

3. Réduire les bananes en purée avec la préparation de lait sucré et la fécule de pommes de terre. Ajouter la cannelle et la noix de coco râpée et bien remuer le tout.

4. Verser le mélange dans un plat graissé allant au four et faire cuire pendant 25 à 30 minutes jusqu'à ce que la surface soit dorée.

Ceviche de mahi-mahi

Fidji (Îles)

T 25 minutes   R 12 heures   P 4

Ingrédients

- 500 g de mahi-mahi
- 1 échalote hachée
- 1 gousse d'ail écrasée
- Le jus et le zeste de 1 citron
- 1 piment *Jalapeño* épépiné et haché
- 1 c. à soupe de coriandre fraîche hachée finement
- 1 tomate hachée finement
- 1/4 de tasse de lait de coco
- Sel et poivre

Préparation

1. Défaire le poisson en petits morceaux.

2. Dans un grand bol, mélanger l'échalote, l'ail, le jus et le zeste de citron, le piment et la coriandre. Saler et poivrer au goût et incorporer le poisson.

3. Bien mélanger et laisser macérer au réfrigérateur pendant au moins 12 heures.

4. Dans un petit bol, mélanger les tomates et le lait de coco et verser sur le poisson. Rectifier l'assaisonnement, ajouter du jus de citron au goût et servir.

Lait de coco aux épices

T 15 minutes   C 40 minutes   P 6

Ingrédients
- 2 tasses de lait de coco
- 1 tasse de sucre
- 1/4 de c. à thé de noix de coco râpée
- 2 c. à thé de girofle
- 1 c. à thé de gingembre
- 2 œufs
- 2 tasses de farine de manioc
- 1 c. à soupe de beurre mou
- 1/2 c. à thé de cannelle
- 1/2 c. à thé de muscade

Préparation
1. Préchauffer le four à 360 °F (180 °C).

2. Dans une casserole, faire chauffer le lait de coco et faire dissoudre le sucre, puis ajouter la noix de coco râpée, le girofle et le gingembre et remuer.

3. Battre les œufs avec la farine et le beurre et incorporer dans le mélange en remuant. Ajouter la cannelle et la muscade et continuer de remuer jusqu'à l'obtention d'une texture homogène et lisse. Verser le mélange dans un plat allant au four et faire cuire pendant environ 30 minutes jusqu'à ce que la surface soit bien dorée.

Poivrons farcis au thon

T 20 minutes   C 5 minutes   P 2

Ingrédients
- 2 poivrons rouges
- 3 c. à soupe d'huile d'olive
- 2 filets de thon
- 2 c. à soupe de persil haché
- 2 c. à soupe de coriandre hachée
- 1 c. à soupe de câpres
- Le jus de 1 citron
- Quelques gouttes de sauce piquante
- Sel et poivre

Préparation
1. Trancher la partie supérieure du poivron et vider l'intérieur. Faire bouillir une casserole d'eau et faire tremper les poivrons pendant 5 minutes avant de les égoutter.

2. Faire chauffer 1 c. à soupe d'huile dans une poêle et faire revenir le thon pendant 2 minutes de chaque côté. Extraire et couper en petits dés.

3. Dans un saladier, mélanger le thon, le persil, la coriandre, le reste de l'huile d'olive, les câpres, le jus de citron et la sauce piquante. Assaisonner au goût et bien mélanger la farce à l'aide d'une fourchette.

4. Farcir les poivrons avec la préparation au thon. Garnir de coriandre ou de câpres et servir.

Raïta

T 15 minutes   R 1 heure   P 4

Ingrédients
- 1 concombre pelé, épépiné et coupé en dés
- 2 tasses de yogourt nature
- 1/2 c. à thé de cumin
- 1 gousse d'ail hachée
- 2 c. à soupe de coriandre ciselée hachée
- 2 c. à soupe de menthe fraîche hachée
- 1 c. à soupe d'huile d'olive
- Sel

Préparation
1. Déposer les morceaux de concombre dans un bol, saupoudrer de sel et laisser dégorger pendant 15 minutes. Éponger.

2. Ajouter le yogourt, le cumin, l'ail, la coriandre, la menthe, le sel et l'huile et bien mélanger. Réfrigérer pendant 1 heure et servir comme tartinade.

Salade de poulet au cari

Fidji (Îles)

T 20 minutes   R 3 heures   C 15 minutes   P 4

Ingrédients

- 1 tasse de yogourt nature
- 1 c. à thé de paprika
- 1 c. à soupe de cari
- 1 c. à thé de *garam masala*
- 1 gousse d'ail hachée
- Le jus de 1 citron
- 2 poitrines de poulet désossées, sans la peau et coupées en dés
- 3 c. à soupe d'huile d'olive
- 2 coeurs de laitue Boston
- 20 tomates cerises coupées en deux
- 2 avocats coupés en dés
- Sel et poivre

Préparation

1. Dans un grand bol, mélanger le yogourt, le paprika, le cari, le *garam masala* et l'ail haché et arroser de jus de citron. Incorporer les morceaux de poulet et remuer pour bien les enrober. Laisser mariner pendant environ 3 heures au réfrigérateur.

2. Faire chauffer 2 c. à soupe d'huile et faire cuire le poulet à feu moyen pendant une dizaine de minutes jusqu'à ce que l'intérieur ne soit plus rose et que l'extérieur soit bien doré. Laisser refroidir quelques minutes.

3. Pendant ce temps, déchirer la laitue et la déposer dans un grand saladier avant d'ajouter les tomates et l'avocat. Incorporer le poulet, verser un filet d'huile d'olive et un peu de jus de citron, saler et poivre au goût et servir.

Salade de saumon et de chou-fleur

Fidji (Îles)

T 20 minutes   C 15 minutes   P 4

Ingrédients

- 3 c. à soupe d'huile d'olive
- 1 échalote hachée
- 2 gousses d'ail hachées
- 1 piment *Jalapeño* haché
- 1 chou-fleur coupé en petits bouquets
- 1 c. à thé de cumin
- 2 conserves de saumon émietté
- 2 tomates coupées en dés
- 1/2 c. à thé de cari
- 1/2 c. à thé de curcuma
- 1/2 c. à thé de graines de moutarde moulues
- Le jus de 1 lime
- Sel et poivre

Préparation

1. Faire chauffer 2 c. à soupe d'huile et faire revenir l'échalote, l'ail, le piment *Jalapeño* et le chou-fleur pendant 5 à 7 minutes. Ajouter le cumin, saler et poivrer au goût et verser dans un saladier.

2. Incorporer le saumon, les tomates, le cari, le curcuma, les graines de moutarde, le sel et le poivre au goût et remuer. Arroser d'un filet d'huile et de jus de lime, réfrigérer et brasser avant de servir.

Tartare de truite

Fidji (Îles)

T 10 minutes R 3 heures P 2

Ingrédients

- 350 g de filet truite, sans la peau
- 3 c. à soupe de coriandre fraîche hachée finement
- 1 c. à soupe d'aneth frais haché
- 1 échalote hachée
- Le jus et le zeste de 2 limes
- 1 piment *Jalapeño* épépiné et haché
- 1 jaune d'œuf
- 1/4 de tasse d'huile d'olive
- 1 c. à soupe de moutarde de Dijon
- Sel et poivre

Préparation

1. Hacher la truite et verser dans un grand bol. Ajouter la coriandre, l'aneth, l'échalote, le zeste et le jus de lime, le piment et le jaune d'œuf, saler et poivrer au goût et mélanger.

2. Dans un petit bol, mélanger l'huile d'olive et la moutarde de Dijon, puis verser sur le poisson et mélanger. Réfrigérer le tartare pendant au moins 3 heures et servir.

Ceviche de thon au lait de coco

Marshall (Îles)

T 15 minutes R 30 minutes P 4

Ingrédients

- 700 g de thon de qualité sushi
- 1 échalote hachée
- Le jus et le zeste de 2 limes
- 1 concombre pelé, épépiné et haché
- 1 tomate hachée finement
- 2 c. à soupe de coriandre fraîche hachée finement
- 1/4 de tasse de lait de coco
- Sel et poivre

Préparation

1. Défaire le poisson en petits morceaux.

2. Dans un grand bol, mélanger l'échalote, le jus et le zeste de lime, le concombre, la tomate et la coriandre. Saler et poivrer au goût et incorporer le poisson.

3. Verser le lait de coco et remuer tous les ingrédients. Laisser macérer 30 minutes au réfrigérateur et servir frais avec un peu de coriandre hachée.

Crevettes au coco et à la vanille

Marshall (Îles)

T 15 minutes C 15 minutes P 4

Ingrédients

- 2 c. à soupe d'huile d'olive
- 4 tasses de crevettes décortiquées
- Le jus de 1 lime
- 1 gousse de vanille
- 1/2 tasse d'amaretto
- 2 tasses de lait de coco
- 1/2 c. à thé de muscade
- 2 c. à soupe de coriandre fraîche hachée finement
- 1/2 tasse de noix de coco râpée
- Sel et poivre

Préparation

1. Faire chauffer l'huile d'olive et faire sauter les crevettes avec le jus de lime pendant 5 à 7 minutes. Saler et poivrer au goût, puis retirer du feu et verser dans un bol.

2. Extraire les graines de la gousse de vanille. Faire chauffer l'amaretto dans une casserole avec les graines de vanille pendant 5 minutes, puis verser le lait de coco. Laisser mijoter à feu moyen-doux jusqu'à ce que la sauce épaississe, puis remettre les crevettes. Ajouter la muscade et la coriandre et remuer pendant 2 minutes. Servir dans de petits bols avec de la noix de coco râpée.

Haricots de Lima aux saucisses

Marshall (Îles)

T 20 minutes   C 25 minutes   P 4

Ingrédients
- 3 c. à soupe d'huile d'olive
- 1 échalote hachée
- 2 gousses d'ail hachées
- 1 piment *Jalapeño* haché
- 1 tasse de chou-fleur
- 4 saucisses merguez tranchées
- 1 conserve de tomates en dés
- 1 c. à thé de cumin
- 1/2 c. à thé de graines de moutarde moulues
- 3 c. à soupe de cassonade
- 2 conserves de haricots de Lima rincés et égouttés
- 1 tasse de bouillon de légumes
- Sel et poivre

Préparation
1. Faire chauffer l'huile et faire revenir l'échalote, l'ail, le piment *Jalapeño* et le chou-fleur pendant 5 minutes. Ajouter les morceaux de merguez et faire dorer pendant 3 ou 4 minutes.

2. Incorporer les tomates, le cumin, les graines de moutarde et la cassonade et remuer le tout, saler et poivrer au goût et laisser mijoter pendant 5 minutes.

3. Ajouter les haricots de Lima, remuer et verser le bouillon de légumes. Porter à ébullition, réduire à feu doux et laisser mijoter pendant 15 minutes. Servir chaud.

Tarte aux noix de macadamia

Marshall (Îles)

T 25 minutes   C 40 minutes   P 4

Ingrédients
- 1/2 tasse de noix de coco râpée
- 1 pâte à tarte précuite
- 1 tasse de lait
- 1/4 de tasse de lait de coco
- 1/4 de tasse de sucre
- 2 œufs
- 1 c. à thé de cannelle
- 1 c. à thé d'extrait de vanille
- 1 tasse de noix de macadamia hachées

Préparation
1. Préchauffer le four à 360 °F (180 °C).

2. Étaler la noix de coco râpée au fond et sur les côtés de la pâte à tarte.

3. Faire chauffer le lait et le lait de coco à feu doux dans une casserole et incorporer le sucre. Faire dissoudre en remuant jusqu'à l'obtention d'un sirop.

4. Dans un bol, mélanger le sirop, les œufs, la cannelle et l'extrait de vanille jusqu'à l'obtention d'une préparation lisse et homogène. Incorporer les noix et remuer le tout.

5. Verser le mélange dans la pâte à tarte, puis déposer au four et faire cuire pendant environ 25 à 30 minutes ou jusqu'à ce que la surface soit dorée et que la garniture soit cuite. Servir chaude avec de la crème fraîche.

Beignets au chocolat

Micronésie

T 10 minutes   C 10 minutes   P 4

Ingrédients
- 2 tasses de farine
- 1 c. à thé de poudre à pâte
- 1/2 tasse de sucre
- 1 tasse de chocolat en morceaux
- 1 œuf
- 2 tasses de lait
- 1/4 de tasse de beurre fondu
- Huile d'olive pour la friture

Préparation
1. Dans un bol, mélanger la farine, la poudre à pâte et le sucre.

2. Faire fondre le chocolat dans une casserole pendant 5 minutes.

3. Dans un grand bol, battre l'œuf, le chocolat fondu et le lait, puis incorporer dans la préparation de farine. Ajouter le beurre fondu et pétrir jusqu'à l'obtention d'une pâte lisse et homogène. Former des boulettes de 1 po (3 cm) de diamètre et aplatir légèrement.

4. Faire chauffer de l'huile à feu vif dans une poêle épaisse et faire frire les beignets pendant environ 5 minutes en les submergeant dans l'huile chaude jusqu'à ce que la pâte soit dorée. Éponger sur du papier absorbant et servir chaud.

Bœuf haché aux tomates et aux oignons

Micronésie

T 20 minutes   C 35 minutes   P 4

Ingrédients

- 3 c. à soupe de beurre
- 1 gros oignon coupé en rondelles fines
- 1 c. à soupe de vinaigre balsamique
- 1 c. à soupe d'huile d'olive
- 1 poivron rouge haché
- 700 g de bœuf haché maigre
- 2 tasses de sauce aux tomates
- 2 c. à soupe de pâte de tomate
- 1/2 c. à thé de poivre de Cayenne
- 1/2 c. à thé d'assaisonnement au chili
- 1/2 c. à thé de thym
- Sel et poivre

Préparation

1. Faire fondre le beurre dans une grande poêle à feu moyen et faire dorer l'oignon pendant 10 minutes. Réduire à feu moyen-doux et poursuivre la cuisson pendant 10 à 15 minutes jusqu'à ce qu'ils soient caramélisés. À la fin de la cuisson, ajouter le vinaigre balsamique, saler et poivrer légèrement et remuer.

2. Pendant ce temps, faire chauffer l'huile d'olive et faire revenir le poivron pendant 5 minutes. Ajouter le bœuf et le faire dorer légèrement en l'émiettant à l'aide d'une fourchette. Saler et poivrer au goût.

3. Verser la sauce tomate et la pâte de tomate et laisser mijoter pendant 5 minutes en remuant. Ajouter le poivre de Cayenne, l'assaisonnement au chili, le thym, le sel et le poivre au goût et laisser mijoter à feu doux pendant 10 minutes.

4. Servir le bœuf aux tomates sur du riz ou des pommes de terre bouillies et garnir d'oignons caramélisés.

Compote de papaye

Micronésie

T 15 minutes   C 25 minutes   P 4

Ingrédients

- 1/2 tasse de sucre
- 1/2 tasse de cassonade
- 1/4 de tasse d'eau
- 1 papaye mûre pelée, épépinée et coupée en petits morceaux
- Le jus et le zeste de 1 citron
- Le jus et le zeste de 1 orange
- 1/2 c. à thé de girofle
- 1 c. à thé d'extrait de vanille
- 1/2 c. à thé de cannelle moulue

Préparation

1. Faire fondre le sucre et la cassonade dans une casserole à feu moyen-doux en remuant. Ajouter l'eau et remuer jusqu'à l'obtention d'un sirop onctueux.

2. Incorporer les morceaux de papaye, le jus et le zeste de citron, le jus et le zeste d'orange et laisser mijoter à feu moyen-doux en remuant pendant 5 à 7 minutes.

3. Ajouter le girofle, la vanille et la cannelle et poursuivre la cuisson à feu doux jusqu'à ce que la compote épaississe. Verser dans un contenant hermétique.

Crevettes marinées à la sauce *adobo*

Micronésie

T 15 minutes   M 20 minutes   C 15 minutes   P 4

Ingrédients

- Le jus de 2 limes
- 1 piment *chipotle* dans la sauce *adobo*, épépiné et haché
- 1 c. à soupe de sauce *adobo*
- 4 tasses de crevettes décortiquées
- 2 c. à soupe d'huile d'olive
- 1 gousse d'ail hachée
- 1 échalote hachée
- 2 c. à soupe de coriandre fraîche hachée finement
- Sel et poivre

Préparation

1. Dans un bol, mélanger le jus de lime, le piment *chipotle*, la sauce *adobo*, le sel et le poivre au goût. Incorporer les crevettes, remuer pour bien les enrober de sauce et laisser mariner pendant 20 minutes.

2. Faire chauffer l'huile d'olive et faire revenir l'ail et l'échalote pendant 3 minutes. Extraire les crevettes de la marinade et faire revenir dans la poêle pendant 5 minutes en les retournant à la mi-cuisson. Ajouter la marinade et faire mijoter le tout pendant encore 5 minutes à feu doux. Servir chaud avec de la coriandre hachée.

Poulet rôti au gingembre et aux ananas

Micronésie

T 20 minutes   R 2 heures   C 1 h 30   P 6

Ingrédients

- 2 tasses de jus d'ananas
- 2 c. à soupe de miel
- 1 c. à soupe de gingembre râpé
- 1 poulet à rôtir
- 1 tasse de morceaux d'ananas
- 1/2 tasse de noix de coco râpée
- 1/2 c. à thé de muscade

Préparation

1. Dans un grand plat, mélanger le jus d'ananas, le miel et le gingembre, puis badigeonner toute la surface du poulet avec la marinade. Déposer le poulet dans le plat, retourner quelques fois et laisser mariner au réfrigérateur pendant 2 heures.

2. Préchauffer le four à 360 °F (180 °C).

3. Déposer le poulet et la marinade dans un plat à rôtir et garnir de morceaux d'ananas, de noix de coco râpée et de muscade, puis faire cuire au four pendant 1 h 15 à 1 h 30 jusqu'à ce que le centre du poulet soit cuit.

Poulet au tamari et au poivre

Micronésie

T 20 minutes   C 1 heure   P 4

Ingrédients

- 2 c. à soupe d'huile d'olive
- 2 échalotes françaises
- 1 gousse d'ail
- 2 piments forts épépinés et hachés
- 2 carottes pelées et coupées en dés
- 1 poulet désossé et coupé en morceaux
- 4 tasses de bouillon de poulet
- 1/4 de tasse de tamari
- 1/2 c. à thé de paprika
- 1/2 c. à thé de poivre blanc
- 2 tasses de chou ciselé
- Sel et poivre

Préparation

1. Faire chauffer l'huile et faire revenir l'échalote, l'ail et les piments pendant 5 minutes. Ajouter les carottes et le poulet et faire revenir pendant encore 5 minutes. Saler et poivrer au goût.

2. Verser le bouillon de poulet et ajouter de l'eau au besoin de façon à couvrir les ingrédients. Porter à ébullition, puis réduire à feu moyen-doux et laisser mijoter une dizaine de minutes.

3. Incorporer le tamari, le paprika et le poivre blanc et poursuivre la cuisson pendant au moins 30 minutes. Ajouter le chou et poursuivre la cuisson une dizaine de minutes jusqu'à ce que le poulet soit bien cuit et tendre. Servir chaud sur du riz blanc.

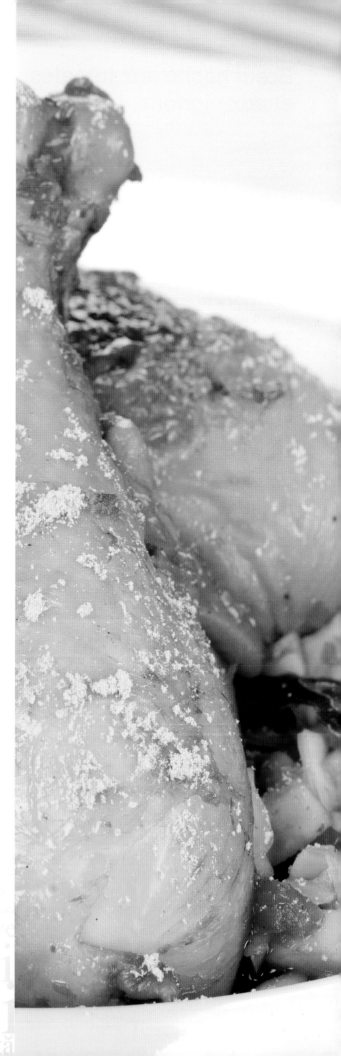

Filets de perche
aux épices et à la lime

Nauru

T 20 minutes   C 15 minutes   P 4

Ingrédients

- 4 c. à soupe de beurre
- 1 gousse d'ail écrasée
- 2 piments forts hachés
- 2 échalotes hachées
- 1 tasse de noix de macadamia hachées
- 1/4 de tasse de persil
- 1/2 c. à thé de cari
- 1 c. à thé de curcuma
- 4 filets de perche
- Le jus et le zeste de 2 limes
- 1 tasse de vin blanc
- Sel et poivre

Préparation

1. Faire fondre le beurre et faire revenir l'ail, les piments forts, les échalotes et les noix pendant 5 minutes. Incorporer le persil, le cari et le curcuma et remuer.

2. Incorporer les filets de poisson, le zeste et le jus de lime et faire revenir pendant 3 à 5 minutes de chaque côté selon la cuisson désirée.

3. Verser le vin et déglacer, puis laisser mijoter à feu doux pendant 5 minutes. Servir avec du riz blanc.

Riz frit aux crevettes

Nauru

T 20 minutes   C 35 minutes   P 4

Ingrédients
- 2 c. à soupe d'huile d'olive
- 1 oignon haché
- 2 gousses d'ail émincées
- 1 tasse de petites crevettes décortiquées
- 1 piment fort haché
- 2 c. à soupe de sauce soja
- 2 tasses de riz
- 1 c. à soupe de sauce au poisson
- 4 tasses de bouillon de poulet
- 2 œufs battus
- 1/4 de tasse de persil ciselé
- Sel et poivre

Préparation

1. Faire chauffer l'huile dans un grand wok et faire revenir l'oignon et l'ail à feu moyen pendant 5 minutes. Ajouter les crevettes et le piment fort et faire revenir 5 minutes avec la sauce soja.

2. Incorporer le riz et faire frire les grains pendant quelques minutes, puis ajouter la sauce au poisson, saler et poivrer au goût.

3. Verser le bouillon et faire cuire pendant 20 minutes jusqu'à ce que le riz soit tendre et que le bouillon soit évaporé.

4. Fouetter les œufs dans un bol et incorporer dans le riz en remuant avec une cuillère en bois. Rectifier l'assaisonnement et saupoudrer de persil avant de servir.

Salade de légumes et de tofu

Nauru

T 30 minutes   C 40 minutes   P 4

Ingrédients
- 4 œufs
- 6 patates grelots coupées en dés
- 2 tasses de fèves germées
- 1 tasse de pois mange-tout coupés en deux
- 3 c. à soupe d'huile d'arachide
- 1 bloc de tofu coupé en dés
- 1 petit concombre pelé et coupé en dés
- 1 poivron rouge coupé en dés
- 1 poivron orange coupé en dés
- 2 carottes pelées et coupées en dés
- 3 oignons verts hachés
- 1/2 tasse de persil frais ciselé
- 1 c. à soupe de vinaigre de riz
- 1/4 de tasse de graines de sésame
- 1/2 tasse d'arachides hachées
- Sel et poivre

Préparation

1. Déposer les œufs dans une casserole avant de les couvrir d'eau froide et porter à ébullition. Faire cuire pendant 20 minutes, puis retirer les œufs de l'eau chaude, passer sous l'eau froide, écaler et les couper en tranches.

2. Pendant ce temps, faire bouillir les patates grelots pendant 15 minutes jusqu'à ce qu'elles soient tendres.

3. Faire cuire les fèves germées et les pois mange-tout à la vapeur pendant 5 minutes.

4. Faire chauffer 1 c. à soupe d'huile dans une poêle et faire dorer les dés de tofu pendant 5 à 7 minutes jusqu'à ce qu'ils soient dorés. Égoutter.

5. Verser le concombre, les poivrons, les carottes, les oignons, les fèves germées, le persil et les pois mange-tout dans un grand saladier et garnir de pommes de terre, de tranches d'œufs et de tofu.

6. Dans un petit bol, mélanger le reste de l'huile et le vinaigre et verser sur la salade. Remuer et assaisonner généreusement. Garnir de persil, de graines de sésame et d'arachides et servir.

Boulettes de poisson à l'ananas et à la mangue

Nouvelle-Calédonie

T 20 minutes   C 5 minutes   P 4

Ingrédients
- 500 g de tilapia ou de sole
- 1 c. à soupe de fécule de maïs
- Le zeste et le jus de 1 lime
- 1 c. à thé de gingembre moulu
- 1 c. à soupe de sauce soja
- 1 tasse de coriandre hachée
- 1 tasse de morceaux d'ananas
- 1 papaye pelée et coupée en dés
- 1 c. à soupe de cassonade
- 3 c. à soupe de beurre
- Sel et poivre

Préparation

1. Émietter le poisson dans un grand bol et incorporer la fécule de maïs, le zeste de lime, le gingembre, la sauce soja et la coriandre.

2. Dans un mélangeur, déposer les ananas, la papaye, la cassonade et le jus de lime et réduire en purée. Verser la préparation dans le bol avec le poisson et remuer pour mélanger tous les ingrédients. Former 4 boulettes et les aplatir légèrement.

3. Faire chauffer le beurre dans une poêle et faire revenir les boulettes pendant 2 ou 3 minutes de chaque côté. Égoutter et servir.

Cari aux tomates et au poulet

Nouvelle-Calédonie

T 20 minutes   C 40 minutes   P 2

Ingrédients
- 3 c. à soupe d'huile d'olive
- 2 gousses d'ail hachées
- 1 oignon haché
- 1 poulet coupé en morceaux
- 1 c. à thé de poivre de Cayenne
- 1 conserve de tomates en dés
- 1 tasse de bouillon de poulet
- 2 tasses de sauce tomate
- 1 tasse de lait de coco
- 1 c. à soupe de curcuma
- 2 c. à soupe de cari en poudre
- Sel et poivre

Préparation
1. Faire chauffer l'huile d'olive dans une poêle à feu moyen et faire revenir l'ail et l'oignon pendant environ 5 minutes. Ajouter le poulet et le poivre de Cayenne et faire dorer la viande pendant 5 à 7 minutes à feu moyen.

2. Incorporer les tomates en dés, le bouillon de poulet, la sauce tomate et le lait de coco, puis assaisonner de curcuma, de cari, saler et poivrer au goût et porter à ébullition. Baisser le feu et laisser mijoter à feu doux pendant 20 à 25 minutes en remuant de temps à autre jusqu'à ce que la sauce épaississe et que le poulet soit cuit.

Casserole aux œufs, au jambon et au fromage

Nouvelle-Calédonie

T 20 minutes   C 40 minutes   P 4

Ingrédients
- 4 tranches épaisses de pain de campagne
- 4 œufs
- 2 tasses de lait
- 8 tranches de jambon hachées finement
- 1/4 de tasse de beurre
- 1 c. à thé de sauce piquante
- 1 poivron rouge haché
- 1 tasse de cheddar râpé
- 1 tasse de mozzarella râpée
- Sel et poivre

Préparation
1. Préchauffer le four à 360 °F (180 °C).

2. Déposer les tranches de pain au fond d'un plat en verre graissé allant au four.

3. Dans un bol, fouetter les œufs avec le lait, le jambon, le beurre, le sel et le poivre au goût et verser le tout sur le pain. Verser quelques gouttes de sauce piquante et couvrir de morceaux de poivron.

4. Garnir le tout de fromage râpé et faire cuire au four pendant 30 à 40 minutes jusqu'à ce que les œufs soient cuits et que le fromage soit légèrement doré.

Crevettes sautées poivre et sel

Nouvelle-Calédonie

T 10 minutes   C 5 minutes   P 4

Ingrédients
- 1/4 de tasse d'huile d'arachide
- 1 échalote hachée
- 2 gousses d'ail hachées
- 1 piment fort haché
- 4 tasses de crevettes décortiquées
- 1 c. à soupe de poivre fraîchement moulu
- 1 c. à thé de fleur de sel
- 1/4 de tasse de persil ciselé
- Le jus de 1 lime

Préparation
1. Faire chauffer l'huile et faire revenir l'échalote, l'ail et le piment à feu vif pendant 2 minutes.

2. Incorporer les crevettes et faire frire pendant 1 ou 2 minutes et verser le tout dans un grand bol.

3. Saler et poivrer les crevettes au goût et remuer, puis garnir de persil et arroser de jus de lime.

Cubes de bœuf
à la courge

Nouvelle-Calédonie

T 20 minutes   C 40 minutes   P 4

Ingrédients

- 3 c. à soupe d'huile d'olive
- 1 oignon haché
- 2 gousses d'ail écrasées
- 800 g de cubes de bœuf
- 3 tasses de bouillon de bœuf
- 2 conserves de chair de citrouille
- 1/2 c. à thé de cannelle moulue
- 1 c. à thé de muscade
- 2 tasses d'épinards
- Sel et poivre

Préparation

1. Faire chauffer l'huile dans une casserole et faire revenir l'oignon et l'ail à feu moyen pendant 7 minutes, saler et poivrer au goût.

2. Ajouter les cubes de bœuf et les faire dorer pendant 5 minutes, puis verser le bouillon de bœuf, porter à ébullition, réduire à feu doux et laisser mijoter pendant 15 minutes.

3. Incorporer la chair de citrouille, la cannelle et la muscade et remuer tous les ingrédients. Ajouter les épinards et laisser mijoter à feu doux pendant encore 10 minutes. Servir chaud.

Porc sucré aux noix
de macadamia

Nouvelle-Calédonie

T 20 minutes   C 35 minutes   P 4

Ingrédients

- 2 c. à soupe d'huile de sésame
- 4 oignons verts hachés
- 8 noix de macadamia
- 1 gousse d'ail émincée
- 450 g de filet mignon de porc tranché
- 4 c. à soupe de sauce soja
- 2 c. à soupe de sauce au poisson
- 1/4 de tasse de cassonade
- 1/2 c. à thé de cannelle
- 1/2 c. à thé de muscade
- 1/2 c. à thé de girofle
- 1 tasse de coriandre ciselée

Préparation

1. Faire chauffer l'huile de sésame et faire revenir les oignons verts, les noix et l'ail pendant 5 minutes. Ajouter le porc et le faire revenir pendant 3 minutes. Ajouter la sauce soja et la sauce de poisson et remuer le tout.

2. Faire fondre la cassonade dans une petite casserole jusqu'à l'obtention d'un sirop onctueux.

3. Verser le caramel sur la viande et faire chauffer à feu doux pendant 10 minutes jusqu'à ce que la préparation épaississe. Assaisonner de cannelle, de muscade, de girofle et saupoudrer de coriandre. Servir sur du riz blanc.

Pudding à la noix de coco et à la papaye

Nouvelle-Calédonie

T 15 minutes   C 15 minutes   P 4

Ingrédients

- 2 papayes mûres de taille moyenne
- Le jus et le zeste de 1 lime
- 1 tasse de jus d'orange
- 1 c. à soupe de fécule de maïs
- 1 c. à thé de cannelle moulue
- 1 c. à thé d'extrait de vanille
- 1 tasse de crème de coco

Préparation

1. Préchauffer le four à 360 °F (180 °C).

2. Éplucher les papayes et enlever toutes les graines avant de les réduire en purée grossière dans un grand bol. Ajouter le jus et le zeste de lime, le jus d'orange, la fécule de maïs, la cannelle et l'extrait de vanille et verser le tout dans une casserole.

3. Faire chauffer à feu doux et remuer pendant 5 minutes. Incorporer la crème de coco et poursuivre la cuisson pendant 5 à 10 minutes jusqu'à ce que le pouding épaississe.

4. Verser la préparation dans des ramequins, laisser refroidir et servir.

Poulet à la mangue

Nouvelle-Calédonie

T 20 minutes   C 45 minutes   P 4

Ingrédients

- 2 mangues pelées et dénoyautées
- 2 c. à soupe d'huile d'olive
- 1 oignon haché
- 1 carotte pelée et coupée en dés
- 1 poulet désossé et coupé en morceaux
- 2 tomates tranchées
- 1/2 c. à thé de muscade
- 2 tasses de bouillon de poulet
- 1 tasse d'épinards
- Sel et poivre

Préparation

1. Extraire la pulpe des mangues et réduire en purée dans un robot culinaire ou un mélangeur.

2. Faire chauffer l'huile et faire revenir l'oignon pendant 5 minutes, puis ajouter les carottes et le poulet et faire revenir pendant encore 5 minutes. Saler et poivrer au goût.

3. Incorporer la pulpe de mangue, les tomates, la muscade, le sel et le poivre au goût et remuer pendant 1 minute. Verser le bouillon de poulet, porter à ébullition, puis réduire à feu moyen-doux et laisser mijoter pendant 30 à 35 minutes jusqu'à ce que le poulet soit bien cuit et tendre.

4. Ajouter les épinards, remuer et servir chaud sur du riz blanc.

Salade calédonienne

Nouvelle-Calédonie

T 20 minutes   R 2 heure   P 4

Ingrédients

- 500 g de filet de thon ou de truite
- 1 tasse de jus de citron
- 2 c. à soupe de coriandre fraîche hachée finement
- 2 c. à soupe de persil
- 1/2 c. à thé de curcuma
- 1 tasse de lait de coco
- 2 tomates coupées en dés
- 1 concombre pelé et coupé en morceaux
- 2 carottes râpées
- 3 oignons verts hachés
- 1 gousse d'ail écrasée
- Sel et poivre

Préparation

1. Défaire le poisson en petits morceaux et verser dans un bol avec le jus de citron. Remuer, saler et poivrer au goût et laisser macérer 1 heure au réfrigérateur.

2. Verser le poisson dans un saladier et ajouter la coriandre, le persil, le curcuma et le lait de coco, puis remuer le tout.

3. Incorporer les morceaux de tomates et de concombre, les carottes, les oignons verts et l'ail, saler et poivrer généreusement et remuer le tout. Garder au réfrigérateur au moins 1 heure avant de servir.

Salade de saumon frais à la sauce soja

Nouvelle-Calédonie

T 20 minutes   R 1 h 30   C 5 minutes   P 4

Ingrédients

- 500 g de filet de saumon de qualité sushi
- 2 tasses de jus de lime
- 3 c. à soupe de graines de sésame
- 2 c. à soupe de coriandre fraîche hachée finement
- 1/4 de tasse de sauce soja
- 1 tomate hachée finement
- 1 piment *Jalapeño* épépiné et haché
- 1 bouquet d'oignons verts hachés
- 1 gousse d'ail écrasée
- Sel et poivre

Préparation

1. Défaire le poisson en petits morceaux et verser dans un bol avec le jus de lime. Remuer, saler et poivrer au goût et laisser macérer 30 minutes au réfrigérateur.

2. Faire griller les graines de sésame à feu moyen pendant 5 minutes.

3. Dans un grand saladier, mélanger le saumon, la coriandre, les graines de sésame, la sauce soja, la tomate, le piment *Jalapeño*, les oignons verts et l'ail et remuer le tout. Laisser reposer au réfrigérateur 1 heure avant de servir.

Saumon farci aux crevettes et à la crème

Nouvelle-Calédonie

T 20 minutes   C 20 minutes   P 2

Ingrédients

- 1 tasse de crème fraîche
- 1/4 de tasse d'aneth frais haché
- 2 c. à soupe de basilic frais haché
- 3 c. à soupe d'huile d'olive
- 1 échalote hachée
- 2 gousses d'ail hachées
- 12 petites crevettes décortiquées
- 2 filets de saumon
- 2 tranches de provolone
- Sel et poivre

Préparation

1. Préchauffer le four à 360 °F (180 °C).

2. Dans un petit bol, mélanger la crème, l'aneth et le basilic.

3. Faire chauffer l'huile dans une poêle et faire revenir l'échalote et l'ail à feu moyen pendant 3 minutes. Ajouter les crevettes et les faire sauter pendant 5 minutes. Retirer du feu et réserver le tout.

4. Couper les filets en papillon sur l'épaisseur. Répartir le mélange de crevettes et d'échalotes, couvrir d'une tranche de provolone et refermer.

5. Déposer les deux filets de saumon sur une feuille de papier aluminium et napper de sauce à la crème. Refermer la papillote et faire cuire le poisson au four pendant 8 à 10 minutes. Servir avec du riz et des quartiers de citron.

Saumon fumé à la mangue et à l'avocat

Nouvelle-Calédonie

T 20 minutes   P 2

Ingrédients

- 1 tasse de crème fraîche
- 1/4 de tasse d'aneth frais haché
- Le jus et le zeste de 1 citron
- 1 mangue pelée et tranchée
- 100 g de saumon fumé
- 1 avocat mûr coupé en dés
- 2 c. à soupe de coriandre fraîche, hachée finement
- 1 piment *Jalapeño* épépiné et haché
- Sel et poivre

Préparation

1. Dans un petit bol, mélanger la crème, l'aneth, le jus et le zeste de citron.

2. Disposer les tranches de mangues au fond de 2 assiettes. Garnir de saumon fumé et d'avocat, saler et poivrer au goût, puis napper de sauce à la crème.

3. Saupoudrer les plats de coriandre et de piment fort et servir.

Biscuits au lait condensé et au chocolat

Nouvelle-Zélande

T 10 minutes   C 15 minutes   P 4

Ingrédients
- 1 tasse de farine
- 1 c. à thé de poudre à pâte
- 1/2 tasse de beurre mou
- 1/2 tasse de sucre
- 3 c. à soupe de lait condensé
- 1 œuf
- 1 tasse de pépites de chocolat

Préparation
1. Préchauffer le four à 360 °F (180 °C).

2. Tamiser la farine et la poudre à pâte dans un bol.

3. Dans un autre grand bol, mélanger le beurre mou, le sucre et le lait condensé jusqu'à l'obtention d'une texture crémeuse. Ajouter l'œuf et fouetter pour obtenir un mélange homogène.

4. Verser la préparation crémeuse dans le bol d'ingrédients secs et ajouter les pépites de chocolat. Remuer le tout et verser environ 12 cuillérées à soupe de pâte sur la plaque à biscuits et aplatir légèrement.

5. Faire cuire au four pendant environ 15 minutes jusqu'à ce que les biscuits commencent à dorer et servir.

Biscuits aux copeaux de chocolat

Nouvelle-Zélande

T 10 minutes   C 10 minutes   P 4

Ingrédients
- 1 tasse de farine
- 1/2 c. à thé de poudre à pâte
- 1/2 tasse de beurre mou
- 1/2 tasse de cassonade
- 2 c. à thé d'extrait de vanille
- 1 œuf
- 1 tasse de copeaux de chocolat

Préparation
1. Préchauffer le four à 360 °F (180 °C).

2. Tamiser la farine et la poudre à pâte dans un bol.

3. Dans un autre grand bol, mélanger le beurre mou, la cassonade et la vanille jusqu'à l'obtention d'une texture crémeuse. Ajouter l'œuf et fouetter pour obtenir un mélange homogène.

4. Verser la préparation crémeuse dans le bol d'ingrédients secs et ajouter les copeaux de chocolat. Remuer le tout et verser environ 12 cuillérées à soupe de pâte sur la plaque à biscuits et aplatir légèrement.

5. Faire cuire au four pendant environ 10 minutes jusqu'à ce que les biscuits commencent à dorer et servir.

Carrés aux dattes et à la noix de coco

Nouvelle-Zélande

T 20 minutes   C 40 minutes   P 6

Ingrédients
- 1/2 tasse d'eau
- 1 tasse de dattes dénoyautées et hachées
- 1/2 c. à thé d'extrait de vanille
- 3/4 de tasse de farine de blé entier
- 1 tasse de flocons d'avoine
- 1/2 tasse de cassonade
- 1/2 tasse de noix de coco râpée
- 1/4 de tasse de beurre mou

Préparation
1. Préchauffer le four à 360 °F (180 °C).

2. Faire bouillir l'eau dans une casserole, puis ajouter les dattes et la vanille et faire cuire le tout à feu moyen-vif jusqu'à ce que l'eau soit complètement absorbée et que les dattes soient bien tendres.

3. Mélanger la farine, les flocons d'avoine, la cassonade et la noix de coco dans un bol, puis incorporer le beurre pour former une pâte grumeleuse.

4. Étaler la moitié de cette préparation au fond d'un moule à gâteau graissé et recouvrir le tout avec la garniture aux dattes. Verser le reste de la préparation sur les dattes, puis faire cuire au four pendant 30 minutes jusqu'à ce que la surface soit dorée. Laisser refroidir quelques instants avant de couper en carrés.

Chili au bœuf et aux légumes

Nouvelle-Zélande

T 25 minutes   C 1 heure   P 4

Ingrédients

- 2 c. à soupe d'huile d'olive
- 2 échalotes hachées
- 2 gousses d'ail écrasées
- 800 g de bœuf haché maigre
- 1 tasse de sauce aux tomates
- 2 c. à soupe de sauce teriyaki
- 1 c. à soupe de cari
- 1 c. à thé de poudre d'ail
- 2 pommes de terre pelées et coupées en dés
- 2 carottes pelées et coupées en dés
- 2 tasses de bouillon de légumes
- 1 c. à thé de poivre de Cayenne
- 1 c. à thé de paprika
- Sel et poivre

Préparation

1. Faire chauffer l'huile d'olive et faire revenir les échalotes et l'ail pendant 3 minutes, puis incorporer la viande et la faire dorer pendant 5 minutes.

2. Ajouter la sauce aux tomates, la sauce teriyaki, le cari, la poudre d'ail, le sel et le poivre au goût et laisser mijoter à feu doux pendant 10 minutes.

3. Ajouter les pommes de terre et les carottes et verser le bouillon de légumes. Porter à ébullition, réduire à feu doux et laisser mijoter pendant 30 minutes jusqu'à ce que les légumes soient tendres.

4. Ajouter le poivre de Cayenne et le paprika, remuer et poursuivre la cuisson à feu doux pendant 10 minutes. Rectifier l'assaisonnement et servir chaud.

Côtelettes d'agneau à la menthe

Nouvelle-Zélande

T 25 minutes   C 10 minutes   P 4

Ingrédients

- 4 kiwis pelés et coupés en dés
- Le zeste et le jus de 1 citron
- Le zeste et le jus de 1 orange
- 2 c. à soupe de miel
- 4 c. à soupe de menthe fraîche ciselée
- 4 côtelettes d'agneau
- 1/4 de tasse de gelée de fruits
- 2 c. à soupe de beurre
- 1 c. à soupe de vinaigre balsamique

Préparation

1. Réduire les kiwis en purée avec le jus et le zeste de citron, le jus et le zeste d'orange, le miel et la menthe à l'aide d'un robot culinaire ou d'un mélangeur.

2. Badigeonner les côtelettes de gelée de fruits. Faire chauffer le beurre et faire revenir les côtelettes pendant environ 3 minutes de chaque côté et déposer dans des assiettes.

3. Verser le vinaigre dans la poêle pour déglacer et incorporer la préparation au miel et au kiwi. Faire chauffer 3 minutes, verser sur les côtelettes et servir.

Croquettes de fromage

Nouvelle-Zélande

T 10 minutes   C 15 minutes   P 4

Ingrédients

- 1 tasse de farine
- 1 c. à thé de poudre à pâte
- 1 c. à thé de muscade
- 1 œuf
- 1/2 tasse de lait
- 1 tasse de mozzarella râpée
- 1/2 tasse de cheddar râpé
- 1/2 tasse de provolone râpé

Préparation

1. Préchauffer le four à 400 °F (200 °C).

2. Dans un bol, tamiser la farine, la poudre à pâte et la muscade.

3. Battre l'œuf avec le lait dans un petit bol et incorporer dans le bol de farine avec les fromages. Remuer pour mélanger tous les ingrédients.

4. Verser des cuillérées à soupe de pâte sur une plaque à cuisson graissée et aplatir légèrement pour former des croquettes. Enfourner et laisser cuire pendant 10 à 15 minutes jusqu'à ce qu'elles soient dorées et croustillantes.

Croquettes de flocons d'avoine

Nouvelle-Zélande

T 10 minutes   C 20 minutes   P 4

Ingrédients
- 2 tasses de flocons d'avoine
- 1/4 de tasse de noix de coco râpée
- 1/2 tasse de farine
- 1/4 de tasse d'huile d'arachide
- 1/4 de tasse d'eau
- 1/4 de tasse de lait de soja à la vanille
- 1/2 c. à thé d'extrait de vanille

Préparation
1. Préchauffer le four à 400 °F (205 °C).

2. Dans un bol, tamiser les flocons d'avoine, la noix de coco et la farine, puis former un puits au centre et incorporer l'huile, l'eau, le lait de soja et l'extrait de vanille.

3. Pétrir la pâte jusqu'à l'obtention d'une texture lisse.

4. Verser des cuillérées à soupe de pâte sur une plaque à cuisson tapissée de papier ciré et aplatir légèrement pour former des croquettes. Enfourner et laisser cuire pendant 15 à 20 minutes jusqu'à ce qu'elles soient dorées et croustillantes.

Feuilleté au poisson

Nouvelle-Zélande

T 20 minutes   C 25 minutes   P 4

Ingrédients
- 3 c. à soupe de beurre
- 1 oignon haché
- 1/4 de tasse de farine
- 1/2 c. à thé de cari
- 1/2 tasse de lait
- 2 grosses conserves de thon émietté dans l'eau
- 1/2 c. à thé de paprika
- 6 feuilles de pâte phyllo
- 1 jaune d'œuf
- Sel et poivre

Préparation
1. Préchauffer le four à 400 °F (205 °C).

2. Faire fondre le beurre et faire revenir l'oignon pendant 3 minutes. Ajouter la farine et le cari et faire dorer pendant 2 minutes. Verser le lait en remuant pour former un roux et retirer du feu. Verser le tout dans un grand bol.

3. Incorporer le thon dans le mélange de farine et remuer, ajouter le paprika, saler et poivrer au goût.

4. Préparer les feuilles de pâte phyllo en badigeonnant chacune d'elle avec le jaune d'œuf.

5. Étaler 3 feuilles de pâte phyllo au fond d'un plat graissé allant au four et garnir du mélange de thon, puis couvrir le tout avec les 3 autres feuilles de pâte. Faire de petites entailles sur le dessus de la pâte avec la lame d'un couteau.

6. Faire cuire au four pendant 20 minutes jusqu'à ce que la pâte soit dorée.

Feuilleté d'agneau et de camembert

Nouvelle-Zélande

T 20 minutes   C 25 minutes   P 4

Ingrédients
- 3 c. à soupe d'huile d'olive
- 1 oignon haché
- 1 gousse d'ail écrasée
- 500 g d'épaule d'agneau coupée en morceaux
- 1 œuf, séparé
- 1/2 c. à thé de paprika
- 10 feuilles de pâte phyllo
- 100 g de camembert tranché finement
- Sel et poivre

Préparation
1. Préchauffer le four à 360 °F (180 °C).

2. Faire chauffer l'huile d'olive et faire revenir l'oignon et l'ail pendant 2 minutes. Ajouter l'agneau et faire dorer toutes les faces pendant 5 à 7 minutes. Ajouter le blanc d'œuf et remuer, ajouter le paprika, saler et poivrer au goût et retirer du feu.

3. Préparer les feuilles de pâte phyllo en badigeonnant chacune d'elle avec le jaune d'œuf.

4. Étaler 5 feuilles de pâte phyllo au fond d'un plat graissé allant au four, garnir du mélange d'agneau et couvrir de camembert. Étaler ensuite les 5 dernières feuilles de pâte. Faire de petites entailles sur le dessus de la pâte avec la lame d'un couteau.

5. Faire cuire au four pendant 20 minutes jusqu'à ce que la pâte soit dorée.

Bouilli de poulet à la lime

Nouvelle-Zélande

T 15 minutes   C 30 minutes   P 4

Ingrédients
- 2 c. à soupe d'huile d'olive
- 2 gousses d'ail hachées
- 2 échalotes hachées
- 4 escalopes de poulet coupées en lanières
- 2 c. à soupe de pâte de tomate
- 1 tasse de lait de coco
- Le jus et le zeste de 2 limes
- 1 tasse de riz
- 2 tasses de bouillon de poulet
- Sel et poivre

Préparation
1. Faire chauffer l'huile d'olive dans une poêle à feu moyen et faire revenir l'ail et les échalotes pendant environ 5 minutes. Ajouter le poulet et la pâte de tomate et remuer le tout, saler et poivrer au goût.

2. Verser le lait de coco et le zeste de lime et remuer, puis ajouter le riz et brasser pour enrober les grains.

3. Ajouter le bouillon de poulet, porter à ébullition, puis réduire à feu moyen-doux et laisser mijoter pendant une vingtaine de minutes jusqu'à ce que le liquide soit absorbé et que le riz soit tendre. Arroser de jus de lime, rectifier l'assaisonnement et servir.

Galettes de thon et de patates douces

Nouvelle-Zélande

T 20 minutes   C 25 minutes   P 4

Ingrédients
- 2 patates douces pelées et coupées en dés
- 1 conserve de 200 g de thon émietté dans l'eau
- 2 oignons verts hachés
- 1/4 de tasse de persil haché
- 1 œuf battu
- 1/2 c. à thé de cumin
- 1 c. à soupe de câpres écrasées
- 1 c. à soupe de vinaigre balsamique
- 1/4 de tasse de chapelure
- 3 c. à soupe d'huile d'olive
- Sel et poivre

Préparation
1. Porter une casserole d'eau à ébullition et faire bouillir les patates douces pendant une vingtaine de minutes jusqu'à ce qu'elles soient bien tendres. Réduire en purée et verser dans un bol.

2. Incorporer le thon, les oignons verts, le persil, l'œuf battu, le cumin, les câpres, le vinaigre, le sel et le poivre au goût et remuer le tout, puis former 4 grosses galettes. Enrober les galettes de chapelure et réserver.

3. Faire chauffer l'huile d'olive dans une poêle antiadhésive et faire frire les galettes pendant 3 minutes de chaque côté jusqu'à ce qu'elles soient dorées et croustillantes. Égoutter et servir avec des quartiers de lime et de la sauce tartare.

Muffins aux bananes

Nouvelle-Zélande

T 15 minutes   C 25 minutes   P 6

Ingrédients
- 1 tasse de farine
- 1 pincée de sel
- 1/2 c. à thé de bicarbonate de soude
- 1/2 c. à thé de poudre à pâte
- 1 œuf battu
- 1/2 tasse de sucre
- 1/4 de tasse de cassonade
- 1/4 de tasse de beurre
- 3 bananes mûres pelées et réduites en purée
- 1/2 c. à thé de cannelle moulue
- 1 tasse de noix de macadamia

Préparation
1. Préchauffer le four à 360 °F (180 °C).

2. Dans un bol, tamiser la farine, le bicarbonate de soude, le sel et la poudre à pâte.

3. Battre l'œuf avec le sucre, la cassonade et le beurre jusqu'à l'obtention d'une substance onctueuse. Verser dans le bol avec la farine, ajouter les bananes en purée et remuer le tout.

4. Ajouter la cannelle et les noix de macadamia et mélanger la pâte. Verser le mélange dans des moules à muffins graissés ou tapissés de papier et faire cuire au four de 20 à 25 minutes jusqu'à ce que le centre des muffins soit cuit. Laisser reposer quelques minutes et démouler.

Pommes de terre rôties aux épices

Nouvelle-Zélande

T 10 minutes   C 40 minutes   P 6

Ingrédients

- 1/4 de tasse de chapelure
- 3 c. à soupe de parmesan râpé
- 1/2 c. à thé de poudre d'ail
- 1 c. à thé de paprika
- 1/2 c. à thé de thym
- 3 c. à soupe d'huile d'olive
- 3 pommes de terre coupées en tranches de 1 cm d'épaisseur dans le sens de la longueur
- 2 c. à soupe de ciboulette ciselée
- Sel et poivre

Préparation

1. Préchauffer le four à 400 °F (205 °C).

2. Dans un bol, mélanger la chapelure, le parmesan, la poudre d'ail, le paprika, le thym, le sel et le poivre au goût.

3. Badigeonner d'huile la surface de chaque tranche de pomme de terre et enrober d'épices et de fromage, puis saupoudrer de ciboulette.

4. Déposer les pommes de terre sur une plaque de cuisson graissée et faire cuire au four de 30 à 40 minutes jusqu'à ce qu'elles soient dorées et croustillantes.

Poulet aux kiwis

Nouvelle-Zélande

T 20 minutes   C 40 minutes   P 4

Ingrédients

- 2 patates douces coupées en dés
- 2 c. à soupe d'huile d'olive
- 1/2 oignon espagnol haché
- 1/2 c. à thé de paprika
- 3 poitrines de poulet désossées, sans la peau et coupées en dés
- 1 c. à thé de cari
- 4 kiwis pelés et coupés en morceaux
- 1/4 de tasse de noix de coco râpée
- Le jus de 1 lime
- Sel et poivre

Préparation

1. Porter une casserole d'eau à ébullition et faire cuire les morceaux de patates douces pendant 15 minutes jusqu'à ce qu'ils soient assez tendres.

2. Faire chauffer l'huile d'olive et faire revenir l'oignon et les patates douces pendant 5 minutes et saupoudrer de paprika.

3. Incorporer le poulet et faire cuire pendant 10 minutes en remuant pour dorer toutes les faces. Saupoudrer de cari, de sel et de poivre au goût et remuer.

4. Ajouter les morceaux de kiwi et la noix de coco, arroser de jus de lime, remuer 2 minutes et servir.

Salade au poulet et aux fruits

Nouvelle Zélande

T 20 minutes   C 15 minutes   P 4

Ingrédients

- 2 poitrines de poulet désossées, sans la peau et coupées en gros morceaux
- 2 avocats coupés en dés
- 4 kiwis pelés et tranchés
- 1/2 melon miel coupé en dés
- 1 mangue pelée et coupée en dés
- 2 oignons verts hachés
- 1/4 de tasse de noix de coco
- 1/4 de tasse de noix de cajou hachées
- 2 c. à soupe de vinaigre de riz
- 3 c. à soupe d'huile d'arachide
- Le jus de 1 citron
- 2 c. à soupe de coriandre
- Sel et poivre

Préparation

1. Porter une casserole d'eau à ébullition et faire bouillir le poulet pendant 10 à 15 minutes. Égoutter, laisser refroidir et défaire en filaments.

2. Verser le poulet dans un saladier avec l'avocat, les kiwis, le melon, la mangue, les oignons verts, la noix de coco et les noix de cajou.

3. Dans un petit bol, mélanger le vinaigre, l'huile et le jus de citron et verser le tout sur la salade. Remuer, saler et poivrer au goût et saupoudrer de coriandre. Réfrigérer et servir.

Steaks de thon panés

Nouvelle-Zélande

T 15 minutes   C 20 minutes   P 4

Ingrédients
- 4 steaks de thon
- 2 tomates tranchées finement
- 2 c. à soupe de vinaigre de cidre
- 2 c. à soupe de beurre
- 1 échalote hachée
- 1/2 tasse de chapelure
- Le jus de 1 lime
- 1/2 tasse de parmesan râpé
- Sel et poivre

Préparation
1. Préchauffer le four à 360 °F (180 °C).

2. Disposer les steaks de thon sur une plaque de cuisson graissée et couvrir de tranches de tomates et arroser de vinaigre.

3. Faire fondre le beurre dans une casserole et faire dorer l'échalote pendant 3 minutes. Ajouter la chapelure et le jus de lime, saler et poivrer au goût, puis verser la préparation sur les filets de thon et saupoudrer de parmesan.

4. Faire cuire au four pendant 15 à 20 minutes selon la cuisson désirée.

Casserole de bœuf aux tomates

Papouasie-Nouvelle-Guinée

T 30 minutes   C 45 minutes   P 4

Ingrédients
- 2 tasses d'eau
- 1 tasse de riz
- 1 c. à soupe d'huile d'olive
- 1 échalote hachée
- 2 gousses d'ail hachées
- 500 g de bœuf haché maigre
- 2 tasses de tomates en dés
- 1/2 tasse de jus de tomate
- 1 c. à thé de cumin
- 1/2 c. à thé de paprika
- 1 tasse de crème de coco
- 1/4 de tasse de noix de coco râpée
- Sel et poivre

Préparation
1. Porter l'eau à ébullition, ajouter le riz, puis baisser le feu et laisser mijoter pendant une vingtaine de minutes jusqu'à ce que le riz soit tendre. Saler et poivrer au goût.

2. Pendant ce temps, faire chauffer l'huile et faire revenir l'échalote et l'ail pendant 3 minutes. Incorporer la viande hachée et la faire dorer pendant 3 minutes en l'émiettant.

3. Ajouter les tomates en dés, le jus de tomate, le cumin, le paprika, le sel et le poivre au goût et laisser mijoter à feu doux pendant 15 minutes en remuant de temps à autre.

4. Préchauffer le four à 360 °F (180 °C).

5. Lorsque le riz est cuit, verser au fond d'un plat graissé en verre allant au four, puis couvrir du mélange de tomates et de bœuf. Verser la crème de coco sur les ingrédients et saupoudrer de noix de coco, puis enfourner pendant 10 à 15 minutes.

Côtelettes de porc aux épices

Papouasie-Nouvelle-Guinée

T 20 minutes   C 20 minutes   P 2

Ingrédients
- 2 c. à soupe de beurre
- 1 échalote hachée finement
- 1 c. à thé de gingembre râpé
- 2 gousses d'ail émincées
- 2 côtelettes de porc
- 1/2 c. à thé de poivre de Cayenne
- 1/4 de tasse de vin blanc
- 1/4 de tasse de crème à 35 %
- 2 c. à soupe de persil ciselé
- 1/2 c. à thé de coriandre moulue
- Le jus de 1/2 citron
- 1/2 c. à thé de paprika
- Sel et poivre

Préparation
1. Faire fondre le beurre et faire revenir l'échalote, le gingembre et l'ail pendant 2 minutes, saler et poivrer au goût. Incorporer les côtelettes de porc, assaisonner de poivre de Cayenne et faire revenir pendant 2 minutes de chaque côté. Réserver dans une assiette de service.

2. Verser le vin blanc dans la poêle pour déglacer et faire cuire pendant 2 minutes, puis ajouter la crème et porter à ébullition. Ajouter le persil, la coriandre moulue, le jus de citron et le paprika, puis remettre les côtelettes de porc dans la poêle et laisser mijoter à feu doux pendant 5 minutes jusqu'à ce que la sauce épaississe et jusqu'à l'obtention de la cuisson désirée. Rectifier l'assaisonnement et servir avec une salade verte.

Filets de turbot à la crème

Papouasie-Nouvelle-Guinée

T 20 minutes   C 10 minutes   P 2

Ingrédients
- 1/4 de tasse de farine
- 2 c. à soupe de paprika
- 2 filets de turbot
- 3 c. à soupe d'huile d'olive
- 1 échalote hachée
- 2 gousses d'ail hachées
- 1/2 tasse de vin blanc
- 1 tasse de crème fraîche
- 3 c. à soupe de ciboulette
- 1 tasse de tomates en dés
- Le jus de 1 lime
- Sel et poivre

Préparation
1. Mélanger la farine, le paprika, le sel et le poivre au goût et étaler sur du papier ciré. Enrober les filets de poisson et les secouer pour enlever l'excédent.

2. Faire chauffer l'huile et faire revenir l'échalote et l'ail pendant 2 minutes, puis incorporer les filets de turbot et les faire griller pendant 2 ou 3 minutes de chaque côté. Extraire le poisson de la poêle et réserver dans deux assiettes.

3. Incorporer le vin dans la poêle et déglacer, puis ajouter la crème et la ciboulette et laisser mijoter à feu doux pendant 5 minutes. Ajouter les tomates, le jus de lime, le sel et le poivre au goût, remuer pendant 2 minutes et napper les filets de turbot avec la sauce à la crème. Servir aussitôt.

Gâteau aux bananes

Papouasie-Nouvelle-Guinée

T 20 minutes   C 45 minutes   P 6

Ingrédients
- 2 tasses de farine
- 1 c. à thé de poudre à pâte
- 1/2 c. à thé de bicarbonate de soude
- 1/2 tasse de beurre mou
- 1 c. à thé d'extrait de vanille
- 1/2 tasse de sucre
- 2 œufs battus
- 3 bananes mûres
- 1/4 de tasse de lait de soja

Préparation
1. Préchauffer le four à 360 °F (180 °C).

2. Dans un grand bol, tamiser la farine, la poudre à pâte et le bicarbonate de soude.

3. Battre le beurre, la vanille et le sucre dans un bol jusqu'à l'obtention d'une texture légère et onctueuse. Incorporer les œufs et remuer le tout, puis verser dans le mélange de farine.

4. Réduire les bananes en purée avec le lait de soja et verser dans la préparation de farine.

5. Verser le tout dans un moule à gâteau graissé et faire cuire le gâteau pendant environ 45 minutes jusqu'à ce qu'un cure-dent inséré au centre en ressorte bien propre. Laisser reposer quelques minutes dans le moule avant de trancher.

Légumes grillés aux épices

Papouasie-Nouvelle-Guinée

T 10 minutes   C 40 minutes   P 4

Ingrédients
- 1/2 tasse de chapelure
- 1 pincée de cumin
- 1/2 c. à thé de poudre d'ail
- 1 pincée de paprika
- 1/2 c. à thé d'assaisonnement au chili
- 4 c. à soupe d'huile d'olive
- 2 patates douces pelées et coupées en tranches de 1 cm dans le sens de la longueur
- 1 aubergine coupée en tranches de 1 cm d'épaisseur dans le sens de la largeur
- 1 courgette tranchée
- Sel et poivre

Préparation
1. Préchauffer le four à 400 °F (205 °C).

2. Dans un bol, mélanger la chapelure, le cumin, la poudre d'ail, le paprika, l'assaisonnement au chili, le sel et le poivre au goût.

3. Badigeonner d'huile la surface de chaque tranche de pomme de terre, d'aubergine et de courgette avant de les enrober du mélange d'épices.

4. Déposer les légumes sur une plaque de cuisson graissée et faire cuire au four de 30 à 40 minutes jusqu'à ce qu'ils soient dorés et croustillants.

Pancakes aux bananes

Papouasie-Nouvelle-Guinée

T 10 minutes   C 7 minutes   P 4

Ingrédients
- 2 tasses de farine
- 1 pincée de sel
- 1 c. à thé de bicarbonate de soude
- 1 c. à thé de poudre à pâte
- 1/4 de tasse de sucre
- 3 bananes mûres
- 1 tasse de lait
- 2 c. à soupe de beurre mou
- 1/2 c. à thé d'extrait de vanille

Préparation

1. Dans un bol, tamiser ensemble la farine, le sel, le bicarbonate de soude, la poudre à pâte et le sucre.

2. Réduire les bananes en purée avec le lait, le beurre et la vanille et incorporer dans le mélange de farine. Remuer jusqu'à l'obtention d'une pâte lisse et homogène.

3. Graisser une grande poêle ou une crêpière avec du beurre, puis verser environ 1/2 louche de pâte dans la poêle pour former de petits pancakes en faisant tourner la poêle pour étaler la pâte.

4. Faire cuire jusqu'à ce que la bordure change de couleur et que des bulles apparaissent sur la surface puis retourner. Cuire l'autre côté pendant quelques secondes et verser dans une assiette. Servir avec du miel ou du sirop d'érable.

Sauté de pétoncles au cari et à l'ananas

Papouasie Nouvelle Guinée

T 15 minutes C 20 minutes P 4

Ingrédients

- 2 c. à soupe d'huile d'olive
- 1 échalote hachée
- 2 gousses d'ail écrasées
- 1 petit piment fort haché
- 1 tasse de lait de coco
- Le jus de 1 lime
- 1 c. à soupe de cari
- 1 tasse d'ananas coupé en petits dés
- 800 g de petits pétoncles décongelés
- Sel et poivre

Préparation

1. Faire chauffer l'huile d'olive et faire revenir l'échalote, l'ail et le piment fort pendant 5 minutes à feu moyen. Saler et poivrer au goût.

2. Verser le lait de coco, le jus de lime et le cari et laisser mijoter pendant 5 à 7 minutes à feu doux.

3. Incorporer les morceaux d'ananas et les pétoncles, puis laisser mijoter pendant encore 10 minutes. Servir chaud avec du riz blanc.

Boulettes de bœuf haché

Salomon (Îles)

T 20 minutes   C 15 minutes   P 4

Ingrédients
- 1 gousse d'ail écrasée
- 1 échalote hachée
- 600 g de bœuf haché maigre
- 1 œuf
- 1 pincée de cumin
- 1 tasse de bouillon de bœuf
- 1/2 tasse de cassonade
- 1/4 de tasse de vinaigre balsamique
- 1/4 de tasse de sauce soja
- 1 c. à soupe de fécule de maïs
- 2 c. à soupe de beurre
- Sel et poivre

Préparation

1. Dans un grand bol, mélanger l'ail, l'échalote, le bœuf haché, l'œuf, le cumin, le sel et le poivre au goût. Former des boulettes de 1 po (3 cm) de diamètre.

2. Dans une casserole, faire chauffer le bouillon à feu doux et y dissoudre la cassonade en remuant. Ajouter le vinaigre et la sauce soja, puis incorporer la fécule de maïs en remuant pour épaissir la sauce.

3. Faire fondre le beurre dans une poêle et faire revenir les boulettes pendant 2 minutes de chaque côté jusqu'à ce qu'elles soient dorées. Verser la sauce sur les boulettes et laisser mijoter à feu doux pendant 5 minutes. Servir seules ou avec du riz blanc.

Entrée de bananes et patates douces

Salomon (Îles)

T 10 minutes   C 30 minutes   P 4

Ingrédients
- 2 patates douces coupées en deux
- 3 c. à soupe de beurre
- 3 bananes pelées et coupées en tranche de 2 cm
- 1/2 c. à thé de paprika
- Sel et poivre

Préparation

1. Porter une casserole d'eau à ébullition et faire cuire les patates douces pendant une vingtaine de minutes jusqu'à ce qu'elles soient tendres. Égoutter et couper en tranches de 1 cm d'épaisseur.

2. Faire fondre le beurre dans une grande poêle et faire revenir les tranches de bananes pendant 2 minutes de chaque côté jusqu'à ce qu'elles soient légèrement dorées. Retirer de la poêle et réserver à feu doux dans le four.

3. Ajouter les patates dans la poêle, ajouter le paprika, saler et poivrer au goût. Faire cuire pendant 2 minutes de chaque côté et servir avec les bananes.

Rôti de porc à la mélasse

Salomon (Îles)

T 20 minutes   M 2 heures   C 2 heures   P 8

Ingrédients
- 1/2 tasse de cassonade
- 2 c. à soupe de mélasse
- 1/4 de tasse de sauce soja
- 2 tasses de bouillon de légumes
- 1 échalote hachée
- 1 gousse d'ail hachée
- 1 pincée de muscade
- 1 pincée de cannelle
- 1 rôti de porc
- Sel et poivre

Préparation

1. Faire chauffer la cassonade dans une casserole à feu doux jusqu'à la formation d'un sirop. Incorporer la mélasse, la sauce soja, le bouillon de légumes, l'échalote, l'ail, la muscade, la cannelle, le sel et le poivre au goût. Verser la marinade dans un grand bol et incorporer le rôti de porc. Badigeonner et laisser mariner pendant 2 heures.

2. Préchauffer le four à 360 °F (180 °C).

3. Déposer le rôti dans une rôtissoire avec la marinade et enfourner pendant environ 2 heures selon la cuisson désirée. Arroser de jus de cuisson toutes les demi-heures.

Salade de thon cru et de légumes frais

Salomon (Îles)

T 15 minutes   R 30 minutes   P 4

Ingrédients

- 800 g de thon de qualité sushi
- 4 oignons verts hachés
- Le jus et le zeste de 2 limes
- 1 concombre pelé et haché
- 2 carottes pelées et râpées
- 20 tomates cerises coupées en deux
- 2 c. à soupe de persil émincé
- 2 c. à soupe de coriandre fraîche hachée finement
- 1/4 de tasse de lait de coco
- 2 c. à soupe de noix de coco râpée
- Sel et poivre

Préparation

1. Couper le thon en fines lamelles.

2. Dans un grand bol, mélanger les oignons verts, le jus et le zeste de lime, le concombre, les carottes, les tomates, le persil et la coriandre. Saler et poivrer au goût et incorporer le thon.

3. Verser le lait de coco et remuer tous les ingrédients, puis saupoudrer de noix de coco râpée. Laisser macérer pendant 30 minutes et servir bien frais.

Bananes vertes au lait de coco

Samoa

T 10 minutes   C 35 minutes   P 4

Ingrédients

- 3 tasses de lait de coco
- Le jus de 1/2 lime
- 1/2 c. à thé de coriandre moulue
- 1/2 c. à thé de piment d'Espelette
- 4 bananes vertes

Préparation

1. Dans un bol, mélanger le lait de coco, le jus de lime, la coriandre moulue et le piment d'Espelette et réserver.

2. Faire bouillir les bananes vertes sans les peler pendant environ 25 à 30 minutes. Laisser refroidir et peler.

3. Verser la sauce au lait de coco dans une casserole et faire chauffer à feu moyen. Incorporer les bananes et laisser cuire en remuant jusqu'à ce que le lait commence à bouillonner. Laisser reposer quelques minutes et servir.

Biscuits sablés

Samoa

T 10 minutes   C 25 minutes   P 4

Ingrédients
- 1 1/2 tasse de farine
- 1/2 tasse de sucre
- 1/2 c. à thé de poudre à pâte
- 1/2 tasse de beurre mou
- 2 c. à soupe de lait
- 1 c. à thé d'extrait de vanille

Préparation
1. Préchauffer le four à 360 °F (180 °C).

2. Tamiser la farine, le sucre et la poudre à pâte dans un bol, puis incorporer le beurre mou, le lait et la vanille et pétrir jusqu'à l'obtention d'une texture lisse et homogène.

3. Étaler la pâte à l'aide d'un rouleau et couper des formes avec un emporte-pièce. Déposer les biscuits sur une plaque de cuisson tapissée de papier ciré et faire cuire pendant 25 à 30 minutes jusqu'à ce que les biscuits soient dorés.

Bœuf salé aux épinards et au lait de coco

Samoa

T 20 minutes   C 40 minutes   P 4

Ingrédients
- 2 tasses d'épinards
- 400 g de bœuf salé (*corned beef*)
- 2 tasses de lait de coco
- 1/2 c. à thé de muscade
- Poivre

Préparation
1. Préchauffer le four à 360 °F (180 °C).

2. Étaler le tiers des épinards au fond d'un petit plat graissé en verre allant au four et couvrir avec le tiers du bœuf salé. Ajouter deux autres couches d'épinards et de bœuf salé et poivrer.

3. Verser le lait de coco sur le reste des ingrédients et saupoudrer de muscade. Faire cuire au four pendant 35 à 40 minutes jusqu'à ce que la sauce bouillonne. Laisser reposer quelques minutes et servir.

Brioche à la noix de coco

Samoa

T 15 minutes   R 30 minutes   C 30 minutes   P 4 à 6

Ingrédients
- 3 tasses de farine
- 1 c. à soupe de noix de coco râpée
- 1/2 c. à thé de sel
- 1 c. à thé de poudre à pâte
- 2 tasses de lait
- 1/2 tasse de cassonade
- 1/4 de tasse de beurre mou
- 1 tasse de lait de coco
- 1/2 tasse de sucre

Préparation
1. Dans un bol, tamiser la farine, la noix de coco, le sel et la poudre à pâte.

2. Faire chauffer le lait dans une casserole et y dissoudre la cassonade en remuant à feu doux. Ajouter le beurre et remuer, puis verser le tout dans le bol avec la farine. Remuer et pétrir jusqu'à l'obtention d'une pâte lisse et homogène. Couvrir et laisser reposer pendant 30 minutes.

3. Pendant ce temps, faire chauffer le lait de coco et incorporer le sucre jusqu'à l'obtention d'un sirop onctueux.

4. Préchauffer le four à 360 °F (180 °C).

5. Séparer la pâte en 12 morceaux et aplatir pour former des brioches. Tremper chacune dans le sirop de lait de coco.

6. Déposer les brioches sur une plaque de cuisson graissée et faire cuire au four pendant environ 20 minutes jusqu'à ce que les brioches soient dorées.

Petites crêpes frites

Tonga

T 20 minutes   C 5 minutes   P 4

Ingrédients
- 3 tasses de farine
- 1 pincée de sel
- 1 tasse de sucre
- 2 c. à thé de poudre à pâte
- 1 œuf
- 2 tasses de lait
- 1 c. à thé d'extrait de vanille
- Huile pour la friture

Préparation
1. Dans un bol, tamiser la farine, le sel, le sucre et la poudre à pâte.

2. Dans un autre bol, battre l'œuf avec le lait et la vanille. Verser le tout dans le bol avec les ingrédients secs et bien pétrir jusqu'à l'obtention d'une pâte lisse et souple qui soit encore malléable. Former 8 ou 12 boulettes et aplatir légèrement.

3. Faire chauffer l'huile à feu moyen-vif et faire frire les crêpes pendant environ 2 ou 3 minutes de chaque côté jusqu'à ce qu'elles soient dorées. Égoutter sur du papier absorbant et servir.

Casserole de porc et de chou

Tonga

T 20 minutes   C 45 minutes   P 4

Ingrédients
- 1 chou vert défait en feuilles
- 500 g de filet de porc tranché finement
- 1 tasse de tomates en dés
- 1/2 c. à thé de curcuma
- 1 échalote hachée
- 2 tasses de crème de coco
- Sel et poivre

Préparation
1. Préchauffer le four à 360 °F (180 °C).

2. Étaler les feuilles de chou au fond d'un grand plat en verre allant au four et couvrir de tranches de porc.

3. Dans un petit bol, mélanger les tomates, le curcuma, l'échalote, le sel et le poivre au goût et étaler uniformément sur les tranches de porc, puis napper le tout de crème de coco.

4. Faire cuire au four pendant 35 à 40 minutes jusqu'à ce que la sauce bouillonne. Laisser reposer quelques minutes et servir.

Pieuvre à la crème de coco

Tonga

T 15 minutes   C 40 minutes   P 4

Ingrédients
- 800 g de pieuvre
- 2 tasses de crème de coco
- 1/2 c. à thé de curcuma
- 1/2 c. à thé de muscade
- 1/2 c. à thé de cannelle
- Le jus de 1 lime

Préparation
1. Laver la pieuvre et la ramollir en la plongeant dans l'eau bouillante pendant 45 secondes à 4 ou 5 reprises et en la sortant de l'eau à chaque fois.

2. Plonger enfin la pieuvre en entier dans l'eau et faire cuire dans l'eau bouillante pendant environ 30 minutes.

3. Laisser tiédir, retirer les tentacules et couper la pieuvre en morceaux.

4. Faire chauffer la crème de coco et saupoudrer de curcuma, de muscade et de cannelle et arroser de jus de lime.

5. Plonger les morceaux de pieuvre dans la crème de coco et laisser mijoter pendant 3 à 5 minutes avant de servir.

Salade de mangue et de coco

Tonga

T 15 minutes   R 1 heure   P 4

Ingrédients

- 2 mangues pelées et coupées en dés
- 2 tasses de noix de coco râpée
- Le jus et le zeste de 2 limes
- 1/4 de tasse de nectar de mangue
- 1 c. à soupe de sirop de canne (ou sucre brun)

Préparation

1. Laisser sécher les morceaux de mangue pendant 30 minutes, puis râper la pulpe dans un grand bol.

2. Ajouter la noix de coco râpée, le jus et le zeste de lime, le nectar de mangue et le sirop de canne, puis laisser macérer le tout au réfrigérateur pendant au moins 1 heure avant de servir.

Gratin de cœurs de palmier

Tuvalu

T 10 minutes   C 30 minutes   P 4

Ingrédients

- 2 conserves de cœurs de palmier rincés, égouttés et coupés en tranches de 2 cm
- 3 c. à soupe de beurre
- 1 échalote hachée finement
- 1 gousse d'ail hachée
- 1/2 tasse de farine
- 2 tasses de lait
- 1/2 c. à thé de thym
- 1/2 c. à thé de muscade
- 1 tasse de gruyère ou suisse râpé
- Sel et poivre

Préparation

1. Préchauffer le four à 400 °F (205 °C).

2. Déposer les morceaux de cœurs de palmier au fond d'un plat en verre graissé.

3. Faire fondre le beurre à feu doux et faire revenir l'échalote et l'ail pendant 2 minutes.

4. Ajouter la farine et faire dorer en remuant, puis verser graduellement le lait en fouettant légèrement jusqu'à la formation d'une béchamel. Ajouter le thym, la muscade, saler et poivrer au goût et verser la sauce sur les cœurs de palmier.

5. Saupoudrer le tout de fromage et faire cuire au four pendant 20 à 25 minutes jusqu'à ce que le fromage soit doré.

Mousse aux bananes

Tuvalu

T 10 minutes   R 2 heures   P 4

Ingrédients

- 3 bananes mûres pelées
- 1/2 c. à thé d'extrait de vanille
- 2 œufs, séparés
- Le jus de 1 lime
- 1 tasse de crème à 15 %
- 1/4 de tasse de sucre
- 1 pincée de cannelle

Préparation

1. Réduire les bananes, la vanille, les jaunes d'œufs et le jus de lime en purée dans un mélangeur. Déposer dans un bol et incorporer la cannelle.

2. Battre la crème et le sucre jusqu'à la formation de pics fermes et verser dans le bol avec les bananes.

3. Battre les blancs d'œufs en neige et incorporer dans le bol à l'aide d'une spatule. Verser le tout dans des petites coupes individuelles, saupoudrer d'une pincée de cannelle et réfrigérer pendant 2 heures avant de servir.

Purée d'avocats aux œufs et à la lime

Tuvalu

T 10 minutes   C 10 minutes   R 1 heure   P 4

Ingrédients
- 2 œufs
- 3 avocats mûrs dénoyautés et pelés
- 1 échalote hachée finement
- 1 gousse d'ail hachée
- Le jus de 2 limes
- 1/2 tasse de menthe ciselée
- 1/4 de tasse de crème fraîche ou de yogourt nature
- 1 pincée de paprika
- Sel et poivre

Préparation
1. Déposer les œufs dans une casserole d'eau et porter à ébullition, puis faire cuire pendant 10 minutes. Rincer les œufs à l'eau froide, écaler et couper en morceaux.

2. Déposer les avocats dans un bol avec les œufs et réduire en purée à l'aide d'une fourchette. Ajouter l'échalote, l'ail, le jus de lime, la menthe, la crème fraîche ou le yogourt, le paprika, le sel et le poivre au goût et remuer tous les ingrédients. Réfrigérer pendant au moins 1 heure et servir avec des croustilles, des craquelins ou des crudités.

Gâteau à l'ananas

Vanuatu

T 20 minutes   C 40 minutes   P 6

Ingrédients
- 2 tasses de farine
- 2 c. à thé de poudre à pâte
- 1 pincée de sel
- 1/2 tasse de beurre mou
- 1 c. à thé d'extrait de vanille
- 1/2 tasse de sucre
- 1 œuf
- 1 tasse de jus d'ananas
- 1 tasse d'ananas broyés

Préparation
1. Préchauffer le four à 360 °F (180 °C).

2. Dans un grand bol, tamiser la farine, la poudre à pâte et le sel.

3. Battre le beurre, la vanille et le sucre dans un bol jusqu'à l'obtention d'une texture légère et onctueuse. Incorporer l'œuf et remuer le tout, puis verser dans le mélange de farine avec le jus et les morceaux d'ananas. Remuer jusqu'à ce que la pâte soit lisse et homogène.

4. Verser le tout dans un moule à gâteau graissé et faire cuire le gâteau pendant environ 35 à 40 minutes ou jusqu'à ce qu'un cure-dent inséré au centre en ressorte bien propre. Laisser reposer quelques minutes avant de démouler et servir.

Poulet à l'orange

Vanuatu

T 20 minutes   C 30 minutes   P 4

Ingrédients
- 3 c. à soupe d'huile d'olive
- 1 oignon haché
- 1 gousse d'ail hachée
- 4 poitrines de poulet désossées, sans la peau et coupées en dés
- 1 c. à thé de gingembre moulu
- Le zeste de 1 orange
- 1 1/2 tasse de jus d'orange
- 2 c. à soupe de coriandre ciselée
- 1 orange pelée et coupée en morceaux
- Sel et poivre

Préparation
1. Faire chauffer l'huile et faire revenir l'oignon haché et l'ail pendant 3 minutes. Ajouter le poulet et faire revenir pendant 5 minutes jusqu'à ce que la viande soit légèrement dorée. Ajouter le gingembre, saler et poivrer au goût.

2. Ajouter le zeste et le jus d'orange, porter à ébullition, puis réduire à feu doux et laisser mijoter pendant 15 à 20 minutes jusqu'à ce que le poulet soit cuit et tendre. Servir chaud sur du riz blanc et saupoudrer de coriandre et de morceaux d'orange.

Salade de patates douces

Vanuatu

T 20 minutes   C 30 minutes   R 30 minutes   P 4

Ingrédients

- 4 patates douces pelées
- 2 œufs
- 1 conserve de betteraves en dés
- 4 oignons verts
- 2 c. à soupe de mayonnaise
- 1 c. à thé de cumin
- 2 c. à soupe de vinaigre de vin rouge
- Sel et poivre

Préparation

1. Faire cuire les patates douces pendant une vingtaine de minutes dans une casserole remplie d'eau salée jusqu'à ce qu'elles soient tendres. Couper en quartiers.

2. Pendant ce temps, déposer les œufs dans une casserole d'eau et porter à ébullition, puis faire cuire pendant 10 minutes. Rincer les œufs à l'eau froide, écaler et couper en quartiers minces.

3. Dans un saladier, mélanger les betteraves, les patates, les oignons et les œufs, puis saler et poivrer au goût.

4. Dans un petit bol, mélanger la mayonnaise, le cumin et le vinaigre et remuer le tout, puis verser dans le saladier et remuer pour enrober tous les ingrédients. Réfrigérer pendant 30 minutes, remuer, rectifier l'assaisonnement et servir.

Scones à la noix de coco

Vanuatu

T 15 minutes   C 20 minutes   P 6

Ingrédients

- 2 tasses de farine
- 1 c. à thé de poudre à pâte
- 2 c. à soupe de sucre
- 1/2 tasse de noix de coco râpée
- 1/2 c. à thé de cannelle
- 2 c. à soupe de beurre mou
- 1 œuf
- 1/4 de tasse de crème de coco

Préparation

1. Préchauffer le four à 360 °F (180 °C).

2. Tamiser la farine, la poudre à pâte, le sucre, la noix de coco et la cannelle dans un bol.

3. Ajouter le beurre, l'œuf et la crème et mélanger pour former une pâte bien lisse.

4. Déposer la pâte sur une surface farinée et étaler pour obtenir une épaisseur de 1 po (3 cm). Couper les scones à l'aide d'un emporte-pièce et déposer sur une plaque de cuisson graissée.

5. Faire cuire au four pendant 15 à 20 minutes, puis laisser refroidir pendant 10 minutes avant de servir.

LISTE DES RECETTES

Liste des recettes

Liste des recettes

Liste des recettes

483

Liste des recettes